珍藏本
纪念版

汉译世界学术名著丛书

十八世纪产业革命

——英国近代大工业初期的概况

〔法〕保尔·芒图 著

杨人楩 陈希秦 吴绪 译

商务印书馆
The Commercial Press

2017年·北京

Paul Mantoux
LA RÉVOLUTION INDUSTRIELLE
AU XVIII SIÈCLE
ESSAI SUR LES COMMENCEMENTS
DE LA GRANDE INDUSTRIE MODERNE EN ANGLETERRE
Éditions Génin, Paris 1959
根据巴黎热南出版社 1959 年版译出

汉译世界学术名著丛书
（120 年纪念版·珍藏本）
出版说明

2017 年 2 月 11 日，商务印书馆迎来 120 岁的生日。120 年前，商务印书馆前贤怀揣文化救国的理想，抱持“昌明教育，开启民智”的使命，立足本土，放眼寰宇，以出版为津梁，沟通中西，为中国、为世界提供最富智慧的思想文化成果。无论世事白云苍狗，潮流左右激荡，甚至战火硝烟弥漫，始终践行学术报国之志，无改初心。

迻译世界各国学术名著，即其一端。早在 20 世纪初年便出版《原富》《天演论》等影响至今的代表性著作，1950 年代后更致力于外国哲学和社会科学经典的译介，及至 1980 年代，辑为“汉译世界学术名著丛书”，汇涓为流，蔚为大观。丛书自 1981 年开始出版，历时三十余年，迄今已推出七百种，是我国现代出版史上规模最大、最为重要的学术翻译工程。

丛书所选之书，立场观点不囿于一派，学科领域不限于一门，皆为文明开启以来，各时代、各国家、各民族的思想与文化精粹，代表着人类已经到达过的精神境界。丛书系统译介世界学术经典，引领时代思想，为本土原创学术的发展提供丰富的文化滋养，为推动中国现代学术和现代化进程做出了突出的贡献。

为纪念商务印书馆成立120周年，我们整体推出“汉译世界学术名著丛书”120年纪念版的珍藏本，寄望既利于文化积累，又便于研读查考，同时向长期支持丛书出版的译者、编者和读者致以敬意。

两甲子后的今天，商务印书馆又站在了一个新的历史时间节点上。我们不仅要铭记先辈的身影和足迹，更须让我们的步伐充满新的时代精神。这是商务人代代相传的事业，更是与国家和民族的命运始终紧密相连的事业。我们责无旁贷，必须做好我们这代人的传承与创造，让我们的努力和成果不仅凝聚成民族文化的记忆，还能成为后来人可以接续的事业。唯此，才能不负前贤，无愧来者。

商务印书馆编辑部

2017年10月

出 版 说 明

本书是一部研究十八世纪英国产业革命发生和发展历史的著作，在法英等国享有盛誉，有经济史“经典”之说。

著者在书中论述了产业革命的背景：产业革命前夕旧有工场手工业的发展，商业的扩张，土地所有制的改变。分析了发明与大企业的关系：纺织工业中机器的最初使用，工厂制的形成，炼铁业的发展，蒸汽机的出现。著者指出，产业革命的基本特征就是机器大生产和工厂制的普遍出现。还论述了产业革命带来的直接的经济和社会后果：小生产破产，工业资本主义出现，城市人口集中，社会问题丛生，生产者分为两个利益对立的阶级——一无所有的、只能出卖劳动力的无产阶级和掌握资本的、几乎得到一切好处的资产阶级。著者指出，产业革命使社会制度发生了变化，这两个阶级的对抗行动充盈于我们时代的历史。

本书主要叙述经济史实，材料很丰富；对于经济理论的转变，如自由放任思想的确立和国家对经济生活的态度也有一定的叙述；对自由资产阶级的剥削状况有所描述和揭露。本书对于我们研究英国产业革命很有参考价值。

本书初版于 1906 年问世，1927 年出修订第二版。1925 年莫斯科出了俄译本，1928 年英译本问世。中译本是根据 1959 年重印法文第二版和1961年马乔里·弗农英译本译出的。

著者保尔·芒图是法国历史学家，生于1877年，毕业于高等师范学院，曾任夏普塔尔学院历史学、地理学教授，伦敦大学法国近代史及法制史教授。

目　　录

新版序言

法国有许多作家——我们脑海里突然浮现出伏尔泰、泰恩和阿莱维的名字——,他们在向其同胞解释英国的同时,也使英国人更好地理解本国,保尔·芒图是其中之一。“产业革命”这个词是一位法国作者在十八世纪创造出来的;关于这个研究题目的第一本综合性著作来自英吉利海峡彼岸是适当的。芒图先生的书,出版已有五十多年了,修订版在英国发行也有三十年了。但是,它是一本不因时间而变得陈旧的书,而且,这个新版本使日益增多的经济史研究者更易于理解它,因此,它不会是最后的一版。

在本世纪初,英国历史研究工作所受的外国影响主要是从德国来的。柏林方面同这个新兴的、前途未卜的专题有所关联,无疑是有益的。但是,细密的分类和玄妙的解释从未打动英国人的心;因此一个年轻学生在 1909 或 1910 年读到了这位法国学者的著作,就感到宽慰,因为这位学者说,一切分类都必定或多或少是人为的,所以他只想“辨认出一些集合在一起的……构成经济史上那些重大时期的特性的事实”。产业革命被他简单地看作是一个由劳动分工的不断发展、市场的扩大和人民大众采用新的制造方法而产生的运动。对于理论思想的转变和国家对经济生活的态度的转变,他也给以应有的注意。但是这些都是次要的;甚至个人自由的发展(他的前辈中有些人把重点放在这一点上)芒图先生也看作是工商业高涨的结果而不是原因。这样的论述既合乎逻辑又符合年代的顺序。一般说来,事实摆出以后,真相不言自明。但是,著者的评论始终是恰当的,描述也是极其清楚的。

芒图一点也不傲慢武断。他不像英国传奇中的法国人那样断言,太阳是绕着地球转的,并且只愿以自己的名誉作担保。他绝不要求他的读者不加深究地相信任何事物。他通晓十八世纪的经济文献,尤其是小册子,而且也利用了许多手写的原始资料。然而,他说他的著作是一种*暂时性的*综合物。他与那位叙述罗兹被围的著名的历史学家形成对照,他已做好准备去按照后来的调查人的发现来修改自己的结论。——只需把 1928 年英文版同最初的法文本相比,就可看出他是多么愿意这样做的。正是他的这种虚心,才使我有勇气借此机会请人们注意现代学者有几点意见与他的意见不同。必须承认,这几点都是次要的。

最有启发性的篇章之一就是论述农业变动的那一章。英国有一个关于自耕农的神话,正如法国——我们敢说出来吗?——有一个关于农民的神话一样。说农民对小块土地有完全所有权会培育出独立精神和其他刚强不屈的美德,这可能是真的。但是,由于芒图先生论述得很清楚,所以哀叹"自耕农的衰落"未免哀叹得过分了,圈地运动所起的作用也被人们夸大了。在所谓土地革命(这是不适当的名称)的开始之前,大多数土地所有者早已离开了土地或者变成了租地人——一般租用了较大的土地。不过那些擅自占用公地者和雇农,可能也有小佃农,都没有离开土地。圈地运动使他们受很多的苦。然而,必须指出,历史学家们现在对议会委员会和圈地委员的工作的看法，比较大约三十年前的一般看法要有利些。他们处理要求土地的案件，虽然不总是公平，但力求合法。

这本书对农业技术改良的叙述，几乎好到不能再好。我们只能补上一点，就是杰思罗·塔尔在某些方面现在看来好像是反动派而不是改革派，而另一些名字可要出现在先驱者的名单里，放在汤森、科克和阿瑟·扬等名字的旁边。现在，人们知道只有部分土地适合诺福克郡那种新耕作法，而且，各地区的进展的速度也有快有慢。但农村的耕作面积和每英亩的产量整个说来都扩大了。芒图先生的结论是：他们的首创精神既是为了追求私利又是为了有益于公众。这个结论在多年前遭到一些反对，但是现在却普遍地获得赞同。

关于制造业和运输的革新，人们写过几本书。但是，虽然其中有些比本书详细，可是没有一本能比这里所提供的说明更加明晰了。然而必须承认，英国作家们尽管得到新证据的支持，仍然倾向于这样的意见，即：主要是刘易斯·保尔而不是约翰·怀亚特使机械纺织最初获得进展。关于塞缪尔·沃克用计谋获得亨茨曼的坩埚制作法这件事的传说，有人也表示怀疑，因为那与我们所知有关沃克的其他各事不一致。现代学者们偏要强调不列颠以外的发明，轧棉机就是其中一个突出的例子。对于各种工业的历史的最新调查研究（在芒图先生写作时，这些工业的历史很少被人所知）指出，科学家们特别是化学家们所起的作用，比人们所想象的要大。对照实验以及从简单的不断摸索而得到的发现，跟技术的进展大有关系。

关于各种发明对工人有什么影响，本书倒数第二章几乎说得详尽无遗了。我们现在已拥有有关利用水车的比较完备的细节，从而得到这样的结论，即雇用贫穷的童工的做法没有先前所料想的那样广泛，其衰落也比料想的要早。对童工虐待得最凶，不是在雇主执行严酷的纪律时，而是常常发生在把监督权交给愚昧无情的下级职员时。在仁慈的雇主如戴维·戴尔、罗伯特·皮尔和塞缪尔·格雷格手下，工厂生活不是与健康不相容的，而且似乎有时使工人觉得幸福。芒图先生对这个问题的论述是合乎情理的；他彻底澄清了米歇尔特所散布的那种传说，即皮特叫工厂主雇用童工（这是所谓"可怕的回答"），这也是一个贡献。

怎样把成年人招入工厂，怎样引诱和强迫他们逐渐习惯于他们本来不愿的在严格监督之下按规定时数的工作，关于这些，人们现在知道得更多一些了。工厂工人的工资增高，家庭工人的工资下降，这是一般人都承认的。正如芒图先生指出的那样，1792 年以后，手织机织工工资低，不是由于动力织机（因为动力织机后来才有）所致，而是由于那些企图在自己家里干活的人数目过多所致。这是许多国家中今天仍然存在的一个问题；但是，当时这是由于一些情况而加剧了，对于这些情况今天人们仍然注意得不够。好几百年来，纺纱是女人的工作，织布是男人的工作。在引进棉纺机之后，对家里纺出的纱线的需要下降了，许多妇女就撇开手纺车去学习使用织布机。她们自己不一定因为这种改变而处境更糟（纺纱一向是低薪职业），但是，她们同男人竞争的结果，一般必定迫使织工的工资下降。因此，芒图先生说，工资下降不是由于动力织机的竞争所致，这话是对的，可是工资下降是由于引进机器——而引进的部门就是纺纱工业。

关于另外两个事实，需要再说一遍。关于济贫法的叙述是极好的，但是，斯皮纳姆兰制度并没有实行于全英国。它是对贫困农民的一种救济办法——不论好歹——，它的遗迹在北部工业区并没有多少。还有，关于 1799 年同盟条例，芒图先生所说的一切都是确实的。他正确地指出，这只是一系列的类似措施中的一个。但是，必须补充说，它所规定的处罚比起较早的条例所规定的轻得多，而且——也许是因为这个缘故——很少被人援用。工人因组织工会吃官司，像以往一样，大多数都是根据普通法的阴谋罪条款提出的，但是，有证据可以说明，许多工会没有受到干扰。

还要请读者注意：在本书里，作者一再把产业革命时期的状况与今天的状况来个比较或对照。然而，必须记住，“今天”的意思是指二十世纪的二十年代而不是六十年代。芒图先生写作这本书以后，英国社会已经发生了很大的变化。面积广大的土地又为耕种土地的人所有了。今天参观曼彻斯特的人很难发现单独一家棉纺厂了。工业又广泛地分散开来了；南部不再是不发达和不活跃的了。英国人关于大英帝国的梦想，今天也已经不是过去那样的了。

“死水必有毒”。历史是没有最后的结论的。随着时间的推移，我们对产业革命的看法需要作出进一步的改变。但是，让我们重复一遍，从结构和细节这两方面看，这本书在用任何语言写的谈产业革命的入门书中是最好的。此外，它还是一本永久性的参考著作。近来，从头至尾地又读了一遍，觉得这是一本人们不愿放过不读的书。它新鲜可爱，很是惊人。近代作家们有相当多的调查结果，过去会以为是全新的，现在知道芒图先生早已作出这些调查结果了。他的书是经济史的稀有著作之一，可以公正地说是经典性的著作。

伦敦大学经济史荣誉教授　T. S. 艾什顿

1961 年 6 月

第二版序言

本书第一次出版已有二十多年了。当时预期目的有二。它企图向公众提出一项有关近代史上最重要的运动之一的综合研究——这个运动的结果影响了整个文明世界，而且仍在我们面前改变和塑造这个世界。它也打算叫大学生们，特别是我国的大学生们，注意一个刚刚开始研究的领域。第一个目的，本书是否能完全达到，要由读者来决定。至于第二个，我们这个时代的现实情况和精神比起任何个人的努力都更能使历史的经济方面显得自有其重要性，由此鼓励人们对产业革命这一惊人事件的起源和发展去进行调查研究。

关于本书所叙述的种种事实的各方面，现在已经出版了许多卓越的论著。有些专门问题已经有人十分用心和卓有成就地研究过了。原始资料也已搜求过了，并已作出了科学的探究。即使我有时间和财力在这些新资料的基础上另写一本书，我也不想写；我的意图仅是充分考虑本书应受的批评以及过去二十年来一切有价值的研究成果，修改旧著。我已经努力改正并完成我所画的图画，其轮廓我认为应该照旧不变。如果这本书以现有的形式仍能作为一本入门书，帮助人们进行范围更有限和更透彻的研究，那我就很满意了。本书初写时是，现在必定仍然是暂时性的综合性著作，有待进一步的修改。谁想他的学生们继续信任他，谁就必须把自己看作是一辈子要学习下去的学生。

保尔・芒图

1927 年 1 月 7 日

导　言

近代大工业是在十八世纪的最后三十余年中在英国产生的。它的发展，自始就是那么迅速并且造成那么些后果，以致人们能够比之为革命，[1] 的确，许多政治革命还不如这么彻底。今天，大工业林立在我们的四周；它的名称似乎可以不需要说明了，因为它能使人想起那么多的熟悉而动人的形象：这就是许多建立在我们城市周围的大工厂、冒着烟的高烟囱及其夜间发出的火焰、机器不停的震动以及成群的工人像蚂蚁那样的匆忙。然而，无论产业革命如何迅速，但它却有它的一些远因，并且一定要引起一些后果，而后果的发展在一百多年以后仍是不完全的。大工业的特殊性并不是一下子就显露出来的。为了从其起源的模糊不清中更好地发现这些特性，我们必须从叙述它们今天呈现在我们面前的那些情形开始。

（一）

近代大工业：它的现有特征，它的经济后果和社会后果。

商品的生产，或者用更明白的话来说，那些不是自然界直接提供的消费品的生产，是各种工业的目的。因此，所谓大工业，首先必须将其理解为一种组织、一种生产制度。但是，它的作用却影响到整个经济制度，从而也影响到社会制度，而社会制度则是由财富的增值条件和分配条件所统治的。

大工业集中了并且增加了生产资料，以使它的产量加速和增多。它使用机器，因为机器能以绝对准确和莫大速度来完成最复杂或最繁重的工作。要使机器开动起来，大工业就用无生命的动力：自然力如风力或水力，人为力如蒸气力和电力来代替那些资源有限而又参差不齐的人力；自然力和人为力都像无生气的物质那样顺从、均匀、不疲竭，并能被人无限地任意增加。为了操纵机器的动作，大工业结集了大量的男工、女工和童工，这些工人各司专门的工作，也就成为错综复杂的机件。越来越复杂的设备以及越来越多而又有组织的人员便构成了大企业，即真正的工业王国；作为这个巨大活动的动力、作为原因而又作为结果的资本，在人力和机械力的炫耀后面活动；被其自身所固有的规律即利润律鼓舞着，这个规律推动它不断地生产以便不断地扩大自己。

把近代生产的全部设备包含在墙垣之内并把近代生产原则本身表现为显著形式的特有建筑物，就是工厂。工厂有许多巨大的车间，传布动力的皮带或传递线遍达各个车间；又有精细有力的机械设备使它充满着活动；又有遵守纪律的人员在紧张劳动，机器好像把他们带到自己的气呼呼的节奏声中去了。这一切的目的只在于生产商品，在于尽可能快地生产无限量的商品。在这里，人们可以看到织物展开成为连续不断的布匹以及堆积如山的圆筒形货包；而在那里，钢在大转炉中沸腾着，同时向空中发出炫目的火花。不停的生产成为一切企业的规律，但有正式协定加以限制者不在此例。如果完全任其自然，生产就会继续到过分的地步乃至达到毁灭性的生产过剩。这是资本自然趋势的荒谬结果，它终于要毁灭自己。

这些数量的制成品，必须出售；出售可以获利，所以出售是各种工业生产的最终目的。大工业对生产所引起的如此强烈的刺激，马上就影响到产品的流通。抛在市场上的大量商品，使价格降低，价格降低，使需求增多，又使交易倍增。竞争加剧了：运输工业的发达又为它开辟了一条越来越宽阔的出路，结果，竞争就从个人扩展到那些比过去任何时候都更加热望追求物质利益的地区和国家。经济冲突和经济战爆发了：胜利者就是那些无视其对手而能扩大自己事业范围并能找到越来越多的新市场的人。生产者的野心使生产者敢于冒险：最遥远的地方以及甫经勘察的大陆都成为他们的掠夺物。整个世界只不过是一个大市场而已，各国大工业互相争夺的这个大市场犹如一个战场。

财富分配的特殊方式，是与过分生产和流通扩大到人类世界的边缘相适应的。如果人们考虑到消费者们，那么，有利于他们的很大进步显然已经实现：商品的稀少和昂贵现象已经减少，许多以前很贵而且不易买到的东西现在已深入到那些前不久还不知道有这些东西的地方和场所。然而，如果人们研究一下生产者的情况，那么，这种景象所引起正统经济学的那种乐观看法，就要完全改变。在大工业的整个体制的基础上，我们看到人类劳动的无限积累以及机器所提供的力量，可是，日益增大的、密密集中的大堆资本却高耸在尖顶上。生产者分为两个阶级：一个阶级提供劳动力而别无所有，这个阶级为着一点工资而出卖劳力和一生的时间。另一阶级则掌握着资本，拥有工厂、原料和机器，利润和股息也归它所有；其为首人物就是工业巨头、大企业领袖，卡莱尔称他们为组织者、统治者和征服者。

由此产生了我们现代文明所特有的社会制度，它和十世纪的封建制度一样是一个完全而紧密的整体。但是，封建制度是军事需要的结果，是那使欧洲陷入野蛮无政府状态中的人类生命受到危险威胁的产物，而现代社会制度则是从聚集在大工业的中心事件周围的纯粹经济原因的总和中产生出来的。工业城市的新近发展，完全归功于大工业；在这些城市中，密集着许多敌对的而同时又互相依赖的企业。正是在这些被大工业以其强有力的生气所鼓舞着的地区中，十分强烈地表示出人口显著增加，这已成为大多数工业国家中的正常现象。曼彻斯特在 1773 年是一个仅有三万人口[2] 的城市，可是一百五十年后，它几乎有一百万人口；大不列颠和爱尔兰的总人口，在 1801 年是一千四百五十万，到 1928 年则达到四千八百万。这种为前人所未能预见到的发展，产生了无数后果：单举移民一事来说，资本和劳动力的流向海外各国，促成那些国家产生类似我们社会的迅速发展，那里也拥有我们经济制度的一切特征，而且表现得更加明显。

最后，大工业已以今天所具的形式对一切拥有欧洲文明的民族提出了社会问题。人数和财富同时增加了，但这种财富看来并未按照创造财富所提供的努力来使人口的大多数得到好处；两个阶级的对立，其中一个在人数上增多了，而另一个则在财富上增多了，前者以不停的劳动而只得到一点不稳定的生活资料，后者则享受高尚文化的一切好处；这种对立情况到处都同时表现出来，并且到处都造成同一的思潮和情感。正是这个工业活动的景象，这个支持工业活动的有组织的广泛合作景象,以及联合并指挥其集体力量的资本威力的景象,才促成现代社会主义的诞生。普遍等待着的、为某些人所希望而又为另外一些人所害怕的彻底变化,就是我们这个时代的显著特征:如果这种变化实际上发生了,这种变化就可被视为是那同大工业一道开始的运动的终结。

我们现在业已窥见其规模的这些现象的总和,并不能包含在一个狭隘的定义范围以内,因为定义里只能考虑到生产的物质条件。要赋予这个总和以实际的重要意义,就必须从其复杂的、有生命的整体来考察它。在这种情况下,它好像是一个无比重要的事件,对这事件的了解便能说明一整个的时代。经济方面的大工业、知识方面的实证科学和政治方面的民主,都是支配现代社会演进的主要力量。大工业的起源,同民主或科学的起源是一样的。如果说科学是同伽利略和笛卡儿一道开始的,或者说在美国革命和法国革命之前没有过民主,那就荒谬了。然而,人们把十七世纪的科学家和十八世纪的革命家视为现代科学和现代民主的真正创始人,却是有理由的。同样,在紧接着大工业以前的生产方式中,我们已能辨别出大工业的一些特色。但是,只有在伟大的技术发明时代,在哈格里夫斯、克朗普顿和瓦特的时代,我们才能看到大工业本身以及一些不能和它分开的并使它的发展成为主要历史事件之一的后果的出现。

(二)

定义的必要性和困难性。十七世纪的大工业:它和现代大工业的差别。

我们之所以十分强调这些几乎是而且更应当是平凡的概念，是为了不让我们之所谓大工业这一词留有任何暧昧不明之处。这种谨慎并不是不必要的，因为它的意义在普通用法上是相当混淆和不定的；为了使它固定于不变的说法而付出的努力，直到现在还未得到令人满意的结果。有人建议根据销售产品市场的大小来区分大工业和小工业；小工业就是供给一个地方或一个不大地区消费的工业；大工业就是为全国或国际市场而生产的工业。[3] 这个定义的本身并不是不可以接受的，因为它有突出商业因素在经济演进中的重要作用的优点。然而，它却背离了流行的意义，流行的意义虽然可能很不确切，但它不会有助于武断的解释。谁也不会想把今日土耳其和波斯的那种地毯制造业列入大工业之中：然而，东方的地毯却行销于全世界。在科林思地峡所制造的陶器行销到地中海沿岸各国的时候，人们可以说科林思那时就有了大工业吗？在我们看来，工匠在小作坊里通过个人技能来弥补简陋的有缺陷的工具所完成的工作，正是大工业的确切对立面。因此，与其说是向外扩张是大工业的主要特征，倒不如说它的内部组织和技术设备是其主要特征。我们已经说过，大工业首先是一种生产制度。

可是这里，新的混淆又在等着我们，因为工业演进有许多阶段，这些阶段是一个接着一个而连成一串的，只有抽象概念才可以画出明确的界限。按照人们选择其中的这一或那一阶段作为起点，大工业的发生就会被提前一世纪或几世纪。我们把大工业在英国的发生定在 1760 至 1800 年间；但是，如果必须相信几本新近的著作，或者至少相信这些著作的名称，[4] 那么，早在一百年前，即从路易十四时代起，法国就已有大工业了。这是矛盾还是误解呢？

这就是我们应该研究的东西。

热曼·马坦的著作一开始就向我们表明，他所研究的大工业并不是自然演变的结果。[5] 它是人为的产物，或者几乎是如此，它只有通过法国王室的发起或保护才能生存。科尔贝当然可被视为它的创建人，但是他“认为大工业只有通过国家的干预才能存在”。[6] 他只把它理解为王室大作坊的附属物，这些作坊在任何时代以及在极其不等的文明状态中，都是为君主服务并根据君主的命令而生产的。热曼·马坦先生所搜集的关于十七世纪手工工场的文件，向我们提供一幅乍一看来很像近代工厂那样的图画。企业的重要、雇用工人的数目、工人分为专门的小组、工人所遵守的严格纪律，[7] 这一切都是近代大工业中所有的那么多的特征。可是，一经明了其起源时，这种真实的相似性就显得没有意义了。

在手工工场监察员所编制的制造表中，工业企业分为三类。[8] 第一类是国王所有的国家手工工场，其资本来自王室金库，其产品通常是供国王本人使用的奢侈品。我们可以提出这一类中最好的例子就是戈伯兰工场，它的正式名称在其创建时是国王家庭用具手工工场。在莱布伦、继而在米尼亚尔的领导之下，那里雇用了大批艺术家和工匠，只按路易十四的意旨为装饰其宫殿和增加其宫廷的富丽而生产。他们的作品也用来装饰凡尔赛、圣日曼和马尔利等宫殿：挂毡、木刻、雕刻、铜器、纪念物以及镶镂精美的银器，这些银器在国家困难时又被铸成货币。这里，一切都和国王本人有关；一切来自国王，一切也归于国王。这样的工业是处在经济生活需要之外的，它不图利润，也不知道竞争。不应把它同近代大工业相比，只能同古代的家庭工业、同附属于一个家庭的奴隶工作相比，因为奴隶是在这个家庭里制造那些为主人的需要或享乐所需的东西。

第二类是王室手工工场。这些工场是私人所有并为公众的消费而制造。可是，它们所用的名称就足以指出，这里仍然显出国王的无比作用。工场除了官方给以保护外，工场主还是国王或其大臣的不止一次的正式邀请来在特定地区中建立工场的，有必要时，大臣还到外国去找工场主。[9] 他们可以得到一切支援：国库的直接津贴，省三级会议及市的无息贷款；免除最重的赋税如军役税、盐税和军人宿营税。[10] 人们甚至于不要他们服从那些十分严格而苛虐的、小制造商应当遵守的工业条例。他们好像是处在国家法令之外似的。正因如此，所以阿柏维尔的凡·罗培家族在南特敕令废止以后和在整个旧制度时期仍能自由信奉新教。[11]

最后一类是特权手工工场，这类工场也许比王室手工工场更加受到宠用。它们有制造和出售某些商品的专利权。它们享有绝对的垄断权，只有伪造才能限制这种垄断权，可是我们知道旧制度的立法是以怎样的严酷性来惩罚各种伪造的。科尔贝似乎想把王室的一部分特权授予工场主，工场主在领导其企业时，好像是国王的代表。[12]

假如建立和支持这种组织的手一旦缩回去，那么，一切都动摇了，并有倾毁的危险。这些企业仅靠保护和特权维持生命。如果任其自然，许多就会立即消灭。在路易十五时代，当政府不以同样多的关心去照顾它们的时候，它们便开始衰败。王室手工工场和特权手工工场有一个时期曾生产过接近全法国所造呢绒总量的三分之二，这时却只生产三分之一左右了。在近代大工业面前退却那么快的小工业，可是在那时仍然很有生气。虽然有租税和束缚压住它，但它还能抵抗科尔贝对它掀起的那种可怕的竞争。这是因为它依靠一整套的还未被任何事物所改变的社会经济条件的支持。例如在朗格多克省，我们看到它不仅继续存在，而且还在繁荣扩大着，同时保持着它的家庭的和农村的形式："凡是勤劳的人，离开各种交际场合，在两山之间找到一小块有点水的地方，把水加以调节、贮存或按水的丰富程度任其流动。他在那里开辟一个自然牧场（牧场有时不到十二英尺宽、四分之三或一又二分之一英里长），买些绵羊在那里放牧；他的妻子和孩子纺绩由他剪下并梳好的羊毛；他把它织成呢绒并到最近的市场去出卖。他的邻人（假如可以称之为邻人的话，因为他们有时至少相隔四分之三英里远）的做法也是一样。这一切就不知不觉地形成为一个村社；在这村社里，人们在一天之内也许还兜不了一个圈子。"[13]

因此，绝不可把十七世纪的王室手工工场的创设同下一世纪的大工业的自然兴起混为一谈。王室手工工场的创设是一件意义不大的事实，尽管科尔贝希望它对法国的繁荣能起重要作用，但它并无普遍性的后果：它和现今的经济制度似乎没有任何直接的关系。[14]对于赫尔曼·利维所研究的英国十七世纪的工业垄断，我们也可采取同样的看法。[15]在他叙述其发展的那些工业——采矿业，玻璃、肥皂、食盐、金属线制造业等等——中，只有依靠国家的积极不断的支持资本主义大组织的创设才有可能。"国王所赐的特权、法律禁止国内竞争、保护政策"，[16]这些就是人们用以鼓励其人为的发展的方法。这些组织所享受的支持本身就说明它们之不得人心，早在克伦威尔时代就有攻击它们的特权的运动，这些特权一被撤销，它们就立即崩溃。人们难道有理由说，它们的暂时生存“就可驳倒工业资本主义在英国是发生于1760年左右这一屡屡被人重复的论断吗”？[17]它们显然是属于与近代大工业根本不同的一类事实，这类事实也不能说明近代大工业的今后出现。然而我们提到其著作的那些著者却在明白地指出，在真正的大工业时代以前，一些庞大的、投下大量资本和雇用大批人员的工业企业已能利用有利的情况组织起来了。在英国、意大利和法国，在文艺复兴时代或在中世纪末和路易十四时代，都不缺乏有证明力的事例。其中大多数由于缺乏科尔贝那样人的政策，而没有显示出更深远的影响。[18]

（三）

大工业以前的工业资本主义。文艺复兴时代的英国呢绒商。为保护小生产者而采取的措施。

威廉·阿什利[19]和G.昂温[20]关于英国经济史以及多伦先生关于佛罗伦萨经济史[21]等著作，使我们知道在十六世纪初，甚至在十五和十四世纪，已有资本主义企业的存在，特别是在毛纺工业方面。我们仅就英国而论，肯定从亨利七世时起，若干富有的呢绒商在北部和西部诸州中已起着类似我们今天大制造商的作用，唯规模较小而已。传说中还保存着他们的名字，例如：肯达尔的卡思伯特、哈利法克斯的霍奇金斯、马尔梅斯伯利的斯顿普、曼彻斯特的布赖恩、纽伯里的约翰·温奇库姆。他们不只是从织工手里收买呢绒以便在市场上或庙会上出卖的商人，而且还开设作坊，亲自经营。他们是近代词义的制造商。他们的财富与权力似乎已给当时人留下很大的印象;他们的半故事性的名声,连同工业资本主义的这种早期雏形的图画,一直传到我们今天,这幅图画尽管无疑地被人美化了和过分夸大了,但还是可以认识的。

围绕着约翰·温奇库姆(他通常被人称为纽伯里的小约翰)这个人物,传说和历史汇集了很多故事。他死后二百多年,在他出生的那个城市里,人们还讲述他怎样以自己的费用建筑教区的教堂,怎样款待国王亨利八世和王后阿拉贡的凯瑟琳,以及在 1513 年对苏格兰战争时怎样以自己的费用装备了一百个战士并亲自率领他们上弗洛登—菲尔德战场。[22]传说,有一天国王在伦敦附近的路上遇着一大队装载呢绒匹头的车辆,在得知那些呢绒都是属于温奇库姆的之后,便大声嚷道:“纽伯里的小约翰这家伙比我还富有。”

他的财富全靠经营他的那些大作坊,在那里,有许多人在从事羊毛的梳理和纺织。我们在一本用不高明的韵文叙述这位大呢绒商的故事的小书里,[23]看到一种即使不很可靠但还奇妙的描述:两百名织工聚集在一间又长又宽的屋子里使用着两百架织机,并有两百名学徒在帮忙。一百名妇女被用来梳理羊毛。有两百名身上“穿着红色细布裙子、头上顶着乳白色头巾”的少女在运转着卷线杆和纺车。拣选羊毛的工作是由一百五十名儿童、“穷而蠢的人家的孩子”去做的。呢绒一经织成,即交到五十名剪毛工人和八十名整饰工人手里。这个企业中还有一个雇用二十名工人的漂洗坊和一个雇用四十名工人的染坊。[24]这些数字大概太夸大了。但可靠的则是约翰·温奇库姆的企业,无论在组织方式上或在相对的重要性上,都和通常的工业形式不同。这就是它所以出名的缘故,下一代人将其因时间间隔所夸大的传闻传给我们。

以纽伯里的小约翰为代表的制造商阶级，在十六世纪前五十年中有了迅速的发展。这一回出现在我们面前的，倒不是人为的发展。毛纺工业这样地向几个富有的呢绒商手里集中的倾向，并未受到任何外在势力的赞助。都德王朝政府不但不像法国君主后来所做的那样去鼓励它，反而因此感到不安。政府认为这是对传统的手工业组织的威胁，尤其是对无数小工匠的惨重竞争。至少已采取了保护乡村织工的措施：[25]"本王国的织工们像在其他时期一样，向本届议会提出申诉说，富有的呢绒商用种种方法压迫他们。有些呢绒商在家里安设和保管几架织机并雇用短工和未经过学徒时期的人来织，因而损害大量可怜的、从小就学织的工匠……；或则将织机以不合理的价钱出租，以致可怜的工匠不能生活，更不能养活其妻子和儿女。另一些呢绒商则发给他们比以往所付的少得多的工资作为织工的劳动力的代价，这样就迫使他们放弃其所学到的职业。为了补救上述损害和避免一切若不及时预防就能发生悲惨后果，本议会职权特作如下规定：凡住在市、镇、有市场的城市或法定的镇市以外的、做呢绒商行业的人，不得在自己家里拥有或占有一架以上的呢绒织机；上述人等亦不得将织机或将可以安设织机的房屋出租……，借以直接或间接收取或提取任何种类的利润、利得或收入，违者，每周处以二十先令的罚金……。"[26]

这样，英国早在都德时代就有了工业资本主义的自然发展，[27]而且已经发展得相当强大，以致人们会害怕小生产被其吞没或毁灭。人们应否因此便说，大工业至少已开始于十六世纪呢？更正确地说，我们难道不会被迫承认，一长串的事实（科尔贝的试图只是其中枝节之一）已从老远预示着并准备着产业革命吗？

（四）

手工工场的概念：劳动力的集中和分工。手工工场与大工业的区别：机械装置。这个术语为什么不能代替大工业这一术语。

一个能把这些事实概括起来并表明其特征的词，就是手工工场这个词。我们得有这个词，完全归功于卡尔·马克思，他在他那部定论式的伟大著作的某些篇幅上，完成了历史学家的工作。

按照马克思的意见，近代资本主义的演进是在文艺复兴和发现新大陆的时期开始的，当时商业突然扩张以及货币与财富的增多，改变了西方人民的经济生活。[28]但是，这一演进可以分为两个时期：直到十八世纪中叶，生产仍受手工工场制度的支配。接近1760年时，大工业时代才开始。[29]这种区分有什么根据和意义呢？

手工工场已经含有劳动与资本的分离。在1557年法令的序言中，我们已看到这种分离是怎样实现的：起初在自己家里用自己的工具进行自由劳动的工人，不久就变成为一种因使用那已不再为自己所有的劳动工具而付出使用费的租户。以后，制造商更进而在他家里安装设备，创办由他直接监督的作坊：工人只向他提供劳动力借以领取工资。约翰·温奇库姆在纽伯里和旺·罗贝家族在阿贝维尔所干的事就是如此。

手工工场的原则和存在的理由就是分工。[30]在有两三个伙计帮忙的工匠小铺子里，或者在由妻儿环侍着的乡村工人茅舍里，分工仍然是十分初步的。只要能同时完成几种最低限度的、非有不可的操作就够了：例如一个人拉动冶炉的风箱，同时，另一个人使用铁锤。让我们把这种情形同亚当·斯密有关十八世纪一个别针手工工场的著名描述对比一下吧："一个没有学过这种工作（分工已使这一工作成为一个单独的手艺），又不惯于使用这一工作所通用的器械（器械的发明大概还要归功于分工）的人，不管怎样灵巧，在一整天内也许勉强可以做出一根针，肯定不能做出二十根。可是，就这项工业今天的经营方式而论，不仅全部工作是一个单独的手艺，而且它已被分成许多部门，其中的大部分已经同样构成为单独的手艺了。一个工人抽铁丝，另一个工人把它弄直，第三个工人把它截断，第四个工人把它弄尖，第五个工人则把要镶头的那一端磨尖。做针头又需经过两三道不同的工序：镶头是件专门的事，使针发白是另一件专门的事；甚至把针插在纸上并将其包装起来也成为一种不同的独立手艺；制针这件大工作就这样地分为大约十八道不同的工序；在某些工厂里，这些工序是由不同的工人完成的，尽管在另一些厂里一个工人兼做两三种工序。我看过一个这类小制造厂，仅仅雇用十个工人，因此，其中有几个人担任两三种工序。可是，尽管这个工厂很穷，因而装备也不好，但当他们努力工作时，他们每天能制出十二磅左右的别针：可是每磅含有四千多根中等大小的别针。因此，这十个工人在一天之内共能制出四万八千根以上的别针……"[31]

分工已经如此常常成为经济学家研究的题目，所以几乎用不着再多说什么了。专门化了的工人所逐渐获得的准确性和速度及其对生产所起的作用,一开始就被最初的手工工场创建者们注意到了。他们在亚当·斯密、在《论东印度贸易》的著者以前,就已经看到,“只要人们把更多的秩序和规律带到工作中来,人们就能在较少的时间内和用较少的劳动力去完成工作,从而就降低了它的价格。”[32]

我们怎样才能把在经济演进中业已达到如此先进阶段的手工工场同近代大工业区别开来呢?马克思以及大多数研究过这个问题的人,都认为大工业的显著的特征就是使用机器。马克思在论“分工与手工工场”一章以后,便把下一章命名为“机器与大工业”。他对机器及其经济作用进行了很长的论述。他对工厂所下的定义是“使用机器的工场”:在那里,人们还能认出手工工场中所流行的那种分工,但分工已被那些自动化的辅助工具推进到极点了,这些工具能产生相当数目的工人所能产生的物质力量,以毫无差错的准确性完成其任务。按照霍布森的意见,[33]正是机器代替了比较简单的设备以后,才大大地增加了企业的固定资本;由于促使生产大大加速,机器便使流动资本愈益增大,因此,机器就使没有资本的工人愈益不能经营工业,因而造成了现代的社会制度。[34]另一位著者指出,在业已达到某种文明和物质繁荣程度的任何古今社会中,类似手工工场的劳动组织就能够产生出来,而且在事实上已经产生出来了。[35]但在十八世纪末出现了一个新的因素,这就是强力的机械装置,它的出现在世界经济史上划出了一个时代。

这两个词本身似乎表示机器业和大工业的基本的同一性。把法文大工业这个词译成英语,最好的译文就是 factory system。[36] Factory 这一词的意思就是制造厂或工厂。在十八世纪中叶,它仍保有法语中 factorerie 这一词的专有意义，因为它和法语这个词有亲属关系；factorerie 的意义是商店、柜台、仓库。[37] 当最初的工厂出现的时候，人们起初并不称之为工厂，而称之为 mill 水车场，因为引人注目的东西就是设在河上的、类似磨坊车轮的大车轮。而且，mill 这个词有了越来越广泛的意义，终于几乎成为机器的同义词。[38]这样，工厂、水车场和机器就成为一个东西了。在十八世纪的最后几年中，mill 和 factory 这两个词几乎被人无区别地使用着。[39] 在规定工厂劳动条件的最初法令条文中，这两个词都使用着。[40] 早在 1806 年，议会委员会关于毛纺工业的报告中就有 factory system 这一用语，[41] 虽然它未必含有机器这一概念。但在 1830 年左右，当它成为流行的用法时，尤尔在其《工业哲学》一书中给它下了这样的定义："工厂制度(factory system)的意思是，以经常的劳动来看管一套由总动力不断发动着生产机器的、不分长幼的各种工人的协作。"[42] 最后，到 1844 年，我们便有了一个法定的定义如下："工厂(factory)就是这样一个场所，在那里，人们借助于由水力、蒸气力或任何其他机械动力发动的机器来工作，把棉花、羊毛、鬃、丝、亚麻、大麻、黄麻或麻屑等进行准备、制造、加工或改变为某种形状。"[43]

如果说，机器的使用就是区别工厂和手工工场的主要标志，就是说明新的生产方式所以不同于以前一切生产方式的主要标志，那么，难道人们不应当使用"机械业"这一术语来代替大工业这一术语吗？"机械业"这一术语有简单、明了、能够避免混淆的好处，而混淆的来源往往是由于文字而不是由于事物。然而，这一术语也许会把虚假的简单性插入实际的复杂而紊乱的多样性中去。首先，机器的出现并不是一下子完成的。机器究竟是在哪儿开始而工具又是在哪儿终止的呢？制铁厂和翻砂厂从十六世纪起就使用着由水车发动的锻铁锤和风箱；[44]如果人们看看英国第一批纱厂创建前几年出版的百科全书中那些卷帙的版画，就会因发现一批已经十分精巧而又往往相当有力的机器图样而感到惊奇。[45]机械装置的起源，并不一定比大工业的起源更易于确定。而且，难道不怕这个词过于狭隘而不能表达其所应表达的一切吗？在纺织工业中，最有决定性的进步的起点，实际上是纺纱机的发明。但在冶金工业中，我们却会看到主要的事件则是用煤来熔化铁矿石。难道这是可以用机械业一词来说明的事情吗？况且，手工工场过渡到大工业的行列是通过一些几乎觉察不出的改变。例如，在乔赛亚·韦奇伍德时代的陶器出产地就是如此。因此，必须用一个广泛得多的、可以说明各种形式下技术改进的名词来代替“机械业”这一词。机械装置是近代大工业的主要因素之一，也许是它的基本因素。但是，如果要在这两个用语间作出选择的话，难道不可以选择最全面的一个，选择那不仅能够指出它所表达的那些现象的起源或其起源之一的，而且还能包括全部现象并以现象的联系本身来说明这些现象的那一个用语吗？[46]

人们很可以主张在手工工场和大工业之间并没有很明显的分别，并且可以强调它们共同的特征而不强调它们之间相异的特征，黑尔特说：“在手工工场中，工人的独立性已经丧失了。在各个企业的内部，已经有很细的分工，其结果就是使工人永远丧失技术上的全面知识。”然而，难道我们甚至可以说，“手工工场和大工业之间的差异毕竟并不十分重要吗？”[47]各个现象的连续，再没有比在经济范围——这是需要与本能的领域——内的那样连续不断和不易觉察出来：在这个领域里，种类和时期的任何分类与区别都必然保有或多或少的人为的性质。这就和演绎社会学的那么明晰、典雅而武断的范畴毫无关系。然而，尽管它们的轮廓模糊，但是存在着，而且人们也容易分辨出若干组的事实；这些事实合成为整体，同时又由于它们占据着有关的地位，于是使经济史上的各伟大时期各具有特点。要确定每一时期，只需辨别出它的主要趋势，按照黑尔特的说法，即 tonangebend（领导作用）就够了。此外，当我们努力区别这些相继的阶段并说明其特征的时候，我们不可忘记这些阶段毕竟只是同一演进中的不同时机而已。[48]

（五）

交换与分工的相关发展：技术上的进步与其说是它的结果不如说是它的原因。产业革命并不是一种偶发的事件。问题的范围。

交换与分工这两大主要事实，统治着这一整个的演进；它们彼此密切地联系着，相互使对方发生变化，它们的结果虽有无限的差异，但它们的原理总是同一的。它们同人类的欲望和劳动一样的古老，它们是通过整个由它们所决定的或伴随着的文化运动来共同继续前进的。交换上每一次扩大或增加，都为生产打开了新的门路，引起了更加进步的、更加有效的分工，引起了在各生产地区间、在各行业间以及在每一行业的各部门间日益狭窄的任务的分派。反过来，分工由于得到技术进步（技术进步是分工的最有成就的形式)的帮助,于是在许多互相依赖的专业活动之间就必以越来越大的协作为前提,最后,全世界都参加这一协作了。[49]

我们在经济史上所区分的各时代,是与此二重发展上多少有点显著的各阶段一致的。从这一观点来看,不管使用机器的结果如何重要,但使用机器本身只是次要的现象。在它成为足以影响近代社会的最有力的原因之一以前,它最初却是一个结果,是这两现象在演进中达到某一决定性时机的表现。能最好阐明产业革命的东西,正是以机器出现为特色的这一紧要时机。

如果这些论证仍然留有若干模糊不明之处,那么,只有用心研究事实才能使之消除。智能、宗教和政治等演变的起源,确实是不容易发现的。但是,个人的行动和思想在这类演变中所起的作用却是很大的:事变、人和书籍,到处都在时间消逝的连续中体现出一些标志。经济演变是比较混乱的:好像撒在大地上的种子那样慢慢地生长。无数模糊不明的事实,在细节上几乎是微不足道的,但能汇集成一些大而混乱的整体,而彼此无限地相互改变着。我们必须放弃了解全部事实的念头:当我们选择其中几个来描述时,我们知道我们会放弃一部分的事实,放弃那要达到严格区别和充分解释等不现实的野心。

产业革命对历史研究提供着一块非常广阔的、大部分尚未经探究的园地。我们必须对于我们这一著述定出严格的范围,尽管我们有时由于不能超出范围而感到痛苦。在地理范围方面:我们不超出大不列颠;苏格兰的经济史即使未被完全弃置一边,但已被放在次要地位;就是在英格兰本身方面,我们的注意力也几乎专门集中在中部和北部诸郡，这一带是构成我们研究对象的事件的主要发祥地。在年代范围方面：在早死以前已经开始写作这一历史的阿诺尔德·托因比，想把1760年作为开始，一直叙述到1820或1830年为止。我们认为有确切的理由来决定以十九世纪初年作为下限；在这个时候，那些伟大的技术发明，其中包括那项超越一切的发明即蒸汽机，已经进入实用的领域；工厂已经很多，而且除去设备上的细节以外，都和今天的工厂相似；大的工业中心开始形成，工厂无产阶级已经出现，旧行业法规大半以上已被推翻而让位给放任制度了，而放任制度本身也注定要屈服于人们已经预感到的那些需要上的压力，因为有关工厂立法的法令是始于1802年。从这时起，一切作为论据的事实都已提出了，今后只需关注其发展了。此外，在下一时期中，经济现象受到若干干扰以致其发展被弄得非常错综复杂：大陆封锁时期和谷物法令时期都值得进行专门的研究。

我们还需遵守别的一些限制。在托因比所定的计划中，同时给事实的演变和经济学说的演变留有位置。我们则撇开学说部分，但当我们认为学说与事实有密切关联时则不在此限。像到目前为止的大多数研究经济史的人一样，黑尔特曾经着重研究过种种制度：我们认为所应当着重的，不是那些统治工业的法令，而是工业本身。[50]不可能描述即使是一个很短时期以内的一切工业的演变。因此我们选择了我们认为其发展是最重要的而同时又是最典型的几种。当问题在于描述旧的生产制度以及那些促进其逐渐变革的势力时，我们就以毛纺工业为例；而棉纺工业则对我们提供了机械装置出现的最动人的图画。在铁工业史中，我们看到了冶金工业今天所起的伟大作用的起源，而一件与此起源有关的同样重要的事实是：煤进入了工业领域之内。矿业的发展与炼铁厂的发展是分不开的，而这二者便可说明蒸汽机的出现。

甚至在此范围以内，出现在我们面前的园地仍然十分广大，因此只能很快地走过去而不能稍事停留。然而，我们并不是在某一特殊问题上重新进行那在英国早已开始了的详细研究，而是力求说明一个全貌。这种详细研究可能是很不完备的。我们认为只有在得出一些为指导新的研究所必不可少的概念以后，才能有效地再开始这种详细的研究。由于英国产业革命是全世界产业革命的序幕，所以这些概念同时对于各国的，特别是法国的一切想要参加撰述这一伟大变革史的人，都可能是有用的。

*

在完成这个长篇著作的时候，我们应向那些帮助我们完成这一著作的人致谢：应向伦敦经济学院致谢；应向我们的朋友、伦敦改革协会的秘书[51]同时又是西德尼·韦布的最积极的合作人之一F. W. 高尔顿致谢；应向剑桥大学福克斯韦尔教授致谢，因为他向我们开放其富有经济文献的藏书库；[52]应向威廉·福伍德爵士和利物浦博物馆的保管委员致谢，因为他们准许我们参考韦奇伍德的未经发表的、现已成为该馆所有的文件，同时又让我参看迈耶先生的陶器搜集品；应向伯明翰的乔治·坦基先生致谢，因为多亏他，我们才得到博尔顿与瓦特的商业通信以及索霍工厂的全部记事簿、合同、估价单等等；[53]应向斐迪南德·德赖弗斯先生致谢，因为他盛意地把拉罗什孚科—利翁库尔公爵的儿子在1784和1786年所写的两本有趣的英国旅行记借给我们看；最后应向坎宁安博士致谢，因为他的好意鼓励了我们坚持这项艰辛的事业，而且每当我们必须接触一些在我们自己范围以外的问题时，他的名著就成为我们的向导。

第一篇　产业革命前夕的各种变化

第一章　旧式工业及其发展

我们的大工业城市，有着许多工厂发出的嗡嗡声音，并被烟雾熏得漆黑；可是过去的小城市，非常安静，工匠和商人在那里不慌不忙地劳动着。这两种情形的对比，在任何地方都不及在英国那样明显动人。因为甚至不越过那条想象上的界线（根据巧妙的标志，这条界线似乎把英国分成一半是畜牧区，另一半是工业区），今天还可以把这两种情形进行对比。[1] 离曼彻斯特不远的、隔利物浦只有几里路的切斯特，在其厚实的、由罗马人奠定其基础的墙垣里面，还显示出：不整齐的和富有画趣的街道，正面不见横梁而向外突出的古老房屋，以及掩蔽在拱廊两旁的店铺。但是，这些旧日的城市，犹如化石一样，仅仅保有其曾为活人生活的标记：旧式工业的形式和制造方法，除在几个偏远而贫穷的区域外或在几项落后的行业外，都已经消失了。然而，必须明白这些东西，才能把它们同下一时期的经济生活条件相比较，才能看出变化的重要性，这些变化在将近十八世纪末已经标志出近代大工业的到来。

（一）

毛纺工业是旧式工业的典型。它的古老性、重要性和特权地位。大量与它有关的文件。

毛纺工业是英国旧式工业中最特出的和最完全的典型。它几乎普及到各地区，它和农业、它和它的传统的古老与势力有着密切的联系，这些都使它对我们所提供的事例具有普遍的重要意义。

自古以来，在工业活动兴起很久以前，遍地皆牧场的英国饲养着许多羊群，同时经营着羊毛生意。羊毛大部分是卖给外国人的，或则用以同法国南部交换酒类，或则供应法兰德斯的热闹城市中织工的织机。从诺曼人征服英国时起，法兰德斯的工匠们渡过海峡去教导英国人自己利用这种富源。他们的迁入，受到王室的奖励；王室屡次三番地，尤其是在十四世纪初，力图借助于这些外国的先驱来创设民族工业。从爱德华三世时代起，这种工业不断发展和繁荣起来。它普及到各村镇，成为全国人民的主要财源。不但如此，而且像十七世纪重商主义理论家们所主张的那样，一个国家的富有是按其拥有金银的比例而定，国家为了致富就应输出商品去换回现金，那么，毛纺工业就使英国发财了。在原料方面和在劳动力方面都完全是英国的，一点也不借助于外国。它所吸入的一切金银都将扩大公共的宝库——民族威严所必不可少的手段。

直至接近十八世纪末为止，这项工业所拥有的威望以及它对其他一切工业所行使的那种领导权，已被一句习用的成语所证实。这句成语就是“the staple trade, the great staple trade of the kingdom”。它的意思是，主要的工业，王国中的主要工业。同它的利益比起来，一切利益都被视为是次要的。阿瑟·扬在 1767 年写道：“羊毛早已被视为是神圣的东西，是我们全部财富的基础，以致要是发表一种无助于它的单独发展的意见，那就有点危险了。”[2]一长列的法令和条例的目的都在于保护它、支持它、保证它的产品的优越和它的高额利润。[3] 毛纺工业用申诉、请愿和不断请求干涉等来包围议会，这些事情并不引起任何惊奇，因为人们已承认它有请求一切和获得一切的权利。

能说明问题的、最好的证据就是大堆的、卷帙浩繁的、有关毛纺工业和商业的出版物。我们知道在十七和十八世纪的英国经济文献中，当时每天所写的关于时事问题的论战性的著作是很丰富的，如小册子、短论以及有时小到一页的传单。在印刷机还处在幼稚时代，个人或集团要阐明某一事实或希望引起有利于自己的干涉时，便用这种方式来向公众和议会呼吁。只要有点重要的问题都这样迫使公众去注意并经讨论以期获得实际的解决办法。在收藏这些小册子的大书库里，毛纺工业可以要求非常长的书架。任何与它有关的东西都未被人们遗忘；人们颂扬它的进步，人们叹惜它的衰败；有无数彼此对抗的辩护，把可靠的事实同自私的捏造混在一起。所涉及的问题是关于准许或禁止羊毛的输出，鼓励或阻止爱尔兰制造业的发展，加强或废止旧的制造规程，颁布新的刑罚来对付那些被认为对这项享有特权的、神圣的、不可触犯的工业有害的行动。至于它在议会文件中所占的位置，老板、工人和商人等所提出的无数请愿书都保存在上下两院的议事录里，只有细阅这些大量的文献才能对它形成正确的见解。毛纺工业很早就有自己的史学家，[4] 甚至也有自己的诗人：因为戴尔所咏的《羊毛》[5] 绝不是传说中的金羊毛，而是英国绵羊的毛，利兹的呢绒和埃克塞特的哔叽都是用它做的。——在上议院镀金天花板下面的、在国王宝

座前面的那个羊毛囊，是供英国议长做坐垫之用的，这个羊毛囊并不是一种空虚的标志。

在新生产制度变更了一切并改换了观念和事物以前，英国人总认为国家繁荣的主要养料是毛纺工业。由于长期的传统而自豪，由于英国的海上商业几乎尚未存在以前就已经兴盛起来，所以它把过去长期的所为和所得都归结到自己身上。1760 年时它所保存的几乎完全无缺的特点，1800 年时还部分继续保存的特点，都是过去遗留给它的；它的演进可以说是在这些特点的旁边完成的，但并未消灭这些特点。说明这些特点和解释这种演进，就是从其主要特征中勾画出旧的经济制度。

（二）

据丹尼尔·笛福：《漫游记》（1724—1727 年）的记载，这种工业分散于全英国；——在一个地区内：诺福克郡、德文郡和约克郡的例子；——在一个地方：哈利法克斯教区。

让我们像一位旅行家所能做的（他在沿途调查各地区的出产及其居民的职业）那样，首先从外面去观察。有一桩完全暴露在外面的事实使我们感到惊奇，这就是有大量工业中心而它们又分散于，或者说得更正确些，普及于全国各地。更使我们感到惊奇的是今天在大工业制度下所产生相反的现象：各种工业都已高度集中起来并支配着一个有限的、聚积着生产力的区域。纺纱厂和棉织厂，今天在英国占据着两个密集在两个中心周围的地域。一个是曼彻斯特，它被许多日益扩大的城市地带包围着，这些城市都有着同样的作用和同样的需要，它们只共同形成为一个工厂和一个市场；另一个是格拉斯哥，其扩张是沿着克莱德河流域，从拉纳克起一直伸延到佩斯利和格里诺克。除去这两个地区外，就没有什么可以比得上它们的或者值得接着提到的了。

现在让我们跟着丹尼尔·笛福在其《大不列颠各地漫游记》[6]一书中的路线走，同他一道看看英格兰本部的各郡。在肯特郡的各村中，一些自耕农，即拥有土地并自己耕作的农民，织造一种通称为肯特郡大幅面厚呢(Kentish broadcloth)的精美呢绒，可是，人们不顾它的名称，在萨里郡中也织造这种呢绒。[7] 在今天已成为纯粹农业地区的埃塞克斯郡中，科尔切斯特古镇市因产粗毛布而出名，“在外国，人们用它做僧尼的道袍”；[8] 几个邻近地方，后来虽已完全默默无闻，可是那时却是非常热闹的地方。[9] 在萨福克郡的萨德伯里和拉文哈姆两地，人们织造一些名为哔叽和毛缎子的粗毛织品。[10] 人们一进入诺福克郡，“就看到一种遍及整个地区的勤勉景象。”[11] 诺里奇城正在那里，它的四周还有一打左右的有市场的城镇[12] 以及许多“很大而人口众多的、可以等同于其他国家中有市场的城镇”的村庄。那里，人们使用长纤维的羊毛，而且羊毛是用梳子梳的而不是用刷子刷的。[13] 在林肯郡、诺丁汉郡、莱斯特郡，其居民则从事于用手或用织机去织造毛袜，这种织造业成为一种相当广泛的行业。[14]

现在，我们要走到毛纺工业在今天越来越集中的地方了。约克郡西区，沿着彭奈恩山脉，已经住有纺工和织工；他们都集聚在几个城市的周围，如：威克菲尔德，它是“一个巨大的、美观的和富裕的呢绒城市，那里有大量的人口和交易”；[15] 哈利法克斯，那里织

造两种通称为粗哔叽和夏龙绒的粗毛织物；[16]利兹，这是全区的大市场；[17]再如哈德斯菲尔德[18]和布雷德福，它们的产品尚无名气。[19]往北，则是达勒姆的里士满和达林顿；[20]往东，便是约克，它是往昔主教驻在地，有句骗人的谚语断言，它有一天甚至要盖过伦敦。[21]——如果我们穿过分水岭走入兰开夏(后来，棉织品几乎把毛织品从这里赶走了)，我们就会看到肯达尔，乃至威斯特摩兰各山区中的粗呢工业和卷毛呢工业[22]以及罗奇代尔的一种仿制科尔切斯特的织品；[23]往南，在曼彻斯特、奥德姆和伯里的周围，[24]当棉织品在英国出现很久以前，人们就纺织呢绒。

这项工业在中部诸郡较不发达。然而，笛福却引述斯塔福德作为“一个因呢绒交易而致富的真正古老的城市”。[25]在威尔斯旁边，则有施鲁斯伯里、[26]莱明斯特、基德明斯特、斯托布里奇[27]和伍斯特，在这一带，“这项工业在城市和邻近的村庄中所雇用的工人人数几乎是难以相信的。”[28]在沃里克郡中，带有三个尖塔的、富有画趣的考文垂城，不仅织带子，还织毛织物。[29]在格洛斯特郡和牛津郡中，介于塞文河口和泰晤士河上游之间的斯特劳德沃特流域，由于斯特劳德和赛伦塞斯特两地所织造的绯红色的漂亮织品而出名；[30]而威特尼的毛毯则行销到美洲。[31]

现在，我们到了西南部诸郡，这里，我们几乎每一步都不得不停留一下。在索尔兹伯里平原上，沿着阿冯河，那些呢绒城市一个接着一个，又多又密集：马尔梅斯伯里、奇普纳姆、卡尔纳、特罗布里奇、德维齐斯、索尔兹伯里：[32]这是法兰绒和细呢产区。在萨默塞特郡中——除去汤顿和布里斯托尔大港口外[33]——那些工业中心如格拉斯顿伯里、布鲁顿、谢普顿马莱特和弗罗姆都密集在南边和东边附近，而且人们认为弗罗姆注定要变为“英国最大的和最富有的城市之一”。[34]这个地区是从沙夫特斯伯里和布兰德福德穿过多塞特郡，[35]并从安多弗和温切斯特一直延长到汉普郡的中心。[36]最后，在德文郡，哔叽工业占优势，而且繁荣。在巴恩斯特普尔，则从爱尔兰输入羊毛，因为这是为满足织工活动所必需的。[37]制造业设在一些小城市中，如：克雷迪顿、霍尼顿、蒂弗顿，[38]这些城市在1700至1740年间是有名而繁荣的，在今天却是无名而萧条的。埃克塞特是产品汇集以便出售的市场。[39]笛福在结束他对德文郡的描述时说道，“在英国，也许在全欧洲都没有一个和它相等的地区。”

由此可见，毛纺工业绝不局限在一个地方。不可能走过一个稍微大一点的地方而碰不到它；它几乎广布于英国各地。然而我们可以分辨出三个主要的工业聚集区：约克郡同利兹和哈利法克斯为一区；诺福克郡同诺里奇为一区；英伦海峡和布里斯托尔海峡之间的西南部为一区。[40]但是，每一区都多少是分散的；一些次要中心则作为彼此之间的桥梁。这些中心并不是孤立的工业地区，它们的活动扩展到很远，更正确地说，各中心的活动只是遍及全英国的一般活动在局部地区的强化。

即使人们不作全国性的考察，而只分别研究我们刚才所看过的每一地区，人们也会在细节上看到同样的普及特性。以诺福克郡为例，它的首府诺里奇在十八世纪被认为是很重要的城市。自革命时代以来，它就是王国中的第三城市，是布里斯托尔的对手。当时的作家们夸大地描写它的城周达三英里，有六座桥，对其街道的寂静感到惊异，可是同时，织机声却从勤劳的人家中传出来。[41]

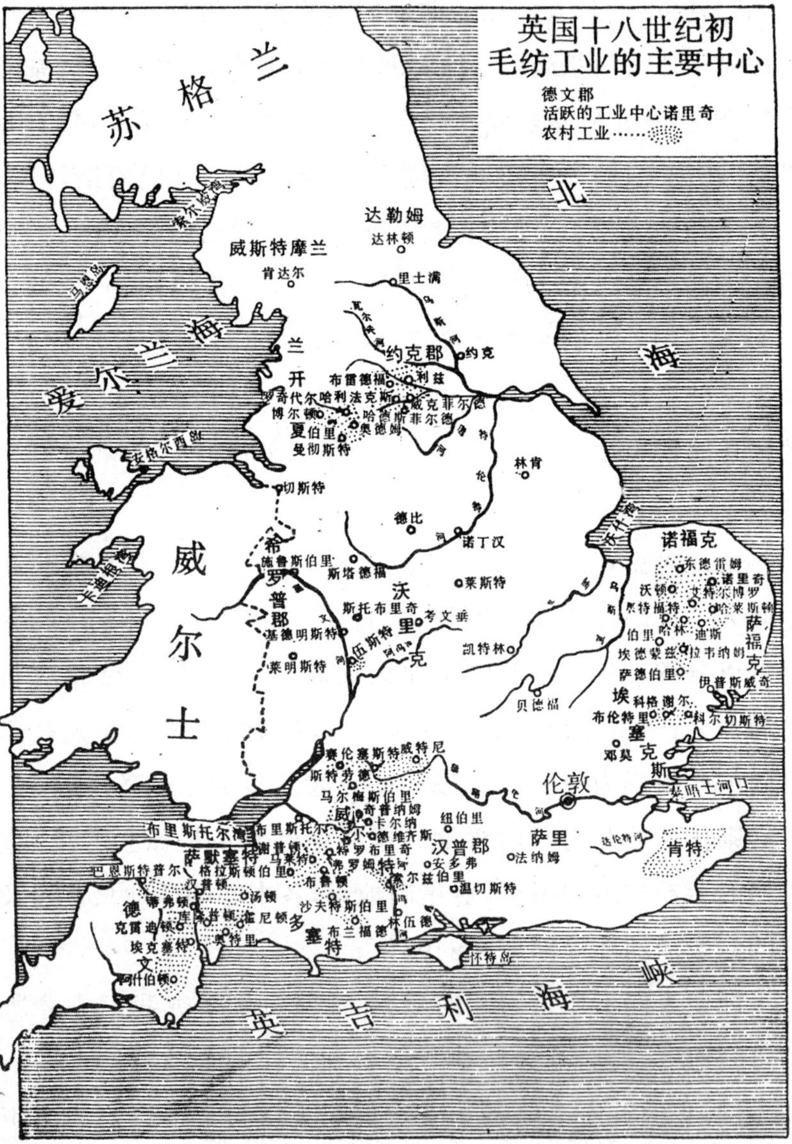
英国十八世纪初
毛纺工业的主要中心
德文郡
活跃的工业中心诺里奇
农村工业……
苏格兰
北
海
达勒姆
达林顿
威斯特摩兰
肯达尔
里士满
约克郡
约克
兰
开
布雷德福
利兹
哈利法克斯
威克菲尔德
博尔顿
哈德斯菲尔德
奥德姆
曼彻斯特
爱尔兰海
切斯特
林肯
德比
诺丁汉
威
尔
士
希
罗
普
郡
施鲁斯伯里
斯塔福
沃
里
克
莱斯特
斯托布里奇
考文垂
基德明斯特
伍斯特
莱明斯特
凯特林
贝德福
诺福克
诺里奇
萨
福
克
伊普斯威奇
埃
塞
克
斯
科尔切斯特
伦敦
赛伦塞斯特
威特尼
斯特劳德
马尔梅斯伯里
布里斯托尔海
布里斯托尔
萨默塞特
汉普郡
萨里
法纳姆
肯特
温切斯特
安多弗
德
文
多
塞
特
巴恩斯特普尔
布兰福德
怀特岛
英吉利海峡

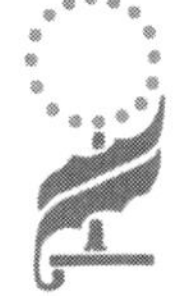

然而，诺里奇在其最繁荣的时候，至多只有三到四万居民。[42] 可是有证据证明，诺里奇的工业却占用着七八万人，人们怎样相信这些证据呢？[43] 这是因为这种工业并不限制在诺里奇城内：它涌现于附近各地方，甚至扩展到很远；它引起“这种村庄密集点”[44] 的扩大，其密度使得这位旅行家感到惊异。——西南部的情景也是一样，但有这样的差别，即不会找到一个独一无二的中心。笛福写道：“德文郡充满着大城市，这些大城市又充满着居民，而这些居民又普遍地从事于工商业。”[45] 这段话的意思几乎与他所陈述的相反。我们知道得很清楚，除与此无关的普利茅斯港外，德文郡中从未有过大城市。[46] 这些所谓“大城市”的大多数的名字完全不为人所知，这就足以使我们不至于陷于错误：[47] 它们至多不过是些繁荣的小城市而已。它们往往只是为数甚多的镇市或大村庄，更因为居民未被更大的中心吸引去。[48] 有时，甚至若干不重要的地方彼此连成一条几乎连续不断的链子。“在分隔开这些地方的间距中，已经建立了大量的、几乎可以说无数的村庄、小村和孤独的住宅，纺纱工作通常就是在这些小地方完成的。”[49]

在约克郡，这项工业似乎更加紧密地局限在一个地区，因为它几乎完全局限在从利兹到威克菲尔德、哈德斯菲尔德和哈利法克斯的一个狭窄地方。在利兹北面几英里路的地方，硗瘠的灰色荒野就开始了，那里几乎没有居民。但是，这种比较的集中并未改变一般法则，因为在此有限地区之内，这个法则又一次得到证实。——西区的人口非常稠密：1700 年，居民已达二十四万左右；1750 年有三十六万；1801 年有五十八万二千。[50] 可是城市人口只占这一人数的极小部分。在十八世纪中叶，利兹几乎不超过一万五千居民；哈利法克斯有六千居民，哈德斯菲尔德的居民不到五千，而布雷德福是由牧场当中的三条街道所组成的。[51]相反地，乡村人口却很多，人们不仅碰到一连串的村庄和小村，像西南部的情形那样，[52]有时还看到村庄面积分布很广，许多村庄可以说是融合在一起的，混成为广袤巨大的居民点。

哈利法克斯教区是全英国最大的教区之一，它在1720年就有五万左右人口，它的景象已经成为有名记述的对象："我们在走过第二个小山之后，又下到这个山谷。随着我们走近哈利法克斯时，我们就逐渐遇见一些越来越毗邻的房屋，而且，在每个山脚下，又碰到一些越来越大的村庄。不但如此，就连在每边很陡的山腰上也都完全布满着房屋……。这个地域分为许多小围地，每块围地有二至七英亩大，很少有更大的；在三四块这样大的土地上就有一所房屋……。在走过第三个小山后，我们就能看到这个地方像是一个连续不断的村庄，尽管场地总是同样高低不平的，几乎没有一所房屋离其他房屋超出喊声的距离。不久，我们就看出居民的职业。在太阳出来、光芒开始发亮时，我们便看到几乎每一屋前都有一个张布架，每个架上都有一块普通的呢绒，或者一块粗哔叽，或者一块夏龙绒，[53]这些就是这个地方出产的三种商品。阳光对此布帛的作用（白色的布帛在太阳下发出光辉），形成一种最宜人的景色……。山坡一起一伏，山谷有时通向右边，有时又通向左边，好像在圣·吉尔附近的所谓七通路的交叉处那样，不管我们的视线朝着哪一方向，从山下到山顶，到处都是同样的景色：无数的房屋和无数张布架，而每一架上都有一块白色的布帛。"[54]

这是我们在到处所看到的那种分散情况的最后阶段，但还未

加以说明。——分散只是生产上一般条件的外部表现。要了解它,就非知道工业组织不可。

(三)

这种工业的组织:它随着集中的程度而变异。西区的家庭工业制度:老板兼工匠的独立性,小工业和小地产的联合。

近代工业的集中是与一些足以说明这种集中的事实有联系的。首先是因使用机器而无限扩大的分工。经济机构的多样性和复杂性要求着一种密切的互相依赖;这些机构若不正确地彼此配合并保持经常的接触,那么,从而产生的时间上和动力上的损失就会毁坏其结合上的一切好处。其次是业务上越来越厉害的专业化:像人和作坊一样,地区本身也专业化了,每一地区都倾向于成为唯一工业的独有中心。再次,大量生产是导致同一结果的另一原因。几个大工厂集结在一个有限的地方,就能满足非常广大的市场的需要,交通工具的发展又扩大了市场。最后,资本由于总是不断聚积并吸收或联合小资本,所以产生一些巨大的、彼此互相关联的企业。这类企业使那些渐渐变为无用的、继而无法存在的地方性小生产消失了。但是,这些力量,在今天虽然是无比强大,可是在十八世纪中叶的英国还只起着微弱的作用。

然而,如果认为这些力量在当时毫无作用,那就错了。我们已经看到,工业人口的分布和密度是因地而有差异。这种差异是与组织上的差异相符合的。在手工工场(它和今天的工厂有不止一个相似点)与老板兼工匠的几乎是原始的作坊之间,有一系列的中间阶段分散在过程之中。老早开始了的演变，经过一个几乎觉察不出的发展时期以后，就要达到一个决定性的关头了；这一演变可以说是被一个来自经济形式的交替表示出来，其最老的形式仍然在最新的形式旁边继续存在。

我们应当期望在集中最薄弱的地方去发现生产者的最完全的独立性、最简单的制造方法和最初步的分工。让我们再回到哈利法克斯山谷中那些住所去吧。这些住所，从外面看来，每所都位于一块方形土地的中间，似乎形成为这样一些小地产。这回，我们不去观察其四周，而走进其中一所去熟悉它的居民和生计。这个住所无疑只能极不完全地符合过去天真的赞赏者们对它所作的诱人的记述。[55]这是一所茅屋，其环境往往不卫生，窗户少而小。家具不多，装饰品更少。主要的房间——有时只有一间——同时供厨房和作坊两用。住所主人就是织工，他的织机就在这里。

这种织机——五十年前在我们的乡间还能看到——自古以来就很少改变。织物的经线是平行地绷在一个双框子上的，框子的两个骨架是靠两个踏板来使自己轮流上落的；至于织纬线，织工就把织梭逐次从一只手递到另一只手去。从1733年起，有了一种精巧的装置，[56]用一只手就能把织梭抛出去又拉回来。可是这种改良传布很慢。[57]其余的装置则更简单。说到刷毛，则用手刷子，其中一个是固定在木座上面、不能移动的。[58]至于纺毛，则使用十六世纪以来所用的手纺车或脚纺车，[59]往往甚至使用那种和纺织工业本身一样古老的卷线杆和纺锤。小生产者不难购买这一切不值钱的工具。他的门口就有冲去羊毛上油脂和洗涤呢绒所需的水。假使他想把所织的织物自己来染色的话，有一两个染缸就够了。

至于那些非经需费很高的特殊装置就不能完成的工序，都已成为独立的行业，例如漂洗呢绒和使呢绒起毛，则设有一些水车坊，邻近的所有制造人都把呢绒拿到那里去。人们把这种水车坊称为公共车坊，因为任何人只要缴付规定的使用费就能使用它。[60]

劳动组织很简单，这是简单的设备决定的。如果织工的家庭相当大，一家就可应付一切，在成员间分派次要的工作：妻子和女儿管纺车，儿子刷羊毛。而丈夫则使用织梭去织，这就是家长制下工业状态的典范图画。但是事实上，这种极端简单的情况很少出现。由于经常需要到外面去寻求毛线，情况就变得复杂了：人们计算一张织机如果经常工作，就要有五六个纺工劳作才能供应得上。[61]为了弄到这些线，织工有时必须到很远的地方去。他要从这家跑到那家，直到他把所有的羊毛分派完毕为止。[62]这样就产生了最初的专业化。有些人家只管纺线。相反地，另一些人家则备有几架织机；但制造人并不因此而不是工人，仍然亲手劳作，可是，他手下已经有了少数领取工资的助手了。[63]

这样，织工在其住所兼作坊的茅屋里就成为生产的主人了。他并不依靠资本家。他不仅拥有工具，还拥有原料。织物一经织好，他就亲自把它拿到邻近城市的市场上去出卖。单单这个市场的情景就足以说明生产资料是分散在这群独立的小制造者的手中。在利兹，当两个呢绒市场未建造之前，[64]这种市场是设在布里盖特街两边的。两边摆设的四脚桌子形成为两条无间断的大柜台。“呢绒制造人一清早就带着织物来了，很少人一次带着一匹以上。”早晨七点，钟就响了。街上满是人，柜台上摆满了货物；“每匹呢绒后面都站有来此出售呢绒的呢绒制造人。”商人及其伙计都在两排桌子中间走过去，进行选择和购买，至上午八点便收场了。[65]在哈利法克斯，“那些在郊区工作的制造者，每逢星期六就来到城里，并随身带着自己所织造的东西……。呢绒商人到市场去，从制造者手里买进白色呢绒，以后便按照需要将其染色和整饰。由于这个市场——纵使已经这样大——不敷每星期六前来哈利法克斯的大量制造者的需要，所以那一天全城都变成为白色呢绒市场。我在街上、广场上、酒店里都看到他们，我在晚上回利兹时又碰见很多制造者骑着马或坐着小马车回家去……。”[66]

这个小制造者阶级，即使不是人口中的大多数，至少也是人口中相当大的一部分。1806 年，在利兹的四周，他们还有三千五百人以上。[67]他们彼此显然都是平等的。拥有四架或五架织机的人已被当作例外。[68]在他们与他们工人之间只有很少的差别：工人在老板家里吃，往往还住在他家里，又在他旁边工作，老板并不把他看作隶属于一个与自己阶级有所不同的社会阶级。有些地方，老板人数还比工人多。[69]事实上，这些工人只构成一种后备军，小制造者阶级正是从他们那里来的。一个有好名声的青年人，总会借到钱去购买其所需要的羊毛，并成为老板兼工匠(maître manufacturier)。[70]这两个词的联合几乎就是一种定义：manufacturer 在这个时期并不是工业界巨头，相反地，他就是工匠，亦即以自己双手劳动的人。[71]约克郡的制造者同时代表着资本和劳动，二者连在一起，几乎难以区分。

同时，他也是土地所有者——这个最后的特点有其重要的意义。他的房屋四周有几英亩大的围地。“每一制造者都需有一两匹马，以便到城里去购买原料和食品，把羊毛运至纺工家里，把织成的呢绒运至漂洗坊，以后在制造完工后，把呢绒运至市场去出售。此外，每一制造者通常还有一两头母牛，有时还有更多一些，以便供给其家人的牛奶。他的房屋四周的田地是供饲养母牛之用的。”[72] 1806 年议会委员会所传讯的证人，几乎都说着同样的话。[73]这块小土地对于老板兼工匠的富裕生活是有帮助的。他几乎不能从事耕种，如他试图耕种，他就有失去因出卖呢绒而获利的危险。[74]但他可以在土地上饲养一些家禽、几头家畜，马可供他运输货物，或者，他骑它到邻近村庄去找纺工；尽管不是农人，但他却部分地靠土地为生。这是又一个促成他的独立性的条件。

人们把这种生产制度叫做家庭工业制度，1806 年报告又给它下了一个定义，这个定义把刚才所述的东西很好地概括起来：“在约克郡的家庭工业制度中，工业是掌握在许多老板兼工匠的手中，他们每人都有很小的资本。他们从商人手里买进羊毛，在自己家里，得到妻儿的帮助，还有几个工人，在有必要时他们也把羊毛染色，使羊毛经过制造上的种种演变直至成为未整饰的呢绒为止。”[75]这是中世纪的工业，它在十九世纪刚开始的时候几乎还未改变。[76]

这种工业似乎尚未处在消灭的过程之中。生产虽然是分散在许多小作坊中的，但从全体来看，它的产量仍然是很大的。约克郡西区是家庭工业繁荣的地区，在 1740 年曾出产呢绒近十万匹；在 1750 年近十四万匹；在 1760 年，对法战争及其商业后果致使这个数字降到十二万匹；但在 1770 年又升到十七万八千匹。如把这个数字同下一时期的数字相比，则进展显得比较慢，但进展仍是显著的、继续不断的、与市场的逐渐扩大是相符合的。[77]因为，假如认为这种小工业是一种完全地方性的、没有国外销路的工业，那就错了。工匠将其双手所织的匹头亲自拿到利兹或哈利法克斯的市场上去，约克郡的呢绒正是从这两个市场流传到全英国的；[78]人们把它输出到荷兰各港口、波罗的海沿岸各国，而在欧洲以外则远及地中海东部诸商港和美洲殖民地。正是这种商业的扩张才使工业变革成为不可避免的。

（四）

商业资本的作用：它对工业领域的逐渐控制。西南部的商人工场主，首先是原料所有人，然后是设备所有人。家庭劳动往往和农业相结合。梳毛工业中资本主义企业的发展。少数手工工场：工场主主要是商人。

家庭工业，当其生产超过当地消费的需要时，只有在下述条件下才能继续存在：不能亲自将自己商品销售出去的制造者，必须同商人发生关系，商人买进这些商品并力图将其出卖于国内外市场。这种商人是不可缺少的助手，这种工业的命运便掌握在他的手中。有了他，就发生一个新的要素，其作用立即影响到生产。呢绒商人是资本家。通常，他只是小生产者和小店主两方之间的居间人，他的资本也保持着纯粹商业性质的作用。然而一开始商人就有承担并关心制造上某些次要细节的习惯。织工交付给他的呢绒匹头通常都是未整饰也未染色的；在最后出卖之前所应完成精整的工作就归他办理。[79]要这样做，他就得雇用工人，他就得变为这种工作的企业主。这就是商业资本逐渐变为工业资本的第一阶段。

在西南部诸郡中，从制造过程一开始时，呢绒商人（人们有时用意味深长的词：商人工场主来称呼他）就参与其事。[80]他买进未脱脂的羊毛，自行负责找人梳刷、纺织、漂洗和整饰。[81]他拥有原料，因而也拥有各种相继形式上的产品；经手加工产品的那些人，虽然有表面上的独立性，但只不过是些受雇于老板的工人而已。

然而，这些工人与手工工场或后来的工厂中工人仍有很大的差异。他们大多数都住在乡间，并比约克郡的小制造者更多地从农业上得到一部分的生活资料。对他们来说，工业往往只是一种副业：丈夫下田，而妻子则纺邻近城市商人交来的羊毛。[82]在1770年，斯托克波特近郊的一个村庄里"有五六十个佃农，他们的地租每英亩不超过十先令。在此五六十人中，只有六七个人是从租地的产物中获得其全部收入的；所有其余的人都另外有工业劳动所提供的收入：他们纺织羊毛、棉花或亚麻"。[83]利兹附近"没有一个佃农专靠种地谋生，所有的人都为城市呢绒商工作"。[84]

农业与工业有时是那么密切地互相联系着，以致任何一方活动的增加都以他方活动的等量减少为前提。冬天当田间劳动暂停的时候，所有茅屋中的火炉旁都发出了孜孜不倦的纺车的嗡嗡声。相反地，在收获时期，纺车就停止工作了，而织机本身也因缺线而停止跳动了。1662年的一项法令的前文说道："从古时候起，每年在收获时期中，就有停织的习惯，因为供给织工纱线的纺工在这个季节中都在田间劳动。"[85]

假如商人有钱而买了大量的羊毛，为了廉价纺出，就不得不把羊毛送到很远的地方，有时甚至送到十五或二十英里的地方去纺。[86]他拥有一些担任分派工作的代办人：有时是个农人，通常是村中的酒店老板。可是这种制度有缺陷，因为酒店老板同其惯常主顾打交道，只有不使主顾不高兴，这样才对自己有好处，所以他对工作质量就不甚讲究，因此呢绒商有时有怨言。[87]上面说过小制造者已经不得不到外边去找劳动力，这样，随着资本势力的出现，这种最初的分工就逐步被人重复和加强。[88]

羊毛经过男女纺工的手以后，便交到织工手里。织工仍然保持着一切外表上的独立性。他在自己家里并用自己的织机进行工作。他甚至于扮演着企业主的角色，负责管理制造：往往是他以其自己的费用叫人去完成梳和纺的工作，他供给生产工具和几种次要材料。[89]此外，他并不专门受雇于一个主人，他家里有四五个呢绒商委做的工作，并不稀奇。[90]在此情况下，自然会使他认为自己不是一个工人，而是一个与富有的顾主进行两相情愿的交易的承包人。

但是他穷，因为他领得的金额在扣去其所应支付的工资以后，所余很少。[91]假使年成不好，没有收成，那他就尴尬了。他试图借贷，但是，若不向雇用他的那个呢绒商去借，又向谁借呢？这个呢绒商很愿意放债，不过他要抵押品。因此，织工的织机就成为抵押品了，这个织机在过去是工资劳动的工具，可是现在却不属于生产者了。这样，继原料之后设备也落到资本家的手里。从十七世纪末和十八世纪初起，这种缓慢进行的、未被觉察的占有的取得，凡在家庭工业制度受到最初打击的地方，几乎都在发生。因此，呢绒商终于占有了羊毛、线、织机、织品以及漂洗呢绒的车坊和出售呢绒的商店。——在毛纺工业的某些部门中，由于设备比较复杂因而也较贵，所以资本家的控制就更快和更完全。伦敦和诺丁汉的织袜工人为使用编织机而经常付出一种租金(织机租费)。当他们怨恨他们的老板时,他们的斗争方法之一就是捣坏织机。[92]这样,生产者由于逐渐丧失生产工具的整个所有权,就只能出卖其劳动力,只能以工资为生。

假如他不住在还有农业帮助他维持生活的乡间,而住在呢绒商人设厂的那个城市里,那么,他的处境就更加不稳定了。在这种情况下,他就要处在他的直接隶属之下;他只有依靠他才能获得借以维生的工作。1765年,蒂弗顿有个富有的商人,死了没有继承人,织工中产生了很大的惊慌,因为他们已被剥夺了谋生手段。他们联合起来去见市长,请求他使用送给市议会议席的办法去劝诱一个埃克塞特商人到蒂弗顿来。[93]这种死亡对于他们来说,等于今天工厂突然关门对工人的影响一样。这种相似情形只有一点不同,就是工人仍在家里劳动,不受工厂纪律的限制;老板只满足于保障种种技术操作之得以连续和配合,而不试图管理这些操作。然而,到处似已显出了手工工场的雏形。呢绒商把织机收集到自己家里,并且不像老板兼工匠那样只把三四架织机安在一个作坊里,而是把十架或十二架聚在一起。此外,他继续雇用一些在家里劳动的工人。[94]这样,通过一些不知不觉的过渡,人们便从那些来到呢绒市场购买小制造者所织织物的商人那里走到手工工场主这里了,而后者正在准备变为下一时期的大工业家。

这种工业形式是家庭工业制度和手工工场之间的中间物,因此,它几乎总是含有家内劳动性质。这就是黑尔特常常称之为Hausindustrie[95]的理由。但是,这个名词有意义暧昧的缺点。小制造者的工业,在更加完备得多的意义上,难道不是家庭工业吗?

这一名称对它岂不最为合适吗？真正能够说明这种制度特征的东西并不是家内劳动；而是资本家所起的作用；资本家起初只是单纯的买主，后来却成为逐渐控制整个生产的商人。[96]

商人工厂主的经济势力主要是在西南部诸郡中发展起来的。这种势力的所在地是在一些像弗罗姆或蒂弗顿那样的小城市里：它从那里扩展到附近的乡村和整个地区。[97]关于这一点，西南部并不是十分独特的地区：在约克郡中的哈利法克斯教区，小制造者的独立性几乎完全保存下来，但在离它不远的布雷德福却反而是处在呢绒商的支配之下。人们对这两种生产形式的并存，提出了很可接受的解释。[98]在布雷德福，人们织的羊毛是用梳子梳的，而哈利法克斯所织的羊毛则是用刷子刷的。可是，这两种制造的不同，不仅在技术细节方面，而且在原料的价格和对工人技能要求方面也不同。梳毛工业用的是上等质量的、价格高的长羊毛。刷毛工业用的是短而蜷缩的羊毛，其价格虽然便宜但比较难以获利。前者特别需要资本，后者则需要有训练的细心的人工。后一种可以在自由的小作坊中兴旺起来，而前一种则更适合于商业成分占比重较大的那种制度。

在英格兰的东部——尤其是在诺福克郡中——梳毛工业占优势。因此，那里具有最有利于资本主义企业形成的条件。然而，资本主义企业在那里的发展似乎并不比在西南诸郡中快得多或者完全得多。在那里，我们只发现有一个完全特殊的中间阶级，即梳毛工头，他们是“有钱的能干人”，住在城里，特别是住在诺里奇这个大城市里。人们给他们起的这个名称，表明他们的主要职能在于使人完成梳毛工作，梳毛工作是交给熟练工人去干得相当细致的工作。羊毛虽经梳好，但梳毛工头的任务并没有完。他有一些代办人“坐在盖上油布的篷车里到乡间去把羊毛交给纺工，以后又取回纺好的线并支付应付的工资”。[99]——制造上的其余工作，也像在西部那样，操在呢绒商们手中；从他们所占的地位看，就可以想象出他们的重要性。在诺里奇，他们构成一种真正的贵族：他们装出绅士的派头而且佩着剑。他们的商业关系，远及中南美各国、印度和中国。[100]如果说他们有点像现今的大工业家，那么，他们就更像中世纪的大呢绒商，像伊普雷和根特的商人，因为这些商人统治着他们富庶的闹嚷嚷的城市犹如统治着巨大的商号一样。

虽然人们称他们为制造家，但他们起初并不是从事于制造而是从事于买卖的商人。[101]必须指出，在这种毛纺工业——旧英国的最重要的工业——中，真正的手工工场的存在，即处在资本家实际管理之下的大作坊的存在，直至十八世纪末仍然是十分例外的。这种工场不像在法国那样得到王权的优待和创设奖励，相反地，自始就被当作危险的新奇事物而遭到攻击。[102]即使敌视性的立法没有完全阻止它，但是由于要加强那些受到威胁的传统和利益，至少把它推迟了。不仅小工业继续存在，而且，甚至在生产者已失去其独立性的地方，家庭工业的旧形式也未消失，并以几乎不变的技术方法来保持一切不变的幻觉。

（五）

各工业阶级的状况。老板兼工匠；他们比较宽裕。工人：他们的工资随着其独立性的消失程度而逐步下降。状况的差别说明经济演进的相继阶段。

逐渐改变的作用，在各种工业状态中是可以认得出来的；这些工业状态是与工业阶级状况中的各阶段相适应的。再没有比始终如一的图画更错误的了，即使没有故意将其美化或丑化。

当人们把旧日工人的命运同今天工人的命运相比较时，往往要夸大其差别。或则为了更加有力地揭发现时代的弊端和祸害，或则为了要把想象和心情引回到旧制度上面去，人们就出于偏颇的思想，对旧式工业作出天真可爱的描述，把它说成是“工业的黄金时代”。[103]工匠在乡间或小城市中所过的生活，比在我们近代大工业中心所过的生活更单纯、更健康。家庭生活的保存，保护了他的德性。他在自己家里劳动是按自己的定时和力量来进行的。他用其闲暇的时间来耕种其所有的或租来的几亩土地。他在亲人中间过着平静的生活。“他是社会上一个可敬的成员，是个好父亲、好丈夫、好儿子。”[104]人们不可能以更动人的和更有教训的口气来宣读这样的悼词。

可是，假定这类赞美的话是完全应得的，不管怎样，它也不过只适用于严格意义上的家庭工业，即适用于我们在哈利法克斯地区所看见的那种最典型的家庭工业而已。约克郡的老板兼工匠既是小工业家又是小土地所有者，在事实上享受着一种比较幸福的生活。“人们往往会看到一个家庭人口稍许多一点的织工，在市集的那天到哈利法克斯去以每头八镑或十镑的代价来购买两三头大阉牛。他把它们牵回去宰杀当食品。”[105]此外再加上他在自己的小围地里所饲养的或者在公用牧场上放牧的几头牲畜，这就足以使他整个冬季不会缺乏肉类了。这是显著的宽裕征象，因为那时，"旧英格兰的烤牛肉"对于许多乡下居民来说还是一道奢侈的菜肴，而那时，苏格兰的可怜农民在冬季还不得不把牲畜放血来喝。[106]约克郡的织工自己酿啤酒。[107]衣服是家里做的，他觉得从城里买衣服穿是骄傲和怪诞的表现。因此，他的生活方式在简单朴素的意义上是相当舒适的，他之所以非常留恋这种生活方式是不足为奇的。[108]他所雇用的工人几乎不形成为一个与他不同的阶级。工人往往住在老板家里，食宿都由老板负担；此外，他还以雇农资格领得年薪。[109]除非他在邻村安了家，他几乎始终是这一主人的雇工。[110]但这种情形只有在家庭小生产及其主要特征还继续存在的地方才有可能。

劳资分离一经显得突出，情况就变得不利于生产者了。既然只是工资劳动者，他的状况便靠工资来决定了。可是，十八世纪经济著作中常常表示出来的看法是，工人的收入总是很好的。"任何东西都不及贫穷那样能使工业进步：一个工作了三天以后而看到自己的生活资料有了保障的工人，便把一星期中的其余时日用去逛酒店而无所事事……。工业区中的贫穷阶级除为每星期生活和放荡需要而从事劳动外，绝不愿做更多的工作……。我们可以断言，毛纺工业中工资的降低，对于国家来说可能是一种善举和降福，对于贫穷阶级也不会造成实际损害。此外，这还会成为支持我们的商业、提高我们的岁入和改革风俗的办法。"[111]几次三番提出的这样好的建议，是不会没有人听从的。

纺纱工作一般是由妇女和儿童完成的，报酬极少。根据阿瑟·扬在 1767 至 1770 年间所搜集的数字，纺纱女工的工资，随地区和年份而有所不同，每天工资在四便士至六便士之间，大约是一个短工工资的三分之一。[112]的确，这不过是农家通常收支表中的补充而已。而且劳动条件一点也不艰苦。在布雷德福山谷里，“阿勒顿、桑顿、威尔斯登以及所有附近村庄的妇女们都选择一个最心爱的地方，以便在有太阳的日子到那里去聚会，每人都带着自己的纺车……。在西门北面的后巷里，每当夏天的下午，也可看到排成长行的纺车。”[113]只有在男女纺工被弄到要依靠卷线杆和纺车为生的时候，只有在他们被从农业抛到工业的时候，他们的状况才真正是不安定的。

随着人们从工业的简单操作过渡到比较复杂、比较细致、要求恒心和熟练本领的操作时，专门化就越来越突出了。长时间从事织机工作的织工，越来越有成为专门织工的趋势。只要他住在乡间，他大概仍是农民和庄稼汉。但是，农业对他来说已经退到第二位了；农业反而成为副业了，农业收入是用来增补每日的工资的。至于诺里奇或蒂弗顿的织工仅仅是工人，只靠工业来供给他们生活资料。人们已经能够判断出，他们对于他们的老板是处在怎样的从属状态。这种从属关系愈密切，老板就愈知道工人不能缺少他所给的工作，工资也就愈低。

在西部的村庄中，织工们仍然固着于土地，所以生活得相当好。1757 年，格洛斯特郡的一个得到妻子协助的织工，工作搞得好时，每星期能够赚到十三至十八先令，亦即每天二至三先令。可是，这比平均工资要高得多，因为平均工资大约为十一至十二先令，这个数字是阿瑟·扬在几年之后记载的。[114]在工业人口比较稠密的利兹地区，一个熟练工人每星期约赚十先令六便士；但经常的失业却使这种工资减到平均八先令。[115]在梳毛工业已使资本家起着主导作用的诺福克郡中，工资下降得更低：在诺里奇本地每周是六先令，即每天不到一先令。[116]这样，随着人们从分散而仍与农业相混的工业过渡到集中和组织程度更高的工业时，不仅工人的独立性减少了，就连收入也减少了；减少的原因，一方面是劳动力的过多，另一方面是工人在其职业外日益不易找得谋生之道。只有某些其专业要求更高技能的工人，例如梳羊毛工人和呢绒剪平人，薪给较好，能比较容易地保护自己的工资。

今天大工业工人所抱怨的灾害，大多数已为十八世纪初的英国工人所熟悉了。让我们浏览一下那些成衣工人们向议会提出的无穷尽的哀诉状的一览表吧。[117]他们抱怨工资不足。[118]他们抱怨失业："老板在一年之中仅仅交给他们半年的活，至多亦不过八个月的活。任何公平的人都明白，凡有妻子和儿女的人不可能以这么不稳定的工资来维持终年的生活；这种工资平均每天几乎不超过十五或十六个便士。"[119]他们抱怨从乡间大批雇来学徒的竞争："成衣店老板为了获得廉价劳动，便从乡村中招来大量无经验的、不熟练的、很高兴接受低工资的青年孩子。"[120]他们抱怨工作日的时间太长："在大多数行业中，人们从早晨六时起工作到晚上六时止；但成衣工人的工作日要多两小时。[121]在冬季，他们要在烛光下工作几小时，上午从六时至八时以后……，下午从四时至八时……。连续地坐那么多的时间，几乎屈腰伏在工作台上，在烛光下如此长期俯首于针线工作，因此，他们的精力耗尽了，他们的健康和视力不久也衰弱了……。"[122]他们中间大多数人并不比今天工人有更多的希望来提高自己的地位。

可是，这种状况并不比上一世纪更坏：因为这种状况有了相当改进。食品价格在五十年左右的时间中变得异常低廉，[123]这就大大有助于这种无可否认的进步。小麦面包几乎在到处都代替了大麦面包或裸麦面包，“人们仅以一种厌恶的心情望着后两种”。[124]肉类消费虽还受到限制，但比欧洲其他国家的限制少。[125]人们甚至看到一种奢侈品——至少被人认为是如此——也进入茅屋了，这就是东印度公司的海船从远东带来的茶。[126]但是，这种相对的舒适（上述这些事实是舒适的可靠标志）是极不稳定的。几次歉收引起的物价上涨，就足以使它消失。[127]许多地方，公地的瓜分，已把小土地同小工业的传统结合永远破坏了，这就足以使乡村工人的地位难以保持，足以把他们成群地驱逐到城市中去。

大多数工人是在家里或在小作坊里工作的。这种情况引起了若干奇怪的误解。一种共同而相当自然的错觉认为，家庭劳动比起工厂中在工头的监视之下按着蒸气的节拍来进行劳动要较不辛苦、较为有益于健康，尤其较为自由。然而在今天，那些最残忍的剥削方法正是在某些家庭工业中继续存在的。正是在这些工业中，人们把那以最微薄的工资来从人身上获得最大劳动量的技术推进到完善的地步。东伦敦廉价的现成服装工业，常被引用作为这种经济压迫制度中最典型的事例，人们称之为血汗制。可是，这种工业并不集中在大工厂里。它几乎不使用机器：微乎其微的工资几乎使得机器成为无用。这些事实在今天是太著名了，无须加以重复：我们所拥有的关于血汗制下工人所住并在其中工作的那些可怕陋室的描述，却构成工厂的最好辩护词。在家庭劳动工业中，旧弊端维持最久，例如，支付实物工资虽然早于1701年就被议会法令所禁止,可是在花边工业中还继续保存近八十年之久。因此,需要一项定有严厉处罚的新法令才能结束这种违法的做法,因为这种做法剥夺花边工人的一部分所得。[128]

近代大工业并没有全部造成工业无产阶级,也没有全部造成资本主义的生产组织。它只不过加速了并完成了一个早已开始了的演变而已。从同时是老板又是工匠的小生产者起直至手工工场中的工资劳动者止,人们可以发现独立与经济依赖之间的、资本和企业的极端分散与资本和企业已经高度集中之间的各种中间物。——况且,在家庭工业的旁边,还继续存在着更古老的情况的残余,对于这种情况,更难给予想象的优点。农奴制,在法国制宪会议将其废止时,才刚刚消失于英国。苏格兰的煤矿和盐矿工人直至1775年还是十足意义的农奴。他们终身固着在煤矿和盐场的土地上;他们可以同矿山或盐场一道被出卖掉。他们甚至带有奴隶身份的外在标记:一个刻上主人姓名的项圈。[129]结束这种已往野蛮时期遗迹的法令,仅在十八世纪的最后几年中才发生充分的效力。[130]

(六)

劳资纠纷。生产者与生产工具的分离造成工业阶级的分裂和对立。梳羊毛工人和西南部织工的持久同盟。工联主义的起源。其他工业中的事例:成衣工人、织机编织工人、丝绸织工、纽卡斯尔的煤矿工人。

劳资纠纷史是使人很好了解大工业产生以前经济演变的东

西。这些纠纷在机械装置和工厂产生以前，甚至在手工工场产生以前就常常发生，而且很激烈。自从生产资料不再属于生产者时起，自从形成了一个出卖劳动力的阶级和另一个购买劳动力的阶级时起，人们就看到不可避免的对立的出现。主要的事实（我们对此事实不能过分强调）就是生产者和生产资料的分离。劳动力的集中于工厂以及大工业中心的成长，后来便使这一首要事实具有一切社会后果和整个的历史意义。但此事实是发生在它们之先的，而这一事实的最初结果，在技术革命把它着手完成以前早已显露出来了。

有这样一种反对意见：为了追究根源，我们难道不需要无限地溯追既往吗？同盟和罢工史难道不同工业史本身一样古老吗？西德尼·韦布夫妇在其《工联主义史》的一开头，就不得不解决这一难题，他们所提出的解决办法则证实了我们前述的看法。对于他们说来，问题是以不同的形式提出的：问题在于查明英国工联运动的真正渊源。按照韦布夫妇的意见，在十八世纪以前，人们不能举出工联的一个可靠的事例。一切被引来支持相反论点的事实，或与同业公会或行会（事实上，这二者和工人联合会完全不同）有关，或与一些在个别纠纷时所组成的暂时同盟有关。[131]只要小作坊中并肩劳动着的老板和工人之间的差别很小，只要伙计保有变成老板的希望，争吵或反抗仍是孤立的事实，且无重大的意义。只有在有了两种十分不同的人所形成的阶级，一方是资本家阶级，他方是工资劳动者阶级，当其中绝大多数人注定永远不能超越其地位的时候，对立才倾向于变为固定的和正常的，暂时的同盟才变为永久的协会，罢工才一个接着一个地发生而形成为一个不断斗争中的插曲。

商人工厂主的权势，尤其在西南部，早已引起了工人的反抗。一个能够证明此事的文献是一支稀奇的民歌，这支民歌似乎是在威廉三世时代写成的，其名称是“呢绒商的快乐”。[132]这支歌把工人所责难老板的东西从老板自己口中自白出来：

“英格兰的各行业，哪一行也没有比我们这一行人生活得堂皇。买卖使我们生活得像贵族，我们生活得多么愉快，多么悠闲自在。我们聚金累银千千万，都是榨自穷光蛋。只要钱包盛得满，人家笑骂何必管。

“全国城乡唯我好，我们这一行不怕垮；只要梳毛工人动手梳，只要织工不停梭。漂工纺工忙一年，管包他不容易钱到手……。

“……首先对付梳毛工，他们的工钱要减轻；他们咕哝钱太少，他们不干就拉倒。要使他们相信生意不大好，哪管他们活不了。……

“织工工资本已廉，还须找差扣工钱。生意不好，使他马上就知道；生意好时不让他知晓。只说：呢绒海外销不了，我们不想再干这行了……。

“再向纺工把账算：叫他不纺两磅纺三磅。他们交货把气叹，说工钱不够吃饱饭。只要分量短一钱，那就不难减他几文钱……。

“分量不少无法减工钱，推说无钱只能给东西。面包、腊肉、奶油、麦片和食盐，这些都可折成钱。还有肥皂和蜡烛，烛光可以使干劲更足……。[133]

“我们上市，工人就欢喜；回来却要装苦脸。闷坐一旁好像犯心痛，声称今天要钱可不行。需要哭穷就哭穷，这样就可哄他们！

“他们要是酒店的老主顾，我们就勾结酒店的女掌柜：共同商量把酒卖，逢十抽一归我辈。要想发财把网来张开，让他们这些鱼儿投到我们的网里来……。

“多亏穷人们日夜忙，我们才能有地、有钱财。如果他们不愿卖力干，我们就得不顾一切去上吊。梳匠、纺工、织工和漂匠，为了极少工资拼命干。他们劳动我发财，受到咒骂又何妨……。”

我们必须引用这支歌的大部分，尽管它很冗长，有些不必要的重复和表达上的笨拙；可是这些歌词却是如此独特、如此明显地刻画出民间的烙印。我们好像听到那些在一天工作完毕之后聚集在简陋小酒店中的工人们的说话声，他们首先想到团结起来去抵抗老板的压迫，他们的秘密会议便成为工联的胚芽。[134]

在最先组织成功的工人中，应当提到梳羊毛工人。我们注意到，有组织的抵抗运动通常并不产生于最受压迫的人中，反而是产生于那些较有独立性的、较难忍受拘束的、从而也较有排斥拘束能力的人之中。梳羊毛工人在毛纺工业中占着特殊的地位，因为他们行业的专门工作要求有某种练成的技能。[135]由于他们人数不多，所以很难找人代替他们；[136]而且他们有到一个一个城市去找工作的习惯，[137]因而不受一个雇主或一小群雇主的任意摆布。这些情形便可说明他们的工资比较高[138]以及他们的组织产生得比较早。

早于 1700 年，蒂弗顿的梳羊毛工人组成了一种具有永久同盟性质的互助会。[139]由于梳羊毛工人有流动的习惯，所以不久之后，这种也许同时在几个地方开始的运动便普及开来：梳羊毛工人的这种“未经特许的行会”不久就将其分支机构遍设于英国各地，并自认有足够的力量来试图管理工业。“任何人都不得接受一定工资以下的工作;任何雇主都不得雇用非该会成员的梳毛匠,如他雇用这种人,那么,所有其余工人就一致拒绝为他工作;假定他雇用了二十个工人,这二十个人就会同时走开,而且,有时还不以停工为满足,他们还侮辱留在作坊不走的老好人,殴打他并将其工具打碎。”[140]

这类罢工中有几次一点也不亚于十九世纪那些最激烈的冲突。1720 年,蒂弗顿的呢绒商想从爱尔兰运来梳好的羊毛以供织造哔叽之需。这直接威胁着梳羊毛工人的利益,他们便力图通过暴力来阻止这种能使他们破产的输入。他们冲进呢绒商的店铺,夺取爱尔兰产的羊毛,把它大量烧毁了,并将其余的挂在招牌上“作为胜利的纪念品”。有几家店铺受到攻打并开枪自卫;警官只在经过正规战斗之后才能恢复秩序。[141] 1749 年又发生同样的争端。因而产生了长期可怕的罢工。梳羊毛工人发誓要抵抗到呢绒商以及那些接受使用爱尔兰梳的羊毛的织工完全屈服时为止。他们的态度,起初很平静,以后,他们的罢工基金用完了,困苦促使他们使用暴力,并以杀人放火相威胁。终于发生了流血的冲突,军队不得不加以干涉。当时,商人作了一些让步,提出限制输入量;可是梳羊毛工人予以拒绝并说要全体离开这个城市:许多人实行了这种威胁,以致当地工业受到很大的损害。[142]

织工们不久也仿照梳羊毛工人的榜样,他们虽在斗争方面武装得不好,但他们的协会却很快就坚强到足以使呢绒商深感不安的程度。仍然是在西南诸郡,我们看到这些协会的存在及其行动的最早痕迹:在 1717 年和 1718 年,有几份请愿书向议会告发德文

郡和萨默塞特郡织工们所组成的永久同盟；[143]有一道谕旨庄严地责斥“这些非法的协会和后援会，因为它们无视法律，擅敢使用关防和像法定机关那样活动，发布并力图施行某些规章；它们想用这些规章来决定，谁有权干这行业，每一雇主应当雇用多少学徒和工人，各种制成品的价格、原料的质量和制造的方法”。[144]这绝不使我们感到惊奇，这道谕旨的效力完全等于零。因此，几年之后，议会根据呢绒商的请求而采用更加严峻的压制办法。1725 年通过了一项法令，禁止织工“为控制这项工业或为抬高工资而组成”任何同盟，罢工受到重刑制裁，如系侵入住宅、毁坏货物或对人进行恐吓，刑罚甚至于重到判处流刑和死刑。[145]虽然有这些刑罚来造成的恐怖，但织工的同盟仍然保持原状并继续下去。[146]相反地，在保存家庭工业制度的约克郡中，这些协会只在使用机器以后才出现。

在这类问题上，正和我们上面所研究过的那些问题一样，毛纺工业只不过对我们提供许多事例中的一个事例而已。上面我们已经提到了保存在许多小册子或请愿书中的成衣工人的哀诉。早在 1720 年，他们为求得增加工资和缩短工作日而在伦敦集会，“其人数竟达七千人以上”。[147]我们看到议会屡次加以干涉，特别是在 1721 年和 1768 年中：第一次所采取的那些措施成功地吓唬住工人，因为他们害怕苦役或强迫当兵，以致长期不敢再行骚动。后来，运动又开始了，罢工也增多了：1767 年在海马克特街皇家戏院上演一出喜剧，把这些罢工之一搬上了舞台，并向我们表明成衣工人为了共同协商而在豪猪酒店或在鹅和烤架酒店集会；在下一幕里，我们看到罢工工人同破坏罢工的工贼在河滨马路当中的格斗。[148]

织机编织工人的故事是同样有趣的。有一个在1663年获得特许状的、同时包含有工人和老板在内的行会，[149]自始就未能阻止对立的出现。我们知道对立的原因是，编织机不是工人所有而是老板所有的。最常争议的问题之一就是学徒问题：老板雇用很大数量的、从教区的贫穷儿童中招来的学徒，这便相应地减少了成年工人的工作和工资。1710年，伦敦织袜工人在抗议这种学徒制的弊端未见成效之后，便实行罢工，并开始破坏织机来对老板进行报复。[150]在莱斯特和诺丁汉两地的织袜工人中，也不止一次地爆发了乱哄哄的罢工。他们还未想到要组织起来，因为他们在大多数情况下都习惯于向行会当局呼吁。但是，这个当局越来越腐朽无用，于是他们终于像梳羊毛工人和西南部织工那样组成一个真正的工联。[151]

这类事件，在紧接着产业革命前面的那一时期里是很多的。从1763至1773年，伦敦东区的丝绸织工经常同他们的老板作斗争。他们在1763年向老板们提出一份工资表，竟被驳了回来，于是，他们中有两千人在打碎工具、毁坏织物之后便离开了作坊。这时，一营警备队就开去占领斯皮塔尔菲尔兹区。[152]1765年，在发生准许法国丝绸输入的问题时，他们便结成大队前往威斯敏斯特，旗帜领头并敲着大鼓。[153]1768年，工资每码被减去四便士，工人们便暴动起来，乱哄哄地跑到街上，抢掠商店；伦敦塔的驻军被调来援救；工人用棒棍和短剑抵抗，当场有若干死伤。[154]在1769年，暴动是经常的事。骚乱像闷燃的火一样，不时在活跃着。三月份，捻丝工人（throwsters）举行了若干次“乱哄哄的会议”；八月份，手帕织工同意按每架织机缴六便士来构成罢工基金，并迫使其同行认捐。九月和十月，情况更严重：军队想叫织工会集场所海豚酒店里的人撤离时，发生了一场真正的格斗，双方都死了几个人。[155]为了结束这些不断的骚乱，议会乃于1773年颁布了有名的斯皮塔尔菲尔兹法。这项法令制定一套规章和工资表，由保安审判官定期监督：织工们满意了，他们只是为了确保其实行才组成工联。[156]

让我们在纺织工业以外（以上的事例都是纺织工业提供我们的）再举出一个事例。纽卡斯尔矿工和煤矿工人从十七世纪起就同矿主和同有权势的接客者（Hoastmen）行会作斗争，因为伊丽莎白女王的特许状授予这些人以煤炭交易专利权。[157]1654年，运煤船夫（keelmen）为了增加工资而罢工。1709年发生的新纠纷持续了好几个月，在这期间，泰恩河上的运输完全停止了。[158]1740年发生的严重暴动的主要原因是食物腾贵，[159]这些暴动很像法国大革命前的饥馑所引起的骚乱。但是，1750、1761和1765三年中的罢工则是严格意义上的罢工，使得矿山和港口的活动停顿了好多星期。[160]运煤船夫于1763年所组成的同盟确是永久的同盟，以便强迫老板使用议会法令所规定的公认尺度来衡量煤的装载量。[161]

这是因为纽卡斯尔的煤矿工人同斯皮塔尔菲尔兹的丝绸织工、织袜工人和梳羊毛工人一样，在使用机器以前已经是近代意义上的工人。原料不属于他们；至于劳动工具，他们只能拥有最简单的和最不值钱的；凡有一点内在价值的工具都操在资本主义的商人或企业主的手中。只有等到这种控制生产资料达到完成阶段时，劳资对立才具有决定性的形式。凡有助于增加设备的复杂性、重要性和价格的东西，都必然会促进这种控制的完成：技术革命只是经济演进的正常的结果。

（七）

保守的倾向。经济立法：它的双重目的，限制和保护。制造规程是技术进步的障碍。毛纺工业的特权：防止爱尔兰竞争的法令；制造商和畜牧者之间关于输出未脱脂羊毛的争论。专利权与守旧思想。

我们刚才研究过的那一切事件，都证明旧式工业在逐渐变化。现在我们还要看看企图阻止或拖延这种变化的东西。这不仅是大量的既得利益和守旧势力，而且还有整个的传统以及由习惯所建立的并由法律所认可的一整套的制度。在十七和十八世纪的整个经济史方面，各级官厅对工业所实行的保护是最经常研究并且研究得最好的东西。[162]这是毫不奇怪的事，因为研究有文献的立法，比研究一些散乱的、不易捉摸的、连痕迹也几乎找不到的事实要容易得多。因此，也许有人不免要夸大这种研究的重要性。托因比甚至说，从保护性法规时期过渡到自由和竞争时期，是产业革命的主要事实。[163]在我们看来，这是把结果当作原因，把经济现象同它的法律外貌相混淆。相反地，我们会看到工业的新组织和新方法如何自行打破旧时代法律把它们限制在里面的那些太窄的框框。

这些法律有双重渊源。有些法律要上溯到中世纪，这就是在法国被称为科尔贝主义的东西，它的产生却远在科尔贝时期以前。以法规限制工业的观念是中世纪的观念。国家，或者早期参加市政生活的那些同业公会，自以为为了生产者和消费者的共同利益而拥有监督权。重要的是,保证一方有合算的利润率,保证他方有优良品质的货物。由此产生了对制造和出售实行严格的监督,从而有详细的规定,这些规定越来越复杂直至全被废而不用时为止。保护贸易的观念也有其中世纪的根源。[164]但是,只从对外贸易发达时起,只从各国能够充分意识到它们的经济竞争时起,保护贸易的观念才有其全部力量。正是这时,民族经济代替了卡尔·比歇尔的所谓城市经济;[165]民族经济把一国的利益结合为一体来对抗邻国的利益;面对着这些利害关系,除去永远的对立外,人们不会设想其他可能的关系。在英国,这种变化是在都德王朝时代完成的。重商主义虽在很久以后才有其理论上的表达,但实际上却始于这个时代。由于财富与金钱相混同,所以整个贸易政策便归结为两句颇与老伽图的格言相似的格言:总是卖出,绝不买进。要尽量减少输入的数字,因为它会使若干数量的现金流出国外;相反地,要发展输出,因为它能使外国金银大量流入国内。由此产生了过分的保护贸易主义,从而人们不但力求鼓励民族工业,而且还把国内外的真正的垄断权留给这些工业。

毛纺工业是英国工业中最重要的和最古老的工业之一,所以较任何其他工业更受保护和更受法规的限制。[166]有关的议会法令的数目是很大的。这些法令包含有:关于"每匹织物的长度、宽度和重量,拉长织物和印染织物的方法,配制羊毛时使用某些准用的或禁用的配料,呢绒的加工润饰,为出卖而进行折叠和打包,起毛机的使用,等等"[167]规定。这些规定很像旧法国和欧洲各国当时所施行的那些规定。禁止织造不合法定尺寸和重量的呢绒;禁止使用所谓干压的方法来整饰呢绒;不准使用某些能使织物品质变坏的物质来做染料。不言而喻，这些在理论上为保证制造优良而制定的措施，会不分青红皂白地把诈欺伎俩和必要的改进都禁止了。为了保证遵守这种复杂的、不断更改的和不断遭到破坏的法规，[168]英国和法国一样，也任用了一大批专门官吏如测量员、督察员和检查员来负责秤、量和数线：他们在每匹呢绒上加盖印章，此外还要加盖制造者的标记。在他们上面还设有保安审判官，其主要职权之一就是监督工业条例的执行以及对违法者科处规定的处罚。

这种制度的弊害已经屡次受到揭发。制造者们以焦急的心情忍受着这种狭隘而苛虐的保护，同时运用其全部智巧来欺骗那种他们所不断抱怨的监督。虽有法律的威吓，可是诈欺行为在业已取缔之时却又重新出现了。有时，国家官员自己也成为从犯。在市场上正式称过的呢绒匹头，奇迹似地随其浸染的水分的蒸发而逐渐减轻；或者在展开匹头——好行方便的检查员绝不这样做——时，人们会发现一块用砖头或铝做的压底物。[169]这样，所有旨在保护消费者的这些规定的主要目的，并未达到。另一方面，任何技术进步几乎都成为不可能了。1765 年，在那些伟大发明就要完全改变设备的前夕，人们还以课处罚金的办法去禁止使用铁齿刷子来代替纺织工业中大多数部门仍在使用的木头梳子。[170]

在十八世纪以内，虽然人们看到了这种中世纪的立法已在显著衰落，可是起源较迟的重商主义仍然盛极一时，亚当·斯密于 1776 年才予以初次打击。正是这种过分的保护制度，使得毛纺工业中传统方法的各种改良遇到最强固的障碍，因为特权总是最不利于创举和进步的东西。英国的命运似乎系于毛纺工业的命运上;毛纺工业的命运已"和赫斯佩里德斯的金苹果成为值得同等关心和慎防失掉的对象"。[171]在国内,它要超越于一切可以同它竞争的工业。我们在下面还要叙述毛织物制造商们所发动的猛烈的斗争,这个斗争不仅反对印度棉布的输入,而且还反对在英国用英国劳动力、为英国资本家的利益来仿造这种棉布,但是他们并不能决定使这项新生的大工业的发展受到阻止或永远遭受破坏。这是人们希望强加在消费者身上的,甚至行使到死人身上的一种真正的专利权:查理二世时代的一项法令规定,凡死在英国领土上的人都要用毛织的寿衣来入殓。[172]在国外,也有同样的奢望,尽管更不易于得到支持。在那些英国的属国中,取消竞争是很容易的事:只需禁止制造就够了。对爱尔兰所实行的一贯政策是典型的例子。[173]在十七世纪末左右,爱尔兰工业的进步使英国生产者们感到不安。他们请求并且得到了出口税制度的设立,使爱尔兰不能接近殖民地和外国的市场。在该岛的四周建立了真正的封锁,用两艘军舰和八只武装帆船所组成的小舰队进行巡逻,使封锁发生了预期的效果。[174]

防止毛纺工业在大陆上的发展,显然是不可能的。然而英国人却保证要做到这一点。英国人以其原料的品质优良而自豪,深信无此原料,人们就只能制造出一些粗呢绒。由于其本身资源受到限制,外国工业注定要永远处于劣势,而且由于不能获得英国羊毛,法国人、荷兰人、德国人,无论愿意不愿意,都得购买英国的呢绒。[175]在这民族自尊心所珍视的幻觉之上,又加上些空想的恐惧,好像只要一小包这种优质的羊毛输入邻国,就足以使英国工业遇到最可怕的竞争。[176]我们可以看到这种双重的推想会有怎样的结果：除去全部完工的织品以外，绝对禁止输出任何其他形状的羊毛。禁止输出活羊，那就更不用说了，因为这种活羊能在外国生长。人们甚至不准在海滨五英里内剪羊毛！[177]

受到这么小心保护的工业，几乎不感到有改革的需要。它只想以议会的真正宠儿的身份来不断请求有利于己的新法令，而且，一当问题在于削弱以前法令的效力时，它便叫起来了。在 1781 至 1788 年间关于输出未脱脂羊毛问题所引起的论战，即其一例。[178] 养羊业日益扩大，对于饲养者来说英国市场已经是太小了，饲养者请求准许他们输出。同时，虽有一切禁令，但活跃的偷运已把他们的一部分产品销到国外了。可是，毛织品制造商在外国竞争的幻影面前发抖了。他们希望人们不但不降低壁垒，反而要把它进一步加高，同时希望人们比以往更加严格地制止偷运。双方都在保卫着或认为保卫着自己的利益。可是一方则诉之特权来维持旧习，而对方则由于受到当时从事于改革英国农业的伟大重农学派的指导，以新政治经济学的语言来申辩。

阿瑟·扬在他的《农业编年史》中写道："为了这项工业本身的利益，必须不再应允其请求而予以过分的保护。"他把毛纺工业和那些新近产生的、其迅速发展已引起普遍惊奇和钦佩的工业作了对比，他说："当英国工业的特出才能用在铁、棉、玻璃或瓷器上面时，就如此卓越地表现出冒险的热情、积极性和创造精神；而这正是你在毛纺工业中所不能看到的。在毛纺工业中，一切都是呆钝的、不活泼的、无生气的……。专利权的有害后果就是如此。你们要使乌云笼罩在曼彻斯特的日益增长的繁荣上空吗？那就把棉业专利权给它吧！伯明翰的异常发达，会使你们见而生厌吗？专利权会像瘟疫一样毁灭它的街上居民……。”[179]毕竟是制造商战胜了饲养者。旧禁令又被更新了，输出羊毛被列入重罪之内。[180]在这个消息传来以后，利兹地区和诺里奇地区像庆祝胜利一样地举行了庆祝会，燃起欢乐的火焰，敲起钟来。[181]

然而，扬是有理由的。毛纺工业用以保持其至上权的那些办法，即使未使自己固定不变，至少已使自己落后了。人们在听到制造商用以支持其向当局提出请求的那些无穷的怨声，就会认为它已处在衰微的状态。事实上，它并未停止发展。[182]但是，它的发展——除在一个有希望的地区即约克郡西区外[183]——是不平衡的和缓慢的。即使生产中心很多，但往往都是不重要的，其中有许多从十八世纪初以来只是勉强生存下去。[184]它们勉强生存，但未消失。这是旧经济组织的标志，虽经内部的缓慢演进而逐渐改变，但仍保存其累世旧习所维持的旧形式。毛纺工业太保守了，太受到特权和偏见的压制，所以不能通过自己的技术革新来自行完成自己的变革。因此，产业革命要在毛纺工业以外着手。

（八）

旧工业的逐渐改变：其原因与其说是技术方面的，不如说是经济方面的。商业因素的优越性是和交易的发展有联系的。

然而，这个革命只不过是逐渐改变旧经济制度的运动的继续而已。我们已经描绘出这个运动的曲线了。毛纺工业史告诉我们，它的各相续阶段，正如相应的各工业类型所确立的一样，是由一些几乎觉察不出的过渡阶段互相联系起来的。它起初是独立小生产者的工业，它的地点就是哈利法克斯地区；继而成为商人工场主的工业，它在西南部乡间较为分散，但在诺里奇这一大城市的四周则较为集中；最后成为手工工场的工业，即大作坊的工业，可是它的进步已远比不上它在十六世纪时那种辉煌开端所预示的。考查这种不同之处就是使这一经济运动恢复其复杂而连续的生命。马克思在以其抽象天才的全部能力来分析这个运动时，把它概括为很简单的术语和很分明的时期。但要注意，不可把在马克思看来主要只有解释价值的东西就当作正确的描写。例如，如果认为手工工场是大工业时期前面那一时期所特有的、主要的现象，那就错了。即使在逻辑上它是工厂制度的必要前提，但在历史上，它确实没有普及到足以把自己的标记烙在工业上的程度。在文艺复兴时代，它的出现是一个何等重要而有意义的事件，它的作用——至少在英国——在以后几百年中却只是次要的。[185]在绝对需要时，我们可以提手工工场制度并把它同近代大工业制度相比较，但是，必须不要忘记，手工工场制度除了和以前的各种工业制度之仍然十分富有生命力的残余并肩存在到底以外，始终未占过主要的地位。

促成运动继续的东西，直至我们打算研究这个运动时为止，仍然完全是经济的而不是技术的，因为它只影响到生产的组织而未影响到生产的设备。决定运动和改变运动的东西，并不是从个人智力中突然出现的发明，而是集体交易的缓慢进展。有一件事实值得我们特别注意。那些为自己的利益而实行生产资料逐渐集中的资本家，几乎不配享有工业家的头衔。他们甘愿把制造方面的一切事务留给那些渐渐失去自立的小生产者。他们对于制造并未着手改进,甚至也未加以指导。他们是商人。工业对于他们来说,不过是一种商业形式而已。他们只考虑一个问题,也就是整个商业的问题,即买卖的差价对他们的好处。正是为了增加这种差价,为了在买进价格上实现节省,他们才掌握原料,继而掌握设备,乃至工业厂房。他们是以商人的资格来掌管整个生产的。

使他们日益走上这条道路的,仍然是商业,是英国商业的发展。他们并不了解几年以后,亚当·斯密所作出的、那把工业劳动的分工同商业市场的大小联系起来的定律所发生的作用。在肤浅的观察者看来,英国贸易完全朝向海外的活动,会有害于国内的发展,有害于民族工业的奋发和持续的增长:"英国愿意变成类似荷兰那样,今后仅以经济贸易、租船交易和大航运作为自己的财富基础吗?……人们不应设想英国比荷兰更能够维持那些业已处在颓败状态的工业……。"[186]这是多么奇怪的背理的预言啊!相反地,新工业正是要从商业和贸易精神中产生出来。

第二章　商业的扩张

工业的进步和贸易的发展，彼此那么密切地连在一起，而且彼此又那么大地互相影响着，以致往往难于发现它们的真实的演变关系。有时是工业发展迫使商业去找新的销路，因而扩大并增加了商业关系；有时反而是商业市场的扩大及其所引起的新需要促使工业企业的产生。在今天，前一情况是最常见的。那被内在力量——机械装置的力量——所推动的大工业，在其进程中带来了贸易和信贷，后二者便为它而着手征服世界。此外，经济生活中的其他现象要以生产为榜样似乎是自然的，因为生产似乎是这些现象的必要的起点。

（一）

贸易和生产的相互依赖。商业的扩张往往先于并决定工业的进步。

可是相反，难道这不是近代大工业的最新的和最初的特征之一吗？正是由于近代大工业具有这种特出的改造能力，正是由于它的设备在迅速不断的改善所起的作用，它才能预料到需求，能够调整需求，有时还能创造需求。正是运输工业的发展使生产者有可能随意扩大其市场的范围，除居民地区的限制外，再无其他限制。旧工业的情形，绝非如此。由于技术进步的缓慢和交通的困难，生产就必然受到经常市场所已有的需要的限制。那时要为远方不熟悉的、可能的消费者这类顾客来制造，就会被视为疯狂的行为。因此，工业毕竟必须适合商业关系的状况。另一方面，由于没有技术发明，所以几乎只有一种方法可以稍稍更新制造方法并改变产品的花样，即借助于外国工业。这一回仍然是商业通过其所带来的各产地的商品，通过其与各国所建立的关系，从而制造了竞争并提供了一些足以刺激工业创造力的榜样。

在那时，如果没有一些商业活动走在前头，工业进步就几乎没有可能。如果从这一观点出发来研究某些地区和某些城市的历史，例如探究一下法兰德斯纺织工业的发展同十三世纪初起即成为大贸易中心的布鲁日港的发展有什么联系，或者探究一下，威尼斯和热那亚的海上商业如何促成了北意大利的外国工业的建立，这些工业长期成为欧洲各地的模范——这类研究都是很有趣味的事。[1]

这些问题并不是顺便就可说明的。但是，我们可以肯定一点，在大工业时代以前，一个国家的商业势力绝不依据它的工业重要性。荷兰的例子足以说明这一点。荷兰在十七世纪是全世界的头等商业国家。但是，荷兰船舶所装载的东西并不是荷兰的货物：这些船舶把东印度和西印度两个殖民地的产物、波罗的海沿岸诸国的金属或者东方的宝贵织品同样地运到各个目的地去。它们是转运业者，它们的大港口不过是些货栈而已。在以小小的荷兰为中心的那些资本、人和思想的巨大活动之中，工业是不会不发达的：荷兰原有呢绒、麻布和天鹅绒的织造厂，精制玻璃厂，钻石琢磨场，还有那些设在各港口附近的船坞。这些工业尽管很兴旺，但对荷兰的财富仅有微少的贡献。其中最重要的造船工业只是海运商业的辅助物，即使它的存在不是由于海运商业，然而它的繁荣却要归功于海运商业。

这个事例和我们有直接关系。因为英国长期力图模仿荷兰。它是英国的长期敌人，以后又是英国的竞争对手，英国和它争夺这种为相邻各国所羡慕所觊觎的东西，商业霸权，英国终于战胜了它。英国在变为典型的工业国，即变为拥有矿山、制铁厂和纺纱厂的国家以前五十年的时候已经是一个大商业国，正如一句名言所云：是个商人的国家。在那里，商业发达走在工业变化的前头，而且，它也许决定着工业的变化。

（二）

英国商业史梗概。伊丽莎白时代的海上扩张。1651年的航海条例。商业资产阶级在1688年革命中所起的作用。英格兰银行的创立与东印度公司的最后组成。殖民地的征服与重商主义。

英国的经济威望直至十七世纪末仍然是次要的。自新世界发现时起，它的地理位置的优越性大大地增大了，但它并非一下子就获得很多好处。[2] 许久以来，它就切望海上霸权。约翰·塞尔登在为回答格劳秀斯的《公海》而写的、题为《领海》[3] 这一论著中，借助于经典的引文和圣经上的话来提出下面两项主张：第一，海可被视为所有物；第二，海当然是英国国王的所有物。但是，这本书虽然是为国王詹姆斯一世而写的并题献给查理一世，可是这两位英王都不能支持这种大胆的主张。事实上，海归西班牙人、法国人尤其是荷兰人所有，比其归英国人所有的程度是一样的而且还要大一些。

在伊丽莎白时代使旧英国的一切生命、力量和天才的胚种开放为灿烂之花的那种异常的生气勃发，便能说明这种早熟的野心。商业和海运的扩张是迅速而无故的。英国的海员、商人和海盗因其大胆而震惊了世人。当德雷克偕其海盗威胁西印度群岛时，和平的航海家们正在英国准备着更加持久的胜利。沃尔特·雷利创建了弗吉尼亚殖民地；钱塞勒和威洛比在围绕着斯堪的纳维亚半岛航行而在阿尔汉格尔登陆时，便把西方同莫斯科与诺夫哥罗德联系起来了。一些贸易公司创设起来了，起初，只是一些愿以共同费用装备一只长途航行海船的商人的暂时的简单组合；以后才成为一些因领有正式的特许状而获得特权和专利权的公司，并拥有代表君主的权力。这些公司是：1554 年成立的马斯科维公司，1579 年成立的波罗的海公司，1581 年成立的东方公司，1600 年成立的东印度公司。[4]

在下一世纪中，全国的精力便用在其他任务上了。它被消耗在政治的同时又是宗教的大斗争中，结果两次导致了革命。然而，它有时还有机会显示于海外。在那些开拓新英格兰的清教徒的移民中，人们可以辨认出这种精力；它在克伦威尔的有力领导之下又一时恢复了整个的元气和威望。著名的航海条例[5] 正是始于共和时代，人们把这个条例视为英国海上权威的开端，并不是没有理由的。这个条例通过强迫英国人不用荷兰掮客来同世界各地做交易的办法，来使他们不得不自建商船。原料并不缺乏。虽然没有远洋大船，但沿着英国海岸的航行却非常活跃，尤其因为陆路运输货物，慢而困难并且运费昂贵。单单纽卡斯尔与伦敦间的煤炭商务就占用一个由数千人装备起来的真正的舰队。因此，人们把它称为“海员养成所”。[6] 然而，航海条例并不是立即就产生了结果的。

国内斗争的时期并未结束。经过几年暂时的平静以后，斗争在复辟时期又开始了。但是，这几年已足够使冒险精神重新去发扬其生命力。这时又出现了一些新的特许公司，例如皇家非洲公司，它主要同几内亚沿岸做交易；[7] 又如赫德森湾公司，它是由显赫而有冒险精神的鲁珀特亲王为了有利的皮货交易而创设的。[8] 经过最后一次的冲突和骚动时期以后，最后便到达 1688 年这一个伟大的年份，这个年份在经济史上同在政治史上一样都是颇为重要的。

1688 年是结束长期危机的年份，英国人在这一危机中斗争了六十年。这是一种有益的危机，因为它的结局使得英国有了欧洲任何大国还未具有的东西：自由政治。这个用很大代价换来的自由，经过付出大量努力才得到了巩固，因而成为公共繁荣的最好保证。英国人在经受了一些与新政治制度分不开的困难的时期以后，立即觉察到这种情形。一位对大不列颠作出了卓越描述的著者在 1708 年写道：“我们的商业是全世界上最大的：大不列颠的确是各国中最适于商业的国家，这是由于它的岛国的位置，同样也是由于它的政体的自由和优越性所致。”[9]

1688 年革命是纯粹政治和宗教方面的事件。这是法定机关和整个新教民族的创作，不能认为是一个社会阶级的自私活动。

但是，可以看出商业资产阶级在那些后果对于他们会十分有利的决定性的事件中所起的作用。在国王逃走以后，贵族们正是在商人同业公会的那所老建筑，伦敦市政厅里集会，计议请奥林奇亲王到伦敦来。当詹姆斯二世回到首都的时候，曾要求伦敦城的官吏们容纳他和宣誓保护他，他们拒绝了。反之，他们却在两天后首先来到圣詹姆斯宫参见威廉并感谢他拯救了英国人的自由。这位亲王在等待国民大会开幕来宣布其为国王时，曾召集临时议会来同他分掌政权，这时，他邀请伦敦市市长和市参议员同旧下议院议员一道出席临时议会。最后，为了应付紧急需要，尤其为了支付军饷，伦敦市借给国库二十万镑。[10]这便是新君主政体同商人和金融业者阶级联盟的保证。从此开始了一个大运动，终于在一百五十年后资产阶级取得最后胜利及其对政府的控制。这个阶级因其所采取的态度而几乎立即就获得了好处。革命后不久，发生了两件头等的经济事件：英格兰银行的创立和东印度公司的最后组成。

人们在看到英国信贷机构发展得很晚时，不会不感到惊奇。今天，欧洲最强大的金融公司都挤在伦敦市里一个狭窄的地方，世界上各地的资本都聚集在那里，可是，在十七世纪中叶以前，那里没有一家银行。在内战期内，商人才开始将其资金存入洛姆巴德街的金饰店里。这类人起初只是些普通的管理钱财的人，不久就升到银行家的角色，在伦敦市的日常交易中，他们的票据便代替了货币。[11]一当信贷习惯成风时，大家便注意到几个由外国所提供的并且老早就拥有比较先进金融组织的事例上面。英国国家银行的计划正是从意大利和荷兰得来的。

施莫勒曾经指出公债对于股份公司的创立所起的影响。[12]关于英格兰银行的创立，这种影响是显著的。威廉三世的政府需要钱用。它虽然赞成按照热那亚的圣乔治银行和阿姆斯特丹银行的模样来创设一个大的信贷公司，但它主要是想为自己在目前和今后弄到新的财源。英格兰银行起初只不过是一个约定以百分之八的利率借给国王一百五十万镑的资本家集团。作为报答，这个集团获得了社团[13]的资格并有接受存款、贴现票据的权利。总而言之，有一切银行业务的权利。这个计划之所以取得成功，无疑是由于这个计划所提供的即时的好处，即能够弄到一笔钱来支援法兰德斯战役。这个计划尽管遭到十分激烈的反对，毕竟议会通过了。这个大机构的设立其重要性无须赘述，它首先是作为预算上的一种权宜手段而出现的。[14]当时很少人能预见到，该银行所获得的权利对于全国的价值，要远远超过它所借出的那些金钱。它对国库的贡献，不管怎样大，[15]也不能同它由于每天的活动而对公众所作出的贡献相比拟。

多亏英格兰银行，伦敦才能成为比得上阿姆斯特丹的交易和企业的中心。资金的流通量增加，利率很快地下降。利率在不到二十年内，便从百分之七和八降到百分之四和以下。[16]在英国几乎同时也在法国流行的那种投机疯狂病，以及在空想的南海公司周围成长起来的那些狂妄计划和无数骗局，只不过造成一时的纷扰。英格兰银行仍然没有动摇，而且，它的股票价格在那些倒闭发生以前曾一时引起激涨之后，几乎立即回复正常的行市。[17]它所引起的信任，从这时起便具有不可动摇的坚固性。它之所以发生主要的作用，是由于长期以来信贷机关仍然不多之故。在 1750 年左右，除首都以外，只有十二家左右银行。[18]通过经济演进过程中十分常见的相互作用的结果之一，信贷在使商业发达和工业变革成为可能以后，其本身也会获得很大的推动，我们可以看到它时时刻刻地在更新着。

正在英格兰银行创立的时候，已有近百年历史的东印度公司似乎就要消灭。它刚刚度过空前的繁荣时代。但是，它的财富由于掌握在极少数的股东手里，所以引起了妒忌和觊觎。一些没有特权的商人(interlopers)，不顾 1600 年皇室特许状所规定给东印度公司的专利权，力图同该公司竞争，力图为自己的利益而侵吞该公司的一部分巨大利润。在革命以后，他们利用它的总裁乔赛亚·蔡尔德爵士[19]的政治态度来攻击它，因为蔡尔德曾力求依靠宫廷和托利党，同时，他们请求议会结束他们所希望获得的专利权。于是开始了一场激烈的斗争：公司的敌人一开始就胜利地获得了下议院的一项声明，否认国王有授予商业特权的权利，并准许一切英国臣民都得无限制地同东方各国做交易，只要没有正式通过的法律作出相反的规定。[20]以后，他们组成了一个新公司，并于 1698 年得到正式的承认。[21]在那几年中，并存着两个为疯狂竞争所分开的东印度公司。[22]最后，在 1702 年达成协议，终于在 1708 年将两个企业合并。[23]这个大东印度公司是在 1708 年成立的，1708 年正是莫卧儿帝国在奥伦·萨布死后而瓦解的一年；这个大东印度公司，利用克莱夫、沃伦·哈斯丁斯和韦尔斯利征服了印度斯坦，并且剥削和统治这个广大地区达一百五十年之久。

这一由合并而结束的争吵之激烈，足以证明十七世纪末以前同印度贸易的重要性。贸易活动因两个敌对公司的暂时竞争而更加增大。复辟初期起传入英国的茶，正是在这个时候才成为经常的输入品；早经荷兰人赏识并由玛丽王后使之流行起来的中国瓷器，[24]也是在这个时候博得英国宫廷和上流社会的狂热称赞；最后，棉织品如：始于印度的印花布，始于波斯的彩布、白棉布、细棉布——单单它们的名称就表示出东方的来源——也是在这个时候流行到足使呢绒制造商感到恐慌的程度。[25]同印度的贸易包括着五花八门的产品，具有各种的形式，日益成为英国财富所必不可少的要素之一。

英格兰银行和东印度公司是英国对内和对外政策的两个支点，这种政策终于能够指向伊丽莎白时代和克伦威尔时代所预见的目的，即赢得海权和海上的贸易。难道需要提起英国是在十八世纪的前六十年中打下殖民帝国的基础吗？在1700年以前，它已在美洲占领了十三处殖民地；但是，除去这块面积广阔而荒芜的、其当时的重要性尚不及一个最小香料岛的地区以外，[26]英国的属地就没有多少，只有：西印度群岛的牙买加，以及印度境内的三四处商栈。英国在率领其同盟国对抗法国时所占的地位，使它在1713年能把直布罗陀、米诺卡、圣克利斯托夫、纽芬兰及其渔场、赫德森湾以及法领加拿大的前哨地点新斯科舍据为己有。五十年后，巴黎条约——这是查塔姆天才所领导的大海战的胜利结果——使它占领整个加拿大，大部分的西印度群岛，以及各国轮流渴望的唯一追逐对象印度。这样，战争与外交就助长了英国商业的自发进步并为商业在今后开辟着一条广阔的出路。

英国政策在十八世纪的胜利，同时也是重商主义的胜利。如此有利于工业品输出和原料输入的殖民地贸易之所以成为杰出的贸易，难道不是重商主义的结果吗？乌得勒支条约、巴黎条约，除领土条款以外,又为大不列颠的利益而规定一些商业特权,例如:贩卖黑奴到南美各国去的专利权以及著名的波托·贝洛特许船的特权(波托·贝洛长期成为英国走私贸易的货源不断的基地)。

有助于建立英国第一殖民帝国的重商主义,后来又成为它的部分毁灭的原因。美洲殖民地对本国的叛变,实有助于说明这一整个的历史。我们知道美洲人的疾苦主要是经济方面的,他们当然埋怨那些旨在不利于他们的工业而有利于英国工业的禁令,[27]抱怨那些未得到他们同意就为英国国库利益而征收的捐税。美洲战争比亚当·斯密及其门徒的著作能更好地说明旧政治经济学的腐朽并加速其破产。

尽管发生了美洲革命这一重大事变及其不可弥补的后果,英国的气运并未消失,发明家的天才和工厂主的幸运的创举竟在英国本土上创造出一个新美洲。

(三)

国外贸易的进展。商船的动态,1700 至 1800 年的输入和输出。输出对工业的刺激作用。

按照重商主义的说法,国外贸易是一国的大财源。特许公司的成立、政治家对航海事业的大加鼓励以及用征服来支援贸易,都是为了国外贸易这一目的。一些可靠的文献使我们能够完全符合我们所希望的准确性那样一年一年地去考察那些已经实现了的进展。[28]

我们行将引用的那些数字,比起现今非常紧张的经济生活使我们所习见的那些数字来，似乎是微不足道的。因此，人们就会更能衡量出那些猝然发生的变化的巨大。而且，由于同一原因的另一结果，十八世纪初的英国人口仅为今天的七分之一。首先让我们看看那些有关航海的数字吧。

根据英国海关的记录，1700 年离开英国港口的商船吨数不超过三十一万七千装载吨——这是个可笑的数字，因为它比今天利物浦港的运输量小六十八倍。1714 年，即紧接着乌得勒支条约以后，马上升到四十四万八千吨。在随后十五年或二十年中，进展很慢：1737 年是五十万零三千吨，1740 年即对西班牙战争的时候降至四十七万一千吨。由于埃克斯—拉—夏佩勒和约之后的全面停战，商船的活动又增加了：1751 年，出口数字是六十六万一千吨。对法战争时又有新的下降：1756 年是五十二万五千吨，1760 年是五十七万四千吨。从 1763 年起，我们看到一种显著的恢复，十分有规律地继续到美洲战争的开始：1764 年是六十五万八千吨，1766 年是七十四万六千吨，1770 年是七十六万一千吨，1774 年是八十六万四千吨。殖民地革命一爆发，数字马上就下降：1777 年是八十二万吨，1779 年是七十三万吨，1781 年是七十一万一千吨。但是，危机一过去，上升就那么突然并且那么迅速，以致要人猜测有某种有力的原因在暗中起作用：1783 年是九十五万九千吨，1785 年是一百零五万五千吨，1787 年是一百四十万零五千吨。虽然从 1793 年——这是一个新的战争时期开始的年代——起，出现一种缓慢情况，但出口船舶的动态在 1800 和 1801 年还达到一百九十二万四千吨和一百九十五万八千吨：在二十年中，1781 年的数字就几乎增到三倍。[29]

像人们可以料想得到的那样，不仅输出，而且输入也跟着一条即使不和这条曲线平行的、至少是同一方向和同一步调的曲线前进的。在1715年左右，输入从四百万镑升到六百万镑，在1725年左右升到七百万镑；直至1750年为止，都在七百万和八百万镑之间变动着；1760年升到一千万镑，1770年升到一千二百万镑，1775年升到一千五百万镑。以后，经过1776—1783年的大跌，使上述数字降到一千一百万镑甚至一千万镑以后，便出现一个突飞猛进：1785年是一千六百万镑以上，1790年是一千九百万镑，1795年接近二千三百万镑，1800年是三千万镑以上。输出也是一样：在七十年或八十年间，输出的进展很慢，但很稳定，而且几乎是继续不断的：1700至1710年是六至七百万镑，1715年是七百五十万镑，1725年是一千一百万镑，1730年是一千二百万镑。从1730至1770年，变动是经常的：可是从1740年起从未降到一千一百万镑以下，从1757年起则未少于一千三百万镑，而且，越来越趋向于一千五百万和一千六百万镑左右的水平。在1771年，这些数字被大大地超过了（为一千七百一十六万一千镑），但以后又回到一千一百五十万镑。最后，从1783年起，我们又发见这种相同的、比上述情形还更快的急遽上升的变化：1784年是一千五百万镑，1785年增到一千六百万镑；1790年增到两千万镑；1795年增到二千七百万镑；最后，1800年增到当时闻所未闻的数额即四千一百八十七万七千镑，[30]几乎等于十一亿法郎。

结论是很明显的：我们能试以上述数字用图解表明出来，看的人会一目了然，几乎不需要注释。首先引人注目的，就是标图最后部分的曲线几乎是垂直的。这一部分恰好是相当于机械装置的最

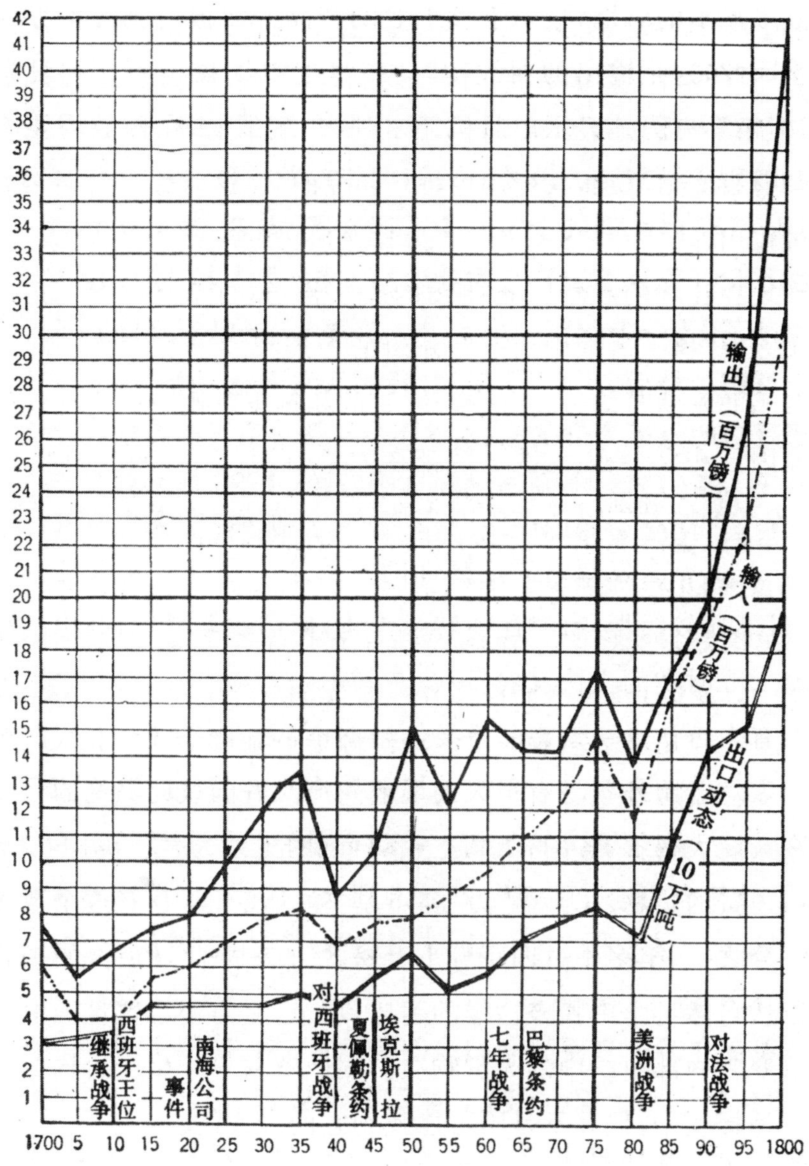

1700—1800 年英国对外贸易

初效果显出的时期，相当于大工业的产品开始流行到全世界的时期。因此，这是输出的曲线，其动态虽然长期摇摆不定和没有规律，但极其有力地显示出时机还未到来，到那时，全国的需要将随同其财富一道增加，其生产也将日益专门化，这时输入就会大大地超过输出。[31]

现在让我们看看三条曲线的头一部分，即表示 1700 至 1775 或 1780 年这一时期中商业和航海的发展那一部分。这一部分的上升是非常清楚的，而它的变动、它的相继下跌则应归诸纯粹偶然的原因。在事实上，每次下跌都在战争时期；而且，曲线在降低以后，每次都回升到以前最高的水平以上。最后，如果我们看看整个图解，我们是会发现它的连续性的。从这一世纪初起所显出的动态，虽然比较缓慢，有时还逆转或中止，但已逐渐显出，好像已经预示着下一时期的飞快发展。

有人否认这一动态的重要性。据 J. A. 霍布森说，十八世纪经济学家对于国外贸易有很大的误解。那时各国彼此隔绝的程度比起今天要大得多，各国几乎完全靠自己的土地为生。英国在 1710 年所消费的货物约为六千万镑；可是，输入品几乎只有这个数额的十五分之一，至多不过四百五十万镑。[32]的确如此，但是，如果我们可以从自然科学中找来这样的类比，那么，只需很小数量的酵母就能改变其内部组织中的大量物质。国外贸易对于生产机构的影响是不易捉摸的，但并不是不可能找到它的线索的。

在上一章里，我们已经看到商业资本的影响怎样逐渐改变旧式工业的组织。可是在那些商人中，凡能最早和最易对生产者起资本家作用的人，就是同外国有往来并惯于从事远方企业冒险的大商人。居于英国出口货的最前列的是毛织品，[33]而且，我们知道主要的输出中心就是西南部的几个城市，如诺里奇，那里制造一些专供外国主顾用的织物；[34]又如在约克郡中则有布雷德福及其近郊。[35]我们不会忽视这些地区正是梳毛工业占主要地位的地区，是呢绒商的经济霸权早已树立起来的地区。他们之所以能控制这门工业，无疑是由于制造的性质和原料的高价所协助的。但是，使他们能够利用这些有利情况的东西是需求，因为英国呢绒已成为大陆市场的需求品。正是海外商业使他们发财并使他们怀有野心的；他们的势力正是从布里斯托尔、亚茅斯和赫尔等港口向内地推进，从而迅速地控制了全国。次于毛织品的一项最重要的输出品就是伯明翰的小五金、铁器和玩具。伯明翰正是行将实现工业技术上最显著、最具有决定性的革改地点之一。然而，根据该市从前一位史学家的说法，伯明翰的制造者的冒险心远不及他们之所善于显出的机智。当他们在小作坊里以极简单的设备制造纽扣、鞋扣、鼻烟盒，甚至赝币而使伯明翰的声名有点可疑以后，[36]“他们甘愿留在熔炉火边取暖。”[37]但是，他们旁边已经形成了一个积极的商人阶级。正是这些走遍英国最远各郡又同大陆和美洲发生联系的商人迫使制造者不断增加其生产并改善生产方法。[38]以后，他们便亲自管理生产。为伯明翰的工业威望作出也许是最大贡献的人，就是索霍的马修·博尔顿，其成功完全归功于他的商人才干，同时也归因于他的组织才能和指挥才能。正是以大胆而机巧的、熟悉市场的富源和需要的商人资格，他才敢于负担瓦特的发明费用以使发明成为实用的东西。

出口贸易刺激着已有的工业；进口则引起新工业的产生。[39]我

们如更详细地研究美国棉纺工业的起源，我们会看到它是因模仿外国工业而产生的；它的胚种是由东印度公司的海船运到英国的。丝纺工业也是一样，它是从意大利抄袭来的，并且是由法国难民在南特敕令取消以后将其移植到伦敦郊区的。[40]机械装置恰好是在这两项工业，丝纺工业和棉纺工业中首先出现的；这两项工业因系新近形成而且来自外国，免受传统和法律限制的约束，所以新的经济制度也恰好是在这两项工业中建立起来的。

（四）

这种影响的事例：利物浦港的兴起是在兰开夏工业发展以前开始的，即使它未引起至少是助长了这一工业的发展。

在那些最能表明十八世纪英国商业的增长怎样影响工业发展的事实中，要以那些工厂群在其邻近成长起来的某些商业中心的增长为最有意义了。利物浦的港口和城市史便是其中最显著的事例。人们总认为利物浦是大工业的产物。它难道不是坐落在兰开夏的门口、离棉业要地曼彻斯特只有数里之遥吗？经过韦弗和特伦特两河相背而流的低地，它与陶器出产地联结起来，更远一些，又与沃尔弗汉普顿和伯明翰的黑乡联结起来；而在东面，它和毛业城市的利兹和布雷德福以及与钢铁业城市的谢菲尔德都相隔不远。工业财富的巨流从各方面流到默西河的又深又宽的河口（这个河口对于流经此处入海的这条小河来说显得太宽了），这些财富巨流都以它为天然的出口和共同的入海处。

这是现在的情形，至于过去，则完全不同。直至比较晚近的时期为止，利物浦与伯明翰地区的关系还不多，因为伯明翰地区原是面向塞文河流域和布里斯托尔的。在约克郡那方面，彭奈恩山脉是一个很大的障碍，只有几条不好的道路可通。剩下来的便是兰开夏，但是它的工业发展，真的足以说明利物浦初期的成长吗？

在十七世纪以前，兰开夏是一块荒芜的地方，满是森林和沼泽。利物浦几乎只是一个渔村，孤立在当时既无码头又几乎没有海船的大停泊场的入口处。然而，河口所提供的优良避风所已把商业吸引来了。曼彻斯特周围织工所用的毛线就是爱尔兰商人运到那里的。[41]这样，隔了几百年，我们还能认出那些在今天仍然联结着这两个城市的关系：一个接收原料，另一个则把原料拿来制造。然而，必须注意到一个重要的差别：活动主要是从外向内的；曼彻斯特只是一个平凡的地方性工业中心，除去那曾供应毛线的爱尔兰商人所买去的一点呢绒外，毫无可以输出的产品。[42]1636年，利物浦仍然是那么一个小港口，以致斯特拉福德在征收有名的造舰税(ship money)时，只课它十五镑，可是曼彻斯特却要缴一百镑、布里斯托尔则缴两千镑。[43]

利物浦开始兴起差不多是在革命时期，亦即海上扩张被一世纪的政治斗争所中断而又恢复的时候。在1699年，它成为独立的教区，自建一个新的教堂。[44]1709年，它的商业已经很大，以致再也不能满足于河口所形成的自然港。人们决定挖掘一个停泊所，[45]因而引起建筑一排雄伟的船坞；今天，它的码头伸延达十公里之长。当时人们对于这种迅速繁荣感到惊奇，笛福写道："利物浦真正是大不列颠的奇观之一，在我看来，它比德比郡山峰的各种天然奇观还要稀奇得多：[46]当我在1680年左右第一次去参观时，这个城市已是一个巨大的、[47]漂亮的、建筑得好的、处在正确发展过程中的城市。当我于 1690 年第二次去游览时，比我头一次所见的更扩大得多：据该地居民云，它在不到二十年内增大了一倍。不管怎样，我可以有把握地肯定，在我第二次和第三次游览之间，它又大了一倍以上，而且，人们肯定地对我说，它的财富、人口、商业、建筑物还在一天天地增加着。它究竟会发展到怎样的地步，这是我难以预料的事。”[48]

那时常常出入利物浦港的船舶，几乎没有我们的大渔船大；[49]但是，它们的数目和吨位却在不断地增加。1710 年时，出入这个港口的总数不超过两万七千装载吨；1730 年则升到三万七千吨，1750 年升到六万五千吨；在 1760 年和 1770 年，达到十万吨和十四万吨。从这个世纪的中叶起，布里斯托尔已不再是仅次于伦敦的港口，而利物浦已代替了它。[50]至于人口，已从 1700 年的五千居民增至 1720 年的一万居民，1740 年达一万五千，1760 年是二万六千。1773 年进行的人口调查所得出的数字是三万四千四百零七人。[51]该港已有四个停泊所，其总长度是一英里半。阿瑟·扬不如笛福容易感到惊奇，他也绕道而行，穿过英国乡村地区，特意地去看看利物浦，“这个城市在世界贸易上占着非常著名的地位，以致在它附近经过时不能不去看看它。”[52]

在扬旅行利物浦的时候，[53]兰开夏的大工业几乎还未产生。曼彻斯特虽是一个活跃而繁荣的城市，但还没有任何东西能使人们预见到它的异常的未来。英国棉布还是一种有缺点的粗糙产品，不能同印度织品竞争。因此，利物浦的发展是早于并且超过地方工业的发展的。它的发展似乎是与英国一般商业的发展有着密切关系。我们看到它们之间的最经常和最显著的对应。我们可以说，利物浦史，在几乎整个十八世纪中，就是英国商业史的简述。

而且，我们不仅知道利物浦是在什么时候发迹的，并且还知道它是怎样发迹的。这主要是由于它同殖民地，即当时人所谓大种植场的关系；是由于输入殖民地的商品，如糖、咖啡、棉花，往往又把这些商品输出到荷兰、汉堡或波罗的海各港口；最后而且最重要的是由于贩卖黑奴，这种买卖从贩卖黑奴专利权条约以来已成为英国船主们最有利的收入源泉。[54]利物浦在其发展初期，很像一些因与西印度群岛贸易而致富的、几乎是在同时并和它一样地致富的法国城市：例如南特，它的那些面朝着卢瓦尔河河岸排列着的漂亮石屋，令人想起它当年对西印度群岛供给奴隶并从那里收购糖、香料、贵重木料等货的繁荣状况。

利物浦已经不再是切斯特郡的盐和威根的煤同爱尔兰的羊毛交换的地方市场了；它还未成为大纺织工业和大冶金工业的巨大的大出口港。它的作用是商业中心地的作用，是堆积海外产品的货栈作用。人们看到食物和财富是从国外、从遥远的国度流向利物浦的；作为海上主人的英国在国外已经显露其商业霸权了。

正是外来的影响深入到兰开夏而引起新工业的发生的，这种工业就是学习外国榜样并从外国弄来原料的棉纺工业。今天，成千上万地堆在利物浦仓库里的棉花包，使我们想到近在咫尺的曼彻斯特，想到它那些正像吃不饱的胃一样不断需要喂料的无数机器，想到要离开那里以便流行到全世界的大量工业品。如果这种不停的流通是以利物浦为起点和终点，那么，曼彻斯特的工业区就是它的中枢和心脏。但是，使一切运作起来的推动力却是来自海外。在所有的英国各郡中，兰开夏堪称大工业的发祥地，它的发展首先是依靠利物浦及其商业的发展。[55]

（五）

国内贸易组织。定期市集是产物集散地的特殊市场。中间商人、流动商人、小贩、城市开店商人。

英国国外贸易在十八世纪才壮大起来，而国内贸易已有了完全的变化。在安女王时期，英国各地仍然局限于非常狭隘的地方性生活范围之内。从经济观点而论，英国在此时期虽未被市税关卡所分割而优胜于法国和德国，但它却分为许多彼此很孤立的地区性市场。[56]除伦敦外，没有一个城市同王国其余各地保持着经常的交易关系；至于乡村的贸易范围，很少超过邻近城市之外。用以建立各市场间的必不可少的最低限度的来往手段和方法，四五百年来很少改变。

这些方法中的第一个就是大的定期市集，人们从老远跑来，不是为了卖东西就是为了买东西。英国有这种市集，正如法、德一样。最著名的是斯托布里吉的定期市集，英国人把它比为莱比锡的定期市集。在每年八月半至九月半举行的市集的地段上，建立起一个完整的临时城市，拥有行政、警察、法庭等机关。[57]在那里，人们可以看到在利兹和诺里奇的呢绒商旁边就是苏格兰低地的麻布商以及谢菲尔德的刀商和伯明翰的钉商。奢侈品和殖民地产物则是从伦敦、布里斯托尔和利物浦运到这里的。因此，这个定期市集就成为全英国都参加的产品交换的好地方。许多其他的定期市集，不很出名，只有地区性的意义。我们可以举出西部的温切斯特的定期市集，东部的波士顿的定期市集，北部的贝弗利的定期市集。[58]它们的衰落，比一般人所想象的要迟得多。有几个一直很繁荣，直到很接近于我们的时代。[59]

除定期市集外，唯一较大的交易市场就是那些地方工业产品集中地的特殊市场。约克郡西区那些为城市呢绒商和乡村居民兼家庭工业制度的小生产者所光顾的市场就是如此。我们曾叙述过的利兹市场便是最大的和买客最多的市场；但是，布雷德福、哈德斯菲尔德、威克菲尔德、哈利法克斯等地还有另一些市场，彼此相隔很近，因为那些每星期都到那里去卖呢绒匹头的织工，不能离开他们的村庄很远。说明这些地方性市场的特性的东西，就是小交易的数量和买客卖客的人数。因此，他们需要许多地方：十八世纪下半期中所建筑的或改建的那些呢绒市场[60]还不够用，尽管它们的面积很大。[61]一部分的交易是在大街上、广场上、酒店里进行的。[62]

货物是怎样从这些定期市集或常设市场达到大量消费者手中的呢？这里就显出了英国内地商业关系仍然是完全中世纪式的状态。直接与生产者接触的中间商阶级，自然是最重要、最有钱的阶级。[63]这就是批发商阶级，人们往往称之为流动商人。在事实上，他们无论为了进货或和零卖商发生关系都不得不亲自出马。我们知道两百年前左右有个曼彻斯特大商人所过的那种生活，他在东部诸郡中出售毛织品和棉织品并在那里买进羽毛和麦芽。“他几乎全年都在旅途中，而且总是骑在马上，他所收的钱都是金基尼，装在挂在鞍子上的鞍囊里带着走。他不断地遭受风雨，疲劳不堪，还经常会碰到危险。”最坏的事就是被劫，这种情事在英格兰和苏格兰的大道上也常常发生。必须注意到这里所谈的是一个有钱的商人。“他发了相当大的财，所以能够自备马车，可是在那一时期，在所有曼彻斯特的商人里还没有半打马车。”[64]

他所这样运往一个个城市去销售的货物，几乎总是用马或骡驮运的，而没有卖掉的那一部分则寄存在旅店里。人们用心选出强壮而有耐性的驮马，每头都驮着两个重量相称的包捆或篮子。它们形成为真正的商队，依次排列在狭窄的道路上。[65]领头的那一匹，颈下带有一个小铃，以便预先通知那些从对面来的骑士或车辆。今天，我们在大山谷中的石头小路上遇到一些背上驮着货物运到偏僻村落去的骡子，其情形也是如此。

次于商人的，我们看到一种在乡村居民生活中起过几百年重要作用的，而现今在一切偏僻或落后地区中仍然起着这种作用的人物。这就是小贩，他们肩着货包或者牵着驮马去访问各村落和农家。他们不仅出卖剪刀、眼镜、彩色手帕和历书，而且还出卖布帛、皮制品和钟表，总而言之，凡乡村车匠和铁匠所不能制造的东西他都卖。他们到处都去。许多地方光靠他们输入外地物品和见解。在那里，他们碰不到竞争，所以他们的艰苦行业比较有利。但是，他们的流浪生活，使得他们的名声可疑：他们有流氓和私贩者之称。[66]人们对于他们提出了许多控诉：责备他们运用诈术推销禁品，出卖劣货，尤其有害于“诚实商人和正派店主”，后者向议会告发乃至请求禁止负贩。[67]议会没有同意这种严峻的措施，只是对这些业已遵守纳税和领照制度的小贩们实行更加严格的监督而已。[68]

唯有在城市里或者乡下人在赶集日常去的那些大镇上才有店铺。铺子设在屋内,没有橱窗,也没有商品的陈列,唯有一些示意性的招牌向不识字的顾客表示其为店铺。商人往往站在门口招请行人进去。在这些铺子里,可以买到各种东西。店铺里的货物品种比小贩的更多。从而人们替这些店主起了下述那些意义非常笼统、非常含糊的名字:如 grocer,其意思最初是批发商;又如 mercer,haberdasher,是指布帛商、药材商、铁器商以及杂货商。现在在许多村庄中仍是如此,但在十八世纪时,那些村庄甚至还不知有这类店铺。这类店铺只有在那些经济条件彻底改革以后才会在那里出现。[69]

(六)

交通:道路的恶劣状态。改善交通的最初努力:通行税制度。道路建筑师:约翰·梅特卡夫。虽然实施的工程不够,但交通已较方便并较正规。然而,通信和运输费用昂贵仍然阻碍着交易。

所有这些彼此相连的事实,如定期大市集的持久、流动商人的作用、运输工具的幼稚简单,都有一个共同的原因,即交通道路的不够。英国在这方面大大落后于法国。英国是个岛国,海岸富有很深的河口和避风港,海岸的开发,使英国有可能通过海路来建立各郡间的联系:纽卡斯尔的煤是从海路运到伦敦的,苏格兰的牲畜也是从海路运往诺福克郡去饲养的。[70]沿岸航行所提供的便利,很可能有助于推迟一个良好的内地道路系统的建立。

如果我们看看大发明时代前不久的英国道路图，[71]就会看到那些向各方面交叉着的道路不仅通到大城市，而且还通到所有略微重要的地方，像一个密网盖在全国上面。有一条从伦敦通向地极角的大路，带有许多支路通向英伦海峡的海岸。另一条贯穿着东部地区的大路，在经过科尔切斯特和伊普斯威奇以后便分为两支，一支通达诺里奇，另一支通达亚茅斯。在朝向约克、纽卡斯尔和苏格兰那方面，有一条常走的大路几乎是沿着古代罗马人的那条从 Londinium 至 Eboracum-Ermine 的路线。切斯特雷斯特里特城表明是这条路的通过点之一，大概是古代罗马人的野营地旧址。[72]老远就看见其尖塔和钟楼的一连串的旧时主教城如彼得堡、林肯、约克、达勒姆等都标志出是中途站。西北的那条大路至少也有一段和古代罗马人的一条旧路（撒克逊人称之为沃特林路）相合：这条路从多佛通向切斯特——古罗马人的德瓦。另有几条大路把伦敦同西部诸城联系起来：布里斯托尔路构成北海与大西洋间的连接线；格洛斯特路则通往威尔士。也应提到几条横路：一条是从卡莱尔通到纽卡斯尔的路，这条路是沿着哈德里安国王为抵御皮克特人而筑的长城；另有几条穿过彭奈恩山脉的路，一条从兰开斯特经过艾尔河流城，另一条从曼彻斯特起经过卡尔德河流域，在旧日大主教驻在地约克则汇合为一，并从那里通达洪伯河河口的赫尔港。最后，还有两条古代罗马人的路，通称为福斯路和伊克尼尔德路，它们把巴思同林肯、南安普敦同诺里奇联系起来。这些从西海岸至东海岸的交通道路都连接着那条从普利茅斯和布里斯托尔起通到整个英格兰西部的长路。[73]

如果我们没有看到当时人对于道路状况的怨言，那么，这幅地图就会令人误解，会使我们认为英国那时已经拥有优越的道路系统。道路确实不少，但是，大多数几乎是难于通行的。人们既不会把它们建筑好，又不会把它们保养好。最好的路就是那些还保存古代罗马人所遗留的铺上石板的路。[74]这些路往往是一条那么狭窄的路，不仅两辆车子，就连两匹驮马也几乎不能交叉过去。[75]很深的车辙陷入不坚实的土壤中，整个道路终于陷下去而形成为一种沟渠，雨水、洪流、潮水（如果海在附近的话）就会使之变为一条河流。[76]英格兰中部地方的黏土地带，使这些受到定期水淹的路成为到处都撒满大石头的永久沼泽地，十分难于通行，所以旅客们在许多地方宁愿避开道路而从田里走。[77]人们可以理解到，在这样的道路上，交通是困难的。在这里，一辆车子走十英里就要花上五小时，在那里，它又整天被水所阻。[78]为了摆脱人们时时遭到的那些困难，强有力的拉车牲畜就成为必不可少的了。要从泥泞中拖出一辆载重的货车或者一辆沉重的客车，用四匹或六匹马并不过多。在危急的情况下，还需要向邻近的农庄借用几头牛。因此，车辆成为很慢、很贵、不实际的运输工具，商人通常宁用驮马而不用车辆，这原是不难解释的，因为驮马商队可以在狭窄的路上成单行前进，可以涉水走过小河，必要时还可在路外寻觅通道。人们也明白，英国各郡虽然没有像同一时期中把旧法国及德国分割开来的人为关卡那样的壁垒，为什么仍然长期几乎处在彼此隔离的状态，唯一的原因是交通困难。

然而，已经有点进步了。在查理二世时代，议会通过了第一个通行税法。[79]这个名词的意思是指在某些路上征收通行税的法令，税的收入必须专用于道路工程。税的征收和工程的实施是在各郡保安审判官所任命的特别委员会的监督下进行的。[80]以前是各教区负责道路的修理，它们办得很坏，尤其是因为它们对于道路的关心很不一样。一条大路主要是对坐落在其两头的城市商业有用，但它要经过许多乡村教区，而这些教区居民使用它的却很少，因而他们对于它的保养就很少关心。通行税法的原则就是要使利用路的人担负保养道路的费用。[81]

凡实行这一原则的地方，道路就有显著的改善，交通的便利和安全也增加了。但是，纳通行税的道路在长时期内仍属例外情形。最早的一条始于 1663 年，几乎到了 1690 年，人们才想到设立第二条。一般说来，人们宁愿保持旧制度，甚至不惜增订有关车辆重量、车轮宽度、马匹头数等规定。人们宁愿保护破烂的道路而不愿采取必要的措施来修理道路。[82]必须指出，那些横设在新路上的拦路杆以及通过所需缴付的税款，已经达到大失民心的境地。人们不得不制定严酷的处罚来对付“那些心怀恶意的人，因为他们已经在王国各处不分昼夜地聚集成群，以便拆毁、焚烧或以其他方法破坏那些根据旨在保养某些道路的法律条款而建立起来的拦路杆和通行税征收所……”[83]在十八世纪的过程中，反对通行税的骚乱常常发生，1730 年左右发生于西南部诸郡，1732 年发生于赫里福德郡，1749 年发生于布里斯托尔附近。[84]最严重的骚乱爆发于北部诸郡：1753 年在利兹四周发生一次真正的暴动，农民总动员起来反对新税，人们终于用武器予以平定。[85]

几乎只是从 1745 年起，即在觊觎英国王位者的登陆及其战败于卡洛顿以后，人们才在整个领域上有系统地进行道路的改筑。[86]由于道路不好阻碍了王国军队的集中，查理—爱德华及其所率领

的苏格兰高地人才能进抵英格兰的中心德比地方。从那时起,政府和王朝对于保养得好的、“适于队伍、马匹和车辆在全年各季中通行的”[87]完全的道路网,才感到与自己有直接关系。于是到处进行了巨大工程。在长期的疏忽以后,接着便是热烈的活动。不到二十年,通行税路制度便遍及王国各地。[88]变化似乎是惊人的,英国人也自满地称赞这种变化:“在一个国家的内地交通方面,人们从未见过任何革命能够比得上英国在几年时间内所实现的那种革命。谷物、煤炭、各种货物的运输,几乎只需以前所用的马匹的半数。商业旅行快了一倍以上。农业进步与商业进步并肩前进。一切都呈现繁荣的样子,我们的一切出产都增加了价值。作为这个大运动的枢纽的东西就是我们道路的改革。”[89]从 1760 至 1774 年,议会通过了不下于四百五十二项有关道路建筑及其保养的法令。[90]

正是在这时出现了第一代的工程指挥人员,即不自觉的工程师,英国人民的实用经验主义正体现在他们身上。在这些完全带着乡下人标记的新奇人物中,涌现出内尔兹巴勒的瞎子,约翰·梅特卡夫的稀奇相貌。[91]这位奇特人物 1717 年生于约克郡的一个小城市里,由于聪明和大胆,所以他能使人几乎忘记他的瞽目。1745 年,他参加其本郡的义勇军,并跟随坎伯兰公爵的军队参加了苏格兰战役。他起初是马商,以后是运输业者,所以他在洪伯河和默西河之间各地方奔走过若干年。这个地区是交通问题最紧急的地区之一。那些穿过彭奈恩山脉的高而多沼泽的荒野道路,再也不敷两个山坡之间的日益扩大的运输之用。梅特卡夫变成了道路建筑师。他手里拿着盲人手杖,一个人亲自去勘探地段,“根据他所特有的、几乎无法向别人说明的那种方法定出了他的计划和概算。”[92]他非常灵巧而有发明力，已经想出了一个快而花钱少的方法来使沼泽地稳固并易于通过。在他所修整或建筑的许多道路中，我们可以举出，在约克郡西区中有，从威克菲尔德至唐卡斯特的路、从威克菲尔德至哈德斯菲尔德的路、从哈德斯菲尔德至哈利法克斯的路；在兰开夏有从伯里至布莱克本的路、从莱恩河畔阿什顿至斯托克波特的路；在兰开夏和约克郡之间则有从斯托克波特至莫特拉姆兰格利的路、从斯基普顿至伯恩利的路；在南部则有穿过皮克区岩石地带的道路如：从马克尔斯菲尔德至查佩伦勒弗里思的路和从沃利桥至巴克斯顿的路。[93]所有这些工程都是在 1760 至 1790 年间完成的。有些是在大工业诞生之前，有些是紧在其后，[94]这样，大工业就可能在一个为其扩张和发达而完全准备好了的地区中发展起来。

并不是所有的郡都有梅特卡夫这样的人的。而且，设立通行税未必就有好路。虽有关卡和税收，可是阿瑟·扬在其每次旅行时还是不断地臭骂大多数道路被人置于可惨的境地：“关于这个地方的道路，我该怎么说呢？他们竟有脸面把这些道路称为纳通行税的道路，并叫人纳税来保养它们！从切普斯托到新港和加迪夫之间的中途客栈那一段，尽是石头小路，路上有许多像马那样大的大石头以及一些可怕的洞窟。[95]从威特尼至北利奇那条路，我认为是我所走过的最坏的一条纳通行税的道路，坏到那样程度，可以说是国家的耻辱……。[96]在所有使本王国在最野蛮时期都会丢脸的那些极坏的道路中，无过于那条从比莱利凯到蒂尔伯里的路。这条路有近十二英里长的一段狭窄到如此程度，连一只老鼠也不能从一辆车子旁边走过去。我曾碰到一个人不得不从他的货车底下爬过来帮助我把驿车抬过一道路障。”[97]在别的地方，他遇到过四尺深的车辙以及一些有吞没人的危险的坑；[98]或则一些大块岩石，“借口修路”而被扔在路心，使他遭受可怕的颠簸。[99]在从利物浦到威根的路上，他的愤怒是无可言喻的：“在全部词汇里，我找不到相当有力的词来形容这条鬼路……。我要郑重地提醒一切可能要在这个可怕地区旅行的旅客们，都要像避开魔鬼那样地避开这条路：千分之九百九十九的机会是他们要在那儿撞坏头颅或四肢。”[100]仅在十八世纪完全结束时，在特尔福德和麦格亚当的时代，[101]英国才有良好的道路网。[102]

然而，交通已经较为方便和较为定期。在 1750 年以前，公共马车的班车少而缓慢。从伦敦到牛津要走两天，到埃克塞特要走四至六天，到约克则需走一个星期。[103]在英格兰和苏格兰之间，没有任何班车。斯莫莱特向我们说明，他的一部小说中的主角，在 1739 年从格拉斯哥动身到伦敦去，是坐在一匹驮马背上两个篮子之间。[104]此外，路上还可能不安全，地方性的抢劫甚至发生在首都的大门口。1757 年，朴次茅斯邮车在离查林克罗斯几乎不到五英里远的哈默斯密思郊区入口处便被一群匪徒抢劫了。[105]道路的改善虽然不够和不完全，但已产生了显著的结果。北部诸郡尤其获得了好处。从 1766 年起，沃林顿飞快车每星期开两班，从利物浦和曼彻斯特到伦敦不需三天时间。[106]大约与此同时，设立了一条从伦敦起经过约克和纽卡斯尔至爱丁堡的公共马车线。这条路线的行程仍需经过十天或十二天。[107]三十年后，当帕默尔实现邮政制度的改革以后，[108]人们能在六十三小时以内从伦敦到达格拉斯哥。至于货物运输，运货车辆已代替了驮马。贸易方法也改变了，人们看到兜销员仅仅随身带着货样去接受订货。如果人们把他同旧商人即期市集的主顾和商队的领头人相比，他们就成了时髦人物。[109]

仍然不利于产品流通的大障碍，就是通信和运输的费用昂贵。皇家邮政从十七世纪起就让私人利用了，[110]它在主要路线上每天寄送邮书。人们长期埋怨邮递缓慢和对防止盗窃所采的措施不足；[111]当最后着手邮务改革的时候，人们认为必须增加寄费。从伦敦寄到切斯特的一封信，在 1711 年，寄费是四便士；从 1784 年起是六便士；从 1796 年起则为八便士。[112]一便士的邮件，仅在邮政总局周围十英里以内有效。至于运输价格，则非常过分：从伦敦至伯明翰，每吨运价是五镑，至埃克塞特是十二镑，至利兹是十三镑。至于短距离的运费还要更高：从利物浦至曼彻斯特约有三十英里，每吨货物的运费不下于四十先令；从陶器出产地的莱姆河边的纽卡斯尔至塞文河边的布里奇诺思，则需五十先令至三镑。[113]因此，虽然道路有了真正的改善，但一部分乡间仍然长期处在隔离状态。在十八世纪末，许多英国村庄还不知道马铃薯、糖和棉花。[114]在苏格兰，甚至在路边也能发现一些没有商业及不受商业影响的地方。罗伯特·欧文于 1790 年在格拉斯哥和新拉纳克间旅行时，从荷包里拿出半镑金币来付通行税：收税人不肯接受；因为他从未见过金币。[115]

（七）

航路网的创设因沿岸航行发达而被推迟。安德鲁·亚兰

汤的计划(1677年)。最初的工程与煤矿床的开采有密切关系。布里奇沃特公爵开掘沃尔斯利运河(1759年)。詹姆斯·布林德利及其事业。航路网在不多年内就完成了:1793年的运河热。企业的发起人:大地主和工厂主。韦奇伍德与大干线运河。对地方工业的直接影响。

自来总是因为陆路运输的费用高昂,才引起了内河航行的发展。这种发展在英国具有突出的特点,因为它发生得比较迟。没有任何国家比英国更适于创设一个相称而完全的航路网。在东边和西边,北海沿岸和爱尔兰海沿岸,那些深入内陆很远的海湾和河口,好像是彼此互相连接似的。布里斯托尔海峡与泰晤士河河口、洪伯河与默西河、泰恩河与索尔威湾、克莱德河河口与福思河河口,彼此相对,中间只留下一些越来越窄的地方。[116]在这个岛上最宽阔的地区,那些广阔的平原使得两个山坡之间的地势变化几乎觉察不出来。河流虽然短而不深,但水流平静而均匀,各水流之间的高地并不很高,这就使得河流易于利用。可是,这个同一原因既把英国道路的完成推迟了,而且更不用说又妨碍了航路网的创设。同时有几个海边和河口的港口如伦敦、赫尔、纽卡斯尔、布里斯托尔等港,尤其是从内地城市至海岸的距离不远,[117]这就使人忽略了那些在其他国家中老早就被利用的交通方法。在1759年以前,英国没有一条运河,没有一条人工水道。1759年正是法国布里亚尔运河开通后的一百五十年,正是在地中海与大西洋间的运河开通之后将近八十年的时候。

然而,由外国事例所显出的内河航行的好处,已经有其辩护人

了。其中最早的一个就是安德鲁·亚兰汤。[118]他先后做过长期议会军队中的军官、制铁厂老板、麻布制造商、工程师、农学家和经济学家，因而他能把天才的远大眼光同冒险家的狂妄计划掺和起来。1677 年，他出版了一本奇书，书中混杂地堆集着他一生的观察、计划和梦想，[119]并有很多新奇而大胆的想法。亚兰汤敢于相信：他的祖国能够不用战争而胜过敌国，运用得好的和平比甚至得胜的战争还要更好，一个国家的真正光荣在于它的人民的劳动、财富和文化。在他认为，足以保证国家兴盛而有时近于空想的办法中，发展内河航行占着第一位。他曾访问过荷兰，羡慕其河流和运河的无比活跃。[120]他首先劝告人们，"凡在工程师的技术能够做到的地方，都应使河流可以通航。"他提议挖掘运河来把主要的河道如：泰晤士河同塞文河、塞文河同特伦特河连接起来。这位设计者虽然因为自己的想法狂妄或者仅仅有违几个当时人的成见而受到他们的激烈攻击，[121]但他还是从事实际的工作。他不经营大工程，他知道大工程有用，但没有办法将其实现；他只经营几项次要的企业并能将其办好：例如浚深从斯特波特至基德明斯特的那一段斯托尔河以及从斯特拉特福至杜克斯伯里的那一段阿冯河；[122]这两条河使中部冶金区同塞文河河口通连起来。同时，他写了一些预言性的论著，预示在荷兰兵舰胜利地开进泰晤士河以后不到十年中，英国就会取得工业上和海上的霸权。[123]

人们仍然长期地满足于浚深或修改某些水道而未想到创设人工的水道系统。这类工程，其本身虽不重要，但因它们与工业有关系，所以值得提一提。艾尔和考尔德两河是根据利兹、威克菲尔德和哈利法克斯的呢绒商的请求而成为可以通航的；从 1701 年起，沿着特伦特河和德温特河所着手的那些工程，帮助了德比和诺丁汉两地工业的发展；1720年开始的默西河的开凿，使利物浦和曼彻斯特这两个姊妹城间的关系更加紧密了。[124]但是，这些工程只不过是随后就要发生的大变化的小预兆而已。

在此变化的直接原因中，有一个原因是不能过于强调的，因为比起任何别的原因来，它是最隶属于大工业史的。——长期限于家庭使用的煤，其用途开始普及了。[125]可是，煤是一种沉重的货物，价格较低，运费一提高，价格就会过分增大。在泰恩河边纽卡斯尔开采的、由海路运送的煤，[126]长期成为离其出产地相当远的地方所能买到的唯一的煤，道理就在这里。随着煤之成为更大的需求和更重要的交易对象时，运输方法问题就更加迫切地被提出来了。人们愈详细研究英国的内河航行史，就愈看出它和煤业史相关。道格拉斯河在1719至1727年间的浚深，和利物浦东北的威根周围的煤矿开采是同时发生的事；1755年圣基河的工程，和圣海伦斯矿的开发也是同时发生的事。[127]英国第一条真正的运河，沃尔斯利运河的开凿，并无别的原因。

这条运河是由一位大贵族布里奇沃特公爵倡导开凿的。他在曼彻斯特附近的沃斯利拥有重要的煤矿床。但运输价格过高，使煤的开采几乎成为不可能。煤是放在马背上从沃尔斯利运至曼彻斯特的，路程不到七英里，而每吨运费则需九至十先令。[128]这位公爵最初想利用一条名为沃尔斯利·布鲁克的小河，因为这条河流入与默西河汇合处不远的艾尔韦尔河；但他被一个人所劝止，这个人是他雇用的人，随后就显出了伟大的工程师的才能。这个人就是詹姆斯·布林德利，他同约翰·梅特卡夫一样，同产业革命的伟大工人中许多其他人也一样是由经验和需要而非由学习所形成的实用天才的杰出典范。[129]他不知道当时的科学动态，几乎是文盲，[130]但他能解决困难问题，这是由于他富有不寻常的想象力和集中的思考所致。[131]1759年，他为布里奇沃特公爵的利益而承担开凿沃尔斯利运河的任务。两年后，即1761年，大功告成。布林德利始终坚持其所定下的两个原则：他绝不借用兰开夏的小河床，因为它的流量小，不够防御淤塞；其次，他规定自己要把运河路线保持在不变的水平上，以免建筑水闸。沃尔斯利运河就是这种方法的最彻底的体现，虽然它是相当武断和有争论的。这条运河是完全人工的、水平的运河，它从深入到煤矿床深处的地下坑道开始，并从一条四十英尺高的水管桥上越过艾尔韦尔河而达到曼彻斯特。当时的人们认为它是世界上的第八奇观。[132]

这项事业的成功，尤其是它的直接后果，振奋了人心。曼彻斯特的煤价下跌一半，[133]这便成为有利于创设航路网的决定性的论据。从这时起，这种工程便一个接着一个不断地继续下去。布里奇沃特公爵仍然是这种工程的伟大倡导者，毫不犹豫地将其几乎全部家财投入工程中去。首先是从曼彻斯特至默西河河口的那条运河。曾费巨资浚深的默西河，只成为一条普通的水道，默西河航运公司的运费虽较往来于利物浦与曼彻斯特之间的车辆运费低但仍过高。多亏布林德利不倦的工作，这条运河于1767年告成，于是人们能以每吨六先令以代十二先令的运费来运输两个城市之间的货物。[134]一个比较大得多的工程已在进行中：这就是从特伦特河通至默西河的运河，它要在爱尔兰海与北海之间建立一条直接通道。[135]工程继续了十一年，即从1766至1777年。布林德利没有看到它的完成:他因过分辛劳而衰竭,于 1772 年逝世。[136]但是,他曾有机会指出这条干线应延长到各方面去,并画出全图,而特伦特河通至默西河的运河(现仍被人称为大干线运河)那时是、现在仍然是图中的主要特征:一条支河指向塞文河,把布里斯托尔、利物浦和赫尔三个港口相互联系起来;另一条支河经过考文垂和牛津两地而通到泰晤士河、伦敦以及走上大陆的路。布林德利还画了一条从伯明翰起至沃尔弗汉普顿的运河线,这条线要穿过一个从那时起就成为全世界最活跃的冶金地区。

布林德利的事业正好发生在大工业的发展以前。他的后继者的事业则随着大工业的进展而进展,有时是大工业进展的结果,有时是它的原因。十八世纪最后几年中所制的地图,使我们有可能估量出这种大工程的规模。[137]通航水路的增多,主要是在英格兰的中部和北部。在兰开夏,形成了一个真正的航路网:博尔顿运河、伯里运河以及经过普雷斯顿和兰开斯特两地的肯达尔运河。在兰开夏和约克郡之间,有三条大水路穿过彭奈恩山脉:一条从利兹至利物浦,中间经过艾尔河上游流域从西北向东南伸延的那块横断低地;另两条则使曼彻斯特同哈德斯菲尔德及哈利法克斯山谷连接起来:这三条水路都向洪伯河的大河口汇合。在伯明翰周围,有一个复杂的运河系统将其支河分布到各方面去,[138]而向北则通连大干线运河,[139]向南通连塞文河和泰晤士河。[140]伦敦大市场,通过大联络运河而与北部各工业城市相通连,又通过泰晤士河至塞文河的运河而与大西洋相通连。在南威尔斯,从斯旺西和卡迪夫起有若干交通线通达内地的制铁厂和煤矿,使人能够接近一些尚未开采的矿物财富。在苏格兰,从福思河至克莱德河的运

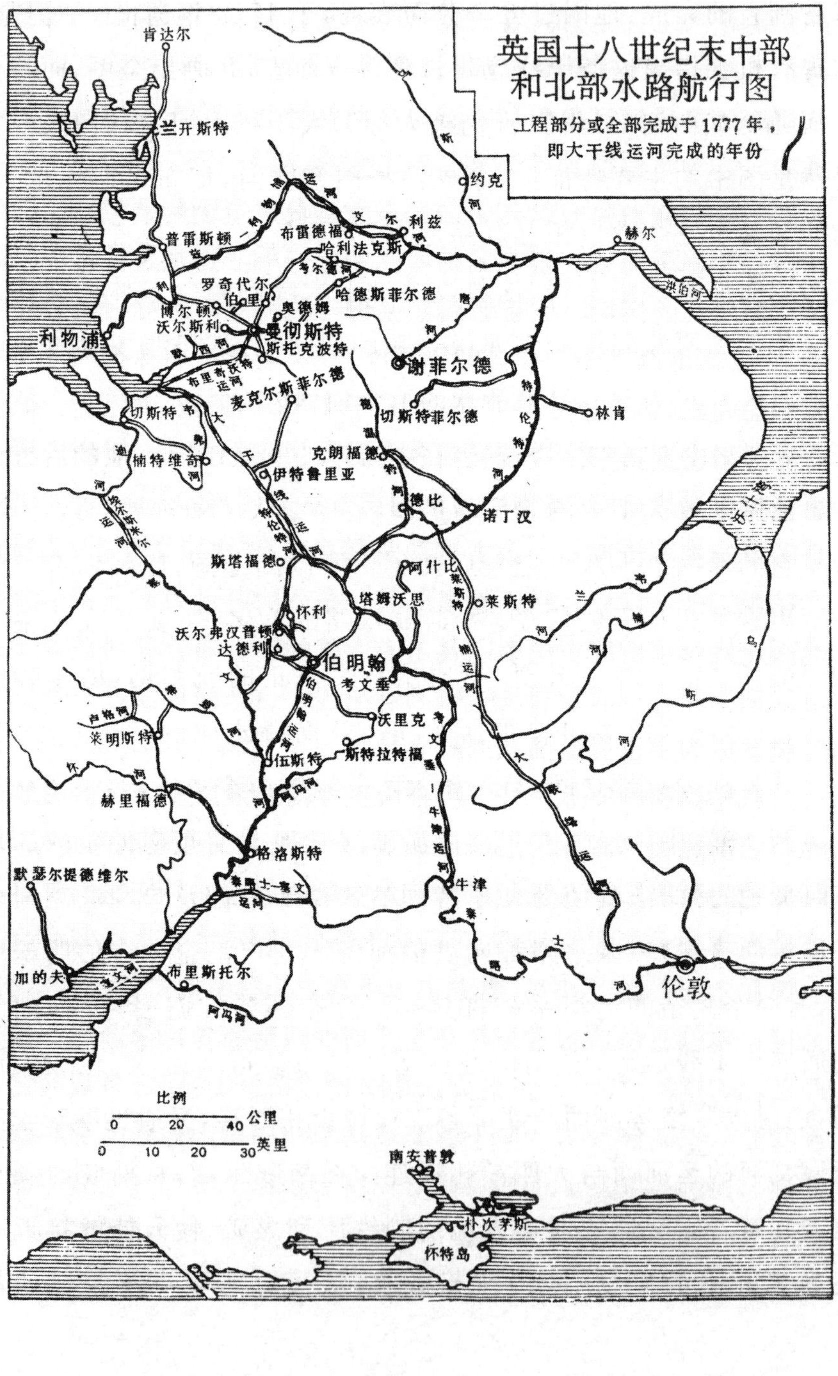

英国十八世纪末中部和北部水路航行图

工程部分或全部完成于1777年，即大干线运河完成的年份

比例

0　20　40 公里

0　10　20　30 英里

河，始于 1768 年：在制作设计图的那些工程师中，有詹姆斯·瓦特，他同时正在进行其蒸气膨胀的研究。

这样，在几乎不到三十年的时间内，整个大不列颠的地面上都开出了四通八达的航路。那时有一种一致的行动，可与下一世纪西欧各国遍筑铁路的那种一致行动相比拟，唯规模不同而已。甚至有一个时候，运河像后来的铁路一样，发生了生产过剩的现象。在 1793 年左右，英国流行着真正的运河热：各方面出现了许许多多的计划；当中也发生过投机事情，这些草率的企业中不止一个是因破产而告终的。[141]但是，这只是产业革命的后果之一，并且是最短暂的后果之一，是经济现象领域中十分常见的反响之一，因为在经济现象中，一切都是动和反动。

如此变革的重要性，自始即为那些利害有关的人所知道。变革完全归功于他们的倡导；变革也是由他们负担费用和冒险完成的。国王和议会的作用仅限于派人调查和予以批准。有时是某些私人为了自己的商业利益或工业利益而由个人承办并亲自指导工程。有时则是专为创设并经营新路线而组成股份公司。[142]在这两种情况下，总同是那些人在领导运动、筹集资本，为了使舆论支持他们，不惜花费自己的时间和金钱，他们的参与是很有意义的事。首先是些大贵族，英格兰的贵族遵循其同辈之一所作出的榜样。布里奇沃特公爵虽然起初碰到各种困难，虽然人们曾认为他有时候会被其企业弄得破产，但他不久就碰到一些仿效者和竞争者。布林德利在 1766 年研究大干线运河的路线是根据安森勋爵和斯塔福德侯爵的请求。[143]赞成这个计划的最初会议之一是由高尔勋爵主持的，而格雷勋爵在会上也发了言。此外，我们看到斯塔姆福德勋爵和莫伊拉勋爵同温特沃思子爵一道在议会里支持一件特许开凿运河的请求。[144]他们是大地主，所以对于创设新的运输方法很感兴趣，因为这种运输方法会大大地增加他们矿山、采石场、森林的收入。他们对这一点了解得非常好。正如懂得利用政治革命一样，英国贵族也懂得利用经济革命。

另一阶级的人，在此时机中则表现出非凡的才智和积极性，这就是新生的工业巨头阶级，即不久就要与旧贵族阶级抗衡的另一贵族阶级的最初代表人物。在使用机器以前，在工厂制度以前，他们好像预感到经济事变会使他们发财似的，他们就预先准备着大工业的商业设备。陶器制造家韦奇伍德及其朋友和合伙人托马斯·本特利，以不倦的热情来关心默西河通至特伦特河的运河，因为这条运河要经过陶器出产地，从而可使科尼什的瓷土廉价运到那里。韦奇伍德是最初的出资人之一，并担任会计的职务；[145]本特利写了一本论《内河航行的利益，附有开辟一条从利物浦港通至赫尔港的运河计划》的小册子。[146]要战胜联合起来反对这一计划的各种反对势力是很难的：例如陆路运输业者和客栈老板反对，因为他们害怕商业会不通过公路；又如若干地主的反对，因为他们拒绝出卖运河必经的土地；最后，还有为了某地区或某城市的利益而主张修改路线的反计划。[147]韦奇伍德不得不领导一场真正的战役。[148]他陪同布林德利工程师到伦敦去以便在负责初步调查的议会委员会上作证：在布林德利说明其计划时，韦奇伍德指出这个计划的功用，向委员会证明，不仅斯塔福德郡的陶器工业就连沃尔维克郡的冶金工业也需要这条运河，而且，假如没有运输手段，这些工业就注定要委靡不振。[149]在 1766 年 7 月 26 日工程终于开始

时，人们把动土的光荣留给韦奇伍德。他几乎立即就在运河线上买了地段来建筑其伊特鲁里亚大工厂。[150]

韦奇伍德以及那些支援他的人，如伯明翰的塞缪尔·加贝特、詹姆斯·瓦特的未来合伙人马修·博尔顿，都曾十分明智地预见到航路的扩张对于他们工业发展的作用。一直是那么狭窄和那么割裂的那些国内市场，终于就要毫无阻碍地彼此通连起来了。在十八世纪末，人们看到在那些大运河上，如特伦特河至默西河的那条运河上，有来自各郡的各种产品在流通着，例如：柴郡的盐、东英吉利的谷类、斯塔福德郡的陶器、威根和纽卡斯尔的煤、塞文河上游的生铁、沃尔弗汉普顿和伯明翰的熟铁和熟铜。在运输商品中占最前列的是煤。到处都有连接着主要路线的支河直达矿山的中心，[151]因而有着双重的便利：生产者则能着手新矿床的开采；消费者则因为煤价低廉而可以把煤用于新的用途。

国外市场似乎更接近了。输出与输入货物的流通，不再那么困难地穿过国境，而是大量地往来着。工业中心从此以后能为其日益增加的人口大量地获得所需要的食物。利物浦通过默西运河把小麦供给曼彻斯特，因此，曼彻斯特再也不会像前不久那样有缺粮的危险。[152]制造品则可免去中间人的盘剥而从制造地发送到极远的目的地。一位旅行家写道："直至本世纪中叶止，伯明翰没有一个商人同外国人有直接联系。伦敦商人用伯明翰制造的货物做转口交易。现在，俄罗斯商人或西班牙商人则直接从伯明翰运去他们所需的各种东西。那些要用金属的制造业，因为需用大量的燃料或者粗笨沉重的材料，所以比其他各种制造业更需要通航河流或运河。可是，伯明翰从1768年起就通过它的运河而很方便地将其种种产品运到海上。”[153]

1776年，亚当·斯密写道：“由于水运的方便，对各种工业就开辟了一个比单靠陆运所能开辟的更为广大的市场，所以各种工业都在海滨和通航河流沿岸开始专业的进一步划分和得到改进。”[154]亚当·斯密所想到的，与其说是工业在他那时代和在他眼前所经受的变革，不如说是工业的开端。然而，他在这些变革中也许找到了证实他的原理的东西。因为在技术领域和经济领域中最具有决定性的进步，正是沿着这些新航路并且由于商业活动之成为可能才会得到实现；也正是在这些航路网密集的几个地区，由于地理位置或者由于当地业已开出来的资源而注定成为特权中心的周围，近代工业的大都市才会增大起来。

今天，内河航行在英国只有很小的重要性。铁路已经同它进行着几乎致命的竞争，其程度比在其他国家中更加厉害。[155]铁路在最近的八十年(作者写于1927年)已经决定了商业生活的巨大趋势，它的支路将商业生活扩张到边沿地区，铁路决定了商业生活聚散的那些会合处。但是，如果人们把这两种交通网比较一下，就会看到水路网尽管已经萎缩和不充分，但它已指出了陆路网的主要路线。铁路路线往往只是重复运河路线。如果我们想到铁路今天对工业发展所起的影响，那么，我们就应想到运河所起的巨大作用，以前，许多世纪经济是处于分散状态的。

(八)

商业扩张的后果。分工是随着市场的大小而变化的。《论东印度贸易》(1701年)一书预见到机械装置的来临。商人阶级的致富：这个阶级的社会地位。

我们刚刚引用过亚当·斯密的论述。大家知道他的航路影响论是与一个更普遍的理论，更正确地说是与一个规律有密切关系，他用下面一句话来说明这个规律：分工是由市场的大小决定的。[156]无论人们考虑到最原始状态中的生产和交换也好，或者考虑到最先进的和最复杂的文明环境也好，这个规律都会同样得到证实的。在发展的一端，是那些在村落小作坊中同时兼做几种手艺的工匠；在另一端，则是些极端专业化的大工厂，它们只有在利用最远国度中的原料以及将其产品输出到全世界的条件下才能生存下去。亚当·斯密对于从此原理派生出来的后果，并未作出十分深入的研究。他仅满意于研究少数的简单事实，这些事实已足以成为支持其理论的例证。[157]

在他以前很久，有一位未署名的著者[158]用不大概括的言辞和不大简洁的笔法，但非常确切地说明了这个相同的规律。《论东印度贸易》一书，出版于1701年。它同古典时代以前的大多数经济著作一样，也是一本适应时宜的著述。关于某些外国产品的输入，尤其是印度织造的丝织品和棉织品的输入，曾经引起过激烈的论战。像人们所知道的那样，毛纺工业特别依恋其专利权，埋怨这种外国的竞争，不顾公众的习惯和嗜好，竟顺利地获得了一些禁止输入的措施。《论东印度贸易》的著者，站在纯理论的立场上，企图论证印度产品的输入不仅对于消费者有好处，而且还有利于民族工业本身。把劳动用来生产一些可以用廉价向外国购买的东西，岂不浪费劳动吗？如果人们把劳动节省下来，那就有可能创设新工业，或者在旧工业中更明智地安排职能分配，在必要时则以改良设备来补充。

“但愿人们切勿将其视为一种谬论：同印度贸易的结果可能是用较少的劳动来制造商品，而且，即使工资不减少，价格也会普遍降低。因为，如果能以较少的劳动制造出商品，那么，商品的价格就自然会更低……。例如，当一只船配备着许多船员时，费用就非常之高。假定人们把船桅和帆减少了，只让三分之二的船员上船，速度几乎仍是一样的，这样，这只船就会以较少的费用来航行，船员的工资却并不会因此而降低。同样，在英国任何一种工业中，价格都是与工人人数及其劳动时间成比例的：假如，同样数量的工作，由于机器的发明，或者由于了解得更好的和更合乎规律的劳动安排而由三分之二的人数来完成或者在三分之二的时间内完成，那么，劳动就会较少，价格也会较低，即使工人的工资仍是以前的比率。”159

这种“更好的和更合乎规律的劳动安排”或者这些“机器的发明”怎样能从印度产品的输入中产生出来呢，这对那些最初阅读这本走在其时代前面的著作的人来说，似乎是非常模糊的。因此，著者赶忙发挥并解释其自己的见解：“东印度贸易很可能提供机会来把更大的技巧、更多的条理和规律性带到我们英国工业中来。因为它会消灭那些最无用的和最无利可图的工业。那些受雇于此类工业中的人们将寻求其能够找到的其他最简单和最容易的职业。或者，他们将专从事于比较复杂工业中的某些局部的特殊工作。因为最简单的工作是可以很快学会的，同时也是工人做得最好和最快的工作。这样，东印度贸易将有下述的结果：人们将把构成最困难工作的不同操作交给几个熟练工人去做，而不把过多的操作委之于一个人的技巧去完成。我所谓把更好的和更合乎规律的安排带到我们英国工业中来的意思、就是如此。”[160]

最后，劳动的专业化一经推进到最大限度，逻辑上必然会导致使用人为的生产资料：“那些代替人类劳动的工具和机器，提供我们使用较少工人来制造的方法，从而也是更加廉价的制造方法，但工资并不会减少。东印度贸易可使我们获得比在英国使用更少劳动和更低价钱所生产出来的货物。可能的结果将是发明一些能够节省劳动的工具或机器。这些旨在减少劳动而增加产品的发明，便因需要和竞争而一个跟着一个出现：每个人都必须为自己的利益而发明或者必须懂得改良一种已经做出的发明。如果我的邻人能以少量劳动生产出许多东西从而能够廉价出售其产品，那么，我就必须找到同他一样廉价出售产品的办法。这样，任何方法、工具或机器，由于能以比以前少的劳动和费用来完成某一工作，就都会引起一种竞争和需要。如果有人不能利用这种方法或者这种机器，他就会希望找到某种类似的东西，以期保持均衡，不使任何人能比其邻人更廉价地出售产品。因此，东印度贸易在把一些较我们的制造品更低廉的制造品带给我们的时候，其结果很可能是迫使我们发明一些方法和机器来使我们有可能以较少的劳动和费用来生产，从而也就降低制造品的价格。”[161]这样，我们的这位著者在七十余年前就预见到机械装置的产生是商业扩张的不可避免的结果。

英国商业的扩张，老早还有另一个同样重要的后果。它把

一些新的成分带到社会中来,更正确地说,它把社会等级中的某种东西改变了。长期以来就有大商人和大金融业者,但是他们的财富和他们的社会地位却是完全个人性质的:他们没有构成为一个集团,没有形成一个次于贵族而几乎与绅士同等的、有势力的重要阶级。我们已经看到这一阶级出现于1688年。笛福早于十八世纪初就写道:"在英国,商业虽然同绅士地位绝不相容,但却创造了绅士。在一两代以后,商人的儿子,不然,至少是他们的孙子,变成为一些和悠久世家出生的人们同样好的议员、政治家、枢密院顾问、法官、主教以及各等级的上流人士。"[162]巴林顿子爵是一位名叫舒特的麻布商的儿子;[163]格兰维尔勋爵、康韦勋爵和罗伯特·沃波尔大臣本人都绝不是不屑与商人女儿结婚。[164]伏尔泰在寓居英国时,惊奇地看到旧贵族不仅同商人阶级混在一起,而且还参加他们的事业。"一个英国贵族的小儿子绝不轻视贸易。内阁大臣汤森勋爵有个兄弟甘愿在伦敦商业区做商人。在牛津勋爵统治英格兰的时期,他的小弟弟则在阿勒颇做代理商,并且不愿回来而死在那里。"因此,他们不仅自己发了财,而且还使国家致富了:"伦敦在城市的面积上和公民的人数上都胜过巴黎,英国人能把两百艘兵船出动海上并能收买盟国国王……,完全是因为英国人变成了商人之故。这一切使英国商人具有正当的骄傲,并使之自比于罗马公民,并不是没有一些理由的。"[165]

当血统贵族力求通过商业致富时,商业贵族则想获得权力和威望;在一个保有不可磨灭的封建制度印记的国家中,领有地产就拥有这种权力和威望。[166]那些新兴起来的家族同那些要保存自己地位的家族一样，都考虑同一件事：建立或扩大地产。为此，一部分土地就必须转手。与经济革命同时，深刻的社会变化也在准备中。

第三章　土地所有权的改变

是否需要提醒一下，英国是个大土地所有制和大农庄的典型国家呢？只要走过英国的乡村，就足以在这里屡经描述的景色中辨认出某些特有的情况。在那里，人们看不到法国田间的那种各色各样的方格子分成小块地段耕作的显著标记。除在东部诸郡以外，几乎看不到有耕地：英国的 estate（地产）同古代罗马的 latifundium（大地产）是一样的。用活荆棘篱分隔开来的大牧场的青草，伸延到很远的地方。住所和农家稀稀落落，村庄很稀少：举目四望，有时会看不到一个钟塔。

（一）

自耕农的消失，实际从何时开始？

然而，直至一个比较晚近的时期以前，英国还有一个人数众多的小土地所有者和习惯上的佃农（customary tenants）所组成的阶级，佃农之依附于土地几乎好像土地完全属他所有一样。他们是 yeomanry（自耕农），后来几乎完全消失了，这在十九世纪曾成为一种令人痛惜的事。斯图亚特・穆勒怀着崇敬的心情谈到这些勤劳而独立的农民，“当他们存在的时候被人夸为英国的光荣，自他们消失以后又深深地使人惋惜。”[1] 麦考利说道：他们是“一个又刚毅又诚实的人种。”[2] 沃兹沃思在描写湖泊区时，曾用下列言辞称赞其往日的居民：“六十年前，直到这些溪谷的尽头，还能看到一个由农人和牧人所组成的完善共和国。农夫仅为养活其家人以及在必要时为了帮助邻人才用犁。每家有两三头母牛供应牛奶和干酪……。那里既没有高级绅士，也没有骑士或乡绅，但是，在这些谦逊的山民中，许多人都知道他们所走过的和所耕种的土地，五百多年来都是他们同姓人与同族人所有的。”[3]

自耕农主要是土地自由持有人，他们生活在他们所拥有的土地上并亲自经营它。但是，自耕农这个名称也适用于那些已数代耕种同一块土地的世代土地持有人，在某些地区中，甚至还适用于终身租地人。[4] 此外，还有大自耕农和小自耕农之分：一般说来，当人们谈到自耕农及其消失时，主要是指后一类而言，即指每年收入不超过当时的三十镑或四十镑的那种人，他们相当于英伦海峡那边的自耕农。[5] 在自耕农之上有 squire（乡绅），在自耕农之下则有佃农。乡绅即使贫穷，也有高一等的派头：他可以充任保安审判官职务，做民兵中的军官，而且，如果他有几条猎犬，他就称之为一队猎犬。[6] 佃农即使富裕，也不是其所占有的土地的主人，并且不能忘记他的劳作得益不只属于他个人。使自耕农特出的东西就是他的独立性。他的坚强的性格以及他在昔日英国史上所起的作用，主要是从这种独立性产生的。在中世纪时，那种步兵劲旅，即在克雷西、波蒂埃、阿甘库尔诸役中决胜的那些枪矛兵和弓箭手，都是在自耕农中招募得来的。后来，自耕农变为新教徒和清教徒，成为英国宗教改革上最坚实的支柱，并在腓尔法克斯和克伦威尔的军

队中作过战。

在十七世纪末，他们的重要性可能已经有点减少了。[7] 然而，在 1688 年的革命以后，他们仍然成为一个人数众多的阶级。[8] 根据当时近似的统计，他们为数不少于十六万人，加上他们的家属，占王国总人口的六分之一左右。[9] 他们的收入额是四十镑至三百镑不等；他们中的大多数人的收入，几乎不超过六十至八十镑。[10] 这便足以保证他们几乎全体都有一种比较宽裕的生活。这种收入不一定是从农业一项得来的。小自耕农往往还加上一点工业劳动，如妻子和儿女梳、纺羊毛。[11] 这就是他和那注定要同时消失的独立小制造者的共同特点。二者都属于那种建立在小农业生产和小工业生产的并存和密切结合之上的同一社会制度。

自耕农是在什么时期消失的呢？这个问题把我们卷入到烦难的争论之中，而且似乎还未得到定论。[12] 在十八世纪的最后几年中，有些人已把自耕农当作灭绝的种类来谈论，“从 1750 年起即已几乎消灭，而且正在渐渐被人遗忘。”[13] 这显然是夸大了，除非他们的消灭是十分突然的，他们才会在 1750 年不存在。可是，早在 1732 年，一本论圈地法的小册子的著者就惋惜着许多小土地所有者的土地受到掠夺；罗杰·诺思于 1753 年在土地册上发现有许多小地产被大地产所吞没的迹象。[14] 阿巴思诺特虽然是大农耕作的坚决拥护者，但在 1773 年也叹惜自耕农的衰落：“我对那些被人称为自耕农的这一种人的丧失，感到真诚的惋惜。民族独立自主权的保持，确实要归功于他们。可是他们的土地今天却落入大垄断主的手中了。”[15] 尽管 W. 马歇尔在 1788 年提到在约克郡的皮克林溪谷中，有“三百个经营小农场的自耕农，其中大多数都是几代土地持有人留传给其直系亲属的。”[16]但这可说是一件值得注意的稀有的事实。托因比即使不像卡尔·马克思那样过于轻易地认为，自耕农在十八世纪中叶业已消灭，[17]但他至少也根据当时的如上证据而认为可以断定自耕农的衰落在1770年左右已经很显著，在对法大战开始时已经相当接近尾声。

人们已经正当地指出，关于自耕农消失的报道，在当时有关农业变革的大量文献中所占的篇幅不多。[18]肯定在十八世纪末还有自耕农的存在，而且，在1785年以后，一连多年都有利于农业，自耕农阶级与其说是在减少倒不如说是在增多了。[19]但是，人们似乎未必足够地考虑到上面所指出的大、小自耕农之间的差别：大自耕农经营的农场，其纯收入可能高达四百镑乃至六百镑；而小土地自由持有人和世代土地持有人则因收入微薄而更受到经济变化的摆布。那些表明十八世纪末小地产被邻近大地产所吞并或者被卖给城市里的买主的证据，都适用于小土地自由持有人和世代土地持有人。[20]于是小土地所有者，有的变为佃农，[21]有的变为农工，而最有冒险心的则远离那块养活其家族几百年的土地而去寻找出路。

这种衰落并不是到处都一样的。在某些郡里，自耕农很快地消失了，可是在另一些郡里则仍保持原状。英国农业在拿破仑战争时期中人为的繁荣，使他们具有一种回春的景象。[22]但是，跟着在缔结和约之后所发生的危机，给他们一个打击，他们因而再也没有可能复兴起来。1833年关于农业状况的议会报告，作出了他们几乎在全国都已灭绝的证明书。[23]坎伯兰郡的山区，有一时候还保存了最后那些自耕农。斯图亚特·穆勒在1846年写道：“英国有一部分地方，可惜是很小的一部分地方还有为数众多的自耕农。

我想谈谈坎伯兰郡和威斯特摩兰德郡的 statesmen(英国北部的自耕农)。他们中大多数人,即使不是全体,的确必须缴付某些习惯上的贡赋,但是这些固定的贡赋并不比土地税更有害于他们的地主身份。在那些熟悉这个地区的人中,只有一种申说这种所有制的优越结果的论调。”[24]这不过是经济学家因好奇而记载下来的一个残余,亦即已成往事,而且已被人遗忘的最后遗迹。[25]

(二)

十八世纪的圈地条例。——敞田。土地分成小块。它的起源问题。

假使自耕农的衰落在十八世纪末以前还未开始,那么,人们就可以相当真切地将其消失视为产业革命的结果之一。家庭工业的衰败难道没有剥夺农村阶级的谋生手段之一吗?这当然是一个原因。但这是一个晚因,其作用仅在自耕农已经衰退的时候才能显露出来。当大工业及其后果给予他们最后一击时,人们就指出他们的人数在减少了。可是,自耕农并非独自消灭的。他们的命运只是英国农村各阶级都参加表演的那个更大的戏剧中的一段插曲而已。

如果我们在英国法令汇编中翻阅一个约有一百二十年的时期,即从威廉三世逝世时起至乔治四世即位时止的这段时期,我们就会看到一个老是相同的标题。这个标题,无论是在有关公共利益的法令集中或有关个人利益的法令集中,都随着我们向前翻阅而越来越经常地出现在眼前,这个标题如下:“规定位于……教区中的敞田和公田、草地和牧场以及公有和荒芜土地的分割、分配和围圈的条例”，其中省略号便是某某地方的名称。一开始就写有这种句子的议会法令，数以千百计。[26]这种法令在数字上的进展是非常显著的：在女王安统治的十二个年头里，这类法令只有三个；[27]从 1714 至 1720 年，几乎每年都有一个。直至十八世纪中叶，进展虽然突出，但还很慢：1720 至 1730 年间，这类法令共有三十三个，1730 至 1740 年有三十五个，1740 至 1750 年有三十八个。从 1750 至 1760 年却有一百五十六个，1760 至 1770 年有四百二十四个，1770 至 1780 年有六百四十二个。1780 至 1790 年（这正是大工业最初发达的年份），这类法令的数目回降到二百八十七个。但从 1790 至 1800 年则回升到五百零六个。1800 至 1810 年这一时期则提供一个更高的总数，大大地超过以前的一切数字：在这十年中，议会通过那些旨在“分割、分配和围圈”的法令，不少于九百零六个。

十八世纪圈地条例所支配的土地面积是很大的。土地之所以未在全国各地受到同样的分配，是因为在某些整个地区中从上世纪末起已经无地可圈了。而在另一些地方，圈地是不经过议院程序进行的，而是通过协商收买或在租期届满时合并农庄而完成的。[28]圈地所标志的改变是一件普遍的事，因而只能通过一般的原因来解释。

首先，有一个先决的问题：这样规定要分割和分配的土地是些什么样的土地呢？这些土地并不属于一个类型。条例用几个易于混淆但不相同的名词来称谓这些土地：一方面，敞田（open fields）和公田（common fields）这两个名词似乎经常联结在一起，且完全是同义词;另一方面,公地(common lands)、公用荒地(common wastes)和公用牧场(common pastures)这三个名词构成十分不同的一类,而且从未被用来代替前一类,尽管它们的亲属关系很明显。但是,这些名词都是土地法上的通用词汇,要确定它们的正确意义是极其容易的。

《论围圈公田时确定业主各自特定部分的性质与方法》一书的著者提出下述的定义:"敞田或公田就是几个所有主的土地混杂地分散开来的大片土地。"[29]"公田"这一用语有引起混淆的弊病:它会引起共产主义的想法。我们刚才所提到的那个定义明确地排除了这种想法:因为它向我们说明,"敞田"——宁可使用这个不暧昧的用语——是掌握在几个都拥有个别契据的所有者手中;其中有一些是以土地自由所有人的资格占有土地的,另一些则是以世代土地持有人的资格、通过永久租赁的办法而占有土地的。[30]他们的土地并不混成为一个不可分的整体:这些土地仅仅"混杂地散布着",亦即是说,细分为许多的小块、彼此混杂交错在一起。事实上,这便是所谓"敞田制"的最明显的特点。

让我们来看看十八世纪中叶一个英国教区的地籍图。这些图中之一曾被人印行过:这就是伦敦北面哈福德郡中希钦镇区(township)的地籍图。[31]它的形状很像蛛网,似一些复杂的线条分散并交织在一起。这些线条把地面划成明显长方形的、彼此几乎相等的界线。假使我们在地图上用不同的记号,例如用颜色来标明那些属于同一地产的不同部分的小长方形,那么,我们就会得到一个由分散的片段所构成的支离破碎的、奇怪的图形。1750 年有一个名叫威廉·卢卡斯的人的地产,是由四十七块分散在镇区各地的地段所组成的。[32]因为这些分隔的部分甚至并不组成为一个几乎不确定的整体：相反地，人们似乎特意把它们几乎均等地分布在这整个地区里。——实际上，这些长方形地面的每一个都是以一条长而窄的带形地形式呈现出来的，而每条带形地又是被一条细长的浅草同相邻的带形地隔开的。它的平均大小是四十竿长，四竿宽，——约合二百公尺长、二十公尺宽。这正是英国地积尺度的面积——英亩。这种带形地往往分为两个长约二十竿的相等部分：这样构成的地段就叫做 oxgang[33]；这种地段伸延的方向正和犁路方向一致，在每一尽头处均留有一块转回犁头的地方。这种奇特的分法在某些地方还留下一些稀奇的遗迹：在丘陵上，那些小块的带形地总是按照斜坡的方向垂直地排列着的，以免泥土在每次犁耕之后滑走；这些小块的带形地在渐渐平坦之后，终于在丘陵的腰部形成为一层层的狭窄的台地，即真正的梯层；梯层一经形成便永远地保存下去。沿着奇尔特恩山丘和苏塞克斯当斯的丘原，像在法国北部许多地方那样，人们都可见到这种台地。[34]

这样划分土地的制度，虽然看来十分奇特，但在大不列颠——也和全欧洲差不多——仍然是十分普遍的。人们可以说，“旅行家在从安达卢西亚至西伯利亚的路途上……在罗瓦尔河的两岸和在莫斯科平原上，都碰到它。”[35]在英国，十六世纪以前，几乎到处都实行这种制度；在十八世纪初，它仍盛行于大多数的郡中；在1794年，这种制度尽管逐渐削弱和动摇，但在总数八千五百个教区中仍有四千五百个保存着它。[36]它的广泛扩张，使得它的起源问题就具有更加明显的重要性。问题的解答，虽然屡经探求，但似乎总是处在未定的状态。这种把土地分成小块，其大小和形状即使不是同一的，至少也接近于一种不变的类型；这种地产的分散，没有一块有两三英亩以上连在一起的；这一切可能是纯粹偶然的结果吗？人们甚至认为这种制度是原始分配土地的结果。起初，各份额的大小可能是均等的；而且，为使均等成为现实，各人在分配时所获得的就可能不是一块地段而是许多块不同的地段，其价值是随土壤的质量、形势、方位、高度而变异的。[37]某些事实使人认为，为了保持各份额的均等，曾举行过定期再分配：例如就某些牧地来说，各份地段每年抽签一次；就别的牧地来说，各份地段则是按照预先规定的轮流办法来互换的；耕地有时也这样地再分配，但十分少见。[38]大家知道，这一整个的假设，不仅在英国而且还在德国和法国已经成为热烈争论的对象。[39]这种均等制度实际上是否存在过呢？在什么时期存在的呢？它起于何时呢？它源出于撒克逊还是大不列颠、日耳曼还是凯尔特呢？[40]它起初是村落制度还是部落制度呢？这许多问题直至现在几乎仍无法解决，而且，其中大部分甚至不应该提出来，如果原始共同体，像富斯特尔·德·库兰热所主张的那样，只是无稽之谈。

不管怎样，在十八世纪中，这种不可靠的分配遗迹即使仍然存在，但这种遗迹也在日渐消失之中。组成一个地产的那些小块地段，除了我们刚才所提到的那些例外情形，总是一样的。这些小块地段，除去像所有的个人财产那样通过买卖或继承外，是绝不会转手的。买卖和继承等机会有时使这些小块地段积累起来，有时又使它们分散开来，因而使得所有主之间的各种实际的或想象的均等老早就不存在了。在一个分为六十小块而其总面积有三十或四十英亩大的围地（yardland）[41]的旁边，另一个围地整个儿是由一个只有半英亩大的住宅基地构成，住宅也建筑在那里。[42]被人几乎完全保存下来的东西，就是那与敞田土地制度有密切关系的耕作制度；这种土地制度的改变必然要引起这种耕作制度的消失。

（三）

敞田制。个人所有权与共同耕作。

让我们试把依靠从前敞田为生的农人同今天的英国农人比较一下吧。今天的农人好好地住在自己的篱笆内的家里，在自己的单独一块田地上，爱怎么干就怎么干。他按照自己的意愿耕种它，或任它荒休，或种小麦或种苜蓿。他在自己能力所允许的范围内，使用他认为最好的工具和办法。至于耕种或收获，他自行选择时间而无须顾虑邻人所做的事。相反地，从前的农人同其周围的人都如此密切地联结着，所以，如果没有他们的协助或未得到他们的同意就不能干任何事情。他的土地同他们的土地那样错杂地混在一起，以致需要农人的长期习惯和可靠的记忆才能一眼就认出这是谁家的土地。若不考虑相邻土地的做法，他怎能按照自己的方法去耕种他那五六十亩土地呢？仅止巡视一下自己的地产——尽管它不大——要花费多少时间啊！况且每块土地都是插在他人的土地中间，这种位置就产生大量的、多少是要费钱而令人为难的地役或义务：不可能设围篱，必须在适于耕作的土地上作出许多从教区的这一头通到那一头的小路。如果每个业主都要独立地行动，那么，这种不方便的错综就会恶化为完全的混乱。这种极端的分成小块的情况就会产生不合理的后果：唯一可能的耕作方式就是

按照共同规则的耕作。

一个教区中所有可耕的土地，通常分为三组田，[43]在这些田里，按照一种非常古老而又相当粗糙的轮种法来轮流耕种。第一组田种小麦或大麦；第二组种燕麦、豌豆或芸豆；第三组则休耕。在每一季节的再开始时，那块休息了一年的田地又种上庄稼；曾经生产过一次庄稼的田又准备着种上第二次，但作物与前一次有所不同；而那块连续两年耕种过的田则轮休。施肥、犁田、播种，都是在为着整个教区而规定的时期进行的。长期以来，耕作都是共同进行的，土地所有人都同意按照自己的能力来提供肥料、种子、犁和挽畜。但是这种办法，从十六世纪以来已被逐渐抛弃[44]，到十八世纪时，在大多数地区中已不存在了。即使在这种办法还继续存在的地方，农人的个人权利也并不因此而被忽视：各块地段彼此都被一些狭窄的、不耕种的地带所隔开，所以它们仍然分得十分清楚。到了收获时期，各块地段的出产都毫无争执地归其法定的业主所有。这就又一次说明了敞田制不是共产主义。

在收获期至播种期之间，田里只有未被镰刀割掉的残梗或剩穗。或者还有少许长在田边上的青草，这时，保持各人的专有权就成为没有必要了。正是这时，敞田才比任何时候都更加具有集体所有的外貌。它已成为放牧地，所有的业主都毫无区别地将其猪、羊和鹅放到那里去。草地的情形与此相同，它通常是位于低洼的水边，不被认为是真正敞田的一部分：一当干草晒成以后，它就成为大牲畜用的共同牧场。[45]这样，在一年之中好几个月里——从七月底至圣烛节（2 月 2 日——译者）止——土地就处在共有的状态。没有常设的围垣，便使得这种定期的共有状态成为不可避免的事。现在，我们懂得“敞田”这一用语的完整意义了；这就是敞着的、没有围垣的田，它和那种圈起来而能自主的地产是相对立的，宛如若干分立国的联邦同统一的君主国相对立一样。正如联邦宪法使各地的小自主国继续存在下去那样，敞田制也同样长期保存着小土地所有权。在敞田制消失的地方，人们就看到业主的数目较少，而业主的地产则较大。[46]因此，凡有助于保全或破坏敞田制的东西都同时关系到小业主，亦即自耕农的命运，而他们的消失和旧土地制度的消失正是同时发生的。

（四）

公地。居民在这种集体所有权上的权利；权利的种种形式；权利的分配不均。——但习惯将其利益推广到非业主的身上。由于宽容而在公地上安家的雇农。

每一教区里都有一些终年处于休闲季节状态中的那样的敞地。人们称这种土地为公地或荒地：法语 communaux（公有土地）很可说明这两个同义词。在这种情况下我们所面临的是一种实际上经常是集体的公共的所有物，它与昔日法国的那么多的市镇地产相类似。老实讲，这些土地之所以没有主人，是因为人们把它们看作是没有价值的缘故。它们处在未开垦的状态，正如“荒地”一词所说明的那样。在长满荆棘的荒野里，乱七八糟地生长着杂草、灌木和金雀花，充满芦苇的沼泽，松软的泥炭地，偶尔在沙石上生长着树木，这些就是组成英国大部分“公地”的地方。[47]今天，这些长期被人轻视的土地，许多已被人们卓有成效地开拓和耕种了。

但是，大家所知道集约耕作还是新近实施的。在好多世纪中，人们只满意于耕种那些最肥沃的土地，因其易于获得出产，以保障他们的劳动得到直接而满意的报酬。

尽管认为公有土地的价值很少，尽管传统的忽视使其处于自然的状态，但它的用途使农民获得不止一项的好处。首先，他们可以在那儿放养牲畜，尤其是羊，因为羊在硗瘠土地上也会找到食物，这就是公有土地上放牧权或放羊权。如果那里长有树木，他们便可砍伐木料来修理房屋的屋架或建造一个栅栏，这便成为所谓砍伐树木权。[48]如果有一个池塘或者公地上有一水流经过，村人就可在那里捕鱼，这就是捕鱼权。在那些还占据着英国各郡很大地面的沼泽地里，他们可以自给泥煤，这就是来泥煤权。[49]更有一项好处，就是某些权利并不专门限于公地，有时也可以扩张到教区的其他地方。[50]

是否一切居民都有这些权利呢？人们在这些权利中是否发现有某种类似原始平等的东西呢？——首先，公地在严格意义上讲并不是无主的土地，原则上，它属领主所有，即属于对教区整个土地拥有权利的领主所有的。人们有时把它称为领主的荒地。事实上，这种公有权是毫无专有性的：领主允许土地自由持有人享用这些所谓公地的土地，正如在那些构成敞田的土地上领主已几乎将其一部分领地权让给他们一样。但是，公地的情形，同敞田是一样的：因为敞田在收获以后，并不是所有居民都能将自己的畜群放牧在收获过的田地上，而仅仅是那些在教区内拥有一块或几块土地的人才可以如此。他们在共同耕种土地以后，便将其当作公有牧场来共同利用，这是把他们团结起来的习惯结合或谅解的自然结果。公地也受相同制度的支配，它并不是所有村民所公有的，而只是所有业主所公有的。虽然它有公有的外貌，但并不是使用不受任何限制的自由土地，各人是依据确定的权利并按照这些权利的多少才得参加进来。

我们业已看到个人对公地的权利是根据人们所能获得的利益种类来划分的。这些权利也可根据其渊源以及渊源对其所加的限制来分类。这些权利往往是在习惯上附着在位于采邑、教区或镇区范围内的土地占有上的（common appendant＝附属公地）。这是最通常的情形，最足以说明公地的经常制度与敞田的定期制度之间的相似处。有时，这些权利被视为起初是由领主的赠与证书所创立的，因而是附着在人身上的而不是附着在土地上的（common appurtenant＝隶属公地）。有时，这是与所有权的任何条件都无关的独立公地（common in gross）。最后这些权利可以从相邻教区居民间的协议、从界限不明的分界地的共役地产生出来（common because of vicinage＝因相邻而产生的公地）。[51]所有这些区别使得公地的使用成为一种真正的所有权，但这种所有权不但不是各业主之间平均分配的，反而确认他们之间的不平等。

事实上，一个人能把无限头数的家畜放在公有的牧场上是很少的。通常，这是留给领主的，即留给共有土地的名义所有人的一种特权。[52]一般而论，每一业主只有放牧一定数目动物的权利。[53]这个数目是同他的土地大小成比例的：他在敞田拥有地块愈多，他就能在公地上放牧愈多的牛羊。[54]因此，这种所谓公地的利用权，不仅不是大家都有的，而且是按照各人已经拥有的土地的比例来享有的。这是添加在财富上的补充财富。人们看到，任何东西都与理想的平等毫无关系；平等的模型不应在研究得不清楚或了解得不透彻的过去中去寻找，而应在合理的推论中去寻求，因为合理的推论由于经验的帮助而能为未来做好准备。

不管英国公地制度怎样不平等，但它对穷人却提供了一些实在的好处。除去按照地产面积或价值的比例权利以外，有时还有其他对教区所有居民都是一样的权利。在某些区里，凡拥有一所住宅的家庭都可在公地上放牧两三头动物：这对那些人——其整个财产只有一头母牛、几只家禽、一头到冬天来临时就要宰杀的猪——来说是一种宝贵的权利。[55]而且，在它未成为公认的权利时，习惯就加以补充，习惯比起法律总是更通融、往往更合乎人情的。一项旧有的宽容几乎允许全体英国农民都能利用公地，利用的程度有时是很大的。妇女可到那里去拾枯木以作燃料。[56]在约克郡的某些地方，贫穷织工在漂洗或染色之后，便将其成批布帛摊在公地上。[57]最后，棚舍、茅屋、简陋住屋也建在那里。这些荒地太不值钱，所以人们并不阻止少数穷人在那里安家和居住。那些用从公地上取来的轻便材料建成的小屋，虽非根据已有的权利，但是根据一种默许而建造的这类房屋为数倍增：雇农和擅自住在公地上的人[58]为数很多，人们让他们在不属他们的地产上拿些东西，这对这些田间劳动者的艰苦和不稳定的生活会带来一点缓和。[59]

整个这一类居民就是这样生活在所有权的边缘。他们对公地的享用没有任何法定的权利。然而，公地的保存却与他们最有关系。如果不改变小业主的地位就不可能改变敞田的话，那么，不使这类农业工人的生存发生问题也就不可能改变公地。现在，我们就可以明白那在十八世纪中搅乱英国农村的土地变化的整个重要性了。

(五)

圈地:敞田的重新分配与公地的瓜分。十六和十七世纪的圈地史。

圈地就是用以实现这种改变的方法。这个词是意义深长的。这就是指这些未曾圈起来的敞田和公地变为圈起来的地产;这就是指把分散的地块合并起来并把共有的田地分为彼此完全独立的密集地产,其四周都围以连续不断的篱笆,而篱笆则是它们自主的保障和标记。

这个词和这桩事都不是新东西。成为许多研究和争论对象的十六世纪的圈地,[60]是大经济运动中偶发事件之一,这一运动已标志着近代的开端。动产的大量增加已对地产的状态起了反作用。宗教改革和教会财产还俗时,许多土地已经转手。大地主从中得到了好处。他们因获得这些地产而引起了欲望,想通过瓜分公地来发财。这种瓜分已在全英国开始了并且往往是用暴力实现的。[61]从这一世纪初起,人们到处都听到反对圈地以及圈地所造成的不公道和困苦等怨声。人们尤其痛惜圈地把耕地变为牧场的惯常后果。在许多教区中,因饲养家畜而放弃种植谷物,农家和茅屋已被拆毁或倾倒。传教师拉蒂默大声疾呼:“在许多农民前不久所居住的地方,现在只有一个牧人和他的犬了。”[62]大法官托马斯·莫尔在写其《乌托邦》的奇妙计划时,就看到有羊吃人的掠夺和贫穷的地方。[63]

有人指出关于圈地的怨言是太夸大了;甚至有人认为可以断言圈地绝未引起小麦产地的消失。但是,这种提法是很可争论的,[64]即使我们想承认当时人的怨诉有点过火,但是存在着若干可供仔细研究的文件。这就是为了纠正弊害而颁布的立法文献。难道我们可以认为其中所指的弊害是出于想象的吗?早在1488年在亨利七世时,就有一项法令指出怀特岛的人口减少"是由于耕地变为牧场以及囤购农地所造成的",这个法令把该岛的地产限制在以十个马克为最大收入的范围之内。[65]在这个法令之后,几乎马上就跟着有一项更加全面的法令,即有名的"防止破坏村庄法"。[66]它的前言中写道:"国王看到某些不幸的做法在一天天地增加着:人们听任房屋和村庄倾颓,或则有意将其拆毁,人们把一些自来就用于耕种的土地变为牧场,从而成为一切祸害根源和发端的懒惰就日益发展。因为在一些曾有两百人有合法工作并靠此为生的村庄里,现在只有两三个牧人有职业,其余的人都只好闲着。作为国家主要富源之一的农业正在萧条中:教堂破坏了,礼拜停止了,死者无人为其祈祷……。国家对外敌的防御也受到削弱并陷入瘫痪的状态。"这项法令规定,凡附属于二十英亩耕地的房屋必须保持完好,以供一家农人居住。但这项规定以及那些用来保证其实现的刑罚,产生的效果似乎很小:因为1515、1516、1533、1535、1552等年都颁布了类似的措施。人们有时规定修复那些已被抛弃了的茅屋,[67]有时限制一个业主所养的羊的头数,[68]有时对于任何新辟的牧场课以相当于其收入一半的租税。[69]这些法令的层出不穷及其措施的变化复杂,其目的都是用以纠正同一弊害,这就是这些法令无能为力的最好的证据。[70]

在整个十六世纪中，这种运动都在继续着。分割敞田和霸占公地的结果是，到处形成大地产，到处扩大牧场。同时，许多中、小地主开始受到新时代的商业精神影响，觉得生产谷物不如生产羊毛有利。1549 年，有几个郡都发生了一些因圈地而造成的暴动；三千五百个暴动者被打死，而他们的首领罗伯特·凯特则被绞死。[71]约翰·黑尔斯正是在这个时期写道："哎呀！这些圈地将会造成我们多大的损失啊！由于圈地，我们要为我们的农田付出比以往更重的地租，而且，我们还会再也找不到土地来耕种。一切都被用作牧场、用来养羊或养牛。在七年之内，我看到了我周围六英里内有十二套左右的犁被人弃置不用。以前四十多个人能够赖以为生的地方，现在只一个人和他的一名牧人就把它占为己有。造成我们不幸的东西就是这些羊。它们已把农业赶出这个地方，前不久农业还供给我们各种食物，可是现今只是羊、羊，还是羊。"[72]

在这个世纪的后半期，圈地的扩展似乎缓慢下来了。[73]但它从未停止过，而且，人们在整个十七世纪中都能够看到它。[74]1626 年开始的疏干东部诸郡沼泽地带的工程所产生的土地，也随着被围圈了。[75]在其他地方，耕地变为牧场在继续进行着，原因和从前一样。卢普顿在 1622 年写道："圈地使畜群肥，使穷人瘦。"枢密院在 1620 年和 1633 年曾下令调查过圈地。关于这个问题的论战性的著述，也出版了不少，特别是在克伦威尔摄政时期。[76]可是，必须注意，针对着那些类似十六世纪的怨言，有越来越多的在经济方面拥护圈地的论据，其中有些作家认为这"不仅是合法的，而且是值得赞颂的"。随着农业进步观念的日益明确时，随着最富裕的和最有知识的人希望开发利用其土地时，旧土地制度便越来越受到威胁:这就是十八世纪整个英国农村的历史。

(六)

农业改革。1730年以前的乡村状况。理论与实验:杰思罗·塔尔。贵族的作用:汤森勋爵。大农场主的第一代:霍尔克哈姆的科克;贝克韦尔;有系统的饲养家畜。A.扬与农业部。

正如人们想把自耕农的消失视为大工业的后果那样,同样有人也会通过工业的发展来解释农业改革。据他们说,这是消费上的需求给农业生产以决定性的刺激。工业中心的形成和城市人口的增加:就为农人开辟了新的市场,在这个市场上,需求总是日益增加着。田里的收获物不会走出邻村或邻镇以外的时代已成过去。在人口很多的城市里,在矿山、工厂和货物集散地的附近,大批工人需要乡村养活他们。农场也该变为工场,在这种工场里,食物是按照改良了的方法大量生产出来的。农业的进步,或者说农业适应工业社会的新需要(如果人们喜欢这样说的话),是从有机的必然性从互相依赖作用上所不可少的相互关系中产生出来的。[77]这种解释,乍一看来是令人满意的;它能说明一种无可争论的普遍真理,而且毫无疑问,它对我们亲眼目击的大量事实也是适用的。然而,它真能符合英国农业运动的历史根源吗?事实上,同自耕农的消失一样,这种运动早在人口因大工业而增加以前就已经出现了。人口的增加并不是突然发生的:它不是而且也不能是最初技术发明的同时产物,或者说,它之所以从那时开始发生,是由于一些与大工业完全无关的原因。可是，在十八世纪上半期，差不多在纺纱机发明完成以前三十年那个最初摸索的时期，英国农业已经开始改变了。

我们不可以说农业问题在十七世纪完全被人忽视了，因为克伦威尔摄政时期的韦斯顿和哈特利布的著作、1688年革命以后的唐纳森的著作，都是明证。[78]但是，没有任何东西表明这些近代农学先驱者的意见已被采纳。在丹尼尔·笛福写作其英国记述时，许多郡都有一些未耕种的土地。萨里郡的西部，“不仅贫穷，而且完全是不毛之地，任其荒芜，看起来很可怕……。很大地方只是一块沙漠荒野……，那里生长着灌木——硗薄土壤的惯常产物。”[79]在约克郡，人们刚一走出利兹城，便进入“一个接连不断的荒野，乌黑而可怕的、凄凉的荆棘地，旅客们穿过那个地方，像马匹跟着蹄迹前进那样，是由一些用以指示洞窟和坑洼的、间或树立的标杆来向导的。”[80]剑桥郡、亨廷登郡和林肯郡的沼泽地带，虽然经过上一世纪的疏干工程，但仍然形成大面积的沼泽地。英格兰的北部尤其处在荒野和未经耕种的状态：从德比郡的北端至诺森伯兰郡的北端，一条一百五十英里的直线尽是穿过荒地。[81]

就是在土地已经耕种的地方，往往也是用最原始的方法耕种的。三年轮种制几乎是唯一通行的制度：田地三年中有一年是处在不生产状态。农具大大需要改良：在某些州里，犁头是木头做的，仅仅装上一点金属薄片。为了犁田，人们仍把十头和十二头牛组成为大而无益的联畜。刍秣不足，到了秋天，人们便宰杀一部分牲畜，因为在以后几个月中无法饲养它们。[82]关于饲养技术几乎毫无所知：家畜瘦小，几乎和野生的差不多。[83]地主与佃农，同样无知和守旧，他们之间互不信任：地主害怕佃农在租约的后几年中为获得比较平常略多的收成而耗尽地力，因而不肯签订定期租约而宁采用随意解除租约（tenure at will）的不稳定制度。因此，任何主动精神、任何连续的热情，几乎都不许农人怀有，因为他时时都有被辞退和立即失去一年劳作的危险。这样，守旧的结果便使守旧永远地继续下去。[84]

要改革英国农业，必须有一系列的有系统的努力。1731 年杰思罗・塔尔的著作的出版显示了努力的起点[85]。这位著者并不是一位单纯的理论家：他在观察了和比较了法国、荷兰、德国所使用的方法之后，[86]又在贝克郡普罗斯佩劳斯山他自己的地产上进行了研究和实验三十余年。他是最先懂得近代集约耕作概念的人中之一。他推荐深耙和深耕以及不断轮种等法，以使地力不致耗竭而能连续出产种种好的收成，并消除或减少休耕地的浪费。他说明了冬天草料对牲畜的重要性，以及能从含养分多的块根植物如萝卜和甜菜头等所获得的好处。他之所以具有伟大的独创性，就在于他能用根据观察和推理的方法来代替不变的传统。即使不能代表真正的科学精神，至少他代表类似科学精神的东西，这种开明的经验主义往往会导致新的发现。

杰思罗・塔尔的理论恰好赶上时候，整整一代的大贵族都接受了他的理论并将其应用到自己的地产上。英国贵族，自革命以来即被发财欲所迷住。他们怀着嫉妒的心情看着金融和商业资产阶级在他们下面壮大起来。他们以一种奇特的、由骄傲与贪得二者结合着的心情来恨那些“有钱人”，并力图通过婚姻去同他们结成姻亲借以利用他们的财富。在一位大臣自夸组成了“出卖良心”

的组织的时刻，贵族们赶忙地参加进来，掠夺公众的钱。他们拼命地投入可疑的企业，投入臭名远扬的骗局，其中最大的就是南海公司骗局，而且，他们在获得了巨大利益以后，便揭发这些骗局以便实现其他骗局。在金钱日益成为衡量威望和权力的社会中，如果不惜牺牲一切来保存其地位的愿望曾一再引起这些贵族从事于最不光彩的冒险事业，那么，这种愿望也会有刺激他们活动起来的后果。他们中间有些人不在各方面寻找新的收入来源，倒想增大其已有的财源。他们不是拥有广大的地产，其出息就该足使他们成为巨富吗？可是，那些地产的管理和耕种都不好，因而成为疏忽和守旧的牺牲品。要从这些地产上获得最大的好处，就必须对地产进行有合乎规律的利用：这是一件需要许多独创精神、注意力和坚忍性的巨大事业。[87]汉诺威王朝宫廷，呆板地而且几乎完全保有德国人的性格，因而不如前一世纪的斯图亚特宫廷之能吸引贵族。而且，一部分贵族还因保守主义而受到歧视或因留恋被逐君王的事业而受到怀疑。这些贵族便去靠自己的土地为生而成为务农者。

在这些有爵位的务农者中，最有名的是汤森勋爵。他曾做过驻荷兰大使、英格兰和苏格兰合并的谈判者，以后又做过同法国订立和约的谈判者、女王安死后摄政时期的上议院议员，接着又做了爱尔兰的总督，两度充任国务大臣，做过枢密院院长；在和罗伯特·沃尔波尔爵士进行了有名的争吵以后，他于 1730 年脱离政治生活，退休到诺福克郡他的雷恩哈姆地产去隐居。[88]这个地方是一块广阔的荒地，不是沙石便是沼泽，甚至青草也瘦而稀少。[89]汤森勋爵企图开发它，因为他在荷兰所见所闻启发了他。他把地里的水排出去，用泥灰土和肥料来改良若干部分的土壤；以后，他就在那里开始一些有规律的轮种，既不耗竭地力也不让土地荒休。他仿照荷兰人的榜样，特别考虑畜牧，因为诺里奇大羊毛市场近在咫尺，保证饲养牲畜会有可靠而迅速的酬报。这就是决定他偏爱人工牧场和冬季刍秣的东西，这和杰思罗·塔尔的教导是同样的，甚至尤有过之；在他改良英国农业的同时，他已为英国农业指出其日益前进的途径。

一开始，人们有点嘲笑这位变为农人的英国贵族，人们给他起个萝卜汤森的绰号。尽管如此，他还是继续他的事业，不到几年，他便把一个硗瘠而不结果实的地区变为王国中最繁荣的地区之一。邻近的地主都仿照他的榜样，在三十年内，即从 1730 至 1760 年，整个诺福克郡中的地价增到十倍。[90]温特伍斯的罗金哈姆侯爵、沃伯恩的贝德福公爵、佩特伍斯的埃格雷蒙特勋爵、埃塞克斯郡的克莱尔勋爵，还有其他人等如卡思卡特勋爵和哈利法克斯勋爵，[91]都起了同样的作用，并且他们也有许许多多的模仿者。不久，这便成为普遍的风气，每个绅士都自吹亲自指导其土地的开发。前一代贵族只对狩猎感兴趣，仅仅谈论马和犬；这一代则谈论肥料、排水、轮种、苜蓿、紫花苜蓿和萝卜。在曾经参加十七世纪的内战的骑士之后，接着便是绅士农人。

1760 年左右，几个大贵族所引起的刺激已经传遍了全国。各方面所进行的公用事业工程如道路的修筑、运河的开凿、水地的疏干，[92]又加速了这种刺激。正是这个时候出现了大农场主阶级，农业对于他们来说就是投资；和商人对于工商业的经营一样，他们对于农业也运用相同的首创精神和相同的注意力。1776 年，霍尔卡姆的科克，定居在一个价值约有两千镑收入的地产上：在他死时，这一地产则值两万镑的收入。[93]他是最先使用改良农具者之一。他实行长期租约制，只有长期租约才能保证农人的未来，从而鼓励他们进行深思去作持久的努力。他自视为教育家，他把他地区中的农人召集在自己的周围，使他们相信新方法。他的同时代人贝克韦尔，是近代大畜牧家的模范。[94]贝克韦尔力图系统地改良畜种，他通过巧妙的杂交、人为的淘汰而达到了目的；对于这种淘汰的细心观察可能使达尔文探索出一些有关生命的最一般的规律。1710 年时，史密斯菲尔德市场上所卖的牛的平均重量是三百七十磅、小牛是五十磅、羊是三十八磅。到 1795 年，多亏贝克韦尔及其竞争者们的努力，这些重量分别上升到八百磅、一百五十磅和八十磅。[95]某些家畜名种如迪什利牛种、达拉姆牛种都始于这个时期，任何文件都不及它们的体格能够更好地说明十八世纪畜牧家所抱负的目的：骨头细、四肢短、头小、角几乎不发达，这些都表明他们注意到要消除一切不能促成肌肉量大而质优的东西。他们已经了解到“人们认为牛肉的价值要高于牛的拖力的价值、羊肉的价值要高于羊毛的价值”的日子即将到来了。

在大工业出现的时候，近代农业已经奠定了基础。所余的仅在于克服守旧方面的最后抵抗。这就是像 A. 扬那些人的事业，我们看到他从 1767 年起即遍游英格兰各地，一天一天地、一里一里地记下：耕作的状况，试行的改良，革新者的成功或失算，地主、佃农、雇工的状况。当他在 1789 年，进行其有名的法国旅行时，其目的只是为了通过英国和大陆之间一系列的对比来结束其所进行的二十多年的调查。他是位热诚的宣传家，除游历笔记以外，他还留下大量的著作：[96]从1784年起，他主编《农业年鉴》，据说国王乔治三世也并不不屑向它投稿。他在1793年同约翰·辛克莱爵士(这个人的名字值得同他的名字连在一起)合建一个旨在鼓励和组织农业进步的主要机构：这就是农业部。他充任该部热诚的秘书三十年，搜集各方面的报道和意见，指导王国各郡的有系统的调查工作。[97]虽然他不断埋怨那些最迫切的改良进行得缓慢，但他已能估量已经走过的整个路途有多远。他所努力领导的这一运动绝不是一个最初并无把握而前途未定的运动，却是一个已经强大而马上就要成为不可抗拒的运动。要确信这一点，只需再读几页他对法国大革命前夕有关法国农村状况所描写的情形就够了。他认为那种状况非常受到忽视和非常可怜：那正是五十年前他本国的状况。[98]

A.扬及其合作者都亲眼见到大工业的兴起：他们明了这与他们孜孜不倦地创造这种农业发展有着密切的联系。他们不止一次地看出这两个同时发生的大事件的相互作用。[99]但是，尽管他们要把农业改革看作是一件完全新近的成就——他们有时忘记了他们前辈的努力[100]——但是他们并未犯这样的错误：把农业改革作为工业运动的后果。只是在他们的晚年，他们才看到地上出现了那些人口众多的城市，其发展将使英国农业毁灭的速度，会比它曾使农业富裕的速度更快。甚至显然由于工业中心的需求而激起的畜牧业的发达，起初也只能通过一些完全不同的原因来解释。长期妨碍畜牧业的主要原因，亦即冬季饲养牲畜的困难，已经不存在了。畜群的看管和照料，比大多数的耕作所需的劳动力要少。这就足以引诱许多农人，甚至在肉类卖价尚廉[101]及其消费量仍然比较微小的时代亦然。何况英国自来不就是一个畜牧国家吗？它不过重新地、更加积极地利用其最悠久的财富之一而已。

（七）

敞田制有碍于改良：从而产生十八世纪的圈地。圈地的法定手续。它怎样成为大地主的专有利益。

新方法的实行碰到了一个阻碍：这就是敞田的存在。“这些没有圈的田地”，大多数都耕种得很坏：耕地虽有休耕年，但被同类的庄稼无变化的轮种所耗竭了；几乎任其自流的牧场则长满了灌木和金雀花。怎么会不如此呢？每个农人都须服从共同的惯例。全教区所采用的那种轮种制仅仅适合于某些土地，其余的则受到损害。[102]畜群吃的是野草，而野草的混杂则造成兽瘟病。[103]说到改良，凡试图改良的人都会遭到失败。他若得不到众多的邻人的同意和协助就不能排去自己田里的水。每块田都限制在固定的范围之内，由于过于窄狭，所以不能按照杰思罗·塔尔所推荐的方法来双向耙土。要自由选择播种时期，首先就得废止那使敞田[104]每年有几个月成为无益牧场的习惯。要进行不常见的种植，要在种过大麦或稞麦的地方种上苜蓿，那就不用想了。此外，这种制度还有其少见的复杂性，争吵和不断的诉讼，这些都是它的不可避免的后果。从前的农场主，认为农业只是当作遗产接受下来的传统职业，好歹可以养活其手下人，因而能够适应这样的制度。至于近代的农场主，则把农业视为一种企业，精确地计算其费用和利润，因而对于强制的浪费和实际上不能作出任何事情来增加出产二者，都

是完全不能容忍的。因此，敞田必须消灭。所以十六世纪开始的圈地运动，在十八世纪又恢复了，而这一次再也不会停止了。[105]

在十六和十七世纪的圈地与十八世纪的圈地之间有着本质的区别。前者是政府所反对的，后者反而得到议会的援助和鼓励。[106]在都德王朝时代和斯图亚特王朝时代，当圈地不是单纯的垄断购置行为时，它事先就会取得一个教区的全体业主的同意。但是，有势力的人却有不止一种消除任何反对的办法："想要反对的人会受到长期的、无把握的、花钱的诉讼威胁；在另一些情况下，他们则成为大地主的迫害对象，因为大地主在其自己的地产四周挖掘一些壕沟，这样就迫使他们要弯很长的路才能走到自己的土地上，不然，大地主就纯粹恶意地把兔和鹅放养在相邻的地段上来损害他们的庄稼。"[107]协议一经高等法院登记之后，便可不需别的手续予以执行。在十八世纪，方法更周密了。如果不能获得签订彼此同意的契约所必需的同意时，官方便可以出面干涉。[108]法典上所记载的一切圈地条例，都无例外地适合于那么多的未能得到业主们一致同意的情况。但是，立法行为并不是自动开始的。在这里，我们就要看到圈地是根据谁的请求和为谁的利益而进行的。

按照新农业规则有系统地经营其地产的人，首先是大地主们。最不能耐心忍受敞田束缚的人，就是他们。领先向议会提出请愿书请求发布圈地条例的人，几乎总是他们。[109]通常，他们之间先进行商讨，选任一个律师负责办理法律方面的手续。以后，他们便召集所有的业主开大会。这个会议并不是由多数个人票决定的：因为票数是按占有土地的面积来计算的。要使请愿成为可以接受，这与签字人数的多少没有多大关系。但他们必须代表着要圈的土地五分之四。[110]拥有其余五分之一的人数，往往很多，有时是绝大多数。[111]我们可以引证几份只有两三个人，甚至一个人签字的请愿书；的确，那些带有头衔的、显要而有资望的姓名引起议会的注意和尊重。[112]如果必须取得几个小业主的同意，那么，人们就可用这样一些手法向他们请求，以致他们几乎不能拒绝。这就是当地的大人物如领主、教区牧师、住在自己土地上的绅士[113]去征求同意，当然是用命令的口气而不是用祈求的口气。如果那个人反抗，人们就威胁他，于是他签了字，不过以后还可撤回。[114]可是，非得弄到这样地步的情事是很少的；农民甚至不敢表示不满意。他们最害怕的东西，就是"同他们的上层人物冲突"。[115]

请愿书一经签字以后，即呈送议会。于是便开始一系列花钱的手续：其费用是由有钱的地主负担的。[116]议会完全忠诚于他们，它难道不是由他们的代理人、朋友甚至亲属所组成的吗？[117]坐在上议院里的那些老贵族的首领们，同充满下议院的那些郡里的绅士们一样，都是大地产的代表人物。"法案"往往不经过预先的调查而立即草拟出来。[118]即使下令调查，其结果也几乎总是符合请愿人的希望的。反请愿仅在一种情况下才有效果，即在它也是由有产的统治阶级所提出的时候。领主因不愿转让其任何原有权利而提出的要求以及教区牧师因请求补偿其什一税而提出的要求，都有顺利受到采纳的机会。[119]如果一个人拥有拟圈地面的五分之一，他的反对就足以阻止一切。[120]这样，大地主所做的事情，只有大地主才能破坏。

圈地条例通过了。虽然它的条文通常是很长的，而且带有复杂的条款，但它仅止于规定实施上的一般条件：人们只有在现场

上、在有关人的面前，才能规定细节。一个巨大而极其困难的任务尚待完成，这就是必须到现场上去察看各个地产的状况、丈量组成各个地产的一切地块、估计其收入，以及每人对于公地所享有的权利的相对价值；以后，估量整个教区的土地、公田同敞田，把它分为若干与分散地产相等的份额以便代替这些地产；有必要时还须发给赔偿金，指示并监督设置围篱以便今后把那些地产分隔开来；指挥圈地条例中所规定的公益事业的实施以作圈地的补充，例如道路修筑、排水、灌溉等工程。[121]总之，这是涉及在一个教区范围内进行一次真正的革命，可以说是夺取土地以便用崭新的方法再将其分给地主，但这种方法必须尊重各人原有的权利。如果要做到公平地进行这种分配，要避免错误和武断，这该要多么仔细小心、多么准确的估计、多么公平合理和多么无私！

这种十分重要和十分困难的任务是交给几个委员办理的，委员的数目是三人、五人或七人。[122]他们对于有关圈地的一切事宜，享有无限的权力。A. 扬说道："他们行使一种专制威权。他们像专制君主似的，一个教区的所有土地都交到他们手里以便将其任意地重新改造和分配。"[123]在很长一个时期中，他们的决定是不得上诉的。因此，知道这些委员是些什么人，他们的出身怎样，以及谁任命他们的，实是一个关键问题。理论上，他们的权力是来自议会，他们的姓名也载在圈地条例里。[124]但是，由于那涉及地方性的问题，议会对它既无兴趣又一无所知，所以在事实上，他们是由请愿书的签署人所任命的。这就是说他们的选择，像在选择以前所进行的一切事项那样，也是由大地主任意摆布的。于是又一次地出现了同样一些人物："领主、牧师和少数重要的享有共用权的人，他们垄断并分配这种任命权。”[125]除去他们自己愿意充任委员外，他们就选择一些忠于他们的人。[126]委员的无限权力就是他们的权力。他们会为自己的利益而使用这种权力，人们会感到惊奇吗？[127]

弊端如此明显，以致最坚决拥护圈地的人和最不敌视大地产利益的人，都竭力攻击这种弊端。A.扬在1770年曾要求委员由全体业主会议选出，并对法院负责。[128]可是他的抗议未被采纳。仅在1801年，当颁布一项总法令以便最后规定一切圈地条例所共通的条款时，[129]才采取措施来防止这些过于令人痛恨的不公道事件。人们决定不许“领主及其现在所雇用的或离职不满三年的管家、收租人或管事，以及一切对于被圈土地拥有任何权利的人，即地主或非地主”[130]充任委员的职务。委员此后必须受理一切要求并将其记入于记录中。最后，凡自认受到损害的人，都有权把委员的决定上诉于一年开庭四次的郡法庭。[131]这种迟迟的规定，就是免于处罚的掠夺延续达一百年的明证。

（八）

经济和社会方面的后果。公地的消失；小地产因圈地受益人的收买而消失；“囤购农场”。十八世纪末农业的繁荣阻止了牧场的扩大同时又解放了劳动力。圈地的反对人和拥护人；他们的论据。农村居民的痛苦。

认为自己的田地不是资本而是谋生手段的小农，是以无能为力的旁观者姿态参加这一改变的；在此改变中，他的地产的保存、甚至他的生存条件都成了问题。他无法阻止委员把最好的土地留给比他富有的人。他必须接受人们指定给他的那一份地，即使他认为那一份地与他以前所有的不相等，也得接受。他失去了享用公地的权利，因为公地已被瓜分了。不错，人们已把这种公地的一部分分给他了，但这一部分是按照他在领主荒地上放牧动物头数的多少来给他的。因此，又是越富的人所得越多。自耕农在占有新地产以后，必须用篱笆把它围起来，这就要他花费劳力和金钱。他必须支付圈地总费用中他所应摊付的部分，可是总费用往往是非常之大的。[132]即使他没有负债，他也不可能逃出贫困的命运。[133]

至于雇农或农业短工，曾因宽容而得住在公地上，[134]并在那里拾柴薪，也许在那里饲养一头乳牛，这一切他所认为拥有的权利，一下子被剥夺干净了。他甚至无权控诉，因为公地毕竟是他人的财产。有产阶级异口同声地嚷道："认为掠夺贫民只不过是似是而非的论据，因为贫民没有享用公地的合法权利。"[135]确乎如此，但是，直至那时，贫民一直享有长期习惯所规定的事实上的好处。有人断言，这种好处已所剩无几了，而且丧失这些好处也不会显著地减少雇农的幸福。[136]然而，法律似乎承认他们所受的损害很大：1757 年有一项条例命令圈地委员把若干赔偿金交给恤贫法管理人，"以便在有公用荒地、森林和牧场被圈的教区中救济贫民"。[137]这是暗含着承认公地的瓜分造成了一些赤贫。有时，人们还采取更进一步的措施：保留一块共有土地给教区中最穷的居民或无土地的雇农使用，[138]否则分给他们小块土地以便饲养其可怜的牲畜。[139]这类补偿是很少给予的，[140]而且是虚幻的，因为如此分的地是那么小、那么不够用，以致贫民一有机会就把它变卖换钱。这种机会并不要久待。

虽然圈地办妥了，份地分定了，每块土地的四周也栽上篱笆了，但整个事情还未完结。大地主还未从此工作中得到他们所期待的一切利益。他们在合并了地产以后，便力图把它加以扩大；在再也没有什么土地可以占据时，他们就购买。有些人希望扩大其耕地或牧场的面积；另一些人则想扩大其享乐园林和猎场；[141]更有些人"购买自己宅第周围的茅屋，目的仅在于将其毁坏，因为他们不喜欢同贫民为邻"。[142]除去那些已经成为大地主的以外，还有渴望成为大地主的人如商人、金融业者以及后来的工厂主。时机是有利的。土地所有权的改变，使那些最密切地、最忠实地依附土地的阶级产生动摇。自耕农虽然诚实而勤劳，但是守旧而无远见，闭塞在有限的眼界之内，被他周围所发生的那些变化弄得手足无措，同时又受到按照新方法经营农业企业的可怕竞争的威胁。或则是由于失望，或则是宁愿到他处去找出路，他最终逃不了诱惑而出卖其土地。[143]

围圈敞田和瓜分公地的后果就是几乎到处都有许多地产的出卖。圈地和"囤购农场"是两件事情，而当时人，不管是反对的或赞成的，都把它们看作是不可分的。可是，这种囤购未必都是圈地的后果，因为囤购有时反而发生在圈地之前。[144]然而，它是圈地的后果或原因和目的，那有什么要紧呢？肯定的事实是在十八世纪后半期农场的数目已经大大地减少了。多塞特郡的某一村庄，在1780年还有三十个左右农场，十五年后，这个村庄便分掌在两个企业的手里；在哈福德郡的某一教区里，三个地主把五十至一百五十英亩面积的二十四个农场兼并在自己手里。[145]有一位圈地的辩护人，他不喜欢夸大圈地的坏结果，也把1740至1788年间小农场被大农场所吞并的数目估计为每一教区平均有四个或五个；就是说，就整个王国来说，其总数便有四万个至五万个。[146]这是重要的事实，比瓜分公地一定还要重要得多，尽管它很少引起当时舆论的注意。这类事实是在暗地里，在议会和地方当局都不关心的情况下，通过许多私人契约来完成的，可以说是在未引人注意的情况下实现的。但在事实上，它是大地主努力要达到的最终目的；圈地及其所附有的全套法定手续，几乎只是迫使农民出卖其土地的方法，或者是开发那些新近扩大了的地产的方法。在不到五十年内就兼并了四万至五万的农场（这个数字似乎并未夸大），这个数字表明半个世纪中土地所有权所受到的改变是何等深刻。

的确，一个农场的消失，不一定就是一宗地产的消失：所谓囤购，往往是把一处产业中的若干小农场合并为大农场。[147]但是，这种变化本身也是一种革命，因为它在经营的性质和劳动力的使用方面引起了深刻改变。

在十八世纪头六十余年中，在小农耕作的减少之后，像在都德王朝时代一样，跟着也是牧场的扩大。[148]A. 扬在其1767年所著的《农场主的信》中指出，一个畜牧场比一个农场花费劳动力少而获利多。[149]许多郡，在以前各时期中虽进行了圈地，但耕种仍保存下来，可是这些郡的面貌却改变了。莱斯特郡，从前因富有收获物而驰名，可是在这世纪末，则几乎全部成为人工草地；德比郡的一半以上、柴郡的四分之三、兰开夏的四分之三都是牧场。[150]从1765年左右起，物价高涨，有利于谷物的种植，于是耕地变为牧场的运动便缓慢下来。[151]然而，即使小麦或燕麦的生产比养羊要多用劳动力，但农业工人的总数仍然减少了。合并旧“敞田”中的分散地块以及囤购农场，难道不正是以实现这些主要节约之一为目的吗？[152]

圈地条例很少碰到有效的反对，我们知道为什么。那些最需要控诉的人几乎不敢作声。如果他们敢于提出要求，请求议会主持公道，那么，他们的行动结果就几乎只能白花费用，如诉讼费、鉴定费、初级律师和高级律师费。通常，他们只是拒绝在他们的邻人大地主所草拟的请愿书上签名而已；然而，他们立即又声明并不反对。[153]这是一种又滑稽又可鄙的行为，人们由此可以看出农民的屈从和无穷的害怕心情，甚至在自由的英国他们也惯于受到打击。因此，正式的抗议是很少的。然而，我们仍能看到一些：有时，这些抗议甚至攻击圈地的原则本身，认为圈地“对请愿人非常有害，会使他们中多数人尤其是最穷的人倾家荡产”；[154]有时是攻击圈地的执行，因为“执行上的偏袒和不公，不但对签名者个人有害而且对整个社会也有害”。[155]从1760年起，这些抗议变为更加常见和更加有力。乡村中抑制着的愤怒，有时爆发为突然的暴力行为。在若干教区中，宣布圈地便引起骚乱。人们无法把法定布告贴在教堂的门口，“因为乱哄哄的群众屡次造成困难，他们用暴力阻止张贴。”负责张贴布告的法警遇到了以棒棍和草叉武装起来的人群：在萨福克郡的一个村庄里，连续三个礼拜天，人们把法警手中的布告夺去，把他扔到沟渠中并抛以石头。[156]

这样的偶发事件是与惯常的不敢反抗不符合的；这种反抗的原因可能只是生性害怕的改变。但是，整个文献中却列举了许多理由和事实来支持它。[157]文献表明圈地的结果就是最富有的人囤购土地，文献又把当代的一切祸害如生活必需品的价格高昂、下层阶级的道德堕落以及贫困的加重都归罪于圈地。“常常看到有四五个有钱的畜牧者攫取了前不久分别属于三四十个佃农和同样多的小佃户或小业主手中的整个教区：所有这些人因而被逐出了家园，同时还有许多其他的几乎完全依靠他们来工作和维生的人家如铁匠、木匠、车匠以及别的工匠和手艺人等人家也是一样，至于短工和雇农就不用提了。”[158]不但小业主不再拥有土地并降到（除非他移居他处）农业短工的地位，不但雇农被逐出了公地，[159]而且大农场只雇用比较少的人员，从而农工也没有工作可做。[160]因此，乡村人口减少了。“人们拆毁农人住宅或者任其坍倒，在那里只剩下一个仓房。村庄里没有居民。”[161]在戈德史密斯的《荒村》一诗中，我们可以又听到这些埋怨和责难的回声：

“平原上温暖、明媚的村庄，——你的笑声已经消失，你的风韵已经衰败；——魔手压到你的房舍，——整个绿色变得黯淡凄凉。——一个暴君把你完全攫住，——你的孩子们在掠夺者面前畏缩，——背井离乡远走吧，——可是贫民又能够逃到哪乡？——怎能躲避狂妄邻人的统治？——如他在没有围篱的公地边缘徘徊——还可引畜群来吃稀疏的青草，——如今，富人们把这块没有围墙的土地瓜分了，——就连未经耕种的公地也不许他进去——真理的朋友和政治家看到——富人权势在增加，穷人却贫困潦倒，——你们有权评论，——美好的地方与幸福的地方之间的些微差别。——这是一个倒霉和危险胁迫的地方，——这里积累着金银，可是人口却衰落了。——王侯会兴盛，也会衰微；——只需一口气就能造出其他的王侯，一如既往。——但是，一种勇敢的农民，他们的国家引以自豪的人，——一经消灭，就再也不会有了。”[162]

圈地也有其辩护人，这些人强调它的无可争论的好处，[163]竭力证明人们所诉说的圈地所造成的恶果，大多数都是虚构的。最坚持的人就是农学家们，他们认为土地分配的重要性比土地生产力的重要性要小得多。在他们看来，一个论据就能胜过所有的其他论据：对于农业在理论上和实践上的进步大农场是最有利的。A.扬把大农场比作大工场，他在引证亚当·斯密关于制针的那段著名论述以后说道：“农业不容许同样严格的分工，因为一个人终身用于播种、另一个人终身用于犁田、第三个人终身用来作篱笆、第四个人终身用来除草等等，这是不可能的。但是，我们愈能接近这种情形就愈好。然而，分工只有在大农场里才能实行。在小农场里，同一个人既是牧羊者、牧牛者、犁田者又是播种者。他在一天之内，要把工作种类和他的注意对象变换十来次，因此他不能获得一种他所专有的熟练技能。”[164]自耕农的土地耕种得不好，成为“守旧和贫困的所在地”。[165]大地主有较多的才智和主动精神，尤其有资财去做实验和进行一些需要相当花费的改良工作。凡实行了圈地的地方以及成立了大农业企业的地方，地租就增加了。[166]在这些农学家同时又是经济学家看来，这就是无可争辩的论据，他们认为，同生产的需要和资本的出息比起来，人是不重要的。[167]

他们不能否认农场的合并几乎总是引起小地产的消失。但他们却不承认合并的结果是加重雇工的贫困。我们已经知道他们对于瓜分公地的意见：他们说，人们只是“由于误解人道感”[168]才会反对这件事。至于劳动力的减少和乡村人口的减少，他们认为相信这类说法是荒谬的。怎么能够设想让一部分土地荒芜而又尽可能恶劣地耕种其余的土地，就是能雇用并养活最大数量工人的方法呢？“据愚见看来，这是极端的怪论。我的邻近有一块好荒地，大小约有一千英亩。因为它现在荒着，所以它不能养活一个穷人家庭，而且，除去几个附近的佃农有时在那里放牧少数家畜外，任何人也不能从那儿得到极小的好处。可是，如果把这块土地圈起来，好好地耕作并加以改良，那么，它就能变为六个或八个好农场，每个农场每年能出息七十镑乃至一百镑。这些农场——除农场主本人及其家属外——要雇用三十个左右雇工；这些雇工连同他们的妻室儿女，再加上各种供给他们必需品的商人或工匠，那么，在几年之内就会使人口至少达到两百人。”[169]为使这种乐观的估计具有更多的显著价值，人们用精心选择的数字来支持它，因为这些数字表明囤购土地的恶果已因开发公地得到补偿而有余。[170]甚至有人断言，大土地所有制是保障农村人口得到最多工作和最优工资的制度。[171]况且，那些代表敌视圈地意见的人，也犯了一种予反对者以口实的错误。他们认为全国人口正在减少着，并把这种惊人的事实作为圈地的后果。农学家们不难证明这种英国人口减少的说法完全是想象的，而且，每当他们相反地看到某郡人口增加时，他们就必定把它归功于土地制度所发生的好变化。[172]当他们作为亚当·斯密的门徒而从经济观点出发的时候，他们就更加容易胜利了：能以最少费用生产最大数量商品的制度，难道不是整个社会的最好制度吗？“如果不承认这一点，那么，由于害怕破坏抄书业而拒绝采用印刷机的土耳其人就有理由了，整个文明的欧洲都错了。”[173]难道有人敢于借口用铲子翻地的方法可使更多的人有工作，因而要求农人放弃耕犁吗？

然而，他们也作出一些有意义的承认。虽然他们有乐观的看法，但他们也是他们眼前的弱者和贫者所受委屈的见证人。一个圈地委员说道："我深深悔恨我曾协助损害过两千贫民（按每村二十家计算）。习惯允许在公地上放牧牲畜的一大批人，都不能证明自己的权利，而且他们中好多人，几乎可以说全部有点土地的人都没有一英亩以上的土地。由于不够饲养一头母牛，通常他们只好连牛和地都卖给有钱的农场主。"[174]农业部经过公平的调查之后，承认"在大多数情况下，贫民所拥有的一点点东西都被剥夺了"。在若干村庄中，他们甚至于再也无法弄到牛奶给孩子吃。所收集到的那些证据都千篇一律地令人伤心。[175]莱斯特伯爵在人们祝贺其霍尔克哈姆城堡的建成时，用显出懊悔的悲伤情绪答复道："一个人独居在自己的领土上是一件非常郁闷的事。我环顾四周，除了自己的房屋以外，没有看见其他的房屋；我成了传奇中吃人的妖魔，把所有邻人都吃光了。"[176]

这难道意味着这些邻人都不存在了，像蛮族入侵以后被征服人民那样都被歼灭了吗？不，绝非如此：但是，一部分农村人口像被从曾经养活他们的土地里拔出来似的，从今以后，既没有家又没有可依附的东西，遂成为不固定而流动的人口。[177]那些小土地所有者和小农场主，雇农和雇工，如果能在别处找到更好的生活或者只是能生活的话，他们都准备离开乡村。

（九）

向城市迁移的开始。卖了土地的自耕农和没有工作的雇工都准备离开乡村。生力军涌向工业。土地运动与产业革命的相互关系。

现在让我们分别看看这两类人吧。第一类不是别人而正是中、小自耕农，他们的衰微，我们已经开始明白了。[178]在新农业理论家所拟出的和被圈地所实现的那种制度中，是没有他们的位置的："在一个近代国家中，一个地区的全部土地都由自耕农按照古代罗马方法耕种，这样地区的存在除对生殖人口外，会有什么用处呢？……这种用处本身就是完全无用。"[179]在那些由富裕的人系统经营的广阔地产上，已经出现了新型的大农场主，他同昔日农场主相比正如工厂主同作坊主相比的情形一样。他付出的租金是很大的，他预期的利润也是很大的。因此，他所过的生活，前不久还靠自己土地为生的乡绅会认为是自己力所不及的。[180]他吃的是佳肴，而在招待朋友时则请他们喝法国产的或葡萄牙产的葡萄酒。他的女儿学弹钢琴而且穿戴"像个公爵女儿似的"。[181]他同他手下做工的雇工之间再也没有什么共通之处，而且也几乎不像被他所代替了的自耕农，虽然他也往往出身于自耕农。一个小土地所有者，以他自己昔日的独立性而取得像富裕租地人那样的地位，获得了成功，可是，究竟有多少人不得不出卖自己的劳动力或者离开自己的村庄呢？

迁移的必要性更加紧急地迫使那些没有工作的雇工来接受。在若干地区中，是教区当局打发那些向其请求救济的人到一个个农场去找工作的，他们工资的一部分是用"救贫税"支付的。[182]这样就形成了一批半流动的人，这些人每当能够逃避恤贫法的奴役

(因为恤贫法把受救济的人固着于教区)时就随时可到任何地方去找工作。[183]拥护大农场的人说,这就足以说明人们试图用来作为反对圈地论据的那种表面上的人口减少的原因了。“这些人并未死亡,而像土地本身一样得到了更好的利用。”[184]田里的人少了,城市中的人便多了。在1760年以前,人们已经看到“人们从乡村教区不断向市镇迁移,以及从市镇向都市迁移:大批出生于乡村的人终于在大小城市,特别是在大工业所在地的城市中选定了住所。”[185]——事实上,对于这些成千累万的丧失了全部或一部惯常收入的劳动者来说,工业就是唯一可能的出路。田地拒绝他们工作,他们就到工场去找工作。

要了解在迁移中寻觅工作的人口,是不容易的,因为文件很少,且不可靠。可是,每当人们找到他的踪迹时,那总是在走向工业城市的道路上:“大约四十年前——这是写于1794年——沃里克郡的南部和东部几乎全是敞田,可是今天已被瓜分并围圈起来了……。凡进行了圈地的地方,都成立了一些比以往大得多的农场;那些被改变为牧场的耕地需要少得多的劳动力。因此,乡村中壮健的自耕农不得不到伯明翰、考文垂……等地去找工作。”[186]一份由北安普敦郡的一个乡村教区居民所签署的请愿书中说,那些农民“由于需要和缺乏工作而被大批地逼往工业城市,在那里,由于他们的新职业——在织机上或在熔炉边——的性质,他们不久就会有耗竭自己及其子孙的气力的后果”。[187]

这样,圈地以及大地主囤购土地的最后结果,就是把大批闲出来的人力交给工业去支配。[188]正是这种生力军的涌到才使大工业的发展成为可能。大工业可以说是本土中心的一块新大陆,好像美洲似的，大批移民都到那里去；但有这样的不同点：它不是被人发现的而是被人创造出来的；它一经形成，同时也就有了居民。每一移民都带着他在动身时所能收集的一切东西到那里去登陆。受圈地之害最少的和能从其出卖土地中得到合理款项的自耕农移民，身上都带着小小的资本。他们在违心地摆脱传统的旧习以后，现在就在这块新大陆上去碰运气，打算投到那些从各方面来吸引他们参加的事业中去。在第一批的工厂主中以及工业运动的发起人和领袖中，许多人就来自于他们；他们要对那些使他们失去财产的大地主进行报复，同时又在大地主们面前形成一个对抗的阶级。[189]——不过这些人是少数。大多数自耕农和小佃农都"降至佣工的地位"，和其他从乡村中被贫困赶出来的农民共命运。这些农民一无所有，除向工场提供其劳动力外，不能提供任何东西。他们便形成为工人群众、工厂中无名人物、产业革命的队伍。

最后，土地制度的改变对于工业运动还起了一种更加直接的作用。我们已经看到小工业的特征就是它在乡村中的分散性或普及性。这种普及性是和家庭工业制度分不开的，因为家庭工业制度把家庭劳动同小农耕作结合起来。我们已经看到织工们把一块土地的收入加到他们的工资里面，以及农人家属利用夜晚时间来为商人纺纱。对农民地产的打击把田间劳动与工业劳动之间的传统姻缘破坏了。乡村手艺工人丧失了土地和公地使用权，因而不能继续在家工作。现在，他不得不放弃他还保存着的外表上的独立性。他必须接受雇主作坊所出的工资。这样，甚至在机器竞争尚未最后摧毁家庭工业之前，劳动力的集中就在进行着了。

因此，圈地运动和大工业的到来是互相密切联系着的。它们的相互关系不能归结为简单的因果关系，尽管乍看起来它们可能是两件来源完全不同的事，但这两件事在其各自发展过程中，却是相互影响的。例如，我们可以看看自耕农的消失：严格地说，他们的消失并不是产业革命的后果，但产业革命的结果却加速其消失并完成其消失。同样，农村人口的移动，与其说它决定了工业运动，不如说它促进了工业运动。假定取消这两个事实中的一个，那么，另一个虽然情况不同，难道不能继续存在吗？在广大农人还固着于土地的国家里，大工业的发达大概会比较缓慢一些，但尽管如此，它还是会实现的，法国的事例便是明证。因此，难道我们不能说，农业的改进和工业技术的改进，是偶然的影响关系吗？技术改进是建立在完全不同的方法的基础上的，这在工农业各自平行发展中有所说明。

但是，这些改进，尽管似乎是彼此无关的，但都成为整个进步的一部分，整个进步则超过了这些改进。从它们的结果上看，它们是互相补足的。如果农业生产不是按照供应工业人口的需要而组织起来，那么，大工业中心的形成就不可能了；如果农业生产没有在工业中心找到有足够消费力的市场，那么，农业生产也就不能发展起来。这就是圈地拥护者们为了维护自己的论点而常常利用的论据之一："农产品更多了……，它的剩余就会到工场那里去，而工场既是我们国家的真正的金矿，就将按谷物生产的比例扩大起来。"[190]这两个运动，从其结果上看是互相依赖的，从其原因上看也是而且尤其是如此。改变英国乡村的东西，造成圈地、瓜分公地、囤购农场的东西，都是用到农业上的商业精神。这就是地主们把土地视为资本的欲望，他们力图通过有系统的经营来从中获得更大的收入。资本家的主动精神是自私自利的，同时又是富有生产力的；它打破了有害的惯例，同时也摧毁了那些保护个人的惯常制度；这种精神体现在农业中，也体现在工业中。[191]商人寻求什么？就是要增加其利润和减少其费用。圈地减少了劳动力并增加了生产。人们把圈地的结果比作使用机器的结果，并不是没有理由的，[192]它们的深远的来源也是相同的。

第二篇　发明和大企业

第一章　纺织工业中机器的最初使用

机械装置即使不足以阐明或释明产业革命，但它还是主要的现象，一切其他现象都集结在它的周围，它终于支配一切现象并使一切现象都接受它的法则。但是，我们首先必须把词义搞清楚：如果把机器一词理解为各种缩短或便利人类劳动的人为方法，那就难对（虽不能说不能对）我们想要研究的事实确定一个开始的时日。

（一）

机器与工具的区别，使用机器与机械装置的区别。编织机、捻丝机。这些发明的后果：资本主义企业；隆贝兄弟工厂（1718年）。大工业的轮廓；大工业为什么还处在未完成的状态。

从太古时起，人就知道为自己制造工具：这就是人类的最悠久的也许是最重要的特征之一。可是，在工具与机器之间很难划出一条界限。一根卷线杆、一把锤子，当然不能称为机器，可是一架提花机则是一种大大超过工具的东西。然而，在这两个极端之间还有一些可疑的情况。我们怎样把唧筒或纺车加以分类呢？人们可否说机器是由于不但帮助了人类劳动而且还消除了或代替了人类劳动的情事而被承认的呢？只需指出最简单的工具都能节省大量体力劳动就够了：一个备有一把铲子的人能做二十个仅用指甲挖地的人的工作。反之，最完善的自动机器也不能绝对地消除人类劳动，因为它需要工人去管理它。

尽管如此，倒出现了一种区别。管理这架机器的工人的任务在于，使它动作、停止、供给它的原料、照料它的运转。但是，他在机器所承担的操作方面，除去使它加快或放慢、或者至多保证它能正常和顺利地完成工作以外，是不加过问的。他的勤快或马虎，与其说会使工作的品质有所不同，倒不如说会使工作的数量有所不同。因为工作不是他完成的，他在那里只是管理计量工作。相反地，工具在使用工具的人手中是不能自动的。体力劳动者的膂力、他的天生的或学来的技能、他的智慧，都决定着生产乃至生产的细枝末节。人们难道能用表明机器特征的东西就是它的动力这一说法来说明这种区别吗？可是，如果它是用手通过曲柄来发动的，难道因此就不是机器吗？

在这样情况下所发生的事情，就是人本身已经简化为机械动力的作用。机器虽还占用他的腕力，但已使他的手成为不必要了。机器的特性就是：机器不是工人手中的工具，而是一种人为的手。它和工具的区别，与其说是使它动作起来的自动力，不如说是它能够发生的运转，这些运转是由工程师的技术纳入它的转动装置的，并且代替手的操作、习性和机巧。纺车并不完全是机器，因为在使用纺车时，还要用手指来拉长纱线。唧筒是机器，因为要使它动作起来，只需使它的活塞发生来回的动作就够了，而一种笨力也能产生这种动作。因此，机器的定义也许是这样：机器就是一套机械装置，在简单的动力推动下实施从前由一个人或几个人进行的技术操作所构成的动作。[1]

这个定义已把许多错误的事例撇开了，如果借助于这些事例，人们就会把使用机器回溯到遥远的古代。然而，必须承认，在近代以前早已出现了机器：古人不仅有非常复杂和威力很大的战争机器，而且还有工业机器例如水车。但成为新近的东西并不是机器，而是机械装置。这个术语可以适用于个别工业，或者适用于整个工业。在未成为普遍的事实以前，它是一种特殊的或局部的事实。甚至在它已经获得巨大发展的今天，还有许多例外。要使机械装置流行于一种或数种工业之中，光有机器协助生产还不够；机器必须成为生产的重要因素，能够决定产品的数量、质量和成本。钢铁工业从十六世纪起就使用机器了：煅锤起初是用杠杆举起的，以后是依靠水车举起的；[2] 鼓风器是用水力发动的，或者是由驴或马曳的转动机发动的。[3] 不久以后又出现了金属旋床、自动轧钢机和剪铁机。[4] 然而，在生铁由于缺乏燃料而只能出产很少的时候以及在棒铁长期要用锤锻的时候，机器对于该项工业的发展在实际上只有次要的作用。此外，机械装置还有一些阶段：印刷业本来就是机械化的工业，而且自始就是如此。然而，自从蒸汽或电气发动的轮转印刷机代替了旧式手印机时起，印刷业更是机械化了。随着自动排字机逐渐代替排字工人（至少代替他的任务的重大部分）的时候，它更进一步地是机械化了。

如果撇开印刷业——尤其是因为它对思想发展史比对经济演

进史有着密切得多的关系——，那么，纺织工业就是机械装置在十足意义上的第一个事例。棉纺工业因一系列技术发明而得到迅速的改变，这使它成为近代大工业的最先的和典范的工业。舒尔策—格弗尼茨用《大工业》这一普通标题来发表一本完全有关棉纺工业的专论，并不是没有理由的。但无论它的演进——我们即将叙述演进的各阶段——如何迅速，但绝不是无准备地发生的。在表面上最突然的变化之下，却隐藏着现象的连续性。机械装置，和一切大事件一样，也有一些前驱的事件走在前面，并被这些事件老远地预示着。[5]

最值得注意的事件之一——尽管它的后果仍是有限的——，就是剑桥大学毕业生威廉·李在1598年所发明的织袜机。[6] 织袜机无疑是机器，[7] 而且是那些若不引起真正革命就不能被工业采用的机器之一，因为它能完成工业的主要的基本工作。我们对李所遭受的、在他以后还要压倒许多别的发明家的那种不幸遭遇，会感到惊奇吗？他的机器被认为是一种有害的革新，因为它有剥夺大批工人的生计及其惯常工作的危险。这种不断重新提出的反对意见，甚至在今天还在许多情况下推迟了工业技术的进步，尽管它此后阻止不了进步。李被迫离开英国而在法国找到一个避难所，多亏亨利四世开明政府的保护，他才能偕同九或十个工人来到鲁昂设厂。可是，在这位国王死后，这位发明家在诺曼底像在英国一样不受欢迎，而且由于他是外国人和新教徒这双重身份而更受怀疑，因此，他不得不再次抛弃其企业而到巴黎去，在那里，他勉强维生，终于默默无闻地死去。那时，他的伙伴们便回到英国去了，并在发明物进行最初试用的地方即诺丁汉附近定居下来了。在这一苦难时期以后，机器编织就在那里最后生根了。

到了下一世纪，机器编织在那里几乎完全代替了手工编织。这已经是机械装置及其大部分的后果。无疑，它还未能把工人集中到大作坊里。编织机同织布机一样，也是在家庭中使用的。但是，这是一种花费太贵的劳动工具，所以工人没法购买它。从而产生了这种如此特殊的制度，而我们在上面已经有过机会指出其主要的条件：[8] 租用织机的工人，必须支付织机的租费，租费从其工资中扣除，资本家同时是原料和设备的主人，拥有无限权力，使人痛苦地感到他的权力。老板有时招雇一些工人但没有工作给他们，其目的仅在于安置几架闲着的织机并收取织机的租费。[9]

这种工业展现出新老特征的奇妙混合，某些特征是从传统工业中得来的，另一些特征则是即将发生的变化的先驱。当时有一个按照中世纪同业公会模样形成起来的织袜工人行会：老板和工人同样都是会员，入会是义务性的，参加的人数是有限制的；老板、工匠和学徒都要服从一种由习惯和规章所组成的复杂制度。[10] 但是，这些抄自十六世纪工业立法的规章，当其违反老板，即设备的所有人和工作的分配者的利益时，便成为一纸空文了。那些旨在限制学徒人数的规定，经常被违犯，因为老板想利用很多价廉的劳动力。制造商与教区间所订立的集体学徒合同的最初事例就是发生在这项工业中，这对教区来说，就是摆脱孤儿院贫穷儿童的机会，对于制造商来说，就是获得免费劳动力和降低成年工人工资的办法。[11] 这时，虽有传统形式的残存，但机械装置的新生势力已经得到加强，因为它用机械的方法代替手工的技巧，用大批的壮工代替少数的工匠。

机械装置局部发展的第二个事例以及若干有限的后果是丝纺工业提供我们的。其实，不应该在英国寻找其真正的起源。丝纺工业在英国仅仅部分地适应新环境，而且，改变丝纺工业的发明物是意大利的发明物。

在十七世纪的最后几年中，丝织物的制造在英国已经获得很快的发展。一批由于南特敕令的废除而从法国逃出来的熟练工人移民队刚刚在伦敦郊区定居下来，同时，斯皮塔尔菲尔兹的丝织业的声誉已在开始传播。然而，英国的制造商们必须同重大困难作斗争。因为英国气候不适于植桑和养蚕，所以他们不得不向国外购买生丝，因此，他们认为自行生产纱丝是有利的，所谓纱丝就是把蚕茧的细丝合股捻在一起的丝线。可是，走私者在英国市场上抛出低价的纱丝，其价格之低，以致人们要问它是怎样制成的。[12]传说意大利有捻丝机器。但是，谁也没有看过这种机器，谁也不知道这种机器是怎样做的。在1702年左右，德比有位名叫科切特的人，没有任何数据，力图制造一架捻丝机；[13]可是，他失败了，意大利的纱丝继续偷运进来。

这种机器在实际上是存在的。但人们不知道它是在什么时代发明的。可靠的是，我们在一本于1621年出版于帕多瓦的机械学著作中发现有这种机器的描述。[14]可是，即使假定英国曾经有过这本书，但它多半已被完全遗忘了。说到机器本身，假如从人们在那个时期还保持着极小制造方式的那种神秘性来判断，它一定受到审慎地保管。到意大利去偷窃这个宝贵的秘密，是一种困难的，甚至是危险的事情；如果这样的探险故事后来被人用些幻想的细节加以润色，那只是自然的事。

这种探险旅行是约翰·隆贝在1716年完成的。[15]他到里窝那去,不但能够看到机器,还能进入机器所在的那个建筑物中去。得到一位意大利教士的纵容,他能够秘密地画了图样,并把图样藏在绸缎匹头里寄到英国。他的危险的使命完成后,他就上了船。据说他几乎被人发觉,并且派出一只船去追他。但他侥幸逃脱了。他在回国以后几年就死了,年纪还很轻,传说意大利人为了对他进行报复而把他毒死。

他一回来便于1717年在德比附近从事于安装一些按照他从意大利带回的图样所制造的机器。[16]所需的资金是他的兄弟托马斯·隆贝提供的,后者在1718年得到一项为期十四年的专利权。[17]不久,他在德文特河中一个岛上建起了一个真正的工厂,这个工厂就是英国那时所有的第一个工厂。

工厂厂房由于广袤而令人感到惊奇:长有五百尺,高有五六层,开有四百六十个窗子,好像一个大兵营。人们进入以后,惊异倍增:机器十分高大,成圆筒形,在垂直的轴上旋转着;几排绕线筒安放在四周,以便绕线,通过迅速的转动,就使线发生需要的搓捻;在顶上,纱丝自动地卷在络丝机上,成为可以随时出售的丝束。组成这些机器的无数部件、这些由德温特河水发动的一个独轮使之动作起来的机器、机器的运转迅速和准确、机器所完成的工作的细致,这一切都能使那些从未见过这类东西的人受到深刻的感动。工人的主要任务就是在丝断时把丝重新结好。每个工人同时看管六十根丝。[18]——这已经是现代的工厂了,它拥有自动的设备、无限制的不断的生产以及工人严格专业化的职务。

工业资本主义的发展伴随着机械装置的发展。我们在机器织袜工业中所指出的那些事实，在这里又显现得更加突出和更有意义。集中的现象变得更加明确，工厂的存在使集中具有具体而明显的形式。托马斯·隆贝的工厂雇用三百名工人。那些以它为样板的工厂，往往也同样大或者更大。1765 年，在议会调查丝纺工业时，几个受到委员会询问的老板都雇用四百至八百名职工：一位名叫约翰·谢拉德的人声称，他同时雇用到一千五百名工人。[19]一部分可能是在家里工作的；但是，捻丝至少是在广阔的作坊中用机器捻的。伦敦的纳瑟尼尔·佩特森有十二架捻丝机集合在一个厂房里。[20]大工业家的类型与大商人有所不同，这两种人在那以前几乎是相混的，可是现在，大工业家的类型已经显露出来，并且出现在光天化日之下。托马斯·隆贝在十五年内发了十二万镑的大财；[21]他相继做过市参议员、郡长，被封为爵士；1732 年当议会根据其他制造商的请求而拒绝延长他的专利权时，人们以补偿和酬谢的名义发给他一万四千镑。[22]他不仅又富裕又有势力，而且人们把他视为公众的恩人，国家也承认受过他的恩惠。

因此，约翰·隆贝的旅行似乎标志着英国工厂制度的真正开始。这个如此重大的事件怎么会被人弄得好像模糊了呢？棉纺工业又怎么会可以说是强夺了应归丝纺工业所得的那种光荣地位呢？难道是想使现代大工业纯粹起源于英国的这种民族自尊心造成的吗？我们不可忘记，所谓现代大工业这个词组的意义，应当是指整个的社会经济制度而言，同时这种制度不应该被理解为抽象条件的集合，而应被理解为活的实体。我们要探究的，不是它的理论上的起源，而是它的历史上的开端。可是，从经济观点或哲学观点来看，当问题在于释明现象并把现象加以分类的时候，我们应当仅仅考虑现象的特征；但从历史观点来看，那就必须考虑到我们可以称之为现象的量和质的那种东西，考虑到这些现象对周围现象所起的实际作用，考虑到一切决定着事实的具体的连贯关系，但这种关系与从本原和结论中得出的逻辑衍生物是有所不同的。

甚至在采用机器和大企业诞生之后丝纺工业在英国也只是次要的工业。然而，几个生产中心已经形成了：伦敦、德比、曼彻斯特附近的斯托克波特[23]以及麦克尔斯菲尔德，纱丝制造业在 1761 年雇用将近两千五百名工人。[24]但是，这些中心没有一个发生过可以比得上兰开夏和德比郡中因纺纱机的发明而引起的那种工业变化。有几种障碍在作对，例如生丝的价格过高，尤其是从撒丁国王禁止生丝出口时起；法国工业和意大利工业的竞争令人灰心，这些工业的优越性一部分归功于自然的优势。从而发生了屡次恐慌，人们试用若干保护措施来防止恐慌也徒劳无益；[25]因而产生了老板的哀诉和工人的暴动；[26]最后就是真正的增长停滞，这项工业从此一蹶不振，这种情形与其他纺织工业的发展形成鲜明的对比。[27]

这种停滞也体现于技术领域。捻丝机的采用并不成为任何新发明的起点。关于织物的织造与加工精整，旧方法及其所带来的小生产制仍然继续存在。斯皮塔尔菲尔兹的织工们（我们曾提到他们的同盟、罢工和骚乱）总是在家里工作的。他们的老板与其说是工厂主，不如说是商人和承包人，他们之间对抗的原因仅仅是缓慢而实在地改变着旧工业的原因。约翰和托马斯·隆贝及其德文特河边的工厂，与其说是创始者，不如说是先驱者。产业革命已经有了预示，但还未开始。

（二）

英国棉纺工业：它的起源。1700 和 1719 年所颁布的对印度印花织物的禁令使棉纺工业得到好处，尽管毛纺工业很妒忌。兰开夏对棉纺工业的成长提供了有利的阵地。

棉纺工业的不断进步与这种不完全的或者至少是软弱而无延伸的发展形成对照。从棉纺工业中发出的那种决定性的刺激，在不几年内就普及到整个纺织工业。发展越发显著，更因为它的起源比较新近。

Cotton* 一词，在英语中得到公认已有几百年了，可是直到十七世纪，它的意义还和我们今天给予它的意义有所不同，因为它专指英格兰北部织造的某些粗毛织品而言。[28] 这个词长期保有着这种最初的意义，而现今在坎布兰和威斯特摩兰的某些地区也许还保有这种意义。[29] 必须指出曼彻斯特曾是织造 cottons（呢绒）最有名的地方之一。[30] 但是，在卡姆登写的《英国记述》中所提到的那种工业[31] 和今天使曼彻斯特发财的那种工业之间，除名字外没有共同之处。

东方尤其是印度所织造的棉织物，自古以来就进入地中海沿岸各国，而这些地方的居民很早就努力进行仿造它。在北方诸国，这种仿造则较迟。威尼斯商人从东方诸国带回的原棉，仅在十四世纪才出现于法兰德斯。安特卫普是棉纺织业最初集中的城市。

* 这个词今天的含义是“棉花”或“棉布”。——译者

这种工业是不重要的工业,不能同法兰德斯整个地区的那么繁荣的毛纺工业竞争。在亚历山大·法内塞于 1585 年围攻并夺取了安特卫普之后,许多工人移居英国。按照舒尔策—格弗尼茨的说法,这就是英国棉纺工业的起源。[32]

最初用十分清楚的言辞提到这项工业的文件,始于 1610 年。这是一个名叫莫里斯·皮特斯——法兰德斯语音的名字——的人在呈给索尔兹伯里伯爵的请愿书中抗议人们的不正派,因为“这些人在所谓羽绸(亦译:邦巴辛毛葛)的织物中掺入棉花,棉花是在波斯种植的而绝不是羊毛。”[33]三十年后,棉花便在曼彻斯特生了根,这正如伦敦商业区的商人兼船主刘易斯·罗伯茨对我们所说的那样。在谈到曼彻斯特居民及其与爱尔兰的贸易关系时,他写道:“他们的活动并不限止在那一点上,因为他们从伦敦买回一些来自塞浦路斯或斯米纳的原棉并在家里加工,他们将其制成粗棉布、朱红布、柳条布,以后就把这些布运回伦敦去出售,有时将其运到某些外国去,尽管这些国家能以非常便宜的价钱买得原料。”[34]这一次,这里所谈的并不是毛织物,从这个时期起,曼彻斯特就拥有著名的专业了。

在这个可以称为英国棉纺工业早期的时期中,产品的品质是在中等以下,数量也微不足道。伦敦和各大城市所出售的棉织品,或多或少地是直接从印度运来的。在这一方面是旧有的输入品与另一方面是新产品之间,有着非常密切的关系,虽然这种关系很难释明。我们已经看到殖民地贸易的发展,特别是与印度贸易的发展,是十七世纪末左右所出现的伟大经济运动的主要特征之一。在那些迫使英国公众采用的且成为需求对象越来越大的产品中,首先就是棉织品、绘花或印花织物。同时，风尚也参与其事，不久，这些织物就大大地流行起来了。“人们看到一些上流人士穿着印度织物，这在前不久，他们的女仆也许认为这种织物对于她们亦嫌过于俗气；印花布得到了进级，那个时候，王后本人[35]也喜欢穿着中国丝绸和日本花布出来见客。还不止此，因为我们的家里、书斋里、卧室里都充满了这些织物：窗帘、垫子、椅子乃至卧铺本身都是白洋布和印花布。”[36]

同时在各方面响起了责难和抱怨的大合唱。如果人们继续宽容这种外来的竞争，那么民族工业、享有特权的毛纺工业将会怎样呢？我们知道，毛纺工业是不惯于耐心忍受任何竞争的。议会赶快使它得到满意：1700 年颁布了一道法令绝对禁止印度、波斯和中国的印花织物输入：凡因违法而被扣押的货物，应予没收、拍卖或再输出。[37]

应该认为这种严厉措施并未产生预期的效果，因为很快又重新发出了怨言。[38]在接近 1719 年时，怨言更加激烈，议会又受到许多请愿书的纠缠。[39]这时出版了许多小册子，毛织物制造商们在这些小册子里用激烈的言辞攻击印花棉布的流行。[40]他们并不止于空谈。好几处发生了骚乱：那些被长期失业激怒了的织工，在街上攻击那些身上穿着棉织物的人，并把他们的衣服撕坏或烧毁；甚至商店也遭到了袭击和掠夺。[41]这种骚动仅在一项比以前禁令更加明确、更加彻底的新禁令通过以后才结束。禁令的前言写道：“鉴于印花布、绘花布或染花布的使用，无论用于衣着或用于室内装饰，都有害于民族毛纺工业和丝纺工业，并有增加贫民人数的趋势，又鉴于如不采取有效措施来加以制止，结果就会完全毁灭上述工业，并使陛下的无数臣民遭受破产，因为他们的生活依赖这些工业”，因而禁止一切住在英国的人买卖、穿着或拥有这些织品，如有违犯，即对私人科以五镑的罚金，对商人科以二十镑的罚金。[42]

这些事实不会不影响英国棉纺工业的发展。在印度织物的进口未受任何限制的时期，这种织物的输入所造成的需要已对任何能够仿造的人提供了成功和发财的机会。[43]在1700年的禁令以后，这种机会增加了许多。公众失去了心爱的物品，或者至少要用秘密的方法去购买它，于是就欢迎英国织工们的仍然是笨拙的试图。

这种工业胚芽已经植入兰开夏了，它对这种工业的发展提供极其有利的土壤。由于邻近利物浦，原料能以尽量少的运费运到那里。在前一世纪，原棉是从斯米纳运到伦敦，以后又从伦敦运到曼彻斯特，可是利物浦则直接从东西印度群岛获得原棉。[44]因为东方不再是独一无二的棉花种植地。棉花种植在安的列斯和巴西都很茂盛，[45]而且，印度和中国仅仅输出其多余的东西，可是美洲的全部收获物几乎都运往欧洲各港口，从而有了双重输入巨流汇集到利物浦。但是，这还不足以使棉纺工业在兰开夏生根。因为纺纱需要特殊的气候条件：空气中要有相当大的湿度，温度高低要相差不大。兰开夏具备这些条件。在波尔敦，夏季平均温度是摄氏十六度；冬季是四度。平均相对湿度是0.82，最潮湿的月份为0.93，最干燥的月份为0.78。[46]耸立在曼彻斯特的东面和北面的、向阿什顿和罗奇代尔伸延的高大丘陵，阻住了来自海里的云。相当陡峭的山坡，接纳着绝大部分的雨水，就全郡来说，每年平均雨量达一米左右。人们已经看到工厂有越来越集中在这个非常润湿

地带的趋势，因为那里，空气有着十分特殊的湿度，人们能使棉纱具有异常的纤细性。[47]

兰开夏的男女纺工所缺少的东西，就是印度工人的那种灵活的手指和卓越的技巧。此外，他们所用的工具几乎不比印度人所用的好，[48]他们所纺出的纱不是太粗就是太不结实。因此，人们养成织造棉麻混合织品的习惯。麻纱比较坚韧，就用作经线，棉纱就用作纬线。[49]这就是那些在一开始时建立的曼彻斯特声誉的织物。这些织物是以雕版用手印出来的，即使不能同印度花布相匹敌，至少能够勉强地代替它，能够满足公众的那种被禁令所阻挠的爱好。

这正是呢绒制造商们所害怕的东西。他们在1715—1720年间的战役，似乎是以英国杰出工业的名义来反对外来工业的：事实上，问题在于消除棘手的竞争，更因为这种竞争已在英国本土上固定下来了。行会性的利己主义也许仍然处在同样残酷的状态，但已变得不天真了。今天，人们不会再写出像下面这样的词句："正如我们国家绝不会没有一些专心要它毁灭的敌人那样，印度的白洋布以及一切外来的印花织品刚被禁止，大不列颠的一些变了质的子孙……马上就着手工作，规避禁令，并训练一些工人来模仿印度人的灵巧。"[50]由此可见，想在英国设立一种新工业，就是一种罪恶啊！当人们怜悯几千人就要因此而失去工作和面包的时候，一些没有成见的人便不禁指出：许多人反而会在行将开设的工场中找到工作。[51]对于这一点，有人回答说，棉纺工业中雇用工人的数目是微不足道的。[52]可是，如果这项工业是微末小事，那又为何认为它能同古老而强大的毛纺工业作殊死的竞争呢？

这么说，为在棉纺工业出生时就加以消灭，人们已经做了一切应做的事。然而，它并未消失。仅仅绘花布或印花布的使用受到禁止。织品的织造并未中断，至于织品的印花，则有充分理由认为不久就被容许了，因为法令很少战胜风气。从 1735 年起，制造商们就得到议会一项法令把棉麻混合织物作为“旧有的粗棉布工业的一个分支”[53]正式地排除在 1721 年颁布的那一禁令之外。这项禁令禁止纯棉的绘花或印花织品仍被保持。仅在 1774 年根据理查德·阿克赖特的请求它才被取消。[54]

棉纺工业在其开始时的历史以种种理由引起我们的兴趣。它对我们提供了一个十分明显的关于商业发展影响工业发展的事例。这个新工业是同印度贸易的产物。这是一种外国货物的输入决定了它的出生的；这是一种外来原料的输入部分地决定了它的设立地点和条件的。一件同样值得注意的事实就是旧纺织工业所起的作用。这种旧工业因盲目的专利欲而引起了自己后来力图加以消灭的那种竞争：英国棉布的成功，即印度织物的代用品的成功是从 1700 年的禁令开始的。最后，这两个敌对工业的对比从那时起就显明了，同时也有助于我们理解一个发展为什么很快，另一个的变化为什么较难和较慢。一个没有传统的新工业由于没有特权，所以拥有自由方面的一切好处。它未被墨守成规的传统所束缚。它处在那些阻止或延缓技术进步的法规之外。它好像是一种对发明和各种创举开放的试验场地。机械装置的结构终于就要建立在这个为接纳它而完全准备好了的场地之上。

（三）

机械装置以前的棉纺工业。最初发明物完全具有经验和实用性质。约翰·凯的飞梭(1733 年)。飞梭使织加快了,于是,打破这个工业补足工序间的平衡并提出机械纺纱的问题。

无论有关劳动组织或有关工具设备,棉纺工业都是从照样模仿毛纺工业开始的。它是农村的家庭工业。兰开夏的织工是在乡间、在四周围有一块土地的村舍中工作的。[55]妻室和子女做梳棉和纺纱工作。[56]农业和工业的密切结合,当时任何地方都不再需要了。潮湿而多雾的气候以及被荒野和沼泽所隔断的土地,迫使农民除去田间劳动所提供的收入外,还要寻求别的收入。

由于家庭工业制度的特征的存在,我们在这里又发现那些被自然演变渐渐引入资本主义成分的痕迹。在接近 1740 年或 1750 年时,兰开夏出现了一种完全类似西南部商人工厂主的企业家。人们称之为棉布老板。他们买进原料,即麻纱和原棉,并将其分给织工们。织工承担完成准备工序如梳理、粗纺和纺等,然后,他们便起着转包人兼工人的作用。在他们下面,甚至常有一个第二类的居间人即纺纱工人,后者受雇于织工,纺工自己又雇用梳理工人和粗纺工人。[57]织物一经织好,便交给棉布老板以便卖给真正的商人。[58]由此看来,分工已经相当进步。在纺的工作还分布在乡间的时候,织造已有集中在某些地区的趋势,其中主要的就是曼彻斯特。

这种工业如此组成之后,便有十分显著的进步,即使不能证明自己几乎身受其害的那种妒忌和惊慌是正当的,至少也能令人对于自己的生命力和前途具有好的看法。[59]在接近十八世纪中叶时,据说曼彻斯特将其棉布运往意大利、德国、美洲殖民地、非洲、小亚细亚，乃至通过俄罗斯而至中国。[60]但是，根据海关记录簿，[61]英国输出的棉布，总值不超过四万六千英镑；而且，当1760年在举行乔治三世加冕典礼时，有一个很大的职业团体队伍“穿着适宜的服装并带着适宜的标志”[62]在曼彻斯特列队游行，其中却没有棉业的纺工和织工。棉纺工业比起宏伟的毛纺工业仍还又小又弱。然而，行将改变这个工业的、其后又要改变一切纺织工业的一连串发明已经开始了。

一种共同的错误在于到处老是把技术发明看作是科学发现的结果，我们从现在起就应防止这种错误。我们绝不想否认科学对技术进步所起的决定性的作用，[63]尤其是从十九世纪起更是如此。但是，如果人们用心考虑一下，这种进步在十九世纪以前就可分为两个十分不同的阶段。科学仅在第二阶段才出现。第一阶段全靠经验和摸索：经济需要及其所引起的自发努力足以说明这一点。任何技术问题，首先是实用的问题。在具有理论知识的人面前作为问题提出之前，对手艺人来说，问题是作为必须克服的困难或者作为想要获得的物质利益而提出的。那里好像有一种本能的行动，这种行动不仅发生在有思考的行动以前，而且还是有思考行动的必要条件。1785年，律师阿戴尔为理查德·阿克赖特辩护时说道：“工艺各部门中最有用的发明并不是关在书房里的专务理论的哲学家们的创作，而是通晓使用技术方法的、从实践中得知什么构成其探讨课题的灵巧的工匠的创作，这是众所周知的事。”[64]一位天才家的脑子里突然产生了一种观念，而这种观念的运用又同样突然地造成了经济革命，这种情形，我们可以称之为传奇式的发明论。[65]事实在任何地方都未向我们指出这些凭空的创造物。——

真正的奇迹。奇迹，除去个人灵感上的神秘力可以解释外，谁也无法解释。发明史不仅是发明家的历史，而且也是集体经验的历史，因为集体经验逐渐解决集体需要所提出的问题。

在改变纺织工业的发明物中最早的发明物，而且应被视为一切其他发明物的开端的那一个，就是旧织机的简单改良：亦即约翰·凯在1733年所发明的飞梭。约翰·凯于1704年生于兰开夏伯里附近，起初是科尔切斯特的一个呢绒商的工人。我们知道他在1730年左右从事于制造织机用的梳子。[66]因此，他一半是织工，一半是技工。他亲自使用他后来设法加以改良的那套工具。在同一年即1730年，他做出了第一个发明物，即“梳理和粗纺马海毛和长毛绒”[67]的新方法。人们认为采用钢梳以代旧织机上所用的木梳或角梳，也是他的功劳。[68]

飞梭的发明是因制造人天天感受实际困难所引起的。如不使用两个或更多的工人，就不可能织出相当宽的织物：因为一个工人把梭子从一只手递到另一只手，自然就得按照手臂的长度来调整织物的宽度。凯想把梭子从织机的这一边扔到那一边。[69]为此，他把梭子装上小轮子，并把梭子那样地安在一种滑槽上，以致不会妨碍经纱的轮流上落；为了使它发生来回的活动，他就在左右两边安置两个木槌吊在横杆上；这两个木槌被两根细绳连在一个柄子上，以便用一只手就能使梭子向两方面跑。这种机构的动作如下：织工用手猛撞一下，就能使杆上所吊着的木槌轮流动作起来；梭子被猛击以后就沿着滑槽滑走了；每根杆的一头都有一根弹簧，以便止住滑过来的那个木槌并使之回到原来位子上。[70]

飞梭不仅能织更宽的织物，而且还能织得比以前快得多。约翰·凯免不了经受发明家所受的无穷谴责:科尔切斯特的织工们控诉他想剥夺他们的生计。1738 年,他到利兹去找出路;在那里,他碰到了同样可怕的敌视,即制造商们的敌视,因为他们很想使用他的飞梭但拒绝支付他所要求的使用费,因而发生了长期诉讼。制造商们组成了一个名为(织梭俱乐部)的联盟来支援诉讼;凯因诉讼花费而破产。[71]他在接近 1745 年时从利兹回到他的故乡伯里。他的反对者的怨恨也跟到那里:1753 年爆发了真正的骚乱,群众冲进他的家里进行劫掠。这位可怜的发明家起初逃到曼彻斯特,据说他离开曼彻斯特时是藏在一袋羊毛里的,[72]以后登船到法国去。飞梭的使用,尽管仍然长期遭到反对,但很快就普及开来了。在接近 1760 年时,它的作用已出现在纺织工业的各部门了。[73]

这项发明产生了巨大的后果。一个工业中的各个工序,像是一整个相互依赖并服从同一节奏的行动。某一技术改进万一改变这些工序之一,就会打破共同的节奏。这个系统中可以说产生了不平衡。只要这些变得不平衡的动作没有恢复其一致的时候,整体就仍然不安定而易于变动,变动渐渐合乎规律并使新的生产节奏产生出来。[74]纺织工业的两个主要工序是纺和织,在正常状态下,它们应该同步前进,在一定的时期内生产出来的纱量应与人们在同一时期内所能织的织物量相称。织机不应因缺纱而停开,纱厂也不应因纺得过快而遭受停工的危险。

在旧纺织工业中,这种平衡是难于保持的。我们知道一架织机需要五六架纺车纺纱。[75]在正常状态下,虽有输入,也还发生几乎经常缺纱的情事。[76]当飞梭使织工工作更加快得多的时候,缺纱就愈益严重了。不仅纱价上涨，而且常常不能在一定时间内买到必要数量的纱。从而织物的交付延迟以致制造商受到很大的损害。[77]那些必须雇用纺纱男工或女工的织工，终于很难谋生。这种情况不能继续下去。平衡绝对需要恢复。必须找到方法来以一种相当于织的速度的速度去生产纱。这种需要愈紧急，这方面的研究工作推进愈快，直至实际的解决方法被发现时为止。

（四）

第一架纺纱机。约翰·怀亚特：他的发明（1733年）。他同刘易斯·保尔合伙。1738年的专利证。怀亚特和保尔的工业企业：没有成功。

棉纺工业特别适合于作为实验的场地。关于机械纺纱问题，它对发明家们提供特别有利的条件：因为棉花比羊毛更有黏合性而少弹性，更易于搓捻和拉长而成为连续不断的纱。

关于纺纱机的来源，仍然处在某种不明的状态。约翰·怀亚特和刘易斯·保尔两个人都参加了发明，很难确切地决定他们各自的角色。[78]刘易斯·保尔似乎处在首要地位，因为是他在1738年领得发明专利证的，专利证里并未提到怀亚特的名字。[79]同时代人却把怀亚特看作是发明家。然而，如果人们相信唯一的表面现象，那么，很可能保尔做得很少，而怀亚特却做得比人们所料想的要多得多。

约翰·怀亚特于1700年生于利奇菲尔德附近的一个村庄。起初，他从事木工职业，[80]但他是天生的发明家，具有特殊的气质，而这种气质的表现很像本能的表现。他毕生从事于发明，他的连续计划的多样性和他的计划的数目之多，是同样惊人的：例如用枪炮发射的鱼杈、改良了的称量机、平整道路的机器。保存在伯明翰图书馆的他的手稿里满是计划。[81]他的第一项发明似乎是一架旋金属兼钻孔的机器：这架机器被伯明翰的一个名叫理查德·希利的枪炮匠买去。[82]希利的生意做得不好，大概无法践约，决定将其权利让给第三人。新买主就是刘易斯·保尔，这样，保尔便同怀亚特发生了关系。他们二人为利用枪炮匠希利所放弃的发明物而订立的合同是在1732年9月19日。[83]

刘易斯·保尔是一位法国逃亡者的儿子、是沙夫茨里伯爵的被保护人。他是个聪明、好动的人，并带有绅士派头且往往显有绅士那种自负的样子。他的交往者中有些是富有的或著名的人物，例如《绅士杂志》的发行人凯夫和约翰逊博士。[84]怀亚特大概想利用保尔，因为保尔也许使他相信自己有钱。[85]不管怎样，他们合伙了，不久合伙变得更加密切，继续了十年以上。

在约翰·怀亚特碰到刘易斯·保尔的时候，他早已——如果应当相信他的儿子查理·怀亚特的话——想出了纺纱机的计划。他在下一年即1733年便实现了这个计划："在将近1730年时，我们尊敬的父亲住在利奇菲尔德附近的一个村庄里，那时，他就有了这项发明的初步计划并准备将其实现；第一根不用人的手指帮助而纺出的棉纱，是在1733年，它是通过一个约有两平方英尺的模型、在一所坐落于萨顿·科尔德菲尔德的小屋子里制造出来的；[86]可是发明家呢，要是用他自己的话来说，则处在忧喜交集的期望之中。"[87]约翰·怀亚特的原始手稿中所有的几处说明，都和这段叙述很相一致。这是些信件,他在信件中提到一项新发明并期待它能有大结果:“我认为我发现了——在他给他兄弟的信中说——一个相当重要的小玩意儿。”而且,他谈到要搬家到伯明翰。[88]其次是两份意义相当暧昧的文件,其日期是1733年8月12日和14日:文件中约定刘易斯·保尔成为“某一用于某种用途的机器”[89]的唯一主人的条件。这种故意暧昧的指称以及为了换得神秘机器的权利而许给怀亚特的钱数之大,[90]都令人相信涉及一项重大价值的秘密。可是,这项发明还不完备,不能立即产生利润。

在这项发明能够得到实际应用之前,已经过去几个年头了。这两位合伙人的通信泄露出他们的失望。他们相互责难,在1736年几乎导致关系破裂。怀亚特埋怨刘易斯·保尔不履行诺言使他陷于贫困。他写道:“我比一个乞求施舍的穷人还要穷……。我暗自思量的是,我的冒险轻信是否是一件比你对我所加的一切罪过更不可饶恕的罪过呢。”刘易斯·保尔提醒他,他可以任意支配他:“我知道你的大秘密,我能够按照我的意愿来对付你。”[91]况且,保尔没有钱,到了1737年,他勉强能够接济已经到了贫穷边缘的怀亚特。他对实现那已开始了的事业似乎感到失望,他说:“关于那已成为我们直通破产之路的东西,我想仍然是你的空想……为了一种仅应合理地希望其很少成果或者毫无成果的事业而冒一切危险,都是你的极度轻率。”[92]下一年,该机器大概得到了必要的改良,他们又鼓起勇气。专利证是在1738年6月24日注册的。

这个专利证是工业技术史的重要文件。文件的本文相当清楚,关于怀亚特的机器(机器的原始模型已不存在)有着相当明确的概述:“这个机器是为着纺羊毛或棉花而制造的……,羊毛或棉

花在装入机器以前，应先按下述方法加以准备：每个梳理机的内盛物，在经过自转以后，就被那样地一端接一端地（同其他梳理机的内盛物一道）安放着，以致这一整体就形成一种绳子或粗线……。这条绳的一端便被放入两个滚筒或轧辊之间，[93]轧辊通过旋转的动作并按照这种动作的速度带走要纺的棉或毛。在要纺的棉或毛均匀地穿过两个轧辊的时候，一连串的其他轧辊因用不断加快的速度转动着，就把棉或毛拉长成为所希望那样细的纱线。”[94]这就是机器的主要装置，我们在称谓阿克赖特的机器中也会发现这种装置。人们虽然不难懂得纱在穿过一些越转越快的滚筒之后如何随着向前移动而逐渐变长和变细，但却不易懂得它如何得到搓捻，亦即使它具有抗断强度的那种扭转度。关于这一点，专利证的原文相当模糊：这大概是这一发明的弱点。[95]

纱一经纺成就卷在纺锤或锭子上，锭子的旋转是与那些最快的轧辊的旋转相适合的。这些锭子在需要时还能作另一用途。“有时，仅仅使用第一对滚筒；在此场合，那些卷纱的卷筒、锭子或纺锤是那样地安排的，以便把那比滚筒对它们提供的纱还要更快的纱拉到它们那里去；而且，那是按照人们想要获得的粗细程度安排的。”在这种情况下，滚筒仅是用于控制纱的；通过自转来把纱拉伸和拧捻的是锭子。这差不多就是哈尔格里夫斯的多轴纺纱机（珍尼纺纱机）的原理。这样，三十年后那将对机械纺纱问题提供最后解决办法的两大发明，都是从怀亚特的机器派生出来的。

原动力该是怎样的呢？这似乎是这位发明家最初未加考虑的问题。但他已经作为一件明显的事情来假定这种动力能够同时发动几架机器。当他想到这点时，他就想象某种类似水车场的东西，用马、水或风来发动的动轮。[96]仅在以后，他才想到他的发明可以适合小生产的需要："在那些不需要使用大机器的地区中，人们会觉得制造一些小的、易于搬运的、足够供应一两家织工用纱的机器是有益的。"[97]后来，哈尔格里夫斯的多轴纺纱机就是这样被人使用的，而阿克赖特的机器则引起大纱厂的产生。

怀亚特已经预见到工厂制度，并且考虑到它的大概后果。按照他的估计，机器可能减少三分之一的劳动力。由此会得出什么结果呢？首先对制造商有明显的利益。可是，这种利益对于工人和公众来说难道不是一种损失吗？怀亚特并不认为如此："制造商所实现的附加利益会促进他发展新的企业，并使他有可能根据机器将能造成的节约来扩大其工业。他的事业的扩大一定会使他对那些被他停雇的工人中若干人提供工作。纺织工业的其他各部门也需要更多的人员如织工、剪毛工、洗毛工、梳毛工等等。这些人比以前有更多的工作，从而能够赚得更多的钱。"[98]全国都会得到好处："任何一种工业采用这类的改良，无疑都会对国家有利，尤其是当问题有关工商业的活动发展到像我们国内这样快的时候……。同样地，一个比其邻人工作较快的人必然会赚得更多；或者说，如果他找到一种方法，他的家人之一用此方法能赚得同全家以前所赚的一样多，那么，他肯定能获得家中其余的人通过别的途径所获得的东西。"[99]

尽管这一发明会使英国富裕，但无论怎样都未能使其最初的创造者致富。在1740年以前，它似乎还未得到实际应用：在此期间，刘易斯·保尔因债务而被关进监狱，机器的模型连同用具都被扣押了。[100]最后，在伯明翰开设一个小工厂——资金大概是保尔的朋友借给的——,而且是由发明家们亲自经营的。工厂里有一架用两头驴子发动的机器并由十个女工照料着。[101]有人否认这架机器能够正常运转和纺出好纱。这种事情便可说明这个企业的不成功。[102]这似乎不是从同时代的见证中得出的情事。因为詹姆斯博士写给书商沃伦的信中说:"我们昨天去看了保尔先生的机器,它使我们完全满意……。我确信,如果保尔一开始就有一万镑,那么,他在二十年内就能赚得比整个伦敦商业区所值的钱还要多。"[103]这个机器的弱点之一就是它的机件脆弱:从而常常发生机械损坏事故以及造成很大的修理费用。[104]

保尔和怀亚特从未有过一万镑。这就是他们的工厂虽然那么小也未能支持下去的原因。他们在 1742 年宣告破产了。[105]他们的发明被卖给《绅士杂志》的发行人爱德华·凯夫。后者试图大规模地经营。他在北安普敦开设一个装有五架机器的作坊,每架机器各有五十个锭子。这些机器像德比的捻丝机那样,是由嫩河的水所推动的水力发动机推动的。梳理棉花是用刘易斯·保尔所发明的圆柱形梳棉机进行的。[106]工作人员是由五十名男女工人所组成的,一半工人从事梳理棉花,其余的则照管机器和连接断纱。[107]这次所缺少的东西绝不是资本,而是一个工业企业的成功所同样必需的要素,即从商业和技术两方面看的良好管理。按照怀亚特的计算,这个企业每年应该生产一千三百镑以上的利润。但由于机器的缺陷,或由于管理人的无经验和疏忽,它仍然赚不到钱。[108]直到 1764 年,他还无声无息地过着拮据的生活;[109]后来,这个企业的设备被理查德·阿克赖特买去了。它的存在虽然短暂,它未能轰动世人,但北安普顿工厂仍然是英国的第一所棉纺厂,是所有

在曼彻斯特、格拉斯哥、鲁昂、洛维尔、克姆尼茨以及孟买和大坂周围竖起无数烟囱的工厂的祖宗。

在戴尔用于描写和颂扬毛纺工业的诗篇中，有着奇妙的一段，显然是与应用怀亚特的发明有关。这位著者在参观一个设在考尔德流域的呢绒手工工场时，有人指给他看："一架新发明的圆形机器在拉、纺羊毛——不需变得无用的人手的厌烦劳动。——地板下一个看不见的轮子——使安排得协调的机械的各机轮——发生必要的运转。一个专心的工人——看管着机器。——他对我们说，梳理过的羊毛——便被这些转动着的轧辊徐徐地拖走了，——轧辊不费力地转动着，便把羊毛带到这排垂直的锭子上：后者，由于迅速的旋转，——就纺出了无限长的、均匀的和连续不断的毛线。"[110]

这个文献真能证明怀亚特的机器在1760年以前已经用于毛纺工业吗？这是很可怀疑的。戴尔大概想要描写一个模范的手工工场而以合理的想象来把他在北安普顿工厂——这是唯一的工厂，其存在是无可怀疑的事实——中能够看到的那在运转的机器搬到这个手工工场来了。[111]

不管怎样，这项发明绝未传播开来，而且，为了利用这项发明所作出的试图也很少惹人注意。织工继续埋怨纱线的稀少和过贵。仅仅几年前才成立的那个"奖励工艺协会"，于1761年发表一项文告，其措辞如下："本协会得知，当男女纺工因收获而在田间的时候，毛织品、麻织品和棉织品的制造者们便感到很难找到足够数量的工人，以便能够继续交活给织工去做；由于这部分的制造缺乏必要的速度，因而商人订货的交付往往延迟，致使商人、制造者以及一般人民都受到很大的损害。"协会认为必须奖励各种适宜于补救这种情况的探索；并且设立两项奖金"来奖励最优良地发明一种能够同时纺出六根毛线、六根麻纱、六根棉纱或六根丝线的、并能仅由一个人操纵和看管的机器"。112

因此，问题继续存在，同时，人们越来越不耐烦地等待并要求问题得到解决。如果二十年前，怀亚特和保尔处在这样急迫的请求面前，那么，他们的努力一定会因较好的成就而受到奖赏。可是，他们来得太早了。对于一种发明来说，过于走在其可能适应的、需要尚未达到最大强度的时刻以前，反而不好。

（五）

哈尔格里夫斯发明多轴纺纱机（1765 年）。他遭受的挫折。但他的机器的使用很快就在英格兰北部流传开来。小生产与大生产间的过渡阶段。

这个决定性的时刻终于到来了。必须指出，两个重大的发明（它们的成功曾引起纺织工业的革命）几乎是同时出现的。哈尔格里夫斯的多轴纺纱机，或珍尼纺纱机和阿克赖特的机械纺纱机，或水力纺纱机113是同时代的，约有一两年之差。机械纺纱机的发明似乎是在 1767 年，多轴纺纱机的发明似乎是在 1765 年。二者投入使用都是在 1768 年。可以这么说：构成它们正式出生证的那两个专利证上的日期，一个是 1769 年，另一个是 1770 年。它们是经济原因的同一潮流的双重结果。

然而，尽管这两个发明的起源是相同的，但它们的结果却十分不同。它们在历史上虽是同时的，但在逻辑范畴内却代表着工业演进的两个相续阶段。哈尔格里夫斯的发明物比较简单，它改变劳动组织较不彻底。它标志着体力劳动与机械化之间的过渡阶段，家庭工业制度或小手工工场制度与工厂制度之间的过渡阶段。

关于詹姆斯·哈尔格里夫斯的生平和性格，人们知道很少。我们知道他在1740至1760年间定居于兰开夏布拉克本的近郊，他在那里兼务织工和木工两种行业。[114]他大概是因木匠的资格而被导致从事于机器工作的。这个时期几乎没有职业工程师，工程师的角色是由一些充分习惯于做木工和铁工以及习惯于安装转动装置或装配机件的细木匠、锁匠和钟表匠来好歹充任的。在这些临时凑合的工程师中，水车匠们应占有特殊的地位，因为他们的协力往往是初期工厂的创办所必不可少的。[115]水车匠会使用旋工、木匠和铁匠等的工具，通常还懂得算术和一点机械学。他们能够绘制平面图、计算车轮的能力或速度。人们在一切困难情况下，无论有关修理唧筒、布置滑车的运转或安装水管，都要求助于他们。他们有会做一切的好名声，而且，人们如果开办某一新企业，是几乎不能缺少他们的。

哈尔格里夫斯的邻居是一位印花织物制造商——皮尔大工业家族的创始人。这位制造商在1762年雇用他制造一架梳棉机，大概是按照刘易斯·保尔的机器模样制造的。[116]这是他的机械师和发明家的生涯的开始。纺与织之间的越来越显著的不相称，在工业方面造成一种真正的苦恼。织工常常停工：商人则暗自忖度如何能够满足日益增长的需求。在一个像兰开夏那样靠纺织工业为生的地方，这便成为一个不断讨论的问题，大家都谈论这个问题，各人也都设法解决这个问题。[117]哈尔格里夫斯所找到的东西，是其他许多人早已和他同时在寻找这个东西。[118]

从这个机器的最初的形状来看，它的结构和运转都是非常简单的。它的构架是一个装上四条腿的长方形的框架。它的一端安设一排垂直的锭子，横在框架上有两根彼此紧贴着的、安放在一种托架上的木杆，可以随意忽前忽后滑动。经过预先梳理和粗纺的棉花，从两根木杆中间穿过去，以后就去绕在锭子上。纺工用一只手使托架来回行动，另一只手转动曲柄以使锭子动作起来。纱就是这样地同时得到拉伸和拧绞的。[119]

多轴纺纱机的原理就是如此，根据传统的记述，哈尔格里夫斯看到一个侧面歪倒的纺车仍在继续转动的时候，而夹在两个手指间的纱好像是自动形成的，因此才想出多轴纺纱机的计划。多轴纺纱机显然是从纺车派生出来的，[120]它比纺车有着重大的优越性：它使一个工人能够同时纺出几根纱。哈尔格里夫斯最初所造的那些模型仅有八个锭子，但这个数目，除受所用的动力限制外，可以无限地增加。甚至在哈尔格里夫斯活着的时候，人们已经造出一些带有八十个或更多锭子的多轴纺纱机。

哈尔格里夫斯起初是否知道他的发明的整个重要性呢？不管怎样，在他把发明公布以前，已经过去了几个年头。起初，他仅满足于在自己家中亲自加以试用。到了 1767 年，他才为了出卖而制造了几架机器。他马上成为发明家们几乎逃脱不了的那种不受欢迎的对象。布拉克本的工人们强行进入他家并且打碎了他的机器。[121]他到诺丁汉去定居。那里像兰开夏一样，纺织工业也处在一种因旧法纺纱的不够用而造成的危机中。[122]那时，他才领出专利证[123]并开始有系统地利用其发明。他卖了大批多轴纺纱机，如果他不像约翰·凯那样同制造商的不诚实作斗争，他就会大发其财。他想对那些拒绝付钱给他的人提起诉讼；他投入的钱财已经如此之大，以致他拒绝接受人们以和解名义给他的三千镑。[124]他真倒霉，多轴纺纱机的模型被人证明在领出专利证以前已有出售，因而他的权利被宣判失效。这样，他就和其前辈一样受到重大的挫折。但是，阿克赖特为使公众和议会同情他自己而力图使人相信哈尔格里夫斯死于贫困那也不真实。[125]相反，我们知道哈尔格里夫斯在1768年虽然很穷，但在1778年却遗留给其继承人四千多镑。[126]当然，如把这个数额同多轴纺纱机的发明所造成的财富大增相比，那就微不足道了。在哈尔格里夫斯死后十年的时候，人们计算英国拥有这种机器不少于两万架；最小的机器也能做六个或八个工人的工作。[127]在兰开夏，这种机器的使用以惊人的速度推广：几年之内，它到处代替了纺车。[128]因此，在英国这部分地方，从未十分兴盛过的毛纺工业差不多被抛弃了。“棉花、棉花、再棉花，它现在是唯一的商品，是对一切人提供工作的商品……。旧式纺车已被扔到废物堆了。现在人们只使用多轴纺纱机来纺纱。”[129]

多轴纺纱机是一种简单的机器，而且是制造费用不大的机器。它占用的地方不大，也不需要安排专门的作坊。它无须借助于任何人工的动力就能运转。它的使用很少妨碍工人的习惯，而且，至少在表面上并不改变劳动组织。这大概就是它很快成功的原因之一。它不但没有破坏家庭手工业，起初似乎还加强了它。人们在老板兼工匠的小作坊里可以看到它，在耕作收益之上又一代一代地加上纺车收益的农庄中也可看到它。可是，产品的大量增加，设备的作用已经压倒劳力的作用，这便预示着大工业就要到来。在哈尔格里夫斯的多轴纺纱机在茅屋里代替了旧日纺车的时候，理查德·阿克赖特的棉纺厂已在诺丁汉、克罗姆福德、德比、贝尔珀、乔利、曼彻斯特等地建立起来了。

第二章 工厂

经济史上的事件和人物还沉浸在昏暗中的时候，阿克赖特的名字就成为那些在这昏暗中发出最灿烂光辉的名字之一。传统把他看作是通过自己的劳动和发明而致富的工厂主的典型，近代大工业的真正的创始人。[1]1830 年左右，他就成为政治经济学上的主人公。[2] 就连文学也不轻视他：卡莱尔喜欢画"这位相貌平庸且又几乎粗俗的、腮帮子厚厚的、肚子滚圆的、并带有在大量融会贯通中进行苦思的样子的……兰开夏农民"的生机勃勃的肖像。"啊！读者们！这位大腮帮、胖肚皮、满怀持久性和发明力的剃须匠是历史上多么非凡的人啊！法国酝酿过革命，如果没有英国的呢绒和棉布，帝王们就很难抵制革命了。正是这个人把这种新的力量，亦即棉纺工业，授予其国家的。"[3] 可是，卡莱尔在这里仅仅考虑到工业变革的直接后果，按照他的意见，这种变革完全归功于阿克赖特的天才。我们必须参考他的另一本书[4] 来发现那以生动笔法描写的、来自产业革命的新世界，他把这个现在的世界同过去的理想化的图景进行了严明的对比。我们的任务在于正确地确定阿克赖特所起的作用：在恢复这个人物的准确价值的同时，我们还要协力解决一个比较一般的问题。要评定社会现象发生中的个人作用所应得的份额，首先就得把它从其周围的传说中解脱出来，因为传说几

乎经常带有夸大实际声望的倾向。

(一)

阿克赖特。他的开端:他的发明的由来不明。水力纺纱机(1768 年)和第一个专利证。——阿克赖特移居诺丁汉(1771 年)。

理查德·阿克赖特在 1732 年 12 月 23 日生于普雷斯顿。他是一个人口众多的贫穷家庭的最小的孩子。[5] 很小的时候,他就跟一个剃须匠兼假发师当学徒,几乎没有时间学习写读,所以他在五十岁时还学习语法和拼写法。1750 年左右,他离开出生地的小城市,到几英里路远的博尔顿安了家,他在那里干剃须行业很久,起初在一间地下室里,以后在一个最简朴的店铺里。他结过两次婚:他的续弦是个注重自己利益的精细人,是沃林顿和博尔顿中间的利村人。[6] 她给他带来一点钱。正是这笔钱使他有可能放弃他的小店铺来经营一种更有利的生意,即头发生意。他常跑市场并访问农家,向乡村女孩购买头发,以后就用他自己配合的颜色调制头发并将其转卖给假发师,后者在这假发时代使得头发成为大量的消费品。[7]

阿克赖特的开端甚至没有逸事性的趣味,但这种开端对于他的性格因而也对于他的作用却给予我们一些有用的说明。我们首先要指出,没有任何东西使人预见到他的发明家的生涯。他没有任何技术经验,他不像约翰·凯和哈格里夫斯那样做过织工,也不像怀亚特那样做过木匠和机械匠。他对纺织工业及其需要,乃至纺织工业所经历的危机等情况，只是通过一些在他的剃须店里的谈话或者在兰开夏乡村中兜圈子时的聊天才得知。但另一方面，他已经显出一些能够说明其成功的才能：希望提高自己的地位，富有发迹本领和深思熟虑的精神，最后还具有牟利的办法，亦即具有负贩或掮客的狡猾手段。

他的主要发明物的来源是非常模糊不明的。并不是因为难于理解他怎么会被引来关心机械纺绩的问题，因为没有人不知道那有许多钱好赚。他虽经屡次催促证明其发明家的资格，但是，他只能提供一些含糊而混乱的说明，这是理所当然的。[8] 人们迷失于那些荒诞的、矛盾的、被钦佩他的人们在他生前流传开来而他又不愿加以否认的传说之中。按照某些人的意见，纺纱机的原理可能是由于看到一个把炽热的铁条拉得细长的、圆筒形的拉丝机而启发了他的。[9] 按照另一些人的意见，他可能在德比研究过捻丝机的操作；[10] 他可能在他剃须店里听到一个水手叙述中国人所用的一种机器；[11] 他可能是从一个名叫布朗的细木工那里学来的宝贵窍门，人们不知道布朗是怎样发现这种窍门的，而他不能利用它，其原因也同样是神秘的。[12] 另一种同样不可靠的说法告诉我们，阿克赖特在 1768 年左右忽然出乎意料地爱上了机械学，并且由于研究永恒运动而指点了他的发明方法。[13]

发明史越是模糊不明，阿克赖特的冒险事业史就越清楚和易于领会。这个机器是 1768 年在普雷斯顿免费语法学校毗邻的一间屋子里制造出来的。[14] 阿克赖特得到沃林顿的一个钟表匠的帮助，这位钟表匠和飞梭发明家凯是同姓的人。这种合作，像我们将要看到的那样，说明好多事情。阿克赖特似乎很难筹得必要的资金。他首先求助于一位科学仪器制造商，后者没有认真对待他；[15]以后，他又求助于他的一位朋友，酒店老板约翰·斯莫利。[16]第二年，他取得了发明专利证，根据法律规定，其有效期是十四年。[17]

我们不仅拥有这个专利证的原文，而且还拥有该机器的原始模型，后者保存在肯辛顿博物馆里。[18]这个模型完全是木头做的，约有八十公分高。就我们判断，它很像1733年约翰·怀亚特所发明的、刘伊斯·保尔加以改良的那个机器。一个轮子推动着四对速度递增的滚筒。上头的每对滚筒是用皮包起来的，下头的滚筒在纵长的方向上是刻上棱纹或凹槽的。纱从滚筒之间穿过去以后（滚筒的速度逐渐加快，结果就把纱逐渐拉长了），就绞拧起来并卷在垂直的锭子上。总之，这个机器与怀亚特的机器的差别仅在于构造的细节上。可是，在许多比阿克赖特更有发明力的人都惨遭失败的道路上，绝不是这些细微的差别能够说明他的获得成功，确切地说是生意人的才能，他不久就要表明这种才能了。

首先必须筹得资本：斯莫利不够富有，而阿克赖特已经想到大企业了。因此，他决定仿照哈格里夫斯的榜样（他已经知道哈格里夫斯的不幸遭遇）搬到诺丁汉去。[19]我们知道这个城市是用织机织袜工业的中心，这项工业是机械设备已经带来资本主义成分的工业。阿克赖特能够使自己的计划引起赖特兄弟的关心，后者是该地区比较重要的、为数仍然很少的地方银行之一的首脑。大概利润来得很迟，或者，成功至少不像发明人的漂亮许诺的那样成功，因为赖特兄弟在一年终了时就收回其合伙股金。[20]阿特赖特善于巧妙地摆脱这种困难：1771年，他和两个有钱的针织品商，诺丁汉的尼德和德比的斯特拉特订了合伙合同。[21]尼德和斯特拉特都属于商人工厂主阶级。他们雇用大批在家劳动的工人同时也拥有用织机织袜的作坊。这样，就在接近手工工场生产制度之上（虽然不是在手工工场本身之上）嫁接了工厂制度。

（二）

阿克赖特的成功。克罗姆福德纱厂：用水车发动的自动设备。棉纺工业从改变不当的禁令中解放出来。第二个专利证（1775年）。阿克赖特的企业增多起来。他的竞争者。伪造诉讼：官司在1785年打到最高法院。

阿克赖特在诺丁汉所开设的第一个工场，并不比三十年前左右怀亚特和保尔在伯明翰所开办的工场大多少。工场里只有几架用马推动的机器。[22] 1771年，正是阿克赖特同尼德和斯特拉特合伙的那一年，他才到德比附近的克罗姆福德去安家设厂。

克罗姆福德坐落在德温特河岸一个地角上，在这个地方，这条河处在一个带有峭壁的峡谷之中，离其发源地的那些风景如画的山冈还不远，流出大量的水并且流得很急；马特洛克河的暖流从略微上游一点的地方流入这条河里，因而防止它在冬季结冰。因此，这个地方适宜于建设水车场（mill），这个词是英国人在蒸汽机几乎到处代替了水力发动机许久以后还继续赋予工厂的名字。隆贝兄弟工厂离那里只有几里路远，正好充当作坊的建筑和布置的榜样之用。[23]克罗姆福德纱厂在几年内就发展起来了：1779年，它有几千个锭子并雇用三百个工人。[24]

保证企业成功的东西，不仅是生产的迅速，而且还有产品的质量。这种新机器——人们把它叫做水力纺纱机[25]以便区别于手摇纺纱机——制成的纱，比最熟练的纺纱工人用手纺车纺出的纱要结实得多，耐用得多。因此，它成为有可能纺织真正的棉布，一点也不次于印度的棉布，它取代了麻棉混合的织物。克罗姆福德工厂起初只是尼德和斯特勒特工场的附属物，因为它所出产的纱仅被用来织造袜子。但在1773年，阿克赖特及其合伙人便在德比开设一些纺织作坊，在那里，人们第一次织出纯棉的白洋布。[26]

这里出现了一种障碍。小制造商们看到这种可怕的竞争非常不快，并认为已经有办法去阻止它。1735年法令在准许制造混合织物的同时，还保持禁止印花棉布的措施，因为它没有预见到一种类似的工业会在英国开办起来的情况。人们可以引用这项法令来反对阿克赖特以及他的合伙人；而且，他们的织品已被课以很重的消费税，[27]如果把这种织品变成为当时流行的印花布，就有被当作禁品而遭受扣押的危险。

阿克赖特在议会为自己的工业进行辩护。对于由英国工人在英国制造的商品，难道应当适用那些起初用来防止外国商品入口的措施吗？得到正式许可的并服从公道税收的新工业，对全国来说，不会不成为一种财富的源泉："它会迅速地发展起来，它会给无数穷人以工作并增加王国的收入……。况且，上述织品完全是棉花做的，其质量大大优于人们现时所织的、经线是麻的织品。因而上述织品更经得住漂白和印染，而且更耐用。"[28]因此，阿克赖特请求"准许一切人出卖或购买上述织品并可以用任何方法将其制作衣服、帷幕、室内装饰等等"。同时，他也请求在国内市场上所征收的消费税每码不超过三便士。议会经过简要调查之后，[29]批准了这些很有理由的请求。[30]从这时起，棉纺工业及其机械化便能毫无阻碍地向前发展。

翌年(1775年)，阿克赖特取得第二个专利证，[31]其原文很长而且相当难懂，因而必然要发生无穷的争执。它涉及几个不同的、重要性十分不等的发明物，而且其中某些发明物，像人们后来所指出的那样，似乎只是为了为难和迷惑过于好奇的读者而被列入其中的。[32]最重要的发明物是梳棉机、曲柄梳棉机、粗纺机和进料器。梳棉机是由三个不同直径的、钉上许多弯形金属尖钉的滚筒所组成的；第一个滚筒上的尖钉是朝转动方向倾斜的，以便带起棉花的纤维；第二个滚筒是朝同一方向转动的，但速度快得多，它和第三个滚筒接触起来就进行梳理纤维，第三个滚筒上面的尖钉和转动是朝着相反的方向的。[33]曲柄梳棉机是梳棉机的附件。它的作用是把一经梳好的棉花分解开来以便棉花摊开成为一块接连不断的棉层。正如它的名字所指出的那样，它是一种装在一个肘形接头上的梳子，这个梳子每隔一段时间就和第三个滚筒上的尖钉连接起来、把棉花解脱下来而不撕坏它。[34]粗纺机是把梳好的棉花条子变成一个长圆形的、自行粗略拧绞的捻子的、然后再转变成纱的机器。它的结构和纺纱机的结构相似，但比较简单，而一对滚筒与另一对滚筒的速度也慢得多；棉纱不绕在锭子上，而进入一个圆锥形的转筒里，转筒在轴上转动的时候就使棉纱得到必要的拧绞。[35]最后，进料器只是一条不断旋转着的布带子把原棉带到梳棉机去，原棉是通过一个倾斜的管子陆续供应给它的。我们愿意冒着因外行而遭受指责的危险来作出这些详细的说明，旨在指出棉纺工业中的机械化已经到了怎样情形。自从1775年的这个时日起，人们看

到机械设备正在构成一个复杂的系统，足以实现这项工业中一切连续的工序，但最后的、最困难的，亦即织的工序不在其内。

阿克赖特在附加于他的新专利证上的说明书里细心地加上几条有关纺纱机的真实的或假冒的改良。这样，他希望把他的第一个将在1783年满期的专利证延长几年。他深信前途可靠，所以继续前进并增多其企业。1776年，他在克罗姆福德和德比之间的贝尔珀开设了第三个纱厂。[36]这时，他的几个工厂已经沿着德温特河和特伦特河连结在一个狭窄的地方，完全处在兰开夏的境外。然而，英国的棉纺工业起初是在兰开夏发展起来的；它的成长也还是在那里得到最有利的条件的。阿克赖特在几年前从那里出来的时候，又穷又无名；现已又富又有名地回到那里去了。他在那里创立了好几个工厂：一个坐落在乔利附近的伯卡克尔[37]的工厂，被视为英国彼时所建设的最大的工厂；[38]这个工厂在1779年当反机器的骚乱时被人抢劫并烧毁了，关于这一点，我们以后还要提到；估计损失达到四千四百镑之多。[39]另一个在1780年建于曼彻斯特的纱厂是同样重要的，虽然不是更重要的：单单为容纳六百个工人而建造的厂房就花了四千多镑。[40]阿克赖特同袜子制造商尼德和斯特勒特的合伙，不能对他提供创建所有这些新厂所需的资金。他能随着自己的需要陆续找到其他的合伙人并巧妙地限制他们的权利。他一个人处处都到，参与所有的企业并实际上管理所有的企业。[41]

根据他的两个专利证——1769年的和1775年的——他对水力纺纱机和附带的发明物拥有专属所有权。但他也能通过商定的使用费而准许别人使用。[42]在1775至1780年间，一些可以说是从属于他的企业就是这样组成的。其中，我们可以指出两位罗伯特·皮尔，亦即皮尔首相的祖父和父亲所有的阿尔萨姆的、伯顿的和伯里的企业。[43]但是，嫉妒心和赚钱欲同样地推动着纱厂主们作弊：他们设法制造一些在若干细节上与阿克赖特的机器有所不同的机器。[44]阿克赖特在 1781 年决心向其中九个人提起伪造诉讼。[45]他们援引专利证有可疑的模糊不明来为自己辩护。如果发明家自己也不愿意或不能够把它释明的话，怎能辨认出什么是发明家的东西呢？阿克赖特的官司打败了，他的专利特权在事实上是被取消了，虽然还未到满期的法定时限。

阿克赖特不认输，1782 年 2 月 6 日，他向议会递呈一份请愿书，不仅要求确认他的权利，而且要求延长他的权利。[46]同时，他发表一份陈情书，[47]书里指出他的发明的重要意义，谈到发明使他所遭受的牺牲，谴责其竞争者的欺诈勾当，并颂扬自己的功绩。他承认 1775 年专利证的说明书不是十分清楚的；但他说，他那样拟订说明书是出于爱国心，是为了防止外国人把这一无穷无尽的富源盗为己有。一个宁愿冒不正当的怀疑风险而不愿使国家受危害的人，难道在对抗其敌人时不值得支持吗？可是议会却置若罔闻。

当时，阿克赖特又向法院起诉。他对其竞争者之一，彼得·奈廷格尔开始一场新官司。案件在 1785 年 2 月间告到高等民事法庭。争论完全指向附在第二个专利证上说明书的难解处。阿克赖特重新申明他的爱国心，谈到法国人——当时正是美洲战争刚刚结束之后——如果攫取到这一直至那时仍然只是英国人的工业，那就太幸运了。好几个重要证人的证言都对他有利：蒸汽机发明家詹姆斯·瓦特声称，他在读了争讼文件之后，认为该文件非常清楚，并称如有必要，他可以承担制造专利证中所列举的种种机器而不需要任何别的说明。[48]在这种情况下，阿克赖特胜诉了。法庭确认他的权利有效并判给他所要求的一先令的损害赔偿。

这个判决过于触犯了既得利益，[49]以致不能不遭到抗争。为了把起初打赢的、后来又打输的官司维持到底，兰开夏和德比郡的纱厂主们[50]组成了一个同盟。在1781年和1785年两个判决之间，矛盾是显然的。他们将悬案提出到高等法院。在那里，他们不但攻击专利证的措辞，而且试图证明，它的难解处，不管是有意的或无意的，都隐藏着欺诈。

（三）

1785年诉讼。托马斯·海斯和约翰·凯的证言：海斯大概是水力纺纱机的发明人。阿克赖特被控剽窃另一些发明。他的专利证被撤销。他的财产并未因此而遭到损害：他受到封爵（1787年）；他死的时候是百万富翁（1792年）。他在工业史上的实际地位：他的组织者和实业家的才能。

整个诉讼赖以转变的以及决定诉讼结局的事件，就是托马斯·海斯的出庭。[51]这个人宣誓后声称，他早于1767年就在其出生地利村制造了一架与阿克赖特自称为其发明人的纺纱机相同的机器。那时，他请一位钟表匠来帮助调整机轮，而这位钟表匠正是阿克赖特在下一年所雇用的沃林顿的约翰·凯。[52]这项证言并由凯本人的证言所证实：他叙述他在1768年怎样认识那时的剃须匠兼头发商的阿克赖特。后者来找他并请他办了一件小事情，以后就带他到酒店去。谈话谈到全地区所关心的问题即机械纺纱的问题："阿克赖特对我说：'啊！那绝不会有好结果的，几位绅士已因此而破了产或者差不多破了产。'我回答他说：'我认为我可以有结果的。'那天所谈的就是这些。"第二天一清早，阿克赖特又来看他并问他能不能替他做一个纺纱机的模型。凯说："我去买了一些材料，做了一个木制的小模型，他就把模型拿到曼彻斯特去了。"[53]

我们记得阿克赖特曾同利村一个女人结了婚。因此，他认识海斯已有几年了；[54]大概他听到讲过他的发明，他到沃林顿去找约翰·凯绝不是完全偶然的。正是在这次会晤以后不久的时候，他忽然地、无准备地表现出是个发明家。此外，他同凯的关系，后来有了相当奇特的性质。他起初雇用他。以后，他们突然不和了：阿克赖特控告凯偷盗和背信；后者逃跑了。[55]这一点对于凯的证言是能够产生一点怀疑的。阿克赖特的律师阿戴尔并未忽于利用这一点。一个是受尊重的大人物，另一个是因行为不正而被驱逐的、因而力图报仇的工人，对他们的话，人们会不会犹豫？[56]但必须注意到，对凯的控告始终是十分含糊的：他从未受到追诉也未受到盘问。他的逃跑很可以从他所受到的那些不管有理或无理的威吓中得到说明，因为"一个穷人掌握了有钱有势的人所害怕被人揭露的秘密，这对穷人说来，其处境是很不幸和很危险的"。[57]

如果海斯是被认为是阿克赖特的发明物的真正发明人，为什么等到二十年后他才维护其权利呢？[58]这件事不禁令人惊奇：但当我们知道这个人物的生平和性格的时候，我们就不大感到惊奇了。他属于天生的发明家这一类，这类中的典型人物是我们所熟悉的。他是一个简单而粗鲁的、凭本能干活的、一离开自己的作坊便不知所措的，而且很不通事务的老好人。他好几次力图自己开设一个纱厂：但总是由于缺乏资本和干才而失败。[59]他尤其缺少那种造成阿克赖特那样能力的东西：发财的坚强意志。他满足于把自己从制梳工人[60]的地位提高到受雇于大工业家的工程师的地位。他屡次显出他的发明才能：1772 年，他在曼彻斯特交易所展出一架带有五十六个锭子的双轴纺纱机，这架机器使他博得二百畿尼的奖金。[61]根据他的传记作者和辩护人理查德·格斯特在其死后所搜集的几项证据，他不仅是水力纺纱机的发明人，而且是哈格里夫斯以前的多轴纺纱机的发明人；后一机器的名字，从未得到很好的说明，可能就是他的女儿之一的名字。[62]

即使证实了这回事，也绝不能得出结论说，哈格里夫斯应被视为剽窃者；他可以重新发明另一个人在他以前并在他不知道的情况下所发明的东西。阿克赖特的情况就完全不同了：他一点也不懂得纺绩和机械学这一事实以及他和凯的可疑关系，都够说明他是怎样攫取他人的发明的。此外，他似乎已经力图防止怀疑：在他领取第一个专利证时，他冒充钟表匠的身份，为的是掩盖他对机械学的无知。[63]一个更有决定性的证据就是 1772 年他同托马斯·海斯在曼彻斯特的一次会晤的叙述。这是海斯亲自的叙述："我们开始交谈。我对他说，他窃取了我的发明，因为约翰·凯晓得我的发明物的模型……，我又说，凯的妻子曾对我讲述过那回事是怎样经过的：阿克赖特先生和他们都不能否认这个事实……。他无片语回答：当我对他说，如果没有我，他就绝不会想到他的机器的滚筒的时候，他就用手作出像这样的姿势，但一句话也没有说……。当我提醒他发明物是我发明的时候，他只说道：'就算它是你发明的：

但当一个人发现一个东西或者着手一件事情，而以后却不再从事这种事的时候，这就犹如放弃了它；另外一个人在若干星期或月日以后就有权重新开始这种事并有权以自己的名义领取这个东西的专利证。'"[64]请看，这和招供是很相似的。对于阿克赖特在法庭上当着这样明确的控诉面前默无一言，人们会怎样想呢？他叫他的律师声称海斯和凯都是伪证，但关于他的发明的由来却没有提出任何令人满意的说明。

由于没有反证，[65]因而就证明阿克赖特的主要发明物（他的光荣和大部分财产完全归功于这一发明物）绝不是首创的。1775 年专利证中所列举的那些附属发明物，至少是首创的吧？那也不是，如果我们相信 1785 年诉讼中所传讯的、许多不利于他的证人的话。进料器是曼彻斯特的公谊会教徒约翰·利斯在 1772 年发明的；[66]曲柄梳棉机是哈格里夫斯发明的；[67]梳棉机和丹尼尔·伯恩在 1748 年就领得专利证的那一机器差不多是一样的；[68]至于粗纺机，其滚筒是抄袭海斯机器的；他那在一根竖轴上转动的圆锥形的轴承箱早从 1759 年起就被本杰明·巴特勒所使用了。[69]现在，我们懂得了 1775 年说明书的措辞为什么拟定得那样含糊，以致只有瓦特的天才才能猜到它的意思：阿克赖特勉勉强强地力求掩盖其剽窃。但 1785 年 6 月的辩论，使得这些剽窃都明白了。在阿戴尔为被告进行巧妙的辩护以及贝尔克罗夫特以国王名义所作的抗辩之后，陪审团毫不迟疑地宣告阿克赖特有罪，并宣布他的专利权无效以及他的竞争者们的诉讼有法律上的根据。[70]

除了理查德·阿克赖特外，这宗诉讼及其结局会使任何人颓丧的。但阿克赖特并不是因为这样一点小事就畏缩的人。虽然失

去了专利权，他还是英国最富有的纱厂主：他的工厂是为数最多的，最大的和组织得最好的。他继续不断地发展他的企业。1784年，他和戴维·戴尔[71]共同创建了一些从克莱德瀑布得来动力的新拉纳克纱厂。他在克罗姆福德附近的威克斯沃思和贝克韦尔又创建了另外一些纱厂，但并未因此忽略了那些旧纱厂，他把旧纱厂的厂房加以扩大并革新其设备：他的工业生涯是在诺丁汉开始的，也正是在这个地方他第一次使用蒸汽机。他也享到了荣誉。1786年，马格丽特·尼科尔森行凶使他有机会向国王致送一份以他领衔的一群名人的祝贺词：以后不久，他就被封为爵士。下一年，理查德·阿克赖特爵士就被请来担任德比州州长的高级职务。[72]他在1792年死时，遗下了一笔五十万镑的资金。单单他的工厂中一个工厂，贝克韦尔工厂，每年就使他继承人获得两万镑的利润。[73]当时对于百万豪富的大工业家还不习惯，那时这个数字已是很大的一笔款项了。这宗财产是在不几年内赚得的，这是一个从无起家的人的史无前例的成功，在当时的人们看来，这足以证明阿克赖特是正当的。[74]

这也是我们说明他的真正作用的东西，使他在经济史上享有他的位置。他不是发明家；他至多不过是整理、组合和利用他人的发明物而已，而这些发明物都是他毫无顾忌地攫取得来的。那些轻率的仰慕者对他的美名滥加赞扬，在今天看来似乎有点不合适了。把他同牛顿和拿破仑相比显然过分了，[75]而且，援引他的事例来证明资本主义的势力单单建立在个人功绩和勤劳诚实的上面，也是相当笨拙的。但是，阿克赖特具有获得成功的长处。他虽然不是这些发明物的发明人，但却是首先懂得利用它们并把它们组成为一个系统的人。要筹得创建工厂所必需的资本，要组成和解散那些被他变作自己不断发财的手段的合伙，[76]他必须有实业家的非凡的才能，必须有灵巧、坚忍和大胆等奇妙的混合气质。要开设许多大工厂、招雇工厂的人员、按照新任务培养人员以及规定车间内的严格纪律，他就非发挥异常的积极性和精力不可。这些都是发明家们所少有的才能，如果缺少这些才能，他们的发明物就不能供工业的新组织作为基础之用。正是阿克赖特在隆贝兄弟、怀亚特和刘伊斯·保尔等不完全的或不成功的试图之后真正地创设了近代的工厂。那与工程师和商人有所不同的大工业家的新典型，正是在他身上得到了具体化，他从工程师和商人那里取得了他们的主要特点，但为的是把自己特有的面貌加上他们的特点，即：企业的发起人、生产的组织者、人的领导人。他代表一个社会阶级和一种经济制度。

他的名字同大工业的起源是永远分不开的。十八世纪末和十九世纪初的兰开夏和德比郡的所有工厂都是按照他的工厂样式建造的。罗伯特·皮尔爵士说道："我们所有的眼睛都盯在他身上。"[77]他知道这回事，似乎也专心于作出热忱工作和无限抱负的榜样。他不停地工作，常常花费其一部分的夜晚时间；[78]为了亲自监督其许多工厂而不得不时时走动，他在路上、坐在四匹马拉着的经常跑得很快的马车中进行工作。[79]他的远景计划是非常宏伟的：有一天他说道："如我能活得相当久，那我就能富有到可以把国债还清。"[80]

（四）

塞缪尔·克朗普顿的走锭精纺机（1779年）。工厂主们怎样获得这种机器和掠夺发明人的利益的。走锭精纺机的继续改良：它在十九世纪初的使用。博尔顿、佩斯利和格拉斯哥的细棉布工业。

有了阿克赖特，机械业就不再仅仅隶属于技术史了。它成为一种极其广泛意义上的经济事实。但是，甚至在棉纺工业中它也还远未达到完全发展的地步。构成我们所叙述的这一时期的特点的东西，就是多轴纺纱机的使用非常普遍，[81]但它并未彻底改变劳动组织和工业人口的生活。另一方面，自从飞梭发明以来，织机没有得到任何改良。因此，织工也落后于纺纱工人。完成纺织工业变革的两项发明就是塞缪尔·克朗普顿和埃德蒙德·卡特赖特两人的发明物。

克朗普顿的 mule（走锭精纺机），[82]像它的名字所指出的那样，是一种混合机器，是多轴纺纱机和水力纺纱机这两个部分组合的结果。这种机器，一方面采用水力纺纱机的纺纱滚筒，另一方面又采用多轴纺纱机的向前和向后滑动的活动架子。在这种架子上，安装一些锭子，这样，锭子就因双重运转而活跃起来：有时锭子走得远，以便纱线在经过滚筒之后再一次得到拉长；有时锭子走得近，同时飞快地旋转着，以便同时绞捻纱线和卷绕纱线。水力纺纱机所纺出的纱虽然结实，但略嫌粗些；多轴纺纱机所纺出的纱虽然细，但过于薄弱和易断。走锭精纺机可以使纱线同时获得坚实和极端的纤细。[83]从许多方面来看，这是一个最后的发明，虽然各种纺织工业的各自需要以及机械学的进步对它所加的改变，人们还可在那些最新式机器的精致复杂的机轮、无数精巧的细节方面发现它的基本特征。

走锭精纺机的发明人塞缪尔·克朗普顿出身于兰开夏小地主家庭。[84]现在，人们还可看到他在那里长大的和他从1774至1779年在那里从事其发明的、靠近博尔顿的那所房子。这所房子现已改为博物馆了。这是一所石头砌的、带有山墙、高烟囱和直棂窗的漂亮建筑物，它会使人想起一个消失了的阶级的兴盛时代。[85]在克朗普顿的时代，自耕农正在完成脱离土地。克朗普顿的父亲还是农夫，同时又是纺纱工人和织布工人，但克朗普顿自己从未做过田间工作。他面前是否摆着水力纺纱机的模型呢？他是否像海斯在怀亚特以后那样重新发明这种机器呢？[86]不管怎样，他亲自认识阿克赖特，曾经看到阿克赖特在博尔顿当剃须匠。[87]至于多轴纺纱机，那是他经常使用的，正是为了改良它，他很小的时候就开始研究了。[88]

他不像阿克赖特那样预先就计算要从他的发明物上得到利益。在一段时间内，他满足于本人在小作坊里使用自己的机器，在这作坊里，他同时充当工程师、工人兼老板的角色。但是，他所纺出的纱特别纤细，这就引起了邻近制造商们的注意。他马上就变成观赏的对象，而观赏里面又掺杂着许多妒忌心和贪婪心：有些人把梯子靠在他的窗子下面，或者把他的墙壁上掘些洞眼来偷看。[89]他知道自己不能长期保守自己的秘密。他没有专利证，而领取一个专利证，对他来说也许是不容易的，因为他的发明物有一部分是水力纺纱机的单纯改装，而阿克赖特对这一机器还保有其权利。“我必须或者把我的机器公之于世，或者把它毁掉。要为我独自保有这个机器，已经不能由我决定了，把它毁掉吧，又觉得太痛心了。

我在四年半以上的时间之内，花费了我所有的时间、所有的智力以及我能以劳动得来的一切资财，其唯一目的就是为织工们纺出好纱。把这个机器毁掉，那是我所不能的……。”[90]他宁愿把它贡献出来。工厂主们已经答应他用自愿认捐的办法来补偿他。果然，认捐开始了，但结果一共得到六十七镑六先令零六便士。[91]而且，还有一些认捐人在机器模型交付之后，便不认为有践言的义务。

克朗普顿体验到了他同时代人的高贵和真诚品德，人们就不难理解他的心灰意懒的心情了。几年之后，他发明了一架梳棉机。但刚一造成，他就把它打碎了，同时大叫起来：“至少这架机器是他们得不到的。”[92]他注定要过贫穷的生活。后来，他开成了一个小纱厂，起初设在博尔顿附近的奥达姆，以后，从1791起设在博尔顿本地。但制造商们怕他竞争，于是引诱他的最好的工人离职。[93]其中一个名叫罗伯特·皮尔的工人，有一天要求同他合伙，但被他拒绝了。[94]1802年人们为他募捐，募得五百镑左右。[95]最后在1812年，他的朋友们终能说服他向议会请求奖金，因为这种奖金曾授予一些功绩还不及他的人。议会接受了请求，而事先也有人请求摄政王关心此事，所以赐予克朗普顿的奖金有五千镑之多。[96]这笔钱的大部分被他用来还债了，他死时仍很穷。

克朗普顿是位有才智的和有教养的人，他或许比大多数利用他的发明物的人高明得多。[97]然而他自己却不会利用自己的发明物。他的放任不羁的性格以及谦虚直至懦怯，都不是能够使他成功的素质；他没有组织者的天资，也没有领导人的禀赋。他的生平与阿克赖特的生平对比，就显出了创新的研究和发现与他的精明利用之间的差别。在南肯辛顿博物馆里，我们可以看到这两个人

的并肩挂着的画像。阿克赖特有一张肥胖粗俗的面孔，一对长着浮肿眼皮的大眼睛，眉棱有深陷的皱纹，嘴唇奸诈，眼睛的安详呆板分明是做作的；他是讲究实际的人，善于掌握实际而无过分的顾虑。克朗普顿的侧面像，纤细瘦弱，他的高贵的额头上带着向后梳的棕色头发，嘴巴带有严肃的轮廓，一对大眼睛又活泼又忧郁；他的面貌很像青年时代的拿破仑，其表情则像卫理公会的教徒。他和阿克赖特代表着发明和工业，代表着闹革命的天才和夺取革命成果的力量。

走锭精纺机，起初像多轴纺纱机一样，也是体积不大的、为在农舍里使用而制造的木头机器。在接近 1783 年时，人们开始制造较大的、带有金属机轮和滚筒的机器。[98] 1790 年，一个苏格兰的工厂主威廉·凯利制造一些像阿克赖特的机器那样用水车发动的自动走锭精纺机，上面装有三百个到四百个的锭子。[99] 从这时起，走锭精纺机才成为卓越的纺纱机；在通常使用方面，它代替了哈格里夫斯的多轴纺纱机。1812 年，克朗普顿在向议会递呈请愿书以前，想亲自断定他的发明物的成功及其所创造的利益的重大，他访问了纺织工业的主要中心，并且能够证实走锭精纺机被用于几百个工厂之中，其锭子总数可达四百万至五百万之多。[100] 多轴纺纱机在二十年前那样流行，可是这时，它在整个生产中仅仅起着次要的作用。它和家庭工业制度的残余都在这项成为英国最繁荣的纺纱工业之中消失了。

克朗普顿的发明不仅完成了纺纱方面的变革，而且对于织的方面也起了反响。水力纺纱机在英国已使白棉布的制造成为可能（在此以前，白棉布是从印度输入的）。走锭精纺机由于能够纺出极端纤细的纱，所以它有可能超过印度工人的传奇般的智巧，有可能织出无比轻薄的细棉布。[101]这是一项新成立的工业，其中心是兰开夏的博尔顿以及苏格兰的格拉斯哥和佩斯利。[102]从1783年起，这项工业仅在格拉斯哥一个城市里就开动着数以千计的织机；[103]1785年，人们估计大不列颠的细棉布的产量约有五万匹。[104]当时的一位经济学家指出"这项工业对于国民是很有利的，因为单单劳动力一项就构成它的本质，劳动力常常又是由妇女和儿童所提供的。用在产品中的原料的价值，在制造过程中增长了百分之一千到百分之五千。"[105]

（五）

纺纱机的使用再一次打破纺与织之间的平衡。卡特赖特的机械织机（1785年）。他的不幸的事业。工资降低推迟了发明的成功。次要的发明：机器印染，漂白和染色的化学方法。工业的全面变革。

以前第一次推动技术发展的那种打破平衡，这时再一次发生了。人们在使用已经非常完善的机器纺纱的时候，却继续用手来织。在1760年前后，织工们好容易才能弄到足够的纱来不断地供应其织机之用。三十年后却发生了相反的情事：织工再也不敷事业的需要，因而他们的工资迅速增长起来。1792年在博尔顿织造花哨的细棉布的工人，每码赚到三先令或三先令半的工资；织造棉制天鹅绒的工人每星期赚得三十五先令。[106]因此，他们的气派十足；人们常常看到他们在街上散步、手里拿着手杖、帽圈上公开地插着一张五镑的钞票。他们穿着像资产者那样，并且不许其他行业工人进入他们在那里会聚的酒馆餐厅。[107]可是，他们好景不长；英国工业的总危机在1793年发出了工资下降的信号。[108]但是，那只改变问题的面貌而已。其实，纱线生产和织品生产之间的不相称已经变到那样程度，以致纱厂主们不得不把纱线输出。[109]这种输出不断引起许多人的惊慌，因为他们害怕邻国，特别是害怕法国开设一些用英国纱线的织布厂。一个十分激烈的运动已经发动起来反对纱线输出：人们甚至于以禁止羊毛输出的同一理由来谈论禁止纱线的输出。[110]

像在纺纱机发明前的那个时期一样，纺织工业这时又感到一种真正的苦恼。苦恼随着不平衡同时严重起来，因为不平衡就是苦恼的原因。在1800年左右，苦恼达到了极点。虽然这时补救办法已经找到几年了，但还未发生它的效力。它的作用只在需要它的救助达到极点的时候才显露出来。这样，经济需要和技术发明两者的相互作用就使工业发生一连串的变动，而每一变动都是一个进步。

机械织布的问题已经吸引了不止一个探求者了。困难似乎是很大的，但绝不是不能克服的：两个为铺设织品经线用的框架的动作以及梭子在这两个框架之间滑动以便构成纬线的动作，是比较简单的。从十七世纪起，[111]英国和德国已经使用机械织机织带子：一个曲柄使梭子来回跑，一个平衡重量的系统供拉直和束紧纱线之用。[112]但这种机器的运转又慢又复杂。即使许多国家没有根据织工的请求而采取禁用的措施，[113]但在英国被人称为荷兰的织机[114]还不够在纺织工业中引起革命。法国人德·冈内在1678年制造出一种织机，它带有两个横杠，像两只手臂那样把梭子从织机的一边传递到另一边，人们同样可以说这种织机也不够引起革命。[115]至于沃康松的织机，其模型现还保存在巴黎工艺学院里，它所提供的主要好处[116]就是在其制成五十年后还供雅居阿尔的研究作起点之用。

这些发明，没有一个得到重要的实际应用。[117]即使法国或英国有过一些机器织布的作坊，但也几乎马上就不存在了，而且很难找到它们的遗迹。[118]不管怎样，机械织机发明人埃德蒙德·卡特赖特大概是不知道它们的存在的。卡特赖特是诺丁汉郡的一个绅士的小儿子，很早就预定做牧师，曾在牛津大学进行过光辉的研究，而这些研究又因他在 1764 年被马格达伦学院接受为特别校友(fellow)而获得奖金。[119]他长期以来只关心文学，他按照波普的风格写了一些虽然平淡，但不是没有价值的诗。[120]当他因乡村的牧师职务[121]离开牛津之后，他便以积极的有智慧的人的资格关心其住在地的乡村人民的生活：他着手研究医学和农学，教导其教区居民以医治热病的新方法以及新的耕作法。[122]这样，就首先显出了那要把这个默默无闻的乡村牧师——人道主义者——变为发明家和工业家的进取精神。

1784 年夏天在马特洛克温泉小住时，一次偶然的谈话引起他注意到棉纺工业及其受到威胁的那一危机。他亲自叙述道："我和曼彻斯特的几位先生在一起。谈话谈到阿克赖特及其纺纱机。在场的人中有一位看到了，在阿克赖特的专利证期满之后将会开设非常多的工厂并纺出非常多的棉纱，以致人们再也找不到足够的工人来织。我对此回答道：阿克赖特应当开动脑筋，发明织机。议论的结果是，所有这些曼彻斯特的先生一致地说，那是实际上不可能的事。”[123]卡特赖特却持相反的见解并试图去证明他的见解。

他的最初一些试验都未成型，因为他对机械学毫无所知，而且从未见过一个织工织布。然而，他得到一个细木匠和一个铁匠的帮助，终能制成一架好歹可以开动的织机。“经线是垂直地铺设的，筘落下来的力量至少有五十磅重，那使梭子来回跑的弹簧有那么大的力量足够发射孔格雷夫式的火箭。简言之，要有两个力气大的人才能开动机器，而且速度很慢……。”[124]卡特赖特在 1785 年领得专利证的那一发明物就是这样。[125]他立刻发觉它在被利用时有不少缺点。通过继续的改良，他制成一架容易操纵的机器，在每条纱线一断时机器就自动地停下来，而且，机器经过稍微改变后就可用来织各种织物。[126]剩下的事，只是把它引进到那项似乎正在等待它和需要它的工业中去，卡特赖特对于立即的成功从没怀疑过。

正是那时，他的失望开始了。他有钱[127]，他打算亲自利用自己的发明物，并且在约克郡的唐卡斯特开设一个小工厂（1787 年）。这个工厂有二十架织机，八架织白洋布，十架织细洋布，一架织方格子布，另一架织粗布。[128]起初，像最初的那些纱厂一样，动力是由牲畜提供的；但自 1789 年起，卡特赖特就从伯明翰买来一架蒸汽机。不幸的是，工厂虽然设备很好，但经营不好，因为卡特赖特没有，而且从来没有商业才能。[129]一切发明家都有这种悲惨故事。1791 年，他认为已经找到发财的道路了：他同曼彻斯特的纱厂主格里姆肖兄弟议定创设一个大工厂，工厂里不得少于四百架用蒸汽开动的织机。特意建造了很大的厂房。[130]可是，最初一些机器刚一装好，就激起织工们的激烈仇视。业主们接到了若干恐吓信。[131]一个月后，工厂就烧掉了：卡特赖特不仅丧失了他同格里姆肖兄弟所订的合同上利益，而且再也找不到任何人敢于重新开始这种尝试了。[132]

在1792至1800年间，自动织机又是需要，又是不得人心：一些人希望它，另一些人却排斥它，由于工资下降它成了并非急需的东西。卡特赖特完全破产了，不得不把他的专利证交给破产管财人，这样，他就在冷酷无情的债权人和不诚实的债务人之间挣扎着。[133]他对那些试图夺取他的第二个发明物，即梳毛机的发明利益的人提起一连串的诉讼。然而，最后的成功不可避免地在准备着。变化是在苏格兰出现的，1793年，詹姆斯·刘易斯·罗伯逊在格拉斯哥安装两架用纽芬兰狗摇动转动器来发动的织机；[134]1794年，一个装有四十架织机的工厂开设在丹巴顿；1800年，约翰·蒙蒂思重新从事格里姆肖兄弟的企图，在一个工厂里安装了两百架用蒸汽发动的织机。[135]反对纱线输出运动，加速了这个迟迟而来的发展。1803年，斯托克波特的霍罗克斯制造了一些铁做的自动织机，其模型马上就被兰开夏的几个城市所采用。[136]卡特赖特看到自己发明物的复活，虽然还未看到它的最后胜利，但这实是"一件愉快的、意想不到之事"。当1809年——在克朗普顿前三年——他向议会请求奖金的时候，他能够引证说，他的机器"已经为兰开夏足够通常所使用，可被视为一件具有高度公益的东西"，他用这一事实来支持他的请求。[137]

可是，要断定这项发明的全面效用，那就必须大大超出本书所定的范围，必须追踪机器织布史直到1839年左右为止，因为这一

年才发表了著名的有关织工状况的报告书。[138]这份报告书和附加的记录，同时说明纺织工业的这一部门中机械化的进展以及那使进展推迟的原因。那些在1839年还继续使用旧式手织机的织工们的极端贫穷，随着不可抵抗的机器竞争的扩大，已经逐渐严重起来了。可是，贫穷越严重，普遍采用新设备就愈益受到推迟：因为工资降得那么低，以致用人比用机器更为有利。现今在某些尚未完全变革的工业中，人们有时还可看到同样现象的再出现。盛行血汗制的家庭小作坊中最原始的技术还在延续着，这可以由此得到解释。但是，机械化引起这样对抗自己的进展的那种阻碍只是而且只能是暂时的。

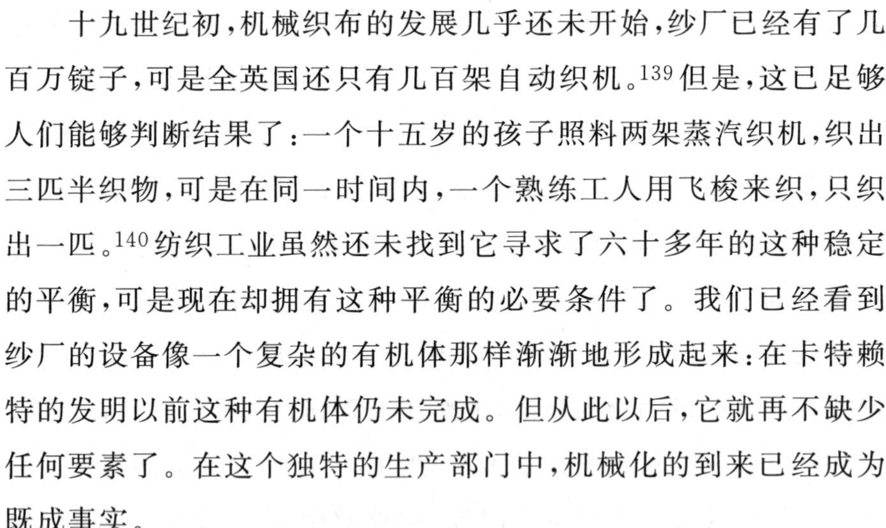

十九世纪初，机械织布的发展几乎还未开始，纱厂已经有了几百万锭子，可是全英国还只有几百架自动织机。[139]但是，这已足够人们能够判断结果了：一个十五岁的孩子照料两架蒸汽织机，织出三匹半织物，可是在同一时间内，一个熟练工人用飞梭来织，只织出一匹。[140]纺织工业虽然还未找到它寻求了六十多年的这种稳定的平衡，可是现在却拥有这种平衡的必要条件了。我们已经看到纱厂的设备像一个复杂的有机体那样渐渐地形成起来：在卡特赖特的发明以前这种有机体仍未完成。但从此以后，它就再不缺少任何要素了。在这个独特的生产部门中，机械化的到来已经成为既成事实。

机械化不仅已经扩张到工业的基本工序和改变了工业的基本工序，而且还普及于细节和专业。织物上印花直至彼时是用木板刻上浮雕来印的，人们需要同样多的次数用手把这木板按在每匹亚麻布或白棉布的整个表面上。[141]这种方法非常缓慢和费钱，织品印得极其粗糙(非常简单的图案,如一个几何图形、一片叶子、一个蔓藤花纹,都现出不调和的色彩)。在接近1780年时每码费三先令到三个半先令。[142]可是,1783年,苏格兰人托马斯·培尔用一些铜制的滚筒代替那些用手费力按捺的木版:单单一架滚筒印刷机就做了一百个工人的工作。[143]于是兰开夏中开设了一些大的棉布印花工厂。同时,漂白和染色得到化学进步的好处:伯索勒发现氯的漂白特性是在1785年;[144]詹姆斯·瓦特几乎立即认识到氯的漂白特性并把它公布于英国,[145]氯的特性用在英国工业上是由格拉斯哥的坦南特在几年之后实现的。[146]这个方法在不几年内就被普遍采用了。在织工们所居住的村庄附近,人们再也看不到那些布匹暴露在户外好几个月,好像远处许多水池发出闪闪光辉。约在同一时期,曼彻斯特的泰勒重新发现土耳其红的秘密,并制成一些不久就像印花布那样受人欢迎的土耳其红布;[147]艾因斯沃思的约翰·威尔逊制成了棉天鹅绒。[148]所有这些次要的改良是不胜枚举的。[149]

这些改良不但没有完成那已开始了的演变,反而把它延长了。事实上,每一新发明都把那使种种技术操作连接起来的关系更加密切。这时,每一技术操作的进步都对所有其他技术操作起着更加直接、更加深远的反响。这样,就决定了并加速了它们共同的演变,而任何静态的特性都不及这种带有传染性的不停演变的能更好地表明大工业的特性。

(六)

变革的阶段。(1)多轴纺纱机时期:家庭劳动。(2)水力纺纱机时期。纱厂：纱厂的位置在城外、在河边。工业集中在彭奈恩山脉的周围。大企业：它的明显的个体的特性。(3)中间阶段：工厂制度和家庭工业制度的暂时结合。

在棉纺工业的发展方面，不管其发展怎样迅速，也应区分出几个时期。第一个时期就是跟在哈格里夫斯的发明之后的那个时期。在1775至1785年间，一种真正的生产狂热支配着某些郡：当多轴纺纱机成千地安装在农舍里时，织工和织布机的数目虽然大增，还不能满足业务需要。“旧有的场所已经太小了，人们不得不修理顶楼，甚至于修理废弃不用的谷仓，乃至车屋和各种附属的小屋，在旧墙上开了些窗子，到处都组织作坊。在再也没有位子的时候，人们就在各处建起一些为织工居住的新房屋。”[150]工厂还不多，资本主义的集中还未具有不久就要成为人人可见的那种形式。这在表面上就是家庭工业制度的黄金时代。

第二个时期是从阿克赖特的专利证终于遭到撤销的著名的诉讼案件开始的。[151]从这时起，工厂制度才普及于纺织工业。使用完善的设备要占许多地方和花费很多钱，所以它和家庭小生产是不相容的。体力劳动者集合在手工工场里，从组织和监督上看虽有其明显的好处，但绝不是绝对不可少的。事实上，手工工场制度在英国是从未有过的，如果我们把它理解为一种在一定时期占着优势的生产方式的意思的话。相反，工厂制度倒是机械化的必然结果。一套由若干相依成分所组成的、带有一个总动力的设备，只能安设在一个地方，而它的运转是由一批受过训练的人员操纵的。这个地方就是工厂，工厂是不容许有别的定义的。[152]

最初的那些纱厂，与今天的相比，似乎是很小的。然而，它们之中每一个都已拥有很多的人员：一百五十个至六百个工人。[153] 它们的砖砌的四五层高的厂房，在半个多世纪中，几乎没有变动，但面积除外。[154] 这个时期的主要特征就是利用水作动力。阿克赖特的机器是一种水力发动的纺纱机。我们已经描写过克罗姆福德纱厂的典型位置。那里具备任何工厂主都应追求的必要条件。从而产生了一个相当重要的结论：除在一条相当有力、相当湍急而能推动机器的河流的岸边之外，就不可能在别处建设工厂。因此，纱厂主们起初不到平原的城市里去设厂，而到夹在陡壁之间的山谷中去在小山附近的地方设厂，因为那里，借助于水坝易于制造人工瀑布。人们必须到那些距离今天集聚着大量工人人口的中心相当远的小地方去寻找近代大工业的起源。这些地方分散在彭奈恩山脉附近、沿着该山的三条支脉：一条向西方朝着曼彻斯特和爱尔兰海，另一条向南方朝着特伦特盆地，再一条向东方朝着约克郡的平原和北海。

这种分散是完全相对的。棉纺工业在这方面与旧毛纺织工业十分不同，它有几乎仅仅固定在两三个区域之内的趋势：兰开夏的南部，德比郡的北部以及苏格兰的拉纳克与佩斯利之间的克莱德盆地。第一个区域极其重要，1788 年，它已经有了四十多家纱厂。[155] 因为那里的动力很丰富。东南部有些高大的丘陵耸立在那些延伸到海边的低洼而多沼泽的乡间，其倾斜度是相当陡的。兰开夏的河流一向转动着许多的水车：十八世纪初，在曼彻斯特下游三英里之内的默西河滨，就有六十个左右的水车。[156] 虽然这个地方的位置和气候以及利物浦港口的发达促进了棉纺工业的发生和发展，但却是那些能够提供动力的水流，才能阐明最初的那些工厂之所以开设在布莱克本、伯里、博尔顿、奥德姆和曼彻斯特等地。[157]德比和格拉斯哥地区中的情形也是一样。还应注意到许多其他区域也具备这种必要的条件。因此，人们看到若干工厂在1785至1800年间建立在许多郡里。但是，这些因北部工厂主们的成功以及他们的迅速发财而被认为可行的尝试，却是独特的。[158]这些尝试不但没有得到真正普及棉纺工业的结果，反而使得棉纺工业已经十分明显的地方化更加突出了，后来，它的地方化可能越来越加深。

地理上的集中只是新工业制度的外部特征之一。内部正进行着更加深刻的集中。这是由于原料供应和产品销路上的共同需要而互相结合起来的那些企业的集中；这是资本的集中，其作用随着设备的改善和完备而越来越大。每一工厂都有几千镑的资本。[159]而且，一个人拥有几个工厂并不稀奇。例如，我们知道阿克赖特同时经营着八个到十个工厂。[160]皮尔第二几乎把整个伯利居民都雇用在他的纺纱、染坊和印花等作坊里：织布则是雇用所有邻近村庄里雇农(cottagers)去织的。[161]他还有其他工厂设在十二处以上不同的地方。[162]1802年，受他指挥的人员高达一万五千人之多，而且，他缴纳四万镑的消费税给国库。[163]斯托克波特的一个大细洋布制造商塞缪尔·奥尔德诺，在十八世纪末，被认为每年赚得一万七千镑之多。[164]从1792至1797年，霍罗克斯家族仅在普雷斯顿一个城市里就开设了三个工厂。[165]

开办这样的企业所需要的大量资金，并非总是一个人所有的。资本家们的合伙增多了，尤其是在初期，在大的工业财产形成之前是如此。我们记得阿克赖特这样善于利用许多合同来完成他的连续不断的计划。皮尔也有几个合伙人，[166]他的商号通常被人称为“皮尔先生所经理的公司”。[167]我们必须注意到“公司”这个词在这里绝没有我们经常给予它的那种股份公司的意思。这种组织方式还只适用于而且似乎仅只适合于某些大企业如银行、保险或公用事业工程。[168]关于这一点，亚当·斯密曾以断然的措辞发表意见。[169]然而，1779 年，人们谈到开办一个制造亚麻布和印花布的公司，[170]但这个计划毫无下文。像其他工业中的情形那样，这种计划仅在最近一个时期才得到实现。资本主义在其初期并未放弃其明显的个体特性：老板同时是工业企业的主人和经理，他兼有职权和特权，可是在股份公司里，这些职权和特权就要一方面由股东所分享，另方面由管理人所分享。

这样，通过机械化并通过那因机械化而发生的生产资料的集中，就完成了商业资本对工业的控制：在“商人工厂主”的位置上出现了简单的“工厂主”。可是，在这迅速演变的两个特别用语之间，人们发现一系列的中间状态。有时，粗棉布老板（fustian master）仅限于把若干手摇的机器集合在一个作坊里：这就是**纺纱间**，这与其说是工厂，倒不如说是手工工场。[171]有时，原料所有权和设备所有权不在同一个人手里，因为人们开设一些专做加工的小纱厂；商人们把原棉拿到那里，以后原棉就变成纱线形式交回他们。[172]这样，这两个连接的生产制度就并列起来了，但工厂只限于实现那些以前是委托在家劳动的工人去做的工作。只要手织和机械纺纱并存着，工业的一部分就必然要服从整个工业起初所必须接受的那些条件。但是，往往是纱厂主所有的一些大的织布厂，在许多地方都和家庭手工业竞争。[173]最后，不应忘记走锭精纺机代替了多轴纺纱机并同多轴纺纱机一样也适合于家庭劳动的条件，从1780年起就普及于乡村，它在那里又使小生产的存在延长一些时间。在这个时期所织的棉织品中，经纱常常是在工厂中用水力纺纱机纺的，纬纱是在农舍中用走锭精纺机纺的。[174]这样，新旧工业的特点就相互交错起来并彼此密切地混合在一起。

工厂制度正是在这决定性的时期拟定自己的主要轮廓的。下一时期——蒸汽时期——工厂制度已经形成了，对它所加的改变也许不及人们试图相信的那样深刻。今天，如果人们再来利用那被弃置已久的自然力，如果人们再在急流的河边、在偏僻的山谷之中重建工厂，那么，那些前不久还如此分明的外貌上的不同，就会开始减弱并让人更好地看出原则上的一致。在1780或1800年左右并存着的纱厂和家庭作坊之间的差别，比那时的工厂和今天的工厂之间的差别要大。

（七）

物质上的结果。产量的增加。周期性的危机：危机应当单单归咎于生产过剩吗？1793年危机。不应以棉纺工业特有的原因，而应以整个的经济环境来解释这一危机。

当时人们不可能懂得这种变革的全部意义，因为变革的社会后果隐藏很深，他们看不到。最使他们感动的东西就是他们把那些物质上的直接结果、产量的无限增加、大企业的诞生等这一切空前的发展同传统工业的停滞作对比。[175]1795年，约翰·艾金是这样开始他的著作《曼彻斯特周围三四十英里内的地方志》的："我们所选择的中心是棉纺织工业的中心；它的惊人的发展在任何商业国家的年鉴里，大概都是首屈一指的。"[176]另一个人把这种突然的发展同潜力的爆发作对比。[177]有些人不肯把它看作是另一回事，只愿看作是一件异常的、也许是不幸的意外的事。英国本身并不出产棉花；因此，它必须购买棉花，可是根据贸易差额的理论，凡输入不能以同等的或超出的输出来补偿，对于国家来说就是一种损失：按照这个道理，棉纺织工业能够变为国民财富的永久因素之一似乎是不可能的。[178]

然而，为了判断这项工业发展的力量，我们并未被迫处于稍微武断的估计和推论的境地。由于缺乏生产的统计，我们就通过英国海关的记录来认识原料的年消费量。1701 年输入大不列颠的原棉重量不超过一百万磅；五十年后，几乎有三百万磅。1771 年，它高达四百七十六万磅，1781 年达五百三十万磅。在其后六年中，其进展的速度加快着，人们有理由为之惊奇：1784 年是 1781 年数字的二倍（一千一百四十八万二千磅），1789 年增加到六倍（三千二百五十七方六千磅）。跟在这一迅速增长之后就是一个停顿时期；但从 1798 年起，增长又越来越厉害了：1799 年，棉花输入从三千二百万磅上升到四千三百万磅，1800 年升到五千六百万磅，1802 年，当人们把白棉布和印花布同呢绒竞争宣告为民族危险的时候，棉花输入上升到六千零五十万磅，比前一世纪增到三十倍以上。[179]制造品的输出是随着一条平行线前进的：1780 年，它还微不足道，它的总值不到三十六万镑。但到 1785 年，它已超过一百万镑；1792 年超过二百万镑；1800 年超过五百五十万镑；1802

年超过七百八十万镑，[180]即比二十年前大不列颠所输出的棉织品的价值大到二十倍以上。

让我们更加仔细地研究一下这个进展的曲线吧。它的趋向上升绝不是始终如一的。从1780至1800年，它出现了几次几乎每隔一定时间的下降，这些次数的下降是与同样多的次数的工业危机相符合的。这些危机至少有两次是严重的。在1788至1789年间，大多数新近开设的工厂不得不解雇一部分人员：有一些甚至于关了门。在兰开夏和柴郡的乡村中，多轴纺纱机已经成为居民的主要收入源泉，在那里，苦恼是很大的。[181]1793年，情况也许更加严重：约有十二个纱厂主宣告破产，[182]原料的输入从三千五百万磅突然降到一千九百万磅。真的，每次危机之后都跟着一个更新的活跃。一位工厂主后来说道："我看过棉纺织工业中的大不幸不止一次了。1788年，我认为棉纺工业不会复兴了。1793年，它受到一次新的打击；1799年又遭到更猛烈的打击。1803年和1810年也是一样。但在每一下降之后，新的发展总是惊人的。"[183]

这些危机的显著的周期性，每一危机前后的进展力量，马上就提出一个简易的说明。难道我们不是面临着由于机械化而引起生产过剩的最初的那些危机吗？难道我们在其起始时没有了解到近代大工业的最独特的现象之一吗？我们已经知道纱线的生产对于织布的需要来说是丰富得过多了。价格下降是新的制造方法的结果，下降大大地加速了。一百支棉纱在1786年每磅还值三十八先令，到1788年仅值三十五先令，到1793年仅值十五先令，1800年只值九先令零五便士，1804年仅值七先令十便士。[184]这种下降的结果，毫无疑问就是增加英国和大陆的消费量。但是供应比需求增加更快。机械化获得进展，新的企业就在四面八方开设起来。随着价格的下降，纱厂主们为了保持其利润额就不得不更加大量地制造，这就愈益加重销路的壅塞。不时发生崩溃是不可避免的。当若干工厂破产、机器被迫开慢和工人失业等使生产回到正常的比率时，新的繁荣时期就开始了；几年之后，跟着又是一个新的灾难，灾难是由于同一原因和同一结果的回复而引起的。

这些连续的危机的共通解释就是这样，如果我们不知不觉地陷入草率的一般化的话。但从那儿到寻求危机定期反复的规律之间的距离却是很近的。然而，企图根据政治经济学的抽象表达法来把那些甚至在萌芽时期第一次出现的事实归并为如此简单、如此容易说明的图解，那就会十分低估事实的莫大复杂性。如果人们更加细心地研究每一危机的历史，就会立即发觉生产过剩未必足以说明危机的原因。1788 年的危机是唯一的适合于这种说明的，因为它密切地伴随着阿克赖特专利权终止之后的工业的异常扩展；阿克赖特专利权终止之后是狂热活跃和过度投机的时候，这时，好几百个大大小小的企业在各处开设起来了，极小的制造商也预料到会发财。英国纱厂主们反对印度产品输入的诉愿，十分显出他们所遭受的痛苦：[185]英国市场变得太狭小了。他们天真地说道："消费不足了。"[186]这就等于说，生产是过量的，有了生产过剩。1793 年，情况完全不同了。首先，危机并不限止于棉纺织工业，甚至也不限止于所有新近改革其生产制度的工业。这是工商业的总危机。联合王国中破产的总数，从 1780 年至 1792 年，每年平均数几乎不超过五百三十起，可是 1793 年上升到一千三百起以上。[187]似乎还没有人认为这种普遍崩溃是机械化和大生产的，仍然是很

有限的作用所造成的。事实上，它是从金融危机（这是说明它的广度的东西）开始的。1793年2月，几家大银行停止支付：从而产生一种震动，在数星期内就使一百个左右地方银行倒闭了。[188]全面大恐慌爆发了：再也没有信贷了，钱被藏在保险箱里了，“各人虽未以疑惧的心情但都小心地注视其邻人。”[189]交易缩减到必不可少的程度：商品仍在商店里，这并不是因为它对惯常消费来说是过于丰富了，而是因为再也没有人愿意购买了。补救的办法也是金融性质的。皮特同伦敦的主要银行家们商量之后，决定发行五百万镑以内的国库债券。[190]这一措施在使不贬值的债券投入流通之时，就促进信用的恢复和信贷的再兴。从这时起，生意就逐渐回到正常的状态。

这种金融危机本身的原因是什么呢？难道是那在二月初爆发的同法国的战争吗？战争确实加重了祸害，但绝未制造祸害，因为在前一年，人们已经看出祸害的初步征候了。[191]最令人担忧的事就是郡银行所发行的过多纸币的跌价。四十年前郡银行为数甚少，这时是否增加到超过了公众的实际需要呢？我们必须在这伟大的经济运动之中去寻找其缘由，因为英国全国都投入这一运动之中，不仅工业就连农业和国内外贸易也被卷入了。[192]在开设工厂的同时，人们改变了土地所有权，又把许多交通路线在王国领土上开辟到各处。我们记得那从1792年起曾风行一时的“运河狂”，大量的各种计划以及许多草率组成的靠投机提供其短暂的生命的企业。总之，在我们看来，1793年的危机乃是一整个互相联系的事实的成果：它的结果的普遍性可以通过它的原因的普遍性得到足够的说明。用近代金融的语言来说，就是金融崩溃接替了突然繁荣，亦即生意过分扩展所造成的生意突然萧条。生产过剩的现象只是这种扩展的形式之一，正如机械化只是产业革命的因素之一一样。不应当把棉纺织工业史从一般的发展史中割裂开来，因为它是一般发展的一部分，只要它的各阶段预示着或伴随着更大的更普遍的发展阶段，它们就同我们讨论问题有关。但是，它们绝不够描述这一整个的进展，而且许多偶然的情况和它们混杂在一起，正如和一切特殊的事实混杂起来一样，要想从中得出规律就得撇开这些偶然的情况。

（八）

经济自由。棉纺工业的成长未受任何官方保护，不是真的：屡屡吁请国家干涉。犹豫不决的财政政策：粗棉布税事件（1784 年）。棉纺工业不受制造规程和学徒条例的拘束：生产自由。

这条规律之所以显得不清楚，事实上是因为过多的外来因素使它变质了，并使它复杂化了。这里，我们的意思不仅指的是意外事件如收成的好坏。1783 年的媾和或 1793 年的战争，而且还指的是审慎采取的整个措施，如条例、税则、禁令，而这些措施比今天更加严密地把全国的经济生活包罗在它们的带有密密网眼的网中。棉纺工业本身，不管人们能够怎样说，并没有逃脱官方的保护和约束。它在某种程度上得到这一个的好处，而有时又不得不同另一个作斗争。自从放任主义取得胜利时起，流行的说法是，这项在不几年内便成为英国最繁荣的工业完全归功于自由。[193] 这是一种不能不带若干保留就加以接受的说法。首先必须避免把贪利思想所引起的税则问题与中世纪精神的法规问题混淆起来。

如果说英国棉纺工业是在外国竞争面前未受保护的条件下成长起来的,那就太不确切了。因为那些使它几乎身受其害的禁令仍然对它有利。印花棉织品的输入,不管来源如何,仍被禁止。[194]人们不能想出更加完全的保护,因为它保证生产者有对国内市场的真正的独占。禁令并未扩张到纱线和未染色的织品,东印度公司继续把某些外国商品例如那些因纤细出名的达卡细布输入英国。可是英国制造商们很快就对这种宽容提出抗议,因为他们希望得到保护。他们屡屡请求对所有来自外国的织品都征收进口税,最后终于获得所请。[195]而且,不仅国内市场是留给他们的,人们还采取若干措施来帮助他们夺得国外市场,如对于输出的每匹白棉布或细棉布都发奖金给他们。[196]如果人们从技术观点考虑英国超过大陆各国二十五年或三十年的话,这种恩惠也许会被认为是多余的。

英国产品的优越已经到了这样程度,以致邻国只能通过严格禁止的政策来防御它的入侵。事实上,邻国从未采用这种政策。在法国革命和法兰西第一帝国两次大战造成欧洲和世界经济生活中莫大骚乱之前,舆论即使未倾向科布登和布赖特在下一世纪所理解的那样自由贸易,至少已倾向于那些根据互相让步而订立的通商条约或国际协定了。1786 年的法英条约是最有趣的例子。其结果之一是把法国市场开放给曼彻斯特和佩斯利的产品。真的,为了交换,法国制造的棉织品就第一次被准许进入英国了。[197]但是,这种互惠制度不会不对两个国家中那因技术进步而能以最低价格生产最多商品的制度有利。

人们会说这是自由竞争的结果。但是,英国工厂主们还不会用这新的信条来代替保护主义的旧传统。贸易自由,即使是有利的,仍被他们怀疑。发动反对纱线输出的运动证明了这种心情。人们看到某些纱厂主,例如威廉·拉德克利夫,不同意卖给外国买主。[198] 1800年和1801年在曼彻斯特举行的几次大会上,他们激烈地揭发"这种有害的做法有使英国棉织工业遭受破产的危险"。人们向商务部交涉了多次以期获得禁止或者至少严格限制这种有害的做法。[199]要阻止这些交涉的成功,必须有一些有威信的工业家如罗伯特·皮尔爵士等等有力的反对才行。[200]因此,纱线输出仍被准许。但另一些保护措施或被采用或被维持下去。一项禁止英国工人受雇于外国的法律还长期存在着:[201]对于棉纺工业则明确地重申它的各条款,并要求极其严格地加以实施。[202]至于新的机器,人们希望用严峻的立法来防止其输出。从1774年起,有一项法律禁止输出"制造棉织品或棉麻织品的工具和用具"。[203] 1781年,另一项法律把这项禁令推广到图样、模型和说明书。[204]显然,我们离那像正统派经济学家所规定的贸易自由还很远,离商品和劳动力自然走向最大利润和最高工资所号召的那个地方去的这种完全流动性还很远。即使棉纺工业史能提供论据来支持放任主义,但也不是在这开端时期之中,在这时期,我们只能看到矛盾和半自觉的趋势间的斗争。但是,真正的矛盾是正在兴起的、已隐约感到的、新的需要:这些需要之所以会很快地成为必不可少,是因为它们面前不大有旧的习惯和传统的阻碍了。

事实是,英国政府对于这项新生的大工业并没有十分确定的

政策。政府起初只认为它是一种新的财富,国家可以对它征收什一税。1784年,皮特寻找财源来平衡预算时,想到增加棉织品的消费税。他了解这项繁荣的工业已经使用八万以上的工人,而且那里已经形成了许多巨富。按照他的意见,这项工业是能够负担附加税的。[205]人们决定征收这种税。[206]但是,人们能够马上估计出那同这项工业一道增长起来的势力的大小。于是响起了一片抱怨声:兰开夏的白棉布和粗棉布制造商、格拉斯哥和佩斯利的细棉布制造商、织布工人、印花工人、染布工人等都向议会提出请愿书。[207]为了废除新税,曼彻斯特组成了一个委员会。[208]委员会在有利害关系的地区中组织骚乱、派遣代表到政府和反对党那里去为自己案件辩护。下议院举行一次辩论:福克斯和谢里登发言支持工厂主。皮特在有名无实的反抗以后,就同意人们的请求。[209]代表们凯旋回到曼彻斯特,有两千人的仪仗队来迎接他们;仪仗队中有棉织工业的各行业的代表,拿着旗帜,旗上写有适合时宜的口号:"愿商业永远繁荣!自由得到恢复!不受阻碍的工业万岁。"[210]

难道这真是有关自由的问题吗?为了抗议征收过重的税,工业家们无须援用任何别的原则,而只需援用一切时代中和各种政治制度下人们所理解的那种利己的原则就够了。[211]那对事件的意义可能造成误解的东西,就是辉格党的干预。它第一次自称为大工业的保护人,或者更确切地说,大工业的同盟者。然而,这种同盟,虽在政治力量对比上应有那样的重要作用,但还不是决定性的。托利党政府在北部工厂主中有许多拥护者:罗伯特·皮尔爵士是威廉·皮特的赞赏者之一和私人朋友。

可是起初，大工业史同经济自由史在某一领域中是混淆不分的，这个领域就是生产领域。制造规程、同业公会章程，甚至国家法律如1563年的学徒法，[212]始终是特殊措施，它们的规定仅仅适用于明文指定的一个或几个行业。任何新工业，由于其本身是新事物，所以处在它们的控制之外，除非它也变成特别法规的对象，它就可以完全自由地发展。对于棉纺工业来说，情形就是这样。我们知道，它起初被看作是一种外国工业，它经过何等艰难才在英国站住脚。当它的存在被承认并被许可的时候，旧工业法虽未完全丧失信誉，至少也十分削弱了。在毛纺工业方面，旧工业法好容易才能坚持对抗走私，增订惩罚制度以及在制造商间组成互相侦察制度，但都是徒劳的。[213]网眼徒然加密了，捉拿不住的水流继续从各方面穿过网眼。亚当·斯密在其他许多问题上高出公论很远，但在这一点上只是自发运动的解释者。[214]保持旧法规是不容易的；制定新法规又不可能。因此，棉纺工业从其出生时起就免除了那种压在其姐姐身上的沉重束缚。没有有关织品的长度、宽度和品质的规定，也没有强迫或禁止使用某种制造方法的规定。除了竞争和个人利害的控制，没有别的控制。因此，使用机器、大胆经营，以及产品的多样化能够很快得到推广。关于劳动力，也是同样的自由：行会及其悠久的传统，学徒制及其严格的规则，这一切在棉纺工业中都是不存在的。我们在下面会看到，在招雇工厂的工人时，产生了怎样的便利，以及什么样的流弊是其后果。[215]

这种国内自由是大工业不能缺少的唯一的自由。它一被剥夺了这种自由，它就停止活动了，可是活动是它的基本法则：首先是变革上的活动，技术进步是这种活动的不可抗拒的原动力；其次是

扩张上的活动，这种活动是通过生产的增加和市场的扩大表现出来的。这种变革和扩张虽然彼此连在一起，但它们是两个不同的现象；而且，虽然它们能够互为因果，但扩张在理论上是从变革派生出来的。同样，经济自由也具有两个不同的形式：生产自由和交易自由。没有生产自由，大工业就不可能存在，对大工业所加的正当限制绝不是对其基本需要表示疑问。交易自由发展较晚且较不确定。虽然这是从产业革命中产生出来的新世界的特征之一，但无论如何也不是那些首先表现出来的特征之一。

（九）

毛纺工业中的机械化。毛纺工业的集中：集中的实现对东部和西南部诸郡是不利的。机器引进到约克郡。呢绒商变成工厂主。小制造商中的惊慌；但家庭工业制度仅仅十分缓慢地消失。绒线工业：梳毛机的发明（1790 年）。布雷德福的纺绩厂。毛纺工业落后于棉纺织工业。

机械化大概是在很短时间以内就从棉纺工业扩展到各种纺织工业的。我们仅就其中之一，即最重要的，也是最古老的，对于变革反抗最力的那种纺织工业来指出这种变革的主要阶段。毛纺工业中逐渐发展着的资本主义组织的那种缓慢的演变受到突然的冲击，利己心和守旧对于这种冲击的一切反抗则处于无能为力的状态。

这项工业发展极其缓慢的原因之一就是它的分散性。极小的技术改进在达到乡村小作坊以前，要经过若干年才走到一个个的城市和一个个的村落。1733 年发明的飞梭,仅在七十年后才出现于威尔特郡和萨默塞特郡的乡间。[216]毛纺工业史直至十八世纪末基本上是区域性和地方性的历史。产业革命本身在毛纺工业中是采取事变地方化的形式,因为事变几乎完全是在某一区域里完成的并且仅对该区域有利。这个区域仍是英国毛纺工业的主要中心。这个主要中心就是利兹、布雷德福、哈德斯菲尔德和哈利法克斯等城市聚集在那里的一个狭窄地方,这些城市的声誉很久以来就使人遗忘了东部和西南部的城市以及诺里奇、科尔切斯特、弗罗姆和蒂弗顿等城市的声誉了。

怎样解释这些城市的衰落和那些城市的发迹呢?人们试图以两种不同的相反的方法来解释。按照洛朗·德瑟纳先生的意见,毛纺工业迁到约克郡去,是因为那里工资比南部诸郡低。[217]依据坎宁安博士的意见,这是约克郡的工资高昂决定了制造商们使用机器的,同时,南部劳动力比较便宜倒使他们较不关心技术进步。[218]但是,矛盾只是表面的。事实上,这里所谈的是有关两件不同的接连的事实。那些首先被廉价劳动力吸引到约克郡去的制造商们,当其工业繁荣逐渐增大的时候,当邻近诸郡如德比郡和兰开夏中的棉纺工业的吸引力逐渐显露的时候,不得不提高自己工人的工资。[219]他们于是利用机器来提高其利润,竞争中的工业获得了无比发展,因之完全归功于机器。

必须认为西区的发迹主要是它的位置以及它与工业生活的新中心有接触的缘故。发迹一经确定,其他优点还会巩固其未来。约克郡的江河,在其水流的上游部分,几乎和分水岭那边的江河同样富于动力:从古时起就被用来漂洗呢绒,清澈的河水转动着初期纱厂的机轮。[220]以后，在蒸汽机代替了水力发动机的时候，约克郡在其丰富的煤矿中找到了新的资源，那里的矿脉许多地方几乎与地面相齐。这样，工业发展的每一阶段都对这个得天独厚的地区提供新的繁荣因素。相反，这个地区倒使其他没有丰富水流和完全无煤的地区的衰落越来越无法避免。在机械化的第一时期即水车时期延续的时候，这些地区还能顶得住，但蒸汽机的来临，终于使它们破产了。诺里奇的工业在 1785 年左右仍然是繁荣的。在美洲战争造成严重危机以后，交易恢复有了辉煌的成就，好像预报它有一种配得上过去那样的未来。[221]然而，几年之后，伊登就注意到衰落的征象、制造商的抱怨以及工人的菲薄工资。[222]今天，这项工业已经消失了。诺里奇以前因产绒线织的漂亮呢绒而出名，现在再也没有纺织厂了；纺织厂已被食品制造厂所代替，同时，绒线工业已迁往北部布雷德福去了，这个地方在一百年内就看到自己的人口数目从一万三千人增到二十万人。

纺纱机器中最简单的机器是多轴纺纱机，它在发明后不久，约在 1773 年就在约克郡中使用。[223]但在 1785 年以前，即当它在棉纺工业中开始被走锭精纺机和水力纺纱机所代替以前，它的使用似乎并未十分普及。[224]像在兰开夏中那样，而且由于同一原因，它有时候也不受人欢迎：反机器的骚乱在 1780 年爆发于利兹，这是在乔利的阿克赖特工厂被火烧掉几个月后的事。[225]但是，这种敌视仅在害怕工资下降的工人中是严重的和持续的；相反，对于西区中如此众多的老板兼工匠来说，多轴纺纱机是受欢迎的，因为它使他们可以大大增加其作坊的产量而不须改变传统的组织。它不但不使他们企业有受资本主义侵入的危险，似乎还对他们提供新的武器来保护其独立性。从而它在小工业最多的地方获得了成功。在西南部，商人工厂主由于不大通晓技术，所以也不懂得必须改革设备的好处以及过迟改革而要遭受损失的事情。这些商人工厂主认为，只要工人以约定的工资完成规定的任务，他们的利润就有了保障，所以他们把选择工具和制造方法的任务留给工人按照喜爱或习惯去自行处理。在蒂弗顿、谢普顿马莱特、莱斯特虽然有些个别的创举，[226]但却碰到工人方面的、人们可以料想得到的那种反对。仅从1790年起，在北部城市的可怕的竞争面前，德文郡、威尔特郡、萨默塞特郡、格洛斯特[227]的居民才决心使用多轴纺纱机。可是已经太迟了。约克郡中已经出现了装有自动设备的纺纱厂，后者不久就使那些留恋家庭小工业中陈旧方法的体力劳动者的地位保持不住了。

约克郡第一个大纱厂主是利兹的本杰明·戈特。[228]他的生涯的开始几乎是在阿克赖特的生涯终结的时候。他的生涯较不艰难，他甚至不需要冒充发明家。他的职务仅是一个为相近工业的范例所启发的聪明资本家的职务。他的企业似乎很快地得到了巨大的发展。由于他有大量的资本，所以他能在利兹郊区开设两个大工厂，能在那里进行小制造商所不能做的各种太难的或者花费太大的试验，能在那里试验最新的化学染色方法。成功很快而且是具有决定性的。为了满足那比生产的增长还要更快的需求，不久，戈特就不得不像兰开夏的工厂主那样求助于夜工：机器（其中有些是用蒸汽发动的）往往不停地连续开动四天。[229]不几年内，戈特就有了许多竞争者。在十八世纪最初几年中，那些开设最有生气的最繁荣的工厂的人中，应当提到帕德西的菲希尔、霍尔贝克、布鲁克和利兹的威廉·赫斯特，后者自吹是第一个把走锭精纺机用来纺毛的人。[230]

这些工厂主中的大多数人是呢绒商，亦即变为制造商的商人。单单他们工厂的所在地就几乎足以令人猜到这一点，因为利兹的周围虽然那时聚集着许多工厂，但以前它从未被看作是一个大的制造中心，反而不如说被看作是一个商业中心，亦即四周乡村的织工们都来到那里出卖其呢绒的市场。从那以后，他们就以在老板工厂中工作的工人身份来到那里了。在西南部诸郡中，商业资本对生产者的独立性的侵蚀是缓慢地、逐渐地实现的，可是在约克郡，侵蚀是一下子显示出来的，以致人们不会误解。小制造商们立即看到了危险。他们早于1794年就向下议院提出了一份请愿书，书中非常明智地指出这种危险。他们在夸耀西区中保持到彼时那样的家庭工业制度的好处以后，补充说：

“这种制度在约克郡中占着如此悠久的优势，它对工业、对所有靠工业为生的人、对一般公众都有如此美满的结果，它现在却受到用于王国其他地方的方法所威胁，而在那些地方，那些从此产生的麻烦和祸害常常是很严重的。那些方法是为少数大资本家的利益服务的，有构成垄断的趋势，在约克郡一些属于呢绒商阶级的、现在变为呢绒制造商的人所采纳。这些商人中，尤其是利兹和哈利法克斯两个城市中的商人，不久前已经着手经营，另外还有几个也表示要学他们的榜样，开设纺织呢绒的大工厂。按照请愿人们的意见，这种事情不会不对他们产生最不幸的后果，因为他们借助于极微的资本，通过自己的以及团聚在一家的妻子和孩子的不倦的劳动，直至彼时只知正正派派地过活并养活家口而不向任何人请求什么……。今天,他们已有受到丧失这种舒适而独立的地位的威胁:如果新制度得胜,他们就得为谋求自己的以及他们亲人的生活而和家庭分别并陷入奴役的地位。"[231]

他们不愿意限于无益的诉苦,他们请求议会保护,防止大企业的竞争。他们习惯于请求经常给予其行业以法律保护,所以认为这样的请求是十分自然的。他们果然获得了禁止呢绒商开设工厂的法案的提出。[232]但是,这项法案是落后于时代的东西:法案所依附的法律已经陈旧,而且马上就要失去其尚存的一些实际效力。这项法案像那些想要加固旧学徒条例的措施一样,像工人要求反对机器的措施一样,像一切旨在恢复几乎被摒弃的政策一样被否决了。[233]然而约克郡的小制造商们并未灰心失望。其中一个名叫罗伯特·库克森的,在 1804 年要求通过一项类似 1557 年的、限制一个老板所能拥有一定数量织机的法律的法律。[234]他们仅在一再失败以后才放弃获得官厅为支持家庭工业制度与反对大工业而进行干涉的企图。

他们所预料的危险,毕竟并不急迫。1806 年负责对毛纺工业状况进行总调查的议会委员会能够证实制造商的数目并未减少:一千八百个制造商在利兹的两个呢绒市场之一中还有着预定的位置。[235]而且,虽有工厂的竞争,但绝大部分的生产还在他们手里:1803 年,在西区织的呢绒匹头总数中只有十六分之一是产自资本家经营的大工厂;其余的约有四十三万匹都是出自老板兼工匠在作坊里织的。[236]这是一个很有意义的比例,因为它指出这项旧工业对那在棉纺工业中那样彻底和那样容易完成的变革所进行的抗拒。这几千个独立的小企业具有强壮的生命力,它们被吞并或被淘汰是极其缓慢的，它们中大多数在十九世纪中叶还继续存在着。[237]但是，它们只有在尽可能地适应新的生产条件时才能保持下去。机械化在毁灭它们以前已经渐渐地深入它们的内部。1800年左右，约克郡的制造商们几乎都用多轴纺纱机或走锭精纺机来纺，并用飞梭来织。梳毛也是用机器梳的；但在某些专门作坊里，老板兼工匠由于自己家里缺乏必要的设备，所以按其历来送洗呢绒那样把未脱脂的羊毛送到漂洗坊去。[238]这样，在体力劳动和机械化之间、在小工业和大工业之间就建立了一种联合，或者更确切地说建立了一种暂时的妥协。

在绒线工业中，资本主义组织并未期待引进机器。工厂主必须重视梳羊毛工人，因为他们是熟练工人，他们的专门技能、他们的坚固团结使他们有可能显示苛求。他们的俱乐部在英国各地都有分部，如遇迁移或失业就对他们予以支援。[239]他们屡屡罢工，往往都是得胜的，因为很难缺少他们，虽然不能说少不了他们，而且他们会使雇主有这种感觉。在某些时候，单单停工的威胁就足以争得老板从未自愿允诺的让步。因此，梳羊毛工人能比毛纺工业中一切其他工人领得较高的、高达每星期二十八先令的工资。[240]这一切都被梳毛机的发明所改变了。

这项发明是卡特赖特的创作。[241]它比机械织机的发明后五年，它适应同样迫切的需要或利益。然而，它和机械织机一样，也不是立即就得到利用的。它的使用仅在很久以后，在1825至1840年间才推广的。[242]但它的出现足以制止梳羊毛工人的苛求。人们能够马上看到它使他们因求得禁用而作出失望努力所引起的那种害怕心情。[243]从此以后，工厂主便有一种万无一失的武器来对抗他们。工厂主一定想到能因储备这种武器而感到满意，但安装用水车或蒸汽机发动的昂贵设备费用很大，工厂主又犹豫起来了。可是，卡特赖特用最有说服力的方式说明发明物的好处："十个儿童和一个工头使用三架机器在十二小时以内可以梳出一包二百四十磅的羊毛。由于用机器来梳并不需要油和火，从而得到的节约——甚至于仅仅燃料的节约——一般都足以偿付工头和十个儿童的工资。因此，制造商所实现的节约就会等于今天按照旧的、有缺点的手梳方法所完成的整套梳理工序使他花费的东西。"[244]

第一个使用梳毛机的工厂是发明人亲自经营的工厂，设在离谢菲尔德不远的唐卡斯特。正是在这个地方，梳毛机得到"大本"的绰号；"大本"是一位大众喜爱的拳击家的名字，因为机器的骤然往复的动作使人回想起这位拳击家的动作。[245]但机器还不完善：它不能把进口羊毛和品质不同的羊毛梳得同样好。在机器未改良之前，使用机器的人的失望也许足够说明其最后成功的迟缓。[246]然而，在十九世纪初，它已被用于大量的工厂中，特别是诺丁汉和布雷德福周围的工厂中。[247]因为这一变革，像以前的那些变革一样，大概主要有利于中部和北部的诸城市。当 1794 年加内特把走锭精纺机以及拉姆斯博瑟姆把梳毛机[248]引入布雷德福时，布雷德福还只是一个街上长着青草的沉睡的小城市。[249]十年以后，这个城市已有几个大工厂[250]并且开始和诺里奇的旧工业进行着可畏的竞争。

从那时起，北部工业中心的优越性已经十分确定了，以致人们把这些工业中心推荐给英国其余地方作为榜样："自从曼彻斯特的纱厂主们使用水车二十年后，这个城市大大活跃起来，其工厂的人

员增加很多，以致几乎找不到一个没有工作的工人；约克郡的纱厂主们在采用同样的设备时，不仅能够使用其所有的羊毛，而且还要派人到西部地方去收购羊毛，可以说是从我们羊毛商和呢绒商手中抢购羊毛。人们可以毫不踌躇地得出这样的结论，在西部诸郡和王国各郡中引进和使用这些机器，对贫民阶级，我甚至可以说对整个社会都是一种善行。”[251]约克郡与德文郡或诺福克郡等落后地区相比的情形，也就是兰开夏与约克郡相比的情形。棉纺工业继续给各种纺织工业带路：“按照愚见——一位大工业家阶级的代表，阿克赖特的竞争者或继承人，在1804年写道——，毛纺工业不能过于严格地仿效棉纺工业的事例，因为出产最优良和最便宜商品的国家总会有偏爱的；只有依靠改良才能保持或争得头等的地位。”[252]

但是，要这样做，首先必须改变那还支配这项古老工业的思想，打破那使这项工业注定守旧的过分保护的传统，废除那些统治这项工业的陈旧的规定，例如学徒条例（因为它反对自由招雇人员），制造规程（因为它阻碍革新设备和革新那些为习惯所固定下来的方法）。“在十九世纪初，人们看到旧的成见已被放在一边以及下议院的一个委员会负责从法典中删除一切有关这项工业的法律……，这是一种鼓舞人心的景象。解除了长期束缚自己的羁绊，它从此以后就能有和另一工业同样多的自由来处理自己的业务；两个工业已经达到至少同等重要的地位，但其名字在两院的记录中几乎没有被提到。”消除那还拖延产业革命进展的最后障碍的这种愿望不久就要实现。

第三章　铁和煤

在同一个国家和同一个时代，人们看到棉纺工业的异常迅速的增长、机械化的出现、工厂制度的形成，同时又看到钢铁工业方面也有着平行的发展。这种平行状态是一个非常值得注意的事实，因为这是有关两种显然不同类型的工业，它们的材料和基本进程没有丝毫共通之处，它们的技术进步应是通过十分不同的方法实现的。只有一些非常一般的原因才能把它们卷入共同的活动中去。此外，在纺织工业的变革和冶金工业的变革之间有一种同时性以外的东西，人们可能企图看到那里有一种简单的巧合，因为它们犹如整体中的各部分互相补充着。机械化的开端，属于纺织工业的历史，它的最后胜利和普遍发展，只有通过冶金工业的发展才能实现。

实际上，冶金工业在现代的大工业中占着一个特殊的位置。可以说它占着中心的位置。因为它对大工业提供设备。应用机械学的各部门都在它那里寻找不可缺少的援助。因此，冶金工业中每一改进都影响整个工业的生产。所谓冶金工业，首先应当指的是钢铁工业。它以前的优势是随着生铁、铁和钢的使用上的增多而逐渐扩大的。它今天还对我们因产业革命而形成的现代文明显示出一些最动人的客观外貌。它竖起了极其巨大的建筑物的骨架，它在最宽的江河上架了桥梁，它建造的一些像城市般住着人的船只漂流在海上，它把铁路网一直伸展到各大陆的尽头。它的历史不单单是一种工业的历史，从某种意义上说，它是整个大工业的历史。

(一)

冶金工业的演变和纺织工业的演变是平行的。十八世纪初的钢铁工业。生产薄弱。苏塞克斯，德安森林等旧中心的衰落。附属工业相对的繁荣：谢菲尔德的刀剑制造业和伯明翰的五金制品业。企业组织：矿业公司、炼铁厂老板、小制造商。专业作坊；进步的分工。但工业因缺乏原料而委靡不振。

英国在其一系列的具有决定性的变革开始时，虽然是变革的现场，但还不是优越的冶金国家像它后来变成的以及长期继续下去的那样。在这方面，它还不能同瑞典或德国相比拟。英国地下富有铁矿，似乎被人看轻了，许多矿床还没有开采。英国不但不像今天这样大量输出生铁和棒状铁，反而要输入这些东西，主要从波罗的海沿岸各国，小部分从西班牙和美洲殖民地。[1]

钢铁工业天然分为两个主要部门：第一部门包括矿石的开采和冶炼，第二部门是把金属加工为各种形式。第一部门是极其重要的，因为没有它，就要到外国去寻求半制成品原料；它在十八世纪之初是那么委靡，以致人们对它感到失望。1720 年左右，整个英国只有六十个左右高炉，每年出产一万七千吨生铁。[2] 这点可怜的产量，远远低于我们一个大高炉的产量，[3] 而且是十分分散的。这里，我们还应指出，旧纺织工业的那种特有的分散性。主要的炼铁厂分布在十八个或二十个性质不同的郡里。[4] 有些郡,例如约克郡、沃里克郡、格拉摩根郡,现今拥有头等的冶金中心。另一些郡,很久以前就失去了它们那时还保存着的那一点点的工业生命。

在这些郡中,首先必须提到苏塞克斯郡。这个郡从前盖满了森林,它对炼铁厂提供必要的燃料;它在十六和十七世纪经历过非常昌盛的时代。卡姆登写道:"苏塞克斯郡富有矿石;为了冶炼这些矿石,一些高炉就建筑在这个地方,每年消耗大量的木柴。往往好多条水道被连接为一条水道,许多大块森林地段被改为池塘,以便产生瀑布来推动水车,水车使锻铁锤动作起来,锤的响声日夜响彻四邻。"[5] 若干大家族,如霍华德、内维尔、佩西、阿什伯纳姆等家族,在苏塞克斯郡都有炼铁厂;另一些大家族在那里发了财,并向工业要求贵族头衔,例如富勒这个家族把一把钳子饰在族徽上并以用煤和铁钳作为箴言。[6]

在十八世纪初,这个工业的衰落已经很明显。1724 年,笛福还赞赏那些设在该郡东部威尔德林木乡村中的"许多大炼铁厂"。[7] 人们继续在那里制造锅釜、壁炉里的铁板以及大炮等器材。[8] 但另一方面,我们知道苏塞克斯郡的高炉数目在这个时期已经降到十个,每个高炉每年生产平均数是一百四十吨生铁。[9] 要铸造圣保罗大教堂四周的栅栏,两个高炉几乎还不无完成。[10] 它们一个接着一个消失了:今天,只有霍克赫尔斯特村和兰伯赫尔斯特村中间的几个地名才令人回想起这个消失了的工业。[11]

另一个冶金地区在被人完全放弃之后,现今又继续有点活跃了。这就是在怀河上游与塞文河河口之间的德安森林。这个地区藏有相当丰富的矿床，曾为罗马人所熟悉并开采过，[12]但还未采尽。如果我们能够相信安德鲁·亚兰汤的话，德安森林在复辟时期还养活着好多矿工和锻工。[13]这个证据除是一种旧名望的反响外，难道会是别的东西吗？然而，在1720年至1730年之间，这个地区像苏塞克斯郡一样，只有十个左右高炉，而这些高炉往往不是直接冶炼矿石而是利用罗马的炼铁厂的铁渣。[14]在英国其余的地方，想找一个更重要的中心，那是徒然的。在伯明翰和谢菲尔德四周小冶金工业繁荣的地方，虽然凑集起几个高炉，但它们产量太少，不能给所有的工厂供应原料。其他各处，在南威尔斯、塞文河中部流域、柴郡和坎伯兰，只有一些稀稀落落的、存在不定的企业，它们还很难供给当地的需要。

现在我们要从基本工业转到附属工业方面去。附属工业不但繁荣得多，而且比较密切地固定在某些地方。伯明翰和谢菲尔德，我们刚才提到过它们的名字，这两个城市的多年声望完全归功于附属工业。从中古时代起，谢菲尔德就拥有著名的特产。乔瑟在其《坎特伯雷故事》里有一段常被引用的文章谈到谢菲尔德的刀剑。[15]整个周围地区，通称为哈拉姆郡，都参与这种制造业。那里有丰富的磨石，许多从峰峦区高岩中喷出的急流小河，同时被用来锻钢和转动磨石。[16]靠近海边又邻近通向波罗的海的赫尔港口，使得刀商们有可能不花过多费用就能获得瑞典的铁，这种铁通过当时通行的方法最易于炼钢。哈拉姆郡不仅出产刀剪，而且还出产斧、锤、锉刀、各种工具。伯明翰也炼钢。它在十七世纪就有一些兵器制造厂供应成千上万的长矛和宝剑给克伦威尔军队。[17]但是伯明翰的真正专业却是五金制品业，包含有各种各样的商品，一些是日用品，另一些是按照时新样式的变化而变化着的商品：从钉子和铁制品起直至金属纽扣、鞋扣，[18]以及那在英国受人欢迎的、不久又在全欧洲受人欢迎的伯明翰玩具。这个城市的居民被视为勤劳不亚于灵巧。据说那里从早晨三点钟起就可以听到锤声。[19]伯明翰，和谢菲尔德一样，也是一个工业区的中心。在那被矿山和高炉改变了外貌的黑乡，工厂已经林立，如：达德利、温斯伯里、沃尔弗汉普顿[20]等村庄，现已变为城市了。

这两个幸运的中心，不论如何重要，但毕竟比不上毛纺工业中一个像诺里奇那样的城市，或一个像西区那样的地区。还有另一些中心，我们可以将其分为两类：一类是为广大市场而生产的专门化工业中心。布里斯托尔和格洛斯特的别针制造业以及纽卡斯尔的“谢菲尔德式”[21]刀子制造业属于这一类。另一类，相反的是供应有限市场的一般必需品：这里人们好歹制造一切从远方运来不合算的东西，因为那时笨重商品的运输很难又很贵。要想获得有关它们的精确的调查材料，几乎是不可能的，特别是因为它们越多越分散就愈益模糊不明。但是，如果人们忘记制锅匠和蹄铁匠在许多镇市和村庄上所起的重要作用，那么，人们对于十八世纪前五十年中的钢铁工业状态就会形成十分不正确的看法。在苏格兰，几乎整个冶金工业都还掌握在他们手里。[22]

事实上，工业的地理集中及其细分为专业，是根据地区和技术操作的性质而变化的。同样，它的内部组织是极其不同的经济条件的异质产物。不管采矿方法如何不完善，但也需要相当大的资本。因此，矿业公司[23]老早就组成了，至于体制和特权都和贸易公司相类似。这些集体企业为数很多，但重要性颇不一样，它们是由总裁或总长掌管的，每年分红给股东。有些企业，如英国冒险家矿业公司和皇家矿业公司，在英国许多地方都有股权并以大生意为目标，但成就很平凡。[24]另一些企业，如科尼什的那些企业，是些小的组合，由于资金不大，所以大多数都不能同时开采一个以上或两个矿井。[25]这种制度显然远没有充分的发展。特别是因为它没有扩展到整个采掘工业。这种制度一般实行于铜矿，铜矿往往很深，开办工程和保养工程费用很大。[26]相反，煤矿几乎总是由个人经营的。有时是由土地所有人自己开采的，许多土地所有人那时是，现在还是大土地贵族。典型的例子就是布里奇沃特公爵这个例子，他叫人挖了一条名叫沃利运河来把他的煤矿中的煤运到曼彻斯特。更通常的是按掘煤量的比例交付租金（付给地主的矿区使用费）的办法把煤矿租给承包人。[27]在约克郡，那些被人称为矿坑外监工的人，有时以地主的管家或工头的资格来办事，有时以租户的资格按照自己的意愿来经营。[28]铁矿的制度似乎也是这样，铁矿的命运是与炼铁厂和翻砂厂的命运连在一起的，所以不可能把它们分开来研究。

矿场和高炉几乎总是构成同一的企业。矿石是就地熔化的，而且，矿石的采掘是受那些与矿床直接为邻的熔炉需要所限制的。炼铁厂老板同时就是矿山主人。反之亦然，铁矿所有人只有成为炼铁厂老板才能开采铁矿。这样就说明英国南部贵族家庭的工业作用。对于这些家族来说，这就是利用他们领地的方法。阿什伯纳姆勋爵现在还有一个宅第在他祖先于两三百年前为皇家军队制造大炮处不远的地方。[29]一个企业同时有一个矿山、一个或两个高炉、往往还有一个狭义的炼铁厂，这样的企业必然具有一种资本主义的特征。这种特征还因设备的性质而显得很突出：从十五世纪起，那些带有用水车鼓动风箱的高炉，代替了那些设在山谷交叉处或设在山丘顶上容易利用风力的低炉。[30]卡姆登的文章已经告诉我们，在十六世纪末，人们在苏塞克斯郡的炼铁厂里就使用着水力锤。[31]我们已经提到轧铁机和切铁机，所有这些设备都预示着大工业的设备。然而不应忘记：这一切才刚刚有点生命，真正的发展已经开始停顿了，一个高炉每星期平均生产五至六吨生铁。这些资本主义企业虽然有了外形，但仍然是小企业。

在附属冶金工业中情况则很不相同。它充满着生命力和活力，而且那里分工也非常进步。但是，必须明白这里所谓分工这一用语的含义。这个用语有两个不同的意义。有时它意味着为了完成一项工作而划分的种种特别的任务；有时它仅仅意味着专业的形成，而各个专业又能被视为自给自足的专业。在前者情况下，分工有集中、统一的倾向；在后者情况下，分工则有经济分散的倾向。正是分散首先占着优势。英国的五金制品业和刀剑制造业的种种商品都是从许许多多专业小作坊中产生出来的。资本很少或者没有资本，设备非常简单，工匠的手工技能是必不可少的，这些就是生产的正常条件。在谢菲尔德，工资劳动者几乎不比老板的人数多：老板在自己家里带着孩子和学徒，亲自动手工作。[32]这就是离谢菲尔德不远的地方，在哈利法克斯山谷织工家里所存在的并带有一些也许更加古老的特点的家庭工业制度，这种制度是与一种十分狭隘的行会制度结合起来的。哈拉姆郡刀匠行会是按照中世纪当地同业公会的样式组成的制造商的义务组合，它的章程在1624 年得到议会法令的批准。[33]任何人，如未被批准成为会员，都

不得在该地区开设作坊。它发给每个作坊一个制造商标。除本地区的并在本地区做了七年学徒的工人以外，不许雇用其他工人，不许把未装柄的刀身卖给本地区以外的人，也不许把磨石或任何一种工具借给外人。这些章程以及许多其他的、尤其是有关行业技术和产品质量的规程，直到十八世纪末仍然有效。[34]哈拉姆郡刀匠行会是那些保有实际权力为时最久的职业行会之一。[35]它亏有小工业的存在才能如此；无疑，它赞助小工业延续下去，同时使小工业在传统的范围内停滞不前，它本身正是在这种范围内发展起来的。

从独立作坊之间的自发的分工过渡到手工工场中有组织的分工是逐渐实现的。同纺织工业中的情形一样，商业和商业资本是这种变革的原动力。那些在一定时期到谢菲尔德和伯明翰来访问小制造商的商人是一种不可少的人物。[36]生产是根据他们的订货来调节的，[37]一切事情的经过好像老板兼工匠只是商人雇用的工头。这种从属关系有时更深：商人提供原料，生产者虽在外表上是独立的，但实际上不过是按件取酬的工人，当然还保留工具所有权。[38]只有几个比较富裕或更有冒险精神的制造商，由于运输方法的改善，能够同伦敦甚至同大陆市场直接发生关系。[39]随着他们变成商人的时候，为了满足主顾的需要，他们就汇集那些从前分开的专业。1765 年，约瑟夫·汉考克在谢菲尔德有六个作坊，而该城市的主要工业包括包金包银的新兴工业在内都包括在他的六个作坊里。[40]在向资本主义集中的方向再走一步，我们就达到“手工工场制”了。马修·博尔顿在和詹姆斯·瓦特合伙以前，老早就经营一个除去设备以外已经类似近代工厂的大工厂。人们在这个工厂

里对铁、铜、银、玳瑁壳等进行加工；那里产生出来各色各样的产品，如装饰用的铜器、金属纽扣、鼻烟盒、表链等。[41]这就是整个伯明翰工业的缩影，亦即包含在一个企业里面的并掌握在一个人手里的工业。[42]

专业的集合仅是集中活动的结果，这种活动已在各种工业中同时表现出来。另一结果也许更加重要，自然意义也就更加深远，这就是在各专业中把技术过程细分为越来越多的工序，分给相应多的工人或小组去做。分工上的这种古典形式，在任何地方也不及在附属冶金工业中显得那样早并带有那样明显的特点。亚当·斯密的《国富论》第一页中所讲的著名事例，就是从这些附属冶金工业之一中得来的。

但是，上述的这种向手工工场的发展仅在十八世纪中叶左右才表现出来。在此以前，相反地，钢铁工业却是停滞不前。当生产规模仍然很小时以及在生产趋向减少而不是增长时，它的制度很少有改变的机会。英国冶金工业委靡不振，它的某些附属工业之所以保有相对的生气，多亏输入瑞典或俄罗斯的铁。英国本身虽然不能自给，但至少认为能对它的属地保留工业品的专利权，同时能从那里弄得它所需要的原料。一方面鼓励生铁和棒状铁的生产，另一方面却禁止谢菲尔德和伯明翰工业的任何竞争，这就是宗主国政府从 1696 年起所采取的政策。这种政策相继适用于爱尔兰[43]和美洲殖民地。[44]但是，爱尔兰的资源很快就枯竭了，而美洲人，像大家所知道的那样，并不乐意服从人们想要强加在他们头上的制度。英国冶金工业凋零状态的唯一有效补救办法，就是革新它的技术。

（二）

燃料问题。木炭炼的生铁：伐光树木致使高炉消失。煤：使用上的障碍。斯特蒂文特、达德利、伍德等的研究和实验。达比家族：亚伯拉罕·达比一世成功地在焦炭火上冶炼矿石（1709 年？）。这项发明极端重要。

一个富有铁矿床的国家怎么会缺乏铁呢？为什么从新近繁荣的冶金地区中撤销抱定的目标呢？这可以用一个十分简单的理由来说明，由于缺乏燃料。

那时，人们知道用来冶炼矿石的唯一燃料就是木炭。正因这样，所以高炉设在英国南部的林木地区中；所以某些离森林太远的矿床都被完全放弃。要供给一个炼铁厂的燃料，必须有大量的木柴。每一冶炼厂的四周都对树木进行过真正的大砍伐。钢铁工业的发展，似乎以过分砍伐和最终毁灭森林为其不可避免的结果。至少人们认为这是森林逐渐消灭的原因，事实上，森林的消灭，主要是由于开垦和牧场的扩大所造成。很久以前，公众就担心缺乏造船用的木材。[45] 1548 年已经指定一个委员会来调查苏塞克斯郡炼铁厂所毁坏的森林，委员会确认木柴匮乏到那样严重，以致英伦海峡的各港口都受到缺乏燃料的威胁，“回港的渔夫不久就要没有柴火取暖和烘干衣服了。”[46] 在伊丽莎白统治时期，为了保护森林，曾颁布过好几项法令：这些法令限定某些郡里炼铁厂的数目，并禁止在伦敦周围二十二英里内开设炼铁厂。[47] 但是这些法令同它们不能制止的需要相冲突，另一方面也没有制定什么措施来对付某些砍伐树木的真正的原因。因此破坏行为越来越厉害："以前看到过苏塞克斯郡、萨里郡和肯特郡的 weld（森林），[48]即看到这样大的橡树和山毛榉苗圃的人，不到三十年就发现那里出现了奇异的变化，再过几个同以前一样不幸的年头，这些好看的树木就剩下很少很少了。"[49]从首先遭到损害的南部森林起，祸害便向西部和中部蔓延："炼铁厂在沃里克郡、斯塔福德郡、赫里福德郡、伍斯特郡、蒙默思郡、格洛斯特郡和萨洛普郡的森林中所造成的损害是不可想象的。"[50]关于爱尔兰，也有同样的怨言："它在六十年前所拥有的橡树比现时多，但是，自从开设炼铁厂以来，在很短时间内就使森林稀疏了，以致爱尔兰人再也没有足够的树木来生产他们制革厂所需要的树皮：他们现在不得不从英格兰运来树皮，从挪威运进木材，不得不把生皮输出……。"[51]

人们几乎蓦然自问，应不应该把铁矿算在英国的财富之内。安德鲁·亚兰汤写道："我确信，我将招惹一群胡蜂到我头上来。因为有些人（他们的人数甚至很多，并自认十分聪明）说英国最好没有炼铁厂，人们最好不生产铁，因为正是炼铁厂把我们所有的树木都吞掉了。"[52]他竭力驳斥这种意见，并极力指出钢铁工业不能对森林变为耕地和牧场承担责任。[53]不论砍光树木是不是钢铁工业所造成，但砍光树木，对它来说，有着最坏的后果。高炉随同森林一道消失了。燃料稀少就使金属的生产成本提高。各种反对外人竞争的保护措施必然没有力量，本国的生产量大大低于消费量。英国冶金工业必须解决这种困难，否则就要毁灭。

解决的方法似乎是自行出现的。难道人们没有煤来代替木炭吗？事实上，英国几百年前就知道用煤。根据《安格鲁撒克逊年代记》中所引用的一份852年契据，一个叫伍尔弗雷德的人承担供应梅达姆斯特德修道院修道士的年租中有："六十担木柴、十二担煤炭(graefa)和六担泥煤。"[54]整个中世纪时期，英国城市中使用煤非常普遍。[55]煤是从那些位于海边或近海的煤田运来的，因此出现"海煤"这个有点稀奇的名字，这个名字在十八世纪以前的文献中常会遇到。[56]伦敦消费的煤主要是从纽卡斯尔运来的。煤是一个十分重要的交易对象，它使这个城市变为一个大港口，并成为英国海军招募新兵的主要中心之一。这种贸易扩展到外国并提供很大的利润，以致人们把它同殖民企业相比拟：诺森伯兰郡的矿山[57]已经成为"黑印度"。[58]

如果煤只供住宅取暖和家庭其他用途，那么，纽卡斯尔及其商业的重要性就无法得到说明。事实上，很多工业中都使用煤。1738年有一份请愿书请求议会采取措施禁止煤价过分上涨，这份请愿书上有"玻璃制造人、啤酒酿造人、酿酒人、制糖人、肥皂制造人、铁匠、染匠、制砖匠、烧制石灰人、铸造人、布匹印染人"[59]的签字。我们应该指出，铁匠和铸造人出现在这个名单上，这难道不足以证明冶金工业从这个时代起已经经常使用煤了吗？毫无疑问，它是使用煤的，不过仅限于几种制作法。对于锻造金属和金属加工来说，煤和木炭几乎有相同的性能；但熔化矿石特别是铁矿石，那就不同了。因为煤含有或多或少的硫化物，在燃烧时它就蒸发出来，铁矿石受到含硫化合物的作用就会变质，产生不纯的生铁，这种铁容易破碎、不能用锤加工。当时不知道怎样补救这种缺陷。因此，煤对这种工业本应给以最大的帮助，可是这种工业不能用煤。炼铁厂继续燃用越来越少并越来越贵的木炭，而炼铁厂旁边的无限煤藏却仍然未被利用。

怎样能够用煤来生产优质的铁呢？这就是好几代的研究者坚决谋求解决的问题。他们努力的经历是十分有趣的，虽然对于每一努力的结果很难作出确切的估价。1612 年，一个原籍德国、名叫西蒙·斯特蒂文特的人，通过专利证而获得用煤火冶炼铁矿石的专利权。[60]他留下一本稀奇的书，这本书阐述一般的发明，同时也阐述他个人的发明，其阐述方法很少是学究式的，却常常是创造性的。[61]他说，任何新的技术方法，它能取代别的方法，都应完成三个最起码的条件：必须保证至少有等量、等质和等价的生产。[62]只有在超过这种最少限度以及生产变为更加丰富、更加完善或更加廉价时，新技术方法的真正效用才得到证明，它的成功才是真实的。斯特蒂文特自认为已经完成的这一发明，按他说来，它兼有这些好处中的两项。首先，它在制造方面有可能实现很大的节约：一个高炉每年花在木炭上是五百镑；用煤就可能把这项费用减到十分之一。[63]此后，任何东西也阻止不了冶金工业的无限迅速发展。同时，森林的生存也会得到保护：这是一个绝非次要的理由，也许是一个最动人的理由。[64]

因此，斯特蒂文特已经懂得并且十分明白地指出钢铁工业用煤可能产生莫大的利润。但是，他有进一步的成就吗？他是发明家还是计划者呢？关于他所想的，我们知道很清楚；关于他所做的，我们却了解得很模糊。他大概不用生煤，因为他谈到一种准备，“其目的在于消除一切能使金属变坏或变质的东西。”[65]他也许能够制成焦炭。但是，他很可能不懂得利用这个最初的发明，因为，几乎未到一年以后，他就由于自行放弃其事业而被宣告失去专利权。[66]他的权利被转移给威尔斯皇太子[67]的一个被保护人，约翰·罗文宗，后者也作了过分许诺，因此在履行诺言上并不比他的前辈好。

这双重失败是不祥之兆。但是失败所证明的困难并没有阻止实际需要所引起的研究。临近最后解决问题的人是达德·达德利，这是一位非凡的人物，某些技术专家承认他有价值，但另一些专家则认为这种价值尚值得商酌。[68]他写过一本自传。[69]他是达德利伯爵爱德华的私生子，刚从牛津大学毕业就被任命为他父亲在伍斯特郡彭斯内特森林中所办的炼铁厂的领导。1619年，他在那里进行最初试验，他写道："木柴和木炭缺乏，可是高炉的附近却有大量的煤。正是这种情形决定我改变炉灶的结构，以便放煤进去试试看……。第一次试验，我所获得的成功鼓舞了我……。第二次试验以后，我发现用我的新方法所获得的金属是优质的。数量还不完全令人满意，每星期不超过三吨：但我不怀疑能够改善我的发明……。"[70]他把样品送给国王詹姆斯，样品被认为是"有销路的好铁"，而且，斯特蒂文特和罗文宗的专利权既然失效，所以他能够立刻以他父亲达德利勋爵的名义取得专利证。[71]

我们不打算通过他动荡生活的各种变迁来研究他。他不得不遭受发明家们惯常遭到的挫折。他在伯明翰地区靠近斯托布里奇所建造的那些高炉都被大水冲掉了。[72]后来，他在斯塔福德郡塞奇利设厂，又成为炼铁厂老板们妒忌的目标，他们鼓动他的工人反对他，他的工厂受到入侵和抢劫。[73]在他遭难中，国王查理一世向他表示慰问，1638年，甚至同意修改他的专利权。[74]但在内战差不多爆发时，这位狂热的保王主义者达德利就离开他的炼铁厂去参加鲁珀特亲王的骑兵队。他因勇猛出众晋升到团级。战事因国王的失败和死亡而结束，他便没落下来，他觉得孤独，并受到怀疑。[75]保护他的专利权可能是没有问题的，但他同意帮助——但他并未交出他的秘诀——一些使用多少类似他的方法的人去获得同一结果。首先是巴克上尉；巴克同“一位机敏的玻璃制造人”爱德华·达格尼合伙，工厂设在迪安森林。他们的方法是把矿石放在陶土坩埚里，使矿石同煤隔离开来。可是坩埚爆炸了，而这些受到克伦威尔所关心的试验于是中止了。[76]1656 年，科普利在布里斯托尔近郊进行类似的试图也没有获得更多的成就。达德利曾为他建造一些巨大的风箱，“一个人操作一两个小时也不觉疲劳。”[77]当王政复辟到来使达德利有希望再享受他的权利和能够恢复他的企业时，这个问题仍然处在同一状态。

他的请求遭到冷遇。于是，他著述一本名叫《冶金法》的书，献给了“陛下可敬的枢密院”，这本书是一本自传同时又是为自己的发明而作的辩护。他回忆那些许久以来由于破坏森林而引起的焦虑以及那些为阻止破坏而徒然颁布的法律。他所提出的补救办法绝不是妨碍冶金工业的发展，相反地，却要赞助其发展。他着重指出煤的矿藏丰富。并且往往位于铁矿的近旁。他列举自己青年时代生活过和工作的地方为证，在达德利城堡四周，他曾发现有煤层和一层层的矿脉，有一些矿脉露出地面，另一些几乎不到十码深。可是这种事情却是在炼铁厂因缺乏木柴而停工的地区里。[78]他说，他作了许多的牺牲，他所请求的鼓励和帮助，一定会有利于公众更甚于有利于他自己：“读者们，请相信我，我的行动并不是谋求私人或政治利益，我仅仅是热望成为对 patriae, parentibus et amicis

(祖国、亲属和朋友)的诚实的人。”[79]人们仅仅考虑实际利益,但这个如此值得听取的呼吁里面也有某种高贵和动人的东西。此外,达德利对王室事业久经考验的忠诚,似乎也会有利于他获得查理二世的恩惠。但是,复辟的特性就是对于自己的某些老拥护人的忘恩负义。达德利就是这些人中的一个。他遭到拒绝;他被这种极大失望弄得沮丧不堪,从那以后他就不再关心他的发明了。他在 1684 年默默无闻地死去,他的秘诀也同他一道消逝了。

他虽然没有得到任何一个他的同时代人的支持,但他自己的有关其获得的成就的证据,在十九世纪已被若干有资格的技术专家所承认。[80]他断言曾以四镑的成本代替惯常的六至七镑的成本生产出优质的生铁,[81]这件事应该震撼冶金业。他虽然胜过他的一切竞争者,但最后仍无成就真是怪事。新近一位冶金业方面的产业革命史学者指出:“如果达德利是被高贵的爱国主义和被唯一希望不损害英国安全所系赖的森林所鼓舞,那么,他把他的秘诀带到坟墓中去,那就奇怪了……。他的书里没有提到任何有关把煤变成焦炭的试图;可是,人们在十七世纪所使用的那些鼓风器似乎没有可能直接用煤来获得优质的铁。”[82]我们大概绝不会知道达德利是否有点儿在预测下一世纪引起产业革命的发明,抑或只是一个会用传奇式的有趣外表来显露自己的幻想家和投机家。

在达德利之后,又开始了一系列徒劳无益的努力。1677 年,一个叫布劳恩施坦的德国人在温斯伯里附近建筑一个高炉,高炉“构造得很精巧,许多人都认为他会成功的”。[83]这是一个真正的反射炉,炉内火焰通过转折来舔烧那些完全放在炉床外面的矿石。但是充满硫蒸气的火焰使生铁变质,几乎同燃烧的煤直接接触一样。[84]布劳恩施坦使用煤并不经过任何处理；虽然当时使用焦炭已经逐渐推广，在某些工业里已经成为十分流行的事。例如啤酒酿造人宁愿使用焦炭而不愿使用木炭。[85]在1726年至1734年之间，威廉·伍德的那些倒霉的试验就是用焦炭进行的。伍德是当时著名的人物。斯威夫特用既奇妙又不公正的激情写了《呢绒制造人的信札》来反对他。伍德为爱尔兰制造铜币，这便引起这位可怕的抨击文作者的激烈攻击，这项制造只是他的许多冒险事情中的一件。他有一些炼铁厂和五金制品厂，他把整个王室地产上的矿山都租下来开采。[86]他习惯于搞庞大的计划，梦想通过革新钢铁工业的技术来为自己的利益创造一种规模很大的垄断。

1726年，伍德在坎伯兰郡怀特黑文设立工厂，把矿石同捣碎的焦炭混合起来放在反射炉里来生产生铁。[87]结果并不令人十分满意，如果我们能够相信这位有能力的鉴定人斯韦登博格的话。斯韦登博格在创立教派以前是矿山检查员，并著有金属化学的书籍。[88]虽然如此，伍德仍然认为能够，或者不久就能够生产无限数量的优良的韧性铁。他谈到借入一百万镑以及安装一百个高炉。[89]1728年，他签订一份合同，答应交给王家矿业公司三万吨棒状铁，每吨价十一至十二镑。[90]如果他不认为十分接近目标，他就不会作出这样的允诺。但是他却错误地这样预期未来。1729年，当他请求专利特许证——专利证也许会使他有可能通过收买现有的高炉而使他解脱困难——的时候，人们勒令他当场拿出发现的证据。嘲笑和侮辱开始倾注到他身上。人们控诉他诈财。据说他向鉴定人出示的铁是用木炭熔铸的。他用他奇异的方法所获得的东西，却是黑色、粗糙、易碎的生铁。所有试用过这种铁的铁匠都声称，即使不要钱送给他们，他们也不愿意使用它。有人散发一些假广告，邀请公众信赖这些好结果，应募巨额款项："即使伍德先生所铸造的爱尔兰小钱，我们也接受。"[91]伍德不得不同意在证人面前做试验，这就使他十分狼狈。[92]这种情事并不能阻止一个叫威廉·法洛菲尔德的人，他在同一年里大声疾呼地宣布一种类似的发明。[93]人们很希望有人对英国冶金业的生存问题找到解决办法。

炼铁业者的一个家族，或者更正确地说，一个王朝，即科尔布鲁克戴尔的达比家族，终于找到了人们百年来所未找到的东西。现在，我们知道这种发明应当归功于1717年死去的祖父，亚伯拉罕·达比一世。他是公谊会教徒，农民的儿子，最初干水车匠的行业，以后干生铁器皿制造的行业。他在1704年的旅行中看到荷兰铸造人的方法；1707年，他同另一个公谊会教徒约翰·托马斯共同获得一个"不用黏土或陶土做模子铸造锅子和其他大肚子器具"[94]的专利证。1709年，他在离沃尔弗汉普顿不远，位于英格兰中部地区边界上的科尔布鲁克戴尔安家设厂，这个地区是冶金发明上的优越地方，正和兰开夏是纺织发明上的优越地方一样。科尔德布鲁克溪谷是塞文河左边的小支流流经之地；该处是一个几乎被人抛弃了的古炼铁厂中心，虽然四周还有很多的树木。附近有许多易于开采的重要煤层。达比是不是一开始就看到这个位置的各种好处呢？事实是他很快地了解到这种好处并且马上力图利用它。

确定发明的日期是不容易的。在一封多年以后写的、新近被发现的信里，亚伯拉罕·达比二世的妻子阿比阿·达比叙述下面的故事："1709年左右，他来到希罗普郡科尔布鲁克戴尔安家，他

同几个合伙人租进了设备，亦即是说一个旧高炉和几个锻炉。在这里，他用这个高炉生产的铁灌在沙模里铸造种种铁制品，高炉是用木炭发生作用的，因为人们还没有想到使用煤炭。不久之后，他发表意见说，用煤炭在高炉里冶炼矿石也许能够得到铁：他首先用生煤即从煤矿里取出的原煤来试验，但是没有成功。他并未泄气，他叫人把煤烘焦以使其成为焦煤，好像烘烤麦芽使之干枯一样；这样做，于是成功了并使他感到满意。”[95]

这段记述和达比在其记事册里所作的关于他在 1713 年使用焦炭、泥煤和炭屑的混合物的记载是符合的。[96]但是，从审查工厂档案中得出的结论是，从 1709 年起，买煤已成为惯常的事，而购买木炭记载却很少。同一年中，有若干款项是付给“烘煤的人”，这就意味着科尔布鲁克戴尔那时已经制造并使用焦炭。可是，要克服那些多年来被认为不可克服的困难，大概需要一些时间。

问题是复杂的，[97]而且在亚伯拉罕·达比死后，似乎还有好多事情要做。他的儿子从 1730 年起才经营科尔布鲁克戴尔工厂，他改善制造焦炭的方法，加强那些用水车推动的鼓风器，并且想到把生石灰和其他充当反应的物体同矿石混合起来，以期避免金属在熔化时变质。他的父亲仅仅制造生铁，而他却能从焦炭炼的生铁开始制造棒状铁。[98]但是，在这项显得那样迫切需要的发现被冶金工业普遍采用之前，是经过若干年月的。[99]

这项重要发明的经过和纺织发明的经过有着一个以上的相同点。这两个例子说明，技术改革是因经济危机而成为必要的。这种危机是因工业的部门间失去平衡而产生的。谢菲尔德和伯明翰的那些需要原料的小工厂的相对活跃；采矿业和高炉的停止发展，或者不如说它们的衰落,再也不能供给那些工厂的原料,这就是演变的原因,而亚伯拉罕·达比的发明则是这种演变的决定性阶段。至于后果,已经隐约可见,至少是有关英国的。“大自然给了我们铁和煤的宝藏。我们炼铁厂附近的煤同瑞典和俄罗斯的木炭同样丰富,同样便宜。”[100]煤和铁从今以后不可分解的姻缘,给英国冶金业开辟了一条康庄大道。

(三)

生铁变为韧性铁。科特发明搅拌炼铁法(1784年)。铸钢,亨茨曼的发明。钢铁工业的机械设备:锤、鼓风炉、金属旋床。

在多轴纺纱机发明之后,手织机再也应付不了工作了。同样地,当人们由于用煤而能生产大量的生铁时,一个新问题又产生了:怎样能把这种生铁变为韧性铁呢?低炉精炼的方法[101]产量很少。而且,主要的困难是专门需用木炭。因此,生铁的生产虽然迅速增加,但棒状铁的生产却受到限制。由此引起工业上的一种慢性阻塞,炼铁业者们有理由对此感到焦虑。[102]解决的唯一办法就在于完成亚伯拉罕·达比的事业,能够像冶炼矿石那样用煤来精炼生铁。

摸索的时期是比较短的。1762年,卡伦炼铁厂创办人约翰·罗巴克获得一些鼓舞人心的结果。他是一个有教养的聪明人,曾在爱丁堡和莱顿学过化学,同时又学过医学。[103]就人们所能判断的来说,他的发明,相当接近现今实用的搅拌炼铁法。[104]我们不知道他在成功方面缺少什么。他所炼出的铁大概不够纯粹，无法抵抗瑞典铁和俄罗斯铁的可怕的竞争。一个类似的方法，在 1766 年被科尔布鲁克戴尔的两个工人，托马斯和乔治·克雷尼奇所发现。在他们的老板，即达比二世的女婿理查德·雷诺兹的帮助下，他们建造一个与布劳恩施坦在一百年前离那里不远的地方所建造的相似的反射炉。[105]他们的试验，同罗巴克的试验一样，也得到不完全的成功。他们是否正确地懂得有关方法的性质呢？不大可能，因为生铁里有碳素，纯铁是通过脱碳而离析出来的，脱碳方法等都是十分现代的概念。人们知道普里斯特利和拉瓦锡以前的化学是处在何种状态。

在经济需要的压力下，实践又一次地走在理论前面。当英国的产量仍然不敷需求时，人们就不能不从瑞典和俄罗斯输入棒状铁，其价格之高，[106]就是加速那些在几处同时进行研究的原因之一。[107]搅拌炼铁法在几个月之内便在南威尔斯和朴次茅斯附近的丰特利被人发明了。两位发明家并不相识，而且各有十分不同的命运。彼得·奥尼恩斯[108]是默瑟尔提德维尔炼铁厂的工头，默默无闻；亨利·科特是海军部军需品承包人，与大人物有联系，马上就能使人知道他的方法并用它经营商业。[109]即使发明的功绩不归功于他一个人，但在作为发明后果的工业变革上，他至少起了主要的作用。

这里必须简要地叙述一下搅拌炼铁法。[110]生铁里充满不纯的杂质，所以首先要把它打成碎块，放在焦炭火上精炼，这样就使它失去一部分碳素。以后把它同一些富于氧化铁的矿渣放在反射炉里。从它熔化时起，它所含有的碳素就同氧结合起来。为了促进这种结合，人们使用一根铁钩子或搅拌棒用力搅动金属熔液。不久就产生一种沸腾状态，并带有一种因氧化碳的燃烧而产生的特有的蓝色火焰。继续搅拌白热的熔液，并不时改变火力的强度：纯金属渐渐聚集起来成为一种海绵状的熟铁块。人们把这种熟铁块聚拢起来送到锤下把它的矿渣榨出来，最后放在轧辊中间去压延。滚轧机的使用也许是科特发明中最新创的部分。它大大地缩短用锤锻打的辛苦工作，并能迅速而大量地生产。[111]这个方法是纯粹经验产生的；从 1784 年起，千百万吨铁都用这种方法制造出来。十九世纪的那些化学上的发现虽对这种方法作出科学的说明，但毕竟很少改变它。[112]

实际的成就是直接的。搅炼铁的最初样品经过船舶专家的鉴定，被认为“质量与厄雷格龙的最好的铁相同，甚至超过了它”。[113] 1782 年，詹姆斯·瓦特在索霍接待科特，[114]立刻承认这项发明极端重要，关于这个问题他还写信给他的同乡格拉斯哥有名的化学家约瑟·布莱克。[115]那些在英格兰中部地区和威尔斯设厂不久的大炼铁厂老板，起初显出不大相信的样子。瓦特写道：“科特受到商业界不适当的对待：这些人都是愚昧无知的人。”但是不久，他们就自动地前来请求发明家同他们磋商利用他的专利证。结果超过他们所希望的东西。在理查德·克劳肖于西法思法所开的工厂里，棒状铁的产量从每星期十吨提高到二百吨。[116]科特所订的特许权使用费是每吨十先令，[117]如果诚实地执行那些从 1786 年至 1789 年所订的合同，那么在专利权的法定期间内，使用费的总数就会达到二十五万镑。[118]

在科特看到他的企业有最光辉的未来时，一个突然的不幸把他弄垮了。为了扩大他的丰特里炼铁厂，他曾向海军部一个官员借入资本；这个官员名叫亚当·杰利科，是海员会计官，[119]他的儿子从1775年起就同科特合伙。1789年8月，这个杰利科突然死去。传说他盗用他所经管的一部分公款，为了避免追诉而自杀。国家扣押他的遗产，对第三人的债权也在其内：科特所有的全部财产都花光了。就连他的专利证也被没收或出卖，那些炼铁厂老板即他的债务人乘机不把到期的使用费付给他。[120]他的工业生涯结束了，他完全破产了，多亏彼特的庇护，他才弄到一份小小的养老金借以过活到1800年。[121]但是，他的发明的命运与他自己的命运并无牵连。相反地，这项发明在成为公共财产之后更加有机会在短时间内普及开来，正和宣判阿克赖特的纺纱机专利证为无效之后的情形一样。搅拌炼铁法不久便在全大不列颠境内成为生产棒状铁的通常使用方法。[122]棒状铁的生产从此以后就能和生铁的生产齐步并进：这两种生产相互作用着，同时走上巨大发展的道路，但发展的终点还未达到。[123]

钢在工业上的巨大作用仅在很久以后，在接近十九世纪中叶才开始。然而，在我们刚才简要叙述其历史的那项发明之傍，必须提及本杰明·亨茨曼的铸钢史。1722年，雷奥姆尔把韧性铁和生铁混合放在一个坩埚里，已经能够制成钢。但是他的试验没有实际后果。[124]亨茨曼是林肯郡唐卡斯特的钟表制造人，他曾涉猎过一点机械学和外科医术。据说，他因不易买到好钢来做钟表发条而有所感，[125]于是尽力设法来补救。当他在1740年离开唐卡斯特去到谢菲尔德附近定居时，他的研究大概已经开始。这项研究很艰苦，只是在1750年左右才成功。[126]为了获得完美的均质金属，亨茨曼便把供反应之用的小量木炭和碎玻璃屑放在密封的耐火泥坩埚里，用非常高的热度来熔化它。[127]这是现今少数冶金工厂继续制造坩埚钢还使用的方法。

亨茨曼想把他的钢卖给谢菲尔德的制造商。但是后者守旧、多疑，不肯购买。在法国却大受欢迎，可是哈拉姆郡刀匠们害怕外国人竞争，马上全体去请求该郡下议院议员乔治·萨维尔爵士向政府活动禁止铸钢出口。[128]他们希望这样就会毁灭这个不幸的发明，因为这个发明在几乎打乱他们的习惯之后就会威胁他们的利益。但是，乔治·萨维尔爵士不愿干预。同时，有些伯明翰制造商已经知道亨茨曼的业绩，就请他来到他们那里定居。[129]这对谢菲尔德的繁荣也许是一个极大的打击。刀商们终于理解了这回事，并且忍受那会使他们和他们城市致富的新事物。继他们的敌意之后，便是自私自利的好奇心。亨茨曼没有专利证，不得不采取严格措施以防奸细。他夜里干活，而且仅仅使用一些亲信可靠的人。可是，他无法顺利地长远保守其秘诀。[130]但他的产品的优质是无可匹敌的，他的商标不久就在全欧驰名并深受欢迎。他的阿特克利夫工厂，[131]似乎并不很大，但却是第一个可以称得上近代炼钢厂这个名字。这个工厂的繁荣是在1770年左右开始的，亦即在最初那些纺纱厂在离它那里有三四十英里地方创办的时候开始的。[132]

这两个大工业的发展几乎是同时的，再次对它们进行比较是必要的。技术史与其说显示它们的类似，不如说显示它们的差异。纺织工业的变革是因机械发明而产生的，冶金工业的变革是因化学发明而产生的。一方面是机器，机器动作代替了体力劳动；另一方面则是增加生产数量和改进生产质量的方法，但劳动力的作用并没有显著的减少。这两类事实在某些方面很不相同，以致难于比较：怎样把亚伯拉罕·达比的发明同怀亚特或哈格里夫斯的发明来作比较呢？然而他们的后果即使并不相同，至少也是很类似的。产业革命是不能总括为一个简单的公式，因为它所包含的事实的多样性，不管人们从技术观点来看或是从经济观点来看，都不能简单下结论。人们有时想把整个近代大工业归结为机械化，但机械化本身并不够说明大工业的起源。机械化的定义是什么？我们能把这样重大的事实，即煤用于冶铁的事实放入这个定义里面去吗？

后来，机械化普及到冶金工业，跟普及到各种其他工业一样，也许比其他工业程度更高。但是，机器在冶金工业最有决定性的变革之中仅仅起了次要作用。而且，这里使用机器同其他领域相比没有同样新颖的性质。与其说已经形成的设备决定新的生产条件，倒不如说设备适应新的生产条件。必须提到几项改良已对一些比较重要的发明作了补充。人们首先力求增加鼓风器的力量，因为要建造大的高炉和能从用煤中得到各种好处，就非此不可。1761 年卡伦工厂第一次使用带汽筒的鼓风机：这个机器是由四个唧筒组成的；筒身长二十一尺，直径四尺半；活塞是用一个水车轮流推动的。这是斯米顿的创作，斯米顿是那些把自己的学识为工业服务的头等职业工程师之一。[133] 由于这种鼓风机所供给的有力的、不断的鼓风，一个从前每星期生产十吨或十二吨生铁的高炉，现在能生产四十多吨。[134] 上面，我们已经提到科特在搅拌炼铁之后使用碾压机来加工，这些碾压机部分地代替了水力锤。[135] 几乎与此同时，瓦特为约翰·威尔金森的炼铁厂构造一个气锤：锤重一

百二十磅，每分钟打一百五十下。[136]过去已有了拉长金属、切削金属和对金属加工等机器，现在又添上新的机器：钻枪炮口径的钻孔机[137]和金属旋床，旋床的主要改良是1797年亨利·莫兹利所发明的滑动台架，[138]同时也不可不提到那些比较复杂和比较专门的机器，例如制造钉子的机器和旋螺丝钉的机器。[139]

这些发明有加速工作和节约劳动力的效果：首先，它们保证制作上的完全精确，形式上的绝对一律。人们以前可以没有这些东西，但现在它们是必不可少了。这些机器可以用来制造别的机器。冶金工业在发展其自己的设备的同时，也帮助改善一切其他工业的设备。但是，这种带有不可胜数的后果的巨大进步，只有通过机械化以前的、另一性质的若干发明，如高炉里使用煤、搅拌炼铁法、制钢用的亨茨曼方法等才有可能。正是这些发明为全世界开创了大规模的冶金生产的时代。

（四）

大冶金工厂。达比家族设在科尔布鲁克戴尔的炼铁厂，威尔金森设在贝沙姆、布雷德利和布罗斯利的炼铁厂。威尔斯的炼铁厂："钢铁大王"克劳谢。罗巴克创办的卡伦炼铁厂。塞缪尔·沃克设在罗瑟勒姆的炼钢厂。个人企业，同纺织工业中的情形一样。

大生产和大企业这两个用语，几乎是同义词。在十六和十七世纪时期，阻碍炼铁厂老板们将其统治权扩张到钢铁工业去的东西，就是生产因燃料缺乏而受到的严格限制。几个高炉汇集在一个开发地，只有通过定期砍伐大面积的树林才能得到供应。这种障碍一经消失，任何东西也妨碍不了大冶金工厂的创设。相反地，一切都仿佛赞助其创设。大量生产不仅有了可能，而且是必要的。那些首先走上这条道路的人，马上就占有优势，他们的财产便很快增长起来。

首先出现的事例就是达比家族的事例。科尔布鲁克戴尔的炼铁厂在 1750 年还是唯一的经常用煤的炼铁厂。[140]它的重大意义已经到了这样程度，以致厂址设在其岸边的那条小河再也不够推动鼓风器了，因而必须利用气泵[141]来制造人工瀑布去推动一个直径二十四尺的动轮。[142]一些新高炉相继建造在邻近地方。[143]荷尔斯的高炉从 1754 年起每星期出产二十至二十二吨生铁。[144]1763 年领导业务的理查德·雷诺兹，从各个方面看都是一个大工业家。[145]他在达比二世的儿子未成年时领导科尔布鲁克戴尔的业务，多年来仍然是他们的合伙人，虽然他同时还有他自己的企业。这个厂号在伦敦、利物浦、布里斯托尔以及康沃尔郡的特鲁罗等处都有分号。[146]1784 年，它在科尔布鲁克戴尔四周有八个高炉和九个锻炉，并且租矿自行开采矿石和煤。它铸造并铺设了长达二十英里的铁轨，这样载煤和载矿石的沉重车辆便能从那个广阔地域的这一头通行到那一头。[147]在亚伯拉罕·达比一世逝世时，每年产量几乎没有超过五六百吨，而至十八世纪末竟提高到一万三四千吨，[148]这个数字接近英国在煤代替木炭以前的总产量的四分之三。

达比家族的财产是三代的创作。这个八十年内的创业史概括了英国冶金史。对于那些利用前人所提供的推动力和所取得的成

就的后生来说，开创是比较容易的。约翰·威尔金森就是第二期的这类人中的典型，这类人并不是发明家，而是关心发明、敏于理解发明的实用价值并为自己的利益而使发明成为现实的人。他的父亲伊萨克·威尔金森似乎就是最初按照科尔布鲁克戴尔的焦炭炉的模型建造焦炭炉的人中之一。[149] 1775 年，约翰·威尔金森向博尔顿和瓦特定购的第一架蒸汽机是一个不同于抽水机的东西。[150] 1770 年，他同他兄弟威廉拥有重要的炼铁厂设在布罗斯利、贝沙姆和布雷德利。他把布罗斯利的炼铁厂渐渐加以扩大，挖掘一条支河通达伯明翰运河。[151] 他相继建造了五六个高炉。[152] 他所用的煤是他自己的煤矿提供的，并且是自己开采的。他是南威尔斯的一些翻砂厂的合伙人，又是康沃尔郡锡矿的股东。他在伦敦有一个大货栈并有五六个码头设在泰晤士河边。[153] 他的活动范围远达法国：1777 年，他在南特附近创办安德尔工厂；1778 年，他在勒克勒佐领导高炉的建造。[154] 这一整体构成了一个真正的王国，一个为威尔金森以专断有力的手段所统治的工业国。[155] 这个国家比意大利或德意志的许多侯国还有权势和更加富裕，它享有一种它们所能羡慕的声望，并且像它们那样也铸造货币，带有威尔金森肖像的铜代币和银代币，从 1787 年至 1808 年在中部和西部好几个郡里都通用。冶金大王的半面像呈现在代币上：这是一个有点鲁钝的庸俗的面孔，如果没有高傲的眉毛和傲慢的嘴巴，那就会使人联想到阿克赖特的那种粗俗。代币的四周有下面这几个简单的字：Wilkinson iron master（炼铁业者威尔金森）。[156]

凡兼有三个必要条件的地方都形成了新的冶金中心。这三个条件是：有铁、有煤和邻近适于供应动力的水流。南威尔斯在这三

方面是一个享有天赋条件的地区。但是它的资源在长时期内几乎没有被人认识，而且进入这个地区也不容易。1755 年，一个叫安东尼·培根的人，以每年一百镑的租金从塔尔博特勋爵那里租得默瑟尔提德维尔周围四十英里方圆之内所有矿山的开采权！[157]这位培根在美国独立战争时由于英国政府定购枪炮而致富。当他在 1782 年退出交易界时，有四个十分兴旺的大工厂设在唐莱斯、西法思法、普利茅斯和佩尼达兰。其中两个比较重要的转移到塞缪尔·霍姆弗雷和理查德·克劳谢手里。这两个人是最初实行搅拌炼铁法的人；在科特破产时，他们发了财。克劳谢是炼铁业者的真正一个朝代的创始人，[158]他和现今一个大工业家享有同样的伟大名望。当他坐在四驾马车里从伦敦到西法思法时，地方上的居民都跑来观看这位被人称为钢铁大王的人过去。[159]

在这个时期开始冶金活动的另一个地区就是苏格兰低地，它拥有富于矿藏的土地和勤劳聪颖的人口。苏格兰的最初的和最有名的大炼铁厂就是约翰·罗巴克于 1760 年所创办的卡伦炼铁厂。[160]厂址的选择非常之好：在苏格兰中央平原的尽头和高地前面丘陵的边缘，紧靠着福尔思河的宽阔河口。[161]煤就在当地，很丰富，只需花费采掘的劳力。当罗巴克来到这里设厂时，他在发明和经营方面并不是生手。他在伯明翰首先行过医；1747 年，他和塞缪尔·加贝特合伙做一种现今可能被人称为工业化学的事业。1749 年，他在爱丁堡附近普雷斯顿潘斯创办一个硫酸工厂。[162]他想使卡伦工厂变成一个模范厂，为了能够成功，他取得一些最卓越的合作人的协助。他首先雇用斯米顿工程师替他建造一些水力鼓风器。以后，他把那时还未出名的詹姆斯·瓦特也召请来。后者供给他完成研究并取得第一个专利证的方法。[163]他的错误在于企图同时进行过多的试验。开采租自汉密尔顿公爵的土地上的煤矿和盐矿，对他来说，是一件不幸的事。他耗费了很大的款项，终于1773年破了产。[164]可是，卡伦各厂在卖给英格兰和苏格兰资本家的一个公司之后，"卡伦公司"继续很兴旺。[165]罗巴克的股东起初所认购的股份总数限定为一万二千镑：这个总数不久就上升到十三万镑，以后又升到十五万镑。[166]卡伦这个名字同大口径短炮的名望一道驰名于欧洲。[167]

在约克郡谢菲尔德的周围，在诺森伯兰郡纽卡斯尔的周围，也创办了一些大企业。我们拥有罗瑟勒姆的塞缪尔·沃克的笔记所记载的其工业生涯的重要事件。[168]1741年，他"在一个旧铸钉厂里"创办一个小炼铁厂，其全部人员就是他和他的兄弟。他们找到一些合伙人供给他们一点钱：1746年，他们就能建造第一个高炉。1748年，塞缪尔·沃克用不光彩的手段掌握到亨茨曼的秘诀之后，就开始制造铸钢。这是他的好运的开始：他估计他的年产值1747年为九百镑，1750年升到两千四百镑；1755年升到六千二百镑；1760年升到一万一千镑。他不仅在罗瑟勒姆有工厂，而且在所有邻近村庄、在霍姆斯、科尼斯博罗、马斯博罗也有工厂，而且在马斯博罗建造一所豪华的宅第。他死于1782年，继承者是他的儿子。1796年，罗瑟勒姆炼铁厂有二十万镑以上的资本。[169]

关于这些大企业的组织和所有权，又发生一个问题：在什么限度内是个人的？在什么限度内是集体的？在罗巴克破产以后，那个收买卡伦工厂的公司并不是唯一的事例。一些公司，与那些在好久以前为采矿而组织起来的公司相类似，已在王国的许多地方创办冶金工厂或者经营冶金工厂。但是我们必须研究一下其中一个公司的构成。劳穆尔公司在 1788 年买进离利兹不远的劳穆尔矿山之后的下一年,创办了博林炼铁厂;这个公司起初由三个合伙人组成。[170]以后不久,增加到六个人。在 1800 年左右,又只有三个人分担企业的盈亏:一个是利物浦批发商约翰·洛夫特豪斯,另一个是布雷德福的律师约翰·哈迪,另一个是基督教的牧师约瑟夫·道森。[171]这个"公司"就是最古老、最普通类型的单纯商业组合。它和现今大工业公司的共同点就是商号的隐名形式。即使指出合伙人的名字,也不会引起注意。另一方面,那些以创办人的名字或以实际领导人的名字出名的企业也未必是他一个人所有的。巨额资本是建立或改造冶金工厂所必需的。为了获得这些资本,炼铁厂老板就接纳了隐名的合伙人,后者的好运或坏运,对其出资经营的企业的命运起着不可抗拒的影响。我们记得亨利·科特的故事,他就是被他债权人杰利科的欺诈破产所连累的。这些隐名合伙人往往是工业家,变成狭义的合伙人就积极参加业务的领导。罗巴克和沃克都有好几个合伙人,威尔金森同他兄弟威廉长期一道工作,理查德·雷诺兹则和他的姻兄弟亚伯拉罕·达比三世一道工作。但是,所有这些并没有使我们离开个人企业的制度。这都是些个人——无论是单独的也好或者是结合为很小的组织也好——创办冶金工业的大工厂,正和纺织工业的大工厂一样。

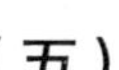

（五）

十八世纪末英国的钢铁工业。斯维登斯彻纳和福雅·德·圣丰的叙述。冶金工业的未来:威尔金森的预见性的见解。第一座铁桥(1779年);第一艘铁船(1787年)。冶金工业的发展和机械工业的发展之间的联系。

英国在钢铁工业方面的劣势地位,在短短几年内就变为全欧洲所公认的优势地位。在十八世纪末或十九世纪初来到大不列颠研究新冶金方法的外国人中,有好几个人写了旅行笔记。他们赞叹新奇情景,他们在笔记中叙述了他们参观过的那些中心的活动、中心的一般景况及其技术组织的详细情形。他们的叙述,基本上——比较而言——与在二十世纪之初游览大冶金区的旅行家的叙述相同。

瑞典人埃里克·斯维登斯彻纳曾于1802—1803年参观过威尔斯的炼铁厂、英格兰中部数郡的炼铁厂和苏格兰低地的炼铁厂。他是个见多识广的聪明人,善于观察和打听,他看到了很多东西并且听到了更多的东西,回去时很感到惊叹。"那么多的炼铜厂、煤矿、蓄水池、运河、沟渠和铁路等聚集在斯旺西的周围,以致旅行家刚到时不知道该把注意力首先投到哪里去。"[172]他参观了默瑟尔提德维尔后写道:"大约二十年前,它还是一个微不足道的地方,但是设立在那里的那些工厂不久就使它成为全英国最值得注意的地方之一。"在半瑞典里的长度内,他数出有十三个高炉排列在狭窄的塔夫山谷之内,每个高炉每星期平均出产四十吨生铁。[173]仅仅在佩尼达兰一个厂里,人们指给他看了并列着的三个高炉、三个精炼炉和二十五个搅拌炼铁炉。机械设备非常惊人:在西法思法,那个推动鼓风器的水车轮有五十二英寸的直径。到处都是蒸汽机,其中有几个是七十四和八十四马力的。[174]每个工厂都好像一个城市，拥挤着忙于事务的人：其中一个带有附属矿山的工厂，雇用九百个工人。工厂的所有者是塞缪尔·霍姆弗雷，在他的各个企业里，据说雇有四千人左右。[175]

把技术家斯维登斯彻纳的精确叙述，与那些经验不丰富的游客所作的、或许不大确切的、但非常生动而逼真的叙述来加以比较，是相当有趣的。法国矿物学家福雅·德·圣丰在1784年获准参观卡伦炼铁厂。他看了制造有名的大口径短炮的车间后写道："在这些战争机器、这些可怕的毁灭工具之间，那些用来移动许多重物的巨大起重机、各种绞盘、杠杆、复滑车都安排在合于这种使用的地方。它们的运转、滑车的尖锐声、锤的重复声、工人们驱使许多机器运转的动作，所有这些都在这里呈现出一种既新奇又有趣的景象……。[176]有那么一大串的车间，以致远处空气都被蒸热；在夜间，一切都被火焰和光辉照得雪亮，因此当人们在相当距离处发现那么多堆的发亮的煤，又看到那些高炉上面喷出的火簇时，当人们听到那些打在铁砧上的沉重锤声夹杂着气泵的尖锐嘘声时，人们怀疑自己是否在一个爆发的火山脚下，或者被魔力送到火神及其独眼神在忙于行施霹雳的那个岩穴口上。"[177]

这些大工厂的景色以最具体、最动人的方式显示出英国冶金工业中刚刚完成的革命。从此使人预见其后果的东西，就是铁的各种新用途。工厂的生产不再受到限制了，[178]铁和钢既具有无比的拉力和抗压力的特点，又具有形成各种形态并且无限期地保持该形态的性能，因而变为许多工业的无与伦比的原料。我们已经看到理查德·雷诺兹从1767年起就用铁轨来代替那些把科尔布鲁克戴尔的矿山与高炉联系起来的木轨。但是，真正的先驱者，即第一个预料到冶金工业的整个未来并将其预示给那些热情而感到惊奇的同时代者的人是约翰·威尔金森，他是“钢铁工业的创始人”。在他以前，伊萨克·威尔金森已在贝沙姆使用铁制的活动隔板的鼓风器。[179]他从这个事例得到启发，首先制造铁椅子，以后又制造啤酒厂和酒坊用的酿酒桶以及各种尺寸的铁管子。1776年，人们谈起在塞文河上、在布罗斯利至马德利之间建造桥梁的问题。作为该地区工业的主要首脑之一的威尔金森与此事有直接关系。他和科尔布鲁克戴尔的达比都是承担实现这一计划的人。[180]他建议不建造石桥或砖桥，而至少工程的一部分[181]要使用当地特产，亦即那使该地富裕起来并使新路线的建设成为必要的东西，铁。这个意见并不是完全崭新的，许多科学家和工程师已在好多国家里屡次发表过这种意见。[182]但是，这种意见从未得到实现。威尔金森和达比大胆地肯定它的实用价值并决定立即将其付诸试验。设计图是在施鲁斯伯里的建筑师普里查德的协助下制定的。[183]骨架部分是在达比的照料下铸造的，他的工厂紧靠在那里。落成典礼在1779年举行。桥全是铁做的，更正确地说是生铁做的，只有一个一百英尺的跨度和四十五英尺高度的桥拱。[184]这是大家极欲观赏的东西。[185]第二座金属桥是1796年建在森德兰的韦尔河上；它比第一座长得多，并且相当高，带着全部桅杆的海船都能通过。[186]第三座桥是1797年建在塞文河上，在布罗斯利的上流不远的地方。[187]这种建造方式的好处很明显，所以人们已经在根据用途制订许多最有雄心壮志的计划。1801年，在人们想把那座许久以来不敷首都需要的伦敦旧桥加宽一倍的时候，负责研究这个问题的议会委员会听取了当代的主要冶金学家的意见。后者建议不

仅建造一座铁桥，而且建造一个独孔桥：桥孔约有七百英尺的跨度。[188]

建造铁桥，毕竟没有什么会动摇公认的看法。但是，使铁船漂在水上就似乎违反常识了。当威尔金森在布罗斯利桥落成后不久，第一次谈到这件事时，人们耸耸肩膀；人们说他害了一种新疯狂病、铁疯病。他深信阿基米得的原理，不管人们怎么说，到了1787年7月，他竟在塞文河上放下一只用螺栓固定起来的铁板做成的船。他写信给一位朋友说："它符合我的一切期望，并且说服了那些不相信的人，这些人的数目是千分之九百九十九。这仅仅是九天的惊奇：以后它就要成为哥伦布的鸡蛋了。"[189]最初建造的各种船只是用于内河航行的、二十吨的小平底船。[190]还有一件虽然不大惊人的新奇事情，但也值得提一提，这就是用生铁铸造水管。1788年，威尔金森完成一件订货，这件订货之大，在前一代人看来也许不像是真的：为巴黎市供水处定做四十英里长的生铁管子。[191]我们懂得这样的成果越来越鼓舞他对他的工业的热心以及无限信任其未来。在他的天年将终时，他喜欢重复地说，铁已注定要代替那时所用的大多数的建筑材料；有一天人们会看见到处都是铁做的房子、铁做的大路、铁做的船。他在1805年逝世时，人们按照他的遗嘱把他放在铁棺材里埋在地下。[192]

与钢铁时代开始的同时，机器时代也开始了。这一个如果没有那一个会成为可能吗？威尔金森在1775年为布雷德利炼铁厂订购的那架蒸汽机，如果威尔金森没有首先供给瓦特一些形式上无可指责的、用旧方法徒劳试制的金属汽缸，那么瓦特就无法建造这个蒸汽机。这是一个有意义的情况，这两件同时代的事实——

钢铁工业的发展和机械工业的发展——的必然互相依赖，明显地反映在这个情况里。在钢铁的各种新的使用中，机器的使用是极其重要的。在旧机器里，例如我们在阿格里科拉的《关于金属物品》一书中的漂亮版画里所看到的大多数机器，除去几根发条以外，其他各件都是木头制的。[193]从而必然产生机件运转上的某种不均匀和迅速损坏的情况。如人们所料想的，正是在炼铁厂和翻砂厂里首先使用金属设备，例如滚轧机、金属旋床、水力锤等，只能用铁，十分坚硬的铁来做。[194]以后又出现了生铁轮、飞轮；它们的重量很大和有严格精确的形式，它们有双重好处：大的推动力和整齐一律的速度。通称为 Albion Mill（英格兰磨）的蒸汽磨是在1785—1788年之间由约翰·伦尼工程师根据瓦特的设计安装的，这种磨被视为第一个重要的建造，这套装置的各部件，轴、轮、小齿轮、传动主轴都是金属做成的。[195]可是，那些当时正在英国访问的法国旅行家所提供的见证，能够证明这种情形并不是一件孤立的事实，因为铁制的机器在各处都已代替了木制的机器。这种进步在纱厂里几乎已经完全实现了。[196]这样，一切复杂的现象似乎都是自动地朝着一个共同的方向前进着，这些现象的总和即将形成近代的大工业。一种万能的力量、蒸汽的力量，将使它们统一起来并且还要加速它们的行动。

第四章　蒸汽机

在冶金工业中和在纺织工业中一样，近代技术中的大多数的发明，并不是抽象理论的创作，而是实际需要和职业经验上摸索的创作。科学随同蒸汽机一道出现，产业革命的经验时代便被科学时代所代替了。蒸汽机的发明隶属于科学史同时又隶属于工艺学。但是，我们不能从这两方面去研究它，因为那需要物理学家和工程师的技能。我们应该仅从来源可靠的原始资料中汲取那些对于了解事实所必需的简要概念，因为事实是我们的研究的真正对象。对我们来说，蒸汽机的发明是一种经济性质的现象。这项发明适应什么需要呢？它怎样被人以应用的形式实现的呢？它产生了一种新的工业，它本身是在什么时候被引进到各个工业中去的呢？这些是我们能够并且应该回答的问题。此外，为了论述这个问题，我们拥有头等意义的文件——博尔顿和瓦特在索霍所办的工厂的文件，[1] 这些文件大部分保存在一位英国的大工业家[2] 那里，这些文件使我们能够看到蒸汽机的工商业史在最初重要时期的本来面貌。

（一）

动力和动力机。水力机。用于矿井中抽水的，后来又作水力机辅助工具的萨夫里火力机(1698 年)和纽科门火力机(1705 年)。

使用不同于人力或畜力的动力是近代大工业的主要特征之一。没有这种动力虽然能有机器,但机械化就不会存在,生产只能在比较狭窄的范围内发展;简而言之,“手工工场制”与工厂制度之间的距离就无法越过。事实上,我们在上面叙述过其起源的那些大工厂的存在条件,便是使用动力,即水力。我们可以回想一下阿克赖特的机器是以水力纺纱机这一有意义的名字命名的。古代的水车,好几百年都是用来磨碎谷物的,以后约在中世纪末期则被用来推动浆洗呢绒的木槌、炼铁厂的鼓风器和锤、供水泵或排水泵,到十八世纪便具有普遍的重大意义。[3] 凡在一项工业建立的地方或改组的地方,我们都能发现它。它在一所建筑物里已经足够发动许多的或者强力的机器,它使人有可能在大作坊里进行组织工作,因为在大作坊里,工人们被迫遵守严格的纪律,而这种纪律就是机械化的直接的和必然的结果。

工业史上的这个时期,与蒸汽机时期对比,我们可以把它叫做水力机时期;这个时期的延续是相当长的。在英国,这个时期是在十九世纪初期以前结束的,那是有几个原因的。这些原因的结合作用说明了瓦特的发明的迅速成功。使用水力机迫使工业不得不限制在局部地区,工厂只能设在水流量大的急流的旁边。这种条件在彭奈恩山脉附近最具备,因而那里建立了最早的一批纱厂,在苏格兰和威尔斯[4] 也具备,我们知道冶金工业就是从它那里得到好处的。但是,不列颠的其余地方则是由渐次起伏的平原所构成的,那里,河流缓慢。除了这个不利因素之外,又加上另一种不利因素:动力往往不足。聚集动力和传送动力的车轮系统常常把一部分的动力浪费掉。人们没有像今天这样的办法,用电作或远或近的补充的动力。在一个一定的场所,人们用来增加动力的唯一的实用办法,就是制造一些人工瀑布。但是为此,必须先用抽水机将水升到蓄水池里。蒸汽机的作用正是在这里开始的。

其实,蒸汽机,或者人们给它起的名字叫火力机(fire-engine),起初只不过是一种抽水机而已。这里仅仅谈谈最初那些有关蒸汽膨胀的研究,即萨洛蒙·德·科、武斯特侯爵和丹尼斯·帕平的研究以作提示。[5] 那些实地的应用——我所指的是那些应用并不是指无效果的试验——真正说来,仅从萨夫里的发明开始。托马斯·萨夫里是英国陆军军官,出生于康沃尔。[6] 他在那里能够看到开采铜矿所遇到的日益增加的困难:在一定深度,几乎无法排出涌到坑道里的水;必须求助于全套的重叠唧筒,但这种唧筒的安装是很贵的,而且效果不大。[7] 萨夫里为了代替这些唧筒而发明他的机器,机器的模型于 1698 年夏天在汉普顿宫呈献给威廉三世。[8]

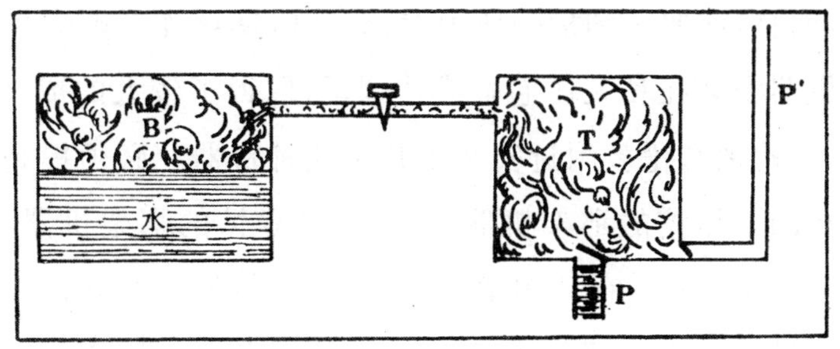

萨夫里机器略图

这种机器,虽然构造很简单,但却同时利用两种力量,用气压来吸水，用蒸汽的张力把水压出去。它基本上是由一个汽锅(B)和一个通连着的汽桶(T)所组成的：汽桶的下部有两个管子，一个向下(P)，另一个向上(P′)，两个都是用阀门关闭起来的。蒸汽从汽锅里出来，充满汽桶，这时把通道上的笼头关闭起来，并用冷水浇汽桶的外壳，蒸汽便凝结，因而汽桶里产生了一部分空隙，气压就使水升到P管里。这是操作的第一部分。第二部分是，当汽桶差不多被水充满时，再使蒸汽进入汽桶，蒸汽也对水施加压力并把水由下向上从那个排出管(P′)里排出去。这种描述当然是纯粹图解性的，正如附图那样：详细情形是有意省略的。然而，必须指出萨夫里的机器是具有特出形式的装置：它不是只有一个汽桶，而是有两个同等容量的汽桶、轮流地出空和充满。

在发明人看来，这种机器可以有许多用途；用来疏干沼地、排出矿井中的水、供给城市和人家的用水、扑灭火灾、推动磨轮。[9] 事实上它是被人用在矿井里的：首先在康沃尔郡的许尔·沃铜矿里，以后，1706年在斯塔福德郡的文斯伯里附近布劳德沃特煤矿里。[10] 可是它使那些最初使用的人产生失望：它至多只能使水升高到一百尺左右，而且，如要试图加强压力，就会使汽锅爆炸。萨夫里把功率较小的机器安装在私人住宅里或花园里，取得了较大的成功。1712年左右，在伦敦和伦敦附近安装了几个这种机器。必须提到钱多斯勋爵所买的西昂馆的那架机器，以及卡姆登馆的那架机器，后者每分钟能使五十二加仑的水升到五十八尺高。[11] 另一个是被一个把泰晤士河水供给城市一部分地区的公司所使用。但是，它似乎没有产生人们所期望的那种效用。[12] 萨夫里的抽水机很不完善，它的动作缓慢，它的力量有限。由于它会爆炸因而很危险，人们不知道怎样预防，因为既没有压力计来测量压力，又没有调节装置来减少压力。一当人们知道纽科门的机器时，它就被人抛弃了。

这两项发明的基本差别点——从理论上看，差别完全有利于萨夫里——就是纽科门不利用蒸汽的张力。事实上，纽科门仅仅使用蒸汽通过冷凝而使筒身空虚。他的机器最恰当的名字应该是气压机这个名字。其原理如下：气锅(B)与一个汽缸(C)相通连，汽缸有一个活塞(P)在动作着。这个活塞的杆子连接在一个活动杠杆(D)的一头，像一个支轴上的天秤杆那样，在垂直面上摆动着。在杠杆的另一头联系着另一个杆子(R)，这个杆子带动一个吸入压力泵。在停止状态，平衡锤(N)把活动杠杆维持在倾斜的状态。要使机器开动起来，就用冷水使汽缸(C)冷却：蒸汽一经冷凝，气压就使活塞(P)下降，同时活动杠杆就使(R)杆子高升起来。一当人们让蒸汽进入汽缸(C)时，就产生相反的效果：气压不再起作用，活塞(P)因被平衡锤所牵引，所以又上升起来。这样就造成一种有规律的往复，致使抽水机开动起来。[13]

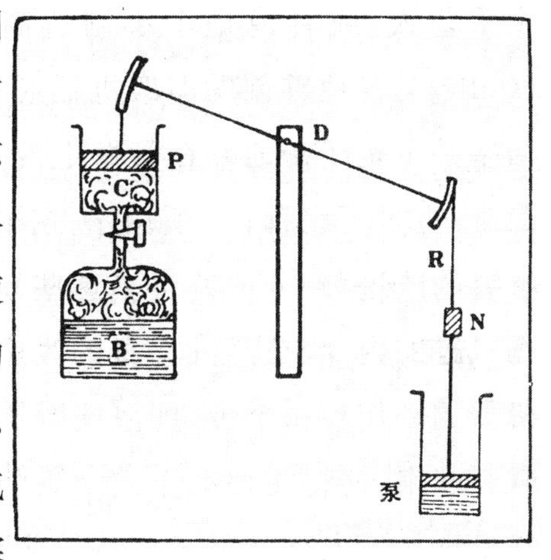

纽科门机器略图

这项发明比较萨夫里的发明晚几年。[14] 发明人纽科门是德文郡达特穆斯的铁匠兼锁匠。他必定听人讲过萨夫里，因为后者的最初试验是在距离那里不远的地方进行的。[15] 据说他知道帕平的创作，并且关于这个问题，他还同一位当时当地的最著名的学者、

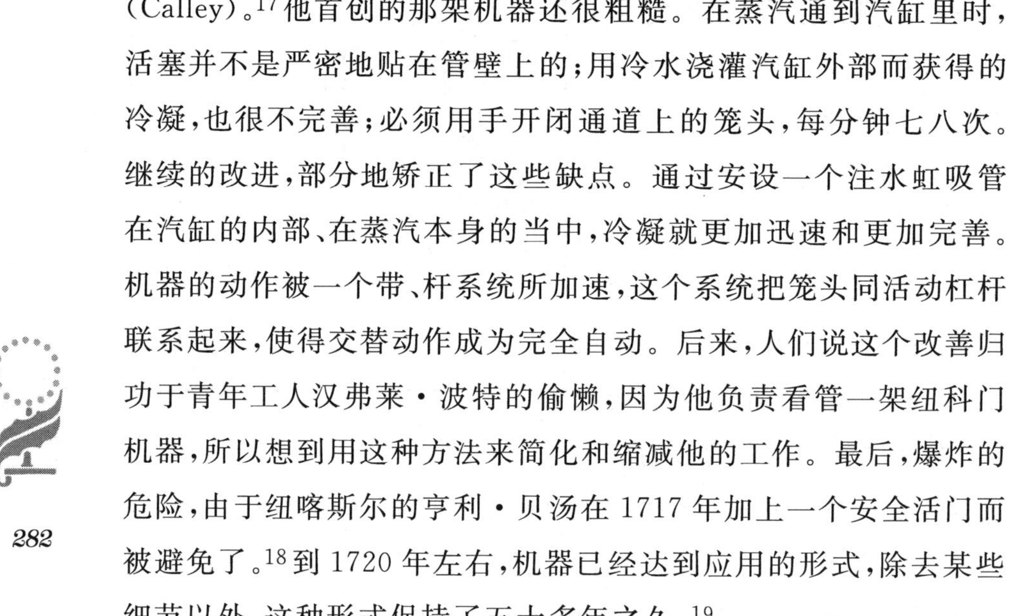

英国皇家学会终身秘书罗伯特·胡克通过信。[16]发明的来源大概是比较简单的：同纽科门合作完成这项发明的那个人，和他一样是个手艺人，或者说是个小制造商，装配玻璃的工人约翰·卡利(Calley)。[17]他首创的那架机器还很粗糙。在蒸汽通到汽缸里时，活塞并不是严密地贴在管壁上的；用冷水浇灌汽缸外部而获得的冷凝，也很不完善；必须用手开闭通道上的笼头，每分钟七八次。继续的改进，部分地矫正了这些缺点。通过安设一个注水虹吸管在汽缸的内部、在蒸汽本身的当中，冷凝就更加迅速和更加完善。机器的动作被一个带、杆系统所加速，这个系统把笼头同活动杠杆联系起来，使得交替动作成为完全自动。后来，人们说这个改善归功于青年工人汉弗莱·波特的偷懒，因为他负责看管一架纽科门机器，所以想到用这种方法来简化和缩减他的工作。最后，爆炸的危险，由于纽喀斯尔的亨利·贝汤在1717年加上一个安全活门而被避免了。[18]到1720年左右，机器已经达到应用的形式，除去某些细节以外，这种形式保持了五十多年之久。[19]

从1711年起，已经组成一个公司来经营纽科门的发明。[20]这些机器的使用很快地流行开来，不仅在英国，而且还在大陆上。[21]其中一个安在考文垂附近格里夫那个地方的，同五十匹马所做的工作一样多，可是所花的费用只有六分之一。[22]泰晤士自来水公司于1720年所买的约克大楼的那架机器，用来代替那架力量不足的萨夫里机器，是相当大的，汽锅有四百五十立方英尺，汽缸有二英尺半直径和九英尺高，每年消耗价值一千镑的煤。[23]然而，当时人的惊奇毕竟并不很久，因为不久，到处都有“火力机”，不仅在矿井里是短期内所必不可少的，[24]而且，在运河边也用它给蓄水池和水闸供水，[25]在城市里用它供给饮用水。1767 年，纽卡斯尔及其近郊差不多有七十架这种机器。[26]

纽科门机器不需要重大改变就能成为动力机，只要把活动杠杆连接在一个传送装置上就行了。关于这个问题，一个叫弗里茨格拉德的人在 1758 年给英国皇家学会写过信。他的意见虽易实行，但并未进入应用。[27]人们认为比较简单的是，把水提升到蓄水池里，以后再用水来推动轮子。在十八世纪中叶，这种火力泵和水力机的组合，到处都在使用。这种混合组织所产生的力量的丧失，又加上因冷凝汽缸所造成的热素的丧失，结果就是燃料的耗费同所得的效果不相称。人们屡屡寻求补救的办法。当时最有本事的工程师如布林德利和斯米顿都从事于这种研究。[28]但是，问题多亏瓦特的学识和天才才得到解决。

（二）

詹姆斯·瓦特。科学在产业革命中出现同瓦特的名字连在一起。他的青年时代。他的理论天才。发明的起源：对纽科门机器的研究。冷凝器的发明；蒸汽的压力被用来代替气压。1769 的专利证。附带的发明：圆周运动。

詹姆斯·瓦特这一名字所享有的光荣，瓦特在英国和整个文明世界伟人中所占有的地位，他的创造的发展及其持久性的后果都告诉我们，他不是一般的发明家，而是另一类的人，他追求的是另一些目的。他的科学好奇心很早就产生了。他出生[29]在苏格兰的格里诺克镇的一个家庭里，他能在家里看到墙上挂的伊萨克·

牛顿的画像和对数发明者内皮尔的画像。这些画像都是他祖父托马斯·瓦特留下来的，他祖父教授数学。[30]他的父亲是建筑师兼造船师，是个有学识的聪明人，担任格里诺克镇的司库和市政官。[31]虽然詹姆斯·瓦特体质很弱，终身都为难以忍受的头痛所愁苦，但他从童年起就热爱学习，而且显出真正的酷爱。他对机械学的爱好早已显露出来：十三岁时，他就在他父亲的作坊里制造出一些机器的模型。[32]当他必须选择一种职业时，他就选择实验室工具制造者的职业，并到格拉斯哥去安家设厂。那里的行政当局给予阻挠，借口他不是那个城市的市民。可是格拉斯哥大学需要他帮忙，对他加以保护，并且在它自己的领域内给他一个能够自由工作的工场。[33]在那里，他结识几个著名的科学家：例如化学家布莱克，在瓦特阐述其潜热理论时，就去听他讲课。[34]罗比森在1758年——那时瓦特二十二岁——第一次看到他时，就被他的博学和智力敏锐所感动，他说："我希望找到一个工人，我却碰到了一位哲学家。"[35]为了能读外国的科学著作，他彻底学会了三种语言：法语、意大利语和德语。[36]从那时起，他终身注视整个科学动态，而且还亲自参加一些重大的发现；他同布莱克，以后又同罗巴克一起研究盐的成分、研究氢氟酸、研究对晴雨计和湿度计的构造进行改良；后来，他和卡文迪什与普里斯特利同时从事于水的分析。[37]他的素养，跟他的知识一样，说明他并不是一个狭隘专家。在他中年时代，那些接近他的人因他在古代文物、法学和美术方面的知识而感到惊奇。他了解德国的各派形而上学，他对诗学也有兴趣，并且热爱音乐。[38]他的理论天才是靠整个科学和当时的整个思想而得到滋养的。

我们通过他自己提供的说明，知道他的发明的来源。[39]这里，不存在人们容易赋予伟人的那种早期的突然的灵感的问题。瓦特绝不是因为看到水在茶壶里沸腾就一下子发现蒸汽的力量的。同他朋友罗比森的谈话，引起了他注意一个长期以来就提出的问题。在1761年或1762年，他使用帕平的蒸煮器来开始有关蒸汽压力的一系列有系统的试验。在1763至1764年的冬天，他必须修理一架纽科门机器的小模型，因为它是格拉斯哥大学的并且是用于物理课的实习的。他观察它的运转，并对它作了有系统的评论。力的消失是它的明显缺点，他认为这种消失与两个主要原因有联系。一方面，在活塞每动一下之后，为了恢复汽缸内部的高温，就耗费掉大量的热素；另一方面，冷凝由于冷却不足而非常不完备。怎样补救这双重的缺陷呢？瓦特的发明正是对这个问题的解答，解答是根据科学方法在一个实验室里做出来的。

让发明家自己讲吧："为了避免任何无益的冷凝，蒸汽对活塞发生作用的那个汽缸，必须经常同蒸汽本身一样热……。为了获得必要的空隙，冷凝必须发生在一个单独的容器里，这里的温度能够按照所需要的程度得到降低，而汽缸的温度却不受到改变。"[40]整个冷凝器的原理就包含在这几句话里，从此以后，冷凝器就和气缸分开来，而在纽科门机器里，它是同汽缸构成一体的。这第一项改进带来了另一项更重要的改进："为了不必用水来防止活塞漏气，为了在活塞下去时防止空气冷却汽缸，那就必须使用蒸汽的压力作为动力，而不使用气压作为动力。"[41]这样，结论就完成了正确推理，于是发生了重大的改革，气压机变成了蒸汽机。

从那时起，这个创作在其主要方面已经确定下来了。瓦特在

1764 年左右所拟的那些草图，与人们在他附在 1769 年第一个专利证上的说明书原文里所看到的完全一样。[42]他赋予他发明物的那个朴实的名称，十分正确地指出他的原来的意图，为了“减少火力机中的蒸汽和燃料的消耗量”。瓦特的性格不同于他的能力，他把他的研究的富有成效的真正创新的东西，仅仅当作附属的假设而顺便地提了一下：使用蒸汽不是作为辅助的力量，也不是使筒身出空的方法，而是作为产生运动的积极力量。[43]在十三年后，即在一系列长期实用试验之后，蒸汽膨胀才被放在首要地位，气压机的原理才被最后抛弃。

我们不需要说明瓦特用来补充其主要创作的所有那些次要的发明。某一些发明，如离心式调节器或复动机上的滑阀，其目的在于获得最大限度的力并调节其排出量。[44]另一些发明，其目的则在于利用这种动力并使之适合于各种实际用途；这些发明可能引起我们的注意，因为蒸汽机的工业前途，在其历史上某一时刻，是由它们所决定的。假如蒸汽机仅仅停留在它一开始时的状态，停留在它从其产生的那些机器亦即自动抽水机的状态，那么，它在工业上的作用就很有限了：至多是水力机的辅助工具，承担供水推动机轮而已。要使它能够直接发动各种机械、实现花样繁多的技术工作，必须解决一系列问题，其中第一个就是：怎样使活动杠杆的振动变为圆周运动？瓦特继续弗里茨格拉德的研究，不久就发现不是一个而是几个解决方法。[45]最好的一个是仿效当时存在的一个最古老的、最简单的机器：磨刀匠的踏板轮。[46]另一个方法虽然比较复杂，但为了商业的原因，瓦特不得不采用它，这一方法被那美妙的说法“行星的运行”表述得相当清楚。[47]还应该提到瓦特最感到自豪的一项发明，平行运动（“瓦特的平行四边形”），这是许多精巧改良的起点。我们是在一位罕有的人面前，他既会掌握细节又会掌握整体，他并不满足于阐明原理，而要把原理贯彻应用，总而言之，科学对他来说，既是目的同时又是手段。

（三）

发明在工业上的应用。同罗巴克合伙，这使瓦特有可能继续进行其研究。罗巴克的破产（1773 年），马修·博尔顿收买他的权利。

发明是一回事，会经营利用发明物却是另一回事。我们已经见过许多这样的事。关于蒸汽机，出现了一些特殊的困难。简而言之，必须创造一个齐全的工业，它应拥有自己的人员和设备。要代替那些直至那时尚能满足需要的临时机匠——钟表匠、白铁匠、水车匠——，就必须培养一批熟练的、能够担任艰难工作的工人，因为这种工作同时需要体力、智力和非常熟练的手法。必须用几何精度的汽缸、贴合的但不过分接触的活塞，像钟表齿轮一样精确的齿轮来代替那些往往不相称的和没有配准的部件，最初的那些机器正是用这种部件构成的，因而它们部分地运转不好。冶金术的进步使这种必要的改革成为可能了。但要实现这种改革，还需要资本，需要有冒险勇气来把资本投入一种非常新的、前途还不定的企业中去，需要有实用效果所系赖的那种贸易才能。一个像蒸汽机那样无价的发明必定会成功的。怎能设想它会被埋没或者不被人赏识。但是它像许多别的发明一样，只在发明人死后才能成功。瓦特幸而在其生命的历程中碰到两个非凡的、能够了解他和帮助他的人，这两个人值得同他分享光荣，即使不应分享发明的光荣，至少也应分享发明从理论领域转到实用领域的那种荣誉。这两个人就是卡伦的约翰·罗巴克和索霍的马修·博尔顿。

瓦特是在1765年或1766年被一位共同的朋友，格拉斯哥大学教授布莱克介绍给罗巴克的。[48]那时，瓦特几乎完全放弃了研究，因为他负担不了研究费用。他不但没有财产，而且还债台高筑，为了谋生和养活家口，他不得不去当测量员和工程师。他受托制作喀里多尼亚运河的线路图。[49]他是以工程师的资格与罗巴克打交道的：罗巴克需要用于煤矿的抽水机，煤矿在福思河右岸博罗斯托内斯，前不久他才获得该矿的开采权。[50]罗巴克的才智和企业心是我们已经知道的。他一知道瓦特的研究，就马上了解它的整个好处，因而向瓦特建议愿意帮助他去实现它。瓦特接受他的建议，他们签订了一份合同，合同约定罗巴克负责偿付其新合伙人的债务一千镑，并且供给必要的资金去完成已经开始的研究和组织在工业上利用研究的结果，他给自己保留三分之二的利润作为报酬。[51]

这份合同在蒸汽史上开辟了一个时代。蒸汽正是在那时走出了实验室，进入它即将加以改造的工业世界中去，这多亏罗巴克的大胆的创造精神。瓦特总是迟疑、犹豫、不满意自己，他需要有个人在旁边去鼓励他和推动他前进。罗巴克以无比的热情扮演了这个角色。瓦特在其生命将终时，常常喜欢感谢他的一切情谊，他说："我的努力所能达到的成功，大部分应当归功于他的友好的鼓励，他对科学发现的关心，他敏于想出这些发现的应用，他对交易和工业有深邃的认识，他的远大的眼光，他的热心的、慷慨的和积极的气质。”[52]

第一架蒸汽机是在1769年安装在离爱丁堡不远的金内尔馆。[53]它的建造是艰难的：卡伦炼铁厂虽然设备优越，但也未能正确地实现瓦特对它的要求。这架机器是一个还未得到充分发展的思想的不完全的体现，它——按照英国预定的习惯——被人称为魔鬼；它只有一个汽缸，它的活动杠杆是在垂直面上摆动着的，很像纽科门的机器，而且用途也相同。[54]它的运转有缺陷，不久就被人放在一边了。与此同时，罗巴克的经济困难也开始了。他以前轻率承担开采的那些矿都充满了水，虽然有新、旧两种抽水机也无济于事。这些矿已使他和他的朋友花费了很多的钱。所有那些他想同时经营的事业都受到这种不幸的影响。他同逼在眼前的破产挣扎了一些时候。瓦特又继续他的测量工作。他的发明仍然不完全，而试验又显出它的缺点，所以处在停顿状态。1773年由于罗巴克的破产，这种悲惨的局面结束了，于是瓦特同博尔顿合伙开始了。

博尔顿在几年前就认识瓦特。他通过他的朋友罗巴克，知道瓦特的研究，并且很关心这项研究，因为他希望在那里找到一个对他所注意的问题的解答：他的索霍工场缺乏动力，因而想到：或者借助于纽科门机器或者用其他方法来人工地制造动力。关于这个问题，他在1766年曾经请教过两位在科学上有声望的人，即本杰明·富兰克林和伊拉兹马斯·达尔文博士。[55]1767年，瓦特在路过伯明翰时，参观了索霍工场，很赞赏那里冶金工作的完善，他本人也强烈地感到这种完善有必要。[56]翌年，博尔顿请他来，同他会谈很久，并建议他合作。罗巴克经过了解之后，同意接受这项建议，但要以明文限定其范围为条件：博尔顿将成为沃里克、斯塔福德和德比三个郡的专利证让受人。这就是蔑视索霍工厂主的远大眼光，蔑视他寄托在这新发明上的希望："向我提出的这个计划和我所想象的计划是那样不同，以致我不能认为进一步考虑这个计划是恰当的……。我的意见是在我的工厂旁边、在我们运河岸上、建设一个工厂，在那里，我想安置制造机器所必需的全套设备，而且这个工厂可以供给世人各种大小的机器。……仅仅为三个郡制造，那就不值得费事了：值得费事的，就是为全世界制造。"[57]

罗巴克的破产使博尔顿有继续这个计划的机会。罗巴克欠他一千二百镑，后者提议不要这笔钱，只要罗巴克将其和瓦特的合伙合同转让给他。人们会说这是廉价购买一项无限价值的权利。但这项价值还未能确定，因为不管人们对于企业的结果能有怎样的信心，但它似乎还很遥远："那一切还只是个影子、纯粹的想象，要使它实现，还需要许多光阴和金钱"。[58]合同毫无困难地签订了，金内尔馆的机器被拆卸下来并运到索霍了：1774 年 5 月，瓦特在完成他的测绘喀里多尼亚运河的设计图之后马上就去索霍定居了。[59]

（四）

工场：博尔顿的活动和雄心壮志。瓦特到来，蒸汽机的完成。专利证的期限的延长。最初的订货：威尔金森炼铁厂的订货（1775 年）；康沃尔郡矿业的订货（1777 年）；巴黎给水网的订货（1778 年）。商业上的困难：债务人和竞争者。工业性质的困难：瓦特的合作者。威廉·默多克。

索霍工场坐落在伯明翰的北边，在一个今天全被工厂覆盖着的、全被煤烟弄黑了的高地上，它是1759年建立的。[60]马修·博尔顿在这时已经成了一个富有的重要人物。他的父亲，伯明翰的玩具制造人，[61]让他早年就从事商业，但在已经使他获得了相当好的教育之后，所以他以后懂得自行深造。博尔顿父子工场制造金属纽扣、表链、钢鞋扣。后者由于时髦需要而成为珍奇交易的对象，人们把它送到法国去以便后来当作法国商品再进口。[62]马修·博尔顿在和一个女继承人，某一乡绅的女儿结婚之后，[63]本可过着乡绅的生活，但他喜爱他曾在其中成长起来的那项工业；他愿意将其财产用来创建一个模范的工场。这个大工场的建造是在1759年开始的，直到1765年才完成。工场使他花掉了九千镑。[64]它包含有五个主要建筑物，可以容纳六百个工人。一个设在山丘顶上的蓄水池供给必要的水量来推动一个有力的动轮，"这个动轮使得许多不同的机器动作起来。"[65]我们知道机械设备在冶金工业中已经非常发达，但还没有起着像它后来所起的那种主要作用。博尔顿希望他那里有最新式的机器，并亲自使这些机器适合于他的工业的特殊需要。[66]从1763年起，他的营业额就达到三万镑。[67]

这个工场的产品多种多样。在伯明翰玩具业的传统商品之上，博尔顿又添上了新的商品：装饰用的铜器如花瓶、枝形烛台、鼎，纯粹的和包镀的金银制品，人造金制品和人造玳瑁制品等。[68]在1768年左右，他甚至于想到再加上瓷器，而斯塔福德郡的大陶器制造者韦奇伍德已经准备同那被他称为"英国的第一流工场主”[69]的人作竞争。博尔顿值得接受这个头衔,不仅因为他的企业的重要,而且还因为他的产品的优良。他以消灭伯明翰的坏声名为己任,并且不遗余力地去做:他只愿使用最好的材料和最熟练的工人,并且极细心地亲自领导工作。

至于企业的商业领导,他得到福瑟吉尔的辅助,后者自1762年起就是他的合伙人。福瑟吉尔同国外有往来,熟悉种种顾客的爱好,必要时就出门到国外去寻找式样和订货。[70]多亏他的活动,商号的销路扩大,商号也全欧闻名了。1765年,有人向博尔顿作出极其有利的提议,促使他到瑞典去安家设厂。[71]可是博尔顿绝不想离开英国。他在英国所占的地位已经很高了。在他的制造术方面,艺术成分和后来科学成分同样重要,这使他博得了许多珍贵的奖励。贵族阶级对他加以赞助。霍勒斯·沃波尔、谢尔本勋爵、达特默思勋爵和诺森伯兰公爵等人把古代铜器借给他去仿效;卡思卡特勋爵把他推荐给俄罗斯的皇后。[72]由于他相信理应的成功,我们可以想象到他已以其天生的雄心壮志和大胆精神来想出宏伟的计划,他写道:“我对任何能够增加或改善,我在机械技术方面的知识的东西都有兴趣。我的交易范围必须年年扩大。因此,我应该熟悉欧洲各地流行的爱好和时式……我希望为全欧洲工作,制造一切能够构成一般需要对象的商品:金、银、铜、包金、镀金、人造金、钢、白金、玳瑁……。”[73]

我们知道瓦特在罗巴克破产之后参加索霍企业时该企业的情况了。“工场制”和工厂制度绝不是很相近的,从这一个过渡到另一个绝不是较难觉察的,可是区别是较不容易作出的,如果不在细枝末节上作区别和不武断的话。博尔顿交给瓦特支配的东西是大工业的资源以及几乎是大工业的权力。

瓦特立即着手工作。金内尔馆的机器被搬运到伯明翰之后，经过博尔顿所培养的熟练工人的协助修理，终于在 1774 年 11 月差不多能够运转正常了。瓦特把这件事报告他的父亲说："我为之到这里来的那桩事情，结果成功了，就是说，我建造的那架机器现在运转了，并且产生了大大高于在我之前发明的其他机器所具有的效果。我估计这项发明将会对我非常有利。"[74]但是，在最后成功之前，需要预料到长期的努力和巨大的费用。从瓦特获得专利证时起已经过去五年了，而专利证的有效时限将于 1783 年满期。相似的发明的竞争或者程度不同的瞒混仿造的竞争都是可怕的。瓦特决定向议会请求延长他的专利权的期限。1775 年 2 月 23 日，他向下议院呈递一份请愿书，[75]多亏他在科学界中的关系，毫无疑问，也亏博尔顿的贵族关系，请愿书得到极大注意的考虑。负责调查的委员会听取了罗巴克的证词：后者对于这项发明作出完全公正的评判，他是第一名认识到这项发明的实用价值："蒸汽机比较通常的火力机，以同等的燃料耗费量，至少多做一倍多的工作……凡是需要动力的地方，无论用于什么用途，用它都是有利的。"[76]与此同时，他又证明该机器已经花了的费用，以及在它生利之前还要花的费用：首先是他，其次是博尔顿，在试验、建造、试用方面已经用去三千多镑；预计全部费用至少要达到一万镑。可是这样一笔钱，比起对英国和全世界的利益来说，算得了什么呢？专利证期限的延长被批准了，其期限为二十五年。[77]然而，不是没有一点反对的，因为在表决时，伯克以自由的名义起来抗议设立这一新的专利权。[78]

又过了几年，这项专利权仍然毫无酬报。它的费用超过了、大大地超过了罗巴克的估计。[79]博尔顿虽然和瓦特合伙，但并未放弃其他工业；正是这些工业的收入使蒸汽机的昂贵制造才有继续可能。瓦特的一个使用方便的小发明，拷贝机的发明，提供一种并非无用的帮助。[80]这个商号经历了几次几乎危险的困难关头。1778年和1780年，博尔顿在卖了一部分从他父亲和妻子那里得来的财产之后，不得不寻求隐名合伙人。在1781年的会计年度终了时，如果博尔顿和瓦特不收到博尔顿和福瑟吉尔合伙企业的资金，就无法偿还圣诞节到期的债务和支付工人的工资。[81]1782年，瓦特因对银行业者洛、维尔和威廉斯所负的债务日渐增长的重担而感到那样焦心，所以他写信给他的合伙人说："如果他们同意放弃对我未来企业上的各种债权，我几乎想把我现在所有的一切东西都交给他们，把我的命运再交给上帝去处理。我不能在我现在所处的愁虑状态中生活下去……"[82]几乎就在1786年或1787年，这个商号清偿了自己的债务，终于能够从其代价很大的创举中获得利润。

订货来得并不太晚。1775年，索霍工厂交给伯明翰附近的布卢姆菲尔德煤矿一架蒸汽抽水机，它比纽科门机器抽水快两倍，而燃料耗费量却是同等的。[83]不久以后，威尔金森订购了一架机器用来推动布罗斯利的高炉鼓风器。这是瓦特的发明第一次用于抽水以外的用途上。[84]新河公司的订货也是在这头几年里来的。[85]1777年，瓦特到康沃尔郡去，虽然那里矿主方面有某些踌躇以及因在就地安装的缺点而产生的某些挫折，他还卖了若干大的抽水机：查斯沃特矿的那一架是在1778年建造的，它的动力和运转良好的性能对克服当地的守旧思想做了许多工作。[86]同年，索霍工厂接受佩里埃兄弟的参观，他们请求瓦特供给他们一架机器为巴黎给水网之用：这架机器是在 1779 年安装在塞纳河边库尔拉赖纳的尽头处：这就是有名的夏洛特火力机，这架机器在下一世纪已被更新式的机器所代替，后者在同一个地方继续运转一直到最近。[87]弗雷德里克大帝所派遣的一些德国工程师也来参观了索霍工厂，但是，蒸汽机只在几年之后、在 1785 年才被引进德国。[88]

博尔顿和瓦特所要的价钱是非常公道的：他们向买主只要求付出每架机器的制造和安装的费用，另外加上比使用同等马力的气压机所获得燃料上节省费的三分之一。[89]这样，他们只从蒸汽机的经过试验而被证实的优越性中以及因使用它而获得的利益中来期待他们的报酬。但是，对于使用新发明的反感一经克服之后，人们总是看到因利用它而支付其代价的同等强烈的反感。康沃尔郡的矿主们在偿付约定的特许权使用费时，特别显出非凡的恶意和不诚实。这就是他们同索霍工厂主之间多年不断的斗争的原因。[90]1780 年，在全郡之内开展起来一个请求议会取消专利权的运动。瓦特对于这件事激烈地表示不满："他们控诉我们设立一种垄断，但是，即使是一个垄断，可是这个垄断毕竟使得他们的矿山比以前出产得更多了……他们说，因使用机器而必须偿付使用费，对于他们来说是不方便的。如果我把裤腰上小钱袋的纽子扣好，对于那想摸偷我的钱包的人来说也是不方便的……我们没有权力迫使任何人来使用我们的机器。如果这些家伙来向议会控诉其完全可以避免的那种不方便，议会将会回答什么呢？……"[91]长期的诉讼开始了：1799 年，博尔顿和瓦特胜诉了，一下子领到三万镑以

上的欠付的使用费。[92]

他们也必须对付那些谨慎程度不同的竞争者的企业。最可怕的就是乔纳森·霍恩布洛尔，关于这个人，必须看到他完全不同于通常的仿造人：他在研究和利用高压方面走在瓦特前面。他的机器比瓦特的机器还复杂，有两个汽缸用蒸汽交替地充满着。[93]这种机器相当成功，足以引起博尔顿和瓦特的严重忧虑。他们决定控告霍恩布洛尔，后者受到败诉的判决，因而破产。[94]

其他困难，而且不是最小的，就是内部组织的困难。这些困难主要是多亏博尔顿才得到克服的，博尔顿的最大才能就是领导才干。在同他们主顾的密切合作方面也需要很多的外交手腕，博尔顿和瓦特是被他们的商业习惯导致这种合作的。机器并不是他们工厂完全造好了才出厂的。他们把自己当作是"蒸汽机的设计人和安装人，并且当作是那些利用他们发明物的企业的顾问。通常，需要机器的企业，自己向自己所挑选的翻砂厂和炼铁厂订购材料，索霍厂则供给熟练工人以及制造上需要特别小心的那些机械零件"。[95]大部分的汽缸是威尔金森制造的，他钻孔精确是无敌的，正因如此，所以总是受到博尔顿和瓦特的推荐。[96]

博尔顿和瓦特是以自己培养出来的那些工头为极好的助手的。至少这些工头中的一个，威廉·默多克是一个功绩高于其地位的人。他是苏格兰的一个水车匠的儿子，他把请求批准参加索霍工人行列当作优遇。[97]他因聪明、勤劳、有发明力而受到老板的赏识；老板派他领导安装机器，特别是在康沃尔郡中安装机器。他在那里发挥一种难以相信的积极性，夜以继日地努力安装、检查和修理机器，他是自己厂号权利的警觉守卫人，反对敌对利益的联合。[98]在空闲时间，他就寻求技术改良。"行星运行"的观念正是他暗示给瓦特的。他是欧洲第一批中的一个和英国第一个能把蒸汽当作牵引手段来使用的人：他在 1784 年建造一个机车小模型，以每小时八英里的速度运行。[99]我们还应想起他曾同著名的法国人勒邦分享善于发现和利用煤气特性的荣誉：工厂从 1798 年起就用煤气照明。这个人本可通过自己的发明而致富，但他宁愿终身成为博尔顿和瓦特的工人。他得到他们的完全信任，同时他也向他们显出绝对的忠诚。[100]他的合作在困难时候是非常宝贵的，尽管人们有权期待看到蒸汽机的未来的光明，但那时它还没有明显地表露出来。

（五）

蒸汽机的用途：在冶金工场中；在面粉厂中；大不列颠面粉厂（1786 年）；在纱厂中。索霍工厂的蒸汽：它的多方面的应用；货币的自动铸造。

关于企业的最终成功，博尔顿从未有过怀疑，在这一点上，他和瓦特十分不同，因为后者总是沮丧、悲观。[101]1781 年，他终于看到了他十年来所期待的那种动态的出现：瓦特的发明物成为注意的对象，甚至于成为大家极欲观赏的东西。他写道："伦敦、曼彻斯特和伯明翰的居民被蒸汽机弄得入迷了。"[102]

同年，瓦特取得了第二个专利证，即圆周运动的专利证。在这个日期之前，蒸汽机只不过是一种改良的火力机。人们正是把它当作火力机将其用于矿山或给水网的。通过圆周运动的发明，它就成为原动力了。从此以后，它的用途就无限地增多了，整个工业领域都向它表示欢迎。最初的应用实现于索霍工厂本身，那里，人们使用蒸汽发动的鼓风机、滚轧机和汽锤。差不多与此同时，威尔金森为他布雷德利工厂订购了类似的机器，雷诺兹也为科尔布鲁克戴尔厂购买了这样的机器。他们的榜样受到所有英格兰和苏格兰的大炼铁业者的仿效。[103]那些已经备有各种机器的冶金工厂正是在这时呈现出特有的面貌，蒸汽和铁的万能姻缘，可以说是在这时被固定下来的。

蒸汽机很早就被用来推动一些磨机，如面粉磨、啤酒厂用的麦芽磨、[104]陶器工业用的燧石磨、[105]西印度炼糖厂用来压碎甘蔗的碾。[106]虽然一一列举许多事例会使人厌烦，但至少必须提到一个，即1786年建立在伦敦的大不列颠面粉厂的例子。这个大工厂的设备是瓦特同约翰·伦尼（后来是滑铁卢桥的建筑师）协作亲自安排的。这套设备是由五十对被两架机器推动的磨石组成的。[107]产量每周可能高达一万六千蒲式耳的面粉。这个面粉厂的开设轰动了伦敦。去参观这个工厂已成为一种风气，结果使瓦特大不耐烦。[108]磨坊主们由于这种意外的竞争而感到惊慌，但在1791年，一个很可能出于怨恨而造成的火灾把建筑物及其中所有一切东西都完全烧毁了，损失估计有一万镑。[109]

在纺织工业中，蒸汽机起初只是水力机的辅助工具。在1780年左右，理查德·阿克赖特在其曼彻斯特工厂里还使用一个纽科门的抽水机。[110]1782年，一些设厂于伯顿昂特伦特的纱厂主请求瓦特供给他们机器。瓦特相当冷淡地接待这种订货，他写信给博尔顿说："这些人的信以及他们派到这里来的人，使我不大佩服他们的能力。如果你经过曼彻斯特回来,[111]请你不要寻找纱厂的订货。我听说那么多的工厂设在北部水流的岸边,这项工业不久就一定会过多了。我们会有蹈冒徒劳的危险。”[112]他不了解,他亲眼见到的那项工业的发展能够在他认为已经接近的限度之外继续发展下去。他没有体会到,他比别人更多地推进了这一限度。但他很快就改变了看法。1784 年,他承认“每当工厂易于设在城市里或者设在已有建筑物的地方而能对燃料的消费量和使用费的支付作出抵偿时,蒸汽机就一定能够用于纱厂”。[113]经验几乎马上就证实了这种见解,但是,这种见解仍然是以那样懦怯的措辞来说明的。

第一个使用蒸汽机的纱厂是 1785 年设在帕普尔维克的鲁宾逊纱厂。[114]以后就是沃林顿和诺丁汉的工厂主们从索霍买回机器。仿效他们榜样的,1787 年有罗伯特·皮尔、1789 年有曼彻斯特的彼得·德林克沃特、1790 年有理查德·阿克赖特和塞缪尔·奥尔德诺。[115]在约克郡以及一般说来在毛纺工业占优势的地区,变动比较慢,而且还碰到最激烈的反对。不仅工人,而且许多老板也都不隐蔽他们的敌视态度。布雷德福的约翰·巴克利在 1793 年曾想在他的毛纺厂里安装一架蒸汽机,因而接到他邻人们的最后通牒,威胁他,如他实现他的计划,他们就以机器在工厂四周散播煤烟和声响为理由而向他提起损害赔偿之诉。[116]然而,从 1794 年起,蒸汽机渐渐进入毛纺厂,紧紧地跟随着机械和机器的采用。

这样,瓦特的机器从十八世纪末起就开始在各处代替了水力发动机。1802 年,斯维登斯彻纳在英国各工业区旅行,对几乎到处碰到蒸汽机而感到惊异,他说:“这些机器在英国同水车和风车

之在我国是一样普通，甚至还要多得多，这并非言过其实。”[117]有时，好几架蒸汽机聚集在一个狭小的地方，用于各种各样的用途，例如在斯旺西，“一些是在抽取矿坑里的水，另一些是把煤送上地面，还有别的一些则在使滚轧机和磨石动作着”。1800 年，伯明翰有十一架蒸汽机，[118]利兹有二十架，曼彻斯特有三十二架。[119]

必须说，瓦特和博尔顿并不是这一革命的唯一创始人。他们的忠诚的首要助手默多克，他们的败北竞争者霍恩布洛尔，第一个懂得制造现代设备上高度精确的必要性并能达到这种精确度的约翰·威尔金森，在发明织布机和梳毛机之后又把自己机敏的智力转到其他问题上去的卡特赖特，[120]在发挥气压机原理的同时又试图继续利用这个原理的亚当·赫斯洛普，[121]以及一大群的、其中许多是无名的研究者们，都是他们的合作者，或者是他们的竞争者。但是索霍工厂由于受到 1775 年法令的保护而成为制造和出卖蒸汽机的唯一中心。索霍工厂雇用一千多名工人，[122]这个工厂的新工业是在伯明翰的传统工业中生长起来的，传统工业起初是新工业的助手，后来，新工业也把传统工业加以改变了。一位观者写道：“冶金工业的各部门在这个工厂里都能见得到……几乎全部工作都是用机器进行的。对于那些需要相当力量的操作，例如压延金属，磨光金属等等，人们都使用一些由蒸汽机推动的大转轮。”[123]

索霍工厂利用蒸汽最有趣的例子，必须提到的是货币的自动铸造，这是马修·博尔顿所想出来的事业，他对于这个事业也特别感到自豪。由于他怨恨那些败坏伯明翰名声的假币制造人，所以他希望采用一种完善的手段来铸造货币以排除粗糙的旧方法为舞

弊造成的方便。他使人建造一些蒸汽冲压机，硬币在冲压机上被一个钢圈圈住，准确地接受压印：每个冲压机由一个工人照料，每分钟可以铸造五十至一百二十枚硬币。[124]这项发明获得很大的成功。博尔顿接受过东印度公司的订货、法国在大革命初年的订货，[125]以及俄罗斯的订货；1799 年，他被准许在俄罗斯设立一个造币厂；[126]最后，又接受英国政府的订货。在十年内，即从 1797 至 1806 年，他提供政府四千吨以上的铜币。[127]生产迅速，几乎全部消除了劳动力，这是两个好处，此外还有质量精确的好处。这就是人们在一切工业中从使用机器中能够期待的结果之一，而这些机器今后都由人们可以随意制造、随意增加、随意搬运和随意操纵的有力而温顺的机器发动的。

蒸汽机的发明完成工业的集中。它使工业的相互依赖关系更加密切同时又使工业的发展归于统一。

蒸汽机的发明这一重大事件，开始了工业革命的最后的、最具有决定性的阶段。蒸汽把那些还压在大工业身上的束缚解放之后，就有可能无限迅速地发展了。事实上，使用蒸汽并不像使用水那样必须取决于位置和当地资源等绝对条件。凡能获得公道价格的煤的地方，都可以安装蒸汽机。在英国，煤藏丰富，煤的使用在十八世纪末已经是增多了，那里特意创设的航路网有可能以很少的费用把煤运送到各处，全国已经变成一个特别宜于工业生长的享有优惠的世界。工厂现在可以离开其原来孤立于水流岸边的曾在其中成长起来的溪谷了;工厂接近市场可以购买原料和出卖产品,移近人口中心可以招募人员;工厂将汇合集中起来形成一些巨大而黝黑的工业城市,蒸汽机将使无穷的烟云飞翔在这些城市的上空。

可是,这种集中只是已经开始了的运动的延续。它并未改变机械化于其第一时期——水力发动机时期——即在 1760 至 1790 年间所决定的那种工业地理分布状态。下面是一个值得注意的事实,因为这个事实可以说明英国大工业的起源:经济活动的主要中心向北部诸郡的移动,新的纺织和冶金地区的形成,是在实际应用蒸汽之前。蒸汽机的出现,加强了导致蒸汽机出现的影响,因而加速了上述工业的发展,此外是没有别的作用的。人们可以反驳道,这种集中运动的延续很可能是偶然的,在那些新工业刚因完全不同的原因而设立在那些地区中碰巧有煤矿床,靠近矿山对于它们来说比靠近曾被它们起初利用过的那些河流更为可贵的时候,它们就有可能继续留在那里。但,是否应把它视为一种完全的巧合呢?在瓦特的发明之前,煤在工业生活中已经起着充分的作用,以致工厂主们宁愿走向煤很丰富而价廉的地方去。如果相信他们正在其刚刚设厂的地方突然发现了煤,像发现埋藏的财宝一样,那必定是忽视了煤已经有较长的历史了。

蒸汽机并不创造大工业。但是,它对大工业却提供了动力,并使自己的发展犹如自己所任意支配的力量一样不可抵抗。最重要的是,它使大工业具有其统一性。在那以前,各种工业的相互依赖关系比现在要疏远得多。它们各自的技术只有很少的联系。它们的发展是单独地而且是通过完全特有的方法来形成的。使用一种共同的动力，尤其是使用人为的动力，就使一切工业的发展都要服从一般的法则。蒸汽机的不断改善，对于采矿、冶金、纺织和运输都有同样的影响。工业世界几乎成为一个巨大的工厂，在那里，发动机的加速、放慢或停止就改变着工人的活动并决定着生产率。

詹姆斯·瓦特的同时代的人们没有看到他们亲眼所见的那个重大事件的各种后果的发展。但是他们已能猜到这些后果。他们已经感觉到一个新的时代正在开始并且充满着同过去任何事物相比都无法作出估量的可能性。伊登在1797年写道："在机械学方面，可以认为我们还是儿童。假如人们考虑五十年来为缩减工业操作而作出的那些发明的数目；假如人们设想它们现在已经投入使用，但在五十年前却是绝对没人知道的；那么，料想人们在今后五十年中还会作出其他的发明，而蒸汽机和纺纱机的发明不管在我们看来是怎样精彩，但比今后的那些发明就会显得微不足道和毫无价值，这种料想并不荒谬。"[128]

第三篇　直接的后果

第一章　大工业和人口

如果产业革命仅仅在于一些技术改进，如果它的后果并不扩张到设备和商品之外，那么，它就终于成为一个不大重要的事件，它在通史上只能占很少的篇幅。但是，它通过物质东西的媒介，即人类的需要、筹划和活动等具体表现，便对人发生了影响。它已用自己的标记把近代社会——首先在英国，其后在一切文明国家——烙上了印记。要确认这一点，并不需要无条件地接受对历史作唯物主义的解释。无论人们是从外部来观察社会，把整个社会看作是由按照某些法则增长着和分布着的人口组成的也好，或者人们研究社会内部构造以及组成社会各阶级的形成、作用和关系也好，人们处处都会发现这一伟大运动的遗迹，这一运动在改变生产制度的同时，也为整个集体改变了生活状况。

（一）

英国人口的增加：产业革命前增加很缓慢。格雷戈里·金的预料(1696 年)。担心人口减少。关于这个问题的争论：理查德·普赖斯的《论英国人口》(1780 年)。扬的理论：人口增加必然与经济发达有密切的关系。马尔萨斯的著作(1798年):人口过剩是贫穷的原因。1801年的人口调查。

人口的迅速不断增加并不是我们工业文明所特有的现象。它在十分不同的环境中可以发生,事实上已在发生,只需援引中国的事例就够了,在中国,小农所有制和集约化的农业养活着世界上最大数量的人口。我们可以补充说,一百五十年来西方各国人口显著增加,这不能归诸一个原因。人口的增加难道不是被一切有助于增加公共繁荣和个人安全的东西所推动的吗?必须指出的是,这种增加不是在大工业制度之前。现今,人口的不增不减或者增长缓慢乃是可忧和可耻的事。二百年前或二百五十年前,正是相反的情形使人感到惊愕。格雷戈里·金在其1696年所写的《对英国情况的观察》一书中在预料未来若干世纪中英国人口增加时说道:"在六百年后,亦即将近公元2300年的时候,它多半要增加一倍。这时,英国将有一千一百万居民。再一次的加倍大概要再过一千二百年或一千三百年以后,亦即在公元3500年或3600年的时候才会发生。那时王国将有二千二百万人,只要世界能够延续到那个时候。"[1]

格雷戈里·金是个乐观主义者。整个十八世纪,英国人口在减少着,这是一种非常流行的见解。[2] 人们谈论这种减少像谈论一种被证实了的事实一样。政治家们如谢尔本勋爵和查塔姆勋爵,常常公开地表示,这种减少引起他们恐惧。[3] 人们把这种假想的祸害归诸多种多样的原因:军队增加过多,战争、移民、租税负担太重、食物腾贵、囤购农场。[4] 然而,随着日益增长的国民财富变得更加显著的时候,相反的理论就发展起来,并且演绎地断定人口的增加是与经济的发达有着密切关系的。关于这个问题，在 1770 至 1780 年间，亦即正在新生的大工业的创造活动在各方面显露出来的时候，发生过一些奇妙的争论。[5]

争论能否取得结果，这就需要一些确实的统计材料。第一次英国人口的官方调查是在 1801 年进行的。[6] 在这以前，只能限于那些多少似真的估计。这些估计所根据的数字或者是来自那些载有炉灶调查或住户调查的纳税花名册，或者是来自那些记载受洗、结婚和丧葬的教区记录簿。人们凭经验去推算住户数目和居民数目之间的平均比率，或者推算出生率或死亡率，以后便用乘法来乘。格雷戈里·金就是这样做的：他在 1690 年 3 月 25 日灶税册里找到一百三十一万九千一百一十五户住户的数字。按照他的意见，这些住户应分为若干类。他将其区分为伦敦的住户、伦敦郊区的住户、英格兰和威尔斯的其他城市的住户，以及乡镇和村落的住户。对于每一类，他都给予一个人口系数，这个系数是在四至五个半之间变化着的，以后他就用这个系数来乘相应地区中的住户数。各部分的乘积的合计，使他得到一个五百三十一万八千人的数字。在这个数字之上再加陆、海军的实际人数以及一个弥补表册中可能遗漏的补遗数，他就得到五百五十万居民的总数。[7]

人们一下子就看出他是武断地估算的。那些供估算作基础用的数字本身虽然是从正式文件中得来的，但一点儿也不可靠。教区记录簿即使记载得最好，事实上只能提供一些不完全的材料。我们今天户籍簿所要求的各项登记，那时绝不是必须遵行的。而且，这种登记首先具有一种信仰的性质。国教在各教区登记自己信徒的受洗、结婚和丧葬。它并不管非国教徒的事，可是这种人在某些地区中是非常之多的，有时比国教徒还要多。[8] 从纳税花名册中得出的数字也是靠不住的。负责制作花名册的税吏们是站在完全实用的立场上的。对他们来说，那些不纳炉灶税或窗户税的住户是不存在的。通常，他们甚至于不愿费心去计算住户数目。这样的文件被原封不动地搬过来而且不加批判地使用，一定会导致那些使用该文件的人得出最无根据的结论。

人们正是根据这些文件来证明英国人口在减少着的。这个论证的主要论据曾被理查德·普赖斯在其《论英国人口》(1780 年)[9]一书中作了冗长的发挥，其论据如下：在威廉三世统治时期，王国——苏格兰和爱尔兰不在内——中大约有一百三十万住户。可是，这个数目在 1759 年降到九十八万六千四百八十二，在 1767 年降到九十八万零六百九十二，在 1777 年降到九十五万二千七百三十四。[10]怎么能不从而得出结论说英国人口在减少呢？在不到一百年间，它就降低了百分之二十五。普赖斯忽略了一个细节：他据以作出其比较的数字是从不同的来源得来的。最早的那些数字是来自灶税册。可是灶税在 1696 年已被废止，并由一种按窗户数目计算的建筑地产税所代替。这项新税引起了新统计的建立，而这种统计的数字与以前的材料是不一致的。[11]从而产生了一种表面上费解的突然下降。根据灶税册，伦敦在 1690 年有十一万一千二百一十五户住户；根据窗户税簿，在 1708 年它只有四万七千零三十一户。[12]应否从而得出结论说，一种为同时代人和历史所不知的突然灾害在十八世纪之初把半个伦敦毁灭了呢？这个荒谬的归纳法似乎足以证明这一估计方法的可笑的缺点，阿瑟·扬在其《政治算术》中已对这一估计方法宣告了终审败诉的判决。[13]

然而，如果普遍繁荣的显著征兆没有构成有力的推断，以利于相反的论点，那么，人口减少论就未必会因方法原因而受到攻击。当我们看到一个国家的活动和资源日日增长的时候，怎能相信这个国家正在衰弱下去和空无居民呢？扬写道："请看看航运、道路、港口，请观察一下我们工业中所显示的事业精神。不管你的视线转到哪一边，你到处只能看到财富……我曾表明英国拥有无限的收入，绰绰有余地敷足它的各种需要；它的农业正在发展，它的工业在繁荣发达，它的商业非常开展。总而言之，它是一个勤劳的大国。现在，我认为若不同时证明王国人口是非常之多，就不可能证明那一切。他们徒劳地援引死亡表册，枉然地向户口簿和窗户簿讨求人口减少的证据。我们的农业、工业和商业的兴盛状况，以及我们的一般财富都很清楚地证明着相反的情形。"[14]

毫无疑问，那只是一种印象而已。要把它变成经证实的事实，必须拥有统计手段，可是人们完全没有这种手段。那些也犯了使用曾被自己确切批评过的方法的人，如威廉·伊登、豪利特、韦尔斯[15]等人并未达到一些比他们的对手更有结论性的结果。[16]另一些人由于没有事实证据，于是学他们的老师即经济学家的样子来依靠抽象的推理，并从起初只是一种意见的东西中得出一种理论。

这种理论暗含在我们刚才引用的扬的那几行话里。在同书的其他段落里，他发挥了并解释了这个理论。按照他的意见，财富的增加和人口的增加是两件必然有着密切关系的事实。凡人能找到谋生的地方，人就会很快地繁殖起来："工作产生人口。整个大地上没有一个懒惰民族会按照自己领域大小繁殖众多人的事例。相反地，在人们有工作做的国家里，人口是非常之多的，而且，工作愈多人口也愈多。当工作不缺乏以及工作报酬优厚的时候，家庭并不成为负担，结婚就会提早而且为数很多。在这样的情况下，人口不增加是绝对不可能的……。[17]到处都易于证明，工作使人像春笋一样地生长出来。”[18]害怕企业发展太快，劳动力变得不足，都是幻想：“勤劳的民族绝不用害怕没有劳动力来实施那些甚至极其庞大的工程。如果主张这样的工程可以在任何地方以预先规定的款项或者通过不变的工资来完成，那就一定是荒谬的。但是在到处都有工作的地方，换句话说，在到处都有钱可赚的地方，劳动力绝不会缺乏的……只要能有必要的钱，人手是不会缺乏的。”[19]

此外，如果经济发达不伴随着至少相应的人口增加，那么，经济发达就不可能。因为，如果农业或工业只能支配其目前需要所严格要求的人数，那就应当担心这个数目会马上变得不足：“人口的增加必须比要做的工作量的增加更快，否则，劳动力的供应就会低于需求。举个例子来看。五百个人已被用在土地耕作上。人们现在在这个地方又着手一项工程，而这项工程按照一个农工所提供的平均劳动，必须使用三百人。由于工资提高引起一种一般的松劲现象，所以，如果只有三百个新工人，工程就不能继续下去。因此，要做三百人的工作，大概必须有一个可以说是因工资提高所造成的三百五十个或四百个工人的人口。”[20]我们必须注意这种说法：“人口的增加比要做的工作量的增加更快。”应否认为这种说法仅是一种逻辑推理的结果呢？难道人们不把它当作几乎尚未显出的，但明达人已经看到的一种事态的预感吗？人口过剩被看作是经济发展的结果同时又被看作是经济发展的必要条件，这种过剩就是马克思在一百年后所谓“产业后备军”的东西。

当1798年马尔萨斯的名著出版时，[21]关于英国人口的争论还未停止。这里，问题并不仅仅有关英国一个国家。马尔萨斯企图证明的人口法则是对一切时代和一切国家都有效的一般法则。[22]必须注意，在马尔萨斯用来支持其理论的那些事实中，很少一部分是采自英国的。他想逐一检查各民族、各种文明状态，以便证明他的法则在极其不同的情况下是得到证实的或者似乎是得到证实的。然而我们不能忘记这本书是在英国十八世纪最后几年中写的。观念不单从观念中产生，马尔萨斯的思想是受社会环境，同时也受亚当·斯密、孔多塞或葛德文的书本教育所形成的。1798年，大工业制度已经建立，工业中心开始成长起来，工厂无产阶级正在出现。同时，国家经历着一次最严重的危机：连年歉收，其后果又被海战后果所加重，以致在1795年和1796年造成食物行市涨到饥荒价格的程度。[23]人们可以通过救贫税的增加来断定贫穷的加重。救贫税在八年之内从二百五十万镑增到将近四百万镑。经过1782年第一次修正过的恤贫法的改革，[24]被提到议事日程上来了。马尔萨斯正是在这种迅速发达和这种穷困环境中写作他的著作的。他力求证明穷困是迅速发达的后果：在担心英国人口减少之后，现在接着又害怕它的人口太多，它之注定要永远贫穷，与其说是因为财富的分配不均，不如说是因为它的居民人数太多。

马尔萨斯认为已经解决了的问题，今天又被提出来了。真正的人口法则——如果承认它是一个能够支配那样复杂现象的法则——并未被人认识，而且只有在根据实证科学方法所指导的耐心研究之后才会被人认识。至于十八世纪英国人口增加的历史问题已被1801年的人口调查解决了。英格兰和威尔斯在1801年有八百八十七万三千居民，联合王国有一千四百六十八万一千居民。[25]如果我们接受格雷戈里·金的那个十七世纪末的相当合理的估计，[26]就得承认一百年内英国人口增加了百分之六十，而整个王国的人口就几乎增加了一倍。可是，英国诸岛上的人口绝不过剩。那时的人口的密度只有今天的四分之一，每平方公里平均不到四十七个居民。人口调查的结果证实了马尔萨斯的理论所造成的印象。问题不再是英国人口的减少了，虽然许多人常常不求甚解地相信它减少。从这时起，人口有规律地增加，开始被看作是社会的正常法则，而人口增加的缓慢或停止则被看作是一种病态的征象。这种想法现今已经变成了教条。它在任何地方也比不上在英国那样得到更普遍的赞同。那些极其宏伟的希望和梦想正是建筑在这种想法之上的。这种信念的第一信条——我们知道它拥有传播者和盲从者——是：大英帝国的财富和势力将同它的人口一起日渐增大起来，加拿大、澳洲、南非洲有一天会养活几亿居民，新的人类将说英国话并团结在英国国旗之下。[27]事实上，十八世纪开始的人口增加还要长期继续下去，这并不是不可能的。但是不应忘记那是一个新近发展的情况，这种情况与历史条件有关，这些历史条件过去并不总是存在着的，很可能在将来会发生变化或消失的。

说到过去，在1750年以前，英国人口的增加似乎——关于这一点，我们不能十分肯定，因为它与其说是事实，不如说是猜测——进展得极其缓慢。我们打算无保证地引用里克曼在1831年人口调查表上写的前言中所提出的数字。[28]1600年，英格兰和威尔斯可能有五百万居民；1650年左右有五百五十万，1700年有六百万，1750年有六百五十万。因此，在一百五十年内，人口勉强增加了一百五十万人。在以后五十年中，即从1750至1801年，人口增加了二百五十万。它的增长率较前一时期增至四倍。[29]

（二）

人口的移动。人口的现在分布状态：和1700年、1750年、1801年的分布状态相比较。向北部和西部移动。

与人口增加的同时，人口重心也在移动着：这种移动的方向几乎足以令人猜到它的原因。让我们在英格兰本部地图上，大体上按照伦敦区域的侏罗纪山丘，画一条从洪伯河口至塞文河口的横截线。这条线所分开的两个地区是差不多大小的。[30]一个是西北部地区，它今天几乎包含着英国所有的大工业中心：英格兰中部地方、约克郡、兰开斯特、诺森伯兰和达勒姆的煤田，以及那些挤在曼彻斯特、利物浦、利兹、谢菲尔德和纽卡斯尔等周围的工厂中心。另一个是东南部地区，这个地区是一个经济生活较不活跃、较不集中的场所。除伦敦——伦敦的过度发达是与世界帝国的发达相适应的——之外，这个地区大城市很少。相反，它却富有历史性的古城，这些古城以拥有高等学校、城堡和大教堂而自豪，可是教堂矮小，好像蜷缩在自己的古老围墙之内睡着似的。这种对比，只需提一下就够了，它在统计表上显得非常清楚。西北地区的十七个郡在1901年，即正好在第一次人口调查之后一百年的时候，有一千六百七十一万八千居民；东南地区的二十四个郡只有一千四百二十五万四千人，其中几乎有三分之一——正好是四百五十三万六千人——住在伦敦郡。[31]前一组地区有二十一个至少十万以上人

口的城市，其中有三个是五十万以上人口，十二个是二十万以上人口；[32]第二组地区只有八个十万以上人口的城市，其中包括伦敦及其两个郊区：西哈姆和克罗伊登。[33]人口的平均密度在西北地区是每平方公里有二百七十个居民；东南地区是每平方公里有一百九十九个，假如把伦敦郡除外，那么只有一百三十五个。

在十八世纪时，情形完全不同。我们试以下面的地图来表明1700年、1750年和1801年三个时期的人口状况。1801年人口调查的附件使我们有可能这么做，因为它比那些没有可靠根据的十七和十八世纪的估计，不会引起同样的异议。当猜测的方法是建筑在同可靠的完全的官方调查材料的比较上时，这个方法就是正当的了。[34]当人们注视这三张图中的第一张时，首先引人注视的东西就是平均密度较今天为稀。除伦敦及其近郊之外，没有一个郡有每平方公里六十个居民。至于人口分布是十分清楚的：人口最多的郡结成一个从布里斯托尔海峡起至萨福克郡海岸止的几乎连接着的地带。这个狭窄地带包含着英格兰总人口的五分之三以上。北部诸郡的人口较稀：兰开斯特和约克郡西区每平方公里三十至四十以上的居民。

1750年，人口向北移动开始显出。人口似乎向大西洋方向进展，因为海商的发达以及利物浦和布里斯托尔的日益增大的财富吸引人口到那里去。人口最多的地带形成一个三角形，三角形的大底边是在西部并向北部伸张直至达勒姆郡。1801年，地图的面貌终于完全改变了。大伦敦在转向大陆的那个角上形成一个孤独的斑点，与此同时，一条深色长带向北部扩大、向中部和西部伸张，并在坎伯兰郡中的山脚下和威尔斯群山的附近停下来。如果不计

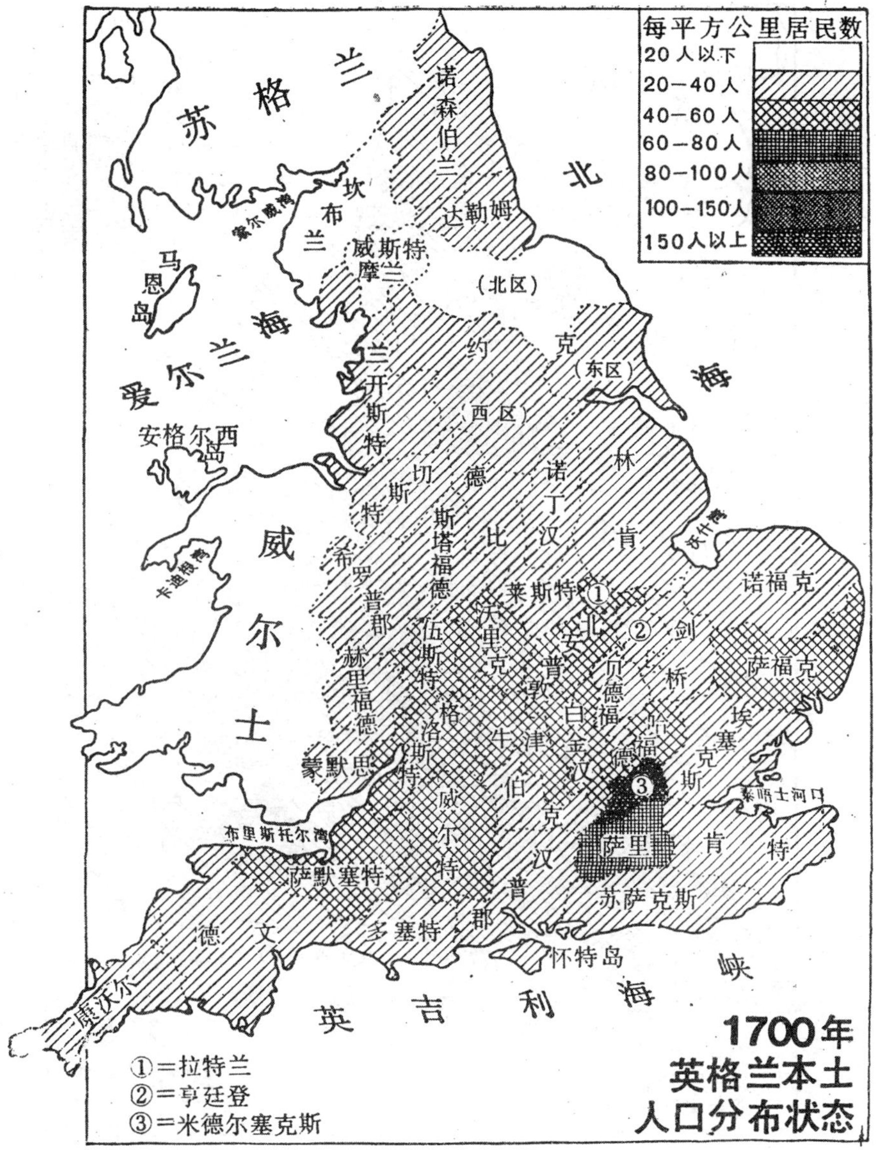

每平方公里居民数

- 20人以下
- 20—40人
- 40—60人
- 60—80人
- 80—100人
- 100—150人
- 150人以上

①＝拉特兰
②＝亨廷登
③＝米德尔塞克斯

1700年英格兰本土人口分布状态

人口最稠密的诸郡，形成一个由西向东延长的地带，从塞文河口至萨福克海岸。其中（除去大伦敦）一个人口密度达到极点的是威尔特郡，这是小工业兼畜牧业地区。（80—100人，100—150人二种标记，图中未见出现。——译者）

1750年
英格兰本土
人口分布状态

每平方公里居民数
20人以下
20－40人
40－60人
60－80人
80－100人
100－150人
150人以上

①＝拉特兰
②＝亨廷登
③＝米德尔塞克斯

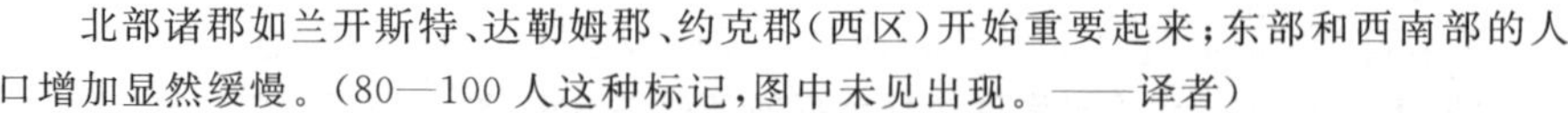

北部诸郡如兰开斯特、达勒姆郡、约克郡(西区)开始重要起来;东部和西南部的人口增加显然缓慢。(80—100人这种标记,图中未见出现。——译者)

每平方公里居民数
20人以下
20－40人
40－60人
60－80人
80－100人
100－150人
150人以上

①＝拉特兰
②＝亨廷登
③＝米德尔塞克斯

1801年
英格兰本土
人口分布状态

一个大量人口的地带从北向南伸延，从约克郡和兰开斯特起直至萨默塞特郡；人口最稠密的地区是曼彻斯特和伯明翰两个地区。大伦敦是被一些人口不多的农业地区（伯克郡、牛津郡、北安普敦郡）同上面这个地带隔开的。

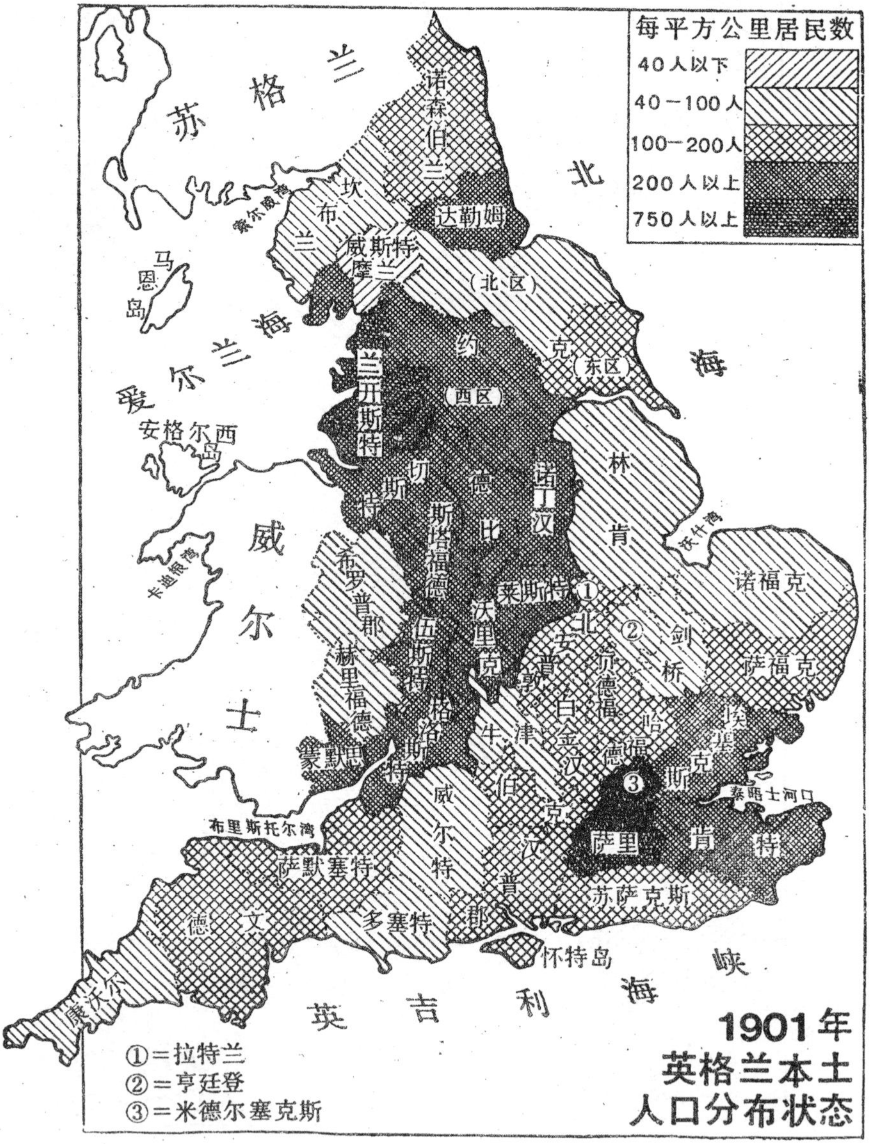

每平方公里居民数

40人以下

40－100人

100－200人

200人以上

750人以上

①＝拉特兰

②＝亨廷登

③＝米德尔塞克斯

1901年
英格兰本土
人口分布状态

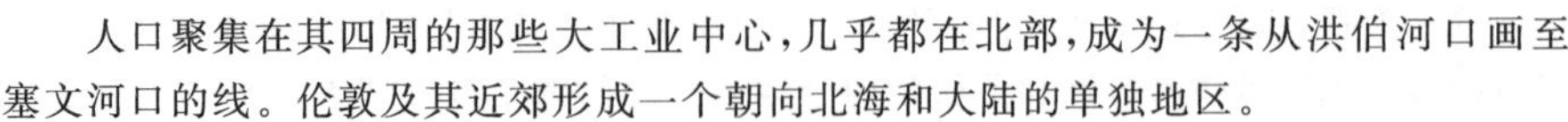

人口聚集在其四周的那些大工业中心，几乎都在北部，成为一条从洪伯河口画至塞文河口的线。伦敦及其近郊形成一个朝向北海和大陆的单独地区。

伦敦及其九十万居民，西北地区这一组在这个时期就会同东南地区那一组相等，因为它的人口是三百八十九万五千人比四百七十一万一千人。现在让我们看看那张表明1901年英格兰人口分布的地图吧。那里有同样的特点，无疑是比较突出一些，但可以清楚地辨认出来。1801至1901年，同样的移动继续进行，但方向不变：在1700年，这种移动还未开始。

人口的这样向西部和北部移动意味着什么呢？要理解它，就必须更仔细地研究它。例如，我们看看南部诸郡中的一个郡，德文郡。这是旧工业的一个典型地方，拥有分散在乡村中的家庭作坊，以及作为承包人和商人居住地的小城市。1700年，德文郡在人口密度方面占着第三位，即在米德尔塞克斯郡和萨里郡之后，它超过了每平方公里五十居民这个数字。在十八世纪期间，它的人口密度几乎没有变化；在1750年降到四十九以下，1801年又升到五十一。在某些纯粹农业郡里，如林肯郡或拉特兰郡，最后结果几乎是一样的，虽然有过一些也许有点较大的变动：它们的人口密度在一百年内仅从二十五升到二十八或从四十升到四十二个居民。[35]现在，再看看新工业发达的地区，即机械化和大企业在那里出现的地区。沃里克和斯塔福德这两个郡（伯明翰的矿业和冶金地区正在它们的毗连处），在1700年共有二十二万四千居民，在1750年共有二十八万五千居民，在1801年共有四十四万七千居民。这里人口几乎仅增加一倍，但在兰开夏中，人口差不多增加两倍：从二十四万升到六十七万二千。这是一件重要的事实：这一大量增加中的四分之三是产生在这个世纪的后五十年中。

事实上，正是那时在大工业的发展碰到最有利条件的地方，大

工业引起这些大的人口中心的产生，其异常发达现在还在我们眼前继续着。这些中心起初有点散乱，正如它们在其周围形成起来的那些工业一样，它们仅在蒸汽机的引进以后才最后确立起来并巩固下去。那些最初以水车推动机器的工厂，一般都位于城市之外。但是这些工厂只能开设在邻近城市的地方。它们需要一个不太远的买卖市场，因为仍然有相当大的交通运输上的困难。它们需要劳动力，不仅为了在工场里面进行劳动，而且为着在工场外面作为必要的补充劳动。我们知道，在机械织机的发明和普遍采用之前的那个时期中，用机器纺出的棉纱和毛线是不得不用手来织的，乡间的织工过于分散，不能满足工作的需要。因此，甚至在蒸汽机出现之前，大工业中心已经能够确立起来并以一种预示其未来宏伟的速度发展着。

（三）

大的工业城市。纺织工业中心。曼彻斯特：它在十八世纪前五十年中的成长；1773 年的地方人口调查。它的人口在 1773 至 1801 年间增加了两倍。新的市区。曼彻斯特四周的纺织城市。毛纺城市的发展比较缓慢：利兹，哈利法克斯。南部城市的衰落。

本书每一页上都可能有其名字的那些城市，皆归功于大工业，而大工业也同样归功于它们，在这些城市之中，其发达最早并最值得注意的就是那些棉纺工业城市，而居于第一位的、最重要最著名的，直至现今仍然是大工业城市的传统典型就是曼彻斯特。

不应认为曼彻斯特城市是近代的产物。相反，它是很古老的，它是古罗马人的曼彻斯特。[36]它控制着那条处在彭奈恩山脉的陡坡与伸展到海边而不能越过的沼泽之间的通道。[37]它位于距离厄尔韦尔河和默西河合流处不远的厄尔韦尔河岸上，并处在那些围绕着兰开夏南部的半圆形山丘的中间，这个位置便决定它要成为地方的贸易中心。从各方面流经它所占据的那个天然盆地的急川，是它的工业繁荣的原因之一。织造帆布和织造那些被称为"cottons"的粗呢，长期地成为该地区的专长，因此在接近中世纪之末时就使曼彻斯特昌盛起来了，现今还有一两个仍然矗立在现代城市中间的建筑物可以证明这一点。[38]在文艺复兴期大呢绒商的时代，它的声名大大高出于它的实际的重要地位。[39]那时，人们往往把它当作一个大城市来谈论，其实，它只是一个富庶的村落而已。[40]

棉纺工业出现于十七世纪。正是这个时候，曼彻斯特才变成为城市，但当时以及后来长时期都未被正式承认为城市。它没有市政机关，也不选派议员到下议院去。[41]正因这样，所以笛福在1727年还把它称为"英格兰的最大的村落之一，即使不是英格兰的最大村落"。[42]但是，他绝不愿意把它当作一个不重要的地方来描写，他估计它的人口有五万荒谬地夸大了数字。事实上，它的人口至多只有九千或一万人。[43]使人会弄错它的居民人数的东西，就是整个邻近地方的活跃性。曼彻斯特是一个有十英里或十五英里方圆的工业地区的市场。那里，人们制造呢绒、粗帆布、毡帽，尤其是各种各等的棉织品如白洋布、粗棉布、鲜明色布，这些东西都由利物浦商人输出到非洲和殖民地去。[44]在颁布禁令的危机时期过后，棉纺工业就正常而顺利地发展起来了。人口的增加是顺着平行的曲线前进的。1753 年，曼彻斯特的两个教堂再也不敷人口的需要了，因而人们请求准许建造一个新的。[45] 1757 年，另一种活动表明着日益增加的人口的新需要，即居民请求免除必须使用学校磨坊磨面的义务，这种磨坊是古代的公用磨坊，老早就不够地方消费的需要了。为了支持这个请求而举行一次城市人口调查，结果得知，曼彻斯特和索尔福德约有两万人。[46] 房屋所占的空间还很有限(如果把它同这两个姊妹城现在所覆盖着的巨大地面来比较的话)。几条又窄又暗的街道群集在坎农街和德安斯盖特的周围，坎农街是首要商人所住的地方，德安斯盖特是通往切斯特的旧路：这两条路都向厄尔韦尔河的独桥那里聚齐。桥的那一边，在该河所形成的大弯子的里面，整个索尔福德还比不上今天一个大的换车站所占的地方。1753 年建筑的皇家救济院坐落在城外。四周尽是田野，人们还在那些穿过田野的小沟里钓鳟鱼；伊尔克和梅德洛克这两条小河比巴黎今天的比埃弗尔小河还要更脏更黑。[47]

沃斯利运河的挖掘使曼彻斯特居民有可能买到廉价的煤，默西运河的挖掘使它同利物浦的贸易往来更加方便和更有规律，这两条运河的开凿在那些最有助于城市发达的事实之中是必须注意的事实。在随后几年中，人们采取了改善路政、照明街道和组织救火等若干重要措施，[48] 这些都是已经可以感觉得到的发展的明显征象，尽管仅在发展的初期。1773 年，一个以曼彻斯特第一位历史学家约翰·惠特克为首的私人团体所进行的新的人口调查已把实现了的发展衡量出来了，其结果如次：曼彻斯特有三千四百零二户和两万两千四百八十一个居民，索尔福德有八百六十六户和四千七百六十五个居民,合计是二万七千多人。[49]由于纺织工业的技术正处于开始改变的时候,这个统计就特别值得注意。多轴纺纱机的使用虽然已在兰开夏和邻近诸郡中推广,但是,克罗姆福德工厂的开设几乎还不到两年,而曼彻斯特还没有一个纱厂。因此可以说,虽然曼彻斯特的人口在五十年内增加了两倍,但也不是机械化所造成的。确乎如此,但是力量早把机械化准备好了,并在机械化行将加速人口的方向上已经左右着整个经济的演进。当机械化终于出现的时候,人们就看到那紧接在机械化之前的人口增加正以明显的速度加快着。曼彻斯特在 1790 年有五万居民;1801 年有九万五千居民。[50]

与此同时,城市的面貌也改变了。大工厂,特别是从蒸汽机开始代替水力发动机的时候起,越来越多地开设在那里。据一个同时代的人说,在 1786 年,人们仅看到一个烟囱,即阿克赖特纱厂的烟囱矗立在屋上。[51]十五年后,曼彻斯特约有五十个纱厂,大多数都拥有蒸汽机。[52]那些赶忙建筑起来的、太小而不够人口居住的工人棚屋绵延在纱厂的周围,几乎把旧城围绕起来。在它们又黑又湿的小巷里流行着地方性的热病。[53]相反地,设有商店的中心区域已经美化了,那里开辟了宽阔的街道,两边有很高的砖砌的房屋。[54]最后,在城市的最外面东南方,不久也建筑起一些四周围有花园的漂亮别墅,那里住着新的贵族,棉业豪富。[55]曼彻斯特大概长期保存着这些特点,这些特点在十九世纪英格兰各大工业城市中都是有的,而新近运输的发展仅仅使得它们更为突出曼彻斯特的人口是怎样形成的,这是很难确定的,至少就这个时期来说是如此。可以肯定的是,人口的增加主要是迁移的结果。许多工人是从邻近诸郡来的，是被棉纺工业中较高的工资吸引来的。[56]这种吸引力影响很远，因为人们不仅在曼彻斯特而且在整个兰开夏中已经看到爱尔兰人的出现。[57]

比较地说，曼彻斯特的历史就是它四周的大多数城市的历史。在1760年左右，奥德姆是一个有三百至四百居民的村落。[58]那里，人们使用新近引进到那个地方的飞梭来织造呢绒和棉布。最初的那些工厂是在1776至1778年间建造的。[59]1788年，教区境内已有二十五个工厂，村落变成了城市，一个人口众多的农村成为它的郊区。[60]1801年，镇区已有一万二千居民；教区有二万居民。1753年，即塞缪尔·克朗普顿出生的那一年，博尔顿只有一条铺得很坏的、凹凸不平的街道，沿着这条街道排列着两行围着园圃的乡村茅舍。农村的织工总是把自己准备出卖的匹头“装在口袋里放在一个肩膀上背到那里去卖，而另一只胳膊往往挂着一篮新鲜的奶油”。[61]1773年，那里人口已经超过了五千；1789年增到一万二千，[62]1801年增到一万七千。罗奇代尔、伯里、布莱克本、普利斯顿、威根、斯托克波特、阿什顿、斯泰利布里奇等地的情形也是一样，在这块瘠土的各点上，是同类的种子在萌发，在几年之内长出大量的城市。[63]

不应忘记，工业远未完全集中在城市里面，而是在颇大的范围内绵延在城市的四周。人口的增加，在这些工业郊区往往比在城里更快。博尔顿南面的蒂尔兹利小村在1780年有两个农庄和八九个村舍；1795年，它拥有不少于一百六十二户人家，一个教堂和九百七十六个居民，其中三百二十五人是织工。这多亏一个名叫约翰逊的人的创举，他前不久在那里建造一所六层楼房的工厂，这个工厂包含有一个纱厂和一个染坊并装有最新的机械设备。[64]按照扬的有力的说法，在这样的事例面前，人们似乎看到工业使人生长出来。

在毛纺工业占优势的地区里，产业革命比较迟些和慢些：人口的增加和大城市的形成也是同样的。在十八世纪初，利兹是个大过曼彻斯特的城市。[65]但在1775年，它的居民差不多只有一万七千人，[66]而曼彻斯特的居民已经达到或超过三万人。它的发达仅从1780年左右当多轴纺纱机出现于约克郡时才真正开始，而且仅从1793年或1794年起当那些最早的工厂开设时才变快。仅仅那时，利兹才不像一个拥有从事小生产的广阔区域的中心，几千织工每星期来到那里出卖其亲手所织的布匹的市场，而变成为工业集中的所在地。但是这种集中还很不完全。工厂仍然不多，而且在工厂旁边还继续存在着很多的家庭作坊。在1801年，这个教区所有五万三千居民之中，有两万人是住在城市之外的村舍里。

在利兹，机械化的作用即使仍还薄弱，但已经可以感觉得到了。如果我们把利兹与相邻教区哈利法克斯相比，一种明显的对照就显露出来了。这里没有发生过任何重大的变化。小生产、小所有制、家庭劳动等这一切都保存下来并且几乎原封不动地继续存在下去。[67]所以，这个大教区的整个范围内长期以来相当稠密的人口，仅缓慢地在增长。从1760年的五万居民[68]到1801年勉强才升到六万三千居民。至于城市，则更不发展，它保存着古老的石头房屋密集地挤在它的哥特式教堂的四周。它仍然是周围一带织工的几世纪以来继续聚会的场所，织工们经常聚集在1779年建筑的那个大呢绒市场里。[69]

在东部和西南部的工业中心发展不仅缓慢，而且是真正的停滞。诺里奇前不久还是王国的第三座城市，仅在伦敦和布里斯托尔之后，到 1801 年便降到第十位。[70]不管怎样，它那时起就是，现在仍然还是一个重要的城市。西南部诸郡的衰落则是完全无可挽回的。它们的昌盛时代已经过去，北部的竞争使它们毁灭了。蒂弗顿、弗罗姆和埃克塞特的制造商们力图挣扎，想把机械设备引进他们的作坊，甚至想使棉纺工业和毛纺工业共同适应他们那里的环境，可惜都是徒劳。[71]他们的城市在产业革命前夕算是王国中的最富庶的，今后似乎已被断定要委靡不振了。蒂弗顿的人口从九千居民降到七千；[72]伊登在 1795 年描写说，弗罗姆正在北部诸大城市旁边露出穷相，没有新的建筑物，那些弯弯曲曲的、肮脏的、未铺砖石的旧街道上长着青草。[73]这就是昔日城市在衰落，它不久就要被抛弃，因而沉沦成为悲哀的荒僻处所，过着退隐的生活。

（四）

冶金工业中心。伯明翰和黑乡。谢菲尔德。工业城市的面貌。

钢铁业城市的发达比较棉业城市为慢，但比毛业城市为快。钢铁业城市虽然不像棉业城市那样享受到新工业的诞生和发展的好处，但自己的旧工业却得到了很快的和毫无困难的改造。其实，这种改造是在城市之外并且离城市很远的地方实现的。大多数大冶金工厂，如科尔布鲁克戴尔的达比工厂、卡伦的罗巴克工厂、伯沙姆和布雷德利两地的威尔金森工厂以及威尔斯的霍姆弗雷工厂和克劳谢工厂，都设在距离旧中心很远的地方。相反地，那些带有许多小专业的传统生产方式难道不是保存在一些像伯明翰和谢菲尔德等城市里面吗？[74]的确如此，但是大工业的影响很快就深入那些地方了。大工业由于供给小作坊所需要的原料，所以，即使未把生产方式加以改变，至少也改变了生产规模。高炉里使用焦炭、搅拌炼铁法和亨茨曼的制钢法等，纵然没有马上改变伯明翰的五金制品商和谢菲尔德的刀剪匠的技术习惯，但却大大地促进了他们企业的兴盛和他们城市的发达。

在十八世纪的整个前五十年中，伯明翰的人口似乎显然超过了曼彻斯特的人口。1740 年，它的人口可能升到二万五千；1760 年升到三万。[75]但从 1760 到 1800 年，曼彻斯特的人口增加了三倍，可是伯明翰的人口几乎仅增加了一倍，它的人口在 1801 年的人口调查时是七万三千。城市虽然建设毫无规划——而且在十九世纪末左右大工程完成之前仍然如此——但已经相当广阔。它约有一平方英里的面积，以沃尔弗汉普顿、伍斯特和沃里克三条运河为界。[76]新市区是在这些运河的附近发展起来的，因为煤和矿石是从运河运来的，索霍大工厂建立在城北、靠近第四条运河，即通往塔姆沃思和大干线的运河。虽然伯明翰的面貌不大漂亮，那些胡乱地聚集在一块崎岖土地上的小砖屋外观很丑陋，但伯明翰从这时起已经成为王国的最富庶的城市之一了。它的两个戏院和一个公众捐建的图书馆就是明显的证据。[77]但是财富的分配是非常不均的：救贫税管理人在 1780 年调查的八千户中，只有两千八百户受到课税。[78]

伯明翰周围的人口分布状态从那时起就呈现出特有的性质。

城的西北面，在斯塔福德郡的南角上，绵延着一个人口很多的、煤藏量很丰富的区域，那里整天发出锤声，夜间则被熔炉的光辉照得通红。这就是达德利和沃尔弗普顿之间的、名实已经相符的黑乡。1802年，斯维登斯彻纳在那里一个有限的地方就数到有四十个左右的高炉。[79]在其他方面，情形恰恰相反：人们从一个人口非常稠密的工业中心走到那些牧场上去，其间并无过渡转接的东西，牧场上散布着稀少的村落，而考文垂的细长尖塔以及那些反映在阿冯河的平静水流里的沃里克城堡的齿形墙垣在远处就能看到。

谢菲尔德的发展比伯明翰慢。是不是因为那里的工业像伯明翰一样，分为大量的小专业作坊，加之又被规章（哈拉姆郡刀剪匠行会是规章的捍卫者）固定在陈旧的传统之内呢？难道不是因为它更加远离中心，尤其是它的地理位置不及伯明翰有利的吗？不管怎样，谢菲尔德不久就被相竞争城市超在前面了。1760年，它的人口只有两万左右；1801年有四万五千。[80]然而，一个世纪以前，英格兰有多少个四万五千人口的城市呢？

要作出比较，甚至于不需要回顾以往的一百年。在1750年以前，人们所谓一个大城市，就是一个五千居民以上的地方。笛福在谈到德文郡时能够说："这是一个到处都是大城市的地方。"[81]事实上，人口的大多数是住在三百家以下的村落或市镇。而且，在二百年前或二百五十年前的这些"大城市"之中有多少个实现了它们似乎提出过的那些希望呢？相反地，那些从产业革命时起发展起来的城市，却不断地扩大着。它们的命运和大工业的命运有着密切的联系。不仅它们的地位，而且它们的结构和面貌都一下子固定下来了。它们在十八世纪最后几年中的情形也正是它们一百年后的情形：它们丑陋、黝黑、被烟雾包围着，它们的那些建设得不好的郊区犹如畸形触须向各方面伸展着，可是它们却充满着积极性，它们很富裕，而且越来越富裕，已和整个欧洲发生关系并向欧洲各地倾销其不断增长的过剩产品。旧时的英格兰所不知道的那种都市生活正在这些新型城市之中发展起来。在这些城市里，新人、新阶级几乎可以说新民族是在一两代的时间之内形成起来的。首先是大群卑微的、用自己有纪律的活动来充满人口稠密的工业城市的工人无产阶级；其次是工业贵族，即资本家权贵阶级，工厂的创建人和所有主们。在产业革命所引起的人口增加之后，必须描写它所创造的社会各阶级，而这些阶级的需要、趋向和冲突正充满着现代世界的历史。

第二章 工业资本主义

有人由于对历史的非常不了解而在产业革命中寻找资本主义的起源。当人们进一步研究这种起源时，这种起源就随着向后推移：它也许同商业和货币一样古老，或者同穷富之间的区别一样古老。大工业制度所特有的东西就是资本用于商品生产以及资本在这种生产过程中的形成本身：这就是资本家阶级的存在，资本家阶级本质上就是工业上的一个阶级。

(一)

大手工工场主阶级。因大企业的创立在老板和工人之间筑起了壁垒。

直至那时，资本或者是单纯积蓄的产物，或者是剥削土地以及直接与间接交换的产物。那时仅有地产资本、金融资本和商业资本。如果有人问及财富在十八世纪末以前是掌握在什么人手里的话，回答就会使我们看到三类十分不同的人。首先是不动产所有人，即世俗的或教会的土地所有人：这是国内势力很大的、人数众多的阶级，其经济势力由于受到累世特权所巩固，目前力量仍然非常之大。其次是小群的金融业者，如货币兑换商、银行家、包税者：

他们的豪富、他们的活动、他们同政府（他们往往是政府的债权人）的往来，已使他们在社会上取得了重要地位；他们的作用虽然还很特殊且仅在有限的范围内发生影响，但已逐渐失去其以前在佛罗伦萨或奥格斯堡的大银行家时代的那种特别性质。最后就是商人，商人们在其远的、近的、集体的或个人的企业中往往运用和积蓄大量资本。他们之中最富有的人，在那些商业城市之中构成一种真正的贵族。我们在前面一章里已经指出他们是怎样逐渐夺取了工业的。当他们这样控制着生产部门时，仍然像商人那样首先专心致志于交易，他们的任务不是制造，而是买进和卖出。产业革命前的资本主义的每一事例，除去某些例外，都可归到地主、金融业者、从事大宗买卖的商人这三类之一中去。

可是，必须承认有些例外。这些例外属于大工业的早期形式，即我们按照马克思的说法曾将其称为“手工工场”的这种形式。十六世纪的大呢绒商[1] 或者苏塞克斯郡的炼铁业者[2] 都是一种大于商人和承包人的人物。他们是工业设备和厂房的主人，他们亲自组织劳动、监督劳动并使其大量的工人服从共同的纪律。简而言之，他们管理生产。但是，这里所谈的是些独特的情况，人们之所以注意和记住这些情况，正是因为它们是罕有的。在大工业以前有过一些起着手工工场主作用的人，这个事实是可靠的。但手工工场主阶级就是另回事了。在英语里，甚至没有表示这一阶级的用语。“Manufacturer”这一词的意思，无区别地指着工人又指着工场主，而且接近前一意义比接近后一意义更为常见。[3]1720 年左右，曼彻斯特的一个“卓越的手工工场主”在早晨六点钟就到了工场，同他的学徒们一道吃燕麦粥早餐，并且在他们旁边动手工作。[4]

他参加实业界并无资本，天天靠干活谋生。劳动几年之后，每当他赚得一点钱，他就把它储蓄起来，但并不因此而改变其习惯。[5] 他几乎不离开自己的工场或店铺，只在圣诞节那一天，一年一次地喝葡萄酒。他的最心爱的消遣就是在晚间同几个和他同类的人聚在小酒店里，那里固定的开支是四便士的啤酒和半便士的烟草。[6] 在工业特别分散的约克郡里，老板和工人之间的区别几乎消失。[7] 住在利兹、布雷德福、哈利法克斯四周的几千小工场主，同时有两种身份：从自主上看是老板，从职业和生活方式上看是工人。人们记得他们也是地主和耕种者；他们属于农民阶级正和城市中手工工场主属于商人阶级一样。因此，这些社会成分仍然混杂和几乎分辨不清，而产业革命即将使之分离并使之彼此明显地对立起来。

在十八世纪末，这种分离已经完成，但无疑并不完全，正如小作坊并非一下子就在工厂面前消失一样。那时大的工业企业如采矿、炼铁厂、纱厂、织布厂已经很多，每个企业都有价值很贵的设备，人员往往有好几百，这些都代表着大量资本。在拥有和利用这种资本的人和那些被以廉价买去其劳动力的工人之间，在总管企业的人和他的那些限于狭隘专长的微末合作人之间，存在的距离即使不是不能逾越的，至少也是很大的。已经那么高居于工人之上的手工工场主同其他资本家，即金融业者和商人则处于同等地位。可是他还需要他们，一个供给他以信贷，另一个保障他有主顾；他把商品交给后者，让前者来投资。但是，他并不和这两种人中的任何一种人相混淆。他有他的特有任务，这就是组织工业生产；他有他的特有利益，不久他就会使政权为其利益服务。工厂制度的创造者同时创造了一种新的社会阶级。

（二）

这个阶级的形成。它的种种来源。发明家：在商业上的无能。商人和承包人：不敢担任工业上的技术管理。大工业家的第一代，部分来自农村人口：皮尔家族、拉德克利夫家族、菲尔顿家族、威尔金森家族、达比家族、博尔顿家族。由于大地主的侵占，自耕农被赶出乡村，向产业革命形成的新社会提供了干部。

这个阶级是怎样形成的呢？组成这个阶级的成员，其出身必定是十分不同的。人们从各方面流向大工业，好像流向新近发现的金矿一样。愿人们回忆一下兰开夏在纺纱机发明之后那几年中的情况。这是些狂热活跃和无限奢望的年月。工业发展，那时是日新月异，速度犹如飞跃。在繁荣时期，许多企业被建立并扩大起来，几年之内就创造出许多财富，过了这一时期，灾难突然到来；以后，就更加渴望跃进。在顺利时期——顺利时期之一是在1785年因撤销阿克赖特的专利证而开始——谁不碰碰运气呢？凡拥有不管怎样小的资本的人，如小店铺的老板、运送业者、客栈老板都成为纱厂主了。[8] 有些人成功了，变为富翁；许多人失败了，就转回旧行业去，不然就加入日渐扩大的工厂无产阶级队伍。

这些临时工业家中的大多数人对其要求致富的那种工业，什么都不懂。1803年在调查棉纺工业时，人们提出下述问题：“老板们一般是否相当熟悉技术问题，以便能够解决有关原料质量的争执呢？”回答则是：“否，他们不能判断质量，理由很简单，因为他们从不懂得织的技术。老板只满足于请一个懂得手艺的人；老板拿出资本，并且一当他能按市价卖出产品时就迅速前进。”[9] 这样工业家的作用就和承包人的作用没有多大区别了；作用主要是商业性质的，要顺利完成这种作用，首要的是精通事务，这是技术能力不能产生的才干。

另一个有意义的事实是：在英国大手工工场主的第一代中，人们期望在第一流人物里找到那些通过自己的发明而创造了大工业的人。这是根本办不到的。然而，我们却想到阿克赖特的名字。但是，关于他作为发明家的功绩，我们知道应抱怎样的态度。哈格里夫斯、克朗普顿，甚至于卡特赖特的顽强努力，[10] 都未能创建巨大的工业企业。达比家族是手工工场主家族的事例，其家财起源于一项伟大的发明。但这一事例几乎是他那时代的唯一事例。我们应该回想一下亨茨曼的平凡而缓慢的成功以及科特的破产的情况，詹姆斯·瓦特的确管理过索霍工厂，他同时又是天才的发明家和英国第一流冶金家之一。但在这方面，难道他对其合伙人马修·博尔顿的合作不承情吗？这一点旨在指出技术家所完成的那些生产资料的改变主要是有利于实业家。十九世纪的工业家完全是十八世纪商人工场主的继承人。除此以外就没有什么更合理的解释了。商人工场主在掌握了原料和一部分的设备之后，在使独立的小生产者逐渐降到工资劳动者的地位之后，难道就在工厂制度的半途中停止了吗？这样提出的理论，由于具有说服力，是可以使人信服的。[11] 但如无条件地接受它，那就轻率了。

现在让我们看看毛纺工业吧：商业资本的霸权表现得最明显的地区就是东区和西南区，诺福克郡、德文郡、威尔特郡和萨默塞

特郡。最初的那些纱厂和毛织厂似乎应该在那里建立起来。在北部，生产还分散在大量小企业的手中，人们会想象这里发展比较缓慢。可是，出现了恰好相反的情事：大工业首先在约克郡，在仍然富有生命力的家庭手工业旁边产生了。除了那些引起工业中心从英格兰的南部移向北部的一般原因之外，必须考虑到从一种经济制度过渡到另一种的，甚至于好像是前者的自然结果的制度所碰到的种种困难。在它们的逻辑连贯和实际相续之间还有因利害和成见所引起的各种抗拒的因素。那些承包人既然习惯于其中某些人父子沿用的方法，就不容易下定决心去改变它。他们害怕开设工厂所引起的设备和厂房的费用。[12]当人们能够——他们至少是这样想的——以少得多的费用和危险来实现同样的利润时，承担那么重的负担有何好处呢？从他们所占有的地位到工业界巨头的地位，距离并不大。但是，他们认为越过这一距离是无益的。他们不久就遭受惰性的后果了。

因此，手工工场主阶级并非唯一地来源于他们，虽然手工工场主阶级与他们的阶级十分近似。尤其是在那些像兰开夏和约克郡、从小工业到大工业几乎未经过渡阶段的地方，必须为这个阶级寻找别的来源。

要得到问题的正确解决，最好的方法就是一一作出这个时期所有手工工场主的家谱。我们至少对于几个工场主可以这样做。一个总的事实马上就会出现：他们之中大多数人是来自乡村；他们出身于半农半工阶级，这个阶级直至那时构成显著部分也许是大部分的英国人口。如果试图上溯更远，人们几乎总会达到农民的始祖，达到已经消失但未绝种的自耕农的古代氏族。

一个著名的事例就是皮尔家族的事例。大臣罗伯特·皮尔爵士的父亲是兰开夏伯里的纱厂主和印花布制造商，后者在1830年逝世时遗留下一宗巨大的、完全在工业上积蓄起来的财产。[13]祖父生于1723年，[14]已经是个手工工场主，是阿克赖特的最初模仿人和竞争者之一。[15]在以纱厂主的资格设厂之前，他出售其在自己家里并亲自制造的呢绒和手工印花布。[16]与此同时，他还耕种自己家里从十五世纪就有的土地，因为皮尔家族好多代都是自耕农，富裕的自耕农，"他们地位太高，不能屈就警官职务，虽然还不够充任郡长职务。"[17]他们起初是农夫，以后是农夫兼织工，渐渐被吸引向工业方面去。仅在1750年左右，第一个名叫罗伯特·皮尔的才离开乡村而进入城市。

皮尔这一家族是特别幸运的。这个家族稳步地朝着发财和社会威望方向走去，不知道那种使大部分自耕农脱离其土地和累世旧习的苦难。对于许多人来说，产业革命是危急时期之后的恢复时机。威廉·拉德克利夫在1761年生于梅洛尔村，地主家庭出身，从前算是该教区最富有的人家。1642至1649年的内战使这些富有的人家开始衰败，并因圈地条例和其后的囤购运动而终止。[18]拉德克利夫家族为了谋生而变成织工。威廉很小就在他父亲和哥哥织布的家庭作坊里学习梳羊毛和纺纱；一旦他的腿够长的时候，就让他坐上织布机。[19]他亲自叙述过他在大工业中的开端："我在少年时代的几年中利用了已经实现的进步。在我结婚时——那时我二十四岁，在1785年——我有点积蓄并因经验而熟习从棉花包进入货栈时起直至它被变成一匹布时止的制造方面的一切细节：我会用手工和用机器梳羊毛，我会用手纺车和用多轴纺纱机纺纱，我会把线绕在线筒上，我会张设经线和配制经线，我会在普通织布机上织布也会用飞梭织布。因此我能够为我自己的利益打算而设厂，从1789年起我就领导一个有名的厂号，厂里雇用许多工人来织布和纺纱。”[20] 1801年，他分配工作给一千以上的织工。[21]

还可以援引些别的事例。乔舒亚·菲尔登在1780年还在其出生村庄托德摩登[22]过着农民的生活。他还拥有并耕种祖遗田地，但是他从安设在自己家里的两三部织布机上获得了大部分的收入。他时时到哈利法克斯市场出卖呢绒。那时，棉纺工业的发展开始轰动那个地区，菲尔登买了一些多轴纺纱机并在三间小农舍里安设作坊，作坊的全部人员仅由他的九个子女所组成。在十八世纪末，这个纱厂的胚芽已经变成一个六层楼的工厂。[23]阿克赖特的最初合伙人之一杰德迪亚·斯特拉特是个小地主的儿子，他在德比开设袜厂之前，仍然从事于农业。[24]戴维·戴尔，幼时在埃尔郡斯图尔顿看管牲畜。[25]兰开夏的工业王朝之一的开山祖伊萨克·多布森是一个在四百年前落户于威斯特摩兰的老自耕农家族的最小的儿子。[26]

现在让我们从纱厂主这一类转到冶金学家那一类吧。许多冶金学家是从当地的小作坊里产生的：“艾伦·沃克尔是制钉匠；纽卡斯尔的威廉·霍克斯和斯塔福德郡的约翰·帕克开始工业生涯时是铁匠；彼得·斯塔布斯在罗瑟拉姆创设著名厂号之前，起初在沃林顿开客栈和制造锉刀；约克郡巴恩比高炉老板斯潘塞以前是耙子制造商；索恩克利夫的乔治·牛顿则是铲子和镘子制造商。本杰明·亨茨曼在成为炼钢厂领导人之前是钟表制造人……。塞缪尔·加伯特从前做过锅匠；罗巴克的父亲是谢菲尔德的小商品制造商，雷诺兹的父亲是布里斯托尔的铁器商……。”[27]但是，在向他们家族的起源方向上溯更远一些，人们往往又碰到土地和农民。约翰·威尔金森的父亲伊萨克·威尔金森是湖水地区的农民，以后成为邻近炼铁厂的工头，每星期工资十二先令。[28]理查德·克劳肖，亦即人们后来称之为钢铁大王的那个人，也出身于农民家庭；坐落在利兹附近诺曼顿的农田，大概不够养活所有的孩子，因而年幼的理查德很早就被送到伦敦的一个五金制品商家里当学徒。[29]亚伯拉罕一世的父亲亨利·达比是锁匠，但是，科尔布鲁克戴尔炼铁业者的始祖约翰·达比在1670年左右还是伍斯特郡的一个村庄上的佃农。[30]最后，博尔顿家族出生于农业地区北安普顿郡。这家眼看自己的财源在减少，于是先搬到利奇菲尔德，以后又搬到伯明翰，在那里进入了工业界。[31]

在工业地区，自耕农是不需要迁徙的。他们是就地转变的。奥德姆直至十八世纪中叶还被一些小地主家族所拥有和耕种的农田所包围。五十年后，人们在该城市见到的是以这些家族为首的主要手工工场。利斯家族、布罗德本特家族、希尔顿家族和泰勒家族成为纱厂主；博尔顿家族和琼斯家族则开采煤矿；所有这些人都是自耕农或者是自耕农的儿子。[32]这里，我们是照实描写变迁的，而这种变迁在许多情况下只能是隐约料到的或者是猜测到的。

我们已在上面指出了，土地制度的改变、公有土地的瓜分和农场的围购是怎样改变农村阶级的状况的。我们已经试图说明自耕农的衰落，现在我们开始了解到自耕农变成了什么。可以这样说，自耕农是对成长中的社会提供建筑材料的。当小农耕作同小工业的累世结合——这是它的存在的根基——遭到破坏时，它就本能地走向最有富源的那方面去。产业革命正对那些闲置的能量开辟着一条新的出路，自耕农中最有企业心的或者最有运气的人们都以征服者的姿态投奔到这条道路上去。

他们在发财之后，其中许多人赶忙地又变成地主。他们从那批不久以前还瞧不起他们的绅士手中买回土地；他们把绅士的富有历史意义的旧住所当作别墅；或者在这种旧住所的对面建起领主般的宅第，作为他们新近发迹和昔日高傲的纪念。[33]

（三）

必需的才能。资本问题；劳动的组织；工厂的纪律。销路问题；一个大工厂（索霍工厂）的商业通信。

这样的转变的发生并不是没有困难的：转变只有通过非常严格的淘汰才能实现，淘汰只让最有才能的存在下去。这些农村的农夫、铁匠、织工和剃须匠虽然构成英国大工业家的第一代，但要成功，就必须高度地具有某些适合于新任务的才能，这些才能使得他们大家都有某种同源的相似。他们并不是通过发明力而显出的。他们主要是善于经营利用他人的发明。他们不像阿克赖特那样有机会或胆略来把发明物完全据为己有并取得发明专利权。但是他们受到利己心的驱使，不断地竭力使发明家的正当权利化为乌有：纱厂主们对哈格里夫斯和克罗姆普顿的行为，[34]炼铁业者们对亨利·科特的行为，[35]以及瓦特和博尔顿不得不对那些使用他们机器的人提起无数的诉讼，[36]这些都说明这种秉性确是天然的而不是值得称赞的。然而切勿夸大工业家在技术方面的无能，无能绝不是普遍的。工业家中有些人即使不是非常重要的发明的创造者，至少也是具有真正实用价值的改良者。斯特勒特把一个特种机械插入编织机中来制造带有凸纹的袜子；[37]艾因斯沃思的约翰·威尔逊想出一些新方法来浸染和润饰棉织品；[38]威廉·拉德克利夫同他的一个工人托马斯·约翰逊共同发明了上浆机。[39]阿克赖本人有巧妙组合他人已经发现的东西以及获得他人已经表示不能获得的若干实用成果的长处。

工业家的特有才能是表现在企业的组织上。首先必须筹集必要的资本。不需要向隐名合伙人征求资本的人，例如已经富有的制造商的儿子像马修·博尔顿或罗巴克是例外。找到出资的人并不容易，尤其是在一开始时，这时，机器和工厂被视为是可疑的、前途无定的新事物。阿克赖特长于这种困难的谈判。人们记得他用来达到巨富的那些合伙契约好像是晋升之阶似的。可是他对那些供给他资本的人，也给予某种东西作为报酬：他的专利证，其价值不久就成为无可争论的。那些既没有专利证又没有资本的人就比较困难了。这种人除去自己微薄的储蓄以外没有别的资财，只好小小地开始。拉德克利夫就是这样，他用自己当织工时的薪水储蓄起来的钱在 1785 年开设工场；[40]还有肯尼迪，他起初是曼彻斯特的一个纱厂主的学徒，在 1791 年开了一个工场，并在两个工人的帮助下亲自动手工作。[41]这样非常小的开始，在纺织工业中并不是罕有的。由于设备很简单，所以易于开始。不需要很大费用就可以在任何房间里安设几架手摇的走锭精纺机或多轴纺纱机。比较复杂的机器，如水力纺纱机或自动织机，是在以后赚到钱有可能

购买时才到来的；随同这些机器也出现了水力发动机或蒸汽机，亦即真正工厂的有力的重型设备。这样，在同一企业里，小工业制度过渡到手工工场制度以及手工工场过渡到大工业，在几年之内就实现了。与此同时，一些管理人员也在这些纱厂和织布厂里培养出来了，这些人由于在那里获得了实际经验，不久就高升到手工工场主的地位。[42]

资本问题和设备问题一经解决之后，就发生劳动力的问题。到哪里去招募劳动力？怎样支配劳动力？惯于家庭劳动的工人一般都对招雇显出抗拒。所以，工厂人员起初是由一些极不相称的成员所组成的，例如：被大土地所有制的扩张从乡村中赶出来的农民、退伍士兵、教区养活的贫民、各阶级和各行业的渣滓。[43]对于这种无经验的、未受过集体劳动训练的人员，工厂主必须加以教育和训练，特别是要使之遵守纪律。可以这样说，工厂主必须把他们改变成为肉体机械，这种机械要同自己成为其助手的那些木制和铁制的机械在行动上保持一致，在动作上一样准确，在唯一的事业目的上同样精确地配合起来。小作坊里通常的那种自由放任被极其严格的规则所代替：工人进厂、出厂和饮食都是在钟声所指示的一定的时间进行的。[44]在工厂的内部，每人都有指定的位置和严格限定的老是一样的任务；各人在工头的监视下必须正确地、不停地劳动，工头通过罚款或解雇、有时甚至通过一种更加残酷的强制来使之服从。[45]必须承认这种纪律并不是完全新的东西。它在少数手工工场里已经存在很久，那里分工已经达到极点，必须有一个坚强的总管理处作为必要的补充部分。[46]可是，正是机械化规定了严格的纪律并使之普遍化的。十八世纪的英国大工业家即使不是纪律

的创造人，但却会用非凡的智慧和精力去组织它。这里又是阿克赖特的事例成为必须首先援引的事例。[47]他善于规定他纱厂里的那种秩序，这就是他的最独特的发明。他处处都到，他监督工人并要求工人极其勤奋地和精确地工作。虽然他的态度和言语粗暴，对那些被他认为无能或者不用心的人无情，但并未犯使其工厂人员疲劳不堪的错误。他只叫工人每天劳动十二小时，[48]可是在他的工厂以后所开的工厂里，平均时数达到并超过十四小时。[49]

管理一个工厂就是行使统治权。工厂主是真正的工业界巨头。在索霍工厂，博尔顿的工人被训练得非常有规律，以致齿轮和铁锤的惯常和声的不调和，据说就足以马上告诫他要发生停顿或事故。[50]博斯韦尔在 1776 年访问博尔顿时，被他行使的权力所感动。他说，他好像看到"一个在自己队伍中间的铁将军"，他用富有表情的言辞说了这句话。——当陶器制造者韦奇伍德想在自己工场里实施严格规定的分工时，不得不同他工人的恶意乃至公开的敌意作斗争。虽然如此，他还是达到了目的，并且粉碎了一切反抗。[51]产品的优越使他的商标驰名全世界，这种优越只有通过他的孜孜不倦的勤劳、通过对他最小的合作人实行经常的监督才能获得。他用假腿跑到各处，把有缺点的产品亲手打碎，并且用粉笔在有过错的工人的工作台上写下："乔赛亚·韦奇伍德认为这是不行的。"[52]

最后，工厂主还看到自己面前摆着一个为其前辈即小制造商们几乎不曾关心的问题：销路问题。工厂主不能像他们那样到邻近城市去出卖其产品；要对他提供与不断增长的生产相适应的主顾，当地的市场就不够了，全国市场勉强才够。假如他以前没有商人的本事，那么，他就必须获得这种本事，必须能把关系扩大到全国，甚至扩大到国外。我们曾经看过一个十八世纪的大企业即索霍工厂的通信：这个通信表明商业活动比得上今天头等商号的活动所呈出的那种景象。博尔顿和瓦特同他们时代所有的工厂主都有交易关系。他们把机器卖给康沃尔郡的矿山主，威尔斯的炼铁业者，曼彻斯特、德比和格拉斯哥的纱厂主以及斯塔福德郡的瓷器制造商；他们接受了法兰西、荷兰、德意志、西班牙和俄罗斯的许多订货。确实，某一时候他们再也没有什么事情要去吸引顾客了。顾客自动找上门来，并接受他们的条件而不还价。但是起初并不是这样的，我们记得，他们不得不在康沃尔作战，以及他们的代理人、忠诚而不知疲劳的威廉·默多克对他们的帮忙。[53]博尔顿和瓦特本人——虽然后者的沮丧倾向使他自己在交易上很胆怯——往往为了商谈合同和监督合同的履行不得不亲自出面。[54]另一方面，这些合同的形式是很巧妙地想出来的，他们的利润取决于买主因使用蒸汽机而实现的节约。他们的成功不单单是技术发明上的成功，而且也是商业方法上的成功。

工业家同时是资本家，工厂工作的组织者，最后又是商人和大商人，他们于是成为实业家的新的完美典型。他往往不是任何别种人。罗伯特·欧文比任何人都更加熟识那些被他称为“棉花大王”的人，他对他们之中大多数人的评价相当不好：“在他们职业工作的直接范围以外，他们的知识几乎等于零，他们的见解很狭隘。”[55]然而，某些人在机灵和实用能力之上还兼有优越的才能。他们在这种富豪贵族之中几乎形成一种知识优秀分子。不管人们把他们看作是独特的例外人物也好，或者看作是他们阶级中最杰出的代表也好，他们是值得仔细研究的。

（四）

> 工场主中的优秀者。马修·博尔顿：他的智育；他的交往；他的职业上的道德心；他的博爱倾向；他的贵族风度。韦奇伍德：他的作品的艺术价值；他的科学研究；他的民主主义和人道主义的见解。陶器工业的发展和陶器出产地的繁荣都归功于他的努力。韦奇伍德和博尔顿是例外的人物：他们阶级的思想狭隘性和利己性。

最值得关心的人就是职业活动本身使其参与当时科学、艺术活动中去的那些人。技术问题，虽然起初是以纯粹实际需要提出来的，但到十八世纪末已与科学理论研究有了接触。另一方面，某些产品——例如陶瓷工业的产品——并不仅仅是日用品；它们具有或者至少能够具有一种美术价值。某些工业家懂得这一点：从此，他们对其自己的作用所形成的看法就扩大了并改变了。对他们来说，工业已经不单是致富的手段。它是他们专心致志的事业，他们在这种事业上力求达到某种完善的地步。他们之所以希图改善设备和改良产品，并不只是为了在商业竞争上胜过那些没有良心的或不谨慎的敌手，这是因为他们认为那与科学、艺术的发展有着密切关系的技术进步是一种本来值得希望的目的。这种操心比对其大多数竞争者的操心更高，似乎对于他们的性格和生命授予一种高尚情操。

马修·博尔顿是这类人。他在成为詹姆斯·瓦特的精明合作人之前，已经显示出那些说明其成就的稀有才能。当他在1765年左右着手制造装饰用的铜器时，他就把法国装饰艺术的杰作摆在眼前。即使他可能违背那些习惯于通俗产品的公众爱好，他也企图赶上这些杰作。[56]他用一切手段来达到这个目的。他请人从意大利寄给他最精美的古代模型复制品，他参观了那些赞助他的大贵族们的私人珍藏。[57]他因自尊而不发售任何未经最爱挑剔的行家所认可的东西。我们记得韦奇伍德有个时候害怕他成为自己的竞争者。二十五年后，他以同样的小心、用自己发明的方法来从事货币的铸造。关于这件事，詹姆斯·瓦特写道："如果博尔顿先生一生未做别的事情，单单就这一件事，他的名字也会永垂不朽。如果我们考虑到他同时还需领导许多重要的工作以及为了一项未定的结果而投下巨大的费用，那么，关于他的创造精神、他的坚持性或者他的慷慨大方，我们不知道最应赞美的是什么。他管理这个企业，与其说是以工业家的方式倒不如说是以国君的方式：爱好荣誉始终比爱好赚钱对他起着更大的影响。"[58]

博尔顿是有教养的人。当代最著名的人中有几位是他的朋友：医生、植物学家和诗人达尔文博士，天文学家威廉·赫谢尔，普里斯特利（博尔顿赞成他的宗教和政治方面的进步见解），伦敦皇家学会主席约瑟夫·班克斯爵士，以及其他不大著名的人如：化学家斯莫尔；印刷商巴斯克维尔和王后的图书管理员、博学者德·吕克。[59]博尔顿喜欢请他们到他在索霍工厂旁边所建造的房屋里聚会；他在其家常通信里常把这所房屋称为"汉兹沃思荆棘地上的友谊馆"。这种聚会是定期性的：每月在月圆日聚会，因为月亮使得夜晚穿过田野的往返路程更易行走。从而产生月亮会的名称，这是这一小群朋友们在开玩笑时所起的。[60]韦奇伍德有时也从伯斯莱姆或从埃特鲁里亚来到那里。[61]瓦特在伯明翰度过的岁月里，当然是该会最殷勤的成员之一。预先布置好的讨论，几乎总以有关科学问题为中心。博尔顿与其客人们参加讨论，身份是相称的。他的工厂是应用机械学的大实验室，他在那里是以瓦特的学生和竞赛者的资格进行工作的。造币机是按照他的设计建造的。他是第一个想到管式锅炉的人，[62]远较法国人马克·塞居安想到的要早。博尔顿对化学的发展有兴趣并在这一部门内从事若干独特的研究。[63]他也研究政治经济学并被选为圣彼得堡经济学家学会的会员。[64]这些研究一点也未使他离开其工业家的任务，相反地，促使他更好地完成这项任务。

他的私人通信里显出他的眼光远大，同时又露出他的品格正直。他的最心爱的箴言就是老好先生理查德的乐观格言："诚实是最上策。"在正要签订某些买卖契约时，他写信给他的合伙人说："勿将付款期限定得过严。把过于刻薄的条件加在顾客身上的那种交易就是坏交易。我希望我们的整个品行上盖有耐心和诚实的印记；必须坚决地贯彻公平原则，对人如对己。"[65]他用高超道义的准则对其子女进行思想教育，他说："你们必须记住，我不希望看到你们身上的礼貌因损害忠诚、诚实、公正而得到发展，因为这些东西是大丈夫的高尚品格的本质。尤其要珍爱你们的名誉。必须廉直、公正和厚道，甚至在似乎难以继续做到这样的时候亦须如此。必须爱慕这些原则，我不能对你们屡次三番地讲，希望你们把这些东西当作珍贵的宝藏保存起来。"[66]他并不以这些劝告为满足，而且还以身作则。

他是工业欺诈的不可调和的反对者，而伯明翰的制造商总是太惯于这一手。他同那些伪造货币人作斗争是众所周知的。他说："我要做一切能做的事来结束他们不正经的做法，但不降低身份去充当告密者的角色。"[67]在1795年举行的制造商会议上，他发言反对关于商品质量方面的舞弊："我不打算细说这种行为本身的轻率，以及那些不免要从此产生的后果，即对我们工业带来损害和对伯明翰名声带来污点。我们不要忘记诚实策略始终是最好的策略，交易上的信实不会不对城市的一般商业和对我们个别商号起着最好的作用。"[68]他本人极其严格地遵守这个原则。他对那些试图引诱其工人离开的人绝不加以报复。[69]不管竞争的激烈程度如何，他也不把价钱降低到一定水准之下。降低价钱也许就是降低质量，从而也就是破坏信用。[70]他这样地实行功利主义道德是在边沁将其作为公式之前。

他的慷慨是尽人皆知的。当普里斯特利成为因怨恨法国大革命而在伯明翰煽起的暴乱的受害人时，博尔顿自己虽有赞成颠覆意见的嫌疑，但还是为了帮助他能够生活下去和继续其事业而进行募捐。[71]当伯明翰施药所在1792年开办时，他接受该所司库的职务，他说："如果基金不敷偿付开支，我在那里就好把亏空填补起来。"[72]对于他的工人们，他的态度与其说是一个把劳动力仅仅看作是商品的经济学家门徒的态度，不如说是一个"感情容易冲动的人"亦即理查德森和卢梭读者的态度。他是个仁慈的独断者，因态度坦率和秉性公道而得到工人们的爱戴。他长期雇用他们，往往雇用他们的儿子接替他们。[73]他亲自认识他们，因而关心他们的命运；他为他们设立救助基金，每一工人按其工资每周交付半便士至四便士的捐助金。[74]

这种博爱的仁慈是与自豪分不开的。这是大贵族对待家臣的仁慈。当博尔顿的大儿子达到成年时，索霍举行了一次庆祝活动。从清早起，汉兹沃思和伯明翰的钟声就响起来了。下午一点钟，全厂工人排成行列，按手艺分组列队行进，乐队领头。晚间，工人们吃了七百副餐具的盛宴并举杯祝颂现在和未来老板的健康。[75]一个由佃户围侍着的大乡绅就是这样地在祖遗宅第里庆祝自己继承人的成年的。可是博尔顿却具有扮演这个角色所必需的东西：尊严和风度上的某种大方。他被称为"活王侯"，这完全归功于这种尊严，同样也归功于他的慷慨。[76]他身材高大，面目清秀，带有聪明厚道的福相，他天赋很高令人钦佩，给人印象很深。[77]这位工业界巨头真正起着首领的作用。除了资本的物质力量之外，他还具有随时随地使他成为一个贵族的东西：威望。

博尔顿虽然是科学、艺术的爱好者，但主要还是一位工业家。至于韦奇伍德，我们看到的则是一位艺术家了，有些人甚至于认为他是一位大艺术家。[78]老实说，那些带有他的名字的优美杰作，绝不是一个人的作品。那些装饰杰作的人物画是一整套在他指挥之下并为他工作的画家、雕刻家和装饰家所设计并完成的。[79]可是，就连那些他未参加做的东西也还刻上他个人的印记。这些东西的样式、颜色、装潢是他选择的，他还把那与当时的古典风格相一致的风格提供给他们。最后，制造这些东西的材料也是他创造的。那些明亮而不褪色的上彩釉的陶器，那些红色和黑色的无光泽的陶器，尤其是那些染成淡绿色、蓝色、紫色的上面带有白色凸起图案好像浮雕玉石似的素瓷，由于美观而足以证明他的艺术家的名声。[80]

他是自己学成的。九岁[81]就跟他大哥托马斯·韦奇伍德做学徒，他利用患病时间进行自学。[82]到三十岁时，他读了很多书并且经常打听新书。他是卢梭的《爱弥尔》的英国最早读者之一。[83]他通过书本学会认识希腊和罗马的艺术。1767 年他在看到凯卢斯伯爵:《埃及、埃特鲁里亚、希腊、罗马和高卢的古物汇集》时[84]就有意着手模仿，不久之后便产生了他的那些最独特的作品。1769 年，当他在离伯斯莱姆不远的地方创建一个新的手工工场时，他将它命名为埃特鲁里亚，在工场行开工典礼那天所制造的花瓶上都刻着埃特鲁里亚的艺术复兴字样的题词。[85]他同许多有学问的人、考古学家，特别是同英国驻那不勒斯大使威廉·汉密尔顿爵士通信，后者的收藏品在那时是著名的。[86]关于巴伯里尼花瓶——现今存放在大英博物馆的宝石室里——运到伦敦，他给汉密尔顿的那封信，显示出高度的修养和非常敏锐的鉴别力。[87]

他对古代艺术的研究同他的工业活动有着密切的关系。他对化学的研究也是一样，这项研究被他推进了一大步。他起初研究烧制陶器的炉子里所产生的反应，研究制造各种黏土以及决定或改变黏土颜色等的化合，渐渐转到更加一般的问题。他真正酷爱这些研究，他说:“当我做实验时，就连猎狐的人以打猎为乐也不比我快乐。”[88]他对测量高温的研究和高温计的发明构成他的最重大的科学声望。[89]他和普里斯特利同时成为皇家学会的会员，他老早就认识普里斯特利，并且是最先看出他的天才的人之一。[90]

他的性格非常坦率，他对思想和语言抱有极大的独立精神。他和博尔顿、威尔金森一样，赞成民主主义的见解。美洲战争引起他对政府极度的愤怒。他说："我很愿找到一个人能够明白地告诉我，什么是我们为反对我们兄弟和最好的朋友而支持这种不名誉的荒谬战争的目的……。美洲自由，我真高兴。那些宁愿逃走也不服从暴政残酷奴役的人们所拥有的一位庇护者的令人兴奋的主意，使我心里充满了高兴。"[91]法国大革命一开始就赢得他的同情，他说："我们在这里听到一些政治家说什么，我们对这次革命没有理由高兴，因为如果法国人像我们一样变为自由人民，那么，他们就马上专心发展他们的工业，不久就会成为我们的竞争者，而这种竞争者比其在专制政治之下的情形要可怕得多。至于我，我倒非常高兴看到这样的近邻分享我们所享的幸福；我真希望看到英国人的自由和安全普及到全世界，至于那对我们工业和商业能够产生什么，我不太担心，因为我相信一个对于人类那么好的事件会独对我们那么坏。"[92]他和他的合伙人托马斯·本特利[93]都积极参加反奴隶制运动。他是废除奴隶制协会的成员并给予该会一颗印章，印章的图样成为该会惯用的标记。[94]

博爱在当时很流行。但对许多工厂主来说，博爱并未出工厂的大门。他们对殖民地黑人的同情，并不要他们花费多少钱，但却耗尽了他们人道的储备。这是十九世纪改革家们屡次向他们提出的谴责。韦奇伍德绝不应受到这种谴责。虽然他有时同工人作斗争，[95]但他是以宽仁而开明的人的态度对待他们的。他在埃特鲁里亚设立了害病工人救助基金，正和博尔顿在索霍所设立的一样。他在那里开设一个图书馆并且慷慨地资助该地区公共学校的创办。[96]他并未忘记他自己也曾亲手劳动过，并未忘记在他成年时只有二十镑钱作为资本，这笔钱还是他父亲生前在伯斯莱姆当陶工工头时遗赠给他的。[97]

在他用心制造陶器的过程中，艺术家的严谨往往和商人的计算混在一起。为了反对有缺点的草率的产品，他和博尔顿说一样的话，而且还有更多的理由："一个日用品，如果质量低下，那么，它始终要比同种类最好的东西价钱贵；但是，一个纯粹装饰用的物品，如果平凡庸俗，那么，不管人们把它按什么价钱出卖，它还不仅是价钱贵的问题，因为它体现着极端无用和可笑。"[98]他不怕竞争，竞争如能对艺术和公众有利，他甚至会号召竞争："我们不但不怕别人攫取我们的模型，反而应因为有人攫取我们的模型而感到光荣，应不吝啬地提供榜样和构思，以便有可能时就看到所有欧洲艺术家都模仿我们。这是高尚的事，而且，这符合我的感情，这远比贪财的利己主义把我们关在狭隘的自私罗网中要好得多。"[99]他从不愿意取得专利证，除去在这样一种情况下，即在他认为重新发现古代失传的彩色蜡画秘诀时才愿意。[100]

他的绝对优越于大多数竞争者的道德心使他易于公平办事。但是讲究公平绝不妨碍他做生意。他不仅制造高价的艺术品，而且也制造大批量的畅销品。他供给全欧餐具。福雅·德·圣丰写道："从巴黎到圣彼得堡，从阿姆斯特丹到瑞典的边远地方，从敦刻尔克到法兰西南部的尽头，所有的客栈都用英国陶器盛菜饭；西班牙、葡萄牙、意大利也采购这种陶器。许多船只装运这种陶器到东印度群岛和美洲大陆及其岛屿去。"[101]伯斯莱姆工场从 1763 年起就输出五十五万件以上的陶器。[102]韦奇伍德在准备最好的艺术作品时想到工业上的用途，这种用途可以为陶器生产打开新的广大销路。他在 1799 年给托马斯·本特利的信里写道："我必须回答我的老友保尔·埃勒斯的一封亲切的信:他向我建议的那件小事情,在我决定办的那一天,就会将我抬高,使我超出一切凹雕、浮雕以及其他小玩意儿的境界,这同我们熟人的某些蒸汽机已把我们一位好友抬高一样,凌驾于表链和袖扣之上……。这里所谈的仅仅是指制造一些陶制的管子而已,首先为伦敦制造,以后为全世界制造。"[103]真的,他开始制造了排水和给水用的管子,[104]这是一项后来得到巨大发展的,并终于使陶器制造业被列入英国大工业中的专业。

今天被人通称为"陶器生产地"的这一地区的繁荣,是从韦奇伍德的企业和发明开始的。当1730年他在那里出生时,这个地方既落后又贫穷。土壤由于黏土多,不宜于耕种,好容易才能养活稀少的人口。道路少,而且很坏,因而必须把商品放在人的背上背到那里。一个城市也没有,只有一些茅草屋顶的村庄。五十个左右的陶器工人住在伯斯莱姆,七个住在汉利;斯托克没有十户人家。[105]但从十七世纪中叶起,地方工业已经有了一点进步。德国人埃勒斯兄弟在1690年左右所引进的盐釉[106]以及1720年左右第一次被阿斯特伯里[107]所使用的焦化燧石和塑性陶土的混合,已经打开了改良的道路。除了笨重粗糙的缸瓷和饰上幼稚图案的厚陶器之外,[108]已经出现了一些即使不是比较艺术化的、至少也是比较优美的产品,如白色瓷器,以及往往被当作鼻烟盒盖和刀柄之用的云石、玛瑙、玳瑁等仿造品。但工业组织仍然是非常原始的。它是十分简单的家庭工业制度。最大的工场雇用六个工人。[109]一个人做花瓶的形状;第二个人制造瓶耳并将其安在瓶上,其余的人则从事装潢、上釉和焙烧。可是他们的专业化绝不是不变的。一

个熟练工人应该什么都懂，什么都能干。斯塔福德郡的那些陶器工人是一种贫穷、无知、习俗粗野的居民，喜欢斗鸡和斗牛。卫理公会革新派的传道者约翰·韦斯利第一次来对他们传教时，他们竟向他扔了烂泥。[110]

以韦奇伍德为主要创造者的陶瓷工业的发展、道路的改善、默尔西至特伦特运河的开凿，不多几年就使这个地方的面貌改变了。在他和他的竞争对手[111]所创办的工厂周围出现了一些城市，渐渐形成为一个扩散的大市区。[112]斯塔福德郡的陶瓷器多亏韦奇伍德而获得了名誉，其结果就是财富和幸福的普遍增加。这位伟大的陶瓷制造家在向新生一代讲话时能够说："请你们父母对你们述说一番我们现在所住的、在他们开始认识时的、这个地方的状况吧，他们一定会对你们说，居民都带有比现时多得多的贫穷印记。他们的房屋是真正的茅屋；土地耕种不好，生产不了多少可以养活人畜的东西。这种可怜的状况以及道路之坏使得我们这个地方和世界其他各处隔绝了，我们这里是个相当不好居住的地方。我知道这幅图画是符合真实的，请把这个地方作今昔的比较吧！工人们赚的工资几乎比以前多一倍，他们的房屋大多数是新的、舒适的，田地和道路也有显著的、最令人满意的和最迅速的进步。这种可喜的改变是劳动或工业所创造的。"[113]韦奇伍德虽然没有说到他自己，但在这里却夸耀了自己的事业，事实上，这种事业和他的艺术成就同样使他产生了一点骄傲。

这样一些人的实用才能对于最高的精神道德品质毫无损害，他们那么富有生产力的活动又并不以利己为唯一目的，像这样的人实是他们的出身阶级的光荣。但是，切不可根据他们来判断这

一整个阶级。他们同时代的大多数大工业家在其多数方面并不像他们。这些大工业家的首创精神和积极性以及他们的组织者能力和领导人的能力都值得我们钦佩。但是他们只想到发财。人和东西一样，到他们手里都成为达到发财这个唯一目的的工具。关于他们对待其工厂人员的方式，我们在下一章里就要提供一些有启发性的详细说明。他们的权力感使得他们变为专横、刻薄，有时残酷。他们的暴发户的欲望往往用粗暴的方法来得到满足。他们有暴饮和不尊重女工声誉。[114]他们很好虚荣，过着贵族的生活，拥有仆从、车马以及华丽的公馆和别墅。[115]但是，他们的慷慨同他们所夸示的奢侈几乎不相称。十九世纪最初几年中，为开办主日学校而在曼彻斯特募得的二千五百镑中，该地区的那些主要的纱厂主（他们的工厂雇用两万三千工人）共捐出九十镑。[116]他们只注意追逐财富。他们有征服财富的气质、野心、大胆和持续不懈的毅力，但他们也有征服者的利己心。

（五）

共同利害的意识。大工业家的协议和集体活动；反对五金税（1784年）；反对英爱通商条约（1785年）。制造商公会：在同法国订约上的意见分歧（1786年）。老板们联合起来反对工人：反对工人要求维护旧法规。本能地倾向于放任主义。

虽然工厂主阶级刚形成，它的起源很复杂，其成员的重要性也不相等，但它老早就意识到自己的职责。这种阶级意识只是共同的利害感，只能在其有机会表现的地方才存在。世界上别的国家在这方面都不能够提供比英国更有利的条件。英国政治制度的自由，尤其是深入习俗的运用请愿权，已对集体的请求赋予各种行动的自由。长期以来，英国臣民就有按照自己的需要或意见联合起来的习惯以便向议会提出申诉或愿望。在两院的记录中，任何一个临时的或经常的团体，任何一种为经济、政治或宗教利益在某一界中有所作为的社团，都留下它的存在和行动上的若干痕迹。大工业家们正是按照无数的先例被一种十分自然的感情引导到共同协商以便采取某些易于实行的步骤。

威廉·彼特的财政政策受到他们认真的批评。彼特一执政就宣布要设立新税收来改善那受美洲战争危害相当严重的财政状况。这些税收中将有对原料，特别是对铁、铜和煤[117]抽的税。采矿工业和冶金工业的领袖们马上惊慌起来：他们虽然没有组织一个真正的协会，但却彼此商量向大臣交涉并提出抗议。科尔布鲁克戴尔的雷诺兹草拟一份陈情书，书中指出冶铁业因用煤才实现的进步，难道有人愿意冒放慢或阻止这种进步的危险吗？[118]博尔顿用亚当·斯密绝不会撤回的言辞来发表自己的意见："请对奢侈、淫佚抽税，必要时也可对地产抽税；请对取得的财富和因取得财富而付出的花费征税，但勿对供创造财富之用的东西征税。特别必须避免的事是，切不可为目前的小利而失去未来的富源。"[119]他得到皮特的召见，因为皮特似乎曾经相信过他的话：皮特是新政治经济学的行家，他仅把筹划的税收看作是预算上的一种权宜之计。与此同时，棉纺工业的领袖们也发动一个反对所谓"粗棉布税"的运动。这个运动仅在这项工业的各部门都积极参加斗争几个月后才得到成功。[120]然而煤税倒在粗棉布税之前就取消了，粗

棉布税在另一个草案不管有理没理地引起新的不安时仍然是热烈争论的对象。

这就是1785年英格兰和爱尔兰的通商条约草案，这个条约将规定两个王国间的互惠制度，[121]特别是要使两国工业品进口税相等。这个条约在爱尔兰受到好意的接受，可是在英国却碰到激烈的反对。[122]这个问题关系到所有的工业。普遍反对的运动出现了，而且很快就被组织起来了。韦奇伍德领头。他到伯明翰去找博尔顿，并向他建议组织"一个由英格兰和苏格兰所有工业中心都派代表参加的委员会，并且，在讨论爱尔兰条约期间，会址设在伦敦。"[123]这个意见很快就获得赞成，大多数大工业家都表示同意。1785年春，制造商公会——这是这个委员会所采用的名称——在韦奇伍德主持下集会。会议马上就同这项还未得到议会最后批准的条约论争起来。它向全国散发传单和小册子，其中有一个是詹姆斯·瓦特起草的。[124]它推派代表出席枢密院和议会负责调查的委员会。这两个机构都传讯了韦奇伍德。后者另外还向政府首脑和反对党领袖做了私人的活动，又同皮特、波特兰公爵、福克斯和谢里登进行了商谈。[125]最后，经过一系列的修正、大大改变了原文，英爱条约终被抛弃。[126]

在这种情况下，制造商公会与其说是代表公众的意见，倒不如说是代表联盟利益的。事实上，关于问题的实质，工厂主们的意见绝不是一致的。有些人害怕爱尔兰摆脱经济奴役，因为英格兰人的嫉妒心把它控制在经济奴役之下已经好几世纪了；[127]另一些人相反地却希望把两国分开的关卡完全消失。极端保护的传统政策还有许多拥护人，尤其是惯于享受特权的旧工业中那些人，他们认为没有特权是不行的。但是，新工业的领袖们已经开始懂得他们的主要利益在于获得廉价的原料和大大开放的出口市场。这种意见分歧在1786年同法国签订通商条约时就显露出来了。制造商公会因而分裂开来了。韦奇伍德属于赞成政府倡议的那一派：[128]伯明翰的冶金家们、曼彻斯特和德比郡的纱厂主们都跟随着他。[129]如果这个时期使用"自由贸易"这一术语，那就不正确了，而且犯了时代的错误；但是，在到处都出现机械化和大规模生产的地方，商业上无限扩张的需要马上被人感觉到了。凡能促进商业扩张的措施都会得到最聪明的工厂主们的赞成。[130]他们工业所最需要的东西就是找到国外销路，而且，即使外国要求互惠办法，这些工业的技术优越性也足以保护他们免受竞争的危险。因此，从这时起就出现了一种不久就要使敌视旧保护制度的工业家阶级的倾向同关心维护这个制度的地主阶级的倾向对立起来。1786年条约得到大工业代表的赞成，这预示着他们继承人在五十年后对曼彻斯特学派的学说的支持。[131]政府方面对大工业家组织的态度，变化很快。1785年，棉纺工业代表们前来抗议粗棉布税时是被人以"一种使人丢脸的高傲态度"接待的。但后来不到两年的时间，皮特在把制造商公会轻蔑地视为"想免除议会立法麻烦"的可笑的集会之后，承认制造商们的批评在一切有关他们的利害方面"的确有很大的重要性"。当问题关系到同法国订立条约时，他就注意请教他们并听从他们的意见。[132]

对最有利于工业一般利益的政策，工厂主们的意见虽然并不经常一致，但当他们的阶级利益处在危险中时，他们就不难谅解了。对于工人，他们已经表示出一种很有意义的密切的团结。例如,1782年,我们看到棉布制造商委员会请求议会批准一项可怕的法律,用来对付那些在罢工时破坏织机或毁坏货物的工人。[133]这项法律同它必须加以制止的暴行一样,是一种阶级武器。1799年,博尔顿的织工们因他们中间有些人再也不能在该地区找到工作而出怨言,因为他们的名字已被记在"黑名单"上,而老板们又把名单互相传阅。[134]这种"黑名单"是根据一项约有六十家商号参加的正式协定而创设的。据制造商们说,它的目的在于致使偷窃原料更加困难,因为在家劳动的工人经常偷窃原料。[135]我们将会看到老板同盟的这种典型事例,正是另一法律的同时代的东西,这一法律是根据老板们的请求而禁止工人结盟的,如有违犯就科以罚金和监禁。[136]

大工业家们全体一致的意见和工人们同样一致的意见是对立的,这表现在反对劳动法规中的旧法律上,特别是在反对学徒法上。工人们被剥夺了为主张自己的要求而联合的权利,因此希望在这些几乎废而不用的法律中找到反对经济压迫的自卫办法。全王国中的工厂主们马上就请求废除这些法律,而且不久就达到了目的。关于这件冲突,我们以后还要更详细地谈,冲突的结果是按照老板们的心愿在大不列颠开创放任主义的制度。

工厂主们的利益自然是与各种规定相对立的,不管规定的性质如何,也不管它适用于人或事物、或者适用于技术或劳动组织。他们希望仍旧成为生产上无限制的、无拘束的唯一主人。在这一点上,他们的自私观念跟他们的时代思想是一致的。正在产业革命完成的时候,放任主义便离开书本而进入实际行动的领域中了。在1796年,威廉·皮特本人(不是一位经济学家而是一位政治家)

用下面这些话向议会致辞说："请看看官方干涉阻碍工业发展的情况吧，以及最好的意图产生最坏的效果的情况吧……。商业、工业和交换始终会找到与自己相适应的地位，它们只会被人为的措施所搞乱，这些措施一干扰它们的自然活动，就会阻止它们的良好作用。"[137]这就是工厂主阶级在下一世纪自己执政时所说的真正的话。

（六）

工厂主们在社会上的地位。他们的地方势力；他们参加领导公用事业的大工程。同贵族的交往。韦奇伍德的朋友和赞助人。乔治三世接见博尔顿，卡德林二世成为博尔顿的索霍客人，博尔顿和瓦特被邀请到法国宫廷去做客。走向政权的道路：两个皮尔，父与子。

这个虽是前天新生出来的，但却富裕、勤劳、野心勃勃的阶级，随着大工业的发展逐渐在国家经济生活中起着越来越重要的作用。但是，它在英国社会（这个社会甚至今天还几乎完全保存着古代的等级和等级带来的偏见）中被人承认的地位是怎样呢？这些新人物不仅自己的财富，而且自己所行使的权力以及自己手下所支配的那些人数，都在促使自己与地主贵族不相上下，他们难道已经了解到自己在那被产业革命改变了的社会里属于哪一等第吗？根据某些迹象，人们可能认为这个暴发户阶级在上层的高傲和下层的势利观点看来是不重要的。在1803年制定的一个十八世纪英国名人表里，人们找不到一个工厂主或发明家的名字。[138]在这同一时期，韦奇伍德的继承人亦即他的儿子在做多塞特郡郡长时，不得不忍受该郡绅士们不大隐匿的轻视，因为他毕竟不过是一个陶器工人而已。[139]他们中间许多人属异教派，亦即"非国教徒"，这在他们和上层社会阶级之间就造成更多一层的障碍。[140]然而，那些从尚无大工业的国家来到的、能够更好地了解其特征的外国人，往往看到至少有几个重要的工厂主在英国所占据的卓越地位。一个法国人在参观了一个印花织品工厂[141]以后写道："一个相当富裕、能够开办这样一个工厂的人，不会愿意干他认为低于其财富的职业：他会很快地变为最高法院的推事或枢密院的审查官。而且，他是对的，因为人追求职位上的尊贵是自然的，理由是个人的功绩绝不产生尊贵。在这个国家里，伯明翰的博尔顿先生、埃特鲁里亚的韦奇伍德先生、科戴尔的斯特林先生以及所有这样身份的工厂主们，在人民的心目中却享有一种能使他们与最著名的人物相等的名望和尊贵。"[142]

这种威望主要是建立在地方势力上的。我们不打算把工厂主们同封建主们重新作出老生常谈的对比，但是，他们同封建主们有这样的共同点，即某些地方或某些地区是归他们所有的。不仅在他们以主人身份指挥的工厂里，而且还在他们企业以新生命使之活跃起来的那个村庄或城市里，在他们工业成为其必要富源的那个郡里，所有居民都决心把他们看作是自己的自然领袖。兰开夏和德比郡的纱厂主们，伯明翰、塞文河畔和南威尔斯的冶金家们，斯塔福德郡的陶瓷制造者们，在实际权势方面与大地主不相上下，但他们的资格威望已高出于大地主。这里所谈的，难道不是指实现整个地区都要得到其好处的、某种公用事业的大工程吗？他们比任何人都关心这种工程，并且愿意领先倡导。例如，在布里奇沃特公爵作出的榜样之后，他们在很大程度上赞助了英国航路网的创设。在那些负责拟订计划、向当局领取必要的准许证以及最后组织工作和开发等委员会上，人们看到工厂主们是和当地贵族中大人物并肩地坐在一起的。[143]他们彼此都有许多忠诚的拥护人，而后者并未想到要责备他们，主要是因为工作本来就是为了他们自己。

工厂主在发挥其积极性的那个地区以外，在人们授予他的重要地位与感激他的功绩的那个地区以外，大概是不会碰到同样的尊敬的，人们是按照他的功劳来对待他的。但是，一个大贵族对一个普通制造商——即使他是有功劳的人——和对一个商人会有不同的对待，这难道不是时代的征兆吗？从十八世纪初起，法国和英国的“哲学家们”的确已经争着致力于恢复工艺美术以及手工的地位。[144]对大工业创始者们所表示的尊重用这种风尚来说明比较用近代社会中留给他们的地位这种真实感情来说明，也许更正确些。

韦奇伍德以其艺术家的资格，或者至少以爱好者所搜求的奢侈品生产者的资格，在工业家们中也占着一种独特的地位。绅士和贵族在赞助他的时候，是按照一切贵族的传统惯例的。但是他们所做的却超过了赞助他的范围。高尔家族、卡思卡特家族、塔尔博特家族都以朋友的礼貌同他往来。[145]博尔顿虽然应被看作是工业家而远不是艺术家，但自 1767 年起，换句话说，在他同瓦特合伙之前，已被国王乔治三世和王后夏洛特接见过好几次，每次接见，他们都同他谈得很久，并且过分地称颂他并关心他。[146]卡德林二世在 1776 年访问英国时，接受了索霍工厂主的几天款待。[147]后来，博尔顿及其合伙人被以极其奉承的措辞请去参观巴黎，[148]他是以法国政府的费用到巴黎去的，他在巴黎受到上宾礼遇。[149]

这些杰出人物所得到的光荣也转移到他们所代表的那个阶级上去。这种光荣可以说已把资本的威力所给予工厂主们的那种实际地位固定下来了。但是，这一点绝不会使他们满意的。他们的利己心同他们的自尊心一样鼓舞着他们把野心提得更高，他们已经羡慕政治权力了。

第一个罗伯特·皮尔爵士的传记使我们看到这种对财富和政权的双重征服。[150]

皮尔开始时非常平凡，1772 年是伯里印布工人，他叔父霍沃思的合伙人。他注意追求各种新颖样式，在领导企业方面又发挥了异常的积极性，[151]所以不几年就发了财。从 1780 年起，他几乎雇用了伯里的全体居民，或者在工场里劳动或者在家里劳动。1788 年，他在刚从斯塔福德郡塔姆沃思买得的地皮上建筑了一座工厂。正是在这个地方，在 1790 年，他被选为议会的议员。他非常崇拜威廉·皮特，他把皮特主要看作是工业的，即“国家威望的真正泉源”[152]的开明的赞助人，在同法国战争最困难时刻，他热情地支持皮特政府。1797 年，在财政危机达到极点时，皮特号召私人用特别捐助来增加国家财源，这时，皮尔汇给他一万镑。另外，皮尔还自己出钱装备八个连的志愿军，即伯里忠义志愿军，他以陆军中校衔指挥他们。为了奖赏他，就封他为准男爵，这是世袭的头衔并带有 Industria（勤勉）字样的题词。[153]

他在下议院中的作用并不十分重要，但有一个值得记忆的情况要除外，这就是他在 1802 年提出并得到通过的关于纱厂中学徒劳动的法律，这项法律是整个劳工立法的开端。他只有很少的时间用在政治上。他很关心的以及给自己指定的任务就是将其家庭的优越地位建立在不可动摇的基础上。他放弃自己的宏志，把希望寄托在他儿子身上。他说，在他儿子年幼时，就使他献身于为家乡服务。[154]他大学一毕业，他就替他在爱尔兰一个衰落城市中找到一个职务。不久之后，他又使他进入斯潘塞·珀西瓦尔政府充任次长。他亲眼见到那伟大历程的各个连续的阶段。他看到他儿子在 1812 年成为爱尔兰事务大臣，1820 年任内务大臣，1828 年成为下议院的领袖。[155]他希望在未死以前看到他当首相，[156]这是他唯一没有实现的梦想。

一个世代的时间足够一个工厂主家庭升到全国头等的等第。工厂主阶级作为一个阶级的执政是比较迟的。皮尔家族虽然是新人物，但很快就参加了传统的党派，他们因加入贵族的和社会保守的党而自豪，这个党因竭力反对法国革命并终于取得斗争胜利而得到巩固。[157]他们的保守主义虽然后来要扩大到自由主义的境界，但起初却装作狭隘的和排外的样子。他们绝不希望对那些后继者把门开得太大。1832 年的选举法修正案，英国资产阶级的这个大宪章，对产业革命在政治领域上的承认，其反对者就是罗伯特·皮尔爵士，伯里工厂主的儿子。

第三章　产业革命和工人

我们尚须指出产业革命对劳动条件和工人阶级命运所起的最初作用是什么。仅把描绘工厂无产阶级的图画和描绘工厂主贵族的图画两相对比是绝不足以做到这一点的。因为，我们的注意力应当不仅集中在工厂上面，而且还要注意工厂的侧面及其四周。虽然大多数体力劳动者长期处在大工业之外，但他们自始就受到大工业的极大的影响。

（一）

工人对机器的敌视。1779 年兰开夏的骚乱。约克郡中的动乱（1796 年），西南地区中的动乱（1802 年）；拉德党的骚动（1811—1812 年）。为请求禁止使用机器而向议会交涉；纺纱工人和梳羊毛工人的请愿。这些请愿都被拒绝受理。

起初，这种影响是令人可怕的。我们知道机械化的出现，在工人中引起了怎样的疑惧和愤怒的情绪。工人反对机器以及一般地反对各种技术革新乃是这一整段历史上最著名的插曲。可是，这并不是某一时期、某一国家所特有的事件。需要提到那些屡经引用的，帕平轮船被富尔达船夫所毁坏以及雅居阿尔织机被里昂丝绸工人所捣碎的事例吗？甚至今天，虽有一连串的发明和改进所养成的新习惯，但工业设备的改革还碰到工人方面的某些抵抗，这是不足为奇的。[1] 他们的态度被人以进步的名义和以合理的政治经济学的名义谴责过几多次啊！这种态度被人称为无知和野蛮又有多少次数啊！然而，这种态度是极其自然的。因为工人的唯一资本就是劳动力和职业上的技能，凡旨在降低这个或那个价值的东西就是剥夺他的一部分所有。机器的最大好处及其存在理由就是它能在劳动力方面实现节约。但是，工人可以很有理由地认为这种节约是因损害他的利益而获得的。对这种通俗非难的传统答辩是，机器通过降低价格就刺激消费：需求的增加就加速工业的发展，归根到底，劳动力不但不被淘汰，反而在扩大了的或增多了的工厂里又找到向所未有的众多的位置。然而，这种推论即使已被长期经历证明为正确的，但也不是工人们所能理解的，如果他们第一次碰到机器的话。他们的唯一想法就是：他们必须和占优势的竞争作斗争，他们中间大多数人就要没有工做，至少他们的工资会降低。如果我们不考虑得到机械化的直接后果，而考虑它在一个多世纪以后的全盘结果，那么，这种惊慌未必会如同人们所相信的那样没有根据。即使工人们用暴力反对的方法来阻碍进步，并违反公共利益，而对于他们自己却无任何好处，难道就应该唯一地责怪他们愚笨和蛮横吗？难道不应该责怪社会制度吗？在这种制度下，生产的增加会跟着发生——即使时间不久——生产者贫困的增加，而那些旨在减轻人类劳动重负的发明物反使劳动者的生活困难更加沉重。

工人们还未学会认识自己痛苦的真正原因。他们只懂得一桩

事:机器有剥夺他们生计的危险。他们从而认定必须破坏机器。我们不打算再谈发明家的不得人心以及他们所遭受的迫害。他们之中有些人已经想要赞成工人的见解或偏见,如果人们喜欢“偏见”这一用语的话。劳伦斯·厄恩肖在哈格里夫斯之前十年就制造了一架纺纱机,但一造好他就把它毁坏了。他说他不愿意剥夺穷人的谋生手段。[2] 但这种无私,而且是被误解了的无私,即使不是唯一的,至少也是少见的。对发明家们所加的暴行,一般是损害他们的人身比较损害他们的计划为大。机械设备适应着实际的和迫切的经济需要。此外,它对拥有必要的资本创办企业的人们还提供无可比拟的赚钱的乃至发财的机会。工人们在无益地打击发明家时,触及关心维护和扩大机械化的工厂主阶级的利益。工人们的直觉行动仍然是一样的,这就是攻打工厂和粉碎机器。

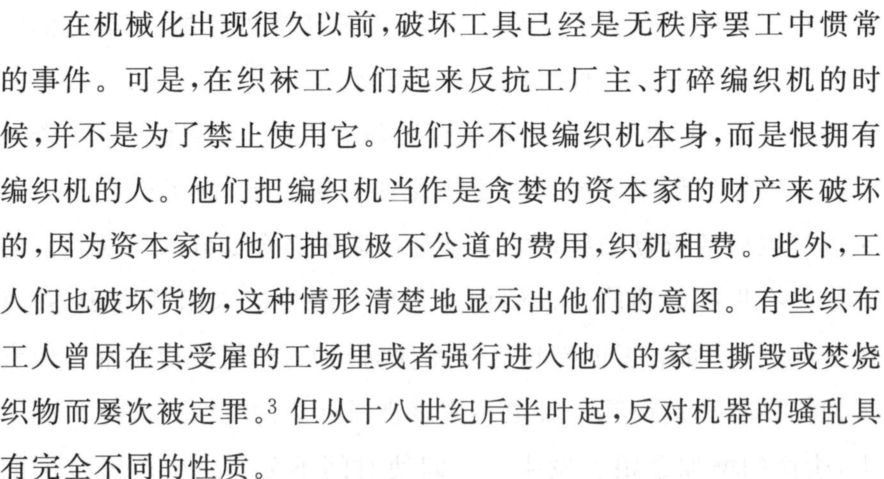

在机械化出现很久以前,破坏工具已经是无秩序罢工中惯常的事件。可是,在织袜工人们起来反抗工厂主、打碎编织机的时候,并不是为了禁止使用它。他们并不恨编织机本身,而是恨拥有编织机的人。他们把编织机当作是贪婪的资本家的财产来破坏的,因为资本家向他们抽取极不公道的费用,织机租费。此外,工人们也破坏货物,这种情形清楚地显示出他们的意图。有些织布工人曾因在其受雇的工场里或者强行进入他人的家里撕毁或焚烧织物而屡次被定罪。[3] 但从十八世纪后半叶起,反对机器的骚乱具有完全不同的性质。

为了制止这种骚乱而特别颁行的第一个法律是在 1769 年。此前不久,一个坐落在莱姆豪斯的、按照荷兰当时所有的锯木厂模样建造的机器锯木厂被群众冲入而打毁了。[4] 这项法律正是在发生于伦敦大门口的这件事的影响下通过的。几乎与此同时，布莱克本工人把詹姆斯·哈格里夫斯的多轴纺纱机打烂并迫使他逃到诺丁汉去。无论单独一个人或者一伙“不法的、叛乱的”人群把安装着机器的建筑物故意毁掉，都按重罪论处，犯罪人被判以纵火罪——死刑。[5]

这种严峻的措施并没有阻止骚乱的再发生，随着使用机器的推广，骚乱就越来越频繁和越来越严重。1779 年，在机械化发展最快的地方，亦即是说在兰开夏，这种骚动达到令人惊慌的程度。[6]当时韦奇伍德正在动乱爆发的地区，他在他的通信中为我们留下了一个具有直接证明价值的记述：“我们在来这里（博尔顿）时，走过肖本特以后，在路上遇到一群人。我想他们约有五百人。我们向其中一人打听他们逢到什么时节聚集那么多人，他对我们说，他们刚刚毁坏了几架机器，并且打算在全国这样做。因此，这里人们得到通知，必须预计他们明天来访。邻近的工人们已把能够找到的一切武器都聚集起来，并且正在铸造子弹和准备火药以便明晨进攻。理查德·克莱顿爵士[7] 刚带来一则消息说，他此刻在城里，目的是和居民商量有关采取保护居民的办法。我想他们已经决定立即派人到利物浦去请求驻扎在那里一部分队伍到这里来。”[8] 韦奇伍德所遇到的只是闹事者的前锋。“同一天的下午，一个坐落在乔利附近的、按照阿克赖特方式组织起来的大工厂（阿克赖特是该工厂的所有者之一）遭到他们的攻击。厂房的位置只容许他们从一条狭路进来；多亏这样的位置，该厂厂长才能通过几个邻居的帮助，打退攻势，暂时救下了工厂。进攻者中有两个当场被打死，一个溺死了，好几个受了伤。这群人没有火器而且也没有预料到这

样一种猛烈的遭遇。他们恼火了，发誓要报仇。因此，他们把星期日的一整天和星期一的上半天用来搜集枪械和子弹……。那时，布利奇沃特公爵的矿工们，还有其他工人，都同他们结合起来，有人对我们说他们的数目达到八千人之多。这八千人擂着鼓，举着旗帜向他们星期六曾被打退的那个工厂开去。他们在那里碰到理查德·克莱顿爵士率领一批由五十个残废军人所组成的警卫队。一小撮人在这几千狂人面前好干什么呢？在暴徒彻底破坏一个价值一万镑以上的工厂设备时，他们——残废军人们——不得不撤退了，不得不充当观众的角色[9]。星期一的那一天就是这样过去了。星期二早晨，在离开博尔顿前不久，我们听到他们的鼓声是在离此两英里左右的地方。他们公开的意图是，夺取博尔顿城市，以后再夺取曼彻斯特和斯托克波特，并从那里开向克罗姆福德，不仅要在这些地方而且要在全英格兰打坏机器。”[10]阿克赖特在克罗姆福德已经做了防御准备。[11]同样的骚动在好几处同时发生；罗伯特·皮尔在阿尔萨姆开设的印花织品厂遭到了猛攻，机器被打碎并被扔到河里。[12]

镇压是迅速而有力的：从利物浦派来的队伍毫无困难地驱散了闹事者。有几个被捉住、解到该郡大陪审团去审理、被判处绞刑。[13]但大多数人均免于任何惩罚。舆论对于他们虽然不能说是同情，但也是宽大的。中产阶级或者由于思想守旧，或者由于害怕工资降低而要以救贫税的相应增加来弥补，[14]所以对于机器几乎和工人阶级表示同样的敌视。在梅洛尔村里，当牧师在讲道台上影射到新近的动乱并因感化其教区居民而谴责动乱的时候，有位老自耕农起来向这位倒霉的布道者说道：“先生，您最好专心于您的经文讲说而不要迷失在这些世俗事务之中。”[15]另一方面，该郡保安审判官在普雷斯顿举行季度会议时，通过一项与民众偏见显然相反的决议："机器的发明是国家的幸福。在一个郡里消灭机器仅仅是使机器转移到另一个郡里去。如在大不列颠全境内颁布一项反对机器的一般禁令，那就只会有利于加速它在外国被人采用，而大大损害英国的工业。”[16]

事实上，1779 年的骚乱之后，跟着发生了一些企图通过合法方法来获得禁止纺纱机的活动。以前是有过先例的。1552 年有一项法律禁止使用 gig mill（刺果起绒），[17] 1623 年有一道国王谕示禁止采用造针的机器。[18]这些措施虽然符合旧工业立法的专断精神，但其目的，与其说是保护劳工，倒不如说是保证产品的优良品质，因为传统制造方法上的任何改变都被认为会使产品质量受到危害。纺纱工人在 1780 年向下议院提出的请愿书中援用过这种陈旧的论据。[19]但它并未产生大的效果。他们的有关失业和工资降低的诉愿是较为正当的。[20]但这种诉愿可以从商业因美洲战争所造成的一般萧条方面得到解释。[21]负责审查这项请愿的委员会把它批驳了，其所依据的理由，与兰开夏长官们的理由相同。[22]

同时，在曼彻斯特出版了一本由这些长官之一，多尔宁·拉姆斯博瑟姆所写的小册子，他用“贫民之友”的名义署名。[23]他试图向工人们解说他们遭受危机痛苦的真实性质。他向他们指出这种危机基本上是暂时的。“工业上因机器所造成的任何进步，对于某些人起初都有一些令人不快的后果……。大约十年前，在多轴纺纱机出现时，老年人、儿童、所有不易学会操纵新设备的人们，在一段时间内都感到痛苦。”印刷机的发明，其最初的结果难道不是破坏抄写者的职业吗?“我们新近看到的这种动乱,这种叛乱性的骚动意味着什么呢?这些向议会请求取消机器或者请求对机器课税的请愿又意味着什么呢?这无疑是请人把我们的手砍掉,把我们的咽喉割断。”[24]

棉纺工业的迅速发展及其人员的相应增加,大大促进了这种新思想的传播。这项工业的工人中对机器的敌视,不久就让位给完全相反的感情。[25]这种敌视在毛纺工业中保持较久,因为毛纺工业的改变较不容易。类似兰开夏所发生的那种暴行,在西区和西南区也发生过不止一次。1796年,约克郡中某些纱厂里不得不驻上军队;1802年,起毛机的使用,在威尔特郡和萨默塞特郡中引起了严重的动乱。[26]这些骚动之后总是跟着残酷的报复,但在同拿破仑作战的危急年头中,尤其是在宣布大陆封锁之后,常常又发生这种骚动。《射利》(*Shirley*)的著名记录中有攻打一个纱厂的叙述并记有对于这些动荡年头的回忆。[27]但是,在这有许多错综复杂力量相互作用的时期中,事实就随着变得非常错杂,以致一项专门而深入的研究就成为正确解释这些事实所必需的。在1811年和1812年中,拉德党的骚动使中部工业区陷入恐怖状态并使利物浦勋爵政府感到重大的不安。拉德党的骚动是一种与反对机械化的叛乱完全不同的东西。同时,英格兰北部的剪羊毛工人常常破坏机器,因为他们指责机器使他们的工资降低了。英格兰中部地区的织袜工人[28]捣碎织机,是仅仅使用惯常的对抗工厂主的斗争方法。[29]这两种工人主要都是由于下述事情而受到损害的:因对法国战争的延长而造成的非常情况,因1810年起大陆封锁严格执行而使英国贸易的自由扩张受到阻碍,以及因粮食供应困难和食品价格不断上涨所造成的饥馑。这些地方性的暴动，虽然几乎汇合起来发展成为一种工人起义，但并不专门属于大工业的历史。[30]

在反对机器的骚乱又开始时，人们却看到向议会请愿的手段又被人采用了，虽然棉纺工业工人已经认识到请愿没有用处。1794年，梳羊毛工人们提出了反对使用卡特赖特梳毛机的请愿书。他们的请愿书提出很巧妙，起初得到相当顺利的受理；但老板们马上便提出工业最高利益与国家利益本身是同一的不可反驳的理由。当然，老板们又一次地获得了胜利。[31]几个月以后，亦即在威尔特郡的骚动时，议会收到许多反对使用剪毛机，尤其是反对使用 gig mill(见第 330 页)的诉愿。这种机器与 1552 年法律所禁止的机器是否是同一个东西呢？它们之间大概只是名字相同而已。[32]这并未阻止工人们坚持请求执行这项已不适用的法律。[33]虽然第一次被驳回了，但当议会对毛纺工业进行大调查时，他们又再来请求。调查记录是和1806 年的宝贵报告书一道公布的。但是，委员会的结论是和他们的请求相反的。“正式的证据证明，并且有几个请愿人自己也承认：过去有过一些恐惧，与今天使用起毛机所形成的恐惧相似，它出现在人们第一次使用一些机器的时候，这些机器今天被人公认为在纺织工业中是很有利的，它们所做的各种工序以前是用手完成的。这些恐惧在不久之后就消失了，使用机器也逐渐固定下来了，似乎并没有改变工人们的状况，也没有减少他们的人数。”[34]

这种乐观主义是否充分地考虑到那些被机器剥夺了位置的工人们的痛苦呢？这种痛苦虽然是暂时的，但仍然是残酷的。然而，他们试图对机械化的发展进行反对并不是补救的办法。这种反对无论是基于直觉的抑或经过思考的，或者是和平的抑或是强暴的，显然没有任何成功的机会，因为它违反事物的必然性。它有时能够产生唯一的结果就是迫使工厂主们关心那些被失业所激怒的工人，并致力于为他们寻找工作，以防再发生那些会威胁自己的生命财产的骚乱。[35]

（二）

工厂的人员。工人憎恶工厂劳动。雇用妇女和儿童。大工业以前的儿童劳动。纱厂中的教区学徒；学徒的痛苦：罗伯特·布林科的例子。车间的不卫生；工厂的热病。工厂主的无限制的权力。

对机器的不满也混杂着对工厂的怨恨。怨恨所引起的憎恶是易于理解的。对习惯于家庭劳动的或者习惯于小作坊工作的工人来说，工厂的纪律是不能忍受的。在自己家里工作，虽然工资微薄使他不得不付出整天长时间的劳动，但他可以随意地开始工作或停止工作，[36]没有一定的时间限制，他可以任意地安排工作，来来去去，停下来休息一会儿，甚至在他喜欢时可以好几天不工作。[37]在作坊老板家里工作，他的自由虽然较小，但还是大的。[38]他不觉得他同老板的关系被一道深渊隔开，所以这种关系保有着人与人间私人关系的性质。他并不受一种严格不变的规则的束缚，也不像一个机轮那样被卷入无灵魂的机械装置的不停运转之中。参加工厂工作，那就正如进入兵营或监狱一样。因此，第一代工厂主常常感到很难招雇到人员。[39]如果他们没有这种被大地主的侵占而从农业赶到工业、从乡村赶到城市的移动人口，那么，他们就会感到困难更大。还有一些工人被高额工资所吸引，也从王国的最穷地方，从爱尔兰的沼泽地区和从苏格兰或威尔斯的山区里出来了。[40]所以，起初工业劳动力是从那些被残酷剥夺了生计的人口中，或者是从那些因工业对其提供优于其原有地位的人中招雇得来的。

在纺织工业中，工厂主对于这种令其为难的问题找到了另一个解决办法。这个办法就是大批雇用妇女，尤其是儿童。[41]纱厂工作容易学会，而且只需要很少的体力。对于某些工序来说，儿童的矮小身材及其手指的纤细却成为机器的最好助手。[42]人们喜欢儿童还有其他的理由，更有决定性的理由。儿童的软弱是温顺的保证。人们可以毫无困难地使他们处在一种为成年人所不愿轻易屈从的，即被动服从的状态。他们的工钱非常低，有时给他们极少的工资，这种工资是成年工人所赚工资的三分之一至六分之一不等；[43]有时，仅仅给他们食宿就算是唯一的报酬。最后，他们还受到学徒合同的约束，合同使他们要留在工厂里至少七年，通常是到他们成年时为止。尽可能地雇用儿童和相应地减少工人人数就是纱厂主的明显的利益。兰开夏的最初一批工厂满是儿童。罗伯特·皮尔爵士的工厂里同时有一千以上的儿童。[44]

这些可怜儿童中的大多数是孤儿院的贫穷儿童，是那些负责养育他们的教区所供给的，可以说是出卖的。特别是在机械化的最初时期，当时工厂还建在城市之外，往往离城很远的地方，工厂主们在其邻近地方很难找到其所需要的劳动力。在教区方面，它们只希望摆脱其孤儿院的贫穷儿童。[45]真正的买卖合同就在纱厂主和救贫税管理人之间签订了，这种合同对双方当事人都是有利的，但不对儿童有利，儿童被当作商品[46]处理的。[47]五十、八十或一百儿童整批地被出让了，并像牲畜一样被装运到工厂去，在那里，他们要被关上好多年。这样的教区为了把交易做得更好，就规定买主必须按二十分之一的比例接受白痴儿童。[48]这些“教区学徒”起初是工厂中使用的唯一儿童。工人们不愿意把自己儿童送到工厂去，是很有理由的。[49]不幸得很，他们的抵抗无法持久，被饥寒所驱，只好顺从那使他们起初很害怕的做法了。

我们必须简要追述这种可恶行为方面的唯一值得为之开脱的情节，就是对儿童的强制劳动并不是一件新的罪恶。在家庭作坊里，对儿童进行剥削不啻是件十分自然的事。在伯明翰铁器商家里，学徒从七岁起就开始；[50]在北部和西南部的织工家里，儿童在五岁甚至在四岁时就从事劳动，如果人们认为他们能够用心和顺从的话。[51]那时人们对于这种事情不但不表示气愤，反而认为那是值得赞美的。亚兰汤推荐设立一些像他在德国所看到的那种工业学校，在这种学校里，有二百个小女孩子在一个女教师的严格控制之下不停地纺绩，她们必须保持绝对的沉默，而且，如果纺得不很好或不很快，还要受到鞭打。他补充说道：“在那个国家里，凡有最多孩子的人就是生活得最好的人，可是在这儿，孩子越多就愈穷；那里，孩子使父亲发财，这儿，孩子则使父亲陷入乞丐状态。”[52]笛福在访问哈利法克斯时，因看到四岁儿童像大人一样地谋生而感到惊叹。[53]威廉·皮特关于儿童劳动的言论，虽被米舍勒用其惯常洋溢的感情和语言当作犯罪来谴责，完全是公认见解上的一种通俗说法。[54]

是不是可以说在旧工业中，儿童总是固有意义上的学徒呢？换句话说，他是在学手艺而不是像在工厂里那样做苦工呢？但是，

真正的学徒身份只在儿童达到享受这种身份的年龄时才能开始。在好几年里，“学徒”在工人旁边只起着无报酬的或者报酬很少的助手作用。是不是可以说，他是在对他身体发育不太不利的条件下生活着的呢？但是，我们必须想想家庭作坊在卫生方面的情形。是不是可以说，学徒受到仁慈的对待，而没有做超过力量的工作呢？但是，父母自己在需要的刺激下，有时也显得极端的苛求，即使没有显出最苛刻的老板的样子。[55]

即使带有一些保留条件，也必须承认最初的那些纱厂中“教区学徒”们的命运是特别悲惨的。他们在老板（老板把他们关在与任何可以感到他们痛苦的见证人隔得很远的孤立的厂房里）的任意摆布之下忍受着无情的奴役。他们的工作日，除去完全耗尽他们的力量以外，是没有别的限制的：工作日持续到十四、十六乃至十八小时之多，[56]而且，工头的工资是随着各个车间里所做出的活计来升降的，[57]所以工头不允许他们缓慢一点时间。大多数工厂给与四十分钟来吃主餐或仅有的一餐，其中约有二十分钟是被用来擦机器的。[58]为了不使机器的运转停顿下来，工作往往夜以继日地、毫不间断地连续下去。在这种情况下，他们就被组成一些轮班小组：“床铺从未冷过。”[59]事故极其寻常，特别是在接近过长工作日的终了时，这时，儿童由于疲劳而半睡了，但还未离开工作，于是手指轧断了，四肢被齿轮碾碎了，事故层出不穷。

纪律很残酷，如果可以把发挥无名的粗野办法以及随意加在无防卫的人身上的残酷行为称为纪律的话。一个名叫罗伯特·布林科的工厂学徒，关于他所受的痛苦有一个著名叙述，这个叙述令人不寒而栗。[60]他是在1799年同一群约有八十个男女儿童一道被送往诺丁汉附近洛达姆这个地方的，那里的人们只愿意使用鞭子。真是，从早到晚，不但为了纠正学徒们的极其轻微的错误，而且还为了刺激他们劳动、为了使他们在疲劳过度时保持醒觉，都用鞭子。[61]在利顿工厂里，事情却是另一种样子：一个名叫埃利斯·尼达姆的老板，用拳头、脚踢、马鞭来打儿童；他的恶行之一在于用指甲掐他们的耳朵，掐得相当厉害，以致把耳朵掐穿了。[62]工头们更坏。他们中有一个名叫罗伯特·伍德沃德的，发明一些巧妙的折磨办法。他想出，把布林科的两只手腕吊在一个动作着的机器上，机器的来回摆动使他不得不把腿弯下去；使他在冬天几乎光着身子劳动并且肩上背着很重的负担；锉去他的牙齿。这个可怜的孩子挨了那么多的打，他的头上尽是创伤。为了医治他，人们就先用一个沥青帽子把他的头发粘下来。[63]如果那些因这种残酷行为而受害的人企图逃跑，人们就把他们脚上钉上脚镣。好多人想自杀。一个少女乘监视松懈时跑去投水，因而获得了自由，老板把她辞退了，“因为害怕这种事例会传染开来”。[64]

毫无疑问，并不是所有的工厂都是这样的情况，但是，这样情况并不像想象的恐怖的情形一样少，[65]而且在十分严格的监督制度尚未设立时，这种情况常常发生。[66]即使没有恶劣的待遇，但劳动过度、睡眠缺乏，以及强加在发育期中儿童身上的那种工作，就足以损害他们的健康并使他们的身体变形。再加上食品坏而不足，黑面包、燕麦粥以及变味的猪油。[67]在利顿密尔，学徒们常常为了同工厂院子里所养的肥猪争抢猪槽内的食物而进行搏斗。[68]工厂一般是不卫生的，工厂的建筑师对于卫生和对于美观同样是不关心的。天花板很低，以期尽可能地少占空间，窗户狭小并且几乎经常关闭着。[69]在纱厂里，那些细碎的飞花像云彩似地飘荡着并钻到肺里去，久而久之就造成最严重的病害。[70]在纺麻厂里，人们使用湿纺法，那里，水汽渗透了空气并浸湿了衣服。[71]拥挤在不流通的、夜间被烛烟污染的空气里，往往发生一种类似斑疹伤寒的传染性的热病。这种“工厂的热病”的最初病例是1784年在曼彻斯特近郊被人发现的。[72]它在很短时间内就在大多数工业中心流行起来并造成许多死亡。最后，车间和寝室的混杂，引起了道德腐败的危险发展，尤其是在童年时期，[73]而且不幸的是，一些老板和工头的不端品行助长了道德败坏，他们往往乘机去肆意满足其卑鄙的本能上的欲望。[74]通过这种腐败和痛苦、野蛮和卑鄙的混合，工厂就把地狱的全景摆在清教徒式的良心面前了。[75]

在对这些可怕的学徒岁月的折磨进行反抗的人中，许多人保留着折磨的伤痕：脊柱歪斜了，四肢被佝偻病弄弯了或者被机器事故弄断了。“面孔灰白而虚肿，身材发育不充分，腹部膨胀”，[76]这些全是被称为传染病的受害人，他们以后的身体很容易遭到传染病的感染。他们的精神道德状况并不好，他们在离开工厂时是无知和腐败的。在悲惨的奴役期间，他们不仅没有受到任何种类的教育，而且，甚至于没有获得谋生所必需的职业知识，虽然学徒合同上有明文规定的条款。他们除去长年累月被束缚在机械上的这种工作以外，什么也不会。[77]因此，他们被断定始终仍是普通工人，像农奴固着在领地上那样固着在工厂里。

不应以纱厂中学徒的状况来判断大工业中全体工人的状况。然而，即使对成年人所加的压迫没有同样令人愤慨的残酷性质，但成年人也过着非常难受的生活。对于他们来说，劳动时间也太长，车间里人太多且又不卫生，也受暴虐的监督。老板的专断如不用暴力手段就往往使用欺诈手段。工人最常抱怨的弊病之一就是：为了延长工作日(工作日的每一分秒对于厂主来说都是每日赢利的一部分)，厂主就一点一滴地掠夺他们一部分的休息时间。在午饭时，工厂的时钟突然奇迹般地快起来，以致必须在规定时间真正到来之前五分钟或十分钟又开始劳动。[78]有时，办法比较简单和不虚伪：吃饭时间和下班时间由老板随意决定；而且不许工人携带钟表。[79]

这里，人们发现了那些归咎于机械化的祸害的真正原因，即资本家的无限制的绝对权力。这种权力是在大企业刚开始的时代被人承认和容许，并同赤裸裸的粗暴一道显露出来的。老板像在自己家里一样，想干什么就干什么，不允许辩解。他有酬付其工人工资的义务，这种工资一经给付，工人就再也没有什么可以要求了。简而言之，老板对自己权利和义务的见解就是这样。有人询问一个纱厂主是否为其害病的学徒进行治疗，他回答道："我们车间雇用孩子，是得到他的父母的同意的，我们答应对一定的工作支付一定的工资。如果这项工作没有完成，孩子就由其父母负担扶养。因此，学徒在害病时就没有享受救助的保证，难道不对吗？如果老板照料他，那就是老板的纯粹的恩惠。"其实，不依靠这种纯粹的恩惠，倒是聪明的。有人又问他，什么原因使他夜间停开机器，他说是为了让水蓄积在贮水池里，因为邻近的河里没有足够的水流。"假如河里有比较充足的水量，您会接着开夜工吗？——开，只要生意很赚钱。——如果不是没有水，也不是生意滞销，那就没有什么东西会阻止您日夜开工，是吗？——我知道并没有会被人用来阻止我这样做的法律。”[80]只要法律没有变更，这是无须回答的。

（三）

工人的生活状况：工人的收入。——统计资料的不充分及其解释上的困难：我们的结论只是近似值。1770年和1795年的工资：普遍的上升，农业工资和工业工资间的差距日益增大。工业的吸引作用。但这种上升因劳动力的过多而连续下降：织工的例子。妇女和儿童的低工资。

亚当·斯密的一个门人在1797年以下列的言辞阐明体力劳动者的地位：“只能提供自己的劳动，亦即非物质的财产来换得土地的实在而可见的产物的人，只能通过每日的努力来供给自己每日需要的人，是被自然断定要几乎完全处在其雇主的自由支配之下的。”[81]在产业革命开始以前，情形也是如此。我们已经看到西南部的织工们、伦敦的裁缝们、诺丁汉的织袜工人们不得不听任那些把家庭劳动分配给他们的制造商们的任意摆布。同样地，农村短工的命运则是掌握在农场主和地主的手中，农工同时以依靠每日工资为生的工人资格又以基于宽容而住在他人土地上的雇农资格从属于他们。工人和资本家的对立（我们不能过于强调这一点）的存在比产业革命早了好几百年。但是这种对立还未显得那么清楚。一方面，工厂主亦即工厂和机器的所有人拥有的势力比其一切前辈所拥有的势力更可怕：他有资本，而且通过人类劳动的积累又迅速增加起来；他的机械设备好像一大群奴隶为他效劳，而且任何反对机械设备的斗争都是悲惨而无益的。另一方面，工人在这

种不可抵抗的势力面前觉得自己比历来更加软弱。他通常不能争论人们所出的工资多少，他和老板之间至少有一种单个地、不是自由磋商合同的外貌。在大工业制度下，个体劳动合同只是达到奴役个人的手段，因为他成为消失在人群中的一员，或者如人们喜欢说的成为参加军队的一个士兵，他必须服从共同的条件，不管他是否愿意。

这些条件是怎样呢？这些条件和那些加在大工业以前的或工厂以外的工人身上的条件是否有所不同？这些条件怎样影响着那还雇用好多工人的小工业的工资呢？这些都是最重要的问题，人们希望能对这些问题提供确切而圆满的解答。不幸得很，不仅我们从事研究的这个时期的统计资料，就连所有先于十九世纪大调查和定期普查之前的时期的统计资料，也都极不充分，因而使用是有困难的也是靠不住的。索罗尔德·罗杰斯的《物价史》的最后一卷[82]没有任何有关工业工资的情报，[83]对于这一著作，人们可以提出不止一个批评。[84]一些值得信赖的观察家如阿瑟·扬和农业部的通信员的现场记载的数字，伊登为其《贫民状况》这一不朽著作而从 1790 至 1797 年所搜集的数字，[85]那些很大部分分散在议会公文中的数字，最后，我们直接在那些奇迹般地逃脱废纸命运的、现今供历史学家系统研究的[86]几个古厂家的账簿里所发现的数字，这些却提供着显然准确的保证。不过，那是不够的，因为一当人们将其分门别类时，很大的缺陷就出现了：有些整个地区和整个时期仍不清楚。基于这些不完全的材料所得出的结论必然会引起我们的怀疑，特别是因为我们知道工资和价格在地区与地区间有那样的悬殊，[87]一当人们想从这些最可靠的数字得出平均数和一

般统计资料时，这些数字就变成近似的数字了。然而，我们只好满足于这种粗糙的近似值，但不误解它的价值，也不忘记这种真实性只是部分的和局部的。

资料的不充分增加了解释资料的困难，即使资料比较丰富和可靠，这种困难仍然是很大的。如果我们想要知道的，不是名义工资，亦即不是对于某一期间或某一工作所付给的钱数，而是带有代表购买力的实际工资，我们就会碰到一个困难而复杂的问题。问题的解决只有通过许多材料的比较才能得到。首先必须知道一个月的、一个季度的、一整年的工资总数是多少，以及工资因自愿不工作或被迫失业而减少到怎样程度。一个工人的报酬可能是很好的，但如果他不每天工作，就会赚得很少。必须知道他的职业以外是否有些资财，这是乡村工人的情形。或者，他比较宽裕，耕种一块土地或在公有土地上放牧一头乳牛；或者，他很穷而得到教区的救济。必须知道丈夫、妻子和子女对于家庭年度预算各自提供的份额。假定问题的这一部分解决了，可是另一部分仍然同样困难的。必须针对工人家庭的收入表作出种种支出的项目表。要做到这一点，仅仅只知道食品和住房的价格就够了吗？如果我们不知道什么是消费者在习惯上和需要上实际消费的食品及其有关情况，[88]那么，这个价格表就会使我们了解不到多少东西。总而言之，要能够得出结论，就必须拥有大量的调查材料，可是除去现代的以外，我们几乎总是缺乏材料。的确，我们只能了解现象间的粗糙的外部关系。例如，我们可以找出行业与行业之间名义工资的不同，及其在某一期间内的变化，以及这一或那一食品价格有无关联性的变化。有时碰到这些现象跟着一条相当明显表示出来的路

线前进，因此可以得出一个直接的结果，例如，在物价高涨而工资还未增加的时候，或者在情形相反的时候。但是通常，解释现象是困难的，而且，不管人们作了怎样努力来克服困难，还是有点武断的。若不借助于记事性的文件，解释就不可能了，这种文件也许不大精确，但比起不完全的统计资料往往较为准确。

现在让我们来努力陈述一下那些主要事实吧。在大工业出现以前和以后，最明显的事实之一就是工业工资比较农业工资优越。[89]1770年，一个农工在冬天每星期赚得五至六先令，在夏天每星期七至九先令，在收获时期可以赚到十二先令，[90]但是在必然有限的时期之内和几个地区之中。在这同一时期，一个曼彻斯特的棉布织工每星期赚得七至十先令，[91]一个利兹的呢绒织工每星期赚得八先令左右，[92]一个埃塞克斯郡里布伦特里的粗毛呢织工每星期赚得九先令，[93]一个威特尼的毛毯织工或者一个威尔顿的地毯工人每星期赚得十一先令或者更多一些。[94]梳羊毛工人由于人数少，有专门技能，无疑地也由于早有组织，所以在纺织工业的工人中享有得天独厚的地位，每星期很容易赚得十三先令。这种工资在全英国几乎是一样的，因为梳羊毛工人有流浪的习惯，到一个个城市去找活计做，并且他们之间到处互相支援。[95]霍尔斯黑的高炉的司炉每星期约赚十二先令，罗瑟勒姆的铁匠每星期赚十三先令，谢菲尔德的刀匠每星期赚十三先令半，[96]纽卡斯尔的矿工每星期赚十五先令，[97]斯塔福德郡的陶器工人根据各人的专长每星期赚得八至十二先令。[98]在工资最少的工人中，应当提到那些被制造商残酷剥削的机器编织工人。莱斯特郡的机器编织工人在1778年每日劳动十五小时每星期只能赚五先令六便士；诺丁汉的机器

编织工人们诉苦说，他们从计件工资中扣除了一切归由他们自己负担的车间费用之后，勉强剩下四先令半作为一整个星期的劳动报酬。[99]但是，即使在这种被暂时危机所加重的极端情况之下，[100]这种名义工资也几乎未降到大多数农业工人在一年的三分之二时间内正常赚得的工资之下。

在十八世纪末，这种悬殊不但被保持着，而且还显著地增加了。在社会经济方面发生了那么大的变化的这二十五年或三十年之内，农工的工资增加了很多：冬天每星期七至八先令、夏天八至十先令，这已成为通常的价格了。[101]但是，工业工资增加得更快。1795年，曼彻斯特、博尔顿、伯里和卡莱尔等地纱厂中所用的工人，虽然常常整天失业，还平均赚得十六先令一星期。[102]那些技术工人如花布印染工人每星期赚得二十五先令。[103]伯明翰、沃尔弗汉普顿和谢菲尔德的冶金工人每星期赚得十五至二十先令。这就是博尔顿和瓦特付给他们工人的工资。[104]这些高工资可以通过纺织工业和冶金工业的繁荣状况以及这些工业设备和方法等改变后的迅速发展来获得解释。人们不难了解这种工资对农村人口所起的吸引作用，同时，许多其他原因已在促进农村人口脱离土地了。

不应当从我们刚才所提到的数字中急于得出结论说，大工业降临的结果就是工资的普遍上升。这种上升像我们不久就要看到的那样，不是实际的而是表面的，而且，在大多数工业中，上升之后跟着就是悲惨的下降，特别是因为一些好年头劳动力的流入量比较大。英国织工们的悲惨的苦难就是这样开始的。在纺纱机刚一发明之后，全英国还没有足够的织梭来把多轴纺纱机和水力纺纱机所纺出的纱变成布，[105]那时，他们处在有利的地位，可是这种有利地位为时并不久。1792 年这一年对于织布工人来说，标志着这一暂时繁荣的最高峰。织粗棉布和斜纹布的工人每星期赚得十五至二十先令，织天鹅绒和细棉布的工人每星期赚得二十五至三十先令。[106]但是下一年，棉纺工业的危机对于他们的工资起了直接的影响。在博尔顿，制造商们为了限制可怕的失业扩大，就对在家劳动的工人一致规定一个最大的工作量，即相当于每星期十先令的工资。[107]从那时起，下降便继续下去。1792 年，一个工人织一匹天鹅绒得到四镑的报酬，至 1794 年只得到两镑十五先令，1796 年只得到两镑，1800 年是一镑十六先令。同时，布匹的长度却增加了，不是织四十码而要织五十码。一个熟练工人每天劳动十四小时，一个星期好容易才能赚得五六个先令。[108]

怎样说明这种下降呢？1793 年的危机，显然只是偶然的原因。在这个时期，工业的这一部门不会有机器同手工劳动竞争的问题。机械织机的使用还未普及，所以工人在向议会提出诉愿时一点也没提到这种事情。造成劳动力价格下降的东西，仅仅是劳动力的过多。织工人数起初是不够的，但后来增加过分了，而且那些新来的人中有很多是农民，这些人惯于满足低工资并且准备毫无怨言地听从制造商的苛求。[109]他们被前一时期的高工资吸引到工业中来，工资下降就加速了，这是竞争决定的，不久又被机械化加重了。

在各方面都比棉纺工业落后的毛纺工业中，同样的原因也产生了同样的结果，但较为缓慢。除去几个得天独厚的地区中以及一些完全出于地方性的原因之外，从不曾有过能够比得上棉纺工业的发达所带来的那种工资的上升。1796 年，利兹织工每星期的工资升到十八先令，[110]威尔特郡的某些地方的工资达到二十一先令，[111]但其他各处几乎都没有超过十一或十二先令。[112]下降也较不显著，即使在法国大革命战争和拿破仑战争时期也是一样。但统计所未提到的事情，就是在工业已经停止发展而活力似乎正在慢慢减退着的若干工业中心中，例如诺里奇，长期地方性的失业已经成为一般的祸害了。最熟练的工人得到计件工资制度的赞助，还能够谋生，但却损害了大多数的平庸工人，后者再也找不到工作了。制造商们从中得到好处。有一个证人在1806年的特别委员会上陈述："在约克郡中，制造商们保持着多于其能雇用的工人人数的三分之一，他们把这一点作为规章制度，因此，我们不得不在一年之中有些时期没有工做。"[113]这样，从十九世纪的最初年代起，人们就听到织工们的悲惨的怨声。他们的不满已经通过暗中鼓动和经常向当局呼吁表示出来了。[114]然而，他们还远未达到可怕的贫困状态，这种状态在三十年后才使他们成为身受产业革命之害的工匠的典型事例。

机械化对织工的影响仅仅是间接的，但对其他工人的影响却是直接的。这些工人中有梳羊毛工人，虽然梳羊毛工人在纺织工业工人中老早就形成为一种高傲的得天独厚者。[115]卡特赖特的发明物降低了他们职业技能上的公认价值，同时也结束了他们的自命不凡。他们的工资不久以前还高出于织工工资百分之五十至六十，现在差不多降到相同的水平。[116]梳毛机的使用只在很久以后才普及。[117]仅仅威吓要使用这种机器，就成为老板手中的一种阻止要求和粉碎反抗的武器。剪毛机的发明，对于另一类技术工人，即剪呢绒上长毛的工人，产生同样的结果。他们在有落到普通工人——机器的奴隶和助手——的等级的危险时，参加了 1811 至 1812 年的流血暴动，这就表明他们的焦虑和愤怒。

最低的工资照例总是妇女和儿童的工资。所以工厂中使用女工和童工总是优先于男工。通常，教区儿童是得不到现金工资的。只要给他们吃住就行了。其原因，我们是知道的。至于那些不住在工厂里的学徒，当然要给他们工资。在纱厂里，他们担当落纱工和接线工[118]的任务，按照年龄每星期得到一至四先令。[119]用多轴纺纱机或走锭精纺机纺纱的女工所赚的工资并不很多：每星期五先令似乎已经是最高额了。[120]不管我们觉得这些工资怎样微薄，但可以肯定这样工资至少是和前一时期的工资相等的。[121]妇女和儿童的劳动以前从未成为那样需求的对象。但是，这种廉价的劣等劳动力的逐渐普遍使用构成了成年男工的真正危险。这种危险是机械化的发达所引起的，以后，机械化又把这种危险排除了。随着机械设备的发展，设备的使用也逐渐变得更加不易。不久之后就得废弃车间里满是学徒的制度。这里和一切大变革中的情形一样，尤其是过渡时期对于个人来说，满是困难和痛苦的。然而，过渡时期延续了好几年，这个时期是痛苦的同样也是富有生产力的，虽然它有其可靠的好处，但也应该受到群众的本能上的诅咒。

(四)

工人的生活状况：工人的支出。战争所引起的物价高涨：1795 至 1802 年的饥馑。工人和农民的食物。住房：工业城市的贫民区。工人收支表上的长期赤字。

特别加重祸害的东西，就是1793至1815年英国所经历的危急时机。我们看到大多数工业中的名义工资的增加，仍然与战争所引起的物价高涨不相称。英国诸岛已从国外输入一部分为其居民所消费的食品，特别是粮食。食物的输入从1770年以来就大大地增加了。[122]从此以后，海商正常行程上的些微阻碍就足使英国人民处在饥馑的威胁之下。十八世纪头两个三分之一的时期，是一个粮食比较丰富和生活低廉的时期。[123]正是这个时期，“舒适”这一新词汇、新事物，同皮鞋和白面包一道，不仅出现于中层社会而且也出现于下层社会。1765至1775年这几年，在普遍幸福的进展上标志着一个停顿时期。国家遭到连年歉收，遍地响起了对食物腾贵的怨言：[124]小麦价格，自1710年以来很少超过四十五先令一夸脱，并且好几次降到二十五先令以下，可是，到1773年夏天，在伦敦市场上竟涨到六十六先令。[125]好多地方发生了骚动，磨坊、店铺、市场遭到群众的侵占和抢劫。[126]不久之后，物价虽然下跌，但从未回复到前一时期的水平。中等收成往往足以造成局部性的饥馑。1783年人们看到一个事例：斯塔福德郡中爆发了骚乱，[127]韦奇伍德的《对陶器出产地年轻居民的演说词》正是在这骚乱的时候写的。当1793年英法大战开始时，工人阶级的状况已因这种情况而相当不稳定了。

在这次战争的头两年中，外部事件对于食品的行市并无很重要的影响。1792年，小麦每夸脱价值四十七先令，1793年只涨到五十先令，1794年到五十四先令。但在1795年和1796年中，年成不好造成了空前的高涨。平均价格超过了八十先令。在1795年8月，达到一百零八先令。[128]在这个可怕的危机之后，跟着就是一个暂时平静的时期：特别好的收成比对鼓励谷物进口所采取的措施[129]更能恢复富饶。1797年，一夸脱小麦值六十二先令，1798年是五十四先令；有一时候，行市甚至降到五十先令以下。可是在1798—1799年严冬时期，价格又高起来了，比以往更加厉害：1799年涨到七十五先令八便士，1800年到一百二十七先令，1801年到一百二十八先令半。[130]这简直是饥荒价格：四磅面包卖到一先令十便士，亦即五便士半一磅。议会受到无数请愿者的质问，它进行了一次又一次的调查，[131]并设法谋求纠正祸害的办法。为了食用而把全部可以动用的谷物储备起来，人们关闭了酒坊和淀粉厂；[132]恳求个人将面包消费量缩减到最必要的程度；建议用奖金来鼓励马铃薯的种植。[133]那使圈地的必要手续更加简便和花费更少的1801年法令也是基于同一的意图通过的。人们希望通过农业的发达来避免饥馑的再发生。唯一可以结束这种情况的办法就是大多数英国人民所极力要求的缔结和约。伦敦的初步谈判的第二天（谈判的消息受到狂喜的欢迎），小麦价格跌到七十二先令，以后跌到六十六先令。[134]但是，和平带来的好转，正如和平本身一样，也是暂时性的。而且，这种好转也是完全相对的：1802年的价格似乎是公道的，这种价格的再度出现被视为是一种恩泽，可是，它正是三十年前引起骚乱的价格。

不仅谷物价格，而且一切必不可少的食品价格都涨到穷人不能负担的程度。在1770至1775年这几年中，肉类每磅价格是三至四便士，干酪每磅是三便士半，啤酒每加仑是八便士，马铃薯每蒲式耳是一先令至一先令四便士；[135]在1795至1800年这几年中，肉类每磅价格按照各地区是五便士、六便士和八便士；干酪每

磅是七至八便士；啤酒每加仑是十至十二便士；马铃薯每蒲式耳是二至三先令，而且，这是坏年头开始时的价格，那时小麦还只八十先令一夸脱。[136]但是，按照我们的意见，想要借助于这些近似的数据来作成一个物价的曲线总图表，那会是一种鲁莽的企图，只有损害科学的诚实性才能实现这种企图；况且，在物价的变动和工资的变动之间作出数学上的比较，很可能有仅仅成为一种骗局的危险。我们必须求助于直接的证据、具体的记述，这才能使我们了解英国工人在十八世纪末的生活状况。

阿瑟·扬在法国大革命前夕访问法国时能够画出一幅完全有利于他的国家的人民的贫困和痛苦的图画：他的著作的每一页上都显出英国那时高出于法国和大陆各国的这种值得羡慕的优越性的骄傲感情。差别肯定是大的，但不可把它夸大了。在英国农村中，农工们住的和穿的都比法国好，没饭吃的时候也比较少；但是他们的通常饭食绝不是美好的。在南部诸郡中，他们往往一年到头只吃面包和干酪。在北部，他们都吃一样浇上脱脂牛奶的大麦粥或燕麦粥。[137]马铃薯种植的推广，在英国虽比法国早得多，[138]但它在人民食用上所占的位置还是不定的，在这个地方很重要，可是在那个地方却几乎没有。[139]另一方面，我们惊奇地看到茶的消费量在十八世纪的增加，[140]这时，茶已成为一切感到啤酒太贵的人的惯常饮料。最穷的人宁喝不加糖的茶也不喝啤酒。但是，肉类仅在稀有的时候才出现在餐桌上。[141]汉普郡的长官们在1795年希望农业劳动者能够每星期至少吃三次肉，这是在表达一种距离实现似乎很远的愿望。[142]

城市工人们在这方面的享受比较好一点。对他们来说，肉类

已经不是奢侈的肴馔。[143]如果他们能够缩减啤酒和杜松子酒的消费，就一定可以更常常地买肉吃。但是，不应忘记酒精中毒（英国老早就受到酒精中毒的损害）既是贫困的结果又是贫困的原因。在稿荐酒店（straw-houses）里，几个便士就可以喝得烂醉，而且那里，店老板还对不能转回家去的顾客[144]免费供应一张新稿荐作卧榻，这种酒店的存在不能被视为工人阶级的一种幸福的征兆。在饥馑年头中，狂饮并未按照公共灾难的增加程度减少着，工人们继续喝着杜松子酒，可是他们家里只有面包和发霉的马铃薯来养活子女。[145]

产业革命并不是这些痛苦的原因，1800 年工业的英国比起 1789 年乡村的法国所感到的痛苦是较不残酷的。在使用机器导致缩减或不用劳动力的范围内，产业革命可能加重了痛苦。但是，它的影响比较直接和比较悲惨的地方却是有关住房的问题。工业中心的迅速增大，其直接结果就是人口过多及其引起的最坏的后果。1800 年以前，曼彻斯特已经有了一些带着狭窄、污秽小巷和破烂房屋的工人区，而且房间不够容纳那些挤在一堆的、虚弱而憔悴的人口。许多人住在不透空气、没有光线的地下室里。我们在 1793 年的一份医疗报告书里看到："在本城的某些地方，地下室非常潮湿，以致必须将其视为绝对不宜于居住的……。我看到不止一个工人家庭由于住在这些有水从墙上流出来的地下室里一个短时期就有人病死了……。贫苦人民对于窗户不足，特别感到痛苦。热病就是窗户不足的惯常结果，而且，我常常看到一些没有别的起因的肺痨病例。"那些为新来旅客宿夜的下等客店是同样有害健康的："这些店家所呈现的可怕景象是难以形容的：晚间从乡村来到的住客往往睡在一张前一住客留下的寄生虫会带来传染病的床上，或者睡在一张仅止几小时以前还躺着一个因热病致死的尸体的床上。”[146]博爱主义者和改革家在五十年后摆在吃惊的公众面前的那幅图画，比起这个情景更惨。[147]随着工业城市的增大，祸害愈加扩展，即使不是更加严重，但其性质和原因仍然是一样的。

不管住的和吃的怎样不好，英国工人还未达到按照物价上升的比例来缩减其支出的地步。最常见的是支出超过收入。在危机时期，一个稍微多点人口的工人家庭的收支表几乎经常有赤字。[148]为了弥补这种亏空，他们就不得不求助于赈济：因此，关于英国工人阶级生活状况的研究，若不谈到救贫院（workhouse）和恤贫法，那就不完全了。

（五）

公共救济。伊丽莎白时代的恤贫法，实施上时而放宽时而严格。十八世纪末博爱思想的影响。住所和强制居住法，这项法令所引起的流弊。这项法令的废除（1795 年）。现金救济：吉尔伯特法（1782 年）。基于公共灾难和害怕人民造反的理由而采取的特别措施：斯皮纳姆兰法（1795 年）。教区津贴保证最低限度的收入。这种制度造成工资的减少和贫困的加重。

恤贫法始于伊丽莎白时代，是英国立法上最独特[149]的项目之一。[150]它的最初目的同那些成为其继续和结果的措施的目的一样，似乎是制止讨饭和流浪，同样也是减轻贫困。它是基督教的仁爱感情的标记，同时又是强烈的社会成见的标记。施舍就是行善和赎罪的观念，它导致了不分青红皂白地广施救济，但它并不排斥对于接受施舍的人的怀疑和恐惧。因此，在实施这项法律方面就时而宽大时而严格。最常见的是严格占优势。其目的在于消灭危险的职业讨饭阶级，因为在十六世纪中叶，这个阶级已经发展到了可怕的程度。[151]强加在所有受救济的人（但因残废而成为绝对无能力的人不在其内）身上的劳动义务是由严厉的处罚所确保的：第一次犯懒惰罪就是鞭打或送入感化院；如果再犯，就是鞭打和烙火印。[152]后来，收容贫民的救贫院与其说像救济院，不如说像监狱。人们依靠它所引起的恐怖，使那些尚未降到最贫程度的人不敢接近。

把这种不人道的苛刻性赋予这种慈善机构的原因之一，就是它的组织上狭隘地方性。各个教区都想只救济本区的贫民而排斥那些新来的人，因为它把他们视为僭越的人。无疑地，有些教区力求损害其他比较富庶或较不吝啬的教区而摆脱自己身上的负担。[153]正是为了纠正这种流弊才在1662年颁布住所法。[154]凡变更居所的人都得依职权而被送回其法定住所所在地的教区。驱逐令是根据救贫税管理人的请求、由两个保安审判官宣布的。采取这种措施，并不因为被驱逐的人已经陷于赤贫状态而提出立即给予救助，并不因为他的来临成为迁住地的教区的负担，只要这种或然性被认为有可能时就够了。[155]

这项法令固然保护着教区的利益，可是，花了怎样的代价啊！整个工人阶级被剥夺了最基本的自由之一，迁徙自由。如果一个农工因为没有工作而想离开自己的村庄，那么，当他到了另一个地方时，他就有被当作“可能成为负担”[156]而遭受驱逐的危险。这样他的唯一谋生机会便被剥夺了，而且，人们为了担心要救济他而迫使他陷入无可挽救的赤贫状态。在这种状态下，公共救济或私人救济就成为他的唯一的解救办法。这项法令大概未必被实施，但常常受到应用，在某些情况下还被应用得非常残忍：“上星期天，我来到城里时，看到一个骇人听闻的事例：一个垂死的可怜人被人放在一个二轮车上把他运走，免得教区要负担埋葬他的大笔费用。另一个天天可以碰到的事例就是一个即将分娩的妇人的事例，人们冒着两条性命的危险去驱逐她，以免小孩生在教区境内。”[157]

含有这种愤怒抗议的演说是1773年的事。差不多与此同时，亚当·斯密猛烈地攻击一个被他认为是极端荒谬的制度。[158]可是，在人们决心改革这种制度之前，二十年已经过去了。要做到这一点，必须有产业革命的不可抵抗的推动力。劳动力的自由流通是大工业的根本的需要。大工业只有破除住所法，只有通过人口向城市移动才能得到发展。这种移动太普遍，太强大，以致不能用个人手段予以阻止。随着大工业的发展，大工业愈益不耐烦地感到那些障碍还在对抗它的进展。纯粹人道的理由所未能获得的东西，最终同那以放任主义为基础的功利理由相协调了。威廉·皮特在下议院里说道：“住所法阻碍了工人到他可以根据最有利的条件出卖其劳动力的市场上去，同时也阻碍了资本家雇用那能为他所投的资本带来最高报酬的能干人。”[159]1795年法令把地方当局预防性的驱逐权撤销了，只有没有生计的、确实成为公共救济养活的人，才应被送回他的原籍去；如他生病或患有残疾，他有延期的权利。[160]这样就结束了企业所受的束缚以及工人阶级所受的难忍

的压迫。从此以后,劳动力的流动就充分了,就人来说,比起资本和商品虽然不是呆滞的因素,但人也得受供求法则的支配。

与这一改革的同时还有另一项改革,后者的结果较不美好,虽然有好的意图指使它。这就是发给现金救济(补助金)用来弥补工资之不足。其实这个办法并不是新办法,可是,法令不但不鼓励它,反而老早就力图禁止它。1723 年,地方当局甚至受命建筑救贫院并且不准对不愿入院的贫民给予任何救济。[161]虽有这项法令,教区在某些情况下仍然继续发给院外救助。这样,教区就避免了全部担负那些虽然不是任何办法都没有的,但还不够生活下去的家庭。但是,这只是一种宽容而已,在许多人看来,这是一种流弊,是对懒惰和放荡的鼓励。[162]十八世纪后半期,对贫民的严酷放松了好多。这里,人们认出这种伟大感伤思潮的作用对于欧洲人的思想起了多么深远的影响。贫困不再被人认为仅是无远见和堕落的通常后果,而且,社会人士一想到那么多的不应该受的痛苦就感动起来了。[163]这种新思想在 1782 年法令即通称为"吉尔伯特法"里得到了表现。[164]这项法令在改善公共救济行政管理的同时,采用一些较不严格、更加宽仁的规定。它准许教区救济壮健的贫民而不强迫其进入救贫院,因为救贫院应该留给儿童、老人和残废人。救贫税管理人应为贫民在农场里找工作,如工资不够维生,就该从救贫税里提出补贴。[165]这样,国家似乎不仅承认了劳动权而且还承认了生存权。[166]

这些规定在全英国并不是同时发生效力的,因为吉尔伯特法承认地方选择权的原则,教区可以自由遵从这项法令,也可以坚持先前的法规。形势导致这已开始了的运动的完成。在十八世纪末，饥馑造成了可怕的贫困的再发作。要减轻祸害和危险，应该怎样办呢？这就是1795年5月摆在那些在斯皮纳姆兰村[167]佩利坎酒店里集会的伯克郡长官们面前的问题。食物涨价所引起的普遍穷困在英格兰的西南部已被毛纺工业的危机所加重了。这一危机虽被认为是暂时性的，但实际上已经显出无可挽救的衰落的开始，永远剥夺了乡村居民的惯常收入之一。骚乱已在市场上爆发了；人们到处抢劫货栈和商店。[168]为了研究情况和设法补救而召开的会议[169]同意"贫民阶级状况需要比其以前一般所得的救济还要更多的救济"。这些救济要成为公平的，就应当同食品价格一道变动。人们制作一个一览表，根据小麦价格的高低来估计生活所必需的最低限度的收入："当一加仑（重八磅十一盎司）用二等面粉做成的面包值一先令的时候，凡能劳动的贫民每星期应有三先令来供其自己的需要，不管他是以自己的劳动或其家属的劳动得来这笔钱，还是他从教区方面领到津贴。另外，为了养活妻子和家庭的成员，每人还应有一先令六便士。当一加仑面包值一先令六便士的时候，他自己每星期应有四先令，他的家属每人应有一先令十便士。以后就按此比例这样继续下去，但每当面包价格涨一便士时，对他自己就增加三便士，对他各个家庭成员就增加一便士。"[170]这就是被称为斯皮纳姆兰法的有名的决定。它事实上具有法律的效力，首先在其本郡，不久之后就推行到全王国。[171]

斯皮纳姆兰法在其建议人的思想上，只是一种应变的办法。这个办法很可能主要由于害怕人民造反而制定的，因为法国大革命的景况使得绅士阶级要加以考虑了。不管怎样，所定的原则却是非常大胆的。伯克郡的长官们宣布每人都有最低限度的生活资料的权利:如以自己的劳动只能赚得一部分生活资料,其余的应由社会付给他。[172]1782年法令中已经暗含有这一原则,这次被明白地表示出来了。它几乎马上就获得了法律上的认可,因为1723年法令被废除了,并且准许在一切教区内发给院外救助。[173]公共救济上的这项改革对于工人阶级的状况一定会起着最显著的,虽然不是最美好的影响。

这一改革的深得人心并没有什么可以令人惊奇的。英国那时所经历的危机可以说已把贫穷与赤贫的分界线磨灭掉了。穷困不仅在受到圈地法和乡村小工业衰败之害的农民中间是大的,而且在作坊的和工厂的工人中间也是大的。请求救济的数目很大。人们可以从救贫税的迅速增加上看出来。救贫税在1785年是二百万镑,到1801年增到四百万镑,1812年到六百五十万镑。[174]对于许多以前靠自己努力设法为生的家庭来说,教区的钱现已成为它们正常的而且必不可少的收入了。阿瑟·扬写道:"对于请求教区救济,从前在人民中间有着一种遏止不住的憎恶。人们看到有些人为养育大家庭而奋斗,从不请求救助,这种精神现已完全消失了……。"[175]这种表面上宽仁的政策,其首先的悲惨的结果就是,英国工人变成了乞丐,遭受了布施的堕落的影响:"这就是受救济者与教区之间的永续的斗争,一个力求领得最多、劳动最少,另一个则仅在保安法庭的判决强制支付的时候才决定付钱。从此产生的祸害是不可胜数的:一切劳动观念和节约观念都被从根底上切断了,在贫民知道,如果自己不能养活自己,教区就应该养活他;另一方面,无论他能怎样勤勉和节约,他也没有达到自立的最远大的希望。"[176]这样,给予贫困人的救济就变成了一种对懒惰的奖励和

对未来置之不顾。[177]毫无疑问，这种制度虽有基本的缺点，但是也许多亏它，才达到了追求的目的。对人民痛苦带来了立即的缓和就避开了对骚乱的恐惧。英国顺利地在相对安定的状态下渡过了拿破仑战争的危急年头。同时，在欧洲革命和战争中间继续开展着的那一伟大的经济运动，多亏新的恤贫法才把若干使其进展延迟的障碍搬开了。在某些地区中，教区发给救济金使得反机械化几乎完全消失了，因为救济金部分地补偿了工业前此所提供的家庭劳动的工资的损失，而且比工资又有不费任何努力的好处。人们看到乡下纺纱女人自己粉碎了自己的纺车。[178]

事实上，这种制度是靠损害其想要加以救济的人而发生作用的。有产阶级在抱怨救贫税的负担越来越重的时候，忘记了自己是在那里支付一种防止革命的保险费。工人阶级在满意于人们给它的那点微薄津贴的时候，并未觉察到这笔钱是从自己正当所得的总数中预先提取出来的。因为现金救济的不可避免的结果就是把工资保持在最低的比率上，甚至把它降到工资劳动者最基本的需要以下。[179]农场主或工厂主依靠教区来补足他们给予工人的那笔钱和工人用以维持生活的费用之间的差额。他们把可以很容易推到大多数纳税人身上的费用加在自己身上，原因何在呢？在受教区救济的人那方面也满意于低工资就业，这种廉价劳动力对没有津贴的劳动力进行着一种令人支持不住的竞争。[180]人们得出这样的似非而是的结论：所谓救贫税，对老板来说就是一种节约，对不向救济机关请求任何救助的勤劳工人来说就是一种损失。利己心的残酷作用使得慈善的法律变为无情的法律。

这种制度对农村人口起了最不幸的影响。[181]它把圈地法已经

着手的事情加以完成了：贫困和闲散终把那将农人固着于土地上的最后纽带破坏了，并把漠视自己、完全丧失独立性的、气馁的农民推入城市无产阶级的行列了。工业人口受到地方性贫困的祸害似乎不深，因为它在某种程度上得到工业的发展和较高的工资率所保护。但它仍然常有失业的危险，失业立即引起求助于教区的救济及其最坏的后果。因此，教区救济就使自己的影响普及于整个工人阶级并在各处都产生同样的结果，造成比其缓和的还要更多的不幸，好像奴役和屈辱器械那样压在英国人民的身上。有产阶级在危机时期中的安宁以及英国的海外光荣、纳尔逊和韦林顿的胜利，都是以这一代价换得的。工业资本主义的巨大财富正是建筑在恤贫法的、一半是从公众方面勒索来的、一半是从贫民自己身上榨取来的钱财之上的。

第四章　国家干涉和自由放任

前面叙述了恤贫法的作用，恤贫法往往是一种比疾病更坏的药剂。即使它被人更好地理解或执行，也只不过是一种治标的办法而已。产业革命提出了一个为最巧妙的赈济所不能解决的问题：怎样改善这群对于自己努力所创造出来的财富享有那么少的份额的劳动者们的状况呢？这个问题对于手工业者来说是不存在的，因为他希望在一个师傅手下服务期满之后也成为师傅；相反地，对于工人来说，这个问题就成为重大的问题，因为他参加一个大企业工作是没有千分之一的机会能够达到经营这个企业的地位的。[1] 问题是有关他的前途，他的家属的前途，亦即他能希望的唯一的前途。他的要求暂时是没有什么革命性的。[2] 他对既定的制度并无疑问；他还没有想到使用颠覆社会的办法来获得更大的自由和改善自己的生活。他所要求的东西是：增加他的工资，通常他仅限于反对降低他的工资；防止因使用机器或学徒人数过多而造成的失业；希望车间里有一种较不苛刻或者较不专横的纪律。在所有这些问题上，他的利害都和老板的利害相对立，老板想要尽可能少给他报酬，想用机械设备和廉价的劳动力来降低生产费用，想在工厂里和工厂周围行使一种无拘无束的权力。阶级斗争就从这种不可避免的对立中产生出来了。为了支持这种斗争，工人的力

量已经开始组织起来，并且不久就显得相当强大，以致使得政府惊惶不安并使它求助于非常措施来对抗这种力量。

（一）

资本与劳动分离后所提出的社会问题。工人同盟。兰开夏和格拉斯哥两处纺织工业中的一些协会。它们的共同行动：棉布织工协会（1799年），呢绒工人协会（1796年），谢菲尔德刀匠同盟，肯特郡造纸工人同盟。农业工人中的运动。有产阶级的恐惧。1799年的禁止同盟法。工联史中的英雄时期；工联是怎样在迫害之后继续存在的。

我们在前面一章里已经指出了暂时的同盟和永久的同盟之间的主要差别：暂时的同盟是在某种情况下为着补偿某种特殊损害而组成的，并且，在企图的成功或失败之后就不存在了；至于永久的同盟，则准备在各种场合都保护那些组成同盟的工人的利益。[3]暂时的同盟同它所从出的自发的暴动一样，通常也和这种暴动一起消失，它并不是任何时代或任何经济制度所特有的。相反地，永久的同盟是有明白确定的来源的。它是在生产者和生产资料之间实现分离时出现的。[4]它表示着资本和劳动今后永久的敌对，虽然它们以前是联合在一起的，几乎合而为一的。最早的同盟比近代大工业的发端要早半个世纪，它是机器和工厂时代之前的资本主义组织逐渐演进时的产物。但是，正是大工业使运动完全扩大了并具有决定性的方向。它把工人们集合起来并使他们在共同的痛苦之中联合起来。同时，它是使他们融洽和互助的必不可少的形式：工资劳动者只能用人数的威力来对抗资本的威力。

最初的工人协会，如梳羊毛工人协会、织工协会、织袜工人协会是在毛纺工业里从 1700 至 1780 年间组成的。[5] 棉纺工业不久也有了协会。1787 年，当格拉斯哥细棉布工厂主们想乘劳动力过多的机会来共同一致地降低计件工资时，他们碰到了一种有组织的抵抗。工人们全部拒绝在最低限额之下工作。那些不同意付出这种最低限额的厂家受到了抵制。冲突是通过暴行和巷战而结束的。但是，起初用来鼓励和支持冲突的方法，似乎有着一个工人协会在向会员们发布口令和纪律。[6]1792 年，在博尔顿和伯里两地工厂主与织布工人之间爆发了类似的冲突，结果，缔结了一个真正的集体合同：老板们答应，若不按照织品的更高纤细程度的比例增加工资，就不变换那些用于各种商品的纱线支号；工人们为了回报，就放弃他们因承担附件供应品而领取的、按每先令支取一个半便士的酬劳金。这种合同被双方遵守了六年，"直至工厂主人数开始增多，他们争相设法寻求新的方法来减少费用时为止。"[7]

这些组织起初是完全地方性的，不久就扩展了并且互相联合起来了。1799 年有一个棉布织工协会，它的影响及于整个兰开夏，也许还要超过一些。它以向官厅提出工人的申诉为自己的主要任务。它不但不力求隐蔽自己的存在，反而大胆地向舆论呼吁。多亏威廉·拉德克利夫[8]，我们才有设在博尔顿的委员会于 1799 年 5 月 23 日发出的一个宣言。这个宣言一开始就说明该协会打算遵循的方针："那些应该保护织工们不受压迫的现行法已因工人缺乏联合而被蹂躏了，这些人根据公道和法律要求收回自己的权利，因而决定互相支持，并向立法者求援，以期获得这样的措施，即当棉纺工业的实际状况一经摆在他们的眼前时，他们就明智地认为适合的那种措施……。"接着就是对工人大同盟这一概念所引起的猜疑和恐惧提出抗议："你们是我们的敌人……你们是不是很怕看到我们接近政府并同它说真话呢？你们难道想求助于那种卑鄙的计策，把雅各宾分子的名义强加在我们头上并散布说我们要阴谋和暴动吗？我们不在乎你们的诽谤，我们以你们值得蔑视的态度来看待你们……。[9] 我们憎恶暴动和非法的诡诈手段，我们坚决爱戴我们的国王和我们的国家，国家的昌盛永远是我们心中最宝贵的东西。关于我们的联合，有什么可怕呢？我们不想攻击教会或国家，我们严格地仅以从事于我们团体的诉冤为限，并希望把这些诉冤提交政府审理。正是政府才有权判断我们的案件值得或不值得它的干预。"织工们的控诉缘由，我们已经熟悉了。不仅是工资的降低，而且还有工厂主们的日益增多的要求，他们已经屡次增加了布匹的长度。[10]这个协会虽然以向议会提出工人的诉愿为自己的主要任务，但同时也寻求同老板们互相谅解。"如果他们愿意接受会商，我们委员会就派遣一个代表团到他们那里去。我们并不把我们当作是和他们对立的。相反地，我们同他们一样，都想到有关阻碍工业正常发展的某些有害的惯例。"[11]由于这些调和的风度以及公开愿意服从议会的决定，所以棉布织工协会能够在通过并颁行于其成立那一年的禁止工人同盟法之后继续存在下去。

西南地区工人已经做出了运动的榜样，在毛纺工业最重要的中心之一即约克郡西区，运动长期处在不发展的状态。但是，随着这个工业的变化——变化正是在约克郡开始的——人们就陆续看到许多小团体的成立，那些被机械化的进步弄得不安的小工厂主也同工人们一起加入。[12]呢绒工人的团体或协会就是在接近1796年时成立的，[13]不久，它的分支就布满了英国的整个北部。一个证人在1806年的调查委员会上说道："我认为人们在哈利法克斯全城及其近郊不会找到两个织工是在这个团体之外的。"[14]一个由定期捐助所资助的公共基金提供必需的资金，以便必要时补偿向议会控诉的费用，使证人到庭的费用支付和律师等费用。协会还拥有其他一些费钱少而收效大的战斗方法。它有相当的势力，能够迫使工人离开那些被它禁止往来的工厂。[15]那些拒绝服从的人或者在加入协会之后又脱离该会的人，常有受到残酷报复的危险。这些人被人叫做蛇，[16]被人威胁，被人攻击，有时还被包围在自己的家里。工厂主们是在这个秘密组织的恐怖之中过活的，据说这个组织常常煽起暴动来对付机器并劝告火灾保险公司不要对这些工厂进行保险。[17]

在这同一时期，也组成了最初一些铁器工人的同盟。谢菲尔德的工业，因为拥有许许多多的专业部门而使它今天还具有一种十分奇特的分散性，过去长期地分成为几百个独立的作坊并处在哈拉姆郡刀匠行会的不合时宜的监督之下。但是，在十八世纪末左右，那些保护小工业的旧法规已经松弛了或者消失了，[18]并听任资本主义企业自由发展。这时，工人们就立刻联合起来抵抗他们新兴老板的苛求。1787年，刀剪工人们抵制一个叫瓦特金森的人，因为他想迫使工人向他按打交付十三把刀。[19]1790年，磨剪工人们被工厂主控告组织非法协会来抬高劳动力的价格。[20]控告的结果是，工人中有五个人受到追究并因犯有"共谋"罪而被判刑，这种罪是在人们打算采取特别措施来禁止工人同盟之前好久就被刑法规定了的。

同样的事件又在不同的工业中和地区里发生了。1795 年，肯特郡造纸工人已经坚强地组织起来了。他们拥有罢工基金，能够多次有效地支持反老板的斗争。[21]他们拒绝同那些不参加他们协会的工人一起工作，如果不解雇这些工人他们就全体离开工厂。[22]磨轮机工使用同样的战术更为有效，因为他们是熟练工人，对于一种难学的职业有过长期的训练，所以人们不能在短时间内代替他们。农业工人没有实质上的同盟，但为了向议会请求规定他们的工资，也举行了一些大会，其中有一次是在诺福克郡一个村落教堂里举行的，它的目的是要组织全郡的农工以期集体行动，其他郡的农工们则被邀请仿效他们的榜样。[23]

看来，这样渐渐普及到整个工人阶级中的骚动不能不使政府感到不安。骚动不仅仅威胁着老板的利益，而且由于这种情势，它还像是严重的政治危险和社会危险。在类似法国革命那样的革命恐怖常常使人烦恼并使政治家们彷徨不安的时代，各类人的协会，不管自认的目标如何，自然都是可疑的。同样的思想已经使人采用了院外救助的制度作为缓和的方法，这种思想也指导了 1799 年的禁止同盟法。[24]可是，这项法令只不过把以前的全部立法加以更新和补充而已。除去那些有关"商人和工匠谋反"的旧法令，其刑事条款可以用于而实际上已经屡次实用于工人同盟之外，[25]一系列更新近的、同样严厉的措施也直接对准这些同盟。在《工联主义史》一书中，我们可以看到："自十八世纪初以来，议会就不断通过一些禁止工人在某些特殊工业部门中结盟的法令。"[26]其中，我们可以引证一些特别有关成衣工人（1720 年）、[27]织布工人和梳羊毛工人（1725 年）、[28]制帽工人（1777 年）、[29]造纸工人（1796 年）[30]的法令。然而，这些法令在原则和范围两方面与 1799 年法令不同的地方是：这些法令几乎总是跟在正式的劳动法规之后产生的，而且只是后者的补充。这一点 S. 和 B. 韦布阐述得很清楚了："假定规定劳动条件是议会和法院的事，从此就不能允许个人、更不能允许同盟干涉争议，因为对于争议已经制定了法定的解决方式。"工人们要是为了改变法律所规定的或者根据法律所订定的劳动条件而结盟，那就是造反行为。在 1799 年，问题是以十分不同的方式提出来的。干涉主义政策正在渐渐失去信仰，放任主义已在大多数工业中流行着；行会的权力几乎不存在，而国家也不愿意行使其权力。劳动合同应该仅仅产生于利害关系人之间的合意，这一观念并非没有被人当作信条接受下来和宣布出去。不给工人以任何法律保护而禁止他们结盟，这等于把他们交给老板任意摆布。

这项法令是迅速通过的，迅速就显示出倡议人的忧虑心情。1799 年 4 月 5 日，议会接到磨轮机工老板们的一份请愿书，请求保护免受他们工人在不久以前所组成的"危险同盟"的危害。"鉴于特殊情况"，人们就决定违反规定，立即宣读这份请愿书。当受理这项请愿的委员会提出报告时，威尔伯福斯由于自己身上交织着博爱主义和最顽固的保守主义，于是建议颁布一项适用于各部门的禁止同盟法。威廉·皮特马上同意这个意见。他于 1799 年 6 月 17 日提出一份法律草案，叫做"工人同盟法案"，草案的目的是要"纠正一种害及大多数人的弊病"。第二天就举行第一读表决。"从 7 月 1 日起，下议院中的各种程序都通过了，而且，在草案提出后二十四天，这项法令就获得了国王的批准。"[31]

下议院中只有一位议员霍布豪斯发言反对这项法令，他指出，老板同盟具有组成和行动的方便性，他反对建议中的裁判权，即保安审判官的裁判权，因为这一裁判权是没有陪审团参加的。他的修正案要求至少要有两个法官出庭，但是，被否决了，连一张赞成票也没有。[32]一份以伦敦印花布印染工人协会的名义向上议院提出的请愿书，徒劳地表示了孤独无援的抗议。[33]只有霍兰德勋爵一个人起来支持这个请愿。他长时间地用力发言，反对这一被他宣称为"原则上是不公道的、趋向上是有害的"法案。因为，即使工人们仅仅图谋提高工资，但如控告他们同盟，也总是对老板有好处的。"显然，情况会在正义和人道都要求增加工人工资的地方突然发生，但是，如果我们让这个法案成为法律，那么，这些人若不受到该法所规定的刑事制裁就绝不能求得他们工资的改善。"他指出这种案件委托给地方官承办的危险性，因为地方官可能同时是法官又是当事人。他举出"这些地方官之一的可能事情：他在工业城市中是老板，又有一个邻居也是老板并同他一样也是地方官；请看他们彼此会怎样帮忙吧。这一个可能给另一个作证，他们就有可能把那些不服从他们条件的工人送进监狱或者送去劳改"。向"郡法庭"上诉的权利是一种开玩笑的东西，因为上诉人必须缴纳二十镑的保释金，而且，假如败诉，还要付出诉讼费用。"这些样的条款就使可怜的工人们不能上诉。"总之，制造一种新的重罪并使之避开陪审团来受简易法庭审理，这就是一种极大的不公道。——没有一个人愿意自找麻烦去回答霍兰德勋爵，[34]这项法令就未作任何修正便通过了。[35]这项法令对于一切行业的工人，无论为了增加工资或减少劳动时间，为了迫使老板雇用某些工人而不雇用另些工人，为了制定不管怎样的规章，都禁止集会协商。违者，至少处以

三个月的监禁，或处以两个月的苦役。对于那些为了阻止工人进入某些工厂而力图煽动他们停工的人，或者拒绝同他们一起劳动的人；对于那些参加违法会议的人以及为了组织这些会议而收受或缴付金钱的人，均处以同样的罪刑。[36]在这些明文规定的罪行之上，还须加上这个又含糊又可怕的"同盟"这一词在有恶意的法官思想上所包含的一切内容："从今以后，没有一个工人能同另一个工人稍微谈到一点有关职业的问题而不冒被追究的危险。"[37]终于赋予这项法令以不公道的性质的东西就是，正如霍布豪斯和霍兰德勋爵所指出的那样，被告人并不被送到一个成为他们一种保障的陪审团去审理。被告人的命运已被交到唯一的法官即保安审判官的手中，根据那个时代的见解，保安审判官必须像统治阶级所理解的那样是治安事业的代表人。[38]

当工人们了解人们对其新生的组织给以怎样的打击时，他们的激动是很剧烈的。来自各地区和各行业的请愿和抗议大量地涌到，[39]以致很难不作任何考虑。这项法令在 1800 年 7 月间得到了修正。[40]但是它的实质和主要条款却没有改变。裁判管辖权依然如故；但判决不由一个法官而应由两个法官宣判，而且，这些法官不是从与案件有关的工业老板中选出来的。某些仲裁条款受到了重大的革新：工资问题和劳动时间问题可以交给老板和工人各自任命的两个仲裁人处理；而且，如果他们之间的意见不一致时，保安审判官有权根据任何一方的请求来下决定。但是事实上，这些条款已被老板们的恶意弄成无效了。[41]在辩论过程中，谢里登要求无条件地废止禁止同盟法，同时声称："王国的法律中从来没有出现过这样不能容忍的不公道。"

其后的二十五年在工联主义史上留下了一个迫害时代的纪念品。这就是秘密入会、夜间开会的半传说性的时期，为了更加安全起见，会议记录是埋藏在只有熟悉内幕的人所知道的地方。[42]事实上，处罚是常见的并且是严厉的："为了阻止工人们提出的灾难性的要求，禁止同盟法被认为是绝对必需的；如果人们对于这些要求不加整饬，那么，工人们就会把英国的商业、工业和农业完全破坏了……。这种错误观念的影响有那么大，以致当这些人因力求团结来解决他们的工资率或劳动时间等问题而被追诉时，不管对他们宣判的判决如何厉害，也不管判决的执行如何无情，任何人对这些不幸者都不表示丝毫的同情。一切公道的理由都消失了：他们的辩护很少受到审判官的倾听，审判官没有耐心也没有礼貌……。如果有人能把州法庭和高等法院的审讯和辩论以及它们的异常偏袒、它们的粗野谩骂、可怕的刑罚之被实用和忍受等忠实地报道出来，没有人会愿意相信的，假如这些事实未被无可责难的证据所证实的话。"[43]然而，同盟甚至于永久同盟亦即工联主义的起源并未被完全防止，也未被完全毁灭。迫害的办法虽然极不一样，但并未损害很多的同盟。要实行司法行为，必须有控告，但往往没人控告。其中某些同盟甚至于与老板们公开地、和平地发生关系。[44]有些同盟如受到威胁，还能引用法律保护：至少在原则上，它们可使用向议会请愿权或向法院请求救助权，[45]这种权利是每一英国臣民都有的。另一些同盟，由于不得不更加伪装，便采用互助会的无害外貌。[46]那些纺纱工人协会就是这样生存下去和发展起来的，其中最老的协会，如奥达姆协会和斯托克波特协会，是在 1792 年成立的，它们起初就有互济会的性质，发放失业津贴和疾病津贴。[47]

在1810年曼彻斯特大罢工时，它们显出了它们的实力，有好几千人参加了这次罢工，分发给罢工工人的金额，每星期高达一千五百镑之多。[48]

兰开夏的纺纱工人是大工业的工人。作为这样的工人，他们常常感到组织起来是特别困难的，这种困难，农工和勤杂工人今天还会碰到。他们行业中的大多数新来者都没有结合力，也没有共同的传统，不能以自己的技能博得重视，无法抵抗妇女和儿童的悲惨竞争，所以他们是在极坏的条件下对抗资本主义的工厂主的："他们的暂时同盟，他们的屡屡罢工，几乎只是绝望的挣扎，为的是将其工资保持在能够恰好维生的定额上……，他们破坏机器和各种暴行的爆发，带有卑鄙的屈服和盲目的竞争等间歇……。"[49]然而，他们已经开始铸造未来斗争的武器了。

（二）

> 吁请国家干涉。工人们要求保持旧的工业法。学徒条例：学徒条例的废除。花布印染工人关于学徒人数的控诉，织工关于学徒期限的控诉。老板们请求并获得这些条例的废除（1803—1814年）。

同盟工人最坚持追求的目标之一，他们认为最适于改善他们条件的方法之一，就是保持旧法规或扩大旧法规的适用范围。[50]尤其在他们被禁止联合保护他们的集体利益时，他们就格外求助这些法规所赋予他们的实际的或虚幻的保护来避免经济压迫。

这些法规有双重的来源。有一些是国家法规，来自1563年的工匠条例；这是一个真正的劳动法典，各市镇和各同业公会的命令都概括地收集在这里面，中世纪的经济制度是同它一起延续到我们时代的开端的。[51]另一些则是某些城市和某些行业所特有的行会法规，其拘束力只限于各该城市和行业。这两种法规同有关工业技术的规定并同恤贫法的又慈善又暴虐的制度结合在一起。它们共同构成几百年立法上特有的建筑物。在十八世纪中叶，这个建筑物虽已衰朽并被打开缺口，但仍矗立着。新利益的推动比新思想的推动还要厉害，所以不久就使这个建筑物从各方面倒塌了。工人们徒然想把它的废墟扶起来。[52]

他们的主要努力所涉及的问题就是学徒条例和法定工资。[53]根据 1563 年的法令，如果没有按照一个定明师傅与学徒间相互义务的正式合同（一式两份的合同）的规定做满七年学徒，任何人都不得在英国从事一种职业。[54]而且，学徒的人数是有限制的，或者至少，学徒人数与成年工人的人数之间要保持某种比例。[55]这些措施是与那些夸耀自己职业技巧并固守自己职业犹如固守财产那样的工匠们的传统相称的。他们希望在自己四周筑起栅栏，因而想到更加夸大法律的要求。哈拉姆郡刀匠不许一个师傅家里同时有一个以上的学徒，除非第二个学徒是他的儿子。[56]几乎到处都迫使学徒交付往往很高的入门费，如果学徒的父母不是同行的话。[57]问题与其说是保证行业中具有质量好的新成员，倒不如说是保证其成员拥有一种世袭的专利权。

我们可以了解到，如果老板不隶属于工匠阶级，他便想使这些条例消失。这些条例如果严格实施，就会大大阻碍工业的发展，因此这些条例常被违犯。关于这个问题，很早就有了控诉：1716 年，科尔切斯特织工们告发那些招收过多学徒的工厂主的行为；1728年，格洛斯特织工们抗议招雇那些未做过法定学徒的工人。[58]有时，老板们为了结束各种要求，就决定请求正式取消那些妨碍他们的条例，例如帽子制造人、染匠、花布印染人就是这样做的。花布印染人亲口承认，他们作坊中的人员几乎没有十分之一的人做过学徒，他们并且说明原因："我们的行业并不需要所有的雇用工人自幼就准备好了做这种行业，因为普通勤杂工人就足以能干这种工作。"[59]这就是机械化行将提供一种奇异力量的论据。

面对这些正相反的请求，议会的态度，看来是很有趣的。它绝不想放弃它对工业的监督权：1768年关于成衣工人的工资和劳动时间的法令，[60]1773年的斯皮塔尔菲尔兹法[61]就足以证明这一点。它还没有受到新经济学说的影响，它的成员们还未读过亚当·斯密的书，原因很显然，[62]1753年，即在《国富论》出版前二十三年，织袜工人行会的章程被宣布为"违反理性并侵害英国臣民的自由"[63]而无效。放任主义的倾向在公开出现并以一般理论来证明自己的正确性以前，已经逐渐地并在若干特殊场合中显露出来了。这种倾向不仅同老板们的利益相一致，而且同日益壮大的工业的同样明显的利益也是一致的。

产业革命就要对学徒条例给以致命的一击，同时也会给工人们以新的理由来留恋这些条例。设备的改善和分工的进步使长期的职业教育成为无用。然而，在纺织工业中特别是在棉纺工业中，学徒的人数并未停止增加。纱厂里充满了学徒。在花布印染坊里，学徒的人数往往同工人一样多，有时还比工人多得多。在接近1800年时，人们引证某工厂甚至有五十五个到六十个学徒，两个工人。[64]难道这些学徒真的与学徒这个名义相称吗？实际上，他们是未成年的工人，他们的年龄被用作借口，以便尽可能少给他们工钱并使他们屈从一种粗暴的纪律。雇用他们往往是没有合同的，老板把他们看作是自己的学徒，同时保留随意辞退他们的权利。有时相反，老板留用他们八年或十年而不是七年。[65]在这整个时间内，他们每星期赚得三先令六便士到七先令，可是工人的工资却高达二十五先令或者更多一些。后者自然能够看到那是他们常常失业的原因之一，也许主要的原因就是大量的学徒把他们从工厂中赶出来。[66]至于学徒们自己，在达到成年时，其地位是最危险的，他们也处在没有工作的境地，除非同意按照老板所规定的条件，用五年或七年的新期间来延长他们的约定。[67]

因此，1803 年和 1804 年，花布印染工人为了获得一项法令来改革他们工业中的学徒制度和限制学徒人数而骚动起来，并不是没有缘故的。他们终于引起了调查，并且花费了一千多镑来使他们证人出席调查委员会，这些钱是一文一文地在全大不列颠境内募集起来的。[68]谢里登发表了动听的言论，赞助"这些担负那样大的费用来请求法律保护的可怜人"，并且反对他们的压迫者，即"一群极其富裕的人，其财富是从他们的劳动中得来的"。[69]在长期拖延之后，法案终于提出来了。它的通过也许会使工人们满意；但是并未能通过第二读，尽管谢里登又有新的有力的干预。[70]下议院赞同罗伯特·皮尔爵士的意见（他完全是代表工厂主发言的），认为工厂主是反对无知和守旧而为发展工业事业服务的。

呢绒织工们并不比较幸运，虽然他们的企图并不是希望按照他们的意愿颁布新的条例而仅希望遵守 1563 年的学徒法。他们一开始就向法院控诉“非法的”织工和雇用这种织工的人。呢绒商则以请求废止一些陈旧的法令来回击，因为这些法令“由于妨碍招雇更多的人员而使人难于增加人数，难于维持工业生命本身所赖以的那种从属关系”。[71]他们中间好几个人被传讯了：这些人一致说，自从飞梭发明以来，人们在一年内甚至几个月内就能学会织布；况且，那些做过七年学徒的工人只是极少数。布雷德福的某一制造商声称：“我很难同你们说，他们是不是比别人织得好些，我从未见到过有一个。”[72]这些解释促使议会决定停止工匠条例的效力。[73]这种陈述在该法最后废止以前是年复一年地被提出来。[74]

然而，运动尽管失败了，但却普及到整个工人界。凡保存有小工业的地方，甚至于一些老板也参加了运动，因为他们怀恨资本主义企业。当人们在1813年和1814年运用最后的努力来维护旧学徒制度时，那些从各地区和各行业涌来的请愿书上几乎有三十万人签名。[75]委员会（赫斯基松和坎宁二人也是该会的委员）感到难于作出决定，因为摆在它面前的那些事实使它大大改变了先入之见。该会主席罗斯先生表示赞同工人的论点。但是，工厂主的利益这一次是以经济自由的观念为依据的，这种观念已经渐渐升到信条的高度了。有关1563年学徒法的规定被人以“真正的商业原理”的名义废止了；伊丽莎白王朝“虽然辉煌”，但还不知道这个原理。[76]

（三）

法定工资。保安审判官根据1563年法令的权力；某些工业的特殊制度。法律保障最低工资的思想。惠特布雷德法案受到下议院的否决(1796 年)。棉纺工业中的仲裁(1800 年)。工厂主们的激烈责难,他们终于使法律不生效力。棉布织工们为了获得工资的规定而作出新的徒然的努力。放任主义的胜利。

伊丽莎白法的另一条已在上一年消失了,这就是授权给保安审判官来规定工资额的那一条。[77]保安审判官们是旧干涉主义的杰出代理人,他们的种种职权中的这一职权并不是最没有趣的,更不是最不被人研究的。[78]应否同坎宁安博士一样认定在十九世纪之初,这种职权事实上已不存在,而且只是“一种纯粹法律上的古董呢”?[79]直接应用伊丽莎白法来确定工资,老早以前就停止了,这是完全确实的。[80]但是,一些由其特别支配的工业中仍然保存着干涉主义的传统。米德尔塞克斯郡的保安审判官和伦敦市政机关继续根据 1792 年批准的斯皮塔尔菲尔兹法来规定丝绸织工的工资,[81]伦敦和威斯敏斯特的成衣工人的工资是市政机关独自规定的,这只是单纯形式上的差别,并没有改变任何原则。当斯皮纳姆兰的官吏们通过他们有名的决定时,就是从声明他们绝不企图恢复工资的规定开始的。在这一点上,他们显得是忠于他们阶级的利益和他们时代的思想的。可是,他们费心作出的这张表,如果不是一种变相规定的标准,能是什么呢?他们不规定工资,而判定日工应该保证有的最低收入的数字,而且他们把他们不愿加在老板身上的义务转归教区负担。这难道不是从他们想要避开的那个原则得到启发的吗?

这个原则在穷困的人口中又有了许多的拥护人。这些人很可

能误解了它的过去的恩惠，因这个原则被引用来反对工人可能比维护工人更为常见。[82]那些要求法定工资的人认为，那是规定一种为法律所保障的且随物价的变更而变更的最低额。这种思想在那些被当时国家所经历的危机弄得严重痛苦的乡间特别流行。[83]人们已经看到，它导致一部分农业工人组织起来。[84]阿瑟·扬在他的《农业年鉴》里，对这个问题曾进行过调查研究，他的通讯员们是一些地主和农场主，所以，正如人们所预料的那样，他们对于一种被他们视为反对其自由的措施，一般都显出敌视态度。[85]这个问题虽被提到议会，但是，1795 年 11 月间由萨缪尔·惠特布雷德所提出的，而为福克斯所支持的法案遭到最激烈的反对。法案提议人自己似乎觉得抱歉，因为他是这样地违反正统的教条，只有一些例外情况才能说明这种违反是正当的。[86]福克斯徒然请求人们授予穷人以不求助于公共赈济而能谋生的方法。皮特以政府的名义发言反对这个法案，结果，法案被否决了。几年以后，惠特布雷德又提出请求，但并未获得更大的效果。[87]在有产阶级所能有的各种反对人为地提高工资的理由之上，还要加上害怕由于反响而加剧物价的高涨、害怕对于真病给予假药。[88]

但是，并不是一切都结束了。由于时运的奇特转变，这个被人放弃的制度，虽被人们以日益变得绝对的教条名义而禁止使用，却又要得到新的重要的应用。棉布织工由于 1792 年以来工资经常下降而不断地同工厂主争论工资问题，但在企图抵抗方面又被反同盟法解除了武装，因此恳求议会援助。他们请求规定一种快速而花费少的仲裁方式来解决劳资间时常发生的争议，“和随时按照情况规定劳动力的价格。”[89]有些老板由于希望终结这些永续的争议而支持这种请求，这也许是使人不顾先例而加以考虑的原因。

事实上，这种请求所指的是两种不同的目标，但是工人们把它们混在一起是有好处的：一方面是解决有关劳动合同执行上的个别争端，另一方面则是一种能够改变合同条款本身的、比较大胆的干涉方式。棉布织工们所提出的、用来支持其请愿的证据，指出了他们应该申诉的那些流弊："常常发生这样的事情：老板交给你织一定数量的布，假定是五匹或六匹；当你接下工作时，他同你谈妥一定的价钱。第一匹布，他也许给你这个价钱；至于其余的，他就会硬要你打或大或小的折扣。"[90] 在这样的情况下，工人们总是有权告到保安审判官那里去，并不因此而需要特别的法令。[91] 但是，他们抱怨这些法官对于那些提请审理的、往往非常专门的问题不胜任，抱怨郡法院对上诉拖延受理，[92] 因此常常令人不耐烦并使穷苦的诉讼人耗尽资财。他们特别希望他们归其裁判的那个法院不要仅限于审理每个人的申诉，而且也能裁判他们的集体要求，希望它不仅有权要求支付欠薪，而且也有权增加不足的工资。总之，希望它具有法律赋予保安审判官的，而该官员又不肯行使的那些权力。

提出这些请求的时刻似乎选择得不好。因为惠特布雷德法案刚刚第二次又被否决了。皮特越来越赞成经济学家们的理论，在原则上反对各种干涉。但是他也懂得必须做点事情来应付那些很有理由的，而且不仅是来自工人方面的申诉。他意图不超过1800年仲裁法所标出的极限。[93] 一切有关工资、有关工作上临时费的补偿、商品的交付和商品的质量等争执，必须向到场双方当事人所各别选任的两个仲裁人提出。如果仲裁人不能在三天内商妥作出决定，那么，一个保安审判官（这个审判官绝不能是工厂主或与工业有关的人)就要负责来下决定。仲裁是必须遵行的。如果当事人之一方拒绝指定仲裁人,就有被科十镑罚金归对方所有的危险。如果人们停留在其表面上,这些规定就会使人想到那些最新近的、最大胆的立法经验。仲裁这一词是有助于幻想的。但是不要弄错了:1800 年法令所制定的这种仲裁,几乎不像澳洲和新西兰今天所实行的那种仲裁,而是像我们法国的劳资纠纷调解委员会在比较狭小的范围内和用比较适度的职权来从事的那种仲裁。这并不是新立法的开始,而是一种废而不用的制度的暂时的部分的更新,并不是这种制度的复活。

虽然这项法令并未对棉布织工的请求给以完全的满意,但是织工们非常欢迎它,犹如欢迎一种防止经济压迫的最低限度的保障。我们通过佩斯利和格拉斯哥两地工人力求获得一项类似此法的,特别适用于苏格兰的特惠,[94]可以断定它深得民心。他们在 1803 年得到了这项法令。[95]大多数的争讼案件交由仲裁处理,都得到了花费少的迅速解决。[96]大多数的宣判是有利于工人的,亦即有利于那些因无法辩解的舞弊和滥用权力的牺牲者。[97]工厂主们当然不满意,因为一项限制他们无上权力的法令是他们所憎恨的。为了摆脱这项法令,他们不择手段。有时,他们这样来设法阻止该法的施行:由于不得不任命一个仲裁人,他们就选任一个应该回避的人或者一个住在遥远地方的人,以便拖延时日;[98]有时,他们第二天就从工人手里收回前夜不得不答应给工人的东西,以待机自行改变那些不利于他们的判决效力。[99]不管怎样,他们仍然不能完全逃避仲裁法,这样,他们就运动废止它。[100]

他们的精神状态在一本于 1804 年在曼彻斯特出版的、题目为

《论棉布织工条例》的小册子里反映得十分明显。现今对劳动保护立法的抗拒所依据的一切论据，在这本小册子里早就有了说明并被人热烈地支持着。下面首先就是关于工人中存在着人为动乱的煽动者的众所周知的语句："一切事情，起初都是由一小撮不满者、声名可疑的人准备好了的，这些人召开大会，拟定议程，秘密募款……。他们的行为是受一些很像雅各宾主义的原则所驱使的。至于大多数织工，如没有一些骚乱煽动者的策划，仍然是感到愉快和满意的，正和他们一向真正的愉快和满意那样。"[101]下面是契约自由的传统学说："在老板和工人共同订立买卖契约方面，允许任何人介入其间，就一定不合乎公认的观念。关于价钱，如果他们合意，工人就可从事工作；否则，工人就可随意去找另一个老板，正如老板可以随意去雇用另一个工人一样。或者，如他认为另一种工作可以赚得更多，那他就只需改换职业。"[102]关于老板不认为应该履行诺言的情况，作者一点也未提到。但是，作者认为那比仲裁原则本身还要更加不能容忍的东西，就是承认工人有权选任一个自己人作为仲裁人。这样，"主人就被放在从属于仆人的地位并受仆人的监督[103]……。什么东西都不会更加触犯老板的心情，什么东西也不比设立这种法庭更加违反我国旧法的精神，因为这种法庭的成员是从整个织工辈的最狡猾的人中招收来的，经验已经证明，织工们是善于设法靠自己的新职业来过舒服的生活的。人们不应该认为庄重而规矩的人会同意以仲裁人的资格坐在老板的身旁，当老板不得不同这些奸诈之徒相遇而且平等对待的时候。"[104]这个责难至少具有爽直的优点。

由于对仲裁法的敌视，由于那些负有义务监督其实施的官吏们本人也抱这种敌视态度，这就使仲裁法难以执行了。[105]仲裁法在1804年成为修正的对象，其目的在于防止故意的违犯，[106]但是修正仍然没有效力。骚动更加厉害地继续下去，织工们力求通过一种“建立在斯皮塔尔菲尔兹法的原则基础之上的”法规来获得最低限度的工资。1807年2月间送呈议会的一份请愿书，在兰开夏、柴郡和约克郡的纺纱工人中得到不少于十三万人的签名。值得注意的事就是这个运动得到工厂主和商人的支持，因为他们担心工资的不断变动会影响商品的价格，因此也就影响交易的状况。[107]政府虽然提出法律草案，但几乎只是为了装饰门面，因为当时首相珀西瓦尔声称，“宁愿织工们因辩论其请求是否有理由之后而被弄得失望，也不愿下议院拒绝讨论他们的请求。”最低工资的原则受到各方面的攻击，被认为是无法辩护的，议会中没有一个人赞成它，因此，草案马上就被撤回了。这个结论造成了激烈的不满和一些骚动，特别是在兰开夏。[108]工人们由于失去通过新的立法来获得他们所追求的安全的希望，由于饥馑和工业中的经常危机而陷入绝境，于是又去寻找1563年法令的保护。

他们倒霉了，因为议会仅仅等待机会来废止这项伊丽莎白法令。他们徒然恳求它不要取消这个最后的保卫方法：“一项请求废止该法的法案的提出，在请愿人中发生了极大的失望。他们没有一点希望了；以前为了保护他们而颁行的那些法令既然无效，那么，就再也没有任何东西能够保卫他们的唯一财产，亦即他们的劳动力了。”[109]他们所害怕的那种措施被采取了，除去他们反对以外没有别人反对。[110]英国旧社会立法中最独特的规定之一就这样消失了。在苏格兰，它的废止引起了一种值得记忆的斗争。在付出很大代价的长期奔走以后，织工们才获得一项经由爱丁堡最高民事法庭批准的计件工资的规定。但是，法官们宣布这项规定不是必须遵行的，因此，老板们不肯实行。纺织工业的全体工人极端愤怒，于是实行罢工。几千人同时停止工作。但是，这一罢工就成为官厅毫不迟疑地干涉劳资问题的事件之一。领导人被逮捕了，被定罪了，抵抗一下子就停止了。[111]这是为了恢复工资法规而试图的最后的努力。

放任政策得胜了。在法院中和在议会中一样，它再也碰不到反对者了。起初，它是经验主义的并且充满了不合逻辑性，但从此以后就以经济学家的绝对公式为依据，在这些公式中，它找到它的理论根据，正如它在资产阶级利益中找到它的存在理由和实用效力一样。理论和利益互相结合起来，就成为不可抵抗的。当它们互相对立时，应该要求其中哪一个占优势呢？同盟法把自己的真正意义交给经济自由的原则，统治阶级当时所理解的就是这样。但同时，有别于利益的动机，政治经济学中找不到的另一些原则已在工作了，而且，当中世纪法规的旧结构崩坍时，劳动立法的基石正在安放。

（四）

人道主义运动。它的起源完全在经济运动之外：道德和信仰的影响。博爱的工厂主。戴维·戴尔建立新拉纳克村(1784年)：为改善工人和学徒的状况而努力。罗伯特·欧文改革并继续戴尔的事业：他的社会主义是从老板的博爱中发展而来的。

人道主义观念的发展,是一个和本书所研究的主题十分不同的论题。但是,那些指导一个时代的物质生活、道德生活、精神生活的伟大运动,无论其性质和起源如何不同,在某种程度上总是相互混合在一起的,或者至少是互相接触、互相汇合的,而且在它们的接触点上还相互产生影响。只需比较几个时日就足以令人想起近代大工业的创始人是生活在怎样的事变之中和怎样的环境之中。——当哈格里夫斯和海斯发明纺纱机时,当瓦特掌握蒸汽中所蕴藏的无限力量时,让—雅克·卢梭正在伍顿—豪尔做大卫·休谟的客人。在阿克赖特以纱厂主资格在诺丁汉安家时和他死时之间(他死时十分富裕,享有爵位,并遗给其继承人一份王侯般的家财),接连地爆发了美国独立战争和法国革命。在阿克赖特之前几个月死去的约翰·韦斯利,卫理公会的传教者,死时享年很高并富有善举,他的有力的说教也实现了一种伟大的不声不响的革命。

在英国,因哲学的争论和宗教的宣传而引起改革的思想同时表现在著作上和行动上。在理论领域内,这种思想的胆量是漫无止境的。潘恩成为平均主义民主派的辩护人。葛德文和斯彭斯甚至走到共产主义和无政府主义那里去。在实践方面,这种思想却限制自己的抱负并使抱负与英国社会的保守倾向相适合:首先是道德和感情,所以它和博爱相混同。霍华德为了改善囚犯的状况而作出慈善的努力,伯克用动人的演说来反对沃伦·哈斯丁斯的暴虐,威尔伯福斯动议取消黑奴的买卖,这些事的发生年份,与最初那些工厂出现在中部和北部各郡的年份是相同的。同时成立了一些博爱协会,例如防止犯罪协会,改善贫民阶级状况协会;的确,这些协会与其说是从事于救济,倒不如说是从事于教育。它们的思想影响已经深入立法之中。这种影响由于取消可恶的住所法，促进了公共救济制度变得更加合乎人道。在1788年通过的、保护那些低微的扫烟囱人免遭职业危险和主人虐待的那项法令中，这种影响是十分明显的。[112]这是做得很好的事，可以感动那些“易动感情的人”，他们的感动和感情的吐露在十八世纪的后五十年中十分流行于英国和法国。

工厂主中的优秀者受到了这种影响，那是无可怀疑的。他们之中有开明的人和性格高超的人。有些人如博尔顿、韦奇伍德、威尔金森，在政治和宗教方面宣扬最豁达的见解。好多人隶属于异教派，特别是公谊会教徒派，其有力的清教徒教育在他们身上早已烙上了不可磨灭的印记。当然，他们是他们阶级和他们时代的人；他们不知道那被人以动人的言辞称为社会良心的谴责是什么；他们片刻也不怀疑他们对财富和指挥的权利。但是，在许许多多粗野而刻薄的暴发户中，由于自认为对于一般人，特别是对于自己的工人负有慈善义务时就成为例外了。有时，他们甚至于理解一种特别的义务，完成这种义务就使他们的自尊和良心同样得到满足，这就是：主人对仆人的义务，或者领主对属下的义务。我们已经看到博尔顿在索霍、韦奇伍德在伊特鲁里亚设立害病工人的救助基金，开办诊所和学校。[113]1795年的饥荒时，理查德·雷诺兹送给伦敦穷人一份两万镑的优美的赠品，他在科尔布鲁克戴尔照料自己的许多人员的福利并亲自领导“工人散步”。[114]显然，这是一些没有大价值的孤立行动。这些行动与其说表明其目的在于设法改善工人阶级的命运，倒不如说表明其创始人的诚意。但是，较有系统的努力已把它们作为起点了：罗伯特·欧文的社会主义是从戴

维·戴尔的博爱中发展起来的。

戴维·戴尔是非国教徒，是独立派教徒中的严肃派成员，并且是非常热心的成员，他每个星期天都在格拉斯哥礼拜堂里说教。[115]此外，他是积极而能干的实业家，他创办了一个在全大不列颠中最重要的工业企业，并使之昌盛。他的信仰同他的实践精神一点也不冲突，他的慈善心肠往往和利益结合起来。1784年，当他借助于阿克赖特(阿克赖特为那里的有利位置所动心，看到新拉纳克将要变成苏格兰的曼彻斯特。)[116]在克莱德瀑布附近设立一个纱厂时，最大的困难就是找工人。那个地方，四周很少有人居住，那里农民比英格兰还要更加不服从工厂的纪律，顽固地不肯参加工厂工作。[117]为了吸引他们，戴尔就打算在他的纱厂旁边建立一个模范村，村上的房屋是按照固定的图样建筑的，租金很低。打算成功了，相当多的人家(主要是来自苏格兰高地的穷苦地区的人家)来到新拉纳克安家了。同时，戴尔模仿别的工厂主向爱丁堡和格拉斯哥两地教区要了好几百个贫穷儿童来做学徒。1792年，这个村子有两千居民。[118]居民们由于享受到好处，他们觉得主人的慷慨比主人的聪明更值得尊敬。他们不仅有廉价的住宅，而且通过一种默示的契约而获得固定的工作；工厂的一所房子被火烧了，在那里劳动的二百五十个工人在被迫停工期间继续领取他们的惯常工资。[119]关于学徒制度(在大多数纱厂里，学徒都劳累过度)，更加值得颂扬。戴尔绝对禁止工头在晚上七点钟以后把他们留在车间里，他对他们的饮食和衣着都很关心，让他们住在宽敞而整洁的宿舍里，并且给予他们在邻近乡间作野外休息的时间。十个小学教员负责教育他们。宗教信仰在他们的教学里占着重要位置，那

就更不待说了。新拉纳克的工厂虽然还不出名，但不久就被那些关心教育问题和救助问题的人所熟悉和参观了，戴尔得到一些也许过分的赞美证词，但他的创举的新颖和他的意图的高贵都证明这些赞美是正当的。[120]

可惜，他本人不住在新拉纳克：他忙于领导他的许多企业，只能每年从格拉斯哥来到那里三四次。[121]这对执行有效的监督以及真实地判断结果是不够的。1797 年，罗伯特·欧文以经理的资格来领导这个工厂，就比较切近地看到那些事物，但对他所看到的事情非常不满意。那些孩子虽比任何别处都要受到多得多的人道待遇，但仍被迫从事过多的劳动：他们自六岁起每天做十一小时半或十二小时的活；他们的身体和精神的发育都受到影响。[122]至于成年工人，是从乡村阶层中最不受人尊敬的、最不安定的分子中招来的，他们的品德上缺点很多。欧文说："大多数人很懒惰、不正直、惯于说谎和偷窃。"[123]欧文承担改造他们的时候，就打算继续戴尔的事业，不久就成为他的继承人。在他的同时代的人看来以及在他自己看来，他仍然只是一个博爱的工厂主。当他改组新拉纳克的学校时，当他把学校的操行和工作的记分制度推及到所有的人员时，或者，当他把生活必需品大批买进而按成本价格再出售时，[124]这并不是根据新的学说；他只不过在社会秩序中运用其与戴尔一样从宗教教育中得来的道德训条而已。但是，在他的博爱实验过程中，一种思想在他的心中成长起来，将变为性格养成的学说，这就是他的整个体系的基础：人们不能对自己的邪恶和罪责负责，正如不能对自己的无知或贫困负责一样。他们是社会环境的产物，要使他们较为贤德、较为幸福，那就必须改变环境。[125]这里，

我们看到了十八世纪的革命思想，卢梭的思想。我们正在接近理论结合实际和理论在实际中具体化的决定性时刻了。在欧文后来拟定更好的社会计划时，他是受到他合办的工厂的启示的，这个厂后来变为他自己的工厂了。那些用以给予新生人类作生活中心的工农业共同体就是理想化的新拉纳克，现实的新拉纳克虽被视为它的不完善的复制品，但却首先提供了原始模式。

（五）

工厂法上的第一个条例。纱厂中的儿童劳动。医生珀西瓦尔博士的报告（1796 年）。罗伯特·皮尔爵士获得保护学徒身体和精神的 1802 年法令的通过。这项法令的规定；规定的效验不大。规定在历史上的重要性：大工业家兼放任主义拥护者皮尔本人虽把 1802 年法令看作是无意义的特殊措施，但它却是十九世纪的社会立法的开始。

同样的情感鼓舞着戴维·戴尔和罗伯特·欧文的努力，这种情感，给放任主义的不合人情的诡辩以最初的打击。从 1784 年起，纱厂的学徒状况就成为向兰开夏长官提出医疗报告的对象。这些长官在了解情况以后，决定不再准许教区把儿童安置在开夜工的工厂里了。[126]但是这个决定似乎没有产生效果，或者它很快就被人遗忘了，而且，一天天增多起来的工厂主，越富越有势力，仍能找到他们所希望的那样多的学徒，仍能随意对待学徒。1796 年 1 月 25 日，一个曼彻斯特的医生珀西瓦尔博士，以一个刚成立的、旨在研究有关该城市健康状况问题的委员会，即曼彻斯特卫生局的名义拟出一份措辞十分有力的新报告。报告的结论常常被人引用，而且也值得引用作为整部工厂法的序言。下面就是原文中的结论：

"1.兹证明：大纱厂中雇用的儿童等人特别有遭受传染性热病的危险，这类疾病一发生，不仅会在密集于同一地方的人中间，而且还在他们的家里和四邻很快地传播开来。2.大工厂对在其中劳动的人们的健康，一般都有有害的影响，甚至于那里没有任何传染病时也是一样，因为大工厂迫使他们过着严密禁闭的生活，因为热气或臭气有令人虚弱的作用，因为缺乏身体锻炼。在童年和青年时期缺乏这种自然的必要的锻炼来增强机体，便无法完成工作和履行成年的义务。3.夜工和延长工作日，当问题有关儿童时，不仅会因损害体力，破坏新生一代的生命力，而且会缩短寿命并减少那为未来所指望的积极性，而且还常常赞助那些反乎自然条理、以剥削自己子女为生的父母的懒惰、浪费和堕落。4.工厂中雇用的儿童一般都失去各种学习机会和接受道德与宗教教育的机会。5.某些纱厂中现行的仁慈章程指出，在颇大程度上有可能补救大多数的这类缺点。经验认为，并得到那些经营这些纱厂的慷慨好施人的协助，我们应向议会交涉，以便获得一些合理的人道的制度，行使于所有这些工厂中的法令，如果不能通过别的办法来达到目的的话。"[127]

上面这一段赋予这个文件以历史意义。事实上，这个文件是在毫不含糊地吁请国家干涉。在那些伴随大工业的发展而来的流弊面前，私人的慈善努力被认为是没有能力的。人们请求国家使那种当时还只是几个人的单纯赈济成为一切工厂主所必须遵行的事。曼彻斯特卫生局仅限于发表一种意见或愿望而已，还有待于行动。一位工厂主采取了行动。罗伯特·皮尔爵士在他自己的工厂里走了一下，被学徒的病容和苦相所感动；他因他们生活于其中的那种有碍健康的环境，并因他们的无知和坏倾向而震惊。[128]他了解到别的工厂更恶劣，于是懂得要纠正这种情形，采取普遍的措施就成为必要了。他以他的议会成员的资格，他有义务促使这种措施获得通过，他亲自将其提请下议院表决。在1802年4月6日会议上，他就这样做了。

几天前，[129]议会的注意力被吸引到工厂主和教区之间所订的可耻的合同上面去了。儿童们一经交给他们的主人之后，就像那么多的牲畜一样失去了踪影，往往难于知道他们在哪里。人们猜测，借助于这种有意识的黑暗制度，多少犯罪行为会被干出来而不受惩罚。一个要求救贫税管理人必须在登记簿上记下那些做学徒的儿童的姓名和住址的动议，得到全体一致的赞成。因此就替皮尔的倡议铺平了道路，而且，皮尔又是多数党的有势力的成员和大工业的有权威的代表。除去英国，在任何别的国家，如果看到提出一个那样重要的原则问题——国家对私人企业的监督权问题——的讨论，引起那样少的争论，人们一定会感到惊奇。老实讲，原则问题到特殊问题面前就消失了，况且占优势的思想是人道的思想，是在法律范畴的任何考虑之外的。

皮尔在提出法案时，特别着重指出那些雇用于工厂中的青年人的道德堕落："人们不难了解，在很多人过着密切混杂生活的地方，腐败就会发生，跟着就会害病。"防止这种混杂乃是法律的第一个目标；第二个就是用教育来消灭其后果，皮尔说："因为，缺乏教

育就引起了许多不道德行为。"[130]这个论据虽然是对那种对于残忍行为反不及对于失礼行为严厉的英国人虚伪习气而说的，但也可能感动那些最没有同情心的人。贝尔格雷夫勋爵发言支持这项建议，同时用揭发工厂制度的一切流弊的办法来扩大辩论："这些可怜的孩子所受的虐待、他们的痛苦、他们的缺吃少穿，真是极其可怕。"法律保护不应当仅适用于学徒或者仅仅一种工业中的学徒："法律应该保证他们有必要的休息以及整洁和教育。谋求财富，在这个地方是以压倒一切的热望来追逐的，但太过分了，会引起上天的报复。"[131]这种贵族声音在反对工业资本主义罪行的同时，似乎提前一代预报那由一位贵族人物沙夫茨伯里领导的仁慈运动。威尔伯福斯也发了言，请求人们在法令的标题中明白指出，那些规定将适用于一切工厂或手工工场。[132]皮尔由于"人道和对国家的忠诚"[133]而受到大家恭维，并博得会议的尊敬。这项法令在第二读和第三读以及在上议院中都毫无阻难地通过了，1802 年 6 月 22 日得到国王的批准。[134]

这项法令首先包含有卫生规定。车间的墙壁和天花板应每年用石灰刷白两次。各个车间都应有相当大的和相当多的窗户，足以确保空气的适当流通。每个学徒都应得到两套齐备的衣服，并且每年至少要添换一套新的。必须为男女两性儿童安排分别的宿舍，并有足够数量的床铺，不至于使两个以上的儿童睡在一张床上。接着就是有关工作日的长度的规定：绝不允许超过十二小时的最高限度，吃饭时间不计在内。工作绝不允许延长到晚上九时以后，亦不得在早上六时以前开始。在学徒的头四年中，教育是必须做的事：所有学徒都要学习读、写和计算，用在每天功课上的时间应占规定的劳动时间。宗教教育也必须进行，但应在每星期天进行，而且要把学徒带到外面教堂或厂内教堂去参加祈祷式。为了监督法令的实施，本郡保安审判官应每年任命两个视察员，一个从当地官吏中选出，另一个从国教会牧师中选出。这些视察员有权在任何时候进入工厂，而且有权立刻召请医生，如果他们发现工厂里有传染病的话。他们有向保安审判官所属的郡法院提出报告的义务。最后就是处罚表：各种违反都科以二至五镑的罚金；拒绝接受视察员，或者对视察员的任务加以任何阻难，均科以五至十镑的罚金。这项法令的原文必须张贴在所有的、为该法条款所涉及的工厂里，以期一切关系人都能看到它并能于必要时请求将其付诸实行。

这项法令，其通过几乎不被人注意，[135]却值得史学家十分注意。因为它创立了一个在英国十九世纪期间起了很大作用的制度，而且各文明国家都采用了这种制度，即对工厂的监督。这项法令规定了有关工厂卫生、学徒教育、劳动时间的限制等义务原则。当它对工业家的专断权加以一种不管怎样轻微的限制时，它就在这样一条路上走了第一步：路的起点和终点就是绝对放任主义和国家社会主义。

必须承认，这项法令的实际效果几乎等于零。首先，它只适用于大工厂，特别是纱厂。小工厂和中等工厂中的学徒往往并未得到好得多的待遇，[136]因为这些工厂都免于任何监督。即使那儿有这种监督，老板们就会说损害了他们的自由和工业利益，[137]不久就会使法令变成泡影。法令的措辞很模糊，它所规定的制裁也不充分。规避法令的最简单办法就是雇用青年工人，不签订学徒合同。从此，按照法律意义他们就不是学徒，就不再受到保护，因此，老板就能叫他们日日夜夜地劳动而免于处罚。[138]当蒸汽机代替了水车之后，这种做法就普遍了。从那以后，工厂主们就能把他们的工厂设在大城市附近，他们要找劳动力，就不再需要同教区打交道了。[139]法令规定任命视察员，但是视察员对于执行任务却表现得不大殷勤，尤其害怕同老板们弄得不和，因为视察员往往是他们的邻居或朋友。几年之后，在某些区里，人们甚至不再劳神去任命视察员了。最后，工厂中也从来没有张贴这项法令。例如学徒罗伯特·布林科，我们曾经叙述过他的痛苦，他第一次读到这项法令的文字是在该法令颁行后十一年或十二年的时候。[140]这项法令即使认真实行，也只不过提供一点微乎其微的补救而已。违法行为延续很久，1816 年的调查揭露了十分严重的违法行为，但也没有产生任何决定性的行动。[141]必须有几个如理查德·奥斯特勒和迈克尔·萨德勒那样果敢人的有力的、热情的干预，才会产生舆论的真正愤怒，人们才会决心最后谋求解决。

在那些投票赞成 1802 年法令的人看来，这项法令不会构成一个先例。他们把它看作是一种根据纯粹感情范畴的理由而被认为正当的例外措施。该法的提议人罗伯特·皮尔爵士本人，那时是而且终身都是放任主义的最心悦诚服的拥护人。在 1802 年以前和以后，他全力反对维持或更新旧学徒条例，一般说来，他反对维持或更新各种对于工业加以任何强制的措施。[142]此外，他还关注地限制法令的范围，以表明法令的例外性质，他后来说："我记得很清楚，在讨论该法时，我有好多事情要做，以便防止工厂主和学徒受到损害。许多人用最强烈的恳求来敦促我在工作日上规定一个大大超过我认为合适的限制。人们要求我把法令的效力扩张到英国的极小村舍,这在我看来是这样不合理,以致我决定完全放弃领导这件事,如果这件事不是托付我一个人办的话。”[143]不管他是否愿意,他已经定下了整个近代劳动法所必须从其产生的原则。他一方面对它表示让步,另方面又对它加以极力抵制。这两种倾向同时发展着,都是从产业革命中获得自己的力量的。产业革命通过自己的经济后果来加速旧规章的毁灭,同时又通过自己的社会后果来制定新的必要的规章。

总结　产业革命的一般特征

本书打算研究的时期是到十九世纪的最初十年，这时产业革命还远未完成。机械化的范围还局限于某些工业或某些地区，而且在这些工业中还限于某些专业。在冶金工厂例如索霍冶金工厂或科尔布鲁克戴尔冶金工厂的旁边，还存在着而且长时间存在着伯明翰五金制品商的小作坊和谢菲尔德刀匠的小作坊。在兰开夏的棉纺厂和西区的毛纺厂的旁边，几千织工继续在老式手织机上进行家庭劳动。蒸汽一定会把以前各种发明的结果推进到它们的最高的效能上去，但蒸汽才刚刚开始其统治。近代大工业存在着，它已成为工业的基本要素了。我们已经把那些刚刚完成变革的特点叙述过了。

从技术观点上看，产业革命就在于发明和使用那些能够加速生产和经常增加产量的方法：例如纺织工业中的机械方法，冶金工业中的化学方法。这些方法都在准备商品的材料或决定商品的形式；机械化这个术语只能不完全地表达这些方法的丰富的多样性。这些方法至少在起初并不是运用科学理论发现的。事实似乎足够证明，第一批发明家们绝不是科学家。他们是工艺匠，由于处在实际问题面前，他们就运用他们的天然智慧以及他们的工业习惯上的和工业需要上的高深知识来解决这些问题。海斯、克朗普顿、哈格里夫斯、达德利、达比、科特等人就是这样。有时，也有些探索者，这些人并未受过科学教育或职业教育，而是凭本能或因好奇心而进行探索的：怀亚特、卡特赖特就是这类的例子。他们在一时需要的推动下并在完全具体的材料上加工，在着手时并无预定的方法，只是由于摸索而达到目的的。他们代表着经济需要，这种需要对人们起着暗中有力的作用、克服障碍并为自己创造手段。科学是以后才介入的，并对已经开始的活动提供听命于自己的无限力量的协助。它同时一下子就把工业中的局部范围的进步统一起来，并把共同的方向和共同的速度传递给各种工业。科学的这种作用同瓦特和蒸汽机是以最惊人的方式出现的。这是两条互相汇合的河流，两条来源不同的河流：即使产业革命的最后规模和最后力量都应归功于它们的汇合，但产业革命也不是从那儿产生的，它预先已经产生了它的初步结果。

从经济观点上看，产业革命的特点就是资本的集中和大企业的形成，而大企业的活动不但不是一种例外的事实，而且还有变成工业的正常形式的倾向。资本集中往往被人不是没有一点理由地看为技术发明的结果，但是这种集中在某种程度上是先于技术发明的。资本集中在本质上是商业性质的现象。它和商人阶级逐渐控制工业领域是一致的。商业和信贷的扩张不仅伴随着资本集中，而且还走在它前面。它的存在条件是国内安宁、交通和海运的发达。在以前的老板兼工匠和今天的大工业家之间的历史上的中间人就是商人工场主。商人工场主可以说起初是守在工业的边界上的，仅仅从事于把生产者与那些已经变得太大太远的市场联系起来；以后，因为他有资本以及工厂主因订货而有需要，这二者就使他成为生产的主宰，终于逐渐达到拥有原料、作坊、设备，并迫使独立劳动者沦为工资劳动者。在那些与其说是工业家性质的、倒不如说是商人性质的资本家手里，这样实现的集中是一件极其重要的事实。手工工场，有大量的雇佣工人，那里流行着非常完善的分工，它有许许多多与近代工厂相似的特点，也许呈现出一种更加惊人的景象，但它在工业演进上却占着一个小得多的位置。这是路程上的一站，而且是马上走过去的一站，在那里的停歇几乎没有表现出来。那些以经济学家的资格研究这种演进的人，了解它并把它确定为一种简单的发展，发展的各阶段像一条几何曲线。在历史学家看来，它显得复杂得多：它犹如一条并非经常以同样速度向前流着的河流，有时流得慢，有时流得快，在某些地方变得很窄，以后又大大地铺展开来，有时分成许多分离的支流，有时显得弯弯曲曲好像流回头似的。要描述这条河流，单单作出一张它所经过各地的名称表是不够的，必须按照它的不规则的、迂回曲折的，但是连续不断的、好像一种迫使它流向目的地的斜坡那样的进程绘制出来。

从社会观点上看，产业革命取得了那样广泛、那样深远的后果，以致想把这些后果综合为一个简要的公式，那就有点过于自负了。即使产业革命不像政治革命那样改变了社会的法律形式，但在社会的物质本身上把社会革新了。它已使一些社会阶级诞生了，而这些阶级的发展和对抗正占满着我们时代的历史。根据我们自己曾经引用过的那些事实试图证明：那里不曾发生过革命，这些阶级已经存在，它们的对立早已开始并且没有变更性质，那并不困难。事实上，我们的经常挂虑之一就是，在那些甚至极快的变化之中指出现象的连续。我们没有发现一个现象是奇迹般一下子出现的，也没有发现一个现象是老早就准备好了的、是预报出来的、早就有了轮廓的。浮浅的观察就是把这些轮廓置于阴暗之处，不然就是从阴暗处得出这些轮廓来与轮廓后面的东西相混同。我们力求避免这双重错误。我们知道在机械化以前就有了机器，在工厂以前就有了手工工场，在工业资本主义的到来和工厂无产阶级的形成之前就有了同盟和罢工。但是，在活动如此缓慢的社会的总量中，一个新成分的作用并不是从其一出现时就可以感觉到的。我们不仅要注意它的存在，而且还要注意它所占的与周围事实相比较的位置，和历史地位。产业革命正是那些以前还未发展起来的力量的发展，正是那些直到彼时仍然潜伏着的或者睡着的种子骤然萌发和突然开花。

从十九世纪开始时起，大工业的增长是大家都能看到的。它对人口的分布以及人口的物质生活已经发生重大影响。它阐明了那些在此以前还是大不列颠最穷地区何以突然重要和突然昌盛，这些地区如：兰开夏、南威尔士以及苏格兰低地的某些地方。大工业是在土地所有权的改变之后来到的，它加速了乡村人口向工厂移居。根据 1811 年的人口调查，米德尔塞克斯郡、沃里克郡、约克郡和兰开夏这四个郡有百分之六十或百分之七十的居民在商业或工业中工作；切斯特郡、莱斯特郡、诺丁汉郡和斯塔福德郡至少有百分之五十。[144] 在那些新中心里，即激烈的活动场所里，在极富和极穷的对照下，那些今天仍然摆在我们面前的社会问题已经显示出来了。罗伯特·欧文在其《致英国工厂主的信》和《论工厂制度的后果》中，第一次阐述这些问题的日子不远了。他不是单为英国而说的，而是为所有西方人而说的，因为大工业在其发源地继续发展下去的同时，全世界大工业也已经开始发展。它在大陆上出现了。它的历史不再是英国的历史，它的历史已成为欧洲的历史了，后来又成为全世界的历史。

注　释

导　言

1　人们认为“产业革命”一词的创始人是阿诺德·托因比；他的那本因他早死而未完成的著作出版于1884年，书名是《英国产业革命讲话》。但威廉·拉帕尔(见《瑞士的产业革命和法定劳动保护的起源》第4页)指出卡尔·马克思已在《资本论》，1867年德文版，第1卷里将其所称“产业革命”一词加以系统地说明；“产业革命”一词在1850年已被卡尔·马尔洛用过，在1848年经约翰·斯图亚特·穆勒(《政治经济学原理》，初版第581页)用过，甚至早在1845年已被弗里德里希·恩格斯(《英国工人阶级的状况》德文版第11和355页)用过。

2　《曼彻斯特和索尔福德的人口调查》，1773年，曼彻斯特彻萨姆图书馆。

3　A. 米尔奥：《十七世纪以来法国工业生活》，载于《史的综合杂志》，第3卷，第335页。

4　热曼·马坦：《路易十四时代法国的大工业》，1898年；A. 德·西勒尔：《十七和十八世纪大工业的制度和历史》，1900年。

5　“本书的目的在于说明王权在1660至1715年法国大工业中的作用。我们在本书里将研究有关制造、手工工场监督、行业管理等条例，以及王国行政机关对大工业所进行的一般干预。”见《路易十四时代法国的大工业》，“序言”第1页。

6　同上书，第94页。

7　同上书，第14页。

8　同上书，第8页。

9　关于科尔贝为吸引外国工人和制造商来到法国而采取的措施，见同上书第五章第60页以下。他从荷兰招来呢绒制造商(第68—71页)，从德国招来洋铁匠(第71—75页)，从瑞典招来采矿工程师(第75页)，从威尼斯和米兰招来玻璃制造人和编织花边工人(第76—79页)。

10　《路易十四时代法国的大工业》，第10—11页。

11　同上书，第67—69页。

12　G. 马坦先生举出许多事例，其中有克勒蒙、萨普特和空居埃三家工场的例子，这些工场在朗格多克省有制造细呢绒的专利权。上引书第 12 页。

13 朗格多克省手工工场总监察的报告(《埃罗郡档案》,C. 2561 号,G. 马坦在第 17 页引用)。可同我们在下面(第 1 篇第 1 章第 2 节)引用笛福对哈利法克斯山谷的描述相比较。

14 按照比利时著名史学家亨利・皮伦内的意见,经济演进的发展,并不是通过连续不断的运动来实现的,而是通过一连串的向前跃进来实现的:"我认为我们的经济史可以分为若干连续的时期,每一时期都有一个相应的、显然不同的资本家阶级。换句话说,某一时期所存在的资本家集团并不是从上一时期资本家集团中产生出来的。在经济组织的每一变化中,我们都会发现一种连续性的中断。"见《资本主义社会史中的阶段》,载于《美国历史杂志》,1914 年,第 19 卷,第 494 页。我们对手工工场过渡到大工业的观察,也肯定了这种意见。

15 H. 利维:《专利和竞争,关于英国工业组织的研究》,1911 年;《英国经济史中经济自由主义的基础》,1914 年。

16 H. 利维:《专利和竞争》,第 43 页。

17 同上书,第 15 页。

18 关于工业资本主义的开始,特别是在法国的开始,参看亨利・奥塞的著名论文:《法国工业资本主义的起源》,载于《政治经济学杂志》(1902 年),第 193 页及以下和第 313 页及以下。

19 《英国经济史和经济学说入门》,第 2 卷,第 516 页。

20 《十六和十七世纪的工业组织》。

21 《关于佛罗伦萨经济史的研究:十四至十六世纪佛罗伦萨的毛纺工业》。

22 丹尼尔・笛福:《大不列颠各地漫游记》,第 2 卷,第 56—58 页。这些事实中唯一可以证实的,是捐建教区教堂一事。此事载在 1519 年约翰・温奇库姆的正式遗嘱中。

23 托马斯・德洛尼:《通称为纽伯里的小约翰,约翰・温奇库姆的轶事》,伦敦,1597 年。这本书再版了好多次,书名略经更改为《青年时代被称为纽伯里的小约翰,约翰・温奇库姆的有趣的经历》。必须指出,这本书是在这位主人公死后八十年左右出版的。

24 托马斯・德洛尼:《约翰・温奇库姆的轶事》,第 37 页。

25 往日经济立法上常用的办法之一就是,把某种工业的扩张限制在某些地区里。见亨利八世 14—15 年法令第 1 章(禁止诺福克郡居民在诺里奇城外染呢绒、剪平呢绒或整饰呢绒);亨利八世 33—34 年法令第 10 章(禁止在约克城外制造绒毯)。

26 菲利普和玛丽 3—4 年法令第 11 章。同时也禁止织工拥有漂洗坊;禁止漂洗匠拥有织机;禁止有(但城市以内不在此限)两名以上的学徒,等等。

27 见 A. 黑尔特:《两本英国社会史》,第 498 页。"在都德王朝时代,呢绒工业在许多方面已经成为资本主义的工业,这就是说这种工业的销路是属于世界贸易的,并且是掌握在大商人手里的工业。"洛朗・德瑟纳先生在《英国毛纺工业在社会经济上的演进》,第 35—37 页,明白地指出这种演进在哪些方面是早期发生的。

28 事实上，应把这个时期大大地提前一些。按照多伦(见同上书，第22页及以下)的说法，资本主义的因素在佛罗伦萨工业中早于十三世纪末就出现了。也可参看卢约·布伦塔诺:《现代资本主义的发端》，1916年，第199页。

29 《资本论》第1卷，人民出版社1972年，第373页。

30 “资本主义生产的基本形态是协作，协作的最初形式包含着更复杂的诸形式的萌芽;在这些复杂的形式中，最初形式不但作为它们的因素之一而重新出现，并且也作为一个特殊形态而同时与它们并肩地保存着。这种以分工为基础的协作，在手工制造业中具有它自己的典型的形式;这种协作在真正的手工制造业时期中占统治地位。这个时期是从十六世纪中叶左右起到十八世纪末叶为止。”见《资本论》第1卷，人民出版社1972年，第372—373页。——桑巴特给手工工场所下的定义，和马克思的一样。但他承认，即使手工工场常常是一种过渡的状态，但它有时也是最后的结果;他举出陶器工业和高级家具制造业作为例子。见《现代资本主义》第1卷，第38、41、42页。

31 亚当·斯密:《国富论》，第3页。——另有一个早七十余年问世的文献，其中有一段可以引来与亚当·斯密的这一段相比较:“表是一件很复杂的东西，一个工匠可能制成其所有的部件，以后又能将各部件安装起来。但是，如果表的需要量变得很大，结果就要按照表中所有的各部件去把工作经常分给同样多的人去做。对每个人就要指定一个专门的并且总是一样的工作:例如甲只做表壳，乙只做齿轮，丙只做针，丁只制螺丝钉，其余的人还有各自的特殊的任务;最后，把种种部件安装起来又成为一个工人经常的唯一职业:这样，这个工人对于这种工作必定比他如果也要努力制造所有这些部件时更为熟练和更加迅速。同样地，制造针、齿轮、螺丝钉，或者表的任何别的部件的人，对于各自的专门任务，也必定会完成得更好和更快……。”《论东印度贸易》，1701年，第70页。这就是马克思称之为混成的分工的东西，以别于有机的或连续的分工，亚当·斯密的别针的做法就是有机分工的例子。在前一场合，每个工人制造一件不同的部件以便装配起来。在后一场合，同一物件是通过一系列的连续操作而得到变形的。我们在卡尔·比歇的《国民经济的起源》(1898年第2版)一书里，可以看到关于分工的彻底研究并带有一些与当时有关的事实的系统分类。

32 《论东印度贸易》，第69页。

33 J.A.霍布森:《现代资本主义的演进》，第40页。

34 “资本主义演进的主要物质因素是机械装置。用于制造与运输商品以及用于开采工业方面的机器的数量的日益增长和复杂性，说明是现代工业发展特性的大事件。”同上书，第5—6页。

35 R.W.库克·泰勒:《工厂制度和工厂法》，第29页。

36 逐字直译就是:工厂制度。

37 《约翰逊词典》中仍有这个意义。Factory的现今意义可能是从manufactory(手工工场)一词得来的。

38 例如paper mill(造纸机)、silk mill(丝织机)等等说法。

39 例如，在艾金的《曼彻斯特周围三四十英里内的地方志》(1795年)这一著作中，纺纱厂几乎总是被称为cotton mill。见F.伊登:《贫民状况》(1797年)，第2卷，第

129—130 页。

40 乔治三世 42 年法令第 73 章(1802 年)。An act for the presevation of the health and morals of apprentices employed in cotton and other mills and in cotton and other factories.(保护纱厂和其他工厂中学徒的健康和品行法。)

41 《受命考察英格兰毛纺工业状况的特别委员会报告》,1806 年,第 8 页:"在工厂制度(factory system)中,有时拥有很大资本的老板,在一个或几个建筑物或工厂中,按照生意的大小雇用大量或少量工人置于自己的直接监督之下或置于工头的监督之下。"

42 A.艾尔:《工业哲学》,第 14 页。

43 维多利亚八年法令第 15 章(修正有关工厂劳动法令的条例,1844 年 6 月 6 日)。必须指出,这个法定的定义仅与纺织工业有关。

44 见路德维希·贝克:《技术文化方面的钢铁史》,第 2 卷,第 130—142 页。

45 特别参看第 4 卷《水力学》。并参看"呢绒业"、"炼铁厂"、"羊毛"、"矿"、"火药"等条。

46 桑巴特力求获得一个有关大工业的定义,定义要能包括它的经营特征和经济特征。从经营观点而论,主要特点是整个生产集中在一个带有总动力的企业之中。从经济观点而论,主要因素是资本家的权力,因为他同时拥有工厂、设备和原料,他组织生产并寻找市场。桑巴特:《现代资本主义》,第 46 页。

47 A.黑尔特:《两本英国社会史》,第 544—545 页。黑尔特竟然几乎把它们混为一谈。在直接为自己使用而生产的"家庭工业"(Familienindustrie)和自由小工匠的"手工业"以及工人在家中为雇主而劳动的"家庭加工工业"(Hausindustrie)的后面,他把掌握着厂房、设备和管理权的资本家的一切经营形式都集合在"工厂工业"(Fabrikindustrie)这一项目之下(第 541—543 页)。可是,这种分类法是很有缺点的:如果我们考虑到设备和生产,那么,"工厂工业"这一词就不够了;如果我们只考虑到劳资关系,那么,"家庭加工工业"就不应单独成为一类,因为它已经是一种资本主义的工业。——黑尔特所谓"家庭加工工业",常被称为"集合的工厂"。G.雷纳尔曾提出比较正确的名称即"分散的工厂",来代替这个暧昧的用语(《略论最近四百年中劳动的演变》,载于 1904 年 12 月 10 日《议会和政治杂志》,第 522 页)。

48 黑尔特:《两本英国社会史》,第 414 页。然而,人们可以认为,手工工场绝不起领导作用。

49 见亚当·斯密:《国富论》第 1 卷第 2 章"论分工的原由"和第 3 章"论分工受市场范围的限制"。

50 查尔斯·比尔德是一本有趣的小书的著者,该书的名称和我们所采用的名称相同(《产业革命》,伦敦,1901 年第 1 版,1902 年第 2 版)。他比托因比走得更远:因为他持之有故地指出产业革命怎样经过十九世纪一直继续到我们今天。

51 以后是费边社的秘书。

52 现已合并到伦敦大学中央图书馆。

53 在伯明翰市参考图书馆。

第一篇　第一章

1　A. 切夫里朗:《西德尼·史密斯》序言。

2　A. 扬:《农场主致英国人民书》,第 22 页。我们在哈斯巴赫的《英国工业的特点》(载于《立法年鉴》第 26 卷,1902 年,第 462 页)这篇文章中可以看到十七和十八世纪英国作家论及毛纺工业时所用的那些抒情词句的事例。

3　关于羊毛交易的立法,见 H. 希顿:《约克郡的呢绒工业和绒线工业》第 12 章("十八世纪的政府和工业道德")。

4　约翰·史密斯:《乡村贸易年代记》,又名:《羊毛、毛纺工业和呢绒交易纪事》,1747 年。这本著作包含有许多珍贵小册子的翻版。

5　F. 戴尔:《羊毛诗》,1757 年。最近出版的一本书的著者们凑巧也仿用了这个题目(G. W. 莫里斯和 L. S. 伍德:《金羊毛,英国工业史入门》,1922 年)。

6　丹尼尔·笛福:《大不列颠各地漫游记》,1724 年,共 3 卷(第 2 版 1742 年,第 3 版 1748 年)。可以同利普森的《呢绒和绒线工业史》第 220—255 页(附有一张地图)所提供的毛纺工业在各时代的地理分布状态比较一下。

7　笛福:《无仁慈的施舍》,第 18 页。在十八世纪末,这些自耕农及其工业几乎完全消失了。参看 F. 伊登:《贫民状况》第 2 卷,1797 年,第 283 页。

8　笛福:《漫游记》第 1 卷,第 20、43、53 页;布罗姆:《英格兰、苏格兰和威尔斯游记》,第 119 页;《遍游英格兰》第 1 卷,第 17 页。

9　邓莫、布伦特里、萨克斯特德、科格斯霍尔。

10　笛福:《漫游记》第 1 卷,第 90 页;A. 扬:《英格兰南部诸郡和威尔斯六个星期的漫游》,1768 年,第 55 页。

11　笛福:《漫游记》第 1 卷,第 91 页。

12　塞特福德、迪斯、哈林、巴克纳姆、欣加姆、西德拉姆、艾特尔博罗、温德姆、哈尔莱斯顿、东德拉姆、沃尔顿、洛东等等,同上书,第 1 卷,第 92 页。

13　绒线工业在布雷德福出现以前,在诺里奇地区早已进入繁荣状态,但后来布雷德福却变为这一工业的主要中心。见 J. 詹姆斯:《布雷德福史》,第 195 页。

14 笛福:《漫游记》第 2 卷,第 133 页和第 3 卷第 18 页。诺丁汉城虽然还不重要,但已成为针织业的中心。见 W. 菲尔金:《机器制造史和织带工业》,第 42 页及以下。

15　笛福:《漫游记》第 3 卷,第 86 页;J. 艾金:《曼彻斯特周围三四十英里内的地方志》,第 579—580 页。

16　笛福:《漫游记》第 3 卷,第 105—106 页。夏龙绒是夏龙地方出产的一种哔叽。

17　同上书,第 116—121 页。

18　同上书,第 87 页。

19　J. 詹姆斯:《布雷德福史》,第 278 页,引用富勒(《英格兰的名士》)的原文:"布雷德福的呢绒,对于注视它的人来说,是个巨人,对于使用它的人来说,则是个矮子。"

20　笛福:《漫游记》第 3 卷,第 144 页及以下和 A. 扬:《英格兰北部六个月的漫游》第 2 卷,第 247 页。

21 “林肯过去是——伦敦现在是——约克将来是——三者中最美好的城市。”见W. 斯图克莱:《好奇的旅行记》“行程第五”,1722 年,第 90 页;布罗姆:《英格兰游记》,1704 年,第 148 页。

22 这些都是有名的肯达尔毛织品(Kendal cottons)。关于棉纺工业在英国诞生以前 cotton 一词的用法,见下面第 2 篇第 1 章。

23 见《下议院议事录》第 29 卷,第 618 页。“这项工业非常重大,它已扩展到十二三平方英里的地方。”

24 笛福:《漫游记》第 3 卷,第 221 页;比弗雷尔:《大不列颠的幸福》第 2 卷,第 301—302 页;J. 艾金:《曼彻斯特周围地方志》,第 157 页;E. 巴特沃思:《奥德姆史》,第 79、80、88 页。

25 笛福:《漫游记》第 2 卷,第 119 页。

26 同上书第 2 卷,第 114 页;J. 安德森:《商业起源在历史学上和年代学上的历史和推论》第 3 卷,第 457 页。

27 笛福:《漫游记》第 3 卷,第 301 页。

28 同上书第 3 卷,1742 年,第 293 页。

29 安德森:前引书第 3 卷,第 457 页。带子工业是比较新近的工业。

30 笛福:《漫游记》第 3 卷,第 64 页;安德森:前引书第 3 卷,第 457 页。

31 A. 扬:《南部诸郡》,第 99 页。

32 笛福:《漫游记》第 2 卷,1742 年,第 41、42 页;第 3 卷,第 29 页。在索尔兹伯里附近的威尔顿,已在织造地毯。

33 同上书第 2 卷,第 27—28 页。

34 同上书第 2 卷,第 42 页。这个地区工业的重要性,主要是由于科茨沃尔德羊所提供的羊毛品质而得来的。

35 笛福:《漫游记》第 1 卷,第 77 页;第 2 卷,第 36 页。

36 J. 比弗雷尔:《大不列颠的幸福》第 3 卷,第 699 页;J. 安德森:《商业起源在历史学上和年代学上的推论》第 3 卷,第 456 页。

37 笛福:《漫游记》第 2 卷,第 14 页。

38 同上书第 1 卷,第 87 页和第 2 卷第 17 页。见陆军中校哈丁:《蒂弗顿史》和马丁·邓斯福德:《蒂弗顿城市史记》。

39 笛福:《漫游记》第 1 卷,第 83 页。——可把这一整个记述同五十年后出版的《分类百科全书》第 2 卷,《技艺和手工工场》,第 256—257 页(罗兰·德·拉·普拉蒂埃尔写的“呢绒业”条)所记述的比较一下。

40 见洛朗·德瑟纳:《英国毛纺工业在社会经济上的演进》,第 50 页;J. A. 霍布森:《现代资本主义的演进》,第 27—28 页。

41 笛福:《漫游记》第 1 卷,第 52—54 页。

42 安德森:《商业起源》第 3 卷,第 325 页说,它有五六万居民(1761 年)。但这个数字一定是夸大了。F. 伊登:《贫民状况》第 2 卷,第 477 页说,它在 1693 年有两万九千居民,在 1752 年有三万六千居民,在 1796 年有四万居民。在 1801 年以前,没有正式的人口调查;在1801年,它的人口只有三万六千八百三十二人。见《乔治三世41年人口条例解答摘要》第1卷,第23章。

43 《下议院议事录》第35卷,第77页。——根据A.扬:《农场主在英格兰东部诸郡的漫游》第2卷,第79页的说法,有一万二千架织机和七万二千名工人(1771年)。

44 英语作“A throng of villages”。笛福:《漫游记》第1卷,第93、108页。

45 同上书第1卷,第81页。

46 蒂弗顿是最大者之一,却从没有超过一万居民。见F.伊登:《贫民状况》第2卷,第142页。

47 班普顿、克雷迪顿、库洛姆普顿、霍尼顿、奥特里·圣玛丽、阿什伯顿,等等。见笛福:《漫游记》第1卷,第84页。

48 在十九世纪初,仍然如此。见1806年议会委员会所搜集的证据:人们讯问西南部的织工们所住的地方,他们最通常的回答是:“……一个大村庄,……一个很大的村庄,也许是英格兰的最大的村庄。”《受命考察英格兰毛纺工业状况的特别委员会报告》,1806年。

49 笛福:《漫游记》第2卷,第42—43页。

50 前两个数字是近似的估计:第三个是1801年人口调查的数字。见J.里克曼:《评乔治四世11年人口条例报告书》,第11页。

51 J.艾金:《曼彻斯特周围地方志》,第557和571页;J.詹姆斯:《绒线工业史》,第316页和《布雷德福史续编》第89页。——在1927年,这些城市的居民数如下:利兹有四十七万;布雷德福有二十九万,哈德斯菲尔德有十一万,哈利法克斯有十万。

52 见《下议院议事录》第28卷,第133页。

53 见本章第16注。

54 笛福:《漫游记》第3卷,第97—99页。这是1724年的记述,但我们在1806年的报告中发现有完全一样的记述:“大多数织造者都住在村庄里和孤立的住所里,这些村庄和住所广布在一块长约二十至三十英里、宽约十二至十五英里的整个地面上……。他们中许多人都有点土地,从三英亩至十二或十五英亩。”《特别委员会关于毛纺工业的报告》,第9页。

55 见R.W.库克·泰勒:《现代工厂制度》,第423页,也可参看H.希顿:《约克郡的呢绒工业和绒线工业》,第349页。

56 约翰·凯的飞梭。关于这项发明及其重要性,见第二篇第一章。

57 在曼彻斯特地区,飞梭仅从1760年起才得到通用。见埃德温·巴特沃思:《奥德姆史》,第111页。

58 见《分类百科全书》“手工工场”第1卷“呢绒业”条。制作方法,在英、法两国几乎是相同的。

59 J.詹姆斯:《绒线工业史》,第334—335页。关于产业革命前的制造方法的全部叙述,占上引H.希顿的著作的整整一章(第322—358页)。

60 哈利法克斯教区在1775年有一百个左右像这样的公共车坊。见T.贝恩斯:《约克郡的过去和现在》第4卷,第387页。机器装置发展的最初结果就是使公共车坊的数目增多。《特别委员会关于毛纺工业的报告》,第 5 和 9 页。

61 J. 比肖夫在《呢绒和绒线工业详史》第 1 卷第 185 页指出,只需四个纺工就足供一个织工用纱。相反地,汤森·沃纳(《英国社会》第 5 卷,第 113 页)所引用的文献则指出要十个纺工才够一个织工用纱。这是最大数字。见 W. 拉德克利夫:《新工业制度的起源》,第 59—60 页。

62 R. 格斯特:《棉纺工业简史》,第 12 页。

63 利兹附近哈姆利的一个小制造商雇用两个工人、一个学徒和一家"在自己家里为他劳作"的纺工。他拥有三架织机(《特别委员会关于毛纺工业的报告》,第 5 页)。他买进羊毛并将其染上颜色,以后送到公共车坊去将其拣干净、刷好和卷好。然后,他就叫人纺织。他把织物又送到车坊去剪掉长毛和加以漂洗。最后,他又叫人把它晒干并亲自把它拿到利兹呢绒市场去出售(同上报告,第 6、7 页)。

64 最初的白色呢绒市场建于 1711 年,以后在 1775 年被一所更广大的建筑物所代替。有色呢绒市场是在 1755 年或 1756 年开幕的。见 A. 艾金:《曼彻斯特周围地方志》,第 572 页。希顿(《约克郡的呢绒工业和绒线工业》,第 360 页及以下)和利普森(《呢绒和绒线工业史》,第 80、81 页)关于这些相继建筑的记述是十分混乱的。

65 笛福:《漫游记》第 3 卷,第 116—117 页。

66 《一个法国旅行家于 1788 年在大不列颠的游历》,第 198 页。只需把这一段同前一段(前一段发表于 1727 年)比较一下,就足以看出六十年内事物很少变化。不应认为大工业一产生,就忽然把事物改变了:关于利兹的呢绒交易,贝恩斯在 1858 年还记载着:"邻近地区的制造者们,每星期两次将其在自己织机上织成的呢绒拿到这个城市的两个大呢绒市场去卖给商人。"《约克郡的过去和现在》,第 655 页。

67 《特别委员会关于毛纺工业的报告》,第 8 页。

68 同上报告,第 59 和 339 页。

69 在 1806 年,乌利和奥尔彭两个村中有七十个老板兼织工,同时只有三十至四十个工人。同上报告,第 337 页。

70 同上报告,第 10 页。

71 同上报告,第 9、447 页等等。"在 1800 年以前,'资本家'一词很少使用,而 manufacturer(现今的意思是'老板')一词在当时则是'工人'的同义词——字义的变化,很奇妙地并很有意义地反映着工业生活的变化。"A. 托因比:《英国产业革命》第 183 页中的"工业和民主"。参看《约翰逊词典》manufacturer 条。

72 笛福:《漫游记》,第 3 卷,第 100 页。

73 《特别委员会关于毛纺工业的报告》,第 13 页,詹姆斯·埃利斯的证言:"有些人拥有八分之一英亩土地,刚够摆开呢绒以便晒干的需要;另一些人则有两三英亩,足以饲养一头母牛或一匹小马。"

74 同上。——然而,也有些织工同时是小农。同上报告,第 8 页:"这种工业主是在乡村里还是在有市场的城市里经营的呢?——在乡村里;许多人拥有小田庄,同时按我所说的那样使用妻子、儿女和男女农工去干纺织行业。——在收获时期,他们会自然地打发他们下田去吗?——是的。"

75　同上报告，第 1 页。A. 黑尔特：《两本英国社会史》，第 541 页，对于 Hausindustrie（家内工业）一词给以有点不同的意义。他把家内工业理解为雇用工人在家劳动的资本家所经营的工业；他把约克郡的小工业称为 Handwerk（手工业），而这个词同样也适用于中世纪的手工业。J. A. 霍布森在《现代资本主义的演进》第 35 页主张使用 domestic manufacture（家庭工业）这一更加确切的术语。

76　F. W. 莫菲特（《产业革命前夕的英国》，第 17 页）指出旧式工业在加拿大延续到十九世纪下半期。

77　比肖夫：《毛纺工业史》，第 2 卷，表 4；A. 安德森：《商业起源》第 4 卷，第 146—147 页；F. 伊登：《贫民状况》第 3 卷，第 263 页。正确的数字是：

1740 年　41.441 匹（宽门面的）和 58.620 匹（窄门面的）

1750 年　60.447 匹（宽门面的）和 78.115 匹（窄门面的）

1760 年　49.362 匹（宽门面的）和 69.573 匹（窄门面的）

1770 年　93.074 匹（宽门面的）和 85.376 匹（窄门面的）

78　关于哈利法克斯在十八世纪中叶的重要性，参看 H. 希顿：前引书，第 269 页及以下。

79　见 F. 伊登：《贫民状况》第 2 卷，第 821 页。

80　即英语 merchant manufacturer。——这就是指 Fabricant（制造商），这个词在法国长期使用于许多工业中，尤其是在丝织工业中。里昂的制造商直至很近的一个时期中并不拥有工厂，只把工作分给丝绸织工在家里劳动。这种情形尽管逐渐有所改变，但到现时（1927 年）还远未结束。

81　《关于毛纺工业状况的报告》，第 8 页；《议会辩论》，第 2 卷，第 668 页。

82　“就我所能了解的西部现行制度而论，我认为它同我们在约克郡中所称谓的那种家庭工业制度没有任何关系。我所说的家庭工业制度是指住在村庄里的或住在孤立的住所里的小制造者而言，他们在那里过着很舒适的生活并以自己的资本经营自己的职业。在西部，情形却十分不同了：那里工匠的状况和我们手工工场中工人的状况一样，不过这些工匠是在自己家里劳动而已。在西部，人们把羊毛交给他们去纺；在约克郡，羊毛在变成呢绒而出卖以前，始终是小制造者的所有物。”《关于毛纺工业状况的报告》，第 446 页。

83　W. 拉德克利夫：《通称为机械织机织布的新工业制度的起源》，第 59 页；S. 班福德：《南兰开夏的方言》，第 4 和 5 页。

84　《关于毛纺工业状况的报告》，第 13 页。

85　查理二世十四年法令，第 5 章。

86　布雷德福的 T. 克罗斯利把梳好了的羊毛卷线杆一直送到柯克比·朗斯代尔（约有五十英里）和利物浦附近的奥姆斯柯克。见 J. 詹姆斯：《绒线工业史》，第 254 和 325 页。

87　同上书，第 312 页（利兹绒线委员会主席 H. 霍尔的证言）。——男女纺工都领取计件工资：一个定量的工作叫做便士，高于这个定量的十二倍量叫做先令。在此意义上，这两个名词已失去其通常的意思，因为当时有便士价格和先令价格：而先令价格常常在十便士至十五便士之间变动着。见《农业年鉴》第 9 卷，第 447—449 页和 1832 年 2 月 14 日《诺福克先驱》报。

88 为工业资本主义打开道路的商业资本主义在十八世纪内所起的作用，在亨利·塞的文章（《法国资本主义工业的起源》，载于《历史杂志》第 148 卷）中有了很清楚的说明，并列举一些法国经济史中的事例。

89 其中有整饰用的淀粉和夜工所必需的蜡烛。见 E. 巴特沃恩：《奥德姆史》，第 103 页；R. 格斯特：《棉纺工业简史》，第 10 页；《下议院议事录》，第 55 卷，第 493 页。这些文献都与棉纺工业有关，这种惯例在棉纺工业中比在毛纺工业中更为流行。

90 《特别委员会关于萨默塞特郡、威尔茨郡和格洛斯特郡毛纺工业中有关人等请愿的报告》（1803 年）。《议会报告》第 5 卷，第 243 页。

91 织工织十二磅线，得到三十六先令。准备工作（拆毛、刷毛和粗纺）使他花去九先令；纺线每磅九便士，共合九先令。因此，他干十五天工作只赚十八先令。（1750 年毛纺工业，见 R. 格斯特：《棉纺工业简史》，第 10 页）。

92 W. 费尔金：《机器织袜和织带工业史》，第 2 章和第 3 章；G. 豪厄尔：《劳资纠纷》，第 85 页。——最重要的文件是《下议院议事录》第 26 卷中 1753 年的议会调查。

93 M. 邓斯福德：《蒂弗顿城市史记》，1765 年。在利普松的《英国呢绒和绒线工业史》第 54—56 页中，可以看到关于这个事件的适当叙述。

94 《关于毛纺工业状况的报告》（1806 年）中所引的事例：一个呢绒商雇用二十一个织工，其中十一个在呢绒商家里劳动，其余十人则在自己家里劳动：这二十一架织机都是这个呢绒商的（第 175 页）。另一个呢绒商共有二十七架织机，其中只有十三架在他的作坊里（第 104 页）。

95 A. 黑尔特：《两本英国社会史》，第 541—543 页。这种工业形式，在某些生产部门中能够顺利地维持下去。哈斯巴赫举出今天（1927 年）英国中的下列事例：谢菲尔德地区的刀剑制造业，“黑乡”的链条和钉子制造业，诺丁汉的花边和针织品制造业，贝德福的草帽辫织造业，伍斯特和牛津郡的手套制造业，伯明翰的家庭用小商品制造业以及麦克尔斯菲尔德的丝织品制造业（W. 哈斯巴赫：《英国工业的特点》，载于《立法年鉴》第 26 卷，第 1032—1052 页）。伦敦和其他城市中服装工业的有名事例还不在内。

96 我们曾以毛纺工业作为例子。但在其他工业中也同样明显地显出同样的事实。1750 年在诺丁汉，五十个袜商共拥有一千二百架编织机；见 W. 费尔金：《机器织袜和织带工业史》，第 83 页。在技术改变最慢的工业之一的花边工业中也有同样的事实。1770 年，伦敦的詹姆斯·皮尔格里姆雇用二千名男女工人，其中大多数是在他们自己家里劳动的。《下议院议事录》第 32 卷，第 127 页。

97 笛福：《漫游记》第 2 卷，第 17 页：“蒂弗顿四周所有的小村落都住满了依靠蒂弗顿的呢绒商老板为生的工人。”

98 洛朗·德瑟纳：《毛纺工业的社会经济演进》，第 69—71 页。参看 H. 希顿：《约克郡的呢绒工业和绒线工业》，第 297 页及以下。

99 1832 年 2 月 14 日《诺福克先驱》报。这篇文章中的材料是 1784 年在诺里奇当地搜集的。

100 同上;T. 贝恩斯:《约克郡的过去和现在》第1卷,第677页。

101 在别的一些工业中,也可发现同一类型的是商人而不是制造者的资本主义企业家。关于商人成衣匠,见F. W. 高尔顿:《工联主义史文件选》第1卷"裁缝业",第46、54页等。

102 见导言中注25。

103 P. 加斯克尔:《英国工业人口》,第17页及以下。

104 同上。凡近来研究过十八世纪工业生活状况的人,都得出一些和我们相同的结论。希顿(《约克郡的呢绒工业和绒线工业》,第351页)写道:"假如十八世纪工人看到人们今天以怎样的魔力来避开沉闷的艰苦劳动,一定会感到十分欣慰。"——W. 鲍顿(《十八世纪末英国工业社会》,第250页)发表这样的意见:"比起大工业来,家庭工业制度之所以理想化的真正原因,并不在于工人从那种制度所得到的好处或害处,而在于家庭工业制度能对农业工人家庭提供副业收入这一事实,从而使得老板有可能去减少工资。"

105 笛福:《漫游记》,第3卷,第103页。

106 1787年在布雷肯,"贫民阶级的食物是面包、干酪、牛奶或水;一点酒性温和的啤酒。除星期天外,绝没有肉。"A. 扬:《农业年鉴》第8卷,第50页。汉普郡的保安审判官在1795年希望"雇工能够每天吃一次肉,或者,每星期至少吃三次肉"。《农业年鉴》第25卷,第365页。参看F. 伊登:《贫民状况》第1卷,第496页。

107 见《下议院议事录》第37卷,第834页"反对麦麹税的请愿书"。

108 《关于毛纺工业状况的报告》,第10页。

109 每年八镑或十镑。见豪厄尔:《劳资纠纷》,第74页。

110 见《关于呢绒商的请愿报告》(1803年),第4页。

111 J. 史密斯:《羊毛传》第2卷,第308页;W. 赫顿:《伯明翰史》,第97页;《关于目前粮食高价和农庄大小之间的关系的探讨》,第93页;让我们再举出一本1764年出版的小册子的很有意义的标题:《论被认为能够影响我们工业中劳动力价格的税收。兼论国内工业人口的一般品行和秉性;从经验得来的论据表明:只有需要才会迫使勤劳,任何国家过去和现在都不能在生活必需品价廉的地方造成工业上的巨大数字》。

112 利兹地区,每星期二先令六便士至三先令(《英格兰北部》第1卷,第139页);兰开夏,每星期三先令三便士(同上书第3卷,第134页);埃塞克斯,每天四至五便士(《南部诸郡》,第65页);萨福克,每天六便士(同上书,第58页)。J. 詹姆斯:《绒线工业史》第325页所引梳毛工业的数字,与此数字很相接近:"一个熟练纺工从星期一早晨起工作到星期六晚上止,能够赚得二先令六便士(每天六便士)……。一个十五岁的女孩子每天能纺九束或十束线,每束工资半便士。"(每天四个半便士至五便士)。关于与农业工资的比较,见A. 扬:《南部诸郡》,第61、62、151、154、157、171、186、197、266页,以及《英格兰北部》第1卷,第172、312—313页;第3卷,第24—25、277、345页。同上书第4卷,第293—296页"概括的记述"。

113 J. 詹姆斯:《布雷德福史续篇》,第221页。

114 A. 扬:《南部诸郡》,第270页。

115　A.扬:《英格兰北部》第1卷,第137—138页。

116　A.扬:《南部诸郡》,第65页;J.詹姆斯:《绒线工业史》,第278页。

117　见F.W.高尔顿:《工联主义史文件选》第1卷"裁缝业",所搜集的文件。

118　1720年,每天一先令十便士(高尔顿,第13页)。1721年,议会法令规定为一先令八便士至二先令(乔治一世七年《法典》第1卷法令第13章)。——1751年,二先令至二先令六便士(高尔顿,第XXXV页)。1763年,二先令至二先令六便士(该城保安审判官季度会议的决议,后经乔治三世八年法令第17章所认可)。1775年,三先令(高尔顿,第86页)。

119　《伦敦和威斯明斯特城内和附近的成衣工人的诉讼》,1744年。根据1752年的一本小册子的说法,"从仲夏至米迦勒节(在九月二十九日。——译者注),成衣工人很少有或者一点也没有活计:他们每年总共工作不超过三十二星期。"《成衣工人及胸衣匠的诉讼》,第1页。

120　同上书,第2页。

121　直至1768年法令(乔治三世八年法令第17章)颁布时,始将劳动时数减至十三小时(从上午六时至下午七时)。

122　《成衣工人及胸衣匠的诉讼》,第2页。

123　据A.托因比:《英国产业革命讲话》第67页说,十七世纪小麦的平均价格是三十八先令二便士,短工的平均工资是十便士又四分之三。从1700至1760年,小麦的平均价格是三十二先令,短工的平均工资是十二便士。

124　A.扬:《农场主致英国人民书》第1卷,第207页。然而,在最贫穷的地区(例如在坎伯兰州的山谷中),直至十八世纪末,白面包仍然是讲究的食品,仅在节日才出现于餐桌上。见F.伊登:《贫民状况》第1卷,第564页。

125　A.扬:《法兰西游记》,1793年版,第2卷,第313页。"没有一个生活状况好的织工,在星期天的正餐时,不在餐桌上摆上一只鹅当作是光荣的事。"1832年2月7日《诺福克先驱》报。

126　输入英国的茶:1711年是十四万二千磅;1760年是二百五十一万六千磅。乔治·尼科尔斯爵士:《英国恤贫法史》第2卷,第59页。茶的消费量的增加,似与牛奶的消费量的减少有关,因为牛奶对于短工家庭来说已经太贵了。哈斯巴赫:《英国农业工人史》,第128页。

127　这是1765年和1775年所发生的事。

128　安1年法令第18章禁止以法定货币以外的办法来支付短工或工人的工资,违者课以应付工资总数两倍的罚金。花边工业中的实物支付(或实物工资制)是乔治三世十九年(1779年)法令第49章的对象。其说明理由的部分是这样开始的:"鉴于以货物而不以货币支付花边制造业中雇员工资之一部或全部的惯例,对于上述人员造成严重的损害,并有阻碍该工业的危险……。"初犯,处以十镑的罚金;再犯,处以六个月的监禁。

129　大卫·布伦纳:《苏格兰的工业》,第5页。

130　这就是乔治三世15年法令第28章(1775年)。其说明理由的部分是相当奇怪的:人道主义的理由仅占次要的地位;主要的问题似乎是保证工人的招雇:"没有人不被阻止和劝止学习盐工技艺或矿工技艺的,因为人们知道,凡在煤矿或盐矿中劳动一年的人,就会被终身留在那里。从而,苏格兰没有足够的人数来开采必要数量的煤和盐:许多新近发现的煤矿仍未开采,许多其他的矿又开采得不好;对于盐矿来说也是一样;这对业主和公众都有很大的损害……。通过渐进的办法,并在合理的条件下,来解放和释放苏格兰的正处于农奴状态的矿工和盐工,并禁止其他的人今后再堕入这种奴役状态,就会成为增加矿工和盐工人数的办法,这对公众有很大的好处而对现有的业主也不造成任何损害,而且,还会消灭一个自由国家保存这种奴隶制的耻辱。"规定完成解放的最长期限是十二年。但事实上,尽管有1775年法令,这种制度仍被部分地保存着,这就有必要在1799年颁布一项新法令(乔治三世39年法令第56章)。参看J. L. 和B. 哈蒙德:《熟练工人》第12页注1。

131 西德尼和比阿特丽斯·韦布:《工联主义史》,第11—20页。——L. 布伦塔诺在其《同业公会的发展史和工联的起源》及《现今的工人同业公会》第1卷第1章和第2章中,坚持同业公会变为工联的理论。——参看G. 豪厄尔:《劳资纠纷》。

132 即英语:The Clothier's Delight。这支歌的完整标题是:"呢绒商的快乐,或富人的愉快和贫者的忧伤",歌中表达了英国许多呢绒商用来降低其工人工资的狡猾手法。见J. 伯恩利:《羊毛和羊毛的梳理》,第160—161页。

133 暗指"实物工资制"。

134 "据亚当·斯密说,'手艺人即使为了消遣和娱乐亦很少聚会在一起,除非他们的会谈是以结盟反对公共秩序或者是以协议获得较高工资为结果。'我们有确实的证据表明,最老的工联之一是从工人'共饮联欢'聚会中产生出来的。常常是无秩序的罢工引起了永久组织的产生。在别的地方,我们又看到工人们为了向下议院呈递请愿书而集会,他们时时会集起来以便进行不断骚动,其目的在于要求制定某种新法规或维持现行的法令。在另一些情况下,我们看到某一行业的工人常到某些酒店去打听有无空缺,这样的'职业介绍所'就变为工人组织的中心。此外,同一行业的工人宣称'工匠为增进相互的友谊和基督的仁爱而集合组成协会,是大不列颠王国中的老习惯',他们于是组成了一种分发疾病救济金和丧葬津贴的后援会。这种后援会必然会讨论老板所提出的工资数额的问题,于是渐渐变为一种带有互助作用的工联。最后,如果行业是工人必须常常走动去寻找工作的行业,我们就可看到在那些为流动工人所经过的各城市中便慢慢形成一种旨在帮助他们的组织;以后,这种流动工人协会在扩大其作用范围时,就逐渐变为全国性的工联。"见S. 和B. 韦布:《工联主义史》,第22—27页。

135 羊毛梳理工作自然是用手做的。梳羊毛工人把毛上的结饼除去后,经过拍打,再除去结饼,把羊毛脱去油脂后,加以拧搓,以后把羊毛分成细条并使之好好地分开,使之润滑(这就是说把羊毛涂上油,但用奶油梳的则不涂油),并趁湿进行梳理。如要染色,也是在此时进行的;如不上色,就把羊毛再洗一次;以后再梳。最后,再洗一次。这时,羊毛才离开梳毛匠的手。《分类百科全书》"羊毛梳理"条,"手工工场"第2卷,第264页;J. 詹姆斯:《绒线工业史》,第259页。关于机器时代以前梳理羊毛手续的详尽记述,见希顿:《约克郡的呢绒工业和绒线工业》,第332—334页。

136　按照比肖夫:《呢绒和绒线工业详史》第1卷第185页的说法,七个织工就要有两个梳毛匠梳理羊毛。按照J.海恩斯:《为贫民做好准备,或对毛纺工业没落状况的观察》(1715年),第9页的说法,把二百四十磅羊毛在一星期内变成绒线织的织品,要雇用二百五十名纺工、二十五名织工和仅仅七名梳羊毛工人。

137　见《下议院议事录》第49卷,第323页。

138　在1760至1770年间,梳羊毛工人的工资,每星期自十先令至十二先令不等(这等于工资最高的织工所赚的数目)。见A.扬:《英格兰北部》第1卷,第139页;第2卷,第134页;《南部诸郡》,第65页。不应忽略,梳羊毛工人的工作是很苦和不卫生的,因为他们要坐在木炭炉旁边工作,木炭炉是供烘暖羊毛和高度烤热梳齿用的,这就使得室内充满了有害健康的臭气。见希顿:前引书,第334页。

139　韦布手稿,《通史》第1卷,《毛纺工业》。

140　J.詹姆斯:《绒线工业史》,第232页所引的《略论一般工业》,1741年。

141　哈丁:《蒂弗顿城市史》第1卷,第95页。关于1739年威尔特郡织工的骚乱,见S.史密斯:《羊毛传》第2卷,第78—79页。关于约克郡梳羊毛工人的罢工,见希顿:《约克郡的呢绒工业和绒线工业》,第318页及以下。

142　哈丁:前引书,第1卷,第113—114页。诺里奇地区发生过同样的事件:1752年,梳羊毛工人受到缩减工资的威胁,于是离开该城,并在罗克希思暴动起来。《绅士杂志》第22卷,第476页。

143　《下议院议事录》第18卷,第715页;第20卷,第268、598、602页。

144　韦布:《工联主义史》,第29页。

145　乔治一世十二年法令第34章。其前文几乎是转载1718年谕旨中的话语。同年(1725年),曼彻斯特法庭的一个判决,引用了十六世纪的一项法令(爱德华六世二—三年法令第15章)的条文,这项法令禁止"一切工匠,工人和短工"组成反对雇主的同盟,违者,初犯处以罚金十镑或监禁二十天,再犯处以罚金二十镑或带枷示众,三犯则处以罚金四十镑,或者带枷示众并割去一个耳朵。见F.伊登:《贫民状况》第3卷,第110页。一些类似1725年法令的措施,于1756年和1757年又经乔治二世二十九年法令第33章和乔治二世三十年法令第12章所颁行。

146　见洛朗·德瑟纳:《英国毛纺工业的社会经济演进》,第153页。S.和B.韦布:《工联主义史》第29页。兰开夏精纺细货织工,在1756年开始组织起来,同一"商人工厂主"的工人们称其所组成的团体为shop(工场,作坊)。见G.W.丹尼尔:《初期英国棉纺工业》,第43页及以下,并引用了《细货织工的辩解》(1756年)的一些文字;又见T.珀西瓦尔:《因曼彻斯特格子花布制造商和织工间的新近争议而致友人书》,1759年。

147　韦布:《工联主义史》第27页;F.W.高尔顿:《裁缝业》"导言"第XIII页及以下。

148　《成衣工人:热天的悲剧,共三幕。经黑马开特王家戏院演出》,伦敦,1778年,八开本。唯一的原版本,存在大英博物馆,其编号是:643e.8(2)。戏剧作者不明。

149　至于这个行会的历史,见费尔金:《袜子和带子工业史》以及亨森的更近出版的书:《针织业史》。

150 A.黑尔特:《两本英国社会史》,第484—488页。

151 其名称是"英格兰中部各郡织袜工人互助保护会"。见韦布:《工联主义史》,第45页及L.布伦塔诺:《同业公会的发展史和工联的起源》,第115—121页。关于英格兰中部机织工人的最初结社,参看《德比郡的维多利亚史》第2卷,第367页;《诺丁汉郡的维多利亚史》第2卷,第353—354页。

152 《内政部文件一览表》,1760—1765年,第1029和1051号。(《军事登记簿》第27卷,第130、134、138页)。

153 D.麦克弗森:《商业年鉴》第3卷,第415页。

154 1758年的《常年注册簿》,第57页。

155 1769年的《常年注册簿》,第81、124、136和138页。

156 乔治三世十三年法令第68章。斯皮塔尔菲尔兹法只适用于伦敦、威斯敏斯特和米德尔塞克斯郡。这项法令后来又经乔治三世三十二年(即1792年)法令第44章将其扩大到适用于混纺织物工业,经乔治三世五十一年(即1801年)法令第7章补充了有关妇女劳动的规定。见J.H.克拉潘:《1773—1824年的斯皮塔尔菲尔兹法》(载在《经济杂志》第26卷第459—471页)。根据韦布:《工联主义史》第32页的说法,这个工联始于1773年,根据塞缪尔·肖尔的《英国丝绸工业简史》第4页的说法,则始于1777年。

157 布兰德:《泰恩河畔的纽卡斯尔史》第2卷,第659—660页中有这个文件的全文。

158 布兰德:《纽卡斯尔史》第2卷,第293页。

159 同上书第2卷,第520页,以及《绅士杂志》,1740年,第355页。

160 《内政部文件一览表》,1760—1765年,第107、1910、1913号。1765年大罢工的原因是由于工人怀疑他们老板准备使用"一种协议,约定矿山主只能雇用那些持有其最后老板的证明书,证明其已免除了全部义务的工人",从而把他们固着在矿山上。见J.L.和B.哈蒙德:《熟练工人》,第13页。

161 布兰德:《纽卡斯尔史》第2卷,第309页。

162 见A.黑尔特:《两本英国社会史》;如果我们读它几章,就会认为社会史只不过是经济立法史。W.坎宁安:《英国工商业的成长》第2卷,它把很大的篇幅用来阐明工商业的政策。G.昂温在其杰出的著作《十六和十七世纪的工业组织》中,也有同样的做法。

163 "产业革命的实质就是以自由竞争来代替中世纪以来加在生产上面的法规。"A.托因比:《产业革命讲话》,第85页。

164 最初,它是以禁令的极端形式表现出来的。见阿什利:《英国经济史和经济学说入门》第2卷,第12—15页。

165 卡尔·比歇尔:《政治经济的起源》,1898年第2版。

166 关于英国毛纺工业法规的全面研究,已由F.洛曼发表了(《十五至十八世纪英国毛纺工业的国家法规》,载于《政治和社会科学研究》,1900年)。按照H.希顿(《约克郡的呢绒工业和绒线工业》,第124页)的说法,"国家制定毛纺工业的法规,有两个理由作为根据。首先是真实而诚挚地希望使英国的价格能和品质的高标准相符合，以确保英国织品在国内外的好名声；其次，问题也是从财政角度来考虑的：英国羊毛既然越来越多地在本国加工，那就要用织品税来代替以前对于羊毛作为原料输出所征收的税。”

167　起毛是在呢绒织好以后用力擦刷呢绒的工序，以使呢绒面上浮起一种绒毛。见《制造商请求废除工业条例的请愿书》，载于《下议院议事录》第58卷，第334页（1803年4月7日）。这份请愿书中所指的某些条例始于十四世纪。见比肖夫：《呢绒和绒线工业史》第1卷，第173页及以下。

168　安七年法令第13章（1708年），安十年法令第16章（1711年），乔治一世元年法典第2卷，法令第15章和第41章（1715年），乔治一世十一年法令第24章（1724年），乔治二世七年法令第25章（1733年），乔治二世十一年法令第28章（1737年），乔治二世十四年法令第35章（1740年），乔治三世五年法令第51章（1765年），乔治三世六年法令第13章（1766年），乔治三世十四年法令第25章（1774年），乔治三世十七年法令第11章（1777年）。这些含有大量共通条款的法令层出不穷，就是它们未受遵守的最好证据。

169　关于商业上的诈欺行为，见希顿：《约克郡的呢绒工业和绒线工业》，第130—131页。

170　乔治三世五年法令第51章。关于工业立法及其弊害和违犯，见《下议院议事录》第18卷，第67页；第20卷第377、776页；第21卷第246页；第22卷第234页；第23卷第52、75、89、481页；第26卷第320、329、385页；第30卷第91、143、155、158、167、207、262、529、623页等等。

171　《论东印度贸易》第79页。

172　查理二世十八年法令第4章。

173　W. 坎宁安：《英国工商业的成长》第2卷，第374—379页。见A. E. 默里：《复辟时代以来英格兰和爱尔兰之间的贸易财政关系史》（1907年第2版）。

174　威廉三世十—十一年法令第10章，1699年。刑罚又被1732年法令（乔治二世五年法令第22章）所加重。

175　“这是一般公认的意见：只有英国能够生产羊毛，而且，如果防止其他国家获得这种羊毛，那么它们就不得不向我们购买完全织好的呢绒。”约瑟·班克斯爵士：《给受任批驳羊毛输出法案的律师们的指示》，载于《农业年鉴》第6卷，第479页。这种错误早已被人指出了：见詹姆斯·安德森：《论激发国民勤劳精神的方法》，1777年，第264页。

176　《农业年鉴》第6卷，第484页。

177　乔治三世十三年法令第43章。

178　参看保存在大英博物馆的那些小册子，尤其是B. 546号那一册，以及曼彻斯特图书馆所收藏的那些小册子（第26214号和26216号）。关于赞成自由输出的有：约翰·达尔里姆普尔爵士：《经过考虑的应否准许羊毛输出的问题》，1781年；乔赛亚·塔克：《论现今粗羊毛的低价》，1782年。反对方面的则有：N. 福斯特：《答约翰·达尔里姆普尔爵士的、题为〈经过考虑的应否准许羊毛输出的问题〉那本小册子》,1782 年;《我们的麻纺工业、棉纺工业和丝纺工业三者的对比》,1783 年。约翰·赫斯特勒:《论羊毛法案》,1788 年;比肖夫:《呢绒和绒线工业史》第 1 卷,第 207—216 页;J. 詹姆斯:《绒线工业史》,第 301—305 页。参看《农业年鉴》(阿瑟·扬的论文)第 6 卷,第 506—516 页;第 7 卷,第 73、94、134—147、164—170 页;第 8 卷,第 468 页等。

179 《农业年鉴》第 7 卷,第 164—169 页。

180 乔治三世二十八年法令第 38 章。某些规定是采自复辟时代的法令(查理二世十三—十四年法令第 18 章)。

181 "星期五早上,在听到反对羊毛输出法案已经上议院通过的消息时,利兹及其附近村庄所有的钟都开始响起来了,而且,那一整天,还不时听到不断的群钟合鸣之声;晚间,燃起欢乐之火并举行其他一些群众性的示威表演。诺里奇也举行了十分相似的庆祝会。"《致林肯郡畜牧业者信,论羊毛交易》,1788 年,第 1 页。

182 这是 J. 斯密斯(《羊毛传》第 2 卷,第 409—411 页)的正确的结论。

183 参看 F. 伊登:《贫民状况》第 3 卷,第 363 页中的生产统计表;A. 安德森:《历史学上和年代学上的历史和商业起源的推论》第 4 卷,第 146—149 页;麦克弗松:《商业年鉴》第 4 卷,第 525 页;比肖夫:《呢绒和绒线工业史》第 1 卷,第 328 页。——西区的产量,在 1740 年是四万一千匹宽幅的呢绒,五万八千匹窄幅的;在 1750 年是六万匹宽的和七万八千匹窄的;在 1760 年是四万九千匹宽的和六万九千匹窄的(海战时期);在 1770 年是九万三千匹宽的和八万五千匹窄的;在 1780 年是九万四千匹宽的和八万七千匹窄的。

184 在笛福时代,处于衰落状态的城市有:布伦特里和博金(埃塞克斯郡),尼达姆、伊普斯威奇和拉文哈姆(萨福克郡),克兰布卢克(肯特郡)等。见《漫游记》第 1 卷第 32、34、40、118、192 页。

185 甚至不能证明手工工场是大分工的必需条件。在 1739 年,绒线工业虽然是在家内或在小作坊中经营的,但已包含有四十种左右的专业,其中每一种都成为个别的行业。见《北安普敦郡的一个工厂主论羊毛和毛纺工业》,1739 年。

186 《英国的财富》(维也纳,1771 年),第 121 页。

第二章

1 例如,后来从意大利输入到法国和英国的丝纺工业。

2 马金德在《不列颠和不列颠的海洋》一书第 1—13 页中,很清楚地指出,位在旧世界末端的大不列颠,由于美洲的发现和移民而怎样处在现代世界的中心。

3 《领海,亦即没有两个海上主权的海》(1635 年)。

4 最早的是"商人冒险家公司",它是根据 1564 年王室特许状建立为商团的。见 W. E. 林格尔巴克:《英国商人冒险家的内部组织》,费城,1903 年。

5 1651 年法令第 22 章。这项法令在 1660 年经过修改和补充,它禁止一切外国船舶将非其本国所产的货物输入英国。亚洲、非洲、美洲与英国各港口间的贸易,完全保留给那些在英国建造的、属于英国船主的并由英国船员装配的船舶。而且,不要忘记这个航海条例并不是出现在法典里面的第一个。类似的措施早就采用过了,如:1381 年(理查德二世五年法令第 3 章),1382 年(理查德二世六年法令第 8 章),1390 年(理查德二世十四年法令第 6 章),1489 年(亨利七世四年法令第 10 章),1540 年(亨利八世三十二年法令第 14 章),1552 年(爱德华六世五—六年法令第 18 章),1558 年(伊丽莎白元年法令第 13 章),1562 年(伊丽莎白五年法令第 5 章)和 1593 年(伊丽莎白三十五年法令第 7 章)。

6 见查尔斯·波维:《煤业中迂回策略的发现》,第 43 页。

7 关于"王家非洲公司",见坎宁安:《英国工商业的成长》第 2 卷,第 272 页。

8 鲁珀特亲王的父亲是帕拉蒂内的选帝侯弗里德里克五世,后者在 1619 年成为波希米亚的国王;他的母亲是英王查理一世的姐姐,名叫伊丽莎白·斯图亚特。他一生中大部分时间是在英国度过的。在内战时期,他率领王党军队。在复辟时代,他获得坎伯兰公爵和海军上将等称号。他领导赫德森湾公司和其他一批企业,也在此时。他也关心科学和机械发明;人们认为铜版雕刻法即使不是他发明的,至少也是他介绍到英国的。见《本国传记字典》"鲁珀特"条。

9 张伯伦:《大不列颠的著名事件》第 1 卷,第 42 页。

10 麦考利:《詹姆斯二世即位以来的英国史》。

11 同上,《英国史》(朗曼,格里恩公司 1919 年,第 5 卷,第 516 页及以下)。在坎宁安的《英国工商业的成长》第 2 卷第 142—164 页中,我们可以看到有更多文献根据的研究,不过,他承认对于这个问题还了解得不够清楚。

12 见古斯塔夫·施莫勒:《企业的历史发展》,载于《德国立法年鉴、行政管理和政治经济学》,1893 年,第 963 页。

13 在英国法律术语上,corporation 是拥有法人所有的各种权利的社团,能够取得动产和不动产,能以集体名义缔结贸易合同,能够提起诉讼等等。关于英格兰银行的起源,参看 A. 安德雷德斯:《论英格兰银行的创立及其历史》(1694—1844 年);索罗尔德·罗杰斯:《英格兰银行的头九年》。

14 起草创立英格兰银行法案的是岁入调查委员会,换句话说,即预算委员会。这个法案的名称清楚地表明了起草人的成见是什么:《法案规定船舶吨位税和啤酒、麦酒及其他酒类税并保证那些自愿出借一百五十万镑来继续对法战争的人能够获得本法所规定的利益》(威廉和玛丽五—六年法令第 20 章)。

15 从 1694 至 1731 年,英格兰银行借给国家的款项总数共为一千一百九十万镑;见 G. 施莫勒:上引书,第 964 页。

16 在乌得勒支和约时(1713 年),英格兰银行的股票股息是百分之四,股票价格在一百一十八至一百三十镑之间。见索罗尔德·罗杰斯:《英国农业史和物价史》第 7 卷,第 715—716 页。国家在 1694 年以八分息借入,但能以三分息发行公债,公债在 1732 年已经超过票面价格。同上书,第 884 页。1755 年左右利息开始降低的原因很可能是由于商业发达所造成的投资更加方便。

17　在 1720 年头四个月里，平均行市是在一百五十镑左右变动着，5 月 7 日涨至一百六十镑，16 日达一百八十镑，20 日达二百镑，6 月 2 日达二百二十镑，3 日达二百五十镑，24 日达二百六十五镑：这是最高的价格，而在 1 月间标价为一百三十镑的南海公司股票这时竟涨至一千镑。——在 7 月和 8 月，行市又落到二百二十镑，9 月至二百镑，从 10 月 12 日起，又开始在一百四十至一百五十镑之间变动着。索罗尔德·罗杰斯：《同上书》第 7 卷，第 724—725 页。

18　埃德蒙·伯克：《向法国执政内阁建议和谈书信集》，“信一”，第 59 页(牛津，E.J.佩恩出版社版，1878 年)。

19　是经济学家和《贸易新论》(1693 年)的著者。

20　《议会史》第 5 卷，第 828 页。

21　威廉三世九—十年法令第 44 章。

22　在此争论过程中，双方都发表了许多小册子。兹举出：《论东印度公司业务的现状》(1690 年)；《为东印度公司作出适度而正直的辩解》(1690 年)；G.怀特：《东印度贸易记述》(1691 年)，等等。这些小册子中有几本非常注意经济学说史，例如，《反对创设一个排斥他人的东印度合股公司的理由》(1691 年)，其中力主贸易自由的理论，以及查尔斯·达文南特：《论东印度贸易》(1696 年)。

23　仅在下一年(1709 年)，该公司才采用“联合公司”的名称。索·罗杰斯：同上书第 7 卷，(文件)第 803 页。

24　“王后倡导了使用中国瓷器装饰家庭的习惯或嗜好，从那以后，发展到异常过分的程度”。笛福：《大不列颠各地漫游记》第 1 卷，第 122 页。

25　我们在下一章里，会看到这些制造商请求禁止印度棉布的措施，怎样在英国本土会产生建立棉纺工业的结果。

26　G.查默斯在 1804 年还把那些从法国手里夺来的属地称为“大西洋那边的荒地”。见《对大不列颠的比较力量的估计》，第 141 页。这种说法可同伏尔泰的那句曾受到许多责难的“几亩雪地”相比拟。

27　1732 年，根据伦敦帽商的请求，禁止美洲人输出呢帽(乔治二世五年法令第 22 章)。1736 年，禁止英、美船主使用英国以外织造的船帆用布(乔治二世九年法令第 37 章)。1750 年有一项法令(乔治二世二十三年法令第 29 章)准许殖民地输出生铁和棒铁(英国需要它们)，但禁止殖民地对其所出产的生铁或棒铁进行加工。关于英国与其殖民地的经济关系，参看保尔·布申：《至 1860 年的英国与其殖民地间的商业政治关系》，第 38—46 和 71—76 页。

28　从海关记录簿得出的统计数字，已由下述著作发表：安德森：《商业起源在历史学上和年代学上的推论》第 3 卷，第 59、82、103、115、124、134、142、154、162、170 等页；第 4 卷，第 322、692—694 等页；查默斯：《对大不列颠的比较力量的估计》，第 231 页及以下。参看《下议院议事录》第 56 卷，第 649 和 846 页。这些不同的引文所提供的数字，并不完全一致，但差异绝未到重大错误的程度。

29　每一船只的吨位还很小。1789 年出口船舶的数目是一万四千三百一十艘，其装载量是一百四十四万三千六百五十八吨，1800 年是一万八千八百七十七艘，其装载量是一百九十二万零四十二吨。《下议院议事录》第56卷，第846页。计算起来很容易，平均每艘勉强超过一百吨。不过，从十八世纪初以来，这方面有了真正的进步。按照恩菲尔德的《利物浦史》第67页的说法，1703年经常出入利物浦港的船只的平均装载量还不超过三十八吨。

30 这是《下议院议事录》第56卷第649和846页所提供的数字。查默斯：《估计》，第231页提供的数字是四千三百一十五万二千镑的数字。我不知道这个数字是从哪里得来的，一定是夸大了。

31 在1890—1900年间，联合王国的输出是在二亿一千五百八十二万四千镑至二亿九千一百一十九万二千镑之间；输入是在四亿零四百六十八万八千镑至五亿二千三百零七万五千镑之间。见《联合王国与几个主要外国关于人口、工业和商业的比较统计备忘录》(1902年商务部发表的蓝皮书)，第49和51页。关于1922年的数字是：输入为十亿零三百九十一万八千二百一十四镑；输出为八亿两千四百二十七万四千二百九十七镑。

32 J. A. 霍布森：《现代资本主义的演进》，第12—13页。

33 仅在1802年，棉织品的输出才超过毛织品的输出，如下表所示：

	毛织品的输出	棉织品的输出
1797年	4,625,000镑	2,446,000镑
1798年	6,178,000镑	3,544,000镑
1799年	6,435,000镑	5,556,000镑
1800年	6,918,000镑	5,323,000镑
1801年	7,321,000镑	6,465,000镑
1802年	6,487,000镑	7,130,000镑
1803年	5,291,000镑	6,467,000镑

见《议会的讨论报告》第1卷，第1147页(计算书)。

34 见J. 詹姆斯：《绒线工业史》，第269和309页。

35 同上书，第268页。布雷德福的绒线输出，是在1750至1760年间发展起来的。

36 “伯明翰”一词，更正确地说“伯明翰货”一词，早和“品质低劣的货物”一词有同等的意义。

37 威廉·赫顿：《伯明翰史》，第98页。

38 威廉·赫顿使用了一句生动的话：“商人抓住制造者的头。”

39 见冯·居利希：《关于现今商业大国的商业、工业和农业的历史的叙述》第1卷，第97页及以下。

40 关于避难外侨带到英国来的工业，见W. 哈斯巴赫：《英国工业的特点》(《立法年鉴》第26卷，第457页)。

41 “利尔浦(Lyrpole)，又名利物浦(Lyuerpole)，是一个铺着石板路的城市，只有一个小教堂：教区教堂在沃尔顿，离那里还有四英里远……。那儿有国王的一座城堡和德比伯爵的一所石屋。很多爱尔兰商人来到那里，因为港口好……。在利物浦，只需付微少的入口税，因此，商人情愿到那里去。利物浦有好货和许多爱尔兰的毛线，所以曼彻斯特人都来到那里买货。”约翰·利兰德：《大不列颠旅行日记》第7卷，第37页。关于利物浦与爱尔兰的初期商业关系，参看R.米尔：《利物浦史》，第84页。

42 见刘易斯·罗伯茨：《交易宝库》，第17页。

43 《国家文件一览表》，“本国集”，1634—1635年，第568、569和581页。在1636年是二十五镑。同上书，1636—1637年，第207页。

44 J.艾金：《曼彻斯特周围三四十英里内的地方志》，第335页；A.安德森：《商业起源》第3卷，第143页。

45 安八年法令第12章。参看R.米尔：《利物浦史》，第176页。第二个船坞建于1734年。

46 德比郡的这一地区早在十八世纪初起就受到游历家们的欣赏。

47 我们知道笛福所谓大城市的意思是什么。根据受洗和丧葬的数字，利物浦在1680年的人口估计不会超过四千人以上。见《乔治三世四十一年(1801年)人口条例解答摘要》第2卷，第149页。

48 笛福：《大不列颠各地漫游记》第3卷，第200页。

49 1709年进口船舶：三百七十四艘，载重一万四千五百七十四吨。出口船舶：三百三十四艘，载重一万二千六百三十六吨。平均载重量是三十八吨三。W.恩菲尔德：《利物浦史》，第67页。1723年进口船舶：四百三十三艘，载重一万八千八百四十吨。出口船舶：三百九十六艘，载重一万八千三百九十三吨。平均载重量是四十六吨四。按照S.邓贝尔(《初期利物浦棉花输入》载于《经济杂志》第33卷，第363页)的说法，“1709年，利物浦船主只有八十四艘船；1752年，这个数字已增到二百二十艘，其中有一百零六艘是用在同美洲和西印度群岛的贸易上。1770年，船舶总数达三百零九艘。”

50 1766年，进入利物浦港的船舶有八百零三艘，开出的有八百六十五艘，而进入布里斯托尔的船舶则有四百三十一艘，开出的则有三百六十三艘。A.安德森：《商业起源》第4卷，第97页。

51 W.恩菲尔德：《利物浦史》，第25页；J.艾金：《曼彻斯特周围地方志》，第338—341页。1773年的人口调查是由一批私人在市政府的赞助下进行的。1773年以前的数字是根据出生和死亡登记簿而作出的近似估计的结果。见《乔治三世四十一年(1801年)人口条例的解答摘要》第2卷，第149页。

52 A.扬：《英格兰北部》第3卷，第168页。

53 1770年。

54 笛福：《漫游记》第3卷，第202—203页；约翰·坎贝尔：《大不列颠的政治概况》第1卷，第167页；W.恩菲尔德：《利物浦史》；埃利克·斯维顿斯杰娜：《英格兰和苏格兰各地游记》，第181页。再输出的货物占输出总数三分之一以上，见《下议院议事录》第56卷，第846页及以下；米尔(《利物浦史》，第190页及以下)有一整章叙述奴隶贸易。

55 这并不意味着利物浦是最初输入棉花的港口。按照S.邓贝尔(《经济杂志》第

33卷，第364页）的说法，利物浦仅在1795年左右才成为大棉花港，甚至在这个时期，曼彻斯特的制造商除从利物浦外，同时还从别的港口获得供应。

56 从一个地区到另一个地区，价格有显著的差别。可惜，索罗尔德·罗杰斯的著作（《英国农业和物价史》）关于这个问题，只提供一些不完全和不充分的材料。然而，我们能从这本书中得出几个事例来说明伦敦市场与若干地方市场上物价间的差异。例如：

小麦价格（每夸脱）：

1703年12月	剑桥四十先令	伦敦三十二先令
1712年6月	剑桥四十一先令四便士	伦敦三十二先令
1727年3月	剑桥三十六先令	伦敦二十四先令
1734年10月	格洛斯特四十先令	伦敦三十先令
1741年6月	剑桥五十先令	伦敦三十九先令
1748年12月	格洛斯特三十六先令	伦敦二十八先令
1753年10月	格洛斯特四十六先令	伦敦三十二先令
1760年9月	格洛斯特三十七先令四便士	伦敦二十三先令六便士

索罗尔德·罗杰斯：第7卷第4、12、38、56、67、80、92、114、115页。

57 见笛福：《漫游记》第1卷，第122—130页；索罗尔德·罗杰斯：《六个世纪的工作和工资》，第149—152页。

58 A. 托因比：《英国产业革命讲话》，第54—55页；J. A. 霍布森：《现代资本主义的演进》，第32页。我们在《关于大不列颠现今大道的正确描述》（1756年）第48—64页中，可以看到一张关于地方性的定期小市集全表。

59 R. W. 库克—泰勒在《工厂制度史入门》第218页提到，伦敦附近的格林威治的定期市集和都柏林附近的敦尼布鲁克的定期市集。

60 威克菲尔德的“圆帽市场”始于1766年，布雷德福的“匹头市场”始于1773年，哈利法克斯的“制造商市场”始于1779年。利兹有两个市场：“混合呢绒市场”和“白色呢绒市场”分别建于1750年和1775年。见J. 艾金：《曼彻斯特周围三四十英里内的地方志》，第572页；T. 贝恩斯：《约克郡的过去和现在》第1卷，第678页；J. 詹姆斯：《布雷德福史》，第280页。

61 哈利法克斯的“呢绒市场是一个三层的方形大建筑物，当中有一个大庭院，所有的窗户都朝着庭院，建筑物外面一个窗户也没有。这个市场里有三百七十个房间，每个房间各有一个门和一个十字形的窗子，都朝着庭院，出门就是每层楼沿边的走廊”。《1788年大不列颠的游历》，第198页。

62 同上，第1章第3节。

63 R. B. 韦斯特菲尔德：《1660至1760年间英国的中间商》（耶鲁大学出版社，1915年）。

64 T. 沃克：《怪人》第11期（1835年7月29日）。

65 弗朗西斯·普莱斯为我们留下了一个1739年从格拉斯哥到伦敦的马上旅行的记述。直至格兰瑟姆为止，旅行家们“沿着一条窄狭的堤道走，堤道的两边是没有修好的软泥路。他们时时遇到一些驮马商队，每队有三十或四十匹……。领头的马带着一个铃铛，以便通知来自对方的旅客。当他们碰到这些驮着沉重货色的长排的马时，堤道就不够宽了。为了让路，他们不得不投到旁边的软路上，他们从那里要再上堤道就要遭到很大的困难”。见弗兰西斯·普莱斯：《手稿补遗》，第27828号（大英博物馆），第10页。直至十八世纪中叶，驮马仍然是内地运输货物所普遍使用的方法。S.和B.韦布：《英国公路史》，第63—64页。

66　S.斯迈尔斯在《工程师们传记》第1卷第307页关于德比郡小贩的报道说：“大多数是弗拉什地方的人（弗拉什位于马克尔斯菲尔德、利克和巴克斯顿之间），他们很不文明。弗拉什人因举止粗鲁出名，据说他们的生活一半靠负贩，一半靠抢劫。”

67　《议会史》第14卷第246页，第25卷第885页及以下；《下议院议事录》第40卷第1090页等等。

68　1697年一项法令迫使“一切小贩，肩贩和零卖贩以及任何其他从这一城市到另一城市和从这一家到另一家的、步行或者骑马的商人”均需纳税四镑领取牌照。此外，每头马、驴、骡“或任何其他驮、拖负荷的牲畜”还应缴纳四镑（威廉三世八—九年法令第25章）。

69　“在我出生的村庄中，第一个出卖各种东西的店铺，是在六十年前左右（1820年左右）开门的；以后很久，村人还要靠小贩供应。”索罗尔德·罗杰斯：《六个世纪的工作和工资》，第147页。

70　A.托因比：《英国产业革命讲话》，第55页。

71　见《大不列颠现今大道和主要交叉道的正确描述》（1756年）的附图。

72　W.B.佩利：《大不列颠的古代罗马道路》，载于《十九世纪杂志》第64卷，第840—853页（附有地图）；以及C.G.哈珀：《大北路》。

73　关于这条路的重要性，见笛福：《漫游记》第3卷，第90页。

74　例如沃特林路，直到伦敦至利物浦的铁路修成时为止，仍有其重要性。

75　关于从布拉姆科特旧馆至比尔珀巷尾（诺丁汉郡）的路的请愿，《下议院议事录》第29卷，第914页。

76　从伦敦至伊普斯威奇的那条路，在1727年时是“破坏不堪，有洪流时很危险，在冬季几乎不能通行”。笛福：《漫游记》第2卷，第180页。从金斯韦尔至莱迪韦克罗斯（德文郡）的那条路，在涨大潮时，路上水深四尺。《下议院议事录》第30卷，第95页。从赫尔至利兹的那条路“经过低下、平坦而泥泞的地区；从邻近山丘上流下的雨水全流到这一地区；由于没有出水处，水便经常停留在一部分的路上”。《下议院议事录》第24卷，第697页。

77　即从哈特菲尔德至巴尔多克那条路，笛福：《漫游记》第2卷，第185页。关于德比附近的道路，见J.布罗姆：《英格兰、苏格兰和威尔斯游记》，第87页及笛福：《漫游记》第2卷，第178页（1727年）和第3卷第66页（1742年）。

78　《下议院议事录》第23卷，第105页（从格兰瑟姆至斯塔姆福德的路，林肯郡）和第30卷，第97页（从金斯韦尔至莱迪韦克罗斯的路，见上面注76）。

79　查理二世十五年法令第1章（1663年，从伦敦至约克的那条路）。

80 即通行税的检查员和监督员。他们是从各地区的地主中选出来的。1773 年总法令(乔治三世十三年法令第 78 章)对他们的权力和职务有全盘规定。除其他权力外,他们有权征发人员、车辆、役畜以便从事徭役。每一地主都应供给一辆驾上马匹的车子和两个工人去工作六天。如地主有五十镑以上的收入,则应负担附加税,此税或为劳役或为金钱。如其收入在四镑以下,则可以亲自劳役五天来履行其义务,但他有权以公道的价钱来代替劳役。乔治二世七年法令第 42 章和乔治三世十三年法令第 78 章。

81 这种制度在法国很受到研究和称赞。见《英国地方税著者论英国道路立法》(拉罗什福科—利翁库尔),巴黎 1801 年。S. 和 B. 韦布(《英国公路史》第 7 章,第 118—164 页)对于通行税法及其实施曾作了仔细的研究。

82 《法令全书》,安九年法令第 18 章(1710 年)。为了避免通行税路受到损害,后来采用了类似的措施。见乔治二世三十年法令第 28 章(1757 年):"根据确实的经验,使用宽车轮,可以大大地有助于道路的改善和保全,而使用窄车轮的重载车,其结果则是损害和破坏道路等等。"乔治二世十四年法令第 42 章(1741 年)规定各关卡设置量重机:凡载重六千磅以上的车辆,每超过一百磅即需缴纳二十先令。

83 乔治二世一年法典第 2 卷第 19 章(1728 年)。规定的刑罚是:初犯处以三个月的徒刑,再犯则处以七年的流刑。乔治二世八年法令第 20 章(1735 年)规定破坏关卡为重罪。

84 S. 和 B. 韦布:《英国公路史》,第 123 页。

85 J. 詹姆斯:《布雷德福史续篇》,第 87 页。

86 涉及一种与许多一般原因有密切关系的发展,必须避免夸大此一偶然事件的重要性。这不过是引起了当局注意道路问题的缘由而已。然而,事实是通行税征收所的数目自 1748 至 1760 年已从一百六十增至五百三十。

87 乔治二世二十四年法令第 25 章(1751 年,从卡莱尔至纽卡斯尔的路)。

88 同时在很多教区里完成的土地所有权的改变,往往有助于新道路的开辟。不止一项圈地条例规定,在进行分配土地时都应留出公路通过所需的地段(见第三章)。

89 H. 荷麦:《王国公路的改善和保养办法的探讨》,第 8 页。

90 见 1773 年的总法令(乔治三世十三年法令第 78 章)和下议院的议事规则,《下议院议事录》第 33 卷,第 949—952 页。

91 《约翰·梅特卡夫(通称为内尔兹巴勒的瞎眼小约翰)传记》,约克 1795 年。这是梅特卡夫口授给一位秘书所写的一种自传。

92 比:《论盲目》,载于《曼彻斯特文学和哲学研究会纪要》第 1 卷,第 172—174 页。"我常常看到他仅仅借助于一根长棍子穿过道路,登上险峻而多石的斜坡,勘探山谷并察看其大小、形状和位置……。有一天,这位瞎眼探寻者在进行其勘探时,我碰到了他。像平常一样,他是独自一个人;在同他东谈西扯以后,我向他提出一些有关这条新路的问题。听到他准确地叙述这条路的路程及其所经各地的土质时,真感到是件惊人的事。"

93 《约翰·梅特卡夫传记》,第 124—141 页。

94 有个时候，梅特卡夫自己也想成为纱厂主：l781 年，他买了若干架“珍妮”纺纱机和一架梳棉机。见《约翰·梅特卡夫传记》，第 148 页。

95 A. 扬：《南部诸郡六个星期的漫游》，第 120 页。

96 同上书，第 101 页。

97 同上书，第 72 页。

98 A. 扬：《英格兰北部六个月的漫游》第 4 卷，第 433 页。

99 同上书，第 1 卷第 83 页。

100 同上书，第 1 卷第 430 页。

101 苏格兰工程师麦克亚当用碎石铺路，是麦克亚当铺路法的发明人。见《本国传记字典》“麦克亚当”条。关于特尔福德，见斯迈尔：《工程师们传记》第 2 卷和第 3 卷，以及 S. 和 B. 韦布：《英国公路史》，第 8 章。只是在他们以后才形成了一派真正专科工程师。在此以前，凡负责设计路线和领导工程的人都是一些从前做过各种行业的简单承包人。道路委员则是“一群杂凑的贵族、乡下绅士、农人和店主”。见《爱丁堡评论》第 32 期，第 480—482 页（1819 年）。

102 在十八世纪，道路建筑师们试用了几种方法，其中有些是令人失望的：“在离首都不到一天的旅程中，人们就碰到不断有小山丘和小山谷的波浪式的道路或‘壕沟式的路’（trenchroad）；像屋顶的倾斜状那样向左右两边倾下的‘倾斜路’；定期有一道水流入路中来清洗路面的‘凹面路’或‘凹心路’；两侧有深沟的‘地平路’，这种‘地平路’有时成为二十至三十英尺宽的堤路，上面几乎是水平的，两边是四至五英尺深的陡壁。”S. 和 B. 韦布：《英国公路史》，第 133 页，引用了 J. 斯科特：《一般公路和通行税路的法律汇编》，第 320 页及以下（1778 年）以及 H. 霍默：《公路的改善和保养办法》（1768 年），第 30 页。

103 G. R. 波特：《民族的发展》，第 296—297 页。

104 T. 斯莫利特：《罗德里克·兰多姆》，第 8 章。

105 《绅士杂志》1757 年，第 383 页。

106 C. 哈德威克：《普雷斯顿镇及其近郊史》，第 382—384 页；T. 贝恩斯和 W. 费尔贝恩：《兰开夏和柴郡的过去和现在》第 2 卷，第 105 页。

107 戴维·布伦纳：《苏格兰的工业》，第 108 页。

108 A. 安德森：《商业起源在历史和年代学上的推论》，附录 4，第 710 页及以下；H. 乔伊斯：《1836 年以前的邮政史》，第 208—280 页。直至 1696 年，伦敦仍是各郡间分发信件的唯一中心。接近十八世纪中叶，王国的主要城市之间有每星期三次的、定期的邮递来联系。在莫菲特的《产业革命前夕的英国》第 243—246 页中，我们可以看到关于这个问题的很好的研究摘要。

109 J. 艾金：《曼彻斯特周围三四十英里内的地方志》，第 183 页。在十八世纪初，出现了一个新类型的兜销员，在纺织工业中通称为 riders out（骑贩），这种人不限于提出货样和请人订货，反而出卖并交付其所运载的货物。丹尼尔斯：《初期英国棉纺工业》，第 62 页。

110 H. 乔伊斯：《邮政史》，第 8 页及以下。

111 A. 安德森:上引书,第 712 页。“邮政不但不是我们在这个国家里可以利用的最快的、反而几乎是最慢的交通工具,而且,自从我们的道路改筑以来,虽然运输业者因此而增加了速度,可是邮件比以往更慢了。同时,邮件也很不安全,正如今天常有盗窃信件一事所证明的那样:为了避免盗窃所造成的损失,人们习惯地把银行汇票和无记名票据撕成两半,通过两次不同的邮件寄出。”

112 安九年法令第 10 章;《下议院议事录》第 56 卷,第 69 页及以下。1711 年的寄费:距离在五十英里以内是两便士;五十至八十英里是三便士;八十英里以上是四便士;伦敦至爱丁堡是六便士。1784 年的寄费:一个驿站是两便士;一个驿站以上而不到五十英里的是三便士;五十至八十英里是四便士;八十至一百五十英里是五便士;一百五十英里以上是六便士。

113 这些数字是关于 1740—1760 年这一时期的。见《下议院议事录》第 24 卷,第 788、798、812 页(请愿书),以及第 26 卷,第 177—182 页(调查)。艾金:《曼彻斯特周围地方志》,第 115 页;贝恩斯和费尔贝恩:《兰开夏和柴郡》第 2 卷,第 205 页。

114 见 R. 索西:《博士》,第 4 章。

115 R. 欧文:《自传》,第 53 页。

116 从格雷夫森(泰晤士河)至阿冯默思(塞文河),二百一十五公里;从朗科恩(默西河)至古尔(洪伯河),一百三十公里;从泰恩默思(泰恩河)至索尔威湾,一百一十公里;从丹巴顿(克莱德河)至格兰杰默思(福斯河),五十四公里。

117 几乎位于英格兰本部中心的考文垂,距布里斯托尔海峡约有一百二十公里,距爱尔兰海一百三十五公里,距北海一百二十公里,距英伦海峡一百六十公里。

118 见《本国传记词典》“亚兰汤”条;S. 斯迈尔:《工业传记》,第 60—76 页;L. 贝克:《钢铁史》第 2 卷,第 1275—1277 页。关于亚兰汤以前的一些孤立的计划,参看麦克库洛赫:《政治经济学文献》,第 200—202 页。早在英国共和时期,《为航行而开通河流》的著者法兰西斯·马修曾把一项使泰晤士河与阿冯河通连起来的计划提交克伦威尔(参看其《伦敦至布里斯托尔的内海通路》1670 年)。

119 《英国在海上和陆上的改进》,第 1 篇出版于 1677 年,第 2 篇出版于 1682 年。此书的完整书名是:《英国在海上和陆上的改进,是为了不用战争去战胜荷兰人,不用金银去还债,通过增长我国土地的方法而对所有贫民提供工作;通过自愿登记的利益来防止不必要的诉讼;指明何处能够大量获得造船所需的木料以及使英国所有大河流都成为可以通航的利益;防止伦敦和其他大城市火灾的法则,以及保证各行业工人能经常获得廉价面包和饮料的办法》。

120 A. 亚兰汤:《英国在海上和陆上的改进》第 1 篇,第 7、181、191 页。

121 参看那本题为:《咖啡馆里的对话,又名 Y(亚兰汤)队长同伦敦律师公会的一位青年律师的谈话》的小册子。亚兰汤则发表《经过研究并受到反驳的咖啡馆里的对话》来予以答复。并参看《户外谈话、咖啡馆里的对话的继续》等等(大英博物馆藏书,编号 T. 3*,第 17、18 号)。

122 A. 亚兰汤:《英国在海上和陆上的改进》第 1 篇,第 193—194 页。

123 “凡为产生力量和财富和制造品所需要的、为保证职工生活资料、使人民富庶和国王强大所需要的一切东西,英国都有,而且比任何两个王国或国家所有的、加在一起的东西还多。如果英国的农业和工业资源得到尽善的利用,那么,英国就会在很短的时间内成为各国的光辉。因为英国有最精美的羊毛,而且比世界上任何国家都丰富;英国有世界最好的锡、皮革和铅,其数量比任何地方都多;英国也有最好的肉类以供那些从事于生产或改进商品的工人食用。英国有很多的谷物足以养活居民;英国有世界上最好的、最安全的港口。”A. 亚兰汤:《英国在海上和陆上的改进》,第 1 篇第 4 页。

124　威廉三世十一十一年法令第 19 和 20 章(艾尔河、考尔德河和特伦特河);安一年法令第 20 章(德温特河);乔治一世六年法令第 27 章(德温特河);乔治一世七年法典第 1 卷法令第 15 章(默西河和艾尔韦尔河)。穿过柴郡盐矿的韦弗河的开凿,始于 1720 年;经过谢菲尔德的唐河的开凿,始于 1725 年;见约翰·艾金:《曼彻斯特周围三四十英里内的地方志》,第 105—111 页;T. 贝恩斯:《利物浦史》,第 39—40 页。

125　关于煤在蒸汽机发明以前的工业用途,见下面第二篇第三章。煤在冶铁业中的使用,始于十八世纪前半期,但仅从 1760 年起才推广开来。

126　人们称之为 sea-coal(海煤)。Pit-coal(石炭)一词是专指中部诸郡所开采的并为当地所消费的煤炭。

127　见乔治二世二十八年法令第 8 章的前言和条文和乔治三世八年法令第 38 章,及《下议院议事录》第 26 卷,第 905、969、977 页的请愿书摘要;又第 27 卷第 53、56、115、137、144、169 页等等(兰开郡矿主们的请愿书);第 32 卷第 667 和 771 页(格拉斯哥长官和重要商人的请愿书);第 34 卷第 200 页(科尔布鲁克代尔制铁业者的请愿书)。有关这些工程对于圣海伦斯地区工业发展的影响,参看《兰开夏的维多利亚史》第 2 卷,第 352 页。

128　布里奇沃特公爵呈下议院的请愿书(1758 年 11 月 25 日),《下议院议事录》第 28 卷,第 321—322、335 页。

129　关于詹姆斯·布林德利,参看 J. 艾金:《曼彻斯特周围三四十英里内的地方志》,第 139—145 页;J. 菲利普斯:《内河航行通史》,第 87—100 页;S. 斯迈尔:《工程师们传记》第 1 卷,第 309—402 页;J. 沃德:《特伦特河边的斯托克镇》,第 162 页及以下。

130　他拼写不正确,达到荒唐的地步。他从不会写“航海”这个词。在 S. 斯迈尔:《工程师们传记》第 1 卷,第 320—321 页和汤森·沃纳:《英国社会》第 5 卷,第 323 页,可以看到他的笔记簿的典型选录。

131　他很少利用图画或图样:他只依靠他那非常可靠而准确的记忆力。当他脑子里有个困难问题时,他惯于躺几天,以便静静地思索,直至他能想出极其详细的具体解决方法时为止。J. 菲利普斯:《内河航行史》,第 95 页。

132　J. 艾金:上引书,第 113—114 页;A. 扬:《英格兰北部六个月的漫游》第 3 卷,第 196—241 页。

133　J. 菲利普斯:《内河航行史》,第 76 页。

134　J. 艾金:上引书,第 115 页及以下;J. 菲利普斯:上引书,第 78 页。

135　这就是通称为“大干线运河”的那条运河:长九十三英里,即一百四十九公里。

136　韦奇伍德于1767年写道:"我怕他会工作过度,怕他在实现他那些宏伟计划以前就离开我们。我担心布林德利、伟大而幸运的布林德利会因公众利益而牺牲自己。他也许会赚到几千镑;但他付出什么以作交换的呢?是他的健康,而且我担心就是他的生命。"1767年3月2日致本特利的信。存特伦特河边的斯托克的韦奇伍德博物馆。

137　见艾金著作(1795年)的卷头地图以及威廉·赫顿的《伯明翰史》(1795年)的卷头地图。参看L. B. 韦尔斯:《英格兰和威尔斯的运河和河川航行史概要》,载于《曼彻斯特文学和哲学研究会记要和会议录》第4辑,第8卷,第187—204页。

138　例如:怀利—埃芬顿运河、斯托布里奇—达德利运河、内瑟顿运河、法泽利运河、伯明翰—伍斯特运河、伯明翰—沃尔弗汉普顿运河,等等。W. 赫顿:《伯明翰史》,1791年当地的运河地图。

139　经过斯塔福德郡—伍斯特郡运河。

140　经过考文垂—牛津运河和大联络运河。

141　法典中包含有关内河航行的有1792年的九个法令,1793年的二十五个法令,1794年的十七个法令。见乔治三世三十二年法令第84章及以下,乔治三世三十三年法令第93章及以下,乔治三世三十四年法令第24章及以下、第53章、第77章、第85章等等。

142　这些公司通常用"地主公司"(Companies of proprietors)的名称。见C. 瓦格纳:《大不列颠和爱尔兰的内河航行企业的经济地位》,载于《铁路文库》(1901年),第1225页及以下。

143　J. 艾金:《曼彻斯特周围地方志》,第117—118页。

144　请求下议院批准开凿从马斯顿桥至阿什比德拉佐奇运河的请愿书。《下议院议事录》第49卷,第238页。

145　乔赛亚·韦奇伍德致本特利的信(1765年1月2日),致约翰·韦奇伍德的信(1765年3月11日和7月6日);查尔斯·罗致J. 韦奇伍德的信(1765年12月3日)。收藏在特伦特河边斯托克的韦奇伍德博物馆。

146　出版于纽卡斯尔(1765年)。

147　参看反对特许开凿运河法案的请愿书。《下议院议事录》第30卷,第613、708、713、720页等等。

148　E. 米特耶德:《乔赛亚·韦奇伍德传记》第1卷第410—430页。

149　《下议院议事录》第30卷,第520页。

150　"一条运河支流直通到工厂的院子里,而载煤的船只直抵那被用来盛煤的厂屋的大门。"《一个说英语的法国人于1788年在大不列颠的游历》,第109页。

151　大多数的特许开凿运河的法令都预先规定着开辟一些通往煤矿的路线。例如,见乔治三世八年法令第38章的那个法令的标题如下:《开辟并保养一条从塞文河(在霍福德那个地方)起直至伍斯特郡克莱恩斯教区(在教堂桥那个地方)止的通航运河……并附有通至各煤矿的支河法令》。另一个典型的例子见《下议院议事录》第47卷,第380页。

152　关于1750—1755年的饥馑和骚乱,见F. 埃斯皮纳斯:《兰开夏的名士》第1

卷,第 274 页和 L. W. 克拉克:《伯明翰史》第 3 卷,第 60—61 页。1766 年在伯明翰,群众夺取商店,规定最高物价并拍卖小麦。马金德的《大不列颠和英国海洋》第 333 页清楚地指出利物浦作为英格兰西北部的食物供应中心的作用。《内河航行的利益》(1766 年)一书的著者 R. 惠特沃斯指出,运河一经凿成,“人们就会十分稀少地听到谈论那些因小麦价昂而发生的骚乱;如果小麦和其他食物价廉,工人就可廉价出卖劳动力”。《内河航行的利益》,第 31—32 页。

153 G. 福斯特:《在英法两国的哲学和绘画游记》,第 84 页。

154 亚当·斯密:《国富论》第 1 卷,第 3 章。

155 运河的衰落毕竟被人夸大了。关于运河在二十世纪初的状况,参看 C. 瓦格纳:《大不列颠和爱尔兰的内河航行企业的经济地位》,载于《铁路文库》1901 年,第 1212—1268 页和 1902 年,第 86—115 页。

156 见《国富论》第 1 卷第 3 章的标题。

157 《国富论》,第 1 卷第 2 章和第 3 章。

158 不可把《东印度贸易论》一书同查尔斯·达文南特的《论东印度贸易》(1696 年)相混淆,前者被认为是达德利·诺思爵士所著,但无确实的证据(见哈尔克特和兰格:《匿名和笔名文献辞典》第 1 卷,第 491 页)。前一本书在 1856 年又被麦克库洛赫收入《初期英国商业论文选集》里。

159 《东印度贸易论》,第 65—66 页。

160 《东印度贸易论》,第 68 页。

161 同上书,第 67 页。

162 丹尼尔·笛福:《老练的商人》,第 74 页。

163 笛福:《漫游记》第 1 卷,第 17 页。

164 莱基:《十八世纪英国史》第 1 卷,第 193 页。

165 伏尔泰:《哲学书信》,第 10 封信“关于商业”,莫兰德出版社版,第 22 卷,第 110—111 页。

166 笛福于 1724 年在埃塞克斯郡中旅行时,已经注意到这种情事:“必须指出,这个地区有几处大地产已经出售,现为伦敦商人所有……。现时在伦敦城内所产生的大量财富便这样地流到全国的地面上,并在那里安家置产,这些家族以后就要和老绅士家族并驾齐驱。”《漫游记》第 1 卷,第 17 页。

第三章

1 J. 斯图亚特·穆勒:《政治经济学原理》第 1 卷,1848 年版,第 300 页。

2 麦考利:《詹姆斯二世即位以来的英国史》第 1 卷,第 366 页。

3 沃兹沃思:《英国北部湖泊区景色志》,1832 年版,第 64—65 页。

4 即英语:leaseholder for life。“把 yeomen 的名称也用于那些占有土地的人,是比较晚近的、仅始于十九世纪的习惯”。普罗瑟罗:《英国农事的过去和现在》,第 296

页(注)。参看柯特勒:《我们土地的围圈和重新分配》,第 71 页。

5 关于这两类自耕农,见 H. 利维(《英国小农经济的衰落》载于《国民经济和统计学年鉴》,1903 年,第 149—150 页和 158—159 页)和 W. 哈斯巴赫(《英国农民状况在新光辉中的衰落》,载于《社会科学文库》,1907 年,第 24 卷第 6 页及以下)的著作。哈斯巴赫根据马歇尔和 A. 扬的证据有理由认为:yeomen 一词在十八世纪末已适用于那些与小乡绅显然不同的、拥有一块土地收入达一百至六百镑的富裕农民。但 H. 利维却正确地引起人们注意大、小自耕农的区别,而 H. L. 格雷(《十六世纪至十九世纪牛津郡中自耕农的土地经营》,载于《经济学季刊》第 24 卷,第 293 页及以下)和 A. H. 约翰逊(《小地主的消失》第 7 章)在根据土地税册所作的研究中,对于这种区别考虑不够。

6 关于英国乡绅的描写很多,可以参看麦考利(前引书第 1 卷第 349—355 页)的生动描写。

7 这是莱基所表示的标准意见,见《十八世纪英国史》第 1 卷,第 7 页。

8 A. 埃利阿舍维奇(《有利于英国小农所有制的运动》第 7—9 页)举出许多有关十八世纪初小农耕作和中农耕作的重要性的证据。

9 格雷戈里·金:《对国家情况所作的自然与政治观察》(1696 年),收藏在大英博物馆,《哈尔莱安手稿》第 1898 号第 14 页;这个著作第一次由 G. 查默斯(《对大不列颠的比较力量的估计》1804 年版)所发表。参看查尔斯·达文南特:《论通过贸易差额而使人民成为利得者的可能方法》(1697 年),《全集》第 2 卷,第 184 页。

10 《受命调查现时农业状况特别委员会报告》,1833 年,第 65 页。

11 沃兹沃思:前引书,第 52 页;笛福:《漫游记》第 1 卷,第 37 页。

12 见 A. 托因比:《英国产业革命讲话》第 1 版,第 58—66 页;H. 雷:《自耕农为什么消灭?》,载于《当代评论杂志》,1833 年,第 2 卷第 548 页及以下;H. 利维:《英国小农经济的衰落》,载于《国民经济和统计学年鉴》,1903 年,第 145—167 页;H. 利维:《大租佃地和小租佃地》,第 30 页及以下;W. 哈斯巴赫:《英国农民状况在新光辉中的衰落》,载于《社会科学文库》第 24 卷,第 11—29 页和《英国农业工人史》第 73—76 页;A. H. 约翰逊:《小地主的消失》,第 128—145 页。参考 H. L. 格雷:《十六世纪至十九世纪牛津郡中自耕农的土地经营》,载于《经济学季刊》第 24 卷,第 293—326 页;H. C. 泰勒:《英国自耕农的衰落》(威斯康星大学丛书,1904 年)。

13 《一位萨福克的绅士致 T. C. 邦伯里爵士的信,论救贫税的增加和食品价格的高昂》(1795 年)第 2 页。此信作者为使读者了解自己,认为必须给自耕农下个定义:“在革命时代,这个国家里有一个被称为自耕农的一类人:他们既不是绅士也不是雇工:他们耕种自己的土地,这种土地通常是收入达四十至八十镑的农场。”

14 《论贫民》,引自 A. 埃利阿舍维奇:前引书,第 54 页。

15 J. 阿巴思诺特:《关于食品的现时价格与农场的大小之间的关系的探讨》,第 126 页。

16 W. 马歇尔:《约克郡的农村经济》第 1 卷,第 20 页。

17 《资本论》第 1 卷,人民出版社 1953 年版,第 913 页。

18 见普罗瑟罗(厄恩利男爵):《英国农事的过去和现在》,第 293—296 页所引用的《农业部的报告》(1793—1815 年)。W. 哈斯巴赫:《英国农业工人》,第 73—76 页和《英国农民状况在新光辉中的衰落》,载于《社会科学文库》第 24 卷,第 27—29 页。1883 年 J. 雷,在一篇题为《自耕农为什么消灭了?》(载于《当代评论杂志》第 2 卷,1883 年,第 548—553 页)的文章中认为,这个阶级的衰落仅在拿破仑战争结束后农产品价格降落时才真正开始。H. C. 泰勒(《英国自耕农的衰落》,威斯康星大学,1904 年)也采用雷的说法。

19 “在 1785 至 1802 年间,真正的自耕农的人数,除在那些像兰开夏那样受到产业革命的直接而迅速的影响的郡外,在英国各地区中都在日益增加而不是减少。”A. H. 约翰逊:《小地主的消失》,第 144 页。可同 H. L. 格雷:《牛津郡中自耕农的土地经营》,载于《经济学季刊》第 24 卷,第 306 页相比较。见 J. 马歇尔:《诺福克郡的农村经济》,1787 年,第 9 页;霍兰:《柴郡》,1808 年,第 79 页。

20 J. 霍尔特:《兰开夏的农业概况》,1794 年,第 12 页;D. 沃克:《哈德福郡的农业概况》,1795 年,第 15 页;《沃里克郡的农业概况》,1794 年,第 21 页;J. 艾金:《曼彻斯特周围三四十英里内的地方志》,1795 年,第 43 页;F. 伊登:《贫民状况》第 2 卷,1797 年,第 30 页。这些证据的一部分是来自《农业部报告》的撰稿人,即新农学的坚决拥护人,这一事实足以排除对敌视大农耕作的倾向的怀疑。

21 H. 利维:《大租佃地和小租佃地》,第 30 和 34 页。

22 见普罗瑟罗(厄恩利男爵):《英国农事的过去和现在》,第 293—296 页和哈斯巴赫:《英国农民状况在新光辉中的衰落》,第 27—29 页(《社会科学文库》1907 年)所提到的《农业部的报告》:小自耕农在十八世纪末仍存在于诺森伯兰郡、达勒姆郡、约克郡(西区)、林肯郡、斯塔福德郡、萨洛普郡、伍斯特郡、德比郡、北安普敦郡、牛津郡、诺丁汉郡、剑桥郡、埃塞克斯郡、威尔特郡、坎伯兰郡和威斯特摩兰郡。

23 《特别委员会关于农业的报告》(1833 年)。威尔特郡:“享有五十镑至三百镑收入的业主已经消失。”(第 65 页)——约克郡:“所有小自耕农在战后都消失了。”(第 149 页)——柴郡:“自耕农几乎完全失去其土地。”(第 272 页)——萨洛普郡:“小农场全被卖掉了。”(第 285 页)——诺森伯兰郡和达勒姆郡:“许多小农已成为他人的仆人或改了行业。”(第 327 页)——在汉普郡,他们遭受抵押、破产,而以贱价出卖其土地(第 466 页)。——在诺丁汉郡,一个也没有了(第 586 页)。——两三个郡是例外:伍斯特郡(第 84—85 页),坎伯兰郡(第 325 页),赫里福德郡(第 394 页)。

24 J. 斯图亚特·穆勒:《政治经济学原理》第 1 卷,1848 年版,第 300 页。

25 在这个世纪初,自耕农作为阶级来说已不存在了。坎伯兰郡的“自耕农”几乎完全消失了。在南部几个郡(格洛斯特、萨默塞特、德文、肯德)中和在东部小麦种植地区中(尤其是在林肯郡中),还可见到一些个别的小地主。关于汉普郡最后的自耕农,参看索罗尔德·罗杰斯:《六个世纪的工作和工资》,第 55 页。

26 这类条例的数目曾被人计算过好几次,但算得都不完全或不大仔细。查默斯:《对大不列颠的比较力量的估计》,第 146 页所提供的数字几乎全部不正确。波特:《民族的发展》,第 148 页所提供的数字是正确的,但只限于从 1760 年开始。《特别委员会第三次农业报告的附录》第 501 页提供一个很好的核对方法。

27　最早的条例是1709年颁布的那一个，即安8年法令第20章(《有关私人利害的条例》)。

28　G. 斯莱特:《英国的农民和公田的围圈》，第73页(地图)表明圈地条例所涉及的范围，条例把大不列颠斜切开来，把东南部(从怀特岛起至萨福克止)、西南部(德文、萨默塞特、康沃尔)和西北部及威尔斯置于范围之外。但是，他同时又指出在没有议会法令情况之下，圈地是怎样进行的(同上书第152—155页以及第187页及以下)。——在东南部诸郡中，所有土地早于十七世纪都已圈起来了。参看T. E. 斯克鲁顿:《公地是公田》第114页。按照冈纳(《公地和圈地》第123页)的说法，在诺森伯兰郡、达勒姆郡、兰开夏、切斯特郡、德文郡、康沃尔郡、萨洛普郡、赫里福德郡、萨默塞特郡和埃塞克斯郡中的情形也是一样。

29　H. 霍默:《论围圈公田时确定业主各自特定部分的性质和方法》，1766年，第1页。

30　关于copyhold(根据官册享有的土地)，见爱德华·詹克斯:《近代土地法》，第57页及以下。

31　见F. 西博姆:《英国村社》。其卷首地图表明1750年时的教区情形；第6页的地图则是1816年的。

32　1926年有人指出，诺丁汉郡北部拉克斯顿地方还有这种分割土地法的遗风(见1925年12月24日和30日及1926年1月5日、7日和8日的《泰晤士报》上所发表的关于《最后的安格鲁撒克逊农庄》的通讯)。可是，拉克斯顿地产是属于曼弗斯勋爵一人所有，分散在三十个左右佃户手里；这个地产约分为一千二百块，其形成为一个按照传统的三年轮种制耕作的敞田。——柯特勒:《我们土地的围圈和重新分配》，第1页也提到埃尔姆斯顿·哈德维克村(格洛斯特郡)的类似情况。

33　Oxgang的原有意义是指一头牛(在一天之内)所耕的面积，地区不同所耕的面积也不同。这些词在圈地条例中常会碰到。普罗瑟罗(厄恩利男爵)(《英国农事的过去和现在》第24页)指出英国各地方的条形地所用的种种名称。

34　见F. 西博姆:前引书，第2—6页；拉姆塞:《英国的基础》第1卷，第159—160页；坎宁安和麦克阿瑟:《英国工业史纲》，第170页；R. 普罗瑟罗:《英国农事的先驱和发展》，第5页。关于法国旧制度时代的小块地产，见德·福维尔:《土地分成小块》，第139、153页及以下。——丘陵腰部有台地当然是一种普遍的事实。只有这些台地的界限同旧时小块地产的界限一致的地方，才值得我们注意。

35　《关于圈地的总报告》(农业部，1808年)，第25页。

36　在贝德福郡，八万四千英亩中有二万四千英亩还是敞田；在伯克郡，比例数是四十三万八千英亩中有二十二万英亩，在剑桥郡，十四万七千英亩中有十三万二千英亩。见普罗瑟罗:前引书，第57页。

37　这个理论是拉姆塞所主张的，见《英国的基础》第1卷，第160页。

38　E. 纳塞:《英国中世纪的土地村社》，第9—10页。西博姆认为在那里发现有两种前后相承的制度的遗迹。见《英国村社》第437—439页。在十八世纪，还有lot meadows(抽签牧场)和rotation meadows(轮流牧场)。

39 关于日耳曼的 mark(村社),人们还记得富斯特尔·德·库兰热同毛勒、格拉森和 P. 维奥莱特的论战。见《古法兰西的政治制度史》;《墨罗温王朝时代的采邑和农村领地》第 171—198 页。富斯特尔·德·库兰热指出,墨罗温王朝时代并没有村社。至于公有土地,"并不是从一种所谓集体所有制中派生出来的,因为人们在任何地方都找不到集体所有制的丝毫迹象;而是从地主让给佃户的使用权中派生出来的。"(同上书第 436 页)参看 W. G. 阿什利(《土地所有权的起源》,1891 年)、迈琴(《东西日耳曼人的定居地和农业》,1895 年)、梅特兰(《英格兰土地清丈册及其他》,1897 年)和科瓦莱夫斯基(《资本主义经济形式开始前的欧洲经济发展》,1901 年)等人的著作。更晚一些,T. E. 斯克鲁顿在研究 rights of common(公用权)的起源时,得出古代村社在实际上并不存在的结论(《公地和公田》,第 1—41 页)。然而,必须注意到赫布里底群岛上还实行着 run-rig system(共同占有土地,但各人拥有若干不相连的地块的制度),这种制度含有土地的定期重新分配(见斯莱特:《英国的农民》,第 166 页及以下)。从圣烛节至仲夏期间,牧地往往分为常年的份地(厄恩利男爵:《英国农事的过去和现在》第 25—26 页)。最妥当的似乎是坚持梅特兰的中肯的意见(《英格兰土地清丈册及其他》第 340 页):"我们尚在猜测中,直至现在还不能证明什么了不起的东西。"

40 按照拉姆塞(《英国的基础》,第 159 页)的意见,敞田起源于安格鲁撒克逊;按照西博姆(《英国村社》第 437 页)的意见,敞田在罗马占领以前已经存在。

41 围地或用木棒围起来的土地,这些词所指的土地面积因地而异。关于后者在东南部诸郡中的意义,见泰特:《巴特尔修道院那里的足够养活一家的土地面积以及用木棒围起来的土地》,载于《英国历史杂志》,1903 年,第 705 页及以下。

42 "住宅基地"是指在村庄里的、并在其上建筑住宅的地段。见西博姆的《英国村社》第 26 页所提供的事例:坐落在文斯罗的一个地产是由一个住宅基地、六十八块半英亩大的地段、三块四分之一英亩大的地段,以及一个一英亩和四个半英亩大的牧地所组成的。关于地产大小的不均等,见同上书第 11 页。

43 有时分为两组或四组。见 H. 霍默:《论围圈公田时确定业主各自特定部分的性质和方法》第 4 页;《围圈荒地和敞田的利弊》(1772 年)第 13 页;普罗瑟罗(厄恩利男爵):《先驱》第 5 页和《英国社会》第 5 卷,第 103—104 页。——一个教区或镇区可以不用三组田而代之以组成为一对一对的六组田:这就是希钦镇区的情况。西博姆:《英国村社》,第 11—12 页。格雷在《英国田制》第 133 页中还提到十八世纪中叶在大丢(牛津郡)有一种八期轮作制。

44 见厄恩利男爵:《英国农事的过去和现在》,第 25 页;斯克拉顿:《公地和公田》,第 115—117 页;卡特勒:《我们土地的围圈和重新分配》,第 72 页注一。旧习惯仍被保存的地方的事例,见《下议院议事录》第 38 卷第 857 页;第 51 卷第 257 页。

45 H. 霍默:前引书第 1 页。这就是 lammas meadows(八月一日草地)。见坎宁安和麦克阿瑟:《英国工业史纲》,第 171 页。

46 在十八世纪末,亨廷顿郡里有些教区已经没有敞田,而另一些教区里,敞田还继续存在。在后一类教区中,一个农场的平均收入是五十镑至一百五十镑;在其他教区中,其平均收入是二百镑至五百镑。在北安普敦、牛津等郡中,情形也是一样。见马歇尔:《评英格兰中部地方局关于农业部的报告》,第 334—348 页。

47　然而,"公地"有时也包含有略有价值的土地:这就是在某些村庄里形成为 green common(绿色公地)的土地。在那里,人们可以在公共牧人的指导下放牧母牛;有时,人们可以在那里以共同负担的费用来养公牛或牧马。见西博姆:前引书,第 12 页和纳塞:前引书,第 8 页。

48　Estovers 是从古法语 estovoir,estouvoir(意即"必需,适合";如作名词用,其意义就是"必需品,给养",等等)变来的。

49　见约翰·辛克莱爵士:《向农业部成员们致辞》,载于《下议院议事录》第 51 卷,第 263 页及以下。这个报告,很长且很有研究,详述公有土地的制度和状况。在农业部的刊物中,也可参看《关于圈地的总报告》(1808 年)第 26 页;以及爱德华·詹克斯:《近代土地法》,第 160 页及以下。

50　"这种权利是一个人在另一个人的土地上找到的好处,例如在那里放牧家畜、捕鱼、采泥煤、砍柴或者其他类似的东西。"布莱克斯通:《注释》第 2 卷,第 32 页。参看哈斯巴赫:《英国农业工人史》,第 89—90 页。

51　约翰·辛克莱尔:《向农业部成员们致辞》,载于《下议院议事录》第 51 卷,第 263 页。

52　见《下议院议事录》第 56 卷第 414 页:塔尔博特勋爵、弗农勋爵、巴奇霍特勋爵等等关于尼德伍德森林(斯塔福德郡)公有土地的请愿书。

53　例如:1783 年的一项圈地法案所指的地产包括有:"一千五百三十八英亩又三路德(一路德等于 1/4 英亩。——译者)的耕地,七十一英亩又二路德的牧场,以及在公地上放牧一百零三匹马、二百五十九头母牛和一千六百八十一只羊的权利。"《下议院议事录》第 39 卷第 110 页。

54　估计有时是根据地租作出的。在尼德伍德森林,每三镑地租就赋予佃耕者放牧一头牲畜的权利。《下议院议事录》第 56 卷第 414 页;H. 霍默:上引书,第 2 页。

55　见 G. O. 保尔爵士:《评圈地总法案》(1796 年)。

56　D. 戴维斯计算在公地上所采的木柴或泥煤,每年不超过一个星期劳动的价值(即十先令):要买同等数量的燃料,就得花费大约五倍以上的钱。《农业工人的实况》(1795 年)第 15 和 181 页。

57　见《下议院议事录》第 48 卷,第 651 页:反对阿姆利(利兹附近)圈地法案的请愿书(1793 年)。

58　在大多数情况下,cottager(亦可译作"小屋农")终于变成为一种小地主或小农场主。Squatter 是比较后起的开荒者,其地位较不稳定。斯莱特(《英国的农民》第 119 页)提到在威尔斯的一个教区(蒙哥马利郡)里,凡能于一夜里在公地上建起一间草屋并在那里升起火来(因而人们在日出时能够看到屋顶上冒烟)的人,就获得定居权。

59　笛福在 1724 年指出萨里有"大量雇农,他们的全部生活资料几乎都是从公地和荒地得来的,这种土地的面积是很大的"。《漫游记》第 1 卷第 68 页。

60　参看 I. S. 利达姆:《圈地清丈册》,载于王家历史学会辑,共 2 卷(1897 年);埃德温·盖伊:《1517 年人口减少的调查和圈地清丈册》,载于《皇家历史学会会报》,新辑

第 14 卷(1900 年)。R. H. 托尼:《十六世纪土地问题》(1912 年);W. H. R. 卡特勒:《我们土地的围圈和重新分配》(1920 年),第 64、105 页及以下;E. 盖伊:《十六世纪英格兰的圈地》,载于《经济学季刊》(1903 年)第 576—597 页。并参看他的柏林大学博士论文(《英格兰圈地史》第 7—65 页)。

61 卡尔·马克思在"原始积累"章中概括地叙述了它的历史,参看《资本论》人民出版社 1953 年版,第 1 卷第 905 页及以下。比较详尽的研究,见 W. J. 阿什利:《英国经济史和经济学说入门》第 2 卷第 4 章。

62 H. 拉蒂默:《布道集》。

63 "你们的羊原是那么温柔驯服,吃得那么少,据说现已变得那么样地野性和那么样地贪食,以致它们把人都吃了都吞下了。它们消耗了、摧毁了和吞噬了整个田园、房屋和城市。只要看看那些出产一种比较纤细、因而也就比较贵重的羊毛的地方,贵族们、乡绅们乃至神圣的修道院院长们——他们不满足于他们祖先往昔所获得土地所带来的每年贡赋和收入——把耕地取消了,他们把所有土地圈为牧场,并把房屋都拆毁,把市镇的建筑都摧毁,而只留下教堂来作为关羊之用。一个人因求其无厌的贪得而成为家乡的真正灾难,把成千英亩的土地合并为一大块并把土地围上篱笆,农人们就被赶出自己的田园;或则用舞弊或暴行把他们赶走;或者使他们因疲于必须忍受的摧残而被迫出卖自己的土地。"托马斯·莫尔:《乌托邦》第 1 卷手稿,第 2 页(反面),卢万,1516 年。

64 关于这个问题,参看盖伊和托尼的争论。E. F. 盖伊根据 1517、1519、1548、1566 和 1607 年官方调查的结果,得出整个十六世纪共有五十一万六千英亩土地受到圈地法令的影响。他的结论是:"十五和十六世纪的圈地政策,虽然借口因围圈公地为牧场而获得利润的增加,从而使乡村人口减少,但绝没有达到像人们常常所断言的那种宏伟程度;……它在重要性上受到限制,在地区范围上也受到限制,它主要只触及英格兰中部地区,就连在这一带也只表现为偶发的性质。"见《经济学季刊》第 596 页。利达姆的主张,早就是如此。托尼在说明难于解释利达姆和盖伊所利用的很不完全的统计之后指出,如果他们有理由的话,那么,"人们就不大能够说明政府要不断地注意这个问题,不能说明农民的暴动,也不能说明合理的、公正的并具有真实情报的人,例如约翰·黑尔斯所采取的激烈态度。"(《十六世纪土地问题》第 11 页)他的研究结果,明白地赞成当时人所揭露的那些痛苦的实在性和这一运动的重要性,因这一运动"对于传统的农业组织给予严厉的打击"。A. H. 约翰逊(《小地主的消失》第 44 页及以下)也批评了盖伊的方法。厄恩利男爵(《英国农事》第 58 页)写道:"贫穷是实在的,那是无可怀疑的",即使贫穷被夸大了。哈斯巴赫(《英国农业工人》第 33—34 页)也承认人们在十六世纪所大声疾呼的那些弊害的实在性。正如柯特勒(《我们土地的围圈和重新分配》第 109 页)所指出的那样,人民的不满,可能不是由于圈地而是由于损害耕地来扩大牧场;可是,这两件事难道不是密切地连在一起的吗?必须指出这些变化跟货币贬值而造成的物价上涨是同时发生的。

65 亨利七世四—五年法令第 16 章。

66 亨利七世四—五年法令第 19 章。

67　亨利八世六年法令第5章(1514年)。凡在1515年2月5日以后拆毁的农民房屋都应在一年以内重建起来,附属于这些房屋的土地必须再用来耕种。这项法令在下一年被宣布为永久的法令(亨利八世七年法令第17章)。——1517年举行了一次大调查,调查文件便成为圈地清丈册。

68　亨利八世二十五年法令第13章(1533年)。最大数额是两千头。根据该法前文所说,有些地主甚至拥有两万四千头羊。

69　亨利八世二十七年法令第22章(1535年),以及爱德华六世五—六年法令第15章(1552年)。

70　F.培根在《国王亨利七世史》,全集第6卷(1878年版),第94页,颂扬“国王和议会的那种值得钦佩的明智”,因为他们已采取措施制止农业的衰败。大卫·休谟(《英国史》,刚朴农译本第3卷第88页)是第一个否认这种颂扬的正确性的人,他证明培根所赞赏的那一立法几乎完全没有效果。“人们对于所有这些法令都阳奉阴违,因为那些负责实施法令的人都是反对法令最力的人……。人们用种种方法来回避法令:用只修理一间牧人住房的办法来冒称遵守那项禁止破坏房屋的法令;只在田里耕了一条犁沟便认为这块田是在耕种的土地;人们把地产写在子女或仆人的名下。”柯特勒:前引书,第92页。

71　同上书,第94页及以下。

72　约翰·黑尔斯:《论英国国家的公益》(1549年),拉蒙德版第15和20页。这段话很有意义,因为著者使之说出这样的话的剧中人承认,圈地在物质上的好处以及那些把耕地变为牧场的人所获得的利益。

73　这是F.E.盖伊所制的统计表中最明白的结果之一。

74　参看伦纳德女士:《十七世纪公田的围圈》(载在《皇家历史学会会报》,新辑第19卷第122页及以下);冈纳:《公地和围圈》,第153—186页。

75　斯克拉顿:《公地和公田》,第101页及以下。普罗瑟罗(厄恩利男爵):《英国农事的过去和现在》,第115页及以下。

76　《伦敦和烧干了的乡间》(《哈尔莱安杂录》第9卷,第326页);J.边沁:《基督教的冲突》(1635年);罗伯特·鲍威尔:《绝灭人口受到神法和人法的控诉、定罪和谴责》(1636年);H.霍兰德:《取消对圈地的限制》(1650年);S.泰勒:《公共利益,或通过圈地来改善公地、森林和猎场》(1652年);A.摩尔:《英格兰荒地和公地的围圈答应给贫民的食物》(1653年);J.摩尔:《英国不顾贫民的滔天罪恶,圈地因使村庄没有居民、田地不生谷物而受到控诉》(1653年);J.摩尔:《根据圣经的话来反对圈地》(1656年);匿名著者:《论公田和圈地》(1654年);匿名著者:《证明〈论公田和圈地〉的正当》(1656年)。

77　普罗瑟罗(厄恩利男爵):《英国农事的先驱和发展》,第65页;又《英国社会》第5卷,第106—107页;W.莱基:《十八世纪英国史》第6卷,第189—190页。

78　R.韦斯顿爵士是《论布拉班特和法兰德斯所实行的耕作法》(1652年)的著者。根据普罗瑟罗(厄恩利勋爵)的《英国农事的过去和现在》第107页及以下的说法,韦斯顿是一位先驱者,尤其是有关那基于使用红萝卜和苜蓿的轮种方面的先驱者。萨缪尔·哈特利布是密尔顿的朋友,克伦威尔所保护的人,他曾收集许多有关农业的文件。他著有:《普遍种植果树致富的计划》(1652 年)和《老练的农夫》(1659 年)。人们往往认为(按照 W. 坎宁安的《英国工商业的成长》第 2 卷第 568 页的说法,这种“认为”是错误的)他是那本题为《萨缪尔·哈特利布,他的遗物,即有关农业论的增补》(1651 年)一书的著者。唐纳森是《解析农业》(1697 年)的著者。

79 笛福:《漫游记》第 1 卷,第 84 页。

80 同上书第 3 卷,第 126 页。

81 普罗瑟罗(厄恩利男爵):《英国农事的先驱和发展》第 56 页。十八世纪末,虽然已有进步,但伊登还写道:“一个像大不列颠这样因到处拥有广阔荆棘地和荒地而受害的国家,很像人们在意大利和西班牙所穿的那种肥大、笨重的外衣:只有很小一部分对穿的人有用,其余的不仅无用,而且还成为他的累赘。”F. M. 伊登:《贫民状况》第 1 卷,第 21 页。

82 在扬的游记中,我们可以看到很多很多的关于逐渐改变这些实施方法的材料。主要参看其《威尔斯和英格兰南部诸郡六个星期的漫游》(1768 年)和《英格兰北部六个月的漫游》(1770 年)。

83 但马类除外,因为人们对它总是用心照料,主要是由于军事上的原因。比赛用的马的饲养只始于十八世纪。

84 随意解除租约制的有害结果,直至晚近时期还出现于爱尔兰,在那里,这种制度和地主不在本地而由管理人经营的办法,同样地甚至更厉害地阻碍了农业的发展。

85 杰思罗·塔尔:《新马耕作,又名论耕作和植物生长原理》,伦敦 1731 年。普罗瑟罗(厄恩利男爵)在《英国社会》第 5 卷第 107—109 页所提到的 1733 年,是此书第二版的年份。

86 从 1693 至 1699 年。

87 桑巴特已经明白地说明,资本主义企业的特点之一就是对目的和手段的筹划:“它的标志就是总账簿;这个制度的中枢就是借方和贷方的账目。”见《现代资本主义》第 1 卷第 198 页。

88 见 A. 扬:《农业年鉴》第 5 卷,第 120—121 页。扬曾数度参观雷恩哈姆地产(特别是 1760 和 1786 年这两次),并用赞叹的笔调将其描写为英国地主和农场主所应遵循的榜样。

89 “这就是查理一世所说的、应当分给全英国以作修筑大路之用的一个郡,因为实际上,在他那时代,那只是紫花苜蓿和未开垦的公地,耕种的地方没有十分之一。”亚历山大和弗朗斯瓦·德·拉·罗舍富科—利安库尔:《萨福克郡和诺福克郡游记》第 2 卷,1784 年 9 月 24 日信。

90 普罗瑟罗(厄恩利男爵):《英国农事的先驱和发展》,第 44—47 页。

91 普罗瑟罗:《英国农事的过去和现在》,第 173 页和《英国农事的先驱和发展》,第 79 页。见 A. 扬:《英格兰北部》第 1 卷,第 273—305 页和《南部诸郡》第 62—63 页。

92 剑桥郡、贝德福郡、亨廷登郡和林肯郡的沼泽地,已为此目的而实施了巨大工程。见《法令全书》,乔治二世三十年法令第 32、33、35 章;乔治二世三十一年法令第 18、19 章;乔治二世三十二年法令第 13、32 章;乔治三世二年法令第 32 章;乔治三世七年法令第 53 章;乔治三世十三年法令第 45、46、49、60 章;乔治三世十四年法令第 23 章;乔治三世十五年法令第 12、65、66 章;乔治三世十七年法令第 65 章;乔治三世十九年法令第 24、33、34 章等。

93 E. 里格比:《霍尔克哈姆及其农业》,第 21—24 页。拉·罗舍富科—利安库尔的儿子们在 1784 年参观了这块地产,并将其记入他们的《萨福克郡游记》第 2 卷,1784 年 9 月 24 日信。

94 莱翁瑟·德·拉韦尼厄在《英国农村经济》第 27—29 页中,对迪什莱格兰奇的畜牧场的历史作了简要的叙述。参看 A. 扬:《贝克韦尔、阿巴思诺特和达克特三位有名农场主的农业》(1811 年)。

95 F. M. 伊登:《贫民状况》第 1 卷,第 334 页。桑巴特正确地指出伦敦市场对改造畜牧业和一般农业的影响。《现代资本主义》第 2 卷,第 155—159 页。

96 下面是一张简略的书单(1784 至 1809 年发表在《农业年鉴》上的许多专论尚不包含在这个书单里):《森林,又名农业和农村经济学随笔》(1767 年),《农场主致英国人民书》(1767 年),《英格兰南部诸郡六个星期的漫游》(1768 年),《关于法国状况的信札》(1769 年),《论猪的管理》(1769 年),《此时谷物自由输出的得失》(1769 年),《英格兰北部六个月的漫游》共 4 卷(1770 年),《农场主的畜牧指南》(1770 年),《农村经济》(1770 年),《农场主在英格兰东部的漫游》共 4 卷(1771 年),《农场主的历书》(1771 年),《建议立法机关统计人数》(1771 年),《有关大英帝国现状的政论》(1772 年),《论大不列颠荒地的现状》(1773 年),《政治算术》(第 1 卷 1774 年,第 2 卷 1779 年),《爱尔兰漫游,并概论该王国的现状》共两卷(1780 年),《羊毛问题》(1788 年),《法兰西、意大利和西班牙游记》共两卷(1790—1791 年),《法国的事例是大不列颠的殷鉴》(1793 年),《萨福克郡农业概况》(1794 年),《林肯郡农业概况》(1799 年),《哈福德郡》(1804 年),《诺福克郡》共两卷(1804 年),《埃塞克斯郡》共两卷(1807 年),《牛津郡》(1809 年),《没有改革的安全体制》(1795 年),《对法国现状的看法》(1795 年),《国家危难与安全办法》(1797 年),《关于下层社会爱国心状况的探讨》(1798 年),《荒歉问题》(1800 年),《关于荒地用来更好地扶养贫民的妥当性的探讨》(1801 年),《论肥料》(1804 年),《成立农业部所产生的好处》(1809 年),《贝克韦尔、阿巴思诺特和达克特三位有名农场主的农业》(1811 年),《关于货币的递增价值的探讨》(1812 年),《关于欧洲物价上涨的探讨》(1815 年)。

97 自 1794 年起,农业部发表一系列的关于各郡中农业状况的报告。此类报告,约有一百左右,总称为《农业概况》。在农业部的其他出版物中,可以提到约翰·辛克莱爵士所主编的卓越的《关于圈地的总报告》(1808 年)。

98 反过来,英国却被法国在旧制度将近结束时力图改革农业的人看作模范。他们派遣青年人到英国去学习农学。

99 A. 扬在旅行中从不忘记调查作坊和工厂,他把工资记下来并以之与农业雇工的工资作对比,他力图了解工业人口比起农业人口是否有所增减,等等。

100 扬在 1770 年写道:"近六年来,比前此一百年中,对发展农业有了更多的实验、发现和见识。"见《农村经济》第 315 页。

101　参看索罗尔德·罗杰斯:《英国农业史和物价史》第 6 卷,第 284—306 页(这些表中包含有一些极其重要的统计文件,可惜使用起来极不方便)。参看 A. 扬所搜集的资料,《英格兰北部》第 3 卷第 12、170、293—313 页;《英格兰东部》第 4 卷第 311—326 页。1770 年的牛肉价格,依地区而有不同,每磅两便士半至三便士半。

102　"还有什么制度会比那种迫使教区中所有拥有土质可能完全不同的土地的农人实行同一的轮种制度更加野蛮呢?",见《关于圈地的总报告》第 218—219 页。

103　H. 霍默:《论确定业主各自特定部分的性质和方法等等》,第 7 页。关于敞田制的各种弊害,参看 A. H. 约翰逊:《小地主的消失》,第 96—97 页。

104　"只要敞田继续存在,农人纵然使用其所能有的全部劳动和勤勉,怎么能够在其土地上实现极微小的改良呢? 他的辛劳绝不会得到报偿:即使他有时间而且愿意进行改良,但由于他的土地的分散,他的支出总会超过他的改良所能提供他的东西。即使土壤的性质适于变为好牧场并能以少到十分之一的费用来出产更多的东西,他也必须重视那种昂贵的耕种办法。"农业部:《对拉特兰郡农业状况的观察》,第 31—32 页。参看《绅士杂志》1752 年第 454 页;约翰·辛克莱:《向农业部成员们致辞》,第 22 页;《下议院议事录》第 25 卷第 511 页,第 27 卷第 70 页,第 37 卷第 71 页,第 39 卷第 904 页等等。J. 塔克特:《劳动人民的过去和现在状况史》第 2 卷,第 395 页。普罗瑟罗在《英国农事》第 154—156 页中,把敞田的一切弊害作了很好的概述;关于这个问题,他分析了农业部通讯员们的报告(同上书第 226 页及以下)而得出如下结论:"这堆证物所留下的印象就是,敞田制度以及从而产生的土地的混杂,对于农业造成了有害的和不可补救的后果。"参看约翰逊:《小地主的消失》,第 96—97 页以及冈纳:《公地和圈地》,第 308 页及以下。

105　公地的瓜分是因同样的理由而受到赞扬的。见 1744 年出版的一本匿名著者的小册子:《一个英国呢绒制造人提供上下两院议员们考虑的方法》,它写道:"在本王国的若干地区中,还有许多大块未耕种的地方,如把它们加以分割并围圈起来,它们就会成为良好的耕地和良好的牧场。"按照这本小册子的著者意见,公地的分块和出售,至少可以得到七百万镑的收入。为了鼓励买者起见,他建议对购买几块土地的人授予绅士头衔(购买两块的封为乡绅,购买四块的封为爵士,购买八块的封为准男爵)。

106　卡尔·马克思不惜使用极其有力的形容词,把十八世纪圈地形容为有组织的掠夺和抢劫行为:"十八世纪的进步表现为:法律本身现在成了掠夺民众土地的工具。"《资本论》第 1 卷,人民出版社 1972 年版,第 792 页。W. J. 阿什利的《英国经济史和经济学说入门》第 2 卷第 50 节说明,夺取习惯上佃农的土地,可以在毫不触犯任何公认权利的条件下进行。

107　冈纳:《公地和圈地》,第 182 页。参看普罗瑟罗:《英国农事的过去和现在》,第 161—162 页。

108　H. 霍默:《论确定业主各自特定部分的性质和方法》,第 42 页。

109　A. 扬:《英格兰北部》第 1 卷,第 222 页。

110　H. 霍默:前引书,第 43 页。

111　1801 年,奎因顿(白金汉郡)地方有三十四个地主:八个请求圈地,二十二个反对圈地，四个中立。八个请求人共纳土地税二百零三镑五先令十一便士又四分之三，二十二个反对人共纳三十九镑十二先令六便士又四分之一。亦即是说，前一组每人平均二十五镑八先令三便士，后一组每人平均一镑十六先令。《下议院议事录》第56卷第544页。又见第23卷第559页。

112 德比伯爵和艾尔斯福德伯爵为围圈梅里登（沃里克郡）的请愿者，《下议院议事录》第39卷第904页。马尔波罗公爵为围圈韦斯特科特（白金汉郡）的请愿书，同上书第30卷第56页。

113 领主的签字是必不可少的。见H.霍默：前引书第43页。下面是一份叙述向下议院提出的那些请愿书之一的记录的非常突出的开端："约克郡克利夫兰的费斯比领主威廉·萨顿和埃德蒙德·邦丁两绅士；上述地方教区教堂牧师威廉·迪森和准男爵威廉·福尔斯爵士；乡绅爱德华·威尔逊、弗朗西斯·托珀姆和马修·杜安；绅士约翰·理查森和大卫·伯顿；寡妇玛格丽特·阿利利和玛丽·阿利利，都是上述采邑中的土地自由所有人和地主。他们的一份请愿书已呈到本院并经宣读过了……。"《下议院议事录》第25卷第511页。

114 温弗里思纽堡（多塞特郡）几个农人的请愿书："请愿人中有几个人因受胁迫而不得不在请求颁布圈地条例的请愿书上签字：但经过思考以后，认为圈地有使他们遭受立即破产的危险，因而请求允许撤销他们对该请愿书的表面上的同意。"《下议院议事录》第31卷第539页。

115 圣·艾丁顿：《关于赞成和反对围圈敞田的理由的探讨》，第24—25页。

116 见《关于荒地的报告》（1800年），《下议院议事录》第55卷第392页。通过一项圈地条例所需的议会费用，平均高达八十五镑十先令。此外还有律师公费以及派遣证人出庭议会调查委员会的费用，等等。按照莱基的《十八世纪英国史》第6卷第199页的说法，总数是在一百八十镑至三百镑之间。

117 J. L.和B.哈蒙德（《乡村劳动者》第65—70页）提到了金斯塞奇莫尔圈地法案事件，这个法案是为波林布罗克勋爵的利益而提出的，移送到有他的兄弟圣·约翰勋爵为成员的那个委员会去办理。

118 见《下议院议事录》第25卷第285、494页，第30卷第56页等等。

119 多尔塞特公爵和阿冯河畔的斯特拉特福市长反对围圈肖特里（沃里克郡）的请愿书，《下议院议事录》第32卷第304页。这个圈地法案被撤销了。根据教区牧师的请求而对法案加以修正的事例，见同上书第25卷第236页和第43卷第317页。有时相反，地主们埋怨人们对于教区牧师给予过多的补偿，见同上书第48卷第217页（W.威尔德反对围圈伍斯特郡皮奥普莱顿的请愿书）。

120 A.扬：《英格兰北部》第1卷，第225页。

121 H.霍默：《论确定特定部分的性质和方法》，第60、99、102页。约翰·辛克莱爵士：《关于荒地现状的总报告》（1800年）。《下议院议事录》第55卷第384页。

122 H.霍默：前引书，第43页。农业部：《关于圈地的总报告》（1808年），第72页。

123 A.扬：《英格兰北部》第1卷，第226页。

124　至少从1775年起是如此。见《下议院议事录》第35卷第443页。

125　J.比林斯利:《萨默塞特郡农业概况》,第42页。约翰·辛克莱爵士在草拟1796年的圈地条例(圈地总法案)并力图知道事情一般是怎样发生的时候写道:“大概的结果是:一个委员是领主任命的,另一个是什一税所有人任命的,第三个是那些持有大部分土地证的地主们任命的。”《农业年鉴》第22卷第76页。

126　《关于圈地法案中可被任命为委员的人的报告》(1801年)第4页。

127　在研究圈地的著者中,这些委员也有他们的辩护人,他们说:“至于圈地的规定和委员的决定,从全体上看,似乎没有理由为某一参与阶级的利益而提出偏袒的控诉。工作似乎是诚实地进行的,即使未必做得尽善尽美,而且毕竟是公道的。”冈纳:前引书,第76页。“虽有若干错误和某种偏袒,但没有理由认为委员们表现出人们常常加于他们的那样重大的不公平;总而言之,他们曾老实地和公平地做了他们的工作。”柯特勒:前引书,第159页。然而,冈纳却承认“有许多解决得不好的事件,以及某些委员的行动有不少武断。”他又说:“一般而论,分配是符合法定权利的。”可是,把一切没有书面文件作为根据的东西都毫无补偿地取消,这对小农来说,便造成重大的损失:“剥夺小农庄享用公地的利益,那就等于彻底摧毁它们。”(《关于圈地法案所产生的利弊的探讨》1780年)

128　A.扬:《英格兰北部》第1卷,第232页。

129　乔治三世41年法令第109章。

130　《关于可被任命为委员的人的报告》第4页。

131　约翰·辛克莱爵士:《关于荒地状况的报告》,载于《下议院议事录》第55卷第382页;《受命修正有关圈地法案议事规则……的委员会报告》(1801年),载于《下议院议事录》第56卷第663页。

132　两千镑的数字被认为是平均的数字。见《关于圈地的总报告》第331—334页。根据A.扬的《英格兰北部》第1卷第230页的说法,这种手续费往往要分为六、七年来偿付。

133　圣·艾丁顿:《关于赞成和反对围圈敞田的理由的探讨》第35页。关于圈地加在小地主身上的费用之重,见普罗瑟罗:《英国农事》,第251页;J.L.和B.哈蒙德:《乡村劳动者》,第97页;冈纳:《公地和圈地》,第373页;埃利阿舍维奇:《有利于英国小农所有制的运动》第58页。

134　马克思弄错了,当他写道:“F.M.伊登爵士在其狡猾的辩护词中,力图把公地说成是大地主的,即封建主的继承人的私有产业;可是,当他要求议会投票通过批准分割公地的总议案时,他又否定了自己。因为他不但承认需要议会的果断决定来把公地变为私有土地,而且还要求立法者对贫穷的被剥夺者给予赔偿。”参看《资本论》第1卷,人民出版社1972年版,第793页。(1)圈地总法案绝不是预定批准公地的分割,而是预定划一圈地的手续;(2)对习惯上的使用受益给予赔偿并不含有承认严格意义上的权利。马克思似乎硬把英国公地制度变作自己的与事实不符的想法。

135　S.斯迈尔在《博尔顿和瓦特传记》第168页中引用1790年4月17日马修·博尔顿致霍克斯伯利勋爵的信。参看H.霍默:前引书,第23页。

136 “可怜的雇农从公地上所获得的好处，与其说是实际的不如说是表面的。他们不从事能使自己有办法买柴烧的正常工作，反而把时间花在捡拾几根枯树枝上……。一两头瘦弱的猪同几只乱跑的鹅……是花费很大的，因为他们要费时间去照料，还须购买额外的饲料给它们。”F. M. 伊登：《贫民状况》第1卷，第19页。按照柯特勒(《我们土地的围圈和重新分配》第228页)的说法，有三种人的“命运与公地使用权有这样密切的关系，以致这种权利的丧失就成为大大减少其人数的原因之一”。这三种人是(一)耕种其自己所有或佃来的很小土地的雇工；(二)靠自己家人的帮助来耕种租地的小佃农；(三)经营自己所有的不到一百英亩农场的小自耕农。参看埃利阿舍维奇：《有利于英国小农所有制的运动》，第46页。

137 乔治二世三十一年法令第41章。

138 参看泰晤士河边的沃尔顿教区和沃尔顿莱(萨里郡)采邑的圈地条例，乔治三世40年《关于地方和个人的公共法令》第86章。凡占有一所不超过五镑租金的农舍的人，均得享用保留地并有放牧权、砍伐树木权等等。这种土地应有二百六十英亩的面积。

139 1801年法令(乔治三世四十一年法令第109章)规定这类小块地的分配(第13条)。

140 “人们很少发给他们任何补偿。唯利是图的地主不会忘记指出：他们对其以前所享受的好处没有任何权利；他们仅仅得到准许作为恩惠享受好处的。”H. 霍默：前引书，第23页。

141 多尔切斯特伯爵在把整个阿比·米尔顿(多塞特郡)教区买进以后，便把村庄夷平，并在村庄的基地上挖了一个养鱼池。F. M. 伊登：《贫民状况》第2卷，第148页。

142 F. A. 温德博恩：《十八世纪末英格兰概况》第2卷，第287页。

143 “管家不会忘记仔细地打听土地自由持有人出卖土地的意向。他一定会为其主人的方便和利益，极力设法以尽可能公道的价钱来购买这些土地。”E. 劳伦斯：《管家对主人的义务》(1727年)，第36页。参看G. 斯莱特：《英国的农民和公田的围圈》的结论，以及哈斯巴赫：《近一百年中英国农业工人和圈地》，第110—111页。

144 根据H. L. 格雷的《十六世纪至十九世纪牛津郡中自耕农的土地经营》(载于《经济学季刊》第24卷第293页)的说法，后一情况是最常见的。

145 在杜尔韦斯顿村。F. M. 伊登：《贫民状况》第2卷，第148页；T. 赖特：《简述小农场的垄断》，第3—5页。

146 J. 豪利特：《通常归咎于贫民和救贫税增加的理由之不足》，第42页。囤购农场，自1765年起受到谷物价格高涨所提供的巨额利润所鼓舞。参看H. 利维：《大租佃地和小租佃地》，第10页。

147 参看哈斯巴赫：前引书，第36—37页。A. H. 约翰逊在“相当认真地调查了圈地与合并之间的关系”以后，虽然断定“圈地不一定跟着就是小农场的吞并”，但却承认“圈地的结果，直至1785年左右为止，往往是如此。”(《小地主的消失》第147页。)根据劳伦斯的说法，力使小农场被大农场吞并就是管家的义务之一：“管家应当尽力设法把那些租给贫穷人的小土地合并到大农场中去。"E. 劳伦斯：前引书，第 35 页。

148 见普罗瑟罗：《英国农事》第 168 页。A. H. 约翰逊：《小地主的消失》第 98 页。哈斯巴赫：《英国农业劳动者》，第 39 页。

149 A. 扬：《农场主的信》，第 95 页。

150 J. 艾金：《曼彻斯特周围地方志》，第 18、44、69—70 页；F. M. 伊登：《贫民状况》第 2 卷，第 531 页；W. 皮尔金顿：《对德比郡现状的观察》第 1 卷，第 301 页。

151 参看 H. 利维：《大农场的起源和衰微》，第 18 页。普罗瑟罗：《英国农事》，第 168 页。"对于地主和佃农，利润很大，来得很快，所以不但一切其他作物遭到减少，而且在某种程度上还为了获得扩大谷物生产的巨利而遭到牺牲。为此目的，农人甚至把极小角落的土地都改变为耕地，就连雇农也放弃其唯一的羔羊来耕种其硗瘠的果树园。"(《关于圈地法案所产生的利弊的探讨》，1780 年，第 23 页。)这段引文所表明的印象，被人十分夸大了，因为审查农业部所发表的《关于圈地总报告》(第 229—231 页和 232—252 页)中所引用的数字，我们知道 1760 至 1800 年间种植小麦的面积只有轻微的减少(约一万英亩)。可是，埃利阿舍维奇(《有利于英国小农所有制的运动》第 23 页及以下)指出，1760 至 1793 年间的物价高涨，既有利于畜牧业同样也有利于农业。他用一系列的引文来反驳 H. 利维，并证明(第 34 页及以下)十八世纪圈地的结果，从全体上看，就是牧场的扩大，而且，他还引用 1808 年《关于圈地总报告》中的："那是一个事实，任何人都不能也不应否认的"一句话来作为依据。

152 约翰·辛克莱尔爵士承认："至于圈地对于人口的影响，一定有减少农业工人人数的趋势。"这句话是维特·鲍顿的《十八世纪末英国工业社会》第 241 页所引用的。

153 这类事实是十分常见的。例如，《下议院议事录》第 30 卷第 607、608、613 等页所记载的。

154 《下议院议事录》第 28 卷第 1031 页；第 29 卷第 563 和 612 页；第 31 卷第 539 页。

155 《下议院议事录》第 33 卷第 459 页。

156 《下议院议事录》第 56 卷第 333 页；第 58 卷第 387 页。——对有关人等说明议会即将通过圈地法案的布告，应在几个星期以前张贴(见同上书第 35 卷第 443 页)。

157 大英博物馆图书馆藏有非常丰富的关于圈地的小册子；从 1780 至 1790 年这一时期的小册子特别多。下面是其中最有趣的几本书名：《关于圈地法案所产生的利弊的探讨》(1780 年)；《论一本题为〈关于圈地法案所产生的利弊的探讨〉的小册子》(1781 年)；《关于围圈荒地的后果的政治探讨》(1785 年)；《略论圈地并说明围圈公田的有害后果》(1786 年)。大英博物馆编号：T1950。

158 S. 艾丁顿：《关于赞成和反对围圈敞田的理由的探讨》，第 38 页。

159 哈斯巴赫在《英国农业工人》第 107 页中很好地叙述了圈地对各类占用公地的人的影响。

160 耕作方法的改善趋向于同一的结果："四十年前，一副犁是用四匹马拖拉的，并由两个成年人牵引，或者至少由一个成年人和一个小孩牵引。现在，在全郡范围内，一副犁则只用一个成年人和两匹马，不需要赶牲口的人，而且，就我所能判断的说，这一个人和两匹马所做的活，跟以前两个人和四匹马所做的活是一样多。”G. B. 赫伯恩：《东罗提安农业概况》(1794 年)，第 114 页。

161 《关于粮食价格高昂原因的探讨》(1767 年)第 114 页。见 D. 戴维斯：《农业工人的实况》，(1795 年)第 35—36 页；《绅士杂志》第 71 卷第 809 页。

162 奥利弗·戈德史密斯：《荒村》(1770 年)，诗第 35、64、265—282 和 303—308 行。很难认为这些诗句不是由圈地的景象所引起的；然而，有人不这样主张。F. M. 伊登在 1800 年写道：“荒村，今天只在诗人的虚构中才会碰到。”见《大不列颠和爱尔兰居民人数的估计》第 49 页。“有人听到戈德史密斯博士亲自承认他的荒村只是诗词上的虚构。”(《绅士杂志》第 70 卷第 1175 页)戈德史密斯可能不是要描写某一真实村庄的特殊情况；但他所用的措辞过于确切，与我们在他处所得知的事实又非常符合，所以致不能把《荒村》看作是一种完全虚构的著作。我们认为它即使不是事实的证据，至少也是舆论的证据。

163 柯特勒(《我们土地的围圈和重新分配》第 182—226 页)把农业部关于圈地的一般结果的报告总结作出如下的摘要：“证据中有两点是确凿的：它们证明圈地的好处是无可争辩的，证明公地的好处远抵不上它的害处……。公地是原始农业状态的残余，这种农业的主要好处早已不存在了……”

164 A. 扬：《关于农场的大小》，载于《农艺学论文集》第 4 卷第 564—565 页。参看《农场主的信》第 56 页。

165 A. 扬：《关于农场的大小》，第 560 页。

166 C. 赫察尔：《彭布罗克郡农业概况》第 21 页；A. 扬：《南部诸郡》，第 22 页。“在比肖普伯顿附近，有一块我所见过的最奇特的敞田：当它处在旧状态时，那里土地每英亩只租得十八至二十先令；现在在圈地条例通过以后，据说地租即涨到每英亩三十先令左右。”参看《英格兰北部》第 1 卷第 447 页。必须分辨出圈地所引起的涨价与反法国革命战争期间因农产品达到饥荒价格而产生的涨价之间的差别。

167 “我认为人口是次要的问题。人们应当按照能够出产最多的方法去耕种土地，而不必担心人口。不管人口会怎样，一个农场主绝不应被束缚在陈旧的农业方法上。如果人口不但不能增加国家的财富，反而成为国家的负担，那么，这就是有害的人口。”A. 扬：《政治算术》第 1 卷，第 122 页。

168 《受命研究改进荒地耕作法的特别委员会的第一次报告》(1795 年)第 47 页。

169 J. 豪莱特：《对普赖斯博士论英格兰和威尔斯人口的考察》第 29—30 页。这个问题，今天又被几个研究过英国十八世纪农业的著者所研究。G. 斯莱特(《英国农民和公田的围圈》，第 265—266 页)认为有局部的人口减少，亦即认为农业人口中有移动。冈纳(《公地和圈地》第 VI 页和第 411—412、448 页)从统计数字的研究中得出下述结论：“农村人口在十八世纪末并未受到圈地的影响。”让我们提醒一下，由于 1801 年以前没有统计，只好满意于近似的估计。

170 参看 A. 扬：《英格兰北部》第 4 卷，第 249—254 页。在《围圈荒地的利弊》那本小册子的第 42 页，我们发现有下面这张表：

	在圈地以前		在圈地以后	
	工资	家庭数	工资	家庭数
1. 土质肥沃的敞田	400 镑	20	100 镑	5
2. 土质在普通以下的敞田	400 镑	20	325 镑	16¼
3. 土质肥沃的公地	10 镑	1/2	100 镑	5
4. 土质在普通以下的公地	10 镑	1/2	325 镑	16¼

让我们假定这些数字都是有根据的，虽然这些圈地没有一个给我们指出足以进行任何核实的地点和时日。从整个儿看来，这些数字指出农业人口的些微增加（由四十一家增至四十二家半）和工资总数的增加（由八百二十镑增至八百五十镑）。但是，这种增加完全是由围圈公地所致：围圈敞田反而造成人口和工资的显著减少（由四十家减至二十一家又四分之一；由八百镑减至四百二十五镑）。这两种圈地的比例，一般是怎样，尚待了解。而且，我们要注意那些从敞田中消失掉的人家与那些在旧公地上安家的人家之间的阶级差别：前一类中一定有地主或 copyholders（根据官册享有土地者），而后一类则全是由雇农组成的。

171　A. 扬：《农场主的信》第 66—72 页；J. 豪莱特：《对普赖斯博士论英格兰和威尔斯人口的考察》第 20 页；约翰·辛克莱爵士：《向农业部成员们致辞》，载于《下议院议事录》第 51 卷，第 258 页。

172　W. 韦尔斯：《英格兰人口现状的探讨》，第 38—41 页。

173　F. M. 伊登：《贫民状况》第 1 卷，第 14 页。

174　《农业年鉴》第 36 卷第 516 页。

175　农业部：《关于圈地的总报告》（1808 年），第 18 页。——贝德福郡塔尔维村："据我所知，在圈地以前，贫穷农民很容易弄到牛奶给孩子吃。在那以后，他们要费千辛万苦才能弄到牛奶。乳牛数目从一百一十头降到四十头。"——贝克郡莱特科姆村："贫民似乎苦得很。他们再也不能像以前那样饲养一头乳牛，而且，他们要靠教区来养活自己。"——白金汉郡瓦德斯顿村："贫困有了显著的增加；农业劳动者由于没有工作而向教区请求救济。整个地区现在都变为牧场。"——柴郡克拉内治村："再也没有地方给穷人养乳牛和羊了。"——格洛斯特郡托顿哈姆村："除穷人人数增加外，没有任何增加。八个农场的建筑物里满是穷人。"——赫特福德郡诺尔顿村："雇农丧失了家畜，毫无补偿。"——林肯郡多宁顿村："雇农的一百四十头乳牛因圈地而丧失了。"——诺福克郡伦德哈姆村："贫民不得不出卖家畜。"——北安普敦郡帕森哈姆村："雇农因丧失牛和猪而痛苦不堪。"——斯塔福德郡阿什福德村："许多穷人……。"——约克郡阿克沃思村："该教区的土地原为一百个左右业主所有；圈地以后，他们几乎全体都靠教区养活。"同上书第 150 页及以下。——H. 利维（《大租佃地和小租佃地》第 42—43 页）指出，A. 扬在成为"圈地最热心的辩护人"之后承认圈地造成了一些祸害，惋惜"雇农"丧失了家畜，提倡恢复农村小地产并保护小地产以免马尔萨斯的攻击。参看《农业年鉴》第 34 卷第 251 页，第 36 卷第 515 页，第 41 卷第 231 页等等。

176　马克思：《资本论》第 1 卷，人民出版社 1972 年版，第 759 页。

177　冈纳虽然反对圈地造成人口减少的论点，但也承认圈地的结果是“供那些以前组织在固定习惯基础上的居民，发生了变化而迁移他处。”（《公地和圈地》第444页）

178　我们要再说一遍，在十九世纪前夕，自耕农远未完全消失。正如埃利·阿莱维（《十九世纪英国人民史》第1卷第208页注3）所写的那样：“自耕农阶级的衰微，在十八世纪是很快的，但在1815年以前农业繁荣的年代里似乎缓慢下来了。在1815年以后，衰微才日益加速。”

179　A. 扬：《政治算术》第1卷，第47页。

180　“乡绅查林顿的父亲惯常坐在橡木餐桌的首座，同他的雇工们在一道，为他们做祷告，分割肉和布丁。他也许喝一杯浓啤酒，雇工们则没有酒喝，这一点几乎就是他们在饮食上不同之处。”W. 科贝特：《农村旅行》，第243页。

181　“他们的娱乐，既奢侈又雅致，因为人们常常看到一个新农场主为了一次应酬便花上十至十二镑，而且，他们还需要最贵和最好的酒来佐佳肴。至于服装，在那些熟识一位豪富农场主的女儿的人中，没有一个能从打扮上把她同公爵女儿区别开来。”《略论圈地》（1786年）第21页。参看《绅士杂志》第71卷第588页。

182　“这里似乎非常缺少工作。大多数雇农都处在所谓‘巡回’（on the rounds）的状态：亦即是说，他们挨家去兜活做。在冬天，也许有四十个人是这样地处在巡回状态。”F. M. 伊登：《贫民状况》第2卷，第29—30页。这种事是新近产生的：“一位老农民对我说，在圈地以前，土地每英亩租不到十先令，在他青年时期，教区中不知道有兜活干的人这个名词。”见同上。关于这一点，还可参看哈斯巴赫：《农业劳动者》，第188—190页；J. L. 和 B. 哈蒙德：《乡村劳动者》第164页。

183　关于受救济人的强制居住地及其在1795年的废止，见本书第3篇第3章。

184　“以同样的费用，一副犁，可以比一把铲子多耕十倍以上的地，因此，为了一个人保有工作便剥夺了十个人的工作。犁难道是人口减少的原因吗？远非如此：它使这十个人有可能在工商业中得到更加有益得多的使用。”A. 扬：《关于农场的大小》，载于《农艺学论文集》第4卷第566页。《关于粮食的现在高价和农场大小之间的关系的探讨》第124和136页。参看豪莱特：《对普赖斯博士论英格兰和威尔斯人口的考察》，第32页。

185　J. 马西：《设立救济院的方案》（1758年）第99页。圣·艾丁顿在叙述许多地方所流行的贫困以后说道，“当贫民得到帮助而在邻近开设的兴盛工业找到工作时”，贫困有时就避免了。《关于赞成和反对围圈敞田的理由的探讨》第38页。“如果土地落到少数大地主的手中，小农就要变为不得不靠为他人劳动而谋生的人……。也许有更多的工作会得到完成，因为有更多的强制。城市和工场都要扩大，因为有更多的人被驱逐到那里来找工作。”R. 普赖斯：《反转报偿论》第2卷，第149页。

186　约翰·韦奇：《沃里克农业概况》，第21页。

187　《下议院议事录》（1797年）第52卷第661页。“圈地发生于何时？——九年前。——哈姆利的居民状况从这时起毫无改善吗？——据我所知是没有。我所知道的是，那些以前在自己家里工作的人，有许多被迫到工厂去了。”《受命考察英格兰毛纺工业状况的特别委员会报告》（1806年）第22页。

188 按照冈纳的意见，向城市迁移的原因是“农业劳动与工业劳动的分离以及最初工厂的组成”。(《公地和圈地》第 444 页)对于下一时期来说，的确是如此，因为那时新工业已经开始发展起来了。

189 参看本书第 3 篇第 2 章。在大工业发达最快的地区这种事实特别显著，如在曼彻斯特附近：“前不久还成为人数众多的可敬阶级的自耕农，在最近这一时期中已经大大地减少了：许多自耕农参加了工业。”J. 艾金：《曼彻斯特周围三四十英里内地方志》第 23 页。关于柴郡的邻近地方，也有同样的记述(同上书第 48 页)。至于西区，即毛纺工业地区，参看 J. 詹姆斯：《布雷德福史》第 376 页。

190 《关于粮食的现在高价和农场大小之间的关系的探讨》第 129 页。

191 见农业部的《总报告》中为祝贺那因圈地而得到解放的地主的赞词：“他的才能、精力和资本都得到自由了，因而他能为其自己的利益而尽善地使用它们，”等等。《总报告》第 220 页。

192 F. M. 伊登：《贫民状况》第 1 卷，第 14 页。

第二篇 第一章

1 这个定义比勒洛的定义似乎更令人满意和更加完备。勒洛的定义如下：“机器是一个如此装配起来的坚实机件的集合体，以致它有可能使用天然的机械力来产生某些一定的动作。”勒洛：《理论运动学》，第 38 页。

2 参看乔治·阿格里科拉的《关于金属物品》(巴尔，1546 年)一书中精彩的木版画。有一些转载在路德维希·贝克的《钢铁史》第 2 卷，第 147、149、479、482、483、531 页等，并附有摘自凡努奇奥·比林古奇奥的《烟火制造术》(威尼斯，1558 年)一书中的一些类似的插图。

3 见贝克：前引书第 2 卷，第 130—142 页。

4 参看《百科全书》第 4 卷，“炼铁厂”或“炼铁术”条的插图。

5 我们已经举出冶金工业所提供的事例并已指出应当把它单独分类的理由：我们在下面第 2 篇第 3 章(铁和煤)中还要谈到这一点。

6 关于以后的事情，可以参看 W. 费尔金：《机器织袜和织带工业史》，第 23—41 页以及《国民传记词典》“李(威廉)”条。

7 在《分类百科全书》(“手工工场”，见第 1 卷第 220 页)中，人们可以看到：“这是一架光滑的铁制的机器，非常精巧；要很好地描述它的构造，是不可能的，因为它的部件多而庞杂；就是把它摆在眼前，也很费周折才能了解它。”然而，狄德罗和达朗贝主编的《百科全书》的插图(第 2 卷“织袜机”条)对于这种机器却有相当明白的说明。

8 见本书第一篇第一章。参看《下议院议事录》第 36 卷，第 635、728 页，以及乔治三世二十八年法令第 55 章的前言：“鉴于编织袜子和其他针织品的织机都是价值昂贵的机器，一般说来，这些机器是针织品商或制造商所有的；他们用收取租金的办法将其租给工人……。”

9 见《下议院议事录》第 36 卷，第 742 页；第 37 卷，第 370 页。这种弊端，直至晚近一个时期还是屡遭埋怨的对象："不管工人有无工作，老板总要索取其机器的租金。用织机织袜的工人们断言：当他们缴付织机的租金时，老板总想按照比需要长得多的时期来分派工作，并把工作分成很小很小的部分以便尽可能长期地收取租金。麦克尔斯菲尔德的丝绸织工们埋怨经常被保持在半失业的状态，因为老板认为令人使用尽可能多的各别织机去完成工作对自己有利，因为每架织机是按每星期的定价多少给他生出十足的租金的。"S. 和 B. 韦布：《工业民主主义》第 1 卷，第 316 页及以下。

10 关于这个问题，参看黑尔特：《两本英国社会史》，第 484 页及以下有相当详尽的研究。

11 同上。1744 年修改过的织机编织工人行会的章程，转载在《下议院议事录》第 26 卷，第 779—794 页。

12 参看库克 · 泰勒：《工厂制度史入门》，第 358 页。

13 A. 巴洛：《织布史》，第 30 页。

14 维托里奥 · 宗卡：《机器和制造的新场面》（帕多瓦，1621 年），第 68—75 页（附有插图）。

15 传统的记述，载在 W. 赫顿：《德比史》，第 161 页及以下。这种记述已受到批评，特别是受到 M. G. 汤森 · 沃纳（《英国社会》第 5 卷，第 111—112 页）的批评。根据他的说法，这次旅行是不必要的，因为人们已经拥有宗卡所提供的机器的描述。真正奇特的事，是约翰 · 洛姆贝或者与他同时的其他英国商人已经读过《机器的新场面》一书。沃纳又说道，人们在 1692 年已经谈到捻丝机传入英国（见《内政部文件一览表》1683—1693 年，第 293 页）。然而，这能否证明这种机器的设计和运转从那时候起已为人所知呢？

16 得到一个名叫乔治 · 索拉科尔德的意大利人的帮助。参看笛福：《漫游记》（1727 年版）第 3 卷，第 38 页和（1742 年版）第 3 卷，第 68 页。

17 《专利品和发明物的年代索引》，第 477 号。关于十八世纪专利权的立法，参看温德达姆 · 休姆：《十七和十八世纪的专利法史》，载于《法律季刊》1902 年第 280 页及以下。

18 "这里有一个性质异常的奇观，它在英国这类东西中是唯一的：我的意思是说德温特河边那个发动三架意大利式制造缪丝的大机器的水车场。多亏这种发明，一个工人能做五十个工人的工作，而且工作做得更准确且好得多。这个机器是由两万五千五百八十六个机轮和九万七千七百四十六个部件所组成的，水车轮子每转一次就制出七万三千七百二十六码的丝线，这个轮子每分钟转三次：亦即是说二十四小时内就制出三亿一千八百五十一万四千九百六十码。一个独轮子使得所有的部件都动作起来，可是，其中每一部件又能单独地停止活动。"笛福：《漫游记》（1742 年版）第 3 卷，第 67 页。安德森：《历史学上和年代学上的历史和商业起源的推论》第 3 卷，第 91 页中常常被人引用的那一段只是笛福这段记述的抄本。也可参看 A. 扬：《英格兰北部》第 1 卷，第 225 页，以及 W. 赫顿：《德比史》，第 163 页。——我们是通过宗卡的前引书中的插图以及《百科全书》（补篇，第 11 卷，"丝绸厂"条插图 8 至 20）中的插图而认识这种机器的。这种机器传入法国与传入英国几乎是同时，长期被人称为“比德蒙机”。

19 《下议院议事录》第30卷，第209—220页。

20 同上书，第212—213页。

21 《绅士杂志》，1739年，第4页。

22 乔治三世五年法令第8章。《下议院议事录》第21卷，第782—795页。

23 1770年，斯托克波特有四个工厂和一千工人。《下议院议事录》第34卷，第240页。

24 《下议院议事录》第30卷，第215页及以下。考文垂的饰带工业有其单独的历史。

25 参看乔治三世三年法令第21章，乔治三世5年法令第48章。这些措施仅使制造商得到一半满意，因为他们屡次请求全部禁止外国织品以及对舞弊给以十分严厉的惩罚。《下议院议事录》第30卷，第87、93、725页。

26 见本书第一篇第一章。

27 参看G. B. 赫兹：《英国十八世纪的丝纺工业》(《英国历史杂志》1909年，第710—729页)。

28 “直至1700年……，cottons还出现在羊毛制造品的细目中”(威廉三世十一—十二年法令第20章)。G. W. 丹尼尔：《初期英国棉纺工业》，第7页。1552年的一项法令(爱德华六世五—六年法令第6章)也提到“兰开夏所织造的cottons、棕色粗呢和起绒粗呢”，在这项法令中，所谓一匹二十二码长、四分之三码宽、至少有三十磅重，这清楚地是指毛织品而言的。伊丽莎白五年法令第4章(1563年)把“住在坎伯兰、威斯特摩兰、兰开斯特郡和威尔斯的、织造起绒粗呢、cottons和经济呢绒的人”称为“毛织品织工”。兰开夏的毛纺工业从十三世纪起就繁荣了(《兰开斯特的维多利亚史》第2卷，第376页)。人们在看到cotton一词在英国被用于毛织品，也许会感到惊奇，而coton、cotone二词在西班牙和意大利早已具有今天的意义。但A. 德·坎多尔指出字源本身就有类似的混淆：在阿拉伯语中，称棉(kutn)和麻(kattan或kittan)的词，实际上是相同的(《栽培的植物的起源》，第325页)。必须指出，不仅在意大利和西班牙，人们从十二世纪起就纺织棉布，就连在德国，早于十四世纪即已提到一种名叫“粗棉布”的织品是用麻经和棉纬织成的。见R. 利维：《阿尔萨斯棉纺工业经济史》，第3、4、7页以及G. 丹尼尔：《初期英国棉纺工业》，第14页。丹尼尔写道：“怀疑植物纤维能被用于兰开夏的呢绒制造中，是难于避免的。”同上书第7页。

29 参看《棉业全史》(1823年)第40页；A. 尤尔：《大不列颠的棉纺工业》(1836年)第1卷，第31页。“一种粗织品叫做肯达尔cottons。”伊登：《贫民状况》第2卷，第751页。

30 “在此时期(十六世纪)，这个城市已因某些非常需要的毛织品而驰名，这种毛织品是在这个城市织造的并被人通称为曼彻斯特cottons。”R. 霍林沃思：《曼彻斯特居民》，第64页。这本书是在十八世纪中叶写成的，在1839年由W. 威利斯予以出版。

31 参看威廉·卡姆登：《英国记述》(1586年)，第429页。

32 舒尔茨—格弗尼茨:《大工业》,第 27 页。

33 《国家文件》,“内务”,第 59 卷,第 5 页。W. H. 普赖斯(《英国棉纺工业的起源》,载于《经济学季刊》第 20 卷第 608—613 页)引用了一个保存在伦敦市政厅图书馆的 1620 年的请愿书的话(《请愿书和议会问题》,1620—1621 年,第 16 号),根据这份请愿书所说,英国棉纺工业起源于十七世纪初,甚或起源于十六世纪末:“大约二十年前,本王国中的,特别是兰开斯特中的种种人士发明了织造粗棉布的技术,这种布是用一种粗毛绒或茸毛做的,这种茸毛是土地的出产物,是土耳其商人从斯米纳、塞浦路斯、阿克拉和西顿带到本王国的某种矮树或灌木上长的果实,而被人通称为棉毛……。英国至少织造了四万匹粗棉布……,有几千穷人从事于这种工作。”

34 刘易斯·罗伯茨:《交易宝库,又名论国外贸易》(伦敦,1641 年),第 32 页。

35 奥伦治公爵威廉三世之妻,马丽王后。

36 笛福:《评论周报》,1708 年 1 月。

37 威廉三世十一—十二年法令第 10 章。供出口贸易用的货包准许暂时进入英国各港口,但须向海关申报并存入仓库。参看巴尔·克里什纳:《1601 至 1757 年印度与英国的商业关系》,第 194 页及以下,以及 C. J. 汉密尔顿:《英国与印度的贸易关系(1660—1896 年)》。

38 1706 年有一本小册子叹惜“人们从印度运来的印花布或着色布非常流行。”J. 海恩斯:《对英国服装业现状的观察》,第 19 页。

39 这些请愿书中有一份非常奇妙地同其余的相反:它为呢绒工业的利益而替棉织品案件辩护。它指出,如果英国毛织品的价格降低,其输出就会增多。《下议院议事录》第 19 卷,第 254 页。

40 《正确地描述可怜的织工们的正当叫屈》(1719 年);《印花布和着色布与毛织品和丝织品之间的问题概况》(1719 年);《织工的真实情况》(1720 年);《呢绒制造商和丝绸制造商的前景》(1720 年)。与之相反的则有:阿斯吉尔:《对……问题概况的简要答复》(1719 年);《经过审查的织工要求》(1719 年)。这些小册子的大部分是福克斯韦尔教授借给我们看的。

41 参看《织工的真实情况》第 40 页;《经过审查的织工要求》第 16 页。

42 乔治一世法典,第 1 卷,法令第 7 章。

43 1691 年,有个名叫约翰·巴克斯蒂德的人“因利用陛下殖民地西印度群岛所产的棉花织造白棉布、细棉布和类似的织物”而领得专利证。见《专利品的年代索引》,第 276 号(1691 年 9 月 22 日)。

44 利物浦仅在十八世纪下半期才以棉花市场的资格超过伦敦(T. 埃利森:《大不列颠的棉业》,第 170—171 页)。但从十八世纪初起,利物浦商人已经输入许多棉花,也有从怀特黑文和兰开斯特等港口输入的。《下议院议事录》第 22 卷,第 566—567 页(这是 G. W. 丹尼尔:《初期英国棉纺工业》,第 57—58 页所引用的)。也可参看圣·邓贝尔:《初期利物浦棉花输入以及十八世纪棉花市场的组织》,载于《经济学杂志》第 33 期,第 363 页及以下。在 1725 年时,利物浦港的二百二十艘船中有一百零六艘做西印度群岛和美洲的生意。

45　北美殖民地仅在以后才从事棉花的种植。1747 年以来定期记载从查尔斯顿和纽约来的棉花进口货，大概是由中途停泊在北美的船只从西印度群岛运来的进口货，参看 T. 埃利森：《大不列颠的棉业》，第 81 页，以及 E. 冯·哈雷：《北美南方诸州的棉花生产和植物经济》，载于《政治学和社会学研究》15 期，第 1 卷，第 9 页。有几个从弗吉尼亚或卡罗来纳运出的棉花包，在 1784 年第一次卸在利物浦的码头上。海关拒绝接受来自北美合众国的货物申报，宣称这些棉花包是从西印度群岛运来的，并把它们当作违犯航海条例加以扣押，因为航海条例禁止使用外国船只输入上述来源的货物。这件事发生在凡尔赛条约签订的一年之后，这个条约已经明确地把北美殖民地同祖国分离开来了（比肖普：《美洲产品史》第 1 卷，第 354 页；T. 埃利森：前引书，第 82 页）。这件小事故记载在一个同时期的法国文件中（《论大不列颠白棉布和细棉布的制造》，外交档案库，“备忘录和公文”第 74 卷，第 182 文件夹）。

46　本杰明·多布森爵士：《纺纱的湿度》，第 17—22 页。插图（第 44、45、59、67、73 页）指出棉纱的内聚力和均匀性是根据空气的湿度变化的。

47　舒尔茨—格弗尼茨：《大工业》，第 58 和 108 页。S. 查普曼似乎低估了自然原因的影响，因为他写道：“总之，棉纺工业之所以设在兰开夏，也许原因是毛纺工业已经设在那里，人们乐意接纳外国人，曼彻斯特的行政管理不掌握在市议会的手里，此外没有特殊原因。”但他却承认：“一当人们开始了解兰开夏某些地方所特有的自然条件的价值时，别的地区的制造业就越来越强烈地被吸引到这个工业的主要中心来了。”S. 查普曼：《兰开夏的棉纺工业》，第 154 页。

48　有些改良是从毛纺工业那里得来的，例如使用纺车和使用金属梳理机。

49　参看乔治二世九年法令第 4 章的前文：“鉴于麻纱和棉纱织物，几年以来已在大不列颠王国中大量织造出来并印上了花或者着了色……。”

50　《正确地描述可怜的织工们正当的委屈》第 14 页。

51　阿斯吉尔：《对印花布和着色布与毛织品和丝织品之间的问题概况的简要答复》；《经过审查的织工要求》；《花布印染人向下议院提出的理由》。

52　《可怜的织工们的正当叫屈》第 25 页。

53　乔治二世九年法令第 4 章。见 G. 丹尼尔：《初期英国棉纺工业》，第 20 页及以下关于 1721 年和 1735 年法令的简要纪事。

54　乔治三世十四年法令第 72 章。

55　E. 巴特沃思：《奥德姆史》，第 105—107 页。

56　“梅勒在 1770 年有五六十个农民。也许除去六七人外，所有的人都纺织棉、麻或羊毛。雇农们同时是农人又是织工：在夏季，他们就离开织机而雇给人家去收割庄稼。”W. 拉德克利夫：《通称为动力织机织布的新工业制度的起源》，第 59—60 页。——“田地的耕种，主要是为生产牛乳、奶油和干酪……。农事一完，人们就忙于梳理、粗纺和纺羊毛和棉花，以及将其做成供织机用的经线。”S. 班福德：《南兰开夏的方言》，第Ⅳ和Ⅴ页。在路易·W. 莫菲特：《产业革命前夕的英国》，第 210 页中，可以看到棉纺工业中家庭工业制度的生动的描述。

57　R. 格斯特：《棉纺工业简史》第 10 页；E. 巴特沃思：《奥德姆史》，第 103 页。巴特沃思所引用的事实的一部分，似乎是取自格斯特的著作。

58　同毛纺工业中的情形一样，染色和修整加工费用也归商人负担。R. 格斯特：前引书，第 11 页。G. W. 丹尼尔指出，在十七世纪初，赫姆夫里・切特姆在曼彻斯特演着商人工厂主的角色（《初期英国棉纺工业》，第 35—36 页）。

59　参看 J. 史密斯：《羊毛传》第 2 卷，第 89 页中"商业、航海和制造业方面最后的改进"（1739 年）。也可参看丹尼尔著作，第 25—26 页所引 1751 年的文件；其中说到曼彻斯特："全国中除去海港以外，没有一个城市能在商业方面按照每星期运出城去的包裹数目——低估的数目也有五百件——所呈现的情形比得上它。"

60　W. 拉德克利夫：《动力织机织布的起源》，第 12 和 131—133 页。

61　E. 贝恩斯：《棉纺工业史》，第 215 页所引用。

62　《新曼彻斯特指南》（1804 年），第 43 页。

63　十八世纪的经济大事变是工业技术在科学影响下的改变，这个一般公认的看法（桑巴特：《现代资本主义》第 2 卷，第 60 页已有清楚的说明），与下述的看法毫无矛盾。但是，在此事变之前已有一系列全凭经验得来的发明物，而且，这种事变之成为可能也是这些发明物所造成的。也应承认，有教养的公众对于手工艺技术的关心（这是十八世纪的特征）有助于找到促进机械发明的方法。英国"技术协会"的创立（1754 年），正和狄德罗出色地描述手工艺的那部《百科全书》的出版是同时期的。关于这些协会的增多及其活动，见 W. 鲍登：《十八世纪末英国工业社会》，第 10—12 和 38 页及以下。也可参看 H. 塞：《法国资本主义工业的起源》，载于《历史杂志》第 168 期（1923 年），第 188 页及以下。

64　《R. 阿克赖特对彼特・奈廷格尔案件》第 1—2 页。

65　J. A. 霍普森使用"超人论"的说法，见《现代资本主义的演进》，第 57 页。参看 L. 布伦塔诺：《今日社会贫穷的原因》，第 30 页。

66　本内特・伍德克罗夫特：《发明家传略》，第 2 页。

67　《织布说明书摘要》，I，3（专利证第 515 号）。

68　R. W. 库克・泰勒：《工厂制度史入门》，第 405 页。

69　荷兰织机，虽被使用了一个世纪，但很不方便，梭子是用一套齿轮系统发动的，而且只能用来织造丝带。

70　见 1733 年 5 月 26 日附在专利证上的"说明书"："新发明的梭子织宽口面的呢绒和哔叽、织帆布以及一般的各种宽织物，都织得更好更正确……。这种梭子比以前所用的梭子轻得多，并装上四个小轮子：它把经线沿着一块放在下面的、安在织机框子上的、约有九尺长的木板穿过去。这种梭子是通过两个吊在框子上的木槌……以及织工手中拿着一根绳子而动作着的。织工坐在中间，轻轻地拉动绳子，就把梭子非常迅速而方便地从这边抛到那边。"《织布说明书摘要》，I，第 542 号。见《百科全书》，"补篇"，第 3 卷，"呢绒制造"条的插图。

71　A. 巴劳：《织布原理和织布史》，第 96 页；B. 伍德克罗夫特：《发明家传略》，第 3 页；《纺纱机及其发明人》，载于《评论季刊》第 107 期，第 49 页。

72　B. 伍德克罗夫特：前引书，第 4—5 页；《棉业全史》，第 302 页。

73　1767年，伦敦的狭幅布织工与机械织工之间有过一次激烈的斗争。见1767年的《年度登记簿》，第152页。可是，在某些地区，飞梭的使用，很迟很迟才传到：在威尔特郡和萨默塞特郡，它在十九世纪以前几乎还未出现。见《下议院议事录》第58卷，第885页。J. L. 和B. 哈蒙德（《熟练工人》，第159页）指出，1822年在弗罗姆因采用“弹簧织机”而造成了骚乱。1760年，约翰·凯的儿子罗伯特·凯发明了“上升的梭盒子”，使飞梭得到补足并确保其最后成功。

74　J. A. 霍普森：《现代资本主义的演进》，第59页对这种过程作了很好的叙述和分析。

75　见本书第一篇第一章。

76　尤其是在夏天当田间工作占用了全部农村人口的时候。见詹姆斯在《绒线工业史》第312页所引用的、绒线委员会主席亨利·霍尔的证言。

77　在德国也有同样的情形，其原因与英国相同，其时间亦几与英国同时。见J. 库利舍尔：《在十八世纪转折期和十九世纪上半期中从手工过渡到机械推动法的原因》，载于《立法年鉴》（1906年），第30卷，第38—40页。

78　C. 怀亚特（《机器纺纱的起源》，载于《技术、制造业和农业宝库》第2辑，第32卷，1818年）为自己的父亲要求恢复发明的荣誉。R. 科尔（《刘易斯·保尔的故事》发表在弗伦奇：《克朗普顿的言行》一书的附录里）反而坚持刘易斯·保尔是真正的发明者。按照E. 贝恩斯（《棉纺工业史》第119页及以下）的说法，这个机器是怀亚特发明的，并经过刘易斯·保尔加以改良的。B. P. 多布森还为刘易斯·保尔的权利而辩护（《纺纱机的发展史话》第51—52页）。但他没有提出任何能够削弱下面引用的、藏在伯明翰中央图书馆的手稿中的证据。

79　《织布说明书摘要》，I，第562号。詹姆斯博士于1740年7月17日致书商沃伦的信：“我们昨天去看了保尔先生的机器，它在梳棉和纺纱两方面都使我们完全满意。”R. 科尔：《刘易斯·保尔的故事》，第256页。

80　《手艺高明的木匠师傅兼发明家约翰·怀亚特》，第1—4页。

81　《怀亚特手稿》第1卷，第1、8、21页，和第2卷，第16、25、30、32页。

82　《怀亚特手稿》第1卷，第4页。

83　“协定的各条款，一式两份，已于天恩所赐我王陛下乔治二世第六年，即我主降生后1732年，9月19日由米德尔塞克斯郡霍尔本县圣安德鲁教区绅士刘易斯·保尔，同斯塔福德郡威福德教区木匠约翰·怀亚特，双方完全同意并妥加缔订。”保尔答应在发明物提供时付给怀亚特五百镑。《怀亚特手稿》第1卷，第2页。

84　参看《伯明翰每周邮报》上所发表的信件，1891年8月22号、29号和12月29号。

85　怀亚特对他未必完全信任。见1733年9月25日和10月28日致其兄弟的信件。《怀亚特手稿》第1卷，第8和10页。

86　这真是第一次吗？专利证的目录中记载着两个类似的发明，一个是理查德·德勒姆和理查德·海恩斯在1678年作出的（第202号），另一个是托马斯·思韦茨和弗兰西斯·克利夫顿在1723年作出的（第459号）。不管怎样，这些发明都没有一点后果。

87 C. 怀亚特:前引书,第 80 页。

88 《怀亚特手稿》第 1 卷,第 9 页。这封信没有写上日期,但它显然是在 1733 年的另一些信件以前;在这些信件中,同样的词像俗语那样重新出现。后来,这个词竟变为一种约定的暗码:25 个玩意儿或 25。同上书第 1 卷,第 13 页。

89 《怀亚特手稿》第 1 卷,第 1 和 5 页。

90 他应得到两千镑;倘他在四年之内死了,他的继承人应获得四百五十镑,他的遗妻应获得十镑的年金。出处同上。

91 《怀亚特手稿》第 1 卷,第 23—28 页(第 24 页有保尔致怀亚特的信,无日期;第 25 页及以下有怀亚特于 1736 年 4 月 21 日和 9 月 21 日致保尔的信)。

92 《怀亚特手稿》第 2 卷,第 69、71—75 页,又第 1 卷第 35—37 页。

93 这些轧辊之一的表面是光滑的,另一个相反"呈凹凸状,或者带有凹槽,或者裹以皮革、呢绒、鬃毛或装上金属制的圆钉子。"《怀亚特手稿》第 1 卷,第 45—48 页。这就是使它们彼此黏着起来的东西。

94 《织布说明书摘要》,I,第 562 号。

95 关于这个问题,参看 A. 尤尔:《大不列颠的棉纺工业》第 1 卷,第 209 页的意见。

96 《怀亚特手稿》第 1 卷,第 34 页。

97 同上。

98 《怀亚特手稿》第 1 卷,第 33 页。

99 同上书第 1 卷,第 32 页。

100 1739 年 1 月 6 日刘易斯·保尔的信。4 月 17 日怀亚特的信。《怀亚特手稿》第 1 卷,第 50—57 页。刘易斯·保尔请求贝德福公爵在伦敦弃儿教养院试验他的机器,正是在这个时候。

101 C. 怀亚特:前引书,第 81 页;《本地的略记和疑问》(伯明翰图书馆)1889—1893 年,第 2811、2815、2832 号。

102 A. 尤尔:《棉纺工业》,第 1 卷,第 217 页。

103 R. 科尔:《刘易斯·保尔的故事》,载于弗伦奇:《克朗普顿的言行》一书的附录里,第 256 页。

104 见 B. P. 多布森:《纺纱机的发展史话》,第 50 页。

105 《怀亚特手稿》第 1 卷,第 65 页;第 2 卷第 82 页。

106 专利证第 636 号。

107 《怀亚特手稿》第 1 卷,第 76 页及以下。

108 《论凯夫先生的北安普顿工厂》(1743 年),载于《怀亚特手稿》第 1 卷,第 82 页。

109 C. 怀亚特:《机器纺纱的起源》,第 81 页。

110 戴尔:《羊毛诗》,第 3 卷,诗句第 292—302 行。

111 参看该诗句第 292 行的注:"一架圆形的机器。它是保尔先生发明的非常奇妙的机器。在其当时的形式下，它是为了纺棉纱而制造的：但可把它用来纺出极细的毛线。”因此，根据戴尔的证明，用于纺毛则是一种单纯的可能，这与 H. 希顿的意见正相反(《约克郡的呢绒工业和绒线工业》，第 356 页)。

112 《奖励工艺协会会报》第 1 卷，第 314—315 页。“罗伯特·多西深知这个协会的初期历史，他告诉我们，这个协会的成员们从知道刘易斯·保尔于 1738 年取得那架不完善的纺纱机的专利权时起，就关心这个问题。”W. 鲍登：《十八世纪末英国工业社会》，第 48—49 页。一个名叫哈利森的人在 1764 年制造出一个纺车，“一个童工使用这个纺车能比一个成年人使用普通纺车所纺的纱多到两倍。”A. 沃登：《亚麻布交易》，第 371 页。

113 阿克赖特大概不是它的真正发明人。见后面第 2 章第 3 节。

114 《棉业全史》，第 77 页。

115 “他们的职业是介于木匠和铁匠之间：他们所做的工作毕竟是粗重工作，但需要很大的智巧。要能了解和完成这种工作，那就必须具有机械学的禀赋和足够的算术知识，因为在水车的构造和运转方面有许多花样，有些是用马拉动的，有些是被风力吹动的，另一些是由水发动的，有时水是射在轮子上的，有时水是从底下带动轮子的，为什么当时没有火力发动的，像发动机那样的水车呢？”W. 费尔贝恩：《水车坊和水车机械》第 1 卷，第Ⅴ—Ⅵ页。参看韦布手稿，《机器制造业》第 1 卷。

116 《棉业全史》第 79 页。保尔的机器，非常简单，是由一种装上金属齿的凹形槽和一些用曲柄发动的圆筒形梳子所组成的。

117 参看钟表匠凯和理查德·阿克赖特在沃林顿一个酒店里的特有的谈话。《为撤销理查德·阿克赖特先生于 1775 年 12 月 16 日所取得的专利权，由陛下的检察总长 R. P. 阿尔登先生根据法定的诉讼程序而提起的案件的审判》，第 63 页。

118 因此，哈尔格里夫斯可被认为不是他的发明物的第一个和唯一的发明人。参看 R. 格斯特：《英国棉纺工业》，第 176—180 页。

119 《纺绩说明书摘要》，第 19 页(第 962 号)；《奖励工艺协会会报》第 2 卷，第 32—35 页；J. 詹姆斯：《绒线工业史》，第 345—346 页；R. 格斯特：《棉纺工业简史》，第 13—14 页；E. 贝恩斯：《棉纺工业史》，第 158 页。

120 “多轴纺纱机仅是一个带有几个纺锤的纺车。”A. 尤尔：《大不列颠的棉纺工业》第 1 卷，第 203 页。

121 阿布拉姆：《布拉克本史》，第 205—206 页。

122 J. 费尔金：《袜子和带子工业史》，第 81—97 页。

123 第 962 号(1770 年)。

124 A. 尤尔：《棉纺工业》第 1 卷，第 198 页。

125 《理查德·阿克赖特的诉讼》，载于《案件的审判……》，第 98 页。

126 阿布拉姆：《布拉克本史》，第 209 页。

127 《大不列颠的白棉布和细棉布工业中的重大危机》(1788 年)，第 2 页。

128 J. 肯尼迪：《塞缪尔·克朗普顿的简要传记》，载于《曼彻斯特文学和哲学研究会会志》，第 2 辑，第 5 卷，第 330 页；R. 格斯特：《英国棉纺工业》，第 147 页。

129 W. 拉德克利夫:《新工业制度的起源》,第 61 页(描写梅勒村的情况)。

第二章

1 例如他的经历,可以在《棉业全史》第 92 页看到。

2 见 A. 尤尔:《工业哲学》第 15 页及以下。

3 T. 卡莱尔:《英国宪章运动》第 8 章(新时代),《杂论》查普曼和豪尔出版社版本,第 166 页。

4 《过去和现在》。

5 R. 格斯特:《棉纺工业简史》第 21 页;惠特尔:《普雷斯顿史》第 2 卷,第 213 页;哈德威克:《普雷斯顿镇市史》,第 361 页及以下;E. 贝恩斯:《棉纺工业史》,第 52 页。

6 R. 格斯特:《英国棉纺工业》第 14 页。

7 R. 格斯特:《棉纺工业简史》第 21 页。

8 见本书后面那些终于撤销他的专利证的诉讼史。在辩论过程中,证明他的主要发明物是剽窃(为了不说得更坏)兰开夏利村的一个名叫托马斯·海斯的人的。

9 《英格兰和威尔斯的美景》第 3 卷,第 518 页(阿克赖特的合伙人之一,杰德迪阿·斯特勒特的儿子所提供的情报)。难道需要指出在那以压缩来延长金属密集体质的操作和那把棉花纤维或羊毛纤维结合成纱的操作之间,人们不能作出任何认真的比较吗?

10 《绅士杂志》第 62 卷,第 863 页。在此情况,类似仍是十分表面的:纱的目的仅在于加强已经形成的丝。

11 《没有输出奖励的毛织品,或对毛织品和毛纺工业的实际观察报告》(1791 年),第 50 页。

12 《机械学杂志》第 8 期,第 199 页。

13 R. 格斯特:《棉纺工业简史》,第 21 页;A. 尤尔:《大不列颠的棉纺工业》,第 224 页。这个故事大概是根据 R. 格斯特的说法转载在《评论季刊》第 107 期《纺纱机器及其发明人》一文中的。

14 《理查德·阿克赖特的诉讼》载在《案子的审判……》,第 98 页。日期没有争论,可是阿克赖特要把日期提前一两年就会有好处,但他没有这样做。

15 E. 贝恩斯:《棉纺工业史》,第 155 页。

16 酒商兼房屋油漆匠。见格斯特:《棉纺工业简史》,第 22 页;惠特尔:《普雷斯顿史》第 2 卷,第 216 页。

17 第 931 号(1769 年 7 月 3 日)。

18 陈列在肯辛顿科学馆,第 24 室。

19 《理查德·阿克赖特的诉讼》载在《案子的审判……》第 98 页。

20 F. 埃斯皮纳斯:《兰开夏的名士》第 1 卷,第 388 页;塔克特:《工人界的过去和现在状况史》第 1 卷,第 212 页。

21　关于杰德迪阿·斯特勒特，见费尔金：《袜子和带子工业史》，第89—97页。

22　埃斯皮纳斯：《兰开夏的知名人士》第1卷，第390页。

23　R.格斯特：《棉纺工业简史》，第26页。

24　R.马奇：《论绸缎、毛织品、绒线、棉织品和棉纱》(1779年)，福克斯韦尔丛书；E.巴特沃思：《奥德姆史》，第118页。

25　一架带有八个锭子的水力纺纱机的模型，陈列在肯辛顿科学馆，第24室。

26　《理查德·阿克赖特的诉讼》载在《案子的审判……》第99页；《致曼彻斯特居民关于棉纱输出的第二封信》，第9页；《棉业全史》，第101页。

27　每码六便士。见《下议院议事录》第34卷，第496—497页。

28　《下议院议事录》第34卷，第497页(1774年)。

29　同上书，第709页。

30　乔治三世十四年法令第72章。这项法令，除有关阿克赖特所请求的输出奖励金及其未被批准外，几乎逐字照录阿克赖特请愿书中的词句。

31　第1111号(1775年12月16日)。见《纺绩说明书摘要》，第19页。1785年诉讼命令书中包含有该专利特许证的全文转载。参看《案子的审判……》第4—10页。

32　例如，出现在说明书开头部分的那件发明物("碎麻锤")。

33　肯辛顿科学馆，第24室。

34　同上。

35　同上。

36　F.埃斯皮纳斯：《兰开夏的知名人士》第1卷，第421页；A.尤尔：《棉纺工业》第1卷，第257页。杰德迪阿·斯特勒特所有的米尔福纱厂差不多是同时建成的。

37　在普雷斯顿和威根之间。

38　它能容纳五百个工人。E.巴特沃思：《奥德姆史》第118页。

39　见1779年10月12日和16日的《曼彻斯特使者报》，以及阿克赖特呈下议院的请愿书，《下议院议事录》第37卷，第926页。

40　F.埃斯皮纳斯：《兰开夏的知名人士》第1卷，第421页。

41　E.巴特沃思在其《奥德姆史》第118页中提到阿克赖特、辛普森和惠顿伯利的曼彻斯特商号。在苏格兰，阿克赖特有一个时期是欧文的岳父戴维·戴尔的合伙人(参看R.戴尔·欧文：《打通我的道路》，第7页)。他同尼德和斯特勒特的合伙仅仅延续到1781年，参看费尔金：《袜子和带子工业史》，第96页。

42　《案子的审判……》，第99页。

43　劳伦斯·皮尔爵士：《罗伯特·皮尔爵士的性格和生涯概要》第20页；惠勒：《曼彻斯特》，第519—520页。

44　《案子的审判……》，第101页。

45　有九张不同的传票。但只有一件案子，即阿克赖特对莫丹特的案件，受到审理。见贝恩斯：《兰开夏的特殊伯爵领地史》第2卷，第447页。

46　《下议院议事录》第38卷，第687页。

47　这份诉状大概是他的一位律师草拟的，全文载在《案子的审判……》第97页及以下(《理查德·阿克赖特公司的案件,关于阿克赖特先生发明一种把棉花等等纺成纱线的机器,陈述他向议会请求制定法律或者立法机关认为适合的其他救济办法来保护他的这项发明权利的理由》)。

48 “理查德·阿克赖特对彼得·奈廷格尔案件”(高等民事裁判所,1785 年 2 月 17 日)第 3*—7* 页。还可参看威尔金森的证言,第 2*—3* 页;约翰·斯特德的证言第 9* 页;伊拉兹马斯·达尔文的证言,第 15* 页;Th. 伍德的证言,第 19* 页。

49 E. 贝恩斯:《棉纺工业史》,第 184 页。阿克赖特的竞争者们所开办的企业,在这个时日有三十万镑的资本。

50 在惠勒的《曼彻斯特》第 522 页里有一个姓名表。罗伯特·皮尔以及最初使用蒸汽机的纱厂主之一,彼得·德林克沃特也出现在这个表里。

51 在报告书中(《案子的审判……》第 57 页及以下),他的姓被拼写为 Hayes;可是,R. 格斯特根据利村教区记事录把它写为 Highs。《英国棉纺工业》,第 18 页。

52 《案子的审判……》,第 57—58 页。

53 同上,第 62—63 页。

54 同上,第 59 页。

55 同上,第 65—66 页。

56 同上,第 109 页。

57 王室律师比尔克罗夫特的辩护词,《案子的审判……》第 166—167 页。R. 格斯特猜想凯显得苛求,凯也许想成为阿克赖特的合伙人,这是有可能的。《英国棉纺工业》第 43 页。

58 G. W. 丹尼尔为使约翰·凯和托马斯·海斯本人在法庭上的陈述失去效力而提出最重大的论据如下:“很难理解海斯为什么延迟那样长久才捍卫其权利,既然他在曼彻斯特有些朋友,这些朋友不会忘记一有机会就去攻击阿克赖特的专利证。”(《初期英国棉纺工业》第 110 页。)阿克赖特的竞争者们的情感是无可怀疑的。然而,阿克赖特及其律师怎么会不利用这一论据呢?他们仅仅声称凯和海斯都是伪证。G. W. 丹尼尔认为阿克赖特可能已经知道一些有关刘易斯·保尔(或怀亚特)的机器。但是,阿克赖特从未说过这回事——因为如果这样做,他就会同时挽救他的名誉和专利证——,他从未清楚有据地说明他的发明物的由来,这难道不又一次地令人惊奇吗?G. W. 丹尼尔说,格斯特(在 1823 年)为维护海斯而引用的证据,主要是根据那些老年人在事件发生六十年后的陈述(上引书,第 96 页):我们仅限于指出我们的整个论据是以同一年(1785 年)发表的诉讼报道为根据的,并指出格斯特的证人的确证与诉讼案件无关。

59 R. 格斯特:前引书,第 203—205 页。

60 他制造织机用的梳子。

61 R. 格斯特:前引书,第 203 页。

62 同上书,第 176—180 页(这是 T. 莱瑟和 T. 威尔金森于 1823 年 8 月 29 日和 1827 年 11 月 1 日在利村教区牧师前的陈述)。那使我们不能对这两项证言予以无保留的信任的东西,就是这两个证人在有关事实的发生时一个年仅十二岁,另一个十四岁。A. 黑尔特，在其《两本英国社会史》第 591 页中认为，可以断定多轴纺纱机是海斯发明的，是哈格里夫斯加以改良的。我们倾向于赞同 G. W. 丹尼尔的怀疑主义。

63 “诺丁汉郡诺丁汉的理查德·阿克赖特是钟表匠。”见《内政部文件一览表》，1766—1769 年，第 425 页。尤尔对阿克赖特滥施极端的颂扬，力图为他辩护：“这种环境〔他和钟表匠凯的关系〕显然吸引了他对钟表制造的注意；而且很自然地被引导到认为自己是对这项技艺的老办法加以若干改良的首创人，因而他乐意在他 1769 年的专利证中自称为钟表匠：这是很可原谅的僭越……。”A. 尤尔：《大不列颠的棉纺工业》第 1 卷，第 231 页。这种解释是天真的。

64 《案子的审判……》第 59 页。

65 用来解脱阿克赖特的责任的、有点重要意义的唯一事实是：海斯承认(《案子的审判……》第 58 页)仅在 1769 年，即在阿克赖特的机器模型造成一年以后才对其滚筒作出最后的布置，即某些滚筒是刻上凹槽的，另一些是用皮包起来的。然而，这种布置没有一点新奇：因为约翰·怀亚特在 1738 年已经使用了这种布置。参看《怀亚特手稿》第 1 卷，第 45 页。

66 利斯，Th. 黑尔和 H. 马斯兰德的证言。《案子的审判……》，第 38—40 页。

67 伊丽莎白和乔治·哈格里夫斯的证言，《案子的审判……》，第 41—45 页。惠特克的证言，同上，第 45—48 页。《本国传记字典》“哈格里夫斯”条的著者不承认后一证言是真实的。“我们现在知道阿克赖特和他所断言的一样，确是这些改良的创造者，他的一个工人将此事告知了哈格里夫斯。”参看 E. 利普森：《呢绒和绒线工业史》，第 151 页。

68 专利证第 628 号(1748 年 1 月 20 日)。

69 B. 伍德克罗夫特：《发明家传略》，第 11 页。

70 《案子的审判……》，第 107—187 页。

71 罗伯特·戴尔·欧文：《打通我的道路》，第 7、13 页；D. 布伦纳：《苏格兰的工业》，第 280 页。罗伯特·欧文的岳父戴维·戴尔主要是以博爱主义者的身份出名的。见本书第 3 篇第 4 章。

72 R. 格斯特：《棉纺工业简史》，第 28 页。

73 《绅士杂志》第 62 卷，第 771 页(1792 年 8 月)；F. 埃斯皮纳斯：《兰开夏的知名人士》第 1 卷，第 463 和 664 页。

74 见罗伯特·皮尔爵士在 1816 年调查委员会上的陈述。“据我所知，理查德·阿克赖特爵士对国家作出的荣誉比谁都大……”《关于联合王国工厂中雇用儿童的状况，在特别委员会上讯问证人的记录公报》(1816 年)，第 134 页。皮尔在 1785 年曾是阿克赖特的敌手之一。

75 A. 尤尔：《工业哲学》，第 16 和 252 页。

76 “阿克赖特总是极其奇异地能够找到新的合伙人，虽然他的以前的合同是因未得到预期的结果而被解除的：他每次摆脱不幸的事以后总是更加富有，正如安提乌斯在摔倒碰到其母亲大地时又恢复力气的情形一样。”R. 格斯特：《棉纺工业简史》，第 20 页。

77 《关于联合王国工厂中雇用儿童的状况,在特别委员会上讯问证人的记录公报》,第 134 页。

78 他在五十多岁时,每天还抽出两小时来进修拼写法和语法。

79 F. 埃斯皮纳斯:《兰开夏的知名人士》第 1 卷,第 467 页。

80 同上。

81 “经纱是在纱厂里用水力纺纱机纺出的,而纬纱则是由织工家属用多轴纺纱机纺出的。”R. 格斯特:《棉纺工业简史》,第 17 页。

82 或称多轴走锭精纺机。

83 1792 年,曼彻斯特的约翰·波拉德用走锭精纺机能把一磅原棉变成二百七十八束纱,其总长度约有二十一万二千码。《爱丁堡杂志》第 46 期,第 18 页。

84 “他的父亲耕种一块面积不大的土地,并按照当时的习惯,将其一部分的工作日用来织布、梳棉和纺纱。”W. 肯尼迪:《塞缪尔·克朗普顿传略》,载在《曼彻斯特文哲学会纪要》第 2 辑,第 5 卷,第 319 页。

85 G. 弗伦奇:《塞缪尔·克朗普顿的生涯和境况》,第 27、43、48、51 页;B. 伍德克罗夫特:《发明家传略》,第 13 页。克朗普顿的房子被人通称为“森林中的大厦”,在 G. W. 丹尼尔的著作《初期英国棉纺工业》第 115 页里,还有这所房子的一幅画。

86 这是肯尼迪的主张,见《塞缪尔·克朗普顿传略》,载在上引文集中第 325—326 页。但 1812 年 3 月 5 日请愿书的措辞(《下议院议事录》第 67 卷,第 175 页)却和这种假说几乎不符合:克朗普顿显然熟悉水力纺纱机,因为他说他发明走锭精纺机是为补救“完全不适于纺纬纱或很细的经纱”的水力纺纱机的不足。

87 弗伦奇:《塞缪尔·克朗普顿的生涯和境况》,第 46 页。

88 他生于 1753 年。因此,他在 1779 年,即实现发明的那一年是 26 岁。

89 B. 伍德克罗夫特:《发明家传略》,第 15 页;弗伦奇:《塞缪尔·克朗普顿的生涯和境况》,第 77 页。

90 E. 贝恩斯引用克罗朗顿的信,见《兰开夏的特殊伯爵领地和公爵领地史》第 2 卷,第 453 页。

91 这是弗伦奇在前引书第 85 页所提供的数字,并转载在《本国传记字典》第 13 卷,第 149 页。伍德克罗夫特在《发明家传略》第 15 页所提供的数字是 106 镑,而肯尼迪在《塞缪尔·克朗普顿的传略》第 320 页所提供的数字则是 50 镑。

92 弗伦奇:《塞缪尔·克朗普顿的生涯和境况》,第 106 页。

93 B. 伍德克罗夫特:《发明家传略》,第 16 页。

94 《纺纱机器及其发明人》,载在《评论季刊》第 107 期,第 70—71 页。

95 肯尼迪:《塞缪尔·克朗普顿传略》,第 321 页。《下议院议事录》第 67 卷,第 838 页。

96 请愿书的日期是 3 月 5 日。《下议院议事录》第 67 卷,第 175 页。奖金是 6 月 25 日通过的。同上书,第 476 页。参看 G. W. 丹尼尔:《初期英国棉纺工业》,第 155—158 页。

97 G. W. 丹尼尔在研究克朗普顿的原始通信以后,得到同样的结论:“人们只能把克朗普顿看作是个工人,但是,他的信札和其他创作都显出他已充分利用了他所能获得的教育。”见《初期英国棉纺工业》,第 149 页。

98　肯尼迪:《塞缪尔·克朗普顿传略》,第 329—330 页。

99　同上书,第 337 页及以下;E. 贝恩斯在《棉纺工业史》第 205 页提到杰得迪阿·斯特勒特的儿子威廉·斯特勒特是这项改良的创造者之一。

100　肯尼迪:《塞缪尔·克朗普顿的传略》,第 322 页;B. 伍德克罗夫特:《发明家传略》,第 17 页。

101　克朗普顿在其 1812 年的请愿书中并未忘记夸耀这项因使用走锭精纺机而获得的好处。见《下议院议事录》第 67 卷,第 175 页。

102　麦克弗森:《商业年鉴》第 4 卷,第 80 页;《棉业全史》,第 102 页;J. 艾金:《曼彻斯特周围三四十英里内的地方志》,第 166 页;R. 格斯特:《英国棉纺工业简史》,第 31 页。

103　格拉斯哥的细棉布制造商中,有些人是批发商或船主,他们是在美洲战争时转到工业这方面来的。参看拉罗彻富科—利安库尔:《山中游记》第 2 卷,1786 年 5 月 8 日信。

104　A. 安德森:《商业起源在历史学上和年代学上的历史和推论》,(增订本)第 4 卷,第 655 页。

105　《大不列颠的白棉布和细棉布工业中的重大危机》第 9 页。

106　《特别委员会关于工匠和机器的第五次报告》(1824 年),第 392 页;《在受命报告手织机织工状况的特别委员会上讯问证人的记录》(1835 年),第 389 页。

107　《普莱斯手稿》(大英博物馆,附加手稿,第 27828 号)第 199 页。

108　博尔顿的细棉布织价(每码):

1792 年……3 先令
1793 年……2 先令
1794 年……1 先令 9 便士
1797 年……1 先令 6 便士
1798 年……1 先令 3 便士
1799 年……1 先令 2 便士

这种下降主要是因为工资高涨时织工人数的迅速增加所造成的。见《特别委员会关于工匠和机器的第五次报告》,第 392 页。

109　“对棉布需求是平衡的,如果能够找到足够的织工来把纱变成布的话,纱厂的产品都会被一抢而空。但是,由于不能达到这一点,所以制造商们就决定把剩余产品销售到国外。”《关于卡特赖特博士的请愿报告》(1808 年),第 7 页。这种输出有可能在国内降低织工的工资,尽管对劳动力还有很大的需求。在 1800 年左右,一个纱厂主写道:“在曼彻斯特周围三十英里范围内没有一个村庄……,我们中一些人不用把纱线送出去,变成织品转回来。我们雇用呢绒织工和麻布织工,而这些织工随着棉纺工业的增长就逐渐抛弃他们的专长;我们求助于一切能被决定从事这一行业的人。”W. 拉德克利夫:《新工业制度的起源》,第 12 页。

110　前引书,第 78—84、163—172 等页。拉德克利夫是兰开夏中这一运动的领导人之一。关于这个问题在曼彻斯特商会中所引起的争论,见 E.赫尔姆:《曼彻斯特商会史中的重要章节》,第 17 页及以下。

111　这项发明被认为是一个名叫安东·缪勒的人创造的,他在十六世纪末住在但泽。见贝克曼:《发明史文集》第 2 卷,第 527 页。

112　织带机的描述,见《分类百科全书》,"手工工场",第 2 卷,第 ccii 页及以下和该书《版画集》第 6 卷,第 72 页及以下。还可参看 A.巴罗:《织布史和织布原理》(带有插图),第 217—227 页。

113　在德国有过真正的反对这种机器的骚乱。见卡尔·马克思:《资本论》人民出版社 1953 年,第 1 卷,第 468 页。

114　人们也把它叫做绣花机。

115　参看《科学家杂志》1678 年第 27 期;《皇家学会会报》第 12 卷,第 1001 页及以下;《纺绩说明书摘要》,"导言",第 XXXV 页。

116　在《分类百科全书》的"丝"条下,甚至没有提到这回事。

117　飞梭发明人约翰·凯在 1745 年取得一个织机的专利证,但他在这方面的努力似乎没有实用的结果。埃斯皮纳斯:《兰开夏的知名人士》,第 310—318 页。

118　R.格斯特在《棉纺工业简史》第 44 页提到加赛德于 1765 年在曼彻斯特开办一个企业。但是,这个企业不能维持下去,因为借助于一些大概有缺点的和复杂的机器所实现的节省是不充足的。见 J.詹姆斯:《绒线工业史》,第 351 页。

119　《卡特赖特博士的传记》,第 7—12 页。他的家庭住在诺丁汉郡有三百年之久。他的三个兄弟中,两个在军队中服务很有功勋,第三个是议会议员并因见解进步而出名。E.阿雷维把他看作是英国激进主义的创始人(《哲学上激进主义的形成》第 1 卷,第 223—224 页)。

120　例如 Constantia(1768 年),Almine and Elvira(1775 年),The Prince of Peace,with other poems (1779 年),Sonnets to eminent men(1783 年)等诗。"卡特赖特先生以前是牛津大学诗学教授并且是有才能的诗人。但他似乎已经离开帕纳塞斯山的不毛山峰和赫利康山的泉水而到约克郡的其他山谷和河流中去了。他离开它们是为了开拓机械学方面的广阔的荒芜的原野。"伦敦棉布批发商 S.索尔特于 1787 年 11 月 5 日致 S.奥尔德诺的信,见 G.昂温:《塞缪尔·奥尔德诺和阿克赖特》,第 99 页。

121　起初在布兰普顿(德比郡),以后在哥德比马伍德(莱斯特郡)。

122　《卡特赖特博士的传记》,第 18 页;J.伯恩利:《羊毛和羊毛的梳理》,第 110 页;B.伍德克罗夫特:《发明家传略》,第 21 页。

123　《大英百科全书》第 1 版,"棉花"条(转载于第 9 版第 6 卷第 500 页)。参看 W.拉德克利夫:《动力织机织布的起源》,第 52 页。

124　《大英百科全书》,前引处;《卡特赖特博士的传记》第 63—64 页。

125　《织布说明书摘要》,第 1470 号(1785 年 4 月 4 日)。

126　专利证第 1565 号(1786 年 10 月 30 日),第 1616 号(1787 年 8 月 1 日),第 1676 号(1788 年 11 月 12 日)。

127 “很大的财产”。神学博士，牧师，E.卡特赖特的1809年2月24日请愿书。《下议院议事录》第64卷，第97页。

128 《卡特赖特博士的传记》，第77页；J.伯恩利：《羊毛和羊毛的梳理》，第112页。

129 他也缺乏应用机械学方面的基础知识。“卡特赖特的织机几乎是不宜使用的；它的价值主要是对其他发明人起着启发的作用……。该机器经职业机匠和织工改良后才有令人满意的进步。”《纺纱机器及其发明人》，载于《评论季刊》第107期，第78页。

130 这些厂房通称为诺特密尔斯。见巴罗：《织布史》，第40和236页；惠勒：《曼彻斯特》，第167页。

131 下面是这些信中之一的原文（该信日期是1792年5月）：“先生们，我们已经共同发誓，要把你们的工厂毁掉，如果那要断送我们的性命的话；由于你们损害我们的行业，我们誓要你们的性命；如果你们继续下去，你们就会知道什么东西在等待着你们。”《关于卡特赖特博士的请愿书报告》（1808年），第4页。

132 见1809年2月24日请愿书，《下议院议事录》第64卷，第97页。

133 对1801年3月18日请愿的调查，《下议院议事录》第56卷，第271—272页（约翰·卡特赖特的证言）。

134 也应提到罗伯·密勒和安得卢·金罗克的企图（1793年）。韦布手稿，《纺织》第5卷，第1页。

135 R.格斯特：《棉纺工业简史》，第46页；E.贝恩斯：《大不列颠棉纺工业史》，第231页。

136 哈德威克：《普雷斯顿市镇史》，第375页。关于格拉斯哥的彼得·马斯兰德和米勒的改良，见惠勒：《曼彻斯特》，第167页，以及《纺纱机器及其发明人》，载于《评论季刊》第107期，第78页。

137 《下议院议事录》第64卷，第97页。请愿书于6月7日送交预算委员会（同上，第391页），后者于6月8日决定给予卡特赖特一万镑（同上，第393页）。卡特赖特还未达到克朗普顿那样的厌世。他有了一万镑的奖金便在肯特郡买了一座农庄，他的最后几年则用在农学、化学和机械学的实验上面。见E.利普森：《呢绒和绒线工业史》，第168页。

138 《国王陛下的委员和助理委员关于手织机织工状况的报告和记录》（1839—1841年）。

139 R.W.库克·泰勒在《现代工厂制度》第94页提供下列数字：1813年有一百架蒸气织机；1820年有一万四千架；1829年有六万架；1833年有十万架以上。按照S.查普曼：《兰开夏的棉纺工业》第28页，英国在1813年有两千四百架自动织机，其中一部分大概是用水力发动的。

140 见R.格斯特：《棉纺工业简史》，第47—48页。

141 要印染一匹二十八码长的麻布，必须把十英寸长五英寸宽的图版几乎按捺四百五十次。汤森·沃纳写在《英国社会》第5卷，第471—472页上的文章。

142　见《花布印染人的助手》(1790年)。

143　早在1764年或1765年,贝尔就有了先驱者。见《绅士杂志》第35卷(1765年),第439页。他的机器引进兰开夏是从1785年开始的;惠勒:《曼彻斯特》,第169页。

144　《用氧化盐酸漂白麻布的叙述》载于《化学年鉴》第2卷,第151页;第6卷,第204页及以下。《氧化盐酸对色素的作用》,载于同上书第6卷,第210页。

145　关于詹姆斯·瓦特同法国和英国化学家伯索勒、布拉克、普里斯特利等等的交往,见S.斯迈尔斯:《博尔顿和瓦特的传记》,第141—142页。同年(1786年),曼彻斯特文哲学会发表T.亨利关于"染色理论"的学术论文(曼彻斯特文哲学会纪要,第3卷,第343页及以下)。索霍手稿中有一封写于1787年2月25日的、瓦特致柏托雷的信,信的开头是用法文写的:"先生,事务汇集,必然的结果就是我们长期不在家,因而使我直到今天还不能专心研究您要求的漂白问题,但我并未忘记这个重要问题,也未忘记我们对您帮助的诺言,只要我们有可能的话。"《索霍手稿》。

146　E.贝恩斯:《棉纺工业史》,第249页。

147　《欧文文集》第80卷,第74页文件中关于查尔斯·泰勒的短文。曼彻斯特参考图书馆。

148　《棉业全史》,第71—73页。

149　必须指出一件美国的发明物,轧棉机,使用这种机器能为工业制备原棉更加迅速得多(1793年)。关于这个机器及其发明人伊莱·惠特尼,见M.B.哈蒙德:《棉纺工业,美国经济史概论》第1卷,第25—31页。

150　W.拉德克利夫:《通称为动力织机织布的新工业制度的起源》,第65页。

151　关于判决在兰开夏中所产生的印象,见1785年6月28日《曼彻斯特使者》报:"国家因此摆脱了纺织的垄断及其有害的结果",等等。G.昂温指出撤销阿克赖特的专利证以后,紧跟着就是克朗普顿的发明物的公布,又指出这两个事件"大大地刺激了纤细棉织品的制造"。见《塞缪尔·奥尔德诺和阿克赖特家族》,第2页。

152　见《大不列颠的白棉布和细棉布工业中的重大危机》,第4页。根据这本小册子——它像十八世纪的一切经济小册子那样,也有点可疑——大不列颠在1788年时拥有一百四十三个装有自动设备的纱厂,五百五十架带有九十个纱锭的走锭精纺机和两万零七十架带有八至八十个纱锭的多轴纺纱机。

153　一个雇用六百个工人的纱厂是在1780年开设于曼彻斯特的。见E.巴特沃思:《奥德姆史》,第118页。

154　W.费尔贝恩:《水车场和水车机械》第2卷,第113页。

155　《白棉布和细棉布工业中的重大危机》,第4页。

156　见斯塔克利:《好奇的旅行记》,第58页。

157　伯里从1774年起有纱厂,乔利从1776年起有纱厂,普雷斯顿从1777年起有纱厂,奥德姆从1778年起有纱厂。见E.巴特沃思:《奥德姆史》,第117—118页。同上著者:《莱恩河畔阿什顿史》,第142—143页。

158　《重大危机》的著者提供了下表(1788年):

英格兰		苏格兰	
兰开夏	41个纱厂	伦弗鲁	4个纱厂
德比郡	22	拉纳克	4
诺丁汉郡	17	珀思郡	3
约克郡	11	中洛锡安	2
柴郡	8	埃尔郡	1
斯塔福德郡	7	高洛韦	1
威斯特摩兰	5	安南戴尔	1
弗林特郡	3	比特	1
伯克郡	2	阿伯丁郡	1
萨里	1	法夫	1
哈福德郡	1		
莱斯特郡	1		
伍斯特郡	1		
彭布罗克	1		
格洛斯特郡	1		
坎布兰	1		

我们可以把柴郡、弗林特郡和威斯特摩兰的纱厂归并到兰开夏的那一组，而把斯塔福德郡的纱厂归并到德比郡的那一组。《白棉布和细棉布工业中的重大危机》，第5页。

159 G.昂温要我们提防同时代人的可能的夸大，《塞缪尔·奥尔德诺和阿克赖特家族》，第115页。

160 诺丁汉、克罗姆福德、贝尔珀、贝克韦尔、威克斯沃思、德比、乔利、曼彻斯特、拉纳克等地的工厂。

161 “这个商号有些作坊仅做梳棉、粗纺和纺纱的工作，另一些作坊则用转动很快的水车去洗涤纱线。漂白还是在另外一些地方进行的。简单地说，这个企业的重要性非常之大，所以它经常雇用着几乎整个伯里及其四郊的、无分男女老幼的居民，而且，尽管居民人数很多，但他们甚至在最坏的时期也从未缺少过工作。”J.艾金：《曼彻斯特周围三四十英里内的地方志》，第268页；惠勒：《曼彻斯特》，第521页；埃斯皮纳斯：《兰开夏的知名人士》第2卷，第90—103页。

162 在兰开夏的博尔顿、沃林敦、曼彻斯特、布莱克本、伯恩利、沃尔顿、斯托克波特、丘奇班克、拉姆斯博顿；在约克郡中的布雷德福；在斯塔福德郡中的塔姆沃斯和利奇菲尔德等等。

163 R.W.库克·泰勒：《罗伯特·皮尔爵士的生涯和境况》第1卷，第16页。

164 关于塞缪尔·奥尔德诺，见罗伯特·欧文：《自传》，第40页；J.肯尼迪：《塞缪尔·克朗普顿的简要传记》，载于《曼彻斯特文哲学会纪要》第2辑，第5卷，第339页，以及G.昂温根据原始文件同A.休姆和G.泰勒合写的有趣的著作：《塞缪尔·奥尔德诺和阿克赖特家族》。

165 哈德威克:《普雷斯顿市镇史》,第366页。

166 见惠勒:《曼彻斯特》,第529页。

167 J.艾金:《曼彻斯特周围三四十英里内的地方志》,前引处。

168 见G.施莫勒:《企业的历史发展》,见《立法年鉴,行政管理和国民经济》,1893年。

169 “对于一个股份公司来说,在没有独占权的条件下,似乎可能成功地进行的唯一的几种生意就是这几种,其一切工作都能化为所谓例行公事的东西或者化为这样一种的、仅容许很小变化的或绝不容许变化的划一方法的东西。属于这一类的是:第一,银行业;第二,火灾保险业和海上与战时掳掠保险业;第三,建造和保养一条适于航行的运河企业;第四,与前项同类的企业,即引水供应一个大城市的企业。”见亚当·斯密:《国富论》第五篇,第一章,第340页。关于十八世纪开设的几个工业公司的失败,参看坎宁安:《英国工商业的成长》(第3版),第2卷,第519页。

170 呈下议院的请愿书,见《下议院议事录》第37卷,第108页。也应指出1798年的一本小册子《创设一个英国工厂主联合公司的计划大纲》中所叙述的计划,这个计划即使不是幻想的,至少也是十分浮夸的。著者想出一个按照股份公司和按照法伦斯泰尔(即:空想社会主义村社——译者)那样组织起来的一切工业大联合,并带有供给住所的、用生活资料券和公司股票予以酬劳的工人,以及一个负责指导生产的科学事务所,等等。

171 见E.巴特沃思:《莱恩河畔的阿什顿史》,第82页。这种经营类型在1785年以前是十分经常存在着的。

172 舒尔策—格弗尼兹在其所著《大工业》第58页把这种制度比作那种长期占优势的、今天(1927年)在上萨克森还继续存在的制度。

173 像阿克赖特、尼德和斯特勒特于1773年在德比所组织的那一种。见本章第2节。

174 J.肯尼迪:《棉纺工业的发生和发展》,载于《曼彻斯特文哲学会纪要》第2辑,第3卷,第126页。

175 “全国都以充满羡慕惊奇的神气注意这些事件。”见《论棉纺工业中使用机器》(1780年),第12页。

176 J.艾金:《曼彻斯特周围三四十英里内的地方志》,第2页。

177 “一般认为棉纺工业已经取得巨大的发展。可是,它的重要性和国民从人类劳动同最精巧的机器这种精彩结合中所获得的利益给人的印象,很难与实际相符,因为这项工业的进步是以史无前例的速度实现的,这犹如一下子发生的爆炸……。”见《白棉布和细棉布工业中的重大危机》(1788年),第1页。

178 “棉花不能成为主要产品”。关于这个词句的意义,见第一篇第一章第一节。参看《我们的毛纺工业、丝纺工业和棉纺工业三者的对比》(1782年)。

179 见《下议院议事录》第58卷,第889、892、894页;麦克库洛赫:《商业词典》,“棉花”条;E.贝恩斯:《棉纺工业史》,第215—216页。

180 E.贝恩斯:前引书,第349—350页。

181 “在兰开夏和柴郡的大多数人口众多的城镇里，纺纱工人中存在着极其严重的贫困，因为那里人们使用多轴纺纱机。”见《白棉布和细棉布工业中的重大危机》，第23页。“在最近十二个月里请愿人们不得不解雇其所雇用的一大部分男工、女工和童工，他们工厂的生产已经缩减了一半，某些工厂更因生意萧条而完全停产。”《下议院议事录》第44卷，第544—545页。参看帕特里克·科尔库洪：《描写一些与大不列颠棉纺工业的发生和发展有关的事件》(1789年)，第3页及以下。

182 惠勒：《曼彻斯特》，第244页。

183 A.尤尔：《工业哲学》，第441页。

184 E.贝恩斯：《棉纺工业史》，第357页。

185 《白棉布和细棉布工业中的重大危机》，第12—13页。保存在法国外交部的、题名为“论大不列颠白洋布和细洋布的制造”的、未曾发表的学术论文，指出了这些诉愿并承认这些诉愿的正确。但著者似乎得到上引小册子的启发。见《备忘录和公文》中“英国”部分，第74卷，第182—192页。

186 帕特里克·科尔库洪：《描写一些与大不列颠棉纺工业的发生和发展有关的事件》，第4页。关于1788年的危机，见昂温：《塞缪尔·奥尔德诺和阿克赖特家族》，第85—102页(S.奥尔德诺、S.索尔特、小理查德·阿克赖特等人的通信)。

187 G.查默斯：《对大不列颠的比较力量的估计》，第291页。参看J.H.弗朗西斯：《英格兰银行史》，第213—215页和麦克弗森：《商业年鉴》第4卷，第266页及以下。纱厂主的破产，在这一千三百起的数字中是微不足道的(根据惠勒在《曼彻斯特》第244页的说法只有十三起)。

188 麦克弗森：《商业年鉴》第4卷，第267页。查尔麦兹：《对大不列颠的比较力量的估计》第226页。

189 查尔麦兹：前引书，第291页。

190 见《特别委员会关于商业信贷状况的报告》，《议会史》第30卷，第740—766页。《下议院议事录》第68卷，第702—707页。

191 W.埃德森在其《向棉毛纺绩者和工厂主所作关于市场现状的讲话》(1792年)中抱怨市场的形势以及价格的波动，按照他的意见，价格的波动是投机造成的。

192 这些意见与M.博尼亚丹的结论相接近，尽管他不把“生产过剩”这一术语限制在唯一的工业现象之内，反而把它推广到经济上任何过度的扩张方面去(M.博尼亚丹：《英国商业危机史》第5章，第151—172页)。关于1783年的危机，也可参考该书第144—150页；关于1797和1799年的危机，参考该书第173—199页。

193 见E.贝恩斯：《棉纺工业史》，第321页及以下；舒尔策—格弗尼兹：《大工业》，第40页；莱昂·莱维：《英国商业史》，第24页。

194 “根据现行法，任何印花棉织品如不是在大不列颠制造的话，都不得在王国范围内被任何人所使用。法律以明文禁止这种事情，因此，棉纺工业在整个岛屿上享有一种绝对的垄断权。”见《议会史》第17卷，第1155页。

195 贝恩斯在《棉纺工业史》第322—331页提供了那些相继实施的税则细目。从1787至1813年，白棉布的从价税从百分之十六点五提高到百分之八十五，细棉布的从价税从百分之十八提高到百分之四十四。关于棉织品制造商的一再请求保护,见 E. 赫尔姆:《曼彻斯特商会史中的重要篇章》第 17、22 页等等。

196 乔治三世二十一年法令第 40 章和乔治三世 23 年法令第 21 章。这种奖金是按照织品的品质在每码半便士至一便士半之间变动着。见《下议院议事录》第 38 卷,第 465 页和第 39 卷,第 294、387 页。

197 见德克雷克:《法国条约集》第 1 卷,第 146—165 页。条约第 6 条第 7 项:"在欧洲这两个君主国中所制造的各种棉布以及编结的或织的毛织品,其中包括针织品,双方都应缴付百分之十二的进口税。"条约的英文原文载于《议会史》第 26 卷,第 233—254 页。至于议会有关批准条约的辩论,见同上书,第 381—514 页(下议院)和第 534—596 页(上议院)。E. 杜马在《关于 1786 年法英通商条约的研究》(1904 年)一书中,对这个条约作了分析研究。

198 W. 拉德克利夫:《新工业制度的起源》,第 10—11 页。

199 关于这个问题,曾出版过许多小册子。主要参看《致曼彻斯特居民关于棉纱输出的信》(曼彻斯特,1800 年);《麦卡托致曼彻斯特居民关于棉纱输出的第二封信》;《根据事实评论输出棉纱以便外国人将其制成布匹是否妥当》(伦敦,1803 年);《法国棉织厂概况》(曼彻斯特,1803 年)。

200 W. 拉德克利夫:前引书,第 163 页。

201 乔治一世五年法令第 27 章。招募工人者,初犯处以三个月监禁和一百镑罚金;再犯时,处以十二个月监禁,法庭可随意科以多少不等的罚金。到外国去安家的工人在接到大使馆的通知时,应于六个月内回国:若不照办,即失去英国臣民的资格,他在英国的财产便被没收。

202 乔治三世二十二年法令第 60 章(1782 年)。刑罚加重到五百镑罚金和一年监禁;再犯时,罚金一千镑和监禁五年。输出工具或机器,处以五百镑罚金。关于 1785 和 1786 年处罚那些德国人的判决,参看惠勒:《曼彻斯特》,第 171 页。

203 乔治三世十四年法令第 71 章。

204 乔治三世二十一年法令第 37 章。与冶金工业有关的一些类似的法令,是在 1785 年和 1786 年通过的(乔治三世 25 年法令第 67 章和乔治三世 26 年法令第 89 章),以后,一项"一般法令"是在 1795 年通过的(乔治三世 35 年法令第 38 章)。见 W. 鲍登:《十八世纪末英国工业社会》,第 130—131 页。

205 1785 年 4 月 20 日演说,《议会史》第 25 卷,第 481 页。见 1784 年岁入调查委员会的报告,《下议院议事录》第 40 卷,第 410 页。

206 乔治三世 24 年法令第 40 章。每匹白棉布、细棉布等等,如果它的价值每码在两先令以下的话,在漂白、染色或印花时每码应缴付一便士的税;如果它的价值在两先令以上则缴两便士。这项税是附加在以前规定的三便士的税上。

207 "如果现行法令继续施行,那么,它的结果就是我们工业的部分毁灭……。一个新工业部门的创设以及使之完善所必需的艰苦努力等会伴随着困难和危险,是很显然的。"《下议院议事录》第 40 卷,第 484 和 748 页。也可参看第 749、760、768、780、835 页。

208　见《粗棉布业委员会的收支报告书》，曼彻斯特，1786年。

209　《议会史》第25卷，第478—491页。

210　《欧文手稿》第80卷，第7页；惠勒：《曼彻斯特》，第170页。

211　然而，必须指出1785年的一本小册子《制造业是不适当的征税对象》，这本小册子为棉纺工业的辩护是采用一般理论的外表。

212　伊丽莎白5年法令第4章。第25条提到耕种者；第27条提到杂货商、呢绒商、金银匠、刺绣工人、五金制品商；第29条提到铁匠、车匠、制犁的人、水车匠、木匠、泥水匠、石膏匠、锯木匠、烧制石灰人、制砖人、砌砖工人、盖瓦屋匠、开采屋顶石工人、制瓦工人、麻布织工、旋工、桶匠、磨面工人、陶工、"只织经济粗布而不织别种布的"织工、漂洗呢绒工人、蒸馏人、烧炭人、盖茅屋匠。这里，我们遵守原文的次序、亦即无次序。

213　乔治三世17年法令第11章(1777年)设立一些制造商大会，它们自行选出监察委员会，并在保安审判官的监督下工作。这种机构首先在兰开夏、约克郡和柴郡中设立，在1784年推行到萨福克郡(乔治三世24年法令第3章)，在1785年推行到亨廷登郡、贝德福郡、北安普顿郡、莱斯特郡、拉特兰郡、林肯郡(乔治三世25年法令第40章)，在1790年推行到诺福克郡(乔治三世30年法令第56章)。

214　他并不是唯一的解释者。见詹姆斯·安德森：《论激发国民勤劳精神的方法》(1777年)，第428页："如果中等地位的人难于获得机械技术的详情细节方面的正确知识，那么，国务大臣和高级官员就一定更难完善地掌握所有这些细微的东西。当他们执掌一种独裁的权力来颁布个人经验所应遵循的规则时，他们就越出自己的能力范围而进入这样一种的领域之中，在这种领域中，他们不可能有足够的本事来有把握地、适当地行事；从而，他们对其想要鼓励的工业本身常常做了坏事。"

215　见本书第三篇第四章。

216　《受理几个与萨默塞特郡、威尔特郡和格洛斯特郡呢绒工业有关的人的请愿的委员会报告》(1803年)。《下议院议事录》第58卷，第884—885页。弗雷什福德(萨默塞特郡)的织工T.乔伊斯说："他并未使用弹簧梭，但是，这种梭子在两年前左右由一个在英格兰北部工作的人引入那个地方。"飞梭在1795年出现于斯特劳德，织工们大为惊慌。《韦布手稿》，"纺织"，第5卷，第1页。

217　洛朗·德瑟纳：《英国毛纺工业在社会经济上的演进》，第108—111页。他所引用的数字如下：1771年织工的工资在诺里奇是七先令，在利兹是六先令三便士；1790年：在诺里奇是十一先令，在布雷德福是十先令。这些数字大大地高出于A.扬所提供的数字，见扬：《南部诸郡》，第65页和《英格兰北部》第1卷，第137页。

218　W.坎宁安：《英国工商业的成长》第2卷，第452页(第2版：这一段在第3版中已经不复存在了)。西区(约克郡)的工业重要性无疑是在机械化引进毛纺工业以前。毛纺业所在的各城市，在1770至1780年间的繁荣日益增大，可以通过一些呢绒市场的建造(布雷德福的建于1773年；科恩的建于1775年；威克菲尔德的建于1776年；哈利法克斯的建于1779年)得到证明。《约克郡的维多利亚史》第2卷，第417—419页。

219　在哈利法克斯，纺纱女工于1770年每天得到五便士或六便士的工资，1791年得到一先令三便士至一先令四便士。同上书(第3版)第2卷，第657页。

220　另一个优点是："有这样一类的人口，硗薄山地的耕作不足以养活他们，而且他们是世代工匠所获得的技巧的继承人，因而这类人口全被注定要从事工业劳动。"H.希顿：《约克郡的呢绒工业和绒线工业》，第281页。

221　"两世纪以来，制造厂总是日益增长着的，但从未有过今天这样的活跃……。丝光布输出到德国、波兰和西班牙，羽纱输出到法兰德斯、西班牙、印度和南美洲。"A.和F.拉罗舍富科—利昂库尔：《萨福克郡和诺福克郡的游记》第2卷，1784年9月24日信。我们不应无条件地信任这两位青年旅行家的赞美的描述。根据J.詹姆斯在《绒线工业史》第270页的意见，诺里奇的衰落在1760年左右就开始了。

222　伊登：《贫民状况》第2卷，第477页。

223　《委员会关于毛纺工业状况的报告》(1806年)，第113页。

224　同上书，第73页。这种迟延大概是由于技术原因所造成的。"一部分是由于羊毛的抗力不够，因为羊毛在被拉紧时比棉花易断碎。"J.L.和L.B.哈蒙德：《熟练工人》，第145页。

225　《委员会关于毛纺工业状况的报告》，第81页。

226　陆军中校哈丁：《蒂弗顿史》第1卷，第198页；《莱斯特郡和莱斯特市的可怜纺纱工人的请愿书》(1787年)；《韦布手稿》，"纺织"，第5卷，第1页。

227　1790至1794年间在弗罗姆、谢普顿和汤顿。1791年以前在巴恩斯特普尔，见《农业年鉴》第15卷，第494页和G.比林斯利：《萨默塞特郡农业概况》，第90、167页。

228　J.比肖夫：《呢绒和绒线工业详史》第1卷，第315页。

229　《关于毛纺工业状况的报告》(1806年)，第43、72、76、118、445页；《蒸汽机说明书摘要》第1卷，第106页。

230　同上书，第45、71页；W.赫斯特：《最近六十年中呢绒工业史》，第39页。马歇尔的大麻布厂开办于十八世纪末，在1806年雇用将近一千一百个工人。关于麻布工业中引进机器，见A.沃登：《麻布工业》，第690—693页。

231　《下议院议事录》第49卷，第275—276页。

232　同上书，第432页。它应受到各城市呢绒市场所发布的本地方规定所补充。艾金提到这种企图并补充说："从未脱脂的羊毛到呢绒准备好出卖，某些商人自行担负工业上的一切操作，这比那些听任商品经过一系列的人手而其中各个人手都要扣留一部分利润的人，显然有着突出的好处。这就是利兹以及邻近地方某些这种商人所理解的东西……。许多小制造商和那些每周几乎织不到一匹以上织品的人，觉得在工厂里工作更为有利，在工厂里，他们的技巧可以得到适当的报酬。"J.艾金：《曼彻斯特周围三四十英里内的地方志》，第565页。

233　见本书第三篇第四章。

234　《下议院议事录》第59卷，第226页。

235　《委员会关于英格兰毛纺工业状况的报告》(1806年)，第8页。但是，他们之中许多人谋生很困难并常常举债度日。同上书,第 75 页。

236 《关于毛纺工业状况的报告》(1806 年),第 11 页;J. 比肖夫:《毛纺工业史》第 2 卷,表 4。

237 1851 年,还有二百八十七个小制造商常常光顾哈德斯菲尔德的呢绒市场。洛朗·德瑟纳:《英国毛纺工业在社会经济上的演进》,第 65 和 71 页。

238 《关于毛纺工业状况的报告》(1806 年),第 446 页:"十年或十二年以来,在我最熟悉的地区中,我认为我将称之为家庭工厂或老板兼工匠的工厂的这些小工厂的数目增到三倍多,也许增到四倍多;这里我所指的是老板兼工匠成为其惯常主顾的那些工厂……。我每次到乡间去,我总发现那里有一个新的水车场或者一个安置在有点水的地方的小蒸汽机;他们在极小的水沟旁边安装一架水车来推动两三架机器,或者安装一架甚至能有三十四马力的蒸汽机,主要是为粗梳和梳理羊毛之用的。"

239 见威廉·托普利呈下议院的请愿书(1794 年),《下议院议事录》第 49 卷,第 395 页。

240 同上。

241 参看《埃德蒙德·卡特赖特的传记》,第 99 页及以下;J. 比肖夫:《毛纺工业史》第 1 卷,第 316 页及以下;J. 詹姆斯:《绒线工业史》,第 555—556 页和 J. 伯恩利:《羊毛和羊毛的梳理》,第 114 页及以下。

242 见坎宁安:《英国工商业的成长》第 2 卷,第 761 页。

243 见本书第三篇第三章。工人呈递四十多份请愿书给议会;老板则用反请愿来回报他们,这些反请愿书是由一个为此目的而组织起来的联合会,"绒线委员会"所制订的。

244 J. 伯恩利:《羊毛和羊毛的梳理》,第 114—115 页。

245 《埃德蒙德·卡特赖特的传记》,第 106 页。这个词出现在一个工人在机器开用那一天所作的歌曲的第一段中,以后转载在伯恩利:前引书,第 126 页。

246 同上书,第 127 页。

247 《关于梳理羊毛工人的请愿报告》(1794 年),第 5 页及以下和《下议院议事录》第 56 卷,第 272 页。

248 同上书,第 222 页。加内特是那个地区中大制造业家族之一的创始人。J. 詹姆斯:《绒线工业史》,第 328—329 页。

249 J. 詹姆斯:《布雷德福史续篇》,第 91 页。

250 同上书,第 366 页和《布雷德福史》,第 283 页。

251 《没有输出奖励的毛织品》,第 69—70 页。

252 《评棉布织工条例》(1804 年),第 20 页。

第三章

1 斯克里夫纳:《钢铁工业史》,第 325—327 页:从 1710 至 1720 年,铁矿的输入是在一万五千吨至两万两千吨之间，输出几乎不超过四千吨。到1765年止，输入是经常上升的（五万七千吨），以后，差不多停留在不升不降的状态。瑞典铁，由于质量高，所以单单它一项就构成输入量的将近四分之三。参看A.安德森：《商业起源在历史学上和年代学上的推论》第3卷，第217页。

2 D.马谢特：《论钢铁》，第43页。根据议会的调查，1737年约有一万八千吨（见《下议院议事录》第23卷，第109页及以下）。我们希望能把这些数字同以前那些时期的数字相比较，但关于十七世纪，我们只拥有一些想象的估计，例如S.斯特蒂文特（《论冶金术》，1612年，第3—4页）和达德·达德利（《冶金法》，1665年，"序言"第viii页及以下）的估计。英国在第一次世界大战前的生铁产量约有一千万吨（1913年是一千零四十二万五千吨）。

3 1921年，美国有三百三十一个高炉，每天的产量是十二万六千一百一十五吨（《政治家年鉴》，1925年，第471页）。1925年，美国生铁产量达到三千七百二十八万八千吨。

4 下面是这些按区分类的郡名表：第一，东南地区十五个高炉（肯特郡四个，苏塞克斯郡十个，汉普郡一个）；第二，德安森林及其邻近地区十一个高炉（格洛斯特郡六个，赫里福德郡三个，蒙默思郡二个）；第三，南威尔士五个高炉（布雷肯郡二个，格拉摩根郡二个，卡马森郡一个）；第四，英格兰中部地区十二个高炉（希罗普州六个，伍斯特郡二个，沃里克郡二个，斯塔福德郡二个）；第五，谢菲尔德地区十一个高炉（约克郡六个，德比郡四个，诺丁汉郡1个）；第六，西北部五个高炉（柴郡三个，登比郡二个）。D.马谢特：《论钢铁》，第43页及以下。在这个表上，还应加上拥有一两个高炉的坎布兰郡：见斯韦登博格：《地下王国，或铁的王国》，文集第3卷，第160页。

5 W.卡姆登：《英国记述》第2卷（1607年版），第105页。

6 S.斯迈尔斯：《工业传记》，第35—37页。一个生于1620年的铁匠，伦纳德·盖尔，能使自己的儿子成为领主和议会议员。在M.A.洛厄：《历史、考古和韵律文献集》，第132页及以下，我们可以看到一些有关苏塞克斯郡中旧钢铁工业的有趣的报道。

7 见R.巴詹（《苏塞克斯郡的现实概况》，1724年）的苏塞克斯郡地图，图上画有那些主要炼铁厂的位置。

8 笛福：《漫游记》第1卷，第106页。

9 W.费尔贝恩：《铁，铁的历史、特性和制造方法》，第283页。

10 M.洛厄：前引书，第132和136页。这个栅栏约有二百吨重。

11 熔炉林地。

12 这些矿床坐落在巴思（苏利斯湖）附近，罗马皇帝哈德里安曾在那里设置一个"工厂"，换句话说，设置一个供不列颠军团使用的军械制造所。见斯克里夫纳：《钢铁工业史》，第29页。

13 安得鲁·亚兰汤：《英国在海上和陆上的进步》，第1篇，第57页。

14 H.G.尼科尔斯：《昔日铁的制造》，第48—54页。

15 "他把一把可爱的短剑带在腰袋里。——没有一个人敢用手指去碰他。——在他的短裤里，他有一把谢菲尔德的刀子。——他的脸是圆的，他的鼻子是短塌的。"

乔瑟:《坎特伯里故事》(“市邑长官故事”,诗句第十三行及以下),载在《格奥弗里·乔瑟全集》,斯基特版,第4卷,第114页。

16 笛福在《漫游记》第3卷第81页指出,这种使用水力是比较新近的事。

17 S.蒂明斯:《伯明翰的资源、产品和工业史以及中部的铁器区》,第210页;S.加德纳:《内战史》第1卷,第107页。

18 在那里,人们也制造伪币。见1742年11月15日和12月16日《伯明翰官报》刊载的伪造货币人诉讼案件。载于L.W.克拉克编《伯明翰史》第3卷,第30和160页中列举了十八世纪初和十八世纪末的伯明翰的工业。

19 “我对这个城市感到惊奇,可是对其居民更加感到惊奇。这是我尚未碰见过的一种人。我生活在梦寐者之间,我终于看到了觉醒的人。他们在街上走也显出他们的活跃。每天早晨在三点钟,我就受到各方面锤击声的欢呼。”W.赫顿:《伯明翰史》,第90—91页。

20 人们已经发现伯明翰的工业几乎都聚集在沃尔弗莱姆普顿的周围。见《下议院议事录》第23卷,第15页和第46卷,第202页。

21 笛福:《漫游记》第3卷,第194页。一些大的冶金工厂已于十八世纪之内在那里开设起来了。见阿瑟·扬:《英格兰北部》第3卷,第10—15页。

22 W.伊维森·麦卡达姆:《评苏格兰的古代钢铁工业》,第89页。1760年苏格兰的生铁产量估计有一千五百吨。D.布伦纳:《苏格兰的工业》,第32—33页。

23 第一个公司是1561年创设在诺森伯兰郡的。W.坎宁安:《英国工商业的成长》第2卷,第59页。

24 在十八世纪初,“冒险家矿业公司”已经债台高筑,如不改组和得不到法令(安9年法令第24章)赋予新的特权,那它就会倒闭。

25 关于康沃尔郡的那些小冒险家公司,见S.斯迈尔斯:《博尔顿和瓦特传记》,第230页和第349—350页。

26 1769年的《年度登记簿》中记述了这些坐落在埃克顿希尔(斯塔福德州)的矿山之一。最深的坑道钻到小山顶底下约有四百码的深度。人们是通过一些保养很坏的梯子下到那里去的。这是一个铜矿。在铁矿中,井深往往不超过十五至十八码。见艾金:《曼彻斯特周围三四十英里内的地方志》,第81页。

27 当问题是有关不可让与的地产时,议会必须出面批准租约。例如:“批准昆斯伯里和多弗公爵查理同帕特里克·克劳福德所订的矿约,以及授与上述公爵及其世袭财产继承人根据上述契约出租的权利的法令”(乔治三世7年法令第44章,关于个人的法令)。

28 参看G.利斯特:《哈利法克斯的采煤业》,载于《从前的约克郡》第2辑,第274页及以下。这个奇妙专论的资料是从一些家谱中得来的。H.利维(《垄断和竞争》,第10页及以下)对十七世纪的矿业组织作了粗略的叙述,但至1927年尚无任何完全的专论。关于康沃尔郡的铜矿,见同书第146页及以下。

29 阿什伯纳姆别墅坐落在苏塞克斯郡的东部,离哈斯丁约有十英里。我们可以把中部地方一些大家族如达德利家族比较一下。达德·达德利在二十岁时,他的伯爵父亲就叫他负责经营一个坐落在沃斯特郡彭斯内特查斯的冶金企业。见达德·达德利:《冶金法》,第5页。

30 见路德维希·贝克:《钢铁史》第2卷,第186页。关于十六世纪以前的冶金工业的方法,见T.拉普斯利:《一个十五世纪炼铁业者的账单》,载于《英国历史评论》(1899年),第14期,第509—529页。在十八世纪,人们使用木头风箱。见贝克曼:《发明史文稿》(莱比锡,1782年)第1卷,第319—330页。

31 一般说来,水力锤具有普通锤的形式,而且是绕在卧式轴上成圆弧形动作着的。然而,人们已经造成了垂直下落的锤。见L.贝克:《钢铁史》第2卷,第479、482—483、531页(附有图表)。

32 J.亨特:《哈拉姆郡,谢菲尔德教区的历史和地方志》,第149页:"刀匠的店铺几乎全是小住宅,在屋后院子里有一个作坊和一个煅炉。人们要往下走一步才到门口,那里有些过往商人在那里写上订货条子,这些条子常常遭受行人的议论。很少制造商敢于出城去寻找主顾。"

33 詹姆斯一世二十一年法令第31章。行会的正式名称是:The Holy Fellowship and Company of Cutlers and Makers of Knives within the Lordship of Hallamshire in the County of York。它只包含狭义的刀匠。(见斧凿制造商和锯子制造商为反对一项将他们置于该公司管辖之下的法案而提出的请愿,《下议院议事录》第45卷,第274页)。

34 见《下议院议事录》第44卷,第223页和第46卷,第12页。

35 关于大多数职业行会的失去威信,见坎宁安:《英国工商业的成长》第2卷,第322页。

36 J.亨特:前引书,第168页。

37 制造商们总是害怕生产过多的产品,并且不敢"以许多费用和劳苦来运送其商品到陌生的市场去。"J.艾金:《曼彻斯特周围三四十英里内的地方志》,第547页。

38 在许多作坊里,谢菲尔德的工人们直到近期还拥有自己的工具,并因使用工作台和动力而缴付一种租费。(磨剪工人联合会秘书R.霍姆肖先生于1902年所提供的报道)

39 J.艾金:前引书,第548页。

40 亨特:前引书,第156、169页。

41 关于马修·博尔顿,见本书第4章第4节。

42 一个同类的和同样重要的企业是约翰·泰勒的企业;泰勒是一位非凡的人物,W.赫顿甚至于钦佩得了不得地称之为"他那时代的莎士比亚或牛顿"。这个莎士比亚或牛顿的主要功绩是在鞋扣和喷漆烟盒的制造方面出类拔萃。他留下一宗20万镑的财产。见W.赫顿:《伯明翰史》,第103页和伯明翰参考图书馆的《本地的略记和疑问》,1885—1888年,第1906号。

43 来自爱尔兰的棒状铁的进口税已被1696和1697两年的法令所取消(威廉三世七—八年法令第10章以及威廉三世8—9年法令第20章)。关于十八世纪末爱尔兰的钢铁工业的发展,见威廉·配第:《爱尔兰的政治解剖》(1691年)。威廉·配第爵士在克里郡中拥有一些炼铁厂。

44 参看保尔·布申:《英国与其殖民地间在1860年以前的商业政治关系的发展》,第34—37页。1750年法令(乔治二世二十三年法令第29章)准许美洲铁免税输入伦敦港;这项准许令在1757年推行到英国所有的港口(乔治二世三十年法令第16章)。同时禁止殖民地人民炼铁或者把铁变成钢:凡开办违反法律的作坊,凡打铁的机器或抽制铁丝的机器都被说成是妨害治安,应于三十日内将其毁掉。

45 在达德·达德利的著作里,我们又发现这种忧虑:"如果森林继续减少并终于消灭,那么,构成英国最大力量的东西,它的船舶、海员、贸易、捕鱼,以及陛下的舰队、我们的攻防武器,我们都将丧失了。正因为如此,在1588年以前和1588年以来陛下的前人制定了法律以保护那些被炼铁厂和翻砂厂置于极大危险之中的森林和树木。"《冶金法》,第2页。

46 T. S. 艾什顿:《产业革命中的钢和铁》,第9页(引自《苏塞克斯建筑文集》第15卷,21和《历史手稿评论》,《哈特菲尔德建筑物》第13卷,19—24)。

47 伊丽莎白元年法令第15章(1559年),伊丽莎白二十三年法令第5章(1581年),伊丽莎白二十七年法令第19章(1585年),伊丽莎白二十八年法令第3章(1586年)。1581年法令迫使苏塞克斯郡的一部分炼铁业者迁移:有几个搬到威尔斯去。见S. 斯迈尔斯:《工业传记》,第41—42页。

48 weld这个名字是从weald(森林地带)这词来的。

49 参看约翰·诺登:《测量员问答》(1607年),第214页。

50 斯克里夫纳:《钢铁工业史》,第69页中未注明出处的引文(引文是在1720至1730年间写的,因为所记载的输入数字可以证明这一点)。

51 同上。谢菲尔德的鞣革匠在1749年发表了一种有点不同的意见,他们请愿反对优待美洲铁输入的法案:"如果法案通过,英国铁就要受到较廉产品的竞争,因此,大量高炉和煅炉就会被放弃,那些供给它们燃料的树林就会仍然不遭砍伐,鞣革匠就不知道哪里能找到他们工作所需的橡树皮。"《下议院议事录》第25卷,第1019页。格洛斯特和索思沃克的鞣革匠有类似的请愿,同上,第1048和1051页。

52 安得鲁·亚兰汤:《英国在海上和陆上的进步》第1卷,第56页。

53 同上书第2卷,第163—164页。在法国,直至一个比较近得多的时期也提出同样的问题。见邦纳:《论英国用煤炼铁的方法》,载于《矿业杂志》(共和13年),第17期,第245页:"散布在法国各处的许多炼铁厂几乎还不敷我们的农业、工厂和兵工厂等日益增长的需要,这些炼铁厂每年消费大量的木炭;只要一计算,这种数量就真正显得吓人了,而且,不幸得很,在帝国不少地方,这种消费与我们大多数森林的现状比较起来,比例无疑是太大了。"

54 《安格鲁撒克逊年代记》,852年。Graefa这个词,与日耳曼语"grab"有联系(德语grab,现代英语grave)。见博斯沃思:《安格鲁撒克逊语词典》"graefa"条。

55 人们大大地抱怨它的气味和烟雾。爱德华一世想禁止它在伦敦使用。见坎宁安:《英国工商业的成长》第1卷,第173页。关于它于十二和十三世纪在列日主教管辖区内的使用,见L. 贝克:《钢铁史》第2卷,第101页。

56 例如,在《温泽的愉快的妻子们》第一幕第四场中,有一段很出名:"去,我们一到夜晚，在海煤火烧到后一半的时候，就会有牛奶甜酒喝，真的。”

57 威尔士的矿山也很早就开采了。笛福提到斯旺西城发送大量的煤到萨默塞特郡、德文郡、康沃尔郡和爱尔兰。《漫游记》第3卷，第82页。

58 根据布兰德:《纽卡斯尔史》第2卷，第273页，这种贸易在1705年时占用一千二百七十七只各种吨位的船舶。“煤矿应被视为那些最有助于扩大英国的航行和海运事业的原因之一。仅仅这一部门的贸易就使用一千五百只以上的、一百吨至二百吨的船舶，而且，人们把它看作是英国舰队的海军学校。这就是授予这些矿山以‘黑印度’的名称的原由。”《英国的财富》(1773年)，第56页。达德利曾经描写过：“大不列颠的领土是我们富有矿石和五金的北印度。”《冶金法》，“序言”第v页。

59 《下议院议事录》第23卷，第263页。煤似乎仅在十六世纪末或十七世纪初才被这些工业中几个工业所采用：“在砖厂、啤酒厂、染坊、铸铜厂里使用的燃料，几年前只是木柴和木炭，可是现在，人们代之以煤炭了，煤炭有完全一样效果。”S.斯特蒂文特:《论冶金术》，“序言”第8页。铁匠使用煤炭更久：“从前，铁匠们是用木炭火来锻铁的(而且，在某些地方，木炭价钱便宜，他们还继续使用木炭)，但这许多年来，他们已经并持续使用敲成小块的煤炭来代替木炭了。”同上。参看G.阿格里科拉:《矿石的性质》第4卷，1546年版，第237页列举煤的用途那一段。

60 L.贝克在《钢铁史》第2卷第1249页提到一些在1589年授予托马斯·普罗克托和威廉·彼得森以及1607年授予罗伯特·昌特雷尔的类似的专利权。但是，这些人是否用煤炭和泥煤(“白煤、海煤、石炭和泥炭”)来熔铁或者仅仅用来锻铁呢？斯特蒂文特的专利证的原文，全部转载于《论冶金术》第5页及以下。

61 在他称为heuretics(发明物)之中，他分为两个部分，即科学部分和机械部分：“科学部分是对一切自由艺术所规定的一般规则，自由艺术的主要目的是与任何可见的结果和任何有形的物体无关的科学……。机械部分是对一切非自由艺术所规定的一般规则，非自由艺术的目的则在于追求可见的结果和有形的物体。这类发明叫做机械发明。”《论冶金术》，第50—51页。按照斯特蒂文特的意见，发明分为混合发明和纯粹发明，前者在于崭新地运用一个已知的原则(例如风车是在水车以后发明的)；相反地，后者是以新的原则为根据的(例如印刷)。同上书，第56页。

62 斯特蒂文特:同上书，第82页。

63 同上书，第2页。

64 斯特蒂文特以着重的强调语气、再三提到这一点。同上书，第2、8、105页。

65 同上书，第106页。参看佩西:《铁和钢》第882页。

66 约翰·罗文宗:《论冶金术，但不论及西蒙·斯特蒂文特先生关于他的专利权所发表的文章》，A页。L.贝克反对斯特蒂文特，把他当作是吹牛者和骗子。《钢铁史》第2卷，第1253—1254页。

67 詹姆斯一世的长子，亨利·斯图亚特，死于1613年。

68 D.马谢特在《论钢铁》第43、401页和佩西在《铁和钢》第884—885页都尊重地谈论他的事业。T.S.艾什顿在《产业革命中的钢和铁》第11—12页却抱着十分怀疑的态度。

69　在题为《冶金法,或用石炭、海煤等等炼造的铁以及用同一燃料来熔化和提炼不完美的金属和精炼完美的金属》(1665年)一书里。

70　同上书,第6页。

71　这个专利证在1621年更换了一个新的,其有效期限为十四年。见《制造钢和铁的说明书摘要》第1页(专利证第18号)。

72　《冶金法》,第13页:“在斯特布里奇市的低洼地方的人们逃到房屋的最上一层,好容易才救了自己的性命。”

73　同上书,第16页。

74　“我的敬爱的主宰,我们的神圣殉难者查理一世——愿他的名声永远受到颂扬——在他在位第十四年时,用授予我专利证的办法来鼓励我,确认我使用煤炭和泥炭来熔铁以及制造和精炼各种金属的专利权。”《冶金法》“序言”第vii页及正文第17—18页。

75　同上书,第17—20页。他的炼铁厂第三次被毁坏,这一次是被共和军毁坏的。

76　《冶金法》,第21—25页。上尉巴克的专利证的日期是1651年3月1日。前此还有一连串的专利证(其中有几个专利证的颁发是侵犯了达德利的第一个专利权的)可以证明在这同一方向上屡次的努力。见《制造钢和铁的说明书摘要》第2—3页。差不多同一时期,在法国也发生过同类的试图。见《森林和树木同泥煤的对比,论法国各地的真正煤炭的发现》(匿名著者,巴黎,1627年)和C.朗贝维尔:《适于燃烧和制成锻铁的泥煤的利用》(巴黎,1631年)。

77　《冶金法》,第26页。

78　《冶金法》“序言”第xv页和正文第2、9和38—39页。

79　《冶金法》“序言”第Ⅰ—Ⅱ页。

80　这是大卫·马谢特的意见,《论钢铁》第43页。参看佩西:《铁和钢》,第885页;L.贝克:《钢铁史》第2卷,第965页。

81　《冶金法》,第14和15页。他把它卖到十二镑一吨。

82　T.S.艾什顿:《产业革命中的钢和铁》,第11—12页。

83　R.普洛特:《斯塔福德郡的自然史》(1686年);第128页。发给布劳恩施坦的专利证的日期是1677年10月25日(第198号)。见《制造钢和铁的说明书摘要》,第3页。

84　R.普洛特:前引书,第128页。J.贝希尔在《疯狂的明智和明智的疯狂》第34页断言布劳恩施坦克服了这种困难:“新近,我在鲁珀特亲王那里看到了他的证据:这是一个使用按照这种方法熔化的铁所制成的工具,这个工具表现出韧性铁的一切特性。”但是,第一,普洛特的证据是在贝歇尔的证据之后(1686年和1683年):在此期间,人们已能判断出发明的真实价值;第二,普洛特住在英国并以实验进行地的那个郡的历史为主题,就该搜集一些比较直接和完全的资料;第三,贝歇尔是布劳恩施坦的同国人(他并未忽于指出这是一个德国人),有对他偏袒的嫌疑。

85　“啤酒酿造者,使煤炭焦化的方法,和人们使木柴炭化的情形一样……。他们给这样炼制的煤炭取名为焦炭：焦炭所产生的热和木炭几乎是一样的，几乎一切情况都能代替它，然而，当问题是有关熔化和精炼铁的时候，就例外了。”R. 普洛特：前引书，第 128 页。

86 《伍德先生的矿山合伙关系的现状》(1720 年)；A. 安德森：《商业起源在历史学上和年代学上的推论》第 3 卷，第 124 页。

87 1728 年 9 月 18 日专利证(第 502 号)。见《制造钢和铁的说明书摘要》，第 5—6 页。

88 《地下王国，或铁的王国》，《斯韦登博格全集》第 3 卷，第 160—162 页。

89 《致一切爱好技艺和精巧的人》第 2 页；《怀特黑文的一个商人致其伦敦友人的信》第 3 页。

90 《一个商人的信》第 2 页。在伦敦市场上，比尔巴奥的铁价高达十五先令半，瑞典的铁价十六先令半。索罗尔德·罗杰斯：《英国农业史和物价史》第 7 卷，第 387 页。

91 《怀特黑文的一个商人致英格兰南部一个炼铁业者的信》、《关于伍德先生用粉碎的矿石和石炭制铁的记述》、《谨防欺骗》，所有这些小册子都收集在大英博物馆里，其编号是：816m. 13(13)。

92 《绅士杂志》，1731 年，第 187 和 219 页。

93 《威廉·法洛菲尔德先生建议根据先王授予他的专利证用泥炭炼铁、每吨价十镑》(1731 年)。

94 斯迈尔：《工业传记》，第 81 页；T. S. 艾什顿：《产业革命中的钢和铁》，第 27 页。

95 T. S. 艾什顿：前引书，第 250 页。在本书的第一版里，我们采用了佩西的说法，佩西根据一个家庭传说而认为发明是亚伯拉罕·达比二世的功劳(1735 年左右)。(见佩西：《铁和钢》，第 888 页)。达比夫人的证言却使这种传说失去效力，因为她显然从未听到讲过这样事。

96 H. 斯克里夫纳：《钢铁工业史》，第 56 页和 L. 贝克：《钢铁史》第 3 卷，第 160—161 页。这两位著者都把发明的日期定为 1713 年。

97 “要用矿物燃料制成良好质量的铁，首先必须设法使煤变成焦炭来排除某些杂质；其次，必须建造一个相当大的高炉，以便矿石能同燃料接触在一段比起使用木炭的方法更为长久的时间内；再次，必须使用更有力的鼓风器来把热度提得更高。”T. S. 艾什顿：前引书，第 31 页。

98 佩西：前引书，第 888 页和 T. S. 艾什顿：前引书，第 251 页。

99 第一次公开谈到这项发明，是 1747 年剑桥大学梅森教授在皇家学会上所作的报告：“人们屡次试用煤来冶炼铁矿石：我不相信人们有了成功……。但必须把希罗普郡科尔布鲁克戴尔的福德先生除外：他用就地采出的铁矿石和煤随意制成脆铁和韧铁。韧铁是一种柔软的金属，用它铸造的大炮可以钻孔和用旋床加工，跟锻铁一样。”《皇家学会会报》第 44 卷，第 305 页。福德是亚伯拉罕·达比的女婿和合伙人。根据麦克库洛赫：《政治经济学文献》第 238 页的意见，这种方法仅在 1780 年左右才真正被人所知并得到通用。关于缺乏燃料的抱怨，在这项发明已使抱怨成为无益之后还延长很久，见《大不列颠的铁工业和铁工厂的状况》(1750年)。T. S. 艾什顿指出使用焦炭炼的生铁仅于1750年左右才传到伍斯特郡。他解释说："希望将产品卖给铁器制造商的炼铁者，没有任何理由要推荐其生铁是用矿物燃料铸成的。"艾什顿：前引书，第36页。

100 波斯尔思韦特：《论用石炭火或泥炭火制造棒状铁》(1747年)，第5页。

101 平炉精炼是在富矿石上直接进行的，是通过一个安在与地面相齐的坩埚里、在鼓风器的作用下熔化而实现的。见L. 贝克：《钢铁史》第3卷，第113—131页和莱德布尔：《钢铁冶金教程》(法译本)第2卷，第335页及以下。

102 有几个人到外国去特别是到瑞典去寻找解决方法。关于伯明翰的萨缪尔·加伯特在1763年的旅行，见《内政部文件一览表》，1760—1765年，第1359号所引用的文件。

103 关于罗巴克，见《本国传记字典》第49卷第93—95页出色的简介和贾丁：《约翰·罗巴克的故事》，载于《爱丁堡皇家学会会报》第4卷，第65页及以下。

104 1762年10月25日专利证(第780号)："生铁块是放在一个用煤烧的炉子里在鼓风的作用下熔化的，这种金属一直被炼到它化为自然状态为止。这时，人们把它从火里拿出来，然后把它捣碎，以后把它放在一种用煤烧的精炼火上，直到它成为熟铁块为止，人们用锤去打它以使它变为棒状铁。"《制造钢和铁的说明书摘要》，第9页。

105 1766年6月17日专利证(第851号)。反射炉在瑞典是很多的，主要是在对棒状铁进行第二次或第三次锻造之前用来烧红棒状铁的。见乔赛亚·韦奇伍德的记录，大英博物馆《附加手稿》，第28311号，第9页。

106 从1770年以来，价格涨了很多(见汤森·沃纳：《英国社会》第5卷，第465页)。T. 罗杰斯所搜集的最后的可靠数字是从1763年开始的(斯德哥尔摩每吨17—22镑，哥德堡每吨17镑，《英国农业史和物价史》第7卷，第389页)。按照斯克里夫纳《钢铁工业史》第93页的说法，1791年厄雷格龙的铁价是二十四镑。

107 我们可以引用约翰·科克舒特的研究(1771年)，见《制造钢和铁的说明书摘要》，第13页。

108 1783年5月7日专利证(第1398号)，同上，第19页。

109 1784年2月13日专利证(第1420号)，同上，第21页。见T. S. 艾什顿：《产业革命中的钢和铁》，第87—103页中那些有关亨利·科特的经历及其发明方面的精彩的论述。

110 这项叙述要点是借用邦那尔《论英国用煤炼铁的方法》，载于《矿业杂志》(共和13年)第17期，第270页及以下。当然，我们对于许多著作例如莱德布尔的《钢铁冶金教程》中所记载的那些新近的改良，不作任何考虑。

111 T. 韦伯斯特：《亨利·科特传记》，载在《机械学杂志》，新辑第2期，第53页。参看科特的儿子于1812年呈下议院的请愿书，《下议院议事录》第67卷，第77页。锤一吨铁需要12小时；在此同一时间内，人们可以使15吨铁穿过滚轧机。斯克里夫纳：《钢铁工业史》，第122页。

112 一项几乎是即时的改良，是在搅拌炼铁炉的里头安置一些可以随意把铁抽取出来的活动的铁制的底板。罗伯特·加德纳的专利证第1642号。

113　在朴次茅斯、普利茅斯、伍尔威奇和希尔内斯进行了一些试验。见 T. 韦伯斯特：前引书，第 85 页。

114　1782 年 12 月 14 日瓦特致博尔顿的信："今天有戈斯波特的一位名叫科特的先生来访问我们：他在戈斯波特设有炼铁厂，据他所说，他发现了炼铁的重大秘诀；多亏这个秘诀，他能在和以前同样的时间内并用同样的费用产出加倍数量的铁。他说他需要一架机器，但未能对我说出哪一种。他要求我们中有一个人去回访他，关于这件事，他似乎曾和您通过信。他好像是没有恶意的正直人。"见斯迈尔斯：《博尔顿和瓦特传记》，第 327 页。

115　韦伯斯特：前引书，第 52 页所引用的 1784 年 6 月 6 日信。

116　韦伯斯特：前引书，第 118 页。

117　亦即是说，同行批发价格的 2.5%—3%，当时同行批发价格是每吨十八镑左右。D. 马谢特：《论钢铁》，第 39 页。

118　韦伯斯特：前引书，第 385 页。

119　关于这件事，见韦伯斯特前引书，第 386 页及以下，和 F. 埃斯皮纳斯：《兰开夏的知名人士》第 2 卷，第 234—236 页。

120　其中，西法思法的克劳谢家族因此节省了一万镑。见佩西：《铁和钢》，第 639 页。

121　1811 年为他的遗孀募捐，募得 871 镑 10 先令。

122　英格兰和苏格兰的炼铁厂的搅炼的铁的重量，在 1812 年共计二十五万吨。见科特的儿子的请愿书，《下议院议事录》第 67 卷，第 77 页。

123　约翰·达尔林姆普尔爵士在 1784 年写道："这些发明……把世界上钢铁工业的头等地位授予了不列颠，而且永远授予了它，只要英国人能保存其自由和企业心，因为不列颠是众所周知的，煤矿、铁矿和石灰石（这是人们用来制铁的三种成分或原料）往往处在同一地方，而且是邻近海洋的唯一的国家。"《准男爵约翰·达尔林姆普尔爵士关于煤炭业、柏油业和钢铁业方面的演说和建议》，第 8 页。

124　见雷奥姆尔：《论变铁为钢和软化铸铁的技术》，巴黎，1722 年。

125　斯迈尔斯：《工业传记》，第 103 页所转载的传说。

126　B. 亨茨曼：《1750 年发明铸钢记》第 5—10 页。

127　同上。参看 L. 贝克：《钢铁史》第 3 卷，第 272 页；F. 勒普莱：《矿业年鉴》第 4 辑，第 3 卷，第 636 页；《约克郡的维多利亚史》第 2 卷，第 396 页。

128　S. 斯迈尔斯：《工业传记》第 108 页。

129　B. 亨茨曼：《1750 年发明铸钢记》，第 12 页。

130　炼铁业者塞缪尔·沃克装扮为乞丐，终于钻进了他的作坊。瑞典旅行家普罗林把这整个历史弄得紊乱不堪。他把这项发明归功于一个叫沃尔特的锻工（他用沃尔特代替沃尔克），而亨茨曼可能是剽窃沃尔特的发明的。见贝克：《钢铁史》第 3 卷，第 278 页。

131　阿特克利夫，现今是谢菲尔德的郊区。

132　1774 年在谢菲尔德有另外两个企业利用亨茨曼的方法。见《约克郡的维多利亚史》第2卷,第397页。亨茨曼死于1776年。他和达比家族一样也是公谊会教徒,他因清教徒式的简朴,拒绝参加皇家学会为会员。人们常常指出不信奉国教者的积极性和企业心。

133 见贾丁:《约翰·罗巴克的故事》,载于《爱丁堡皇家学会会报》第4卷,第73页。关于斯米顿,见S.斯迈尔斯:《工程师们传记》第2卷,第61页。福雅·德·圣丰这样描写卡伦工厂的鼓风器的动作:"四个45英尺高的高炉,日日夜夜在吞没大堆大堆的煤和矿石,这样,我们就可以断定每六小时吐出一次川流般铁液的高炉所需的风量。每个炉子都用四个极大口径的气泵来压缩铁制的汽缸里的、通向火焰的管子里的风,发出尖锐的啸声和那样强烈的震动,一个若未预先得到通知的人就难免觉得恐怖。这些鼓风机、这些巨大风箱是由水力发动的。这样大的风,是把一柱四十五英尺高的煤和矿石保持在非常白热状态所必需的。鼓风是那样快速和有力,能使灿烂而猛烈的火焰高出于炉口十余英尺。"福雅·德·圣丰:《英格兰、苏格兰和赫布里底群岛的游记》第1卷,第213页。

134 斯克里夫纳:《钢铁工业史》,第85页。

135 他早于1783年就领得滚轧机的专利证(专利证第1398号,见《制造钢和铁的说明书摘要》,第19页)。

136 1782年5月3日及11月26日和28日瓦特致博尔赖的信,《索霍手稿》。按照瑟斯顿在《蒸汽机的发展》第111页中的说法,瓦特大概早于1777年就建议威尔金森建议制造一个汽锤。

137 以前,大炮是铸成空心的:只有火门是用一种手摇钻或用牵钻弓拉动的螺钻钻的。见《百科全书》第4卷,"大炮的铸造"条的插图。

138 关于亨利·莫兹利,见S.斯迈尔斯:《工业传记》,第198—235页。

139 制造钉子的机器是托马斯·克利福德于1790年和S.格皮于1796年发明的。见L.贝克:《钢铁史》第3卷,第447—448页。第一个制造螺丝钉的机器应归功于莫兹利。见斯迈尔斯:前引书,第226页。

140 写于1750年的、题为《大不列颠的铁工业和铁工厂的状况》的那本小册子的著者抱怨木柴的数量不足和价格高昂,但对使用煤却未提只字。

141 这是一种纽科门机器,见下面第4章。

142 L.贝克:《钢铁史》第3卷,第363页。

143 在霍尔斯黑、克特利、马德利伍德、唐宁顿伍德。

144 J.菲利浦斯:《内河航行通史》,第126—127页。

145 T.S.艾什顿常常引用拉思伯恩写的《雷诺兹传记》,这本书里包含有雷诺兹的许多信札选录。

146 在特鲁罗,主要出售一些用来吸取矿坑中水的纽科门抽水机,见S.斯迈尔斯:《工业传记》,第86页。

147 同上书,第93页。在铁轨出现以前,人们使用木轨,特别是在纽卡斯尔矿山的附近;见阿瑟·扬:《英格兰北部》第3卷,第9页:"翻斗车从矿井至船码头所行驶的路,是了不起的工程,因为必须穿过所有的崎岖地段,要开辟9英里或10英里长的路。

车轮所经的地方是用一些固定在地上的木条来铺出来的，翻斗车就在木条上行驶。这样，一匹马就能不费力地拖运五六十蒲式耳的煤。”在有关开凿运河的议会文件中，常常提到一些与开通航路同时建筑的铁路，以使它们衔接起来。见《下议院议事录》第 34 卷，第 604 页(米德尔顿的矿山和艾尔河的衔接)；第 40 卷，第 240 页(比尔斯顿和伯明翰的衔接)；第 57 卷第 182 页(德安森林的矿山和塞文河的衔接)。

148　这个数字是根据斯克里夫纳的《钢铁工业史》第 359 页所提供的“1790 年 5 月燃烧焦炭高炉一览表”和同书第 95—96 页所提供的 1796 年铁的产量统计表作了对比而得出来的。从 1776 年起，“科尔布鲁克戴尔、马德利伍德、莱特穆尔、霍尔斯黑和克特利的每一高炉的营业额，据说每年都超过八万镑。”T. S. 艾什顿前引书第 43 页引用惠特沃思:《内河航行的好处》，第 37 页。

149　A. N. 帕尔默:《约翰·威尔金森和从前的贝沙姆炼铁厂》第 8 页。F. 尼科尔森:《评炼铁业者威尔金森》，载于《曼彻斯特文哲学会纪要》，1905 年，第 15 期。

150　见下面第 4 章(蒸汽机)。威尔金森以其自己的名义领取了制造铅管的专利证(1790 年，第 1735 号)、滚轧机和蒸汽旋床的专利证(1792 年，第 1857 号)以及对熔化矿石方法所加若干改良的专利证(1794 年，第 1993 号)。

151　巴麦:前引书，第 16 页；艾什顿:前引书，第 44—45 页。

152　见斯克里夫纳:《钢铁工业史》，第 359 页。

153　帕尔默:前引书，第 18 页。

154　G. 布甘:《关于安德勒的两个文件》，载于《法国革命的经济史集》，1917—1919 年，第 467 页及以下；T. S. 艾什顿:前引书，第 54 页。

155　他的专横性格是他同他兄弟威廉争吵的原因，后者在 1795 年离开他去到南特设厂。《索霍手稿》对于这两兄弟的分裂提供了一些报道(1795 年 11 月 J. 瓦特和 J. 威尔金森的通信)。见艾什顿:前引书第 3 章(瓦特、博尔顿和威尔金森家族)和 H. W. 迪金森:《炼铁业者约翰·威尔金森》。

156　在帕尔默的《约翰·威尔金森和从前的贝沙姆炼铁厂》第 24 页及以下，可以看到这些代币的照片复制品。种种样式是在 1787、1788、1790、1791、1792 和 1793 年发行的。1787 年的代币反面铸有一个工人把一块铁送到水力锤下面去的图样；1788 年的代币铸的是一只船；1790 年的代币上有一个女人靠在一个齿轮上，手里拿着一个螺钻；1791 年的代币上有一个坐着的裸体男人举起一把锤，下面是铁砧；1792 年的代币上有一把刻有“北威尔斯”字样的竖琴；1793 年的代币有一个拿着天秤的女人和“我的财富”的口号。威尔金森也发行一些一基尼的纸币。我们也可想起与此同一时期在法国也有些商人或工业家发行过信用货币，其中蒙纳龙兄弟的货币是英国博尔顿厂铸造的。

157　J. 劳埃德:《从前的南威尔斯炼铁厂的初期史》(1760—1840 年)，第 48 页。

158　西法思法炼铁厂，最初是理查德·克劳谢所有，后来是他的儿子威廉·克劳谢所有，以后是他的孙子名字也叫威廉所有，最后是他的曾孙罗伯特·汤普森·克劳谢所有。后者死于 1879 年，其企业遗留给其儿子。见 J. 劳埃德:前引书，第 63 页及以下。

159　S. 斯迈尔斯:《工业传记》,第 132 页。见 T. S. 艾什顿:前引书,第 94 页及以下。1803 年,单单西法思法的那些工厂就雇用两千工人。

160　1730 至 1760 年(在布纳韦、戈特菲尔德、阿伯纳西等等地方)所建造的几个高炉是用木炭作燃料的。见 W. 伊维森·麦卡达姆:《评苏格兰的古代钢铁工业》,第 89 页。

161　动力是由福尔思河的左边一条小支流、卡伦河所提供的,见 D. 布雷纳:《苏格兰的工业》,第 42 页。

162　在那里,人们第一次使用铅制的蓄气室来凝聚二氧化硫。见贾丁:《约翰·罗巴克的故事》,载于《爱丁堡皇家学会会报》第 4 卷,第 69 页。硫酸的价钱降低了四分之三。

163　见下面第四章。

164　贾丁:前引书,第 75 页;S. 斯迈尔斯:《博尔顿和瓦特》,第 150—153 页。

165　1788 年的产量是 4,000 吨,1796 年是五千六百二十吨。见斯克里夫纳:《钢铁工业史》,第 87 和 96 页。

166　L. 贝克:《钢铁史》第 3 卷,第 364 页。

167　"这是欧洲现有的最大的翻砂厂。"福雅·德·圣丰:《英格兰、苏格兰和赫布里底群岛的游记》第 1 卷,第 209 页。圣丰描写这种大炮说:"铳子又短又粗的巨大的炮。"同上书,第 210 页。在他之前,有另一个法国技术家 G. 雅尔在其《冶金旅行》一书中叙述过卡伦翻砂厂。在 1770 至 1800 年间开办于苏格兰的另一些冶金工厂中,必须提到"德文炼铁厂"、"克莱德炼铁厂"和约翰·威尔逊设在威尔逊城的那个工厂。见圣约翰·戴:《苏格兰的钢铁工业》,第 34 页和 E. 斯维登斯彻纳:《1802 年和 1803 年在英格兰和苏格兰一些地方的游记》,第 155 页及以下。

168　J. 亨特在《哈拉姆郡》第 211—212 页中发表了"塞缪尔和艾伦·沃克于 1741 年 11 月左右在格伦诺赛德的一个旧钉厂中所设翻砂厂的操作简述"。

169　同上书,第 212 页。

170　理查德·赫尔德、约翰·普雷斯顿和约翰·加拉特:《商业中的发财致富》第 91—92 页。可与 T. S. 艾什顿的前引书所叙述的几个类似的公司(达比和雷诺兹,威尔金森家族,卡伦的罗巴克,等等)比较一下。

171　约瑟·道森是一个相当奇妙的人物。他对物理学的发展有兴趣,并和普里斯特利有关系。他从事于生意更甚于修道,他在每礼拜天早上发放工资给工人。同上书,第 94 页。

172　埃里克·斯维登斯彻纳:《英格兰和苏格兰一些地方的游记》,第 40 页。

173　同上书,第 49 页及以下。

174　同上书,第 57 页。

175　同上书,第 56 页。关于塞文河的那一组(科尔布鲁克戴尔,等等),见第 68—80 页。关于纽卡斯尔,见第 115—117 页。

176　福雅·德·圣丰:《英格兰、苏格兰和赫布里底群岛的游记》第 1 卷,第 210—211 页。

177 同上书,第 216—217 页。

178 大不列颠的生铁产量,在 1788 年是六万八千吨。在 1796 年是十二万八千吨。在 1804 年是二十五万吨。《议会的讨论报告》第 7 卷,第 81 和 88 页。

179 “我对我的皮风箱已感到厌倦,并决定制造铁风箱。大家都讥笑我,但我的话却兑现了。我用一架蒸汽机去发动它,结果,大家都高呼:‘谁会想得到呢?’”见 S. 斯迈尔斯:《博尔顿和瓦特传记》,第 213 页。这架蒸汽机大概是一个把水引到动轮去的纽科门抽水机。1757 年,伊萨克·威尔金森申请一项“利用一条管子来使……甚至远在几英里之外的……瀑布去发动高炉、煅炉或他种炉子的鼓风器”的方法的专利证。见艾什顿:前引书,第 22 页。S. 斯迈尔斯:《博尔顿和瓦特传记》,第 212 页。

180 他们的名字出现在议会批准的授权法令(乔治三世十六年法令第 17 章)中受托管理人的名单上。在 1777 年修改过的这项名单(乔治三世十七年法令第 12 章)上,又有他们的名字以及佩尼达兰的霍姆夫雷的兄弟弗朗西斯·霍姆夫雷的名字。

181 关于这个问题,有过一些犹豫不决。1776 年法令表示,桥可以由负责承包者随意“使用生铁、砖头、石头或木头”去建造。

182 在十七世纪初,威尼斯工程师福斯图斯·韦朗蒂乌斯(韦朗佐)编制了一个铁链吊桥的预算和一个铜桥的预算。见 L. 贝克:《钢铁史》第 3 卷,第 758—759 页。1779 年,有一个名叫加利普的人向里昂市政官提出一个铁桥计划,他说他从 1755 年起就同一个名叫戈伊丰的里昂植物学家合作从事于铁桥的研究。设计的标题为“独孔桥,桥跨大河两岸,并不影响航行,是卓绝而简单的、崭新的铁结构物”,设计原文和里昂市政官与发明人的通信,都保存在里昂市档案库里(D 集)。加利普想要建造的桥的模型,在 1779 年陈列于科学院。

183 S. 斯迈尔斯:《工程师传记》第 2 卷第 356 页。

184 “人们从一个只有一百英尺跨度的、高出于水平线上四十五英尺的、铁制的独孔桥上过河。桥宽八码,长一百码。这个桥用了五十吨铁,是由一些完全铸好的部件组成的。”《一个说英语的法国人于 1788 年在大不列颠的游历》,第 100 页。

185 罗齐埃:《论物理学、博物学和艺术》第 35 卷(1789 年),第 16—19 页(日内瓦的普雷伏—达西埃先生的记述)。

186 跨度二百零六英尺,水平线上的高度一百零八尺。见《技艺和手工工场年鉴》第 2 卷,第 166—173 页。

187 见 S. 斯迈尔斯:《工程师传记》第 2 卷,第 360 页。斯维登斯彻纳在其前引书第 73 页提到 1796 年在西里西亚的拉桑地方建了一个铁桥。

188 见《关于改良伦敦港口的报告》(1801 年)。这个报告里有雷尼、瓦特、雷诺兹、威尔金森等的陈述。

189 1787 年 7 月 14 日致斯托克戴尔的信,见斯迈尔斯:《博尔顿和瓦特传记》第 212—213 页。

190 斯维登斯彻纳在 1802 年看到一些这类船只行驶在伯明翰周围的运河上,《英格兰和苏格兰一些地方的游记》,第 87 页。

191 麦克弗森:《商业年鉴》第 4 卷,第 176 页。这是《清算人(以前任法官)、公民

G. D. 大卫对巴黎的新旧供水局从其开办时起至1793年8月10日(旧历)止的账目审议书》第27和92页所提到的供应品。国家档案库,编号:01.1596。

192 《本国传记字典》“威尔金森(约翰)”条。

193 阿克赖特的机器也完全是木头做的,在肯辛顿科学馆里,我们可以看到该机器的模型。

194 见J.佩因的专利证(第505号):“铁棒在炼矿炉的弓形炉膛里烧红以后,便从两个大的铁辊轴之间穿过去,这样就使棒上带有一些特意安排好的槽口和凹槽。”(1728年)。

195 见罗比森:《蒸汽和蒸汽机》,第137页,詹姆斯·瓦特所加的注释。

196 “我在这里(在佩斯利的一个纱厂里)像我在英国有机会看到的一切大的工厂里一样,赞叹他们炼铁的技巧,以及从而产生的对于机器的运转、持久和准确的极大效用。所有的齿轮,实际上一切东西,都是铸铁做的,是一种优质而坚硬的生铁,像钢那样一经摩擦就滑亮了,而且绝不会延滞一般的运转。毫无疑问,炼铁的技艺是首要的技艺,是我们特别缺乏的技艺。唯一的办法就是大规模地增加我们的生产,使我们能同英国竞争,因为,如果我们继续以我们的纱厂同这些机器作斗争,例如以木制的机器同铁制的机器作斗争,那就不可能希图这种竞争了。”F.和A.德拉罗舍富科—利昂库尔:《山中游记》,1786年5月9日信。

第四章

1 保藏在伯明翰参考图书馆。

2 伯明翰的坦基先生。

3 也应指出一些按照荷兰人的榜样、旨在利用风力的企图。一个用风车发动的机器锯木厂在1766年建于伦敦东部莱姆豪斯。可是,它在1768年便被一群暴徒捣毁。见《下议院议事录》第32卷,第160和194页。

4 塞文河的冶金组可被视为隶属于威尔斯地区,因为科尔布鲁克戴尔北部雷金山在地质学上是属于威尔斯地区的。

5 萨洛蒙·德·科在《动力理论》(法兰克福,1615年)第4页,第一个指出蒸汽的特性和有可能实际应用,并制造一架机器来纪念亚历山大里亚赫罗的“蒸汽转球”。伍斯特侯爵在1660年左右使用蒸汽的压力来将水提升到水库里去制造喷泉。他所发明的一个蒸汽喷泉建在怀特霍尔,在1669年受到塔斯卡尼大公的参观。参看亨利·迪克斯:《伍斯特侯爵第二的生平、时代和科学工作》,第264页及以下。侯爵本人在其有名的《发明百物集》第68和100号中所提供的说明是非常模糊的。帕平的“蒸煮器”始于1682年;他的最初一些有关蒸汽作为动力的研究始于1690年(1690年6月《教师事迹》中所发表的《花钱少而能获得最大动力的新方法》)。

6 瑟斯顿:《蒸汽机的发展》,第31页及以下;C.马茨科斯:《蒸汽机的发展》第1卷(第2版),第292—293页。

7 根据托里拆利在1640年发现的物理学上的基本原理，抽水机所提升的水柱高度，要受气压的强度所制约：它在760毫米汞压下不能超过10.336米。要达到六十米的高度，必须使用六架重叠的，即一架放在另一架上面的抽水机来抽取。这种分级汲水的办法是从经验上得知的，而且，在托里拆利的发现以前长期用于矿井中。见阿格里科拉：《关于金属物品》的插图。

8 致皇家学会的信（1699年6月14日）；见《皇家学会会报》第21卷，第228页（带有插图）。专利证的日期是1698年7月23日（第356号）："使水升高和用火作动力来推动各种机器的新发明；这种发明对于排干矿井、供给城市用水以及在没有流水或恒风的地方去发动水车，都会成为十分有利的应用。"萨夫里留下一本小册子题为《矿工的朋友，或者说，用火使水升高的机器，和将其装在矿井中的方法，并附有适用于几种用途的说明，以及对它非难的答辩》（1707年）。最后，还须提到一些同时代的叙述，如：哈里斯：《技术词典》，"发动机"条，德萨格利斯：《实验哲学》第2卷，第465页和勒波尔德：《水力机的现场》第3卷，第302—304页。

9 见专利证和《矿工的朋友》，第22页及以下。

10 S.斯迈尔斯：《博尔顿和瓦特传记》，第55—56页。

11 《蒸汽机说明书摘要》第1卷，第32—33页。

12 它代替一个安设在伦敦桥下的水车。见《下议院议事录》第29卷，第883页和《蒸汽机说明书摘要》第1卷，第34页。伦敦供水网从十七世纪起就掌握在一些特权公司的手中。可是，它们曾经做了许多事情来证明其专利是正当的。笛福在1724年赞扬："街道上拥有木头管子来配给水是很大的方便。有两个巨大的机器将泰晤士河水提升起来，一个在桥旁，另一个靠近布罗肯码头。据说它们提高的水量，足够供给全市直至边远地方和各栋房屋直至最高一层的用水……。然而，通过沟渠从韦尔引来的那条新河还继续供给城市大部分地区的水。还须顺便提到该公司不得不在伊斯林顿挖掘一个新的、比河川的天然水位更高的蓄水池或水库。为了使水升到这个加高了的蓄水池里，人们便用一个从前由六翼风车发动的、现在由许多马匹不断推动着的大机器。"笛福：《漫游记》第2卷，第150页。

13 见《蒸汽机说明书摘要》第1卷，第35页。物理学家德萨格利斯在1740年所建造的一架为伦敦皇家学院所有的纽科门机器，在1957年还陈列在肯辛顿科学馆第3室里。

14 这项发明始于1705或1706年。见S.斯迈尔斯：《博尔顿和瓦特传记》，第63页；L.贝克：《钢铁史》第3卷，第91页；C.马茨科斯：前引书第1卷，第304页及以下。

15 在普利茅斯附近莫德伯利。

16 罗比森在《大英百科全书》（1805年第4版）"蒸汽机"条里赞成这种传说，可是任何文件都不支持这一点。不管怎样，纽科门也没有一点科学家的味道。下面是德萨格利斯关于他和他的合作人卡利所说的话："他们既不像哲学家能够了解原因和理由，也不像数学家能够算出各部分的比例，他们十分幸运能够碰巧找到其所寻求的东西。"《实验哲学》第2卷，第532页。

17 或Cawley。见前引说明书摘要。根据《本国传记字典》"纽科门"条，他是地主和畜牧业者(grazier),而不是“装配玻璃的工人”(glazier)。

18　见德萨格利斯:前引书第 2 卷,第 481、533 页。青年(boy)波特的故事是可疑的,因为这个故事可能只是从一种双关语 buoy(浮标)和 boy(青年)产生出来的。见《本国传记字典》,“纽科门”条。

19　见法国《百科全书》第 4 卷,“水力学”条的插图和马茨科斯:前引书第 1 卷,第 47、308、309、310 页。

20　公司的名称是:用火使水升高的发明权所有人公司。见《说明书摘要》第 1 卷,第 36 页。

21　早于 1722 年,一架纽科门机器就装设在黑斯侯国的首都卡塞尔,另一架装设在匈牙利的柯尼斯堡。L. 贝克:《钢铁史》第 3 卷,第 166 页。

22　德萨格利斯:前引书,第 2 卷,第 470 页及以下(有详细的叙述并附有插图)。一幅 1712 年的、描绘一架安装在达德利附近的蒸汽机的版画,是伯明翰塞缪尔·蒂明斯先生的私人搜集品。

23　见约翰·韦德勒在其《论大马丽港和大伦敦周围各地的水力机》(威顿堡,1728 年)一书中的叙述(并附有插图)。

24　见《论煤矿》(1769 年),第 100 页及以下。

25　有时,同一架抽水机既用来汲干矿山的水,又用来注满运河。见《下议院议事录》第 35 卷,第 210 页。在开凿运河特许权的法令中,人们往往碰到一项迫使那些位于水道附近的矿山主人把矿井中所抽出的水注入运河的条款。见乔治三世 16 年法令第 28 章中的条例。

26　瑟斯顿:《蒸汽机的发展》,第 71 页。

27　《皇家学会会报》第 50 卷,第 370 页(1758 年)。

28　S. 斯迈尔斯:《工程师传记》第 1 卷,第 330—333 页和第 2 卷,第 73 页。关于纽科门机器的改良,见 C. 马茨科斯:《蒸汽机的发展》第 1 卷,第 313、334 页(插图)。

29　生于 1736 年 1 月 19 日。

30　S. 斯迈尔斯:《博尔顿和瓦特传记》,第 81 页。

31　威廉森:《瓦特的年代记》,第 91 页。他也是航海仪器、望远镜、指南针、六分仪等等制造人。S. 蒂明斯:《詹姆斯·瓦特》,第 4 页。

32　威廉森:前引书,第 1 卷,第 152 页。

33　S. 蒂明斯:前引书,第 5 页。

34　A. 尤尔:《大不列颠的棉纺工业》第 1 卷,第 175 页。尤尔是从瓦特本人那里得悉这件事的。

35　罗比森:《蒸汽和蒸汽机》第 108 页。

36　S. 斯迈尔斯:前引书,第 145—146 页。

37　关于这个问题所进行的讨论,在《本国传记字典》“瓦特”条中有了适当的概括。那些证明瓦特的贡献的信札已由 J. 米尔黑德发表出来了(《已故的詹姆斯·瓦特关于发现水的成分的通信》)。

38　《蒂明斯手稿》(伯明翰参考图书馆)中有对瓦特的评介。《索霍手稿》中有许多由瓦特用法文写的信。斯维登斯彻纳在1802年访问瓦特时，看到他家里有一个由他所搜集和分类得很好的矿物收集品，“虽然他并不希冀矿物学家的头衔”。斯维登斯彻纳：《游记》第89页。

39　罗比森：《蒸汽和蒸汽机》，第118—120页载有瓦特的注释。

40　瓦特：同上书“序言”第9页。

41　同上。

42　第913号。专利证的日期是1月5日，说明书的日期是4月29日。原文全部转载于1775年延长其有效期间的法令（乔治三世15年法令第61章）中。下面是说明书的开端：在火力机方面，我减少蒸汽的消费，因而也是减少燃料的消费，其方法是基于下述原理：第一，用来开动机器的汽力所在的那个容器，在通常火力机中被称为“汽缸”，我却称之为“汽室”；在机器运转时，汽室应与那充满汽室的蒸汽经常保持同样的温度。这样温度的获得，首先是用木头或其他任何不传热的物质所做的外壳来把它包起来；其次是使它同一层蒸汽或者同任何倾向于高温的物质保持接触；最后是注意避免水或任何其他比蒸汽更冷的物质钻进去或接触它的室壁。第二，在那些必须用蒸汽的冷凝来推动的机器方面，这种冷凝必须发生在一些封闭的、和汽室分开的容器里，尽管汽室和这些容器是相通的。这些容器，我称之为冷凝器，在机器开动时，必须经常保持一种至少要和周围空气一样低的温度。

43　“第四，在某些情况下，我打算使用蒸汽的膨胀力，一如气压现被用于通常的火力机中那样。在不可能获得足够数量的冷水的场合，机器可由蒸汽力独自去发动……。”

44　1782年3月12日专利证第1321号。见C.马茨科斯：前引书第1卷，第359—366页。

45　1781年10月25日第1306号专利证中提出了五个解决方法。

46　在通称为撒克逊纺车的那种脚踏纺车中，有同样的装置。瓦特以其习用的通俗方式说道：把这种装置用在蒸汽机上，就等于“使用一把为切面包而制造的刀子来切干酪”。S.斯迈尔斯：《博尔顿和瓦特》第287页。

47　一个连接在活动杠杆上的杆子在其一端带有一个小齿轮，这个齿轮在绕着与其形成咬合的毂上转动时，就推动另一个大直径的轮子。这种机构是索霍工厂的工头威廉·默多克想出来的。关于这项发明的文件和设计都保存在《索霍手稿》（1780—1782年的“商业通信”）中。瓦特之所以放弃使用简单的偏心轮，是因为一个竞争者马修·沃什博罗已为其自己的利益而于1779年领得了这项专利证。关于瓦特控告沃什博罗的剽窃，见J.米尔黑德：《詹姆斯·瓦特的机械发明》第2卷，第128页。瓦特在1782至1800年间在索霍所制造的两架装有“恒星和行星轮”的机器，陈列在肯辛顿科学馆。一架小的模型还能运转。

48　S.斯迈尔斯：《博尔顿和瓦特》，第139页。

49　《下议院议事录》第58卷，第1007页有他的报告摘要。他也承担测量克莱德河流的任务并从事于格拉斯哥港口的改良工作，见威廉森：《瓦特的年代记》第1卷，第172、176、177页。

50　S.贾丁:《约翰·罗巴克的故事》,载于《爱丁堡皇家学会会报》第4卷(1787年),第75页。

51　《蒸汽机说明书摘要》第1卷,第56页。J.洛德:《资本和汽力》,第80页。

52　罗比森:《蒸汽和蒸汽机》,第144页刊有瓦特的注释。

53　这所房屋属于罗巴克,后来,哲学家杜格尔德·斯图尔特住在那里。见S.斯迈尔斯:《工业传记》,第134页。

54　这架机器在1777年毁于火灾。

55　关于这方面的通信,见S.斯迈尔斯:《博尔顿和瓦特》,第182—183页。博物学家兼诗人伊拉兹马斯·达尔文是查理·达尔文的祖父。洛德在《资本和汽力》第96页引用博尔顿于1766年2月22日致法兰克林的一封信。

56　S.蒂明斯:《詹姆斯·瓦特》,第9页;S.斯迈尔斯:前引书,第187页;洛德:前引书,第93页。

57　1769年2月。S.蒂明斯在《詹姆斯·瓦特》第11—13页所引用。同一封信中有博尔顿向瓦特提出的关于合作方面有趣的说明:"我认为要充分利用您的发明,就必须有钱,必须十分细心地去实现和拥有广阔的贸易关系。保证它理应成功的唯一办法就在于不让一群有经验的机匠去实现它,因为这些机匠由于无知、没有经验和缺乏适当的设备,大概只会做出坏作品……。我们可以招雇并训练一些优秀的工人;在制造一架唯一的机器时,我们就把一些比人们费心找到的工具更好的工具交给他们使用;我们在执行方面可以获得百分之二十的节约,而工作的质量又可获得与铁匠和科学仪器制造者间可能有的差别同样程度的差别。"

58　1766年3月29日博尔顿致瓦特的信,见斯迈尔斯:《博尔顿和瓦特》,第198页。不应忘记,罗巴克的任何债权人"都认为这个机器不值一文"。(洛德:《资本和汽力》,第86页,引用瓦特于1766年7月25日致斯莫尔的信。)

59　同上。

60　索霍场址,在博尔顿租下来的时候是"一块荒野的荆棘地,高处有一个鄙陋的茅屋,那是猎场看守人的住宅"。《索霍的马修·博尔顿先生的传记》,第5页。

61　同上。《克拉克手稿》(伯明翰图书馆)第5卷,第65页。

62　同上。

63　S.斯迈尔斯:前引书,第166页。Esquire(乡绅)这个词在十八世纪中叶还保有其本义,人们只把它授予绅士,即小贵族或旧中产阶级家族的成员。

64　《索霍的马修·博尔顿先生的传记》,第6页;J.A.兰格福德:《一个世纪的伯明翰生活》第2卷,第147页。

65　伊拉兹马斯·达尔文:《植物园》(1768年),第287页。

66　同上。"那里,机械发明,因其数量大、种类多和简单容易而优越于任何别的手工工场的机械发明。"

67　《马修·博尔顿先生的传记》,第5页。

68　《蒂明斯手稿》;《下议院议事录》第34卷,第191—193页。

69　1768年11月27日J.韦奇伍德致R.本特利的信:"即使伊特鲁里亚不能

保持其地位，而必须在索霍面前退让和败北，我们也不应把太便宜的胜利让给敌人。我们一定会像大丈夫那样采取自卫，而且，甚至在战败时也要力求分享战胜者的荣誉。必须同英国第一流的工场主作斗争，那就使我勇气倍增。这是一种令我高兴的斗争。我喜欢这个人及其敢闯的性格。”特伦特河边的斯托克、韦奇伍德博物馆。可是博尔顿并未实现其计划而仅满足于制造一些镀金的铜质装饰品来代替韦奇伍德的花瓶。

70 S.斯迈尔斯：《博尔顿和瓦特》，第172页。

71 《内政部文件一览表》(1760—1765年)，第1818、1821、1919号。

72 斯迈尔斯：前引书，第172—174页。

73 同上：致旅行家文德勒的信。

74 米尔黑德：《詹姆斯·瓦特的机械发明》第2卷，第79页。

75 《下议院议事录》第35卷，第142页。

76 同上书，第168页。博尔顿几乎以同样的言辞说：“这不仅仅是迄今发明的最经济的机械动力——水车和风车除外——，因为它可以用于通常火力机所绝对不适合的无数用途。”

77 乔治三世十五年法令第61章。下面是法令的前言：“鉴于国王乔治三世陛下，已于执政9年1月5日将盖上国玺的专利证书授予格拉斯哥城的商人詹姆斯·瓦特以及任何有权代理他的人，并特许他有独占权来制造和出卖其所发明的某些机器，以便减少火力机中的燃料和蒸汽的耗费……鉴于瓦特因对蒸汽和蒸汽机，通称为火力机，进行研究以便改良这种非常有用的机器而费了好几个年头并耗费了他的大部分资财；鉴于通过这些研究，已经实现了非常重要的改良，但由于制造那样复杂的机器所固有的困难以及由于必需的试验所要求的长时间，以致他不能在1774年底以前完成他的发明；鉴于要用必要的细心来制造这些机器以及能以公道的价格出卖机器，大概要花费很大的款项来组织工厂和配备适当的设备；又鉴于要使相当多的公众能够清楚地了解发明物的效用及使用发明物的切身利益还需要好几年，所以上述专利证书中所定的期限可能在该詹姆斯·瓦特按照其劳动及其发明的价值来收获利益之前完全消逝……，因此规定……。”

78 仅在瓦特的专利证更新以后，他同博尔顿的合伙才具有决定性的形式。在米尔黑德：《詹姆斯·瓦特的机械发明》第2卷，第98页，可以看到他们于1775年6月1日签订的为期二十五年的合同的措辞。

79 根据《蒂明斯手稿》中的注解，建筑、设备等等约值四万七千镑。我们未能利用《索霍手稿》来核对这个数目的准确性，因为这个文集，就通信来说不超过1780年以前，就账簿来说不超过1795年以前。

80 见《索霍手稿》“商业通信”1780—1785年；J.洛德：《资本和汽力》，第130页。

81 J.洛德在前引书，第130页根据《图手稿》所引用1782年6月19日博尔顿致G.马修斯的信。

82 S.斯迈尔斯：《博尔顿和瓦特》，第262、263、314页；J.洛德：前引书，第114页。

83 1776年3月11日《伯明翰公报》。

84 L.贝克:《钢铁史》第3卷,第1079页,和T.S.艾什顿:《产业革命中的钢和铁》,第70页。

85 C.马茨科斯:《蒸汽机的发展》第1卷,第126—127页。

86 斯迈尔斯:前引书,第242—248页。见对另一架安在特鲁罗附近格文哈姆的机器的叙述。"这架使泵发动起来的火力机非常之大并具有难以形容的效力。大管子的圆周有六十五英寸。这个泵是双动作泵,它通常一分钟冲八下,也能冲十二下,尽管它所抽的水的深度有一百二十呎,亦即七百二十英尺;每一冲就抽一百加仑、亦即二百夸脱的水,其中一部分是引入大容器来提供蒸汽,其余的便构成一条小水沟消失在山丘的脚下。"《一个说英语的法国人于1788年在大不列颠的游历》第53页。1783年,在几乎所有康沃尔郡的矿山中,瓦特机器已经代替了纽科门机器,见马茨科斯:前引书第1卷,第126页和《康沃尔郡的维多利亚史》,第550页。在洛德前引书第155页及以下,可以看到1782年康沃尔郡中所使用的蒸汽机一览表。

87 为佩里埃兄弟所制作的机器图样现还存在《索霍手稿》中。他们同博尔顿和瓦特所订的合同日期是1779年2月12日。该机器在二十四时内可以提供五万七千六百大桶(每桶约合52.5英制加仑)的水。从1779至1793年付给发明人的特许权使用费共计四万八千镑。见《清算人、公民G.D.大卫(以前任法官)对巴黎的新旧供水处从其开办时起(1778年)至1793年8月10日止的账目审议书》,第22页。国家档案库,编号:01.1596[2]。佩里埃兄弟断言他们的机器是他们自己制造的:"关于发明,两位佩里埃先生从未将其据为己有,但关于制造,则是另一回事。英国人从未插手于蔡洛特机器安装,这些机器是两位佩里埃先生的作品……。仅仅这两位佩里埃先生是法国所有这类机器的制造人。"《佩里埃兄弟两先生对供水处董事会第二次的辩诉》,第8页。国家档案库,编号:AA.11。事实上,瓦特可能只提供了图样。然而,兄弟承认,他们是从运来英国翻砂厂的大的金属部件开始的,"这些部件是欧洲所有这类中的唯一的部件。"同上,第8页。至于博尔顿和瓦特与佩里埃兄弟的关系,见洛德:前引书,第210页及以下。

88 L.贝克:《钢铁史》第3卷,第541页。

89 博尔顿和瓦特:《对冒险家们的建议》,第1页(计划书的年代是1800年,伯明翰参考图书馆,编号:69.672)。

90 在博尔顿和瓦特与其康沃尔郡的代理人默多克(以后是威尔逊)的大量通信中叙述了斗争的变化(《索霍手稿》)。为了经管厂号的利益,瓦特本人也在康沃尔郡住了一个时期。

91 1780年10月31日瓦特致博尔顿的信。斯迈尔斯:前引书,第281页。

92 同上书,第420页。

93 1781年7月13日专利证,第1298号。按照霍恩布洛厄自己的说法,发明的年代是1776年。见他呈下议院的请愿书,《下议院议事录》第47卷,第417和478页。瑟斯顿:《蒸汽机的发展》,第135页及以下对这个机器作了很好的描述。

94 按照J.布拉默工程师的意见,是判错了,他为霍恩布洛厄辩护而写一封《关于博尔顿和瓦特告霍恩布洛厄和梅布利的诉讼问题致高等法院院长詹姆斯·艾尔爵士的信》(1797年)。

95 T. S. 艾什顿:《产业革命中的钢和铁》,第64页。

96 在1795年7月27日致一位顾客的信中,瓦特的儿子在谈到威尔金森时写道:“二十年内,我们没有安装三四架以上的机器,其汽缸不是他的工厂制造的。”同上。

97 S. 蒂明斯:《威廉·默多克》,第2页。他参加索霍工厂是在1774年,和瓦特到索霍差不多是同时。

98 《索霍手稿》,“商业通信”,1780年及以后。

99 S. 蒂明斯:《威廉·默多克》,第7页及以下;瑟斯顿:《蒸汽机的发展》,第153页。这项发明记载在瓦特的专利证之一(1784年4月18日第1432号)中。我们知道,古诺在1769年制造的汽车还保存在巴黎工艺学院。

100 他的工资,与其说是工程师的工资,不如说是工头的工资。直至1780年,他每星期只赚二十先令。1793年,人们以下述条件派他到卡迪克斯去安装一架机器:旅费已付,赏金五十镑和每星期一基尼的工资。这是1793年4月20日签订的合同,见《蒂明斯手稿》。

101 “博尔顿先生的积极性格及其深信未来,是我的天生胆怯和气馁的平衡力量。”见斯迈尔斯:《博尔顿和瓦特》,第485页瓦特关于博尔顿的注释。

102 1781年6月21日博尔顿致瓦特的信,同上书,第293页。

103 同上书,第301和317页。《索霍手稿》中有博尔顿和瓦特与威尔金森、雷诺兹、沃克、霍姆弗雷等等冶金家们的许多来往信札。关于蒸汽机最初用于冶金工业,见艾什顿:前引书,第72页及以下。

104 卖给惠特布雷德公司的机器(1785年)。这架机器继续运转到1887年,见《蒂明斯手稿》。

105 1782年卖给韦奇伍德的机器。见J. 洛德:《资本和汽力》,第179页注1。

106 1794年9月3日詹姆斯·瓦特致费尔曼·德·塔斯特的信。《蒂明斯手稿》。

107 罗比森:《蒸汽和蒸汽机》,第137页有瓦特的注释。按照罗比森的说法,每架机器都有五十匹马力。但这个数字并未被J. 洛德所搜集的马力数字所证实,根据洛德所搜集的数字,从1785至1795年卖给面粉厂的六架机器,一共只有六十八匹马力。洛德:《资本和汽力》,第175页。

108 “来到面粉厂里炫耀自己,难道是公爵、绅士和贵妇的事情吗?”1786年4月17日致博尔顿的信,见斯迈尔斯:前引书,第357页。

109 同上书,第358—359页。

110 E. 贝恩斯:《棉纺工业史》,第226页。瓦特机器,有个时期也作同样的用途,见1784年一位法国旅行家的证言:“在大多数水车场里,水是用瓦特先生所改良的火力机提升起来的,可是,这些火力机比其他火力机所耗费的煤少三分之二。”马尔基·德·比安库尔:《论英国》,外交部《备忘录和公文》第74卷,第28页。

111 那时,博尔顿在爱尔兰。

112 1782年12月瓦特致博尔顿的信,见斯迈尔斯:前引书,第327页。

113　1784年10月30日瓦特致格拉斯哥麦格雷戈的信。威廉森:《瓦特的年代记》,第181页。每千纱锭需要八至十四马力。

114　在诺丁汉郡。A.尤尔:《大不列颠的棉纺工业》第1卷,第274页。《兰开夏的维多利亚史》(第2卷,第386页),指出有一个纱厂从1777年起,动力就是用蒸汽机提供的;这是怪事,因为瓦特的圆周运动机器的专利证仅始于1781年。

115　E.贝恩斯:前引书。阿克赖特从1785年起就同博尔顿和瓦特通信(1785年1月30日阿克赖特致瓦特的信,《索霍手稿》,"商业通信")。卖给塞缪尔·奥尔德诺的机器是供其斯托克波特的纱厂之用的。见G.昂温:《塞缪尔·奥尔德诺和阿克赖特》,第123页。

116　J.詹姆斯:《布雷德福史》,第282页:"警告你,如你敢在布雷德福附近的霍尔顿,即通称为瓦窑场的那个地方安装蒸汽机来纺纱或纱毛,那么,我们在下面署名的这些人,将在该机器弄得我们不安时请求法院判给我们损害赔偿。"(1793年1月23日)。

117　斯维登斯彻纳:《在英格兰和苏格兰各地游记》,第44页。J.洛德(前引书第176页)指出,博尔顿和瓦特在1775至1800年间为英格兰、苏格兰和威尔斯所制造的机器总数共计三百二十一架。

118　《克拉克手稿》第3卷,第150页。

119　加斯克尔:《工匠和机器》,第35页;E.贝恩斯:《棉纺工业史》,第227页。

120　1797年11月11日专利证(第2202号)和1801年2月5日专利证(第2471号)。

121　1790年7月7日专利证(第1760号)。一架赫斯洛普机器在怀特黑文一直运转到1878年。这架机器现存在肯辛顿科学馆。

122　G.福斯特:《在英法两国的哲学和绘画游记》,第88页;福雅·德·圣丰:《英格兰、苏格兰和赫布里底群岛的游记》第2卷,第387页。

123　保存在伯明翰图书馆中的《本地的略记和疑问》(1889—1893年),第2438号引用拉特兰公爵的《大不列颠北部漫游日记》。

124　1790年7月8日专利证(第1757号)。1791年1月27日《通报》增刊中关于"造币厂"的告示。

125　巴黎银行家蒙纳龙家族得到政府的准许所发行的、被人称为"蒙纳龙"硬币是由索霍工厂铸造的。见E.德瓦曼:《法兰西钱币学一百年》图七、十和十一。

126　乔治三世39年法令第96章。

127　斯迈尔斯:《博尔顿和瓦特》,第399页。博尔顿所供应的机器在伦敦造币厂一直运转到1882年。见《本国传记字典》,"博尔顿"条。

128　F.M.伊登:《贫民状况》第1卷,第44页。

第三篇　第一章

1　格雷戈里·金:《对英国情况的观察》,第9页。英格兰和威尔斯的人口在1927

年约有三千九百二十九万人。

2 “英国人口正在迅速减少，这是几年来流行的见解，这种减少如此之大，以致我们从革命以来可能失去了一百五十万以上的居民。这种见解不仅在政治性小册子里可以碰到，就连在议会里也受到不止一次地宣扬。”《论荒地的现状》(1773年)，第5页。

3 见他们关于美洲战争时所受损失的演说，《议会史》第19卷，第599页和第21卷，第1036页。

4 R.普赖斯《论英国人口》，第27页及以下；《英国的财富》，第9和84页。也可参看《论联合王国的贸易和财源》(1769年第3版)。

5 关于这些争论以及关于双方所用的估计方法，参看《皇家统计学会杂志》第76卷(1913年)，第261—303页E.C.K.冈纳的有趣的论文。这篇论文中有丰富的书目提要。

6 1753年提交下议院审议的人口调查计划，遭到剧烈和无理的反对。一位演说人大声嚷道：“我不相信人类中会有一群人，或者说得更正确些，会有一个人那么大胆和无耻，以致提出你们刚才所听到的那种建议。”有人声称，人口调查会把英国的弱点暴露给敌人，人口调查隐藏着征兵的暴虐计划，人口调查有助于“全部破坏英国人民自由的最后残余。”《议会史》第14卷，第1318—1322页。

7 G.查默斯在其《对大不列颠的比较力量的估计》一书第56页认为，这个数目太少。可是，它与那些根据人口规律的研究以及根据几个相继的人口调查的确实材料所得出的比较新近的假定，差不多是符合的。参看J.里克曼：《乔治四世11年人口条例解答摘要》，“序言”，第XLV页；波尔特：《民族的发展》，第13和26页；以及《统计杂志》第43卷，第462页。

8 《乔治四世十一年人口条例解答摘要》第1卷，第xxxii页。

9 而且早于1773年就在其《返还给付论》第2卷，第280页及以下指出了这个主要论据。他在消费税的收入减少中，在关于乡村人口减少的抱怨中等等又找到一些证据来支持其论点。

10 R.普赖斯：《论英格兰和威尔斯人口》，第14—18页。

11 事实上，“炉灶”的数目，与人家的数目是不同的。见E.C.K.冈纳：前引论文，第269页。

12 见查默斯：《对大不列颠的比较力量的估计》，第216页的图表所提供的各郡的数字的比较。

13 “总之，我们得出这样的结论，认为：人们希望据以证明英国人口减少的那些事实完全是捏造的；建立在这些事实上的推测是纯粹的虚构和毫无价值；最后，人们从而得出的结论只能是一堆的混淆和错误。”A.扬：《政治算术》第1卷，第90页。见W.伊登：《致卡莱尔伯爵的信》(1780年)第21—29页的批评性的责难，以及J.豪利特：《对普赖斯博士论英格兰和威尔斯人口所作的研究》，第43—62页。

14 A.扬：《英格兰北部》第4卷，第404—406、416页。

15 是《英格兰人口现状的探讨》(1781年)的著者。

16 见一本题为《王国目前人口的不定性》的小册子(1781年)第4页中非常合理

的评论:"不可能以任何确实的程度来确定,我们的人口一百年来是否增加或减少,现在它是否是八九百万人或仅四五百万人。"

17　A.扬:《英格兰北部》第4卷,第411页。

18　同上书第1卷,第173页。

19　同上书第1卷,第178页。

20　同上书第1卷,第177页。

21　《人口论》伦敦,1798年。

22　关于马尔萨斯学说的理论来源,见E.阿莱维:《1785至1816年功利主义的演进》,第136—156页。

23　小麦每夸脱的价格:

在1791年是:2镑15先令6便士。
在1792年是:2镑19先令7便士。
在1793年是:3镑2先令8便士。
在1794年是:3镑零9便士。
在1795年是:4镑11先令8便士。
在1796年是:4镑10先令4便士。
在1797年是:3镑9先令9便士。
在1798年是:3镑9先令9便士。
在1799年是:4镑5先令1便士。
在1800年是:7镑2先令10便士。

《乔治四世十一年人口条例解答摘要》第1卷,第211页。图克:《价格史》第2卷,第389页发表《伊登记录》的数字,比较这些数字约低百分之十。

24　被通称为"吉尔伯特法"所修正。"在复辟时期,人们把武器交给英国教区去防御贫民:在产业革命的前夕,人们又把不吝惜地发放救济金的办法交给教区。"W.坎宁安:《英国工商业的成长》第2卷,第578页。

25　《解答摘要》(1801年),第3页(《论乔治三世四十一年人口条例的效果》)。

26　E.C.K.冈纳根据灶税册的数字,得到总共约有五百八十六万居民的概数,这与格雷戈里·金的五百五十万的数字很接近(前引论文第282—283页)。他在批评里克曼(《1841年人口调查入门》)根据教堂受洗丧葬簿的估计时又得到五百七十四万居民的数字(第284页)。

27　本版和那经著者改订过的、在1928年用英语出版的版本是相同的(出版者注)。

28　《乔治四世十一年人口条例解答摘要》第1卷,"序言"第XLV页。

29　关于1750年以来的医药进步及其后果,见塔尔博特·格里菲思:《马尔萨斯时代的人口问题》和多罗西·乔治:《十八世纪人口增加的某些原因》,载于《经济杂志》第32卷,第325—357页。农业改进,使冬季吃肉成为可能,而且,尽管有因天花和伤寒而造成的死亡,但传染病已经不大危险了。见L.C.A.诺尔斯:《十九世纪大不列颠的工商业革命》(第3版),第67页。

30 71573平方公里(东南诸郡)比61852平方公里(西北诸郡)。

31 伦敦郡是1888年设立的。

32 伯肯黑德有十一万零九百二十六个居民,伯明翰有五十二万二千一百八十二个,布莱克本有十二万七千五百二十七个,博尔顿有十六万八千二百零五个,布雷德福有二十七万九千八百零九个,布里斯托尔有三十二万八千八百四十二个,德比有十万零五千七百八十五个,盖茨黑德有十万零九千八百八十七个,哈利法克斯有十万零四千九百三十三个,赫尔有二十四万零六百一十八个,利兹有四十二万八千九百五十三个,莱斯特有二十一万一千五百七十个,利物浦有六十八万四千九百四十七个,曼彻斯特有五十四万三千九百六十九个,纽卡斯尔有二十一万四千八百零三个,诺丁汉有二十三万九千七百五十三个,奥达姆有十三万七千二百三十八个,普雷斯顿有十一万二千九百八十二个,索尔福德有二十二万零九百五十六个,谢菲尔德有三十八万零七百一十七个,森德兰有十四万五千五百六十五个。

33 布赖顿有十二万三千四百七十八个居民,克罗伊登有十三万三千八百八十五个,诺里奇有十一万一千七百二十八个,普利茅斯有十万零七千五百零九个,朴次茅斯有十八万九千一百六十个,南安普敦有十万零四千九百一十一个,西哈姆有二十六万七千三百零八个,伦敦有四百五十三万六千零三十六个。

34 见《乔治三世四十一年人口条例解答摘要》第1卷,第11页及以下(《论效果》)。E. C. K. 冈纳(前引论文第289—291页)所制的图,与我们所保存以便比较的图,总的说来差别很少。

35 这些数字是摘自E. C. K. 冈纳的前引论文,第296页的表。

36 见《安托尼尼·奥古斯蒂游记》(游历大不列颠),《大不列颠历史文库》第1卷,第xxii页。约翰·惠特克在其《曼彻斯特史》第1卷第3页及以下的评论,对于这个文献并未添上很确证的解释。

37 这些悬崖和沼泽在十八世纪末还占着很大的地方。见艾金对此所作的描述:“天气干燥时,地面相当结实,能够支得住人,但每走一步都使远处的土地震动起来。马匹和牲畜不能在那上面冒险。下雨时,这些沼泽地便成为一种难以逾越的障碍。”J. 艾金:《曼彻斯特周围三四十英里内的地方志》第11页。

38 切特姆救济院的建筑物(现藏有很好的古代图书)建于十五世纪;那个大教堂建于十四世纪的前半期。

39 “曼彻斯特老早就成为一个人口稠密的城市……。那里,人们制造麻布和呢绒,工业使居民富裕,生活过得舒适。他们的积极性、严格性和诚实使他们博得爱尔兰和许多其他国家的商人经常来访。”亨利八世33年法令第15章“序言”。

40 这是W. 阿什利在《英国经济史和经济学说》,法译本第2卷,第68页所用的词语。

41 曼彻斯特仅从1832年选举法修正后起才有代表出席议会。

42 笛福:《漫游记》第2卷,第69页和第3卷,第209—211页。

43 T. 佩西瓦尔在《论曼彻斯特和索尔福德的人口状况》第1页中对1717年所估定的数字是8千。如果根据教区记录簿的报道(概括在《乔治三世四十一年人口条例解答摘要》第 2 卷，第 149 页）并以 1773 年当地人口调查材料（彻萨姆图书馆，手写稿，共三卷）作为比较，我们就差不多得到同样的结果。

44 J. 艾金：《曼彻斯特周围三四十英里内的地方志》，第 158—161 页。

45 有教务会的教区委员和教友的请愿书，《下议院议事录》第 26 卷，第 556 页。

46 J. 艾金：前引书，第 156 页；T. 亨利：《评曼彻斯特和索尔福德的死亡统计表》，载于《曼彻斯特文哲学会纪要》第 3 卷，第 159 页；佩西瓦尔：《论曼彻斯特的人口状况》，第 1 页。

47 见大英博物馆地图处曼彻斯特地图集。

48 见《下议院议事录》第 30 卷，第 159 页。

49 《曼彻斯特和索尔福德的人口调查》(1773 年)，切特姆图书馆。每户平均显然有六至七人。

50 市郊的人口也在内。见惠勒：《曼彻斯特》，第 249 页。官方数字是八万四千零二十人。《乔治三世四十一年人口条例解答摘要》第 1 卷，第 173 页。

51 《关于联合王国工厂中雇用儿童的状况在特别委员会上讯问证人的记录公报》(1816 年)，第 317 页。

52 斯维登斯彻纳：《游记》第 188 页。

53 T. 亨利：前引书，第 161—162 页；艾金：前引书，第 192 页。见下面第 3 章："产业革命和工人阶级"中第 2 节。1790 年，人们决定建筑一个新的救贫院，见《下议院议事录》第 45 卷，第 194 和 544 页。

54 J. 艾金：前引书，第 182、192 和 373 页。直至 1760 或 1770 年，该城市的所有房屋几乎都是木头和黏土做的。

55 同上书，第 203 页。

56 1789 至 1803 年的农业工资的平均数是每星期 10 先令，见 T. 罗杰斯：《六个世纪的工作和工资》，第 510 页。曼彻斯特的工业工资的平均数是每星期 16 先令，见 F. M. 伊登：《贫民状况》第 2 卷，第 367 页。

57 《致曼彻斯特居民关于棉纱输出的第二封信》(1800 年)，第 11 页。

58 E. 巴特沃思：《奥德姆史》，第 110—111 页。

59 同上书，第 117 页。最初的六个工厂中，三个装有水车，另三个是用马匹推动机器的。

60 同上书，第 132 和 148 页。

61 弗伦奇：《塞缪尔·克朗普顿的生涯》，第 9 页；笛福在 1727 年提到博尔顿只当作是一个贵族头衔的发源地，《漫游记》第 3 卷，第 217 页。

62 J. 艾金：前引书，第 260 页。

63 参看 E. 巴特沃思：《莱恩河畔阿什顿史》，第 81 页及以下；J. 艾金：《曼彻斯特周围三四十英里内的地方志》，第 260 页及以下；F. M. 伊登：《贫民状况》第 2 卷，第 298 页。关于斯托克波特的产业革命，见 G. 昂温：《塞缪尔·奥尔德诺和阿克赖特》，第 21 页及以下。

下面是这些城市中的几个城市在 1801 年人口调查时的人口：

	城市	教区
阿什顿	5000	15000
罗奇代尔	7000	29000
伯利	5500	22300
布莱克本	10000	14300
普雷斯顿	11000	33000

64 J. 艾金:前引书,第 299 页。艾金祝贺这位工厂主为建厂而选择的厂址:"那里有大量的煤炭,很好的水流,是在几千织工的当中,并且距离沃斯利的布里奇沃特公爵运河只有四英里……。"这已相当清楚地说明工厂创建人在这个时期所追求的主要条件。

65

	曼彻斯特		利兹	
	受洗数	丧葬数	受洗数	丧葬数
1700 年	259	195	290	274
1710 年	212	260	284	253
1720 年	298	298	305	186
1730 年	351	574	569	519
1740 年	402	622	573	582
1750 年	653	818	770	548

《乔治三世 41 年人口条例解答摘要》第 2 卷,第 149 和 371 页。

66 F. M. 伊登:《贫民状况》第 2 卷,第 847 页。

67 见《特别委员会关于毛纺工业的报告》(1806 年),第 9 页。

68 《下议院议事录》第 28 卷,第 133 页。

69 J. 詹姆斯:《绒线工业史》,第 616 页。邻近的城市布雷德福,尽管今天比起哈利法克斯要重要得多,但它直至十八世纪末仍微不足道。见 J. 詹姆斯:《布雷德福史》,第 185 页,《布雷德福史续篇》,第 189 页及以下。

70 《乔治四世十一年人口条例解答摘要》"序言"第 xxiii 页。

71 哈丁:《蒂弗顿史》第 1 卷,第 191 页。一个大纱厂于 1793 年开设在蒂弗顿,但该厂老板把生意做得不好而不得不马上放弃其企业。见 J. 比林斯利:《萨默塞特郡农业概况》,第 90 和 167 页。

72 伊登:《贫民状况》第 2 卷,第 142 页。

73 同上书,第 2 卷,第 644 页。

74 1780 年,伯明翰有六个鞋匠用锥制造商,一百零四个纽扣制造商,23 个铸铜匠,二十六个带扣制造商,八个刀匠,九个磅秤制造商,十二个烛台制造商,二十九个制模匠,15 个锉刀制造商,二十一个枪匠,九个铰链制造商,八个翻砂匠,十四个批发锁匠,四十六个镀金匠,九个圈环制造商,十二个锯子和斧凿制造商,二十四个铁匠,四十个玩具制造商,二十六个首饰匠,十七个链条制造商。S. 蒂明斯:《伯明翰的普里斯特利博士》,第 3 页。

75 见 W. 赫顿:《伯明翰史》,第 57—59 页(有夸大数字的倾向);《克拉克手稿》第

3卷，第46页；《乔治三世41年人口条例解答摘要》第2卷，第319页(数字是从教区记录簿中得来的)。

76 W.赫顿：《伯明翰史》第80页的1795年伯明翰图。郡长制的图(1805年)：可同1750年布雷德福所制的图相比较(大英博物馆，地图第72,830和72,835号)。

77 W.赫顿：前引书，第165和196—200页。关于新教堂的建造，见《下议院议事录》第33卷，第494页，第58卷，第365页。

78 《下议院议事录》第37卷，第576页。

79 E.斯维登斯彻纳：《游记》，第83页。许多制钉作坊和铁器作坊还散布在村庄里。见W.皮特：《斯塔福德郡的农业概况》(1794年)，第160页及以下。

80 伊登在《贫民状况》第2卷第869页所提供的推测数字，与1801年的可靠数字相比是太小了。见《下议院议事录》第28卷第497页。

81 笛福：《漫游记》第1卷，第81页。见本书第1篇第1章第2节。

第二章

1 见本书导言。

2 见本书第2篇第3章“铁和煤”的第一节。

3 A.托因比：《英国产业革命讲话》，第53页：“manufacturer(制造人)，照字义解释，是以自己的手、在自己家里劳动的人。”见A.托因比：《工业和民主》，第183页。

4 《棉业全史》，第170页；J.惠勒：《曼彻斯特，它的政治、社会和贸易史》，第149页。

5 J.艾金：《地方志》，第181页：“曼彻斯特的工业史可以分为四个时期。第一个时期是manufacturers(制造人)在还未积累起资本时为谋生而进行艰苦劳动的时期；第二个时期是开始发财的时期，这时，他们和过去一样，艰苦劳动，生活朴素，并通过节约和获利不多来增加其小小的财产；第三个时期是奢侈出现和因派出兜销员到王国各市镇去寻求订货而刺激工业生产的时期；第四个时期是花费和奢侈促进进步时期，这种花费和奢侈已经可以面向全欧的商品。”必须指出，在这些不同时期中造成差异的东西乃是同本国和外国的贸易上的，而不是工业技术上的那些连续不断的进步。艾金所说的那些“制造人”主要是商人。

6 同上书，第190页。一个大工业家在该世纪末雇用一个仆役，有一座公馆和一座别墅，并出现在巴思或布赖顿两个地方。见莱基：《十八世纪英国史》第6卷，第185页。

7 见本书第一篇第一章第三节。

8 见E.巴特沃思：《奥德姆史》，第178页。事例：剃须匠阿克赖特，皮尔第二的合伙人，客栈老板耶茨。见W.库克·泰勒：《罗伯特·皮尔爵士的生涯和时代》第1卷，第6页。

9 《在受理审查几份关于本朝三十九年和四十年的法令以期解决棉纺工业中工

人和老板之间的争议而递呈本届议会的请愿书的委员会上讯问证人的记录》(1803年),第 26 页。

10 关于卡特赖特的企业,见《埃德蒙·卡特赖特的传记》,第 115、119、133 等页。

11 关于这个问题,见赫尔德:《两本英国社会史》,第 566 页,其上有非常明智的评论:"任何资本主义承包人,不管他懂不懂得技术问题,总是一种商人。正是商业决定着生产的对象、地点和方式。"

12 见《特别委员会关于毛纺工业状况的报告》(1806 年),第 11 页。

13 动产性的遗产共计一百四十万镑。所征的税是直至彼时记录下来的最大的一宗。见《绅士杂志》,1830 年,第 1 卷,第 557—558 页。关于罗伯特·皮尔爵士第一的生平,见 W. 库克·泰勒:《罗伯特·皮尔爵士的生涯和时代》第 1 卷,第 6 页及以下;劳伦斯·皮尔爵士:《罗伯特·皮尔爵士的性格和生涯概要》,第 33 页;F. 埃斯皮纳斯:《兰开夏的知名人士》第 2 卷,第 84—87 页。

14 埃斯皮纳斯:前引书第 2 卷,第 52 页。因此,他是阿克赖特的同时代人,他生于 1732 年,比阿克赖特迟几年。

15 起初,他在阿尔瑟姆开设纱厂,以后,1779 年在特伦特河畔伯顿开设纱厂。J. 惠勒:《曼彻斯特》,第 519 页;劳伦斯·皮尔爵士:前引书,第 20 页。

16 这些花样之一是芹菜叶子,因此使他获得"芹菜皮尔"的绰号。埃斯皮纳斯:前引书第 2 卷,第 67 页。

17 劳伦斯·皮尔爵士:前引书,第 6 页。

18 W. 拉德克利夫:《通称为动力织机织布的新工业制度的起源》,第 9 页。

19 同上,以及 B. 伍德克罗夫特:《发明家传略》,第 31 页。

20 W. 拉德克利夫:前引书,第 10 页:"在实行几年之后,一个勤劳积极的青年人可以从其充当织工所赚的钱中积蓄足够的数量来开设工厂;但是,在大群织工中,有勇气尝试这样企图的人却是少数。我属于这种少数人。"

21 同上书,第 16 页。

22 在罗奇代尔和哈利法克斯之间。《商业中的发财致富》第 1 卷,第 414—418 页。

23 他的儿子之一,约翰·菲尔登是议会议员,是为维护工业法而进行博爱运动的领导人之一,又是一本带有示意标题《工厂制度的灾祸》(1836 年)的书的著者。

24 J. 费尔金:《机器织袜和织带工业史》,第 89 页。

25 R. 戴尔·欧文:《打通我的道路》,第 2 页。戴尔大概是雇农家庭出身而不是自耕农家庭出身。

26 B. P. 多布森:《纺纱机的发展史》,第 88 页。

27 T. S. 艾什顿:《产业革命中的铁和钢》,第 209—210 页。

28 A. 帕尔默:《约翰·威尔金森和从前的贝沙姆炼铁厂》,第 7 页。参看洛德:《资本和汽力》,第 26 页。

29 S. 斯迈尔斯:《工业传记》,第 130 页。J. 劳埃德:《从前的南威尔斯炼铁厂的初期史》,第 63 页及以下。

30 珀西:《铁和钢》,第887页。

31 《本国传记字典》,"博尔顿"条。

32 《奥德姆史》,第33、40、42、47、53、57、61、125、130页。对于韦奇伍德家族来说也是一样,他们同时是农夫又是陶瓷工。见伊莱扎·米特亚德:《乔赛亚·韦奇伍德》第1卷,第180—185页。

33 罗伯特·皮尔在1797年购买德雷顿的贵族邸宅。F. 埃斯皮纳斯:《兰开夏的知名人士》第2卷,第95页。阿克赖特及其儿子住在威勒斯利城堡的家里。"斯梅德利府第,前不久还是奇塔姆的奇塔姆家族最后后裔的财产。现在,它已归詹姆斯·希尔顿先生所有……。奥德索尔府第,以前是拉特克利夫家族的一个分支所有……。现在,这个围有壕沟的宅第是理查德·艾尔索普先生住用着……。安科茨府第是一座用灰泥和木头建造的很古老的建筑物,但有些部分已用石头和砖头改建过了,现在是曼彻斯特一个大商人威廉·劳林森先生住用着。"J. 艾金:《曼彻斯特周围三四十英里内的地方志》,第207、208、211页。

34 见本书第二篇第一章和第二章。

35 见本书第二篇第三章。

36 见本书第二篇第四章。

37 见费尔金:前引书,第91—93页。

38 见《棉业全史》,第71—73页。

39 W. 拉德克利夫:前引书,第20—23页。

40 同上书,第10页。

41 S. 斯迈尔斯:《工业传记》,第321页。

42 G. 泰勒:《斯托克波特的手织机织工》,载于G. 昂温:《塞缪尔·奥德诺和阿克赖特》,第51页。见罗伯特·欧文就其自己作为德林克沃特棉织厂管理人的活动方面所写的十分动人的情景(《罗伯·欧文自传》,第38页)。

43 舒尔策—盖弗尼茨:《大工业》,第67页。在印花织品工厂中,人们以低价雇用"成群的兰开夏的庄稼汉"。《花布印染人的助手》(1790年),第四个问题。

44 在曼彻斯特,纱厂的钟在早晨四点半就开始响起来了。《关于联合王国工厂中雇用儿童的状况在特别委员会上讯问证人的记录》(1816年),第127—128页。韦奇伍德工厂是斯塔福德郡的第一个重要企业,在这个工厂里,劳动时间是用钟声通报的。因此在邻近地方,人们就给它起个"敲钟工厂"("the Bell-Works")的名字。S. 斯迈尔斯:《乔赛亚·韦奇伍德》,第44页;E. 米特亚德:《乔赛亚·韦奇伍德传记》第1卷,第330页;Ll. 朱维特:《韦奇伍德家族》第1卷,第132页。

45 见本书第三篇第四章。

46 在法国王室手工工场里。见杰曼·马丁:《路易十四时代法国的大工业》,第14页(朗格多克省维尔努未特呢绒手工工场)。同上。在阿布维尔,在雇用六百个工人的凡·罗巴伊家族手工工场里,"全体人员都受到很有条理、很有规则的管理。他们都在鼓声下上工和下工。如工人吃醉酒或犯了任何过错,就要被其所属的那一部门的工头解雇,因为每个专业都处在一个专门头目的监督之下,头目训练其工人以期在每一部分都能从他们那里得到最好的劳动,以便促进整体的完善。"《工商业论》(1770 年),第 131 页。

47 这是下一代的个人主义学派对他滥施了夸大颂扬的主要原因之一:"颁布和施行一个有效验的、适于大生产需要的工业纪律的法典,这就是阿克赖特的巨大事业和宏伟成就。"A. 尤尔:《工业哲学》,第 15 页。

48 《关于联合王国工厂中雇用儿童的状况在特别委员上讯问证人的记录》(1816 年),第 8 页"A. 布卡南的证言"。

49 同上,第 96—98 页。

50 S. 斯迈尔斯:《博尔顿和瓦特》,第 482 页。

51 E. 米特亚德:《乔赛亚·韦奇伍德传记》第 1 卷,第 260 页。

52 S. 斯迈尔斯:《J. 韦奇伍德》,第 145 页。

53 见本书第二篇第四章。

54 瓦特在康沃尔郡住过几年。博尔顿常到工业区去兜生意。因此,这两个合伙人间有信件的往还。

55 R. 欧文:《罗伯特·欧文自传》,第 31 和 35 页。

56 关于他的两架钟还未找到买主,他写信给他妻子说:"我已把它们从伦敦拿回来并将把它们送到一个常识尚未过时的地方去。如我已把它们装上能奏舞曲的乐器并带有一个按拍跳舞的狗熊,或者,如我在钟面上画上赛马图,我想它们就不会没有买主……。今年夏天,我将把它们送到俄罗斯皇后那里去,我想它们会使她高兴的。"S. 斯迈尔斯:《博尔顿和瓦特》,第 174 页。

57 见本书第二篇第四章。

58 瓦特:《博尔顿先生的传记》,载于 S. 斯迈尔斯:前引书,第 399 页。

59 S. 斯迈尔斯:前引书,第 201 页;S. 蒂明斯:《马修·博尔顿》,第 4 页。

60 S. 斯迈尔斯:前引书,第 369—375 页。

61 E. 米特亚德:《J. 韦奇伍德》第 2 卷,第 558 页。距离太远(约有四十英里),他不能定时来到那里。

62 S. 蒂明斯:《马修·博尔顿》,第 10 页。

63 "化学近来已成为我的嗜好。"1781 年 7 月 3 日致詹姆斯·瓦特的信,见 S. 斯迈尔斯:前引书,第 373 页。

64 他也是伦敦和爱丁堡两处皇家学会会员。

65 S. 斯迈尔斯:《博尔顿和瓦特》,第 271 页引用致瓦特的信,但无日期。

66 同上书,第 341 页(致其长子信,写于康沃尔)。

67 同上书,第 178 页。

68 1795 年 12 月 28 日《伯明翰报》。

69 1769 年 1 月 23 日致 J. 泰勒的信,见 S. 斯迈尔斯:前引处,即第 271 页。

70 同上书,第 374—375 页。

71 主要的认捐人中有约翰·威尔金森,他送了五百镑。A. 帕尔默:《威尔金森和从前的贝沙姆炼铁厂》,第 33 页。关于这个问题,见 S. 蒂明斯写的那本题为《伯明翰的普里斯特利博士》的小册子。

72 W.兰格福德:《一百年伯明翰生活》第2卷,第143页。

73 他们通常以更新契约的方法来雇佣四年或五年;例如:工人加文·马克默多是1793年受雇于博尔顿和瓦特的,我们发现有四个这样的契约(1793年、1796年、1799年和1810年)。

74 每星期赚得两先令六便士的学徒,缴半便士;赚得五先令的人缴一便士,这样继续下去直至每星期赚得二十先令的工人为止,赚二十先令以上的则缴四便士。见《本地的略记和疑问》(伯明翰参考图书馆)1885—1888年,第1917号,以及S.斯迈尔斯:前引书,第482页。

75 1791年8月15日《伯明翰报》。

76 E.米特亚德:《乔赛亚·韦奇伍德》第2卷,第27页。

77 见英国皇家艺术学会会员W.比奇爵士在S.斯迈尔斯的《博尔顿和瓦特》书面上绘的博尔顿像。伯明翰图书馆里蒂明斯的搜集品中还有他的另外几张像。额头高高的并有点向后倾斜,头发卷缩并撒上了发粉,凸出的眼睛又亮又富有表情,鼻子相当高,坚厚的嘴巴带着十分清楚的嘴角,两颊丰满而宽大,肥胖的下巴衬托在宽阔的胸褶上。

78 诺瓦利斯把他的创作比同歌德的创作:歌德是一位注重实际的诗人。他的著作是如此,英国陶工的花瓶也是如此:一切都是简单、雅致、合用和坚实。他为德国文学所做的事情和韦奇伍德为英国艺术所做的事情是一样的。这是W.E.格拉德斯通:《韦奇伍德,1863年10月26日在斯塔福德郡伯斯雷姆所作的演说》,第5页所引用的一段话。

79 约翰·培根,约翰·沃耶兹,科沃德,斯托瑟德,哈克伍德,斯特林格,伯德特,威尔科克斯夫人等等。见E.米特亚德:《J.韦奇伍德》第2卷,第90—93页和K.E.法勒所发表的《乔赛亚·韦奇伍德信札》。雕刻家弗拉克斯曼也是韦奇伍德的合作人之一。

80 下面是1776年埃特鲁里亚手工工场所使用的主要原料表:(一)带有亮釉的、乳白色的"奶油色陶器";(二)像某些日本陶器那样的、暗红色的"赤土陶器";(三)仿照在埃特鲁里亚发现的那些花瓶样式的、黝黑的"玄色瓷器";(四)在蔚蓝色、淡蓝色、绿色、紫红色等底子上显出白色的、带有凹雕等等的"碧玉瓷器",这是韦奇伍德的最具有独创性的作品、最受人赞赏和模仿的作品;(五)棕色的、表面带有凹槽的"竹状陶器";(六)用硬黏土做的白色"素瓷"。

81 在他父亲死时(他父亲是伯斯雷姆的陶工),见S.斯迈尔斯:《乔赛亚·韦奇伍德》,第24页;E.米特亚德:前引书第1卷,第219—222页。按照Ll.朱维特的《韦奇伍德家族》一书第89页的说法,他仅在十一岁时才开始攻读。不管怎样,他所受的教育是最起码的。"在伯斯雷姆,人们除学读和学写以外,都不学别的东西。"肖:《斯塔福德郡的陶器制造史》,第180页。见朱利亚·韦奇伍德:《乔亚·韦奇伍德的私生活》(1915年)。

82 在1742年出了天花之后,他经常感到一只腿痛,终于1768年截去了这只腿。

83　1762年10月26日致其合伙人本特利的信:"如果您读过卢梭的《爱弥尔》,我很愿知道您对它有什么意见。现在,它已被翻译出来了,我愿意按照您的劝告去购买一本。"特伦河畔斯托克韦奇伍德博物馆。

84　伊莱扎·米特亚德:前引书第1卷,第480页。大约与此同时,他也看了威廉·汉密尔顿爵士所刊行的版画集。

85　这些花瓶(其中有几个可以在上述搜集品中看到)另外带有下列铭刻:"1769年6月13日韦奇伍德和本特利在斯塔福德郡埃特鲁里亚第一天制造的产品之一。"

86　特伦河畔的斯托克韦奇伍德博物馆里有许多信札。主要参看1773年6月8日威廉·汉密尔顿爵士致韦奇伍德的信,通知他寄出一些按照塔斯卡尼大公的搜集馆中美术品所画的图样:"由于我一心要在我可能的范围内促进英国美术的进步,由于您的作品已经真正使我的努力成为巨大的光荣,所以我很高兴寄给您几幅塔斯卡尼大公搜集品中最优雅的花瓶图样。"该爵士于1773年7月6日又致函韦奇伍德谈论对于古代模样的研究。

87　1786年1月24日致W.汉密尔顿爵士的信。巴贝里尼花瓶现今通称为波特兰花瓶。韦奇伍德用碧玉石瓷器做出非常漂亮的仿制品。(原物是用不透明的玻璃做的。)

88　S.斯迈尔斯:《乔赛亚·韦奇伍德》,第90页。

89　致皇家学会的学术报告:《高温计或测量热度的工具》,载于1782年《皇家学会会报》第72卷,第305页;《试图在高温计和水银温度计之间进行比较》,载于同上书,第74卷,第358页;同一题目的续论载在同上书,第76卷,第390页。在韦奇伍德的论文中,还可碰到许多其他研究的记载。关于私人收藏品中所保存的他的《记事册》和《备忘录》,见S.斯迈尔斯:前引书,第181—182页。大英博物馆里有九册抄自瑞典乌普萨拉皇家科学院的、由他或为他所作的报告书的缮本。《附加手稿》第28309至28318号。

90　1776年10月9日韦奇伍德致本特利有关电铸术的信,特伦河畔斯托克韦奇伍德博物馆。

91　1778年3月3日致本特利的信,特伦河畔斯托克韦奇伍德博物馆。

92　1789年7月5日致伊登的信。这里,人们可以认识到利己心的天然同一性的原理,它是建立在亚当·斯密的政治经济学和边沁的功利主义哲学的基础上的。此外,人们也知道英国急进主义是从功利主义派生出来的。参看E.阿莱维:《边沁的青年时代》,第159—160页。

93　关于托马斯·本特利,见E.米特亚德:《乔赛亚·韦奇伍德传记》第1卷,第469—473页,第2卷,第15—16页和415—416页;Ll.朱维特:《韦奇伍德家族》,第195页及以下。本特利是一位非常聪明的人。他是《评论月刊》的长期撰稿人和沃林顿研究院的创办人,但他主要从事于商号的生意。经理伦敦希腊街零售商店的正是他。

94　这颗印章象征着一个表示哀求姿态的、被铁链拴住的黑人,并带有下列题词:"我难道不是一个人和一个兄弟吗?"

95　例如在1772年,在一个生产过剩的时期以后,他打算缩减工时和工资。1772

年 9 月 8 日韦奇伍德致本特利的信，存特伦河畔斯托克韦奇伍德博物馆。

96　见肖：《斯塔福德郡的陶器制造史》，第 193—194 页。

97　L1. 朱维特：《韦奇伍德家族》，第 90—91 页（1739 年 6 月 26 日托马斯·韦奇伍德的遗嘱）。乔赛亚·韦奇伍德死时留下大量的不动产和二十四万镑左右的有价证券。同上书，第 413—420 页。

98　1774 年的《目录》，末尾。

99　1769 年 9 月 27 日韦奇伍德致本特利的信。然而，他不喜欢人家试图骗取他的制造方法。见 1785 年 10 月 25 日致尼科尔森有关外国间谍的信。

100　"仿照古代罗马和埃特鲁利亚陶器的样子，用各种颜色的特殊彩色的蜡画来装饰陶土花瓶和瓷花瓶的专利证"（第 939 号）。

101　福雅·德·圣丰：《英格兰、苏格兰和赫布里底群岛的游记》第 1 卷，第 112 页。

102　1765 年 2 月 19 日乔赛亚·韦奇伍德致约翰·韦奇伍德的信。同年，他写道："我们的大多数产品行销到外国市场上……。主要是大陆各国和北美洲各岛屿。" 1765 年 3 月 2 日致 W. 梅雷迪思爵士的信，存特伦河畔斯托克韦奇伍德博物馆。

103　1779 年 10 月 20 日韦奇伍德致本特利的信。特伦河畔斯托克韦奇伍德博物馆。

104　见 1786 年 11 月 6 日阿瑟·扬关于使用韦奇伍德所提供的排水管的信，存特伦河畔斯托克韦奇伍德博物馆。

105　肖：《斯塔福德郡的陶器制造史》，第 4 页及以下；J. 沃德：《特伦河畔斯托克镇》，第 42 页；E. 米特亚德：前引书第 1 卷，第 106 页。直到 1750 年，伯斯莱姆还没有五家以上的店铺。在 1740 年时，邮件是由一个每星期天由纽卡斯尔安德莱姆的一位老妇人带来的。

106　关于埃勒斯兄弟，见 L1. 朱维特：《大不列颠的陶器制造术》第 1 卷，第 100 页及以下。上面所指的收藏品中包含有他们的相当漂亮的红色陶瓷器的样品，这些陶瓷器类似某些日本的产品。

107　见 A. 安德森：《商业起源在历史学上和年代学上的历史》第 4 卷，第 698—699 页有这项发明的传统故事。

108　例如，见 E. 米特亚德：前引书第 1 卷，第 117 页转载贝特曼收藏品中的那一件。

109　J. 沃德：《特伦河畔斯托克镇》，第 46 页；肖：前引书，第 166 页；S. 斯迈尔斯：《乔赛亚·韦奇伍德》，第 173 页。韦奇伍德的祖父雇用六个工人，每星期付给他们四至六先令。

110　约翰·韦斯利：《日记》第 2 卷，第 500 页（普通人丛书）。

111　按照 J. 艾金的说法，其中尤其是特伦河畔斯托克的斯波德是第一个使用蒸汽机研碎燧石来掺入英国陶器合成物中去的人。J. 艾金：《曼彻斯特周围地方志》，第 522 页。

112　"这种工业伸延到斯塔福德郡的北部，约有九英里长，这个面积今天被那么多的工厂和住宅覆盖着，以致它表现出一个散乱的大城市的外貌。”马克弗森：《商业年鉴》(1805年)第3卷，第383页。

113 J.韦奇伍德：《对陶器出产地年青居民的演说词》，第21—22页。1783年谷物腾贵所引起的骚乱是这本小册子的出版原因，骚乱终因武装干涉而结束。见1783年3月20日《德比使者报》。

114 《关于儿童状况的报告》(1816年)第104页及以下。

115 例如，见罗伯特·布林科叙述其前老板之一，埃利斯·尼达姆的情事：“据说他出身极其贫穷，因而他有因这种出身而羞惭的弱点。从他的丰盛的餐事和经常举行奢侈的宴会来看，他似乎希望掩盖和隐匿其卑贱的门第。从他的房屋、庭园、车马和生活方式来看，他盖过了邻近的绅士阶级。”J.布朗：《罗伯特·布林科传记》，载于《雄狮杂志》第1期，第181页。

116 《关于工厂中雇用儿童状况的报告》(1816年)，第337页。

117 同时也对棉织品抽税。见本书第二篇第二章。

118 “在最后这几年中，冶铁业的发达是巨大的。人们认为而且有理由认为用煤火冶炼生铁对于我们国家会有极大的好处。在节省木柴和以另一种燃料来代替木柴时，人们改变了一项生产总是由于缺乏木柴而不敷需要的工业……。制钉工业，今天十分繁荣，如果人们未能使用煤火熔化的铁来制造钉子，那么，英国就会丧失这种工业。现在，我们必须寻求另一方法，即可能通过煤火来获得棒状铁的方法，为此目的，我们已在东宁顿伍德、开特利以及其他一些地方开始一些建设。我们希望今年把它们建好。它们要耗费两万镑以上，如果制定了煤税，我们就要丧失这些钱，以致谁也不会获利。”见斯迈尔斯：《工业传记》，第93页。

119 1784年12月16日M.博尔顿致J.威尔逊的信。斯迈尔斯：《博尔顿和瓦特传记》，第343页。

120 参看W.鲍顿：《十八世纪末英国工业社会》，第172—173页。短时间内就得到三百五十人签名。染匠和漂洗匠威胁要停止一切工作直至法案被废除时为止。

121 在英国，这个问题是1785年1月20日在国王演说词中提出的。《下议院议事录》第40卷，第453页。

122 按照W.鲍顿(同上书，第175页及以下)的说法，这种反对，特别是那些新兴工业方面的反对，并不是没有理由的，可是皮特及其顾问们却几乎没有考虑到新兴工业的境况。

123 1785年2月21日乔亚·韦奇伍德致马修·博尔顿的信。见E.米特亚德：《乔赛亚·韦奇伍德》第2卷，第540页。

124 《对财政部关于英格兰和爱尔兰钢铁业说明书的解答》，1785年。

125 1785年3—4月的通信，特伦河畔斯托克韦奇伍德博物馆。

126 《议会史》第25卷，第311—375、409—414、575—778、820—885、934—982页。该法案的第三读在1786年1月24日国王演说宣布同爱尔兰的谈判失败之后，便无限期地延搁下来了。同上书，第985页。见《下议院议事录》第40卷，关于这个问题的许多请愿书。制造商公会反对英爱条约的运动成为榜样：不久以前才成立的曼彻斯特商会在 1794 年向政府提出关于同西班牙缔订通商条约的观察报告。见 E. 赫尔姆：《曼彻斯特商会史中的重要章节》，第 17 页。

127 攻击粗棉布税的棉布制造商们懂得利用反对爱尔兰的心情。参看鲍顿：前引书，第 176 页关于制造商公会的组成和活动方面的出色的研究。也可参看艾什顿：《产业革命中的铁和钢》，第 170 页及以下关于同法国的通商条约以及炼铁业者在此问题上的意见分歧；F. 杜马：《关于 1786 年法英通商条约的研究》（图卢兹，1904 年）；J. H. 罗斯：《1786 年法英通商条约》，载于《英国历史杂志》（1908 年）第 23 卷，第 709 页及以下。

128 为了纪念这个事件，他请弗拉克斯曼雕刻一个寓意性的浅浮雕。然而，必须指出，关于这个条约在两院所进行的很长的辩论中，人们找不到一句有关工业中新近变化方面的话语。《议会史》第 26 卷，第 381—514 和 534—596 页。

129 瓦特写信给他说："听说制造商公会里关于同法国订约有两种意见，我很不高兴。您的意见同我的意见似乎是一致的，因为我认为在同您说起这件事时可以给您一点鼓舞；我也可以对您断言，博尔顿先生、加伯特先生以及（我相信）伯明翰全体居民，意见都是相同的。不管怎样，前天我参加了一个有一百个左右的本市显要居民、商人和工厂主的集会，在这个会上，人们为庆祝条约的成功和法英间的永久和平而干杯，并且全体一致地举杯欢呼三次。"1787 年 2 月 26 日 J. 瓦特致韦奇伍德的信，《索霍手稿》。

130 见 1788—1789 年生产过剩的危机时，纱厂主们和棉织品制造商们的请愿书："既然价格缩减很多，商品质量优越，英国的白棉布和细棉布只要获得自由接近外国市场的机会，就足以引起消费的增加，这对工业就会提供一种新的生气。"《下议院议事录》第 44 卷，第 544 页。

131 在他《对陶器出产地年青居民的演说词》第 10 页中，韦奇伍德自称是谷物自由输入的拥护人。

132 W. 鲍顿：前引书，第 172、187、207 页。

133 1782 年 12 月 10 日制造商委员会的传单，《欧文手稿》（曼彻斯特参考图书馆）第 80 卷，第 3 页。1782 年该委员会成员的名单，同上书，第 4 页。这项法律就是 1782 年法令（乔治三世二十二年法令第 40 章），它把工人所犯的故意损害列入死罪，并且"不得享受免死的特惠"。

134 对织布工人状况的调查（1800 年），《下议院议事录》第 55 卷，第 492 页；《受理老板和织工双方请愿书的委员会的报告》（1800 年），同上书，第 15 页。

135 人们颁布了几项法律来制止这种侵吞，例如乔治二世 13 年法令第 8 章和乔治二世 22 年法令第 27 章。后一法令定有下列刑罚：初犯时，当众鞭打和十四天的监禁；再犯时，二至三个月的监禁。窝藏赃物者应受鞭刑和二十至四十镑的罚金。1777 年通过了一项类似的法令（乔治三世 17 年法令第 11 章）；这项法令特别涉及绒线的制造，因此，约克郡的工厂主们便成立一个绒线委员会来监督其严格的实施。希顿（《约克郡的呢绒工业和绒线工业》第 435 页）有理由指出，任何反对"舞弊和侵吞"的立法都与家庭工业制度有联系。

136　见下面第四章。

137　1796年2月12日在下议院的演说,《威廉·皮特的演说集》(1816年版)第2卷,第368页。

138　《绅士杂志》第73卷,第161—170页。

139　E. 米特亚德:《一群英国人》,第187页。见鲍顿就绅士阶级对新工业贵族的轻蔑态度所写的东西,见《十八世纪末英国工业社会》,第154页及以下。

140　这对炼铁业者们特别合适。T. S. 艾什顿指出他们之中许多人都带有圣经教名:亚伯拉罕·达比,本杰明·亨茨曼(这两人都是公谊会教徒),伊萨克·豪金斯,谢德拉克·福克斯,塞缪尔·艾伦和乔纳森·沃克,桑普森和内赫米亚·劳埃德,戴维·默谢特,杰里迈亚·霍姆弗雷等人士,见《产业革命中的铁和钢》,第212页。

141　这是苏格兰丹巴顿附近科代尔的斯特林工厂。

142　《一个说英语的法国人于1788年在大不列颠的游历》,第158页。

143　斯坦福德勋爵、格雷勋爵、高尔勋爵、布利奇沃特公爵同韦奇伍德、加伯特、本特利、博尔顿等等是大干线运河委员会的委员。见E. 米特亚德:《乔赛亚·韦奇伍德传记》第1卷,第410页;S. 斯迈尔斯:《工程师们传记》第1卷,第433页和《博尔顿和瓦特传记》,第179页。韦奇伍德以下述言辞叙述其1766年拜访布利奇沃特公爵的情况:"我到布利奇沃特公爵家里去,向他呈献有关内河航行的设计图。同我一道去的有斯帕罗。我们受到极其优厚的招待。公爵陪伴我们约有八小时之久,我们获得了我们所能希望的一切有关他对我们的企图予以赞助的保证。公爵向我定做一套我有可能做得最完备的乳白色餐具。他把一个在曼彻斯特附近卡斯尔菲尔德发现的、至少有一千五百年之久的、用红色陶土做的罗马骨灰瓮拿给我们看。公爵把我们送走之后,我们荣幸而愉快地登上他的游艇,在他的运河上一直游至曼彻斯特,这条运河约有九英里长,穿过一个美妙的山谷。"1766年7月6日致约翰·韦奇伍德的信,存特伦河畔的斯托克韦奇伍德博物馆。

144　英国和法国一样,在贵族阶级的青年人中,学习手艺已成为风气。查塔姆勋爵常常提到他的女婿斯坦诺普勋爵可以像铁匠或水车匠那样谋生。斯迈尔斯:《工程师传记》第2卷,第142页。

145　当他在1768年5月截去腿时,威廉·梅雷迪斯爵士、乔治·萨维尔爵士、贝斯博罗勋爵、卡思卡特勋爵、贝德福德公爵、马尔博罗公爵等每天都派人到他伦敦的家里去打听他的病情。E. 米特亚德:《乔赛亚·韦奇伍德传记》第2卷,第42页。

146　"没有一个人比我更受到恭维。王后把她的最小的孩子给我看,这是一个极美的孩子。我觉得她更美了,而且,她现在说英语犹如一位英国夫人。她绘画很有天才,她是大音乐家,她做针线比贝蒂夫人做的还要好。此外绝非戏言,她是一位非常聪明、非常亲切的妇人,同时又是民族工业的伟大保护人。关于这一点,她给我一个特殊的例证,因为在她和国王同我谈了几乎三小时以后,他们退去了,可是刚一退去,王后马上就派人来找我,把我带到她的小客厅里,她把她的壁炉台指给我看并问我需要多少花瓶来装饰它。"S. 斯迈尔斯:《博尔顿和瓦特传记》,第175页引用博尔顿致其妻子的信(1767年)。此外,博尔顿是不大畏惧国王的威风的,如果人们相信他的自豪的话:

“陛下，我在这里出卖国王们极欲拥有的东西。——什么东西？——势力，陛下。”

147 S.斯迈尔斯：前引书，第 215 页。

148 邀请信是从伦敦法国大使馆寄来的，其措辞如下：“先生们，我奉我的朝廷命令，荣幸地通知你们：如果你们的事务能够容许你们前往巴黎，它将供给你们旅费，而且，先生们，我谨向你们保证，你们将会得到我国政府方面的、一切为你们可能希望的、并像有你们的功绩和名望那样的人的接待。先生们，我很高兴地在你们面前执行我朝廷的这项命令，更因为我在命令中发现有特殊的荣幸来请你们相信我的尊敬和忠诚的心情，同时我荣幸的是……。”1786 年 10 月 3 日瓦特致博尔顿的信，见《索霍手稿》。

149 “当我回想我们寓居巴黎时我们所受的那种令人非常喜欢的礼仪和殷勤，以及人们对我们所加的那种非分的颂扬，还有我们所喝的美酒等等这样的陶醉状态时，我害怕我们犯了许多失礼的罪过。”1787 年 2 月 17 日瓦特致卡隆纳修道院院长的信，《索霍手稿》。

150 至于下文，可以参看 W.库克·泰勒：《罗伯·皮尔爵士的生涯和时代》第 1 卷，第 6 页及以下；劳伦斯·皮尔爵士：《罗伯特·皮尔爵士的性格和生涯概要》，第 33—42 页；F.埃斯皮纳斯：《兰开夏的知名人士》第 2 卷，第 82—125 页；J.惠勒：《曼彻斯特》，第 520 页及以下。

151 “这是一位精力充沛的和非常活跃的人。当天气阴霾时，他常在夜间起来去视察摆列漂白布匹的场地。每星期，他总有一整夜不睡觉，来陪伴他的花样绘画员去接收和研究那些由伦敦客车在午夜时带到的新式样。”劳伦斯·皮尔爵士：前引书，第 34 页。

152 见 1802 年 5 月 7 日他在下议院的演说，《议会记录》新辑第 18 卷，第 248—249 页：“我荣幸地隶属于商业界，我曾有机会同前财政大臣一起处理过十分重要和困难的事务。因此，我能够亲身证明任何大臣了解国家经济利益都不及他那样好。他懂得国家威望的真正泉源就是它的工业，所以他对这种工业毫不吝惜地给以鼓励。”

153 授予阿克赖特的爵位只是个人头衔而不能遗传给后代。

154 “尽管他认为他不可能过早地把这些有关记忆和口才的艰苦训练（这些训练是那么有效地促进大演说家的养成）强加在孩子身上，他每礼拜天从教堂回来时都想要孩子站在桌子上照样述说他刚才听到的讲道。”F.吉佐：《罗伯特·皮尔爵士》第 7 页。

155 这是授予下议院议员兼政府成员的首长的头衔，即多数党的首领，他规定议事日程并领导议会的工作。议长只有维持会议秩序的职务。

156 他第一次当首相是在 1834 年。他的父亲死于 1830 年。

157 罗伯特·皮尔爵士曾热烈赞许法国革命的开始。当革命进入武装宣传时期时，他就害怕起来了。

第三章

1 在二十世纪初，那些反对英国工联的人还向他们发出责难——我们认为责难是过分的——,谴责他们致使技术改进几乎成为不可能。见1901年11月21日至1902年1月16日《泰晤士报》上所发表的《英国工业危机》的文章。关于工联在实际上所实行的战术,见西德尼和比阿特丽斯·韦布:《工业民主主义》,第2篇,第8章"新方法和机器",以及P.芒图和莫里斯·阿尔法萨:《工联主义的危机》,第127、134、142、150、163页。

2 S.斯迈尔斯:《工程师传记》第1卷,第390页。见《绅士杂志》第61卷第587页(1791年)关于凯特林的T.本福德的类似的故事。

3 在这种情况下,乔治一世十二年法令第33章和乔治二世二十二年法令第27章所定的刑罚是死刑。

4 见C.丁利的请愿书及审查该请愿书的委员会的报告,《下议院议事录》第32卷,第160、194、388页。

5 乔治三世九年法令第29章。

6 美国独立战争附带地成为棉纺工业中一次危机的原因,因为向西班牙及其殖民地的输出已被阻止,地中海不许英国船只航行,而且,同非洲和西印度群岛的贸易又缩减了很多。这种情势造成了失业,同时,采用机器又有加重失业的危险。见G.W.丹尼尔:《初期英国棉纺工业》,第89页。

7 是该郡长官之一。

8 1779年10月3日致T.本特利的信,存特伦河畔斯托克韦奇伍德博物馆。

9 见R.阿克赖特呈议会的请愿书,《下议院议事录》第37卷,第926页。那里的损失,估计不是一万镑,而只有四千四百镑。

10 1779年10月9日致T.本特利的信。特伦河畔斯托克韦奇伍德博物馆。

11 "该地区所有的绅士都决心要援助阿克赖特先生去保卫其工厂,因为这些工厂对于该地区有很大的用处。人们已从德比和邻近的一些城市运来一千五百支步枪和手枪,以及一个配备可发射九磅重和十二磅重炮弹的大炮的炮队并带有大量的火药和霰弹……。在必要时,可以不需一小时便能集合到五六千职工、矿工等等。"1779年10月12日《曼彻斯特使者报》上发表的信。

12 《棉业全史》,第80—81页。

13 1779年10月26日《曼彻斯特使者报》。

14 J.肯尼迪:《棉纺工业的发生和发展》,载于《曼彻斯特文哲学会纪要》第2辑,第3卷,第121页。

15 W.拉德克利夫:《新工业制度的起源》,第55页。

16 《韦布手稿》("纺织"第1卷,第277页)。1779年11月11日通过的决议。

17 爱德华六世四—六年法令第22章。

18 见坎宁安:《英国工商业的成长》第2卷,第295页。

19 "用机器做的工作,比手工做的差很多,以致我们工业的好名声受到损害并有消失的危险。"《下议院议事录》第37卷,第804—805页。见呢绒工人反对gig mill(见下面第32注。——译者)的请愿书,同上书,第41卷,第599页。

20 一个纺纱女工在1764年每天赚十至十五便士;1780年赚三至五便士。在同一时期，男工的工资从十七便士降至十便士。见《下议院议事录》第37卷，第926页。

21　国外贸易（输出和输入）额在1774年超过三千三百万镑；在1779年，下降到二千五百万镑。A.安德森：《商业起源在年代学上的历史和推论》第4卷，第694页。

22　《下议院议事录》第37卷，第926页。

23　《贫民之友致棉纺工业工人和一般贫民论棉纺工业中使用机器》，曼彻斯特，1780年。关于这本小册子是D.拉姆斯博瑟姆写的，见W.拉德克利夫：前引书，第55页。

24　《论棉纺工业中使用机器》，第9、11、20页。

25　"今天，如果人们试图取消机器，骚乱大概就会爆发起来。"F.温德博恩：《十八世纪末左右英格兰概况》（1791年）第2卷，第235页。

26　《委员会关于英格兰毛纺工业状况的报告》（1806年）第3页及以下。洛朗·德瑟纳：《英国毛纺工业的演进》，第144页。

27　柯勒·贝尔（夏洛特·布隆特）：《舍利》第1卷，第2章和第8章，以及第2卷，第2章。见L.卡扎米昂：《英国社会史》，第419页及以下。

28　拉德党的名称尤其适用于这些人，这个名称是从一个名叫内德·拉德拉姆，绰号为拉德王的人的家族名称得来的。可是这个词源是不可靠的，而且，有好几个人似乎都带有拉德王这一绰号（R.W.库克·泰罗：《现代工厂制度》，第155页；J.L.和B.哈蒙德：《熟练工人》，第259—260、292、310页）。关于这种暴动，见E.阿莱维：《十九世纪英国人民史》第1卷，第313—315页中简要精深的研究。

29　W.坎宁安：《英国工商业的成长》第2卷，第663页指出，约克郡（毛纺工业地区）的骚乱和1811年拉德党的骚乱之间的区别：在约克郡中，群众只攻打那些使用机器的工厂，可是拉德党暴动却是反对一些工厂主，因为他们财富的迅速获得或者他们的苛刻已经注定他们成为民恨的对象。J.L.和B.哈蒙德在密切研究拉德党暴动之后也得出同样的结论："人们往往接受诺丁汉的拉德党是对新的或改良过的机器发泄其愤怒的见解；事实上，那里并没有新机器，但是工人们所表示的诉苦之一，是与已在使用的机器的新适用而他们认为是非法的适用有关的。"J.L.和B.哈蒙德：《熟练工人》，第258页。见《秘密委员会关于北部诸郡骚乱的报告》（1812年），以及1812年的《年度记事簿》，第39、51、114页。

30　拜伦误认为那是革命运动，并为英格兰中部地方的暴动者们写了一首激烈的"赞成拉德党的诗"：

海外好汉，不惜流血，争得自由，完成伟业；
我辈宁死，也要自由，打倒君王，惟宗拉德。
所织之布，既已完工，放下织梭，拿起斧刀；
尸横足下，是彼暴君，暴君污血，浸透寿衣。
污血色彩，黑如其心，溅满大地，仍然有用，
自由之树，赖以滋润，树何由生，拉德所种！

《拜伦全集》"杂诗"（钱多斯名著版）第667页。

31　双方提出的请愿书中包含有两种极其明白的对立论据的陈述。梳羊毛工人

说道:“请愿人们一向被认为是社会上有用的成员,以劳动谋生而不请求教区救济,一如任何其他在数量上相等的那类工人。但是,梳羊毛机器的发明和使用,其结果是缩减劳动力达到最令人担心的程度,因而引起他们感到重大而正当的担心,会使他们及其家属成为国家的负担。他们看到一个由四五个儿童协助的成年人照料一架机器,做出三十个工人按照旧方法用手做的、同样多的工作。在其他工业如棉纺工业、丝纺工业、麻纺工业等等中使用机器,其引用的理由不能适用于毛纺工业,因为那些工业能够获得几乎无限数量的原料,这就使得它们有可能发展起来并雇用(和它们在机器发明以前所雇用的人数)相等的或超过的人数;但毛纺工业只有有限数量的原料,勉强可以在对旧方法不加任何改变的条件下雇用这项工业中的工人。采用上述这种机器,其几乎直接的后果就是使大多数工匠失去其糊口之道。一切企业将被几个有钱有势的企业家所垄断,而且,在一个短时期的竞争之后,那因取消手工而产生的附加利润就会转移到外国消费者的口袋里。请愿人们遗憾机器的数量已在全王国内迅速增长,他们已经痛苦地感到其效果:他们之中许多人没有工做、没有饭吃。他们带着极大的痛苦和忧虑的心情看到贫穷日子的来临,这时,五万工人及其家属由于失去一切收入而成为那对几个人有利的垄断的受害人,这些人由于丧失生计将不得不恳求教区的救济。”《下议院议事录》第 44 卷,第 21 页。

下面是制造商们反请愿书中的主要段落:“在不违反法律和不损害他人权利的条件下,以其认为最有利的方法来从事其技艺或职业的权利,肯定是长久以来就为议会的明智所承认的、王国中各臣民所共有的权利;各人是其自己利益的最好的判断人,民族的最大利益总是,今后仍然是,从自由地、直接地寻求个人利益中产生出来的,这也是同样肯定的。多亏那些保障请愿人及其他人等享有某些专利权的法律的保护,公众才享受到机械梳羊毛这一非常宝贵的发明物……。多亏这种改良了的制造方法,已经实现了一些巨大的好处,但是,这同人们希望获得的结果相比,实是微不足道的……。根据合理的估计,以下等羊毛来说,梳羊毛的价钱,由于这种改良,每磅已从两便士半或三便士跌至一便士;上等羊毛,如果也用同一方法来梳,其每磅费用现在是六便士或更多一些,将来每磅大概会跌至一便士或一便士半……。如果请愿人们被迫放弃使用机器,那么,他们为了制造绒线就不得不服从毁灭性的义务,这样制造同种绒线所花的钱每年要多支出一千五百镑或两千镑。相反地,如果没有任何禁令,机器梳羊毛在一个时期以后就能完全代替手梳,那么,民族工业每年就可节约一百万镑以上,毫不夸大,如果机械梳羊毛遭到禁止,那么,这就会成为这项工业必须承担的重负……。听任工业自然发展的政策的优越性,已由棉纺工业的事例极其生动地显示出来了:棉纺工业中采用纺纱机曾经威胁过数量上大得多的工人的利益。由于成为其后果的那种进步,工人们找到了工作,棉纺工业也达到了空前的发展和完善的地步。毛纺工业一定也会有同样的兴盛,如果不被一些禁止使用机器的法令所阻止的话。”《下议院议事录》第 49 卷,第 545—546 页。我们在呈递给议会的极大数量的请愿书中选择了这两份请愿书。见《下议院议事录》第 49 卷第 104、135、152、158、201、249、280、307、322、331、395—396 页等等。

32 从前的 gig mill(剔除布疙瘩机)是一种所谓剔除疙瘩的工序,即刮削呢绒来消除纬线上所遗留的结节。至于1802年左右所使用的gig mill,则是一种起毛机、用绒毛来修饰织物的,亦即是说在织物织好以后使其表面上出现一种绒毛。见《下议院议事录》第68卷,第885页。关于约克郡和西南诸郡在1802至1806年间反对使用gig mill(刺果起毛机),见J. L. 和B. 哈蒙德:《熟练工人》,第171页及以下;E. 利普森:《呢绒和绒线工业史》,第188—190页。

33 在利兹、哈德斯菲尔德、哈利法克斯等地成立了一些委员会来组织请愿。其他职业团体也资助它们,其中有烧炭人、制砖匠、鞋匠。见《委员会关于呢绒商请愿的报告》(1803年)和《委员会关于英格兰毛纺工业状况的报告》(1806年),第241、355页。制造商的愿望,在J. 安斯蒂的《评毛纺工业中采用改良机器的重要性和必要性》(1803年)那本小册子里有所说明。

34 《关于英格兰毛纺工业状况的报告》(1806年),第58页。

35 见1802年8月16日在巴思举行的一次制造商会议的决议。制造商们在决定保护机械设备、防御一切攻击以后,答应"对其由于采用机器而失去工作的所有工人寻找适当报酬的工作。"见《委员会关于呢绒商请愿的报告》(1803年),第12页。

36 "一个健康不大好的人,如在家里工作,就可以慢慢来。可是在工厂里工作,就必须准时达到。钟在五点半就响了,以后在六点时又响第二次……。"《关于毛纺工业状况的报告》(1806年),第111页。

37 一当赚得一点钱时他就这样干。关于这一点,所有有利于或不利于工人的证据都是一致的。见本书第1篇第1章。在1790至1800年间,那些使用多轴纺纱机或走锭精纺机在家工作的纺纱工人,"往往把一个星期中的两三天时间花在游荡和吃酒上面,而且,他们所雇用的儿童也陪伴他们到酒店去直至他们打算再干活时为止;但是,当他们再开始工作时,往往会日夜不停地干。"《国王陛下委员的中央委员会关于工厂中雇用儿童的第二次报告》(1833年),第36页。

38 然而,从1777年以来,一系列旨在制止盗窃的法令和规定已经创立了一种监督制度,这种制度把种种工业部门中家庭工业制度的性质逐渐深入地加以改变了。见G. 昂温:《塞缪尔·奥尔德诺和阿克赖特》,第35页。

39 当戴维·戴尔在1784年设厂于新拉纳克时,他起初不能在邻近居民中找到工人。R. 欧文:《自传》第58页。

40 "你们在这地区里已经亲眼见到工厂工人阶级的发展。这个阶级在几年前是不存在的;现在你们已经看到它在短短的时间之内人数发展很快。这些人是怎样被人招募得来的呢?这个阶级是由哪些人组成的呢?这些人抛弃了哪种劳动来参加纱厂劳动的呢?许多人是来自耕种地区;许多是来自威尔斯、爱尔兰和苏格兰。他们为了高薪而抛弃别的行业来到纱厂。我记得一些鞋匠放下了自己的行业来学纺纱。我记得一些成衣匠、矿工,尤其是大量的农民都放下了他们的旧工作来学纺纱……。"1834年工厂调查委员会在博尔顿所搜集的证言(《补充报告》第1卷,第169页)。见W. 鲍顿:《十八世纪末英国工业社会》,第97页。

41 关于工厂中儿童劳动问题,参看《关于联合王国工厂中雇用儿童的状况在特别委员会上讯问证人的纪录》(1816年);《特别委员会关于规定工厂中儿童劳动法案的报告》(1832 年);约翰·菲尔登:《工厂制度的灾祸》(1836 年);阿尔弗雷德:《工厂运动史》(1857 年);O. 韦尔:《英国工厂监督》(1888 年);R. W. 库克·泰勒:《工厂制度和工厂法》(1894 年);B. L. 哈钦斯和 A. 哈利森:《工厂立法史》(1903 年);以及 J. L. 和 B. 哈蒙德:《城市工人》(1917 年),第 8 章和第 9 章。

42　例如,负责结好断线的接线工人总是儿童。

43　1803 年,在花布印染工厂里,一个成年工人每星期赚得二十五先令,一个学徒赚得三先令六便士至七先令。《在受理花布印染工人请愿的特别委员会上讯问证人的报告》(1804 年)第 17 页。

44　见罗伯特·皮尔在 1816 年委员会上所陈述的证言,《特别委员会关于工厂中雇用儿童状况的报告》,第 132 页。

45　这种习惯做法并不是新的;教区向来都力求安置其所收养的儿童,这与其说是为了儿童的利益,倒不如说是为了减轻其自己的负担。1697 年的一项法令(威廉三世 8—9 年法令第 30 章)规定,凡被保安审判官所指定的老板都有雇用这些儿童为学徒的义务,违者科以十镑的罚金。见 1767 年的调查,《下议院议事录》第 31 卷,第 248—249 页。根据 O. J. 邓洛普女士的说法,雇用"教区学徒",从亨利七世时代起就成为一种流行的惯例(《英国的学徒身份和儿童劳动》,第 248 页及以下)。也可参看 W. 哈斯巴赫:《英国农业工人史》,第 83 页,以及哈钦斯和哈利森:《工厂法制史》,第 3—6 页。

46　就形式来说,人们是征求他们的同意的,但是,我们设想那值得什么,而且这种手续引起了怎样的诈欺:"人们极其肯定地、庄严地对他们郑重地说,他们一到工厂就完全改变成为夫人和先生,他们将吃烤牛肉和葡萄干布丁,人们允许他们骑老板的马,他们会有银壳的表,而且他们的口袋总是满满的。这种卑鄙欺骗的创造者并不是救贫院的女仆或其他下等人,而是教区的官吏们本人。"J. 布朗:《罗伯特·布林科传记》,载于《雄狮杂志》第 1 期,第 121 页。

47　典型的事例是塞缪尔·奥尔德诺同克莱肯韦尔教区签订一份供给七十个儿童的合同(1796 年)这一事例。有些儿童的父母听到这个消息就"哭着来哀求人们交还他们的孩子,而不愿看到孩子到那么遥远的地方去。"G. 昂温:《塞缪尔·奥尔德诺和阿克赖特家族》,第 171 页。

48　《1816 年报告》,第 39 页。

49　同上,第 8 页。见阿尔弗雷德:《工厂运动史》第 1 卷,第 16 页。"工人们老早就把听任自己孩子去工厂做工看作是父亲的耻辱。凡听任这种情事的人就成为全市人民的笑柄。"

50　《下议院议事录》第 28 卷,第 496 页。

51　笛福:《漫游记》第 2 卷,第 20 页,第 3 卷,第 101 页。

52　A. 亚兰汤:《英国在海上和陆上的进步》第 1 卷,第 45—47 页。《论工业》的著者在 1770 年使用一些类似的措辞。

53　"可以说没有一个在四岁以上的人不能以劳动谋生。"笛福:《漫游记》第 3 卷,第 101 页。

54　见米舍勒:《人民》,第 90—91 页:"在英国同法国展开巨大斗争时,英国工厂主们来向皮特说，工人的高工资使得他们付不起税，这时，皮特说一句可怕的话：雇用儿童。这句话像一种灾祸似的沉重地压在英国身上。”事实上，他从未说过这句话。下面是皮特演说中的一段（米舍勒似乎是指这一段说的）：“经验已经证明儿童劳动能够创造一切，以及人们能够设法把他们很早地用于他们能够胜任的工作上去的好处。发展工艺学校也一定会产生重要的物质后果。如果有人不怕麻烦去计算一下那些按照这种方法培养起来的儿童从现时起所赚得的东西的总值，他就会在看到他们的劳动足以供给他们自己的需要、免除国家的负担的时候，以及在看到他们的勤劳和他们所养成的习惯在国民财富上添加的数额的时候感到吃惊。”W. 皮特：《演说集》第 2 卷，第 371 页（1796 年 2 月 12 日关于惠特布雷德公共救济法案的讨论）。大概与此同时，“有一位特别关心工人阶级的幸福的、英国国教的慈善牧师（戴维·戴维斯），他劝人在各处采用拉特兰郡在 1785 年所实行的那种规定：对于六岁以上不会编织的儿童以及九岁以上不会纺麻或纺毛的儿童，均不予以任何救济。”鲍顿：《十八世纪末英国工业社会》，第 276 页。

55　W. 库克·泰勒：《评兰开夏工业区》，第 141 页。按照一个在 1770 年左右开始劳动的老工人的说法：“儿童们从刚会走路时起就开始劳动，他们的父母就是最刻薄的老板。”另一个证人说道：“他不会接受再活下去的提议，如果这项提议是以第二次度其童年时期所受的那种悲惨的奴役为条件的话。”必须承认，关于学徒身份的旧法规迫使老板负有各种法律上和道义上的义务，这些义务是那些组织大工业的工厂主们自始就不需要服从的；但是，这种法规在产业革命很久以前已经逐渐松弛了。

56　《1816 年报告》第 89、146、252 页。在曼彻斯特，工作日的平均时间是十四小时（第 96—97 页引证了二十二个事例）。戴维·戴尔是位慈善家，他叫他的学徒每天劳动十三小时，同上，第 27 页；《欧文自传》，第 116 页。

57　约翰·菲尔登：《工厂制度的灾祸》，第 10 页。

58　《1816 年报告》，第 97 页；J. 布朗：《罗伯特·布林科传记》，载于《雄狮杂志》第 1 期，第 183 页。这个问题成为 J. L. 和 B. 哈蒙德的《城市工人》第 8 章中一个卓越的研究对象。

59　《1816 年报告》，第 115 页。我们未能找到十八世纪末英国纱厂中通行制度的确切材料。如果从工作日的平均时间来推断轮班小组三分之一地互换，那么，每组每天大概要劳动十六小时，休息八小时。然而，在某些纱厂中，例如在拉·罗舍富科—利昂库尔公爵的儿子于 1786 年所参观的佩斯利纱厂中，学徒只劳动十二小时：“他们连续劳动十二小时，没有为吃饭和休息所必需的间歇。但是，过了这段十二小时以后，他们就被另一些人所代替，为的是工作仅在星期天停止……。我问这种劳动对于他们的健康是否有坏后果，人们回答我说没有。”拉·罗舍富科—利昂库尔：《山中游记》第 2 卷，1786 年 5 月 9 日信。塞缪尔·奥尔德诺叫他的学徒从早晨六点钟劳动到晚上七点钟。但“他那非常人道的老板声誉已经被人十分认定了”，他给儿童们吃得很好并叫他们到工场邻近的草地上做体操。见 G. 昂温：《塞缪尔·奥尔德诺和阿克赖特家族》，第 173—174 页。1784 年，曼彻斯特的长官们显出一种稀有的责任感，禁止那些迫使学徒每天劳动十小时以上的工厂雇用学徒。哈钦斯和哈利森：《工厂法制史》，第 9 页。

60 罗伯特·布林科是在1822年被J.布朗所发现的，那时，布朗正在各工业中心调查工厂制度在道德上和社会上的影响。1828年，他的悲惨童年的故事被发表在R.卡莱尔主办的急进期刊《雄狮杂志》上，在1832年又被发表在《穷人的辩护者》上。必须承认，这里所说的是一个记者所报道的异常的事实，我们对于他不能抱有绝对的信任。

61 《雄狮杂志》，第1期，第125页。

62 同上，第191—192页。

63 同上，第189—190页。

64 同上，第219页。

65 威廉·赫顿留下一个他在隆贝兄弟于德比所办的工厂里经受痛苦的故事："正是在这个稀奇而可怕的工厂里我过了七年的学徒时期，我始终把这些年月当作我一生中最不幸的时期……。尽管机器那么低，但我过矮，仍然不能够到；为了补救这种缺陷，人们便制造一双木头的高底鞋，人们把它绑在我的脚上，我就拖着这种鞋子直至我的身材长到够高时为止。可是，拘禁和劳动，比起难忍的虐待就微不足道了，现在，我身上还有虐待的痕迹。"W.赫顿：《德比史》，第160页。

66 保安审判官有因学徒受到恶劣待遇而废除学徒合同的权利。乔治三世32年法令第57章(1792年)中的条例，规定老板在此场合有让学徒带走其为他所做的衣服以及对他家属或教区支付一项可能高达十镑的损害赔偿金的义务。翌年又通过一项法令(乔治三世33年法令第55章)规定，除此以外更科处犯法的老板一项由审判官自由决定的罚金。但是，这些规定是难以贯彻的。见《雄狮杂志》第1期，第225页。1832年的调查指出，这些规定应予纠正的那种祸害继续存在。见阿尔弗雷德：《工厂运动史》第1卷，第279、284—286、305页等等。

67 《雄狮杂志》第1期，第149、184页；《一位牧师的陈述》，载于阿尔弗雷德：前引书，第1卷，第25页。奥尔德诺把上等面包、牛奶麦片粥、肉(几乎天天有)及其果园里的水果给其学徒们吃。G.昂温：前引书，第173—174页。

68 《雄狮杂志》第1期，第214—215页。1801年，对一个坐落在沃特福德(哈福德郡)的缫丝厂的老板所进行的预审，证明他真正让他的学徒们饿死。他为了逃避刑事追究而自杀。《绅士杂志》第71卷，第1157页。

69 《为纱厂主和纱厂职工的利益而写的短论》(1784年)，第9页；本杰明·多布森爵士：《纺纱的湿度》，第8页。

70 同上；P.加斯克尔：《英国工业人口》，第260页。

71 《国王陛下委员的中央委员会关于工厂中雇用儿童的第一次报告》(1833年)，第328页。

72 "一种传染病发生在曼彻斯特附近的一个纱厂里并造成许多人死亡。这是一种恶性热病，可以传给全家人口。它虽然能够感染各种年龄的人，但受害最多的是成年人。"《为纱厂主和纱厂职工的利益而写的短论》，第4—5页。布林科看到一百六十个学徒中有四十个同时受到感染，死亡数很大，以致"尼达姆先生认为分开埋在几个坟地里是得当的。"《雄狮杂志》第1期，第185页。

73　这个问题P.加斯克尔在《英国工业人口》第64页及以下作了很长的探讨。参看《1816年报告》第104页。

74　“某些纱厂中流行着那种卑鄙的猥亵行为超过了最下等的卖淫行为。老板们知道这种事情，但对这个问题如要过于了解，那就很危险……。凡熟悉纱厂的人都知道经理、工头以及车间里一般有指挥权的人，通常都出现在应对这些丑事负责的祸首之中。”F.普莱斯：《附加手稿》（大英博物馆，第27827号），第192页。

75　1787年，兰开夏有个纱厂被人加上“地狱之门”的绰号。在1802年出版的《绅士杂志》里，人们可以看到机械化“只能被视为一种没有任何好处的纯粹祸害，亦即精神上、健康上、信仰上和政治上的祸害：在那些大工厂里，男女混杂达到极点，伤风败俗达到凶恶的程度，人们在地狱之外是找不到其同等物的”。《绅士杂志》第72卷，第57页。

76　P.加斯克尔：《工业人口》，第195页。见1832年调查委员会上的证言。

77　《雄狮杂志》第1期，第181—182页。

78　“有人说在午餐时刻当分针走到钟面的高头的时候，往往会坠下来：这种情事几乎不在一天中的另一时刻发生。我亲自看到它也许坠下有五分钟：当实际上只是正午十二点的时候，它坠到十二点零五分……。我说不出那是怎么一回事，但我们都认为那是为了缩短我们吃饭的时间。我们事先得知这回事，所以有一天正好在必要的时候，我们有十二个人左右在窗口注视着，的确像人们所说的那样。”《国王陛下委员的中央委员会关于工厂中雇用儿童的第一次报告》（1833年），第9页。

79　“那时我在布雷德先生的工厂里……。那里在夏天，只要天不黑，人们总是劳动着，而且我说不上人们是在什么时候停工的。除去老板及其儿子以外，没有人有表，因此我不知道时间。有一个工人有只表，我想那是朋友送他的。这只表被老板查封并保管起来了，因为他对同事们讲了时间。”阿尔弗雷德：《工厂运动》第1卷，第283页。

80　《1816年报告》，第115页（威廉·西奇威克的证言）。1802年法令（乔治三世42年法令第73章）禁止迫使学徒夜间劳动；可是工厂主们却雇用青年工人，不雇学徒，以符合法律的要求。同上，第137页。

81　伊登：《贫民状况》第1卷，第476页。工人状况是一种经济必然性的结果，这一观念从这个时期起已经被人说成是证实了的真理：“慈善家们的论据不可能有相当大的力量来决定大多数雇主去增加职工的工资，因为工人的要求和老板的让步是由一整个不可抗拒的、为老板和工人所不能随意改变的形势所决定的。”同上书，第494页。

82　索罗尔德·罗杰斯：《英国农业和物价史》（1259—1793年）第7卷（1703—1793年），这一卷分为两篇，是在著者死后由阿瑟·罗杰斯先生于1902年代为出版的。

83　劳动价格表（第493—528页），除去农业工资外，几乎仅对我们提供建筑工人的工资。扬借助于旅行而制出的那些表是专为农业工资而作的。T.罗杰斯的书的确是题为《农业和物价史》，但是，人们认为能在该书里找到工业工资表，至少会找到东印度公司股票的每日行情表（见第803—883页），这是确实的。

84　我们在致近代史学会的报道中已经简要地指出这些批评中的几个批评，见《近代史学会会报》，第98—99页。

85　关于他搜集的资料，见《贫民状况》，“序言”第 i—iv 页。

86　关于这方面的研究，一些具有最大价值的研究工作应归功于 G. 昂温及其合作人，因为他们发表了塞缪尔·奥尔德诺的档案；又应归功于 T. S. 艾什顿，因为他研究过索霍、科尔布鲁克代尔、亨茨曼、荷尔斯黑和索恩克利夫等手稿；又应归功于 J. L. 和 B. 哈蒙德，因为他们善于从内政部的文件中得出那样宝贵的情报；又应归功于 J. 洛德，因为他得到图·帕克的文件，其中有博尔顿和瓦特的一部分的通信。现在尚须根据这些文件和市政档案来对工业时代最初几十年中工业工资史作全面研究。

87　A. 扬认为可以作出农业工资的总表来说明农业工资的下降是从伦敦地区开始的。《英格兰北部》第 4 卷，第 293—296 页。但 A. 鲍利（《联合王国中的工资》“附录”）所制的表指出有好几个高工资的中心，例如东部（诺福克郡、萨福克郡）和中部（沃里克郡、莱斯特郡、诺丁汉郡）。最大的数字如下（以每星期计）：

1770 年	9 先令（萨里郡和诺丁汉郡）和 6 先令（约克郡）	
1793 年	10 先令（萨里郡）	和 7 先令（坎布兰郡）
1795 年	11 先令（肯特郡）	和 7 先令（康沃尔郡）

88　坎宁安先生指出，短工们在中世纪能够免费获得某些日常消费品（例如木柴），而今天，他们则不得不用钱去买；又指出他们在那时完全不知道其他一些现已成为英国工人阶级所必不可少的物品（例如茶、烟草）。见《英国工商业的成长》第 2 卷，第 937—942 页。我们尤其要考虑到肉类在食品中所占的越来越重要的地位以及酒精饮料的作用。

89　这种情况一定能够促进工业劳动力的招募。见鲍顿：《工业社会》，第 253 页及以下。

90　例如在伦敦四周和东部诸郡等谷物种植地区中。A. 扬：《南部诸郡》，第 62 页和《英格兰北部》第 1 卷，第 171 页及第 3 卷，第 345 页。在当地习惯给予短工一升淡啤酒时，现金工资就受到略微地减少；对于雇农来说，其工资则被减去一半，因为他们有食宿的权力。

91　A. 扬：《英格兰北部》第 3 卷，第 190 页。

92　同上书，第 1 卷，第 137 页。

93　A. 扬：《南部诸郡》，第 65 页。

94　同上书，第 270 页。

95　同上；艾什顿：《产业革命中的铁和钢》，第 190 页。

96　A. 扬：《英格兰北部》第 1 卷，第 115 和 123 页。

97　同上书，第 4 卷，第 322 页，以及布兰德：《纽卡斯尔史》第 2 卷，第 681 页。

98　A. 扬：《英格兰北部》第 3 卷，第 255 页，以及 L. 朱威特：《大不列颠的陶器制造术》第 2 卷，第 167—168 页。

99　他们在一星期内做了十二条衬裤，每条有七便士的报酬，亦即是说总工资是七先令。但是，七先令中还要扣除九便士的织机租费，三便士的车间租金，四便士的针钱，二便士付给勤杂工人去做好准备工作，五便士的劳动时间内的灯火费，七便士的缝合费，亦即是说两先令六便士的费用。《下议院议事录》第 36 卷，第 740 页“织袜工人的请愿书”。

100　下一年，平均工资从四先令六便士上升到六至七先令。同上书，第 37 卷，第 371—372 页。

101　F. M. 伊登：《贫民状况》第 2 卷，第 11、17、24、45、136、275、280、379、395、424、589、712 页。伊登所引用的数字是 1795 和 1796 年这两年的。至于以前年份的，见 1794 年出版的农业部《农业概况》。

102　伊登：《贫民状况》第 2 卷，第 60、294、360 页：“他们很少在星期一劳动，而且，其中许多人每星期都有两三天不劳动。可是必须承认，所有希望工作的人要找到无间断的正常工作，现在已成为不可能的事。”同上书，第 2 卷，第 357 页。

103　《在受理花布印染人请愿的委员会上讯问证人的记录》(1804 年)，第 17 页。拉德克利夫把他们作了这样的描述：他们都“穿得很好，男人的袴袋里都有一只表，女人都按自己的喜欢穿着”，在他们家里，人们看到“桃花心木的雅致的摆钟、全套斯塔福德郡陶瓷的漂亮茶具并带有银制的或包银的茶匙和糖夹子。”拉德克利夫：《新工业制度的起源》，第 67 页。

104　伊登：前引书，第 2 卷，第 655、739、873 页。博尔顿和瓦特的工人都是用书面合同雇佣的，为期四年或五年。许多这样的合同被保存在索霍手稿里。工资是按照预定的级数从第一年加至最后一年。铁匠兼装配工约瑟夫·休斯，受雇于 1795 年 7 月 27 日，第一年每星期赚十六先令，第二年十七先令，如此继续下去直到二十先令为止。1800 年，他更新他的雇佣合同，为期四年，并约定以每星期二十一先令的固定工资为酬报。在 1780 至 1790 年间所签订的那些合同中，工资显然较低，自十一至十五先令不等。在特伦河畔斯托克的《韦奇伍德手稿》中，有相同种类的文件。在 G. 昂温的前引书，第 167—169 页中，人们可以看到一个有关 1792 和 1793 年在梅勒支付的工资文件的十分有趣的摘要。

105　在 1780 至 1790 年间，织机的价格增到三倍。见《下议院议事录》，第五十八卷，第 884—885 页。

106　《关于老板和职工请愿的报告》(1800 年)，第 11—13 页。证人的讯问载于《下议院议事录》第 55 卷，第 487 和 493 页(博尔顿织工詹姆斯·霍尔克洛夫特和奥尔达姆织工丹尼尔·赫斯特的证言)。

107　《委员会关于几个棉布制造商和棉布织工双方请愿的报告》(1808 年)，第 21 页。

108　《下议院议事录》第 55 卷，第 487 和 493 页。《致大不列颠的贵族、绅士和人民书》(织工的小册子)，载于《普莱斯手稿》，(大英博物馆《附加手稿》，第 27、828 号)第 199 页。

109　这就是加斯克尔在《工匠和机器》第 34 页指出的十分清楚的东西。因此在 1815 年以后产生了形势严重性，这时，拿破仑战争的结束造成了劳动力的新的增加。见查普曼：《兰开夏的棉纺工业》，第 46 页。

110　伊登：《贫民状况》第 2 卷，第 847 页。

111　在奇普纳姆和阿冯河畔布雷福德。《委员会关于英格兰毛纺工业状况的报告》(1806 年),第 438 页。伊登:前引书,第 1 卷,第 782 页。

112　伊登:前引书,第 2 卷,第 753 页(肯达尔,八至十二先令),第 810 页(布雷福德,七至十一先令),第 820 页(哈利法克斯,七至十一先令)。

113　《关于毛纺工业的报告》(1806 年),第 111 页。

114　他们的请愿,在八年之内引起了四次调查:1800 年的调查,结果创立了老板与工人间的仲裁制度;1802 年的调查是关于西南诸郡中使用 gig mill(剌果起毛机)的问题;1806 年的调查是关于毛纺工业的状况;1808 年的调查是关于最低工资的计划。

115　他们叫人称呼自己为“梳羊毛先生”,并且在酒店里不肯同其他工人一起饮酒。韦布:《工联主义史》,第 38 页。

116　在 1770 年,每星期十三先令。A. 扬:《南部诸郡》,第 270 页。在 1795 年,九至十先令。伊登:《贫民状况》第 2 卷,第 385、810、820 页。

117　在 1825 年大罢工之后。见韦布:《工联主义史》,第 100 页。

118　落纱工照料梳棉机并收集那从机器中出来的棉花;接线工把纺绩工序中的断线结合起来。

119　1797 年,德比附近的沃克斯沃思纱厂。伊登:《贫民状况》第 2 卷,第 130 页。

120　毛纺女工在肯达尔赚四先令;在莱斯特,二至四先令;在纽瓦克(诺丁汉郡),一先令六便士至五先令;在北安普敦附近,三先令。同上书,第 385、563、753 页,以及 J. 唐纳森:《北安普敦郡的农业概况》(1794 年),第 12 页。

121　1770 年,曼彻斯特周围的纺纱女工每星期赚得二至五先令。A. 扬:《英格兰北部》第 3 卷,第 192 页。

122　这种输入是根据收成的好坏而年年有很大的变动。1781 年,输入高达十六万夸脱;1785 年仅九万四千夸脱,1790 年二十一万六千夸脱,1793 年四十八万二千夸脱。《关于圈地的总报告》,第 355 页。

123　见索罗尔德·罗杰斯:《六个世纪的工作和工资》,第 484 页及以下。伊顿学院的表里,(小麦价格的)最大数字在 1757 年是五十三先令四便士,在 1744 年是二十二先令一便士。

124　伊顿表是图克在《价格史》第 2 卷,第 387—389 页发表的。伊登:《贫民状况》第 3 卷,第 75—78 页,《乔治四世 11 年人口条例解答摘要》第 1 卷,第 52 页提供了一些有点不同的数字。可与 T. 罗杰斯:《农业和物价史》第 7 卷,第 4—229 页中的表相比较。

125　见《下议院议事录》第 30 卷中所记载的许许多多的请愿书。关于这方面所发表的小册子中,我们可以举出《关于粮食价格高昂原因的探讨》,1767 年,《一个农场主(J. 阿巴思诺特)关于粮食现在价格和农庄大小之间的关系的探讨》,1773 年。见 A. 扬:《政治算术》第 1 卷,第 42 页。

126　在巴思和马尔梅斯伯利,闹事者们夺取了许多袋的谷物并将其以五先令一蒲式耳的价钱出售;在牛津,从磨坊里夺取的面粉是摆在公路上分配的;在莱斯特,人们力图打破监狱的门;在基德明斯特附近发生一次殴斗,死了八个人。1766 年的《年度记事簿》,第 140 页。在伯明翰,有过同样的事件:几小时之内,平民就掌握了城市并发布各种食品最高价格的命令。克拉克:《伯明翰史》第3卷,第60—61页。

127　一些装载面粉和干酪的船只在大干线运河上被拦住;一连威尔斯火枪兵被派去恢复秩序,碰到了抵抗并动用了武器。事件因几个判决而结束,其中有一个是死刑。1783年价格3月20日《德比使者报》。T.罗杰斯(第7卷第183页)和伊顿记录都不能令人看出1783年有着普遍的上涨。T.罗杰斯把1782年冬天的价格定为五十三至五十八先令;但是我们已经发现1782年8月是五十七先令,1781年5月是五十五先令六便士(第176和179页)。

128　图克:《价格史》第2卷,第182页。自然的原因在这里和人为的原因那样地混淆起来,以致难于区别它们各自的效果。最合理的假定是把年年价格的变动归因于季节的不同,而行市的普遍上涨则归因于整个战争时期中输入的不足。

129　1796年以奖励输入的名义所付出的金额共计五十七万三千四百一十八镑四先令九便士。《受命研究最有效的办法来促进圈地和改良未圈的没有收益的荒地的特别委员会的报告》(1800年),第224页。

130　图克:前引书第1卷,第188页和第2卷,第387页及以下。

131　负责研究食物问题的委员会在1800年提出六个报告,1801年提出七个报告。这些报告都值得参考。也可参看下议院的辩论(1800年11月12日和26日)和上议院的辩论(1800年11月14日和12月15日)。《议会史》第35卷,第786—832页和第837—854页。

132　乔治三世四十一年法令第3章。

133　这些奖金将由保安审判官发给雇农。《受命研究现时食品价贵原因委员会的报告》,第132页。

134　《绅士杂志》第71和72卷,1801—1802年(伦敦市场的每月物价表)。

135　英国的蒲式耳等于八加仑或三十六公升又三公合半。见A.扬:《南部诸郡》,第48、62、65、152、154、157、171、187、193、253页;《英格兰东部》第4卷,第311—326页;《英格兰北部》第1卷,第171、313页,第2卷,第255页,第3卷,第12、25、134、255、278、349页,第4卷,第275页及以下。可与T.罗杰斯:《物价史》第7卷,第291和557—558页的数字相比较。

136　伊登:《贫民状况》第2卷,第11、17、24、29、74、130、275、357、379、385、565、753、782、810、812页等等。T.罗杰斯:《物价史》第7卷,第351和591页。如果我们采用较高的比较点,那么差别就会更明显。下面是1742年和1796—1806年诺丁汉的食品价格(根据韦布夫妇所查考的文件):

		1742年	1796—1806年
四磅重的面包		3便士	1先令2便士
干酪	每磅	2便士	8便士
奶油	每磅	3便士半	1先令3便士
盐	每磅	1便士	4便士半
牛肉	每磅	3便士	9便士
羊肉	每磅	1便士半	7便士

小牛肉	每磅	1 便士半	8 便士
猪肉	每磅	2 便士	8 便士
腊肉	每磅	3 便士半	1 先令——
肥鹅	一只	1 先令 2 便士	5 先令 6 便士
鸭	二只	1 先令 2 便士	5 先令 6 便士
鸡	二只	8 便士	4 先令 6 便士
肥皂	每磅	3 便士半	10 便士
蜡烛	每磅	4 便士	10 便士
大麦	每蒲式耳	1 先令——	4 先令 4 便士
燕麦	每蒲式耳	8 便士	3 先令 1 便士半
大麦芽	每蒲式耳	1 先令 6 便士	8 先令 6 便士

《韦布手稿》“纺织”第 6 卷，第 5 页。

137　伊登：《贫民状况》第 1 卷，第 496 页和第 2 卷，第 812 页；《农业年鉴》第 7 卷，第 50 页。

138　在接近 1770 年时，它在兰开夏中已经取得那样重要的地位，以致“农民往往期待马铃薯的好收成更甚于小麦或任何其他谷物的收成。”恩菲尔德：《利物浦史》，第 5 页。T. 罗杰斯提到马铃薯在 1734 年的价格，见《农业和物价史》第 7 卷，第 555 页。

139　见伊登：《贫民状况》第 2 卷，第 767、770 页和第 3 卷，第 339 页及以下所提供的 1795—1796 年的家庭收支表。贝德福郡的四家农民，每星期支出马铃薯的费用是自三便士至一先令三便士不等。

140　1795 年，一个肯达尔（兰开夏）的织工的收支表中，茶和糖的支出比啤酒的支出多了一倍，几乎是面包和面粉的支出的半数。同上书第 2 卷，第 767 页。茶的消费往往代替牛奶的消费，因为牛奶太贵了。D. 戴维斯：《工人务农的实例》，第 37 页。在这样的情况下，这种消费绝不是宽裕的迹象。

141　“贫民的食物是：面包和干酪，带些牛奶或水，一点淡啤酒。除去星期天外，从没有肉。”《农业年鉴》第 7 卷，第 50 页（威尔斯的布雷肯郡，1787 年）。

142　“如果人们希望短工能提供为其自己、为雇主以及为一般社会所满意的劳动的话，肉和啤酒是他食物中必不可少的成分。他应当每天吃一次肉，或者每星期至少吃三次肉。必须把种种有害的习惯，尤其是使用酒精饮料的习惯归因于吃肉不够和喝啤酒的不足。”《农业年鉴》第 25 卷，第 365 页及以下。

143　伊登：前引书，第 2 卷，第 60 页（卡莱尔的棉纺工人），第 753 页（肯达尔的呢绒织工），第 873 页（谢菲尔德的铁器工人）。

144　《普莱斯手稿》，（大英博物馆，《附加手稿》第 27、825 号）第 186 页。为制止祸害的最初努力始于 1736 年。这是《蒸馏酒，民族的祸根》这一有名小册子出版的年月。米德尔塞克斯郡保安审判官们所提出的请愿引起了议会的干涉。酒精饮料被课以很高的消费税，而且，零售商必须购领许可证。杜松子酒的出售甚至于被禁止了一个时期，然而，这种禁令很难令人遵守，因而在伦敦和另外几个城市里发生了一些骚乱。

145　见 T. 卡特：《一个工人的回忆录》，第 43 页：“我的父亲每星期仅赚十先令六便士，而我的母亲的小学校也只添补两三个先令。收入十分不充足，而四磅重的面包要卖到一先令十便士，价格这样高，他们很少有钱来为他们自己及其子女购买必需品。因此，我们不得不满足于非常粗陋不足的家常饭……。马铃薯也非常贵，而且由于去年(1799年)夏天的潮湿关系，质量很坏。四分之一配克(一配克约等于9.87公升)的马铃薯(价四便士)，浇上一点炼好的板油，以及定量很少的面包，便构成全家的正餐。”

146　费里厄尔博士致曼彻斯特警察编制委员会的报道(1790年)，见艾金：《曼彻斯特周围三四十英里内的地方志》，第193页。费里厄尔博士是曼彻斯特的医生，他在工业区中行医，他是研究工业区中卫生条件的先驱者。见鲍顿：《十八世纪末英国工业社会》，第265—266页；费里厄尔博士：《医药史和回顾》，共3卷，伦敦，1792年。

147　J.O.凯：《工人阶级的精神物质状况》(1832年)；P.加斯克尔：《英国工业人口，它的精神、社交、物质状况》(1833年)，《工匠和机器》(1836年，前书的新版)；E.巴里特：《法国和英国工人阶级的贫困》(1840年)；W.库克·泰勒：《评兰开夏工业区中的漫游》(1842年)；F.恩格斯：《英国工人阶级状况》(1844年)。

148　伊登：《贫民状况》第2卷，第767—770页和第3卷，第339页。

149　W.阿什利(《英国经济史和经济学说入门》，法译本，第2卷，第394—409页)指出这种独特性远不是绝对的。与此类似的制度在荷兰、法国和德国都存在过。不过它们的演变从十七世纪起已经完全不同了。

150　恤贫法并不是一下子颁布的。1536年法令(亨利八世二十七年法令第25章)使教区负有救助贫民的义务。1572年法令(伊丽莎白十四年法令第5章)制定救贫税并命令保安审判官任命一些负责组织教区救助事宜的管理人和监督员。1576年和1597年两项法令(伊丽莎白18年法令第3章和伊丽莎白三十九年法令第3章)把在伦敦首先实施的感化院制度加以推广。1601年法令(伊丽莎白四十三年法令第2章)收集以前的那些规定，并加以补充：这就是严格意义上的“恤贫法”，这项法令虽然受到许多不断的修改，但却一直继续存在到今天。见G.尼科尔斯：《英国恤贫法史》第1卷，第160页及以下，以及利奥纳德：《英国贫民救济初期史》，第36页及以下。

151　关于十六世纪的流浪，见阿什利：前引书，第2卷，第386—395页。

152　这是对流浪者第一次判罪时所科的刑罚；在第三次判罪时是绞死(伊丽莎白14年法令第5章)。

153　见伊登：《贫民状况》第1卷，第144页。

154　查理二世十四年法令第12章：这项法令的序言说道：“由于法律的漏洞，那些未受到禁止从这一教区迁到另一教区的贫民，就力求搬到最有资源的教区里去安家，在那里，他们可以找到最广阔的公地来建筑小房子，以及最大的树林来燃烧和破坏；当他们吞没了一切以后，就到另一教区去，并终于堕入流浪状态。这种情形致使教区感到失望，因为当教区看到自己的救助基金有被外人毁掉的危险时，就对救助基金的设立犹豫起来了。”

155　T.罗杰斯把住所法对农民所规定的条件同农奴相比，并说明大地主怎样利用它来获得住在与其土地相邻的教区里的劳动者的廉价劳动力的：“这项法令的效果不仅把自由租地的保有者固定在土地上，而且还允许豪富的地主去掠夺其邻人并过早地消耗劳动者的力量和健康。所有这一切都发生在下述时期内:在爱国者们和官吏们高谈自由和独裁政治的时期,在风雅的绅士和淑女议论人权、卢梭和法国革命的时期,在伯克和谢里登抨击哈斯丁斯的专制时期。然而,伯克在他自己住宅门口,应该天天看到一些农奴,他们比他以娓娓动听的辩才所叙述的那些深受痛苦的罗希拉斯(意即"阿富汗族人民"——译者)更没有自由。"T. 罗杰斯:《六个世纪的工作和工资》,第 434 页。

156　他必须提出一份由其教区的教会委员和监督员签署的并由两个保安审判官副署的证明书作为法定住所的证明,这时,人们才允许他在新住所安家,如果他"实际上要人负担"教区当局还保有驱逐他的权利(威廉三世八—九年法令第 30 章)。不使教区增加负担的办法是这样的:在许多地区中,农场主雇用佣工为期仅五十一个星期,以免佣工通过一年的居住期间便能在其工作地的教区中获得居住权。J. L. 和 B. 哈蒙德:《乡村工人》,第 112 页及以下。"人们抱怨那些缺乏劳动力的工业教区,既然允许工人来劳动,可是又拒绝给他们居住权,而且一当他们好像要成为负担时就把他们送回其原来的教区。"鲍顿:《十八世纪末英国工业社会》,第 258 页。然而,必须同哈斯巴赫(《英国农业工人史》第 172—173 页)一样地承认,迁居并不是天天发生的事件。见伊登:《贫民状况》第 1 卷,第 181 和 296 页所引用的那些事件:在阿什福(两千居民),每年两件;在肯达尔(八千居民),三件;在谢菲尔德(三万五千居民),二十件。但这种情事也许可以解释为:许多贫民被人阻止离开其教区。

157　《议会史》第 17 卷,第 844 页(威廉·梅雷迪思爵士的演说)。同样的辩论又在 1775 年重新开始。同上书第 18 卷,第 541—546 页。

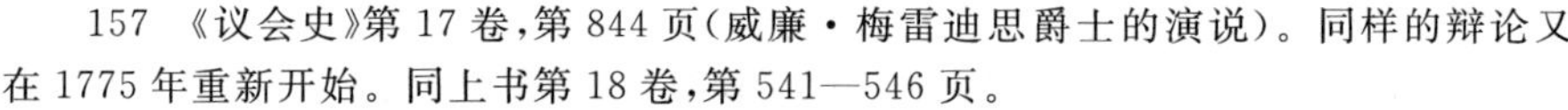

158　亚当·斯密:《国富论》第 1 篇第 10 章。阿瑟·扬将其称为"最虚伪的、最有害的、最危险的制度,它是野蛮状态的设想。"《政治算术》第 1 卷,第 93 页。

159　W. 皮特:《演说集》第 2 卷,第 369 页(1796 年 2 月 12 日演说)。

160　乔治三世三十五年法令第 101 章:"鉴于许多能够劳动的穷人之所以成为他们教区或镇区的负担,完全是因为他们在那里找不到工作,他们若在其他有工作做的地方就能够供给其自己及其家属的需要而不会成为任何教区或镇区的负担;又鉴于上述人中大多数人之所以不得不住在其自己的教区内而不能获得住在他处,是借口说他们大概会成为他们前往寻找工作的那一教区或镇区的负担,尽管他们的劳动在许多情况下能对该教区或镇区非常有利……"

161　乔治一世九年法令第 7 章。

162　"委员会的意见是:从教区的资金中拿出钱来给壮健的人,用以防止其请求以教区的费用来维持其本人及其全家的生活,这一现行的惯例,是与公共救济法令的精神和意旨相反的,是把一种危险的权力交给教区官吏的手中,最后便构成滥用公款并大大地鼓励懒惰和放纵。"《下议院议事录》(1759 年)第 28 卷,第 599 页"受理研究修正恤贫法委员会的报告"。

163　菲尔丁在 1753 年写道:"贫民的痛苦比起贫民的罪行是较不被人所知的:这就是减少我们对他们怜悯的原因。为了讨饭和偷窃,他们就到富人家里去;要想饿死和冻死,他们就留在自己家里。"见菲尔丁的两本小册子:《关于近来盗贼增多的原因的探讨》(1751 年)和《建议为贫民做好有效的准备》(1753 年)。几年之后,J. 马西写道:“许多人由于没有工作、由于疾病或其他偶然的原因,陷入了这种可怜的状态,而且,能证明这些不幸的人是带着憎恶心情去讨饭的,或者证明他们没成就的,就是人们常常发现的因缺乏必需品而身体瘦削的男贫民或女贫民的溺死或饿死。有些人可能是由于懒惰或嗜酒而甘愿变为乞丐的;但是,这些自杀者、这些饿死者却是可悲的证据,亦即是说讨乞的一般原因只是贫穷。”J. 马西:《设立救济院的方案》(1758 年),第 50 页。

164 乔治三世二十二年法令第 83 章。这项法令是下议院议员 T. 吉尔伯特的创作。其主要目的在于授权各教区自行联合会来征收和使用救贫税。这些联合会具有法人资格,以保安审判官所任命的贫民救济委员和检查员为公务员。禁止教区将救济事业承包出去,但对该事业的经营管理实行十分严格监督者则不在此限。G. 尼科尔斯:《英国恤贫法史》第 2 卷,第 83—88 页。

165 “兜生意”制度就是这样产生的,本书第 1 篇第 3 章中曾提到这个问题。

166 见 E. 阿莱维:《1785 至 1816 年间功利主义的演进》,第 98 页。

167 在伯克郡纽伯里附近。

168 这就是人们所谓“主妇造反”的情事。见 J. L. 和 B. 哈蒙德:《乡村工人》,第 121 页。

169 这是上月中伯克州“保安审判官季度全会”上所通过的决议的后果。J. L. 和 B. 哈蒙德:前引书,第 161—162 页。

170 1795 年 5 月 11 日《雷丁使者报》。这份全表转载在伊登:《贫民状况》第 1 卷,第 577 页。其他各郡也制定了一些类似的表,但数字有点不同。

171 阿瑟·扬早于 1795 年 10 月在致农业部通讯员的一份通报中这样地表示着:“鉴于几个‘保安审判官定期会议’建议今后按照小麦价格的变动来订立工资,请你们告诉我你们对于这一制度的利弊的意见。”《农业年鉴》第 25 卷,第 345 页。

172 在此场合,所指的是以现金救济来代替家庭劳动的工资。

173 乔治三世三十六年法令第 23 章。有个时候,皮特想到要使议会通过斯皮纳姆兰法。关于他的 1797 年法案以及边沁对该法案的批评,见 E. 阿莱维:前引书,第 101 和 152 页。

174 伊登:《贫民状况》第 1 卷,第 363—372 页;G. 尼科尔斯:《英国恤贫法史》第 2 卷,第 133 页。

175 《农业年鉴》,第 36 卷,第 504 页。

176 同上。

177 轻率地发放救贫税,碰巧也会增大一些勤勉而狡猾的农民的积蓄。T. 罗杰斯写道:“在汉普郡我所出生的那个村庄里,我清楚地记得两个农工善于利用院外救助制度而升到小地主身份的事例……。他们领取教区的津贴,同时又以自己的工资为生,另外再加上副业劳动的收入。其中一个在村里干杀猪的行业,这个行业使他从米迦勒节起一直忙到报喜节止。每宰一头猪,他得到一个先令和猪的内脏,他全家在半年之内就吃这些内脏……。发给他们的那些救济金则被小心翼翼地积蓄着,我想还被严格地保守秘密,最后,这些钱终于投到地产上去。一个买了四十英亩的瘠土,这就使他过着一种独立而舒适的生活。另一个仅仅买了二十英亩左右,但却获得更大的好处,因为这块土地是全村中最好的一块。"《六个世纪的工作和工资》,第502—503页。

178 《农业年鉴》第25卷,第635页。

179 在《受命调查恤贫法的执行和实际效果的国王陛下委员的报告》(1834年)中,可以看到反对这种制度的全面的指责。也可参看哈斯巴赫:《英国农业工人史》,第183—184页。他的结论是:特别是吉尔伯特法令和斯皮纳姆兰法的结果就是"劳动者们的一种真正的灾祸"。

180 "给付正常工资的工厂,当然不能同雇用贫民的工厂作竞争。所以,马克尔斯菲尔德的一个制造商会在埃塞克斯郡由于不善执行恤贫法而破产。"《受命调查恤贫法的执行和实际效果的国王陛下委员的报告》(1834年),第43页。

181 1834年报告中所引用的大部分事实,都是有关乡村教区的。

第四章

1 那些抗议禁止同盟法的花布印染工人在1804年向议会陈述说:"立法者是决不会想损害这样的人的,他们唯一的希望只是通过自己的劳动来获得生活资料。这的确就是花布印染工人所能希望的一切,因为他们的职业性质以及这种职业所需要的资本已使他们失去了升迁到老板行列的整个希望。"《关于花布印染工人的请愿报告》(1804年),第7页。

2 相反地,舒尔策—格弗尼茨在其《大工业》(法译本)第42页却这样写道:"在十九世纪的头十年里,英国有一个革命的社会主义工人党,它在力量上和危险程度上都超过大陆上一切后来的类似的运动。"我们不明白这种断言是以什么为根据的。过去在各处爆发的那些骚乱,其中以拉德党的骚乱为最严重,但并不是由一种自觉的革命思想所指导的。至于个别理论家们如托马斯·斯彭斯所发表的共产主义理论,对于人民大众的见解似乎不曾起过丝毫影响。

3 见本书第一篇第一章第六节。

4 见S.和B.韦布:《工联主义史》,第25页。

5 也应指出绦带织工们的组织。他们从1753年起就组成一种分成工场的工会,每一工场选送一个代表到中央执行委员会去。曼彻斯特参考图书馆收藏的一本小册子里载有这个团体的规章。这本小册子的名称是:《绒线绦带织工们的与其团体或职业有关的辩解和所有的条款,及其第一主席所致的告别词》(曼彻斯特,1756年)。著者是使用假名蒂莫西·舒特尔签名的。

6 D.布伦纳:《苏格兰的工业》,第283页。

7 《特别委员会关于手织机织工的请愿报告》(1835年),第448页。

8 《新工业制度的起源》,第73—76页。

9 必须指出,人们也常责备他们没有爱国心以及同外国革命家们秘密勾结等:"当人们硬说我们的会议旨在牺牲我们国家的独立性时,人们是用怎样的不公道来诽谤我们的。正是相反的事情才是真的。假如响起了号角,假如发出:'英国处于危险之中、拿起武器来!'我们一定知道什么是我们的义务和我们的利害,这就是每一英国人的义务和利害。"同上。

10 "假定一个工人是在 1792 年结婚的;在这时期,他织四十四码呢子、领得二十二先令。如果我们一年一年地注视着他,我们就会看到他的子女的增多,就会看到一切生活必需品的价格上涨,可是工资却不断地下降。如果我们看看他在 1799 年的情形,我们也许会发现他有五六个小孩子在身边,可是瞧吧,人们这时不要求他织四十四码呢子,而要求他织六十码呢子,而且人们仅只给他十一先令。那么,如果救贫税增加,你会感到惊奇吗!"同上。最后这个论证是向纳税人,特别是向地产所有人提出的。

11 特别是关于纱线输出的问题,许多制造商也对之表示反对。威廉·拉德克利夫是这次运动的领导人之一,他引用织工们的宣言正是为了这个缘故,因为他把他们视为同盟者。

12 赫尔特:《两本英国社会史》,第 441 页;S. 和 B. 韦布:《工联主义史》,第 30 和 60 页。

13 它仅在 1803 年才完全组织起来。见赫尔特:前引书,第 442 页。

14 《委员会关于英格兰毛纺工业状况讯问证人的记录和报告》(1806 年),第 231 和 353 页。

15 同上书,第 181 页。

16 同上。这个词已被 blacklegs(破坏罢工的工贼)这一词所代替。

17 同上书,第 36 页。

18 特别是那些限制每一作坊中学徒人数的法规。

19 J. 亨特:《哈拉姆郡》,第 220 页。这个事件轰动了谢菲尔德。人们唱着一支反对那个不得人心的工厂主的曲子:"但愿第十三把刀子用来解剖他的肥大身躯,用来揭露他的各种器官,以便人们看看他的心肠同地狱的深渊一样黑,以及他那贪婪的、吸血的和敲骨吸髓的狼心。"

20 1790 年 8 月 7 日和 9 月 9 日的《谢菲尔德虹报》。参看 S. 和 B. 韦布:《工联主义史》,第 33 页。

21 在 1789、1794 和 1795 年,多佛有过一些罢工。见《下议院议事录》第 51 卷,第 589 页,"造纸商的请愿书"。

22 同上,第 595 页(对造纸商请愿的调查)。

23 《农业年鉴》,第 25 卷,第 504 页。下面是 1795 年 11 月 5 日所通过的决议原文摘要:(1)农业短工们应该得到适当的报酬,但流行的办法则是以低于市价的价格出售面粉给他们,以期减轻他们的不幸……,这种办法不仅是对他们可怜身份的粗鄙的侮辱,而且是一种虚假的救济方法。(2)工资应当随同小麦价格一道变动……〔后面附表〕。(3)呈递议会的一份请愿书要立刻准备好,以便请求它按照上述方案来规定工资;要把本郡所有的农业短工都请来参加这种必要的活动……。(4)每一参加人都应向会计缴纳一先令的捐款以便补偿费用……。(5)会议秘书一经了解本郡农业短工们或其大多数人的意见时,就应在一个地点适中的城市召开大会……。(6)在那个会上,两三个彼此相邻的教区可以派出一名代表,他每天可以得到二先令六便士的时间费,又二先令六便士的开支费……。(7)会议秘书亚当·穆尔将在诺里奇和伦敦两地的报纸上公布上述决议,并把那些表决赞成的和署了名的佃农和农业短工的名字一道公布出来。他们希望呈递议会请愿书中的方案不仅被本郡的农业短工而且还被王国各郡的农业短工都赞成和采纳。但是不可把这个仅仅为向当局呼吁而形成的组织和工联相混同。

24 禁止"讨论会"(debating societies)的法令(乔治三世 39 年法令第 79 章)差不多是与此同时通过的。

25 我们在上面已经提到 1725 年兰开夏保安审判官的决定。这个决定是以 1549 年法令(爱德华六世二—三年法令第 15 章)为根据的,这项法令的名称是"粮食供给人和工匠法案",其目的起初仅在于防止商品的人为涨价。S. 和 B. 韦布在《工联主义史》第 60 页提到了几个纺纱工人在 1818 年被当局根据 1305 年法令判处两年监禁这一新近得多的案件。

26 同上书,第 61 页。根据惠特布雷德的说法,1800 年有四十项法令是为此目的而颁布的。

27 乔治一世七年法典第 1 卷,法令第 13 章。见 F. W. 高尔顿:《说明工联主义史的精选文件》第 1 卷,"裁缝业"第 16 页。

28 乔治一世十二年法令第 34 章。

29 乔治三世十七年法令第 55 章。

30 乔治三世三十六年法令第 111 章。

31 见 J. L. 和 B. 哈蒙德:《城市工人》,第 123 页及以下。

32 1799 年 6 月 26 日,《议会记录》第 71 卷,第 65 和 66 页。

33 请愿人之一写的《请愿人控诉同盟法的全部准确的报道》,伦敦 1800 年。

34 1799 年 7 月 9 日,《议会记录》第 71 卷,第 562—565 页。

35 乔治三世三十九年法令第 81 章。下面是该法的序言:"鉴于许多工人和农业短工在本王国各地试图通过非法的会议和同盟来获得额外工资,并力求实现其他非法的计划;又鉴于禁止非法活动的现行法已被认为不足以消灭这些活动,因此必须采取更有力的措施,同时使用快速而有惩戒性的惩罚去打击犯罪人,以便防止上述同盟的形成。"1803 年又为爱尔兰颁行了一项类似的法令(乔治三世四十三年法令第 86 章)。

36 后来,这些刑罚被认为不充分了。人们于是使用 1797 年的一项法令(乔治三世三十七年法令第 123 章)来对付工人,这项法令旨在打击煽动造反,是在诺尔舰队叛变时通过的。在 1834 年,亦即在 1799 年法令废止后十年的时候,判处多尔切斯特六个短工终身流刑的著名的判决,正是根据这项法令宣判的。

37 利物浦的农业短工、工人和工匠的请愿书,《下议院议事录》第 55 卷,第 646 页。

38 "请愿人根据当地习惯有受陪审团审理的权利已被这项法令剥夺了;他们被移送到一个保安审判官那里去审理,后者往往从事于实业,而且他的任命总是由老板任意摆布的。"同上。

39　见 1800 年呈递下议院的许许多多的请愿书，《下议院议事录》第 55 卷，第 648、665、672、706、712 页，等等。

40　乔治三世三十九—四十年法令第 106 章。

41　J. L. 和 B. 哈蒙德：《城市工人》，第 126 页。

42　S. 和 B. 卫布：《工联主义史》；第 56 页及以下，又《韦布手稿》，《通史》第 2 卷，“关于工联法”。

43　弗朗西斯·普莱斯：《同盟法》，载于韦布：前引书第 65 页。我们在 1804 年一个报告中已经发现对此不公平制度的批评：“如果议会的明智和人道认为禁止同盟法可能只是赞助强者反对弱者的话，如果禁止同盟法旨在确保压迫者们不受惩罚并旨在赋予老板们以不公道的利益（老板们可以结盟而不怕被人发觉）的话，那么，议会的明智和人道就会拒绝批准同盟法……。立法者意欲损害那些仅愿以自己的劳动为生的人是不可能的”。《关于花布印染工人的请愿报告》（1804 年），第 7 页。

44　见 S. 和 B. 韦布：《工联主义史》第 66 页及以下所引证的事例。

45　我们在上面所说的那个大棉布织工协会，应该属于这一类。

46　这些互助会受到 1793 年法令（乔治三世 33 年法令第 54 章）的鼓励，为数已经很多；它们最通常地是在同一行业的人们之间形成起来的。见伊登：《贫民状况》第 1 卷，第 600 页及以下。关于互助会和工联之间的关系，见鲍顿：《十八世纪末英国工业社会》，第 295 页及以下。

47　《韦布手稿》，“纺织”第 3 卷，“奥达姆纺纱工人”以及《特别委员会关于工匠和机器的第五次报告》，第 410 页。我们不知道韦布为什么把 1786 年定为斯托克波特协会成立的年代（《工联主义史》第 35 页）。这些互济会中有几个可能局限于互助主义者的职权，至少在起初是如此。见“曼彻斯特纺纱工人友协”的章程（1795 年），第 25 条：“如本会会员一人或数人攻击或侮辱老板或工头，或者故意损害他们的商号、建筑物或财产（不管借口如何），或者缔结同盟来违法抬高工资，或者参加那能扰乱公共安宁的骚动，或者不服从郡官的警告或任何命令……，那么，这个人或这些人就要被开除出会并失去享受利益的权利，因为这些利益是仅供鼓励谨严、勤劳和品行端正之用的。”见《曼彻斯特纺纱工人友协会员所制定的并应遵守的规则和条款》，第 15 页。

互助会不久就成为被怀疑的对象，《论棉布织工条例》（1804 年）第 15—16 页已经清楚地说明了这些怀疑：“我不能不指出互助会的发展自从罗斯先生法令予以鼓励以来在工业区中所产生的那些不幸的作用。情况指出，最好的意图能够怎样被人转移其目的。这些互助会不但不增加其会员的福利或改善其会员的品行，反而成为不满和阴谋的中心……。在它们伪装的名义庇护之下，在它们提出的有名无实的章程庇护之下，工人们便按行业联合起来并和他们的同志串通起来。他们的认捐，往往为数甚大，足以供给其中许多人的需要，这些人根据口令就实行罢工来反对老板。如果老板显得固执并拒绝让步，他的工人就复工，可是另一批工人又罢工。如此继续下去直至他们得到满意时为止。这种诡诈手段，多年来几乎不断地继续下去。在工业的这一或那一部门中，很少不发生这类情事，而且这种手段几乎总是成功的。尽管有屡屡的控诉，但是很难提出证据，以致受到宣判定罪的非常之少。”

48 《韦布手稿》,《纺织》第 1 卷。

49 韦布:《工联主义史》,第 78 页。

50 根据 L. 布伦塔诺的说法,在十八世纪,大多数的工人协会都建立在“维持工业中现行的、法定的或习惯的法规”这个唯一的目的之上。一当国家停止维持秩序时,这些协会就代替国家来维持秩序。《同业工会和工联》第 177 页。

51 在 W. 坎宁安:《英国工商业的成长》第 2 卷,第 27—43 页,我们可以看到有关“工匠条例”(伊丽莎白五年法令第 4 章)的卓越的段落。

52 关于“工匠条例”,特别是关于学徒方面的规定的逐渐不适用,见 O. J. 邓洛普:《英国的学徒身份和儿童劳动》,第 118、121、228—230 页。城市当局不愿再厉行旧的行会规程;法院对于违犯者也显得非常宽大。

53 我们不打算再提到那些旨在恢复十六世纪禁止机器的企图。见上面第三篇第三章第一节。

54 伊丽莎白五年法令第四章第三十一条。下面以 J. 韦奇伍德的学徒合同作为例子(我们会看到这个合同的期限是五年而不是七年):“在国王陛下乔治二世荷蒙上帝恩德而作为大不列颠等等的国王执政第十七年(即耶稣纪元第 1744 年)11 月 11 日,立约人甲方乔赛亚·韦奇伍德,玛丽·韦奇伍德的儿子、斯塔福德郡丘奇亚德人,与乙方托马斯·韦奇伍德,斯塔福德郡丘奇亚德人订立本合同。合同证明上述乔赛亚·韦奇伍德根据他母亲的指教并得到她的同意,甘心自愿地做上述托马斯·韦奇伍德的学徒,并从上开日期起直至五年期间完全届满时止继续不断地住在托马斯的家里从事劳动。在上述期间内,该学徒必须顺从其师傅的意愿、忠诚地为师傅服务、保守师傅的秘密,并在任何情况下都殷勤地服从师傅的正当命令;该学徒必须不做任何足以损害其师傅的事情,也不容忍他人损害他,而应尽可能地将此种情事立即通知他;不应侵吞或毁坏师傅的商品,不玩纸牌、骰子以及其他非法的赌博;不逛酒店,不搞男女关系,不结婚。无论何时都不擅离师傅规定的职守,不得师傅的准许就不外出;在任何事情上都应以善良而忠实的学徒身份自处并以此种身份对待师傅及其家属。

该师傅应把现时制造陶器雏形和修饰陶器等技术以及一切有关的事项都教给学徒;应以最好的方法方式教他或令人教他;在规定的期限内,该师傅还应以适于学徒身份的样子供给该学徒的饮食、清洗、住房、各种性质的衣服(毛的和布的)以及健康时和害病时所需的各种东西;为了保证忠实执行双方所接受的上述各条款,签字人以本文书相互约束自己,为此,他们乃于上述年月日互换签字和印记,以资证明。”E. 米特亚德出版的《乔赛亚·韦奇伍德传记》第 1 卷,第 222—223 页。

55 伊丽莎白五年法令第四章第 33 条规定最低比例为:“呢绒制造人、漂洗工、呢绒剪毛工、织布工、成衣匠、鞋匠雇用一个工人招收三个学徒。”这种限制毕竟是很宽的。

56 “哈拉姆郡刀匠”特许状,詹姆斯一世二十一年法令第 31 章。

57 根据 S. 和 B. 韦布:《工联主义史》,第 75 页,注一的说法,入门费是五至二十镑。

58 《下议院议事录》第 18 卷,第 171 页,和第 21 卷,第 153 页。也可参看第 24

卷,第117和124页上的1742年的请愿书。

59　同上,第36卷,第194页。"工人的反请愿",第283页。老板根据乔治三世17年法令第33章和乔治三世17年法令第55章(1777年)的条例而得到胜诉。

60　乔治三世八年法令第17章。这项法令把1721年法令(乔治一世七年法典第1卷法令第13章)中的规定加以更新和修正。见F. W. 高尔顿:《裁缝业》,"序言"第43页,"正文"第16—22和60—63页所载的原文。

61　乔治三世十三年法令第68章。见本书第一篇第一章第六节末。

62　见《国富论》(麦克库洛赫编),第55页,对传统的学徒制度的批评。

63　《下议院议事录》第26卷,第593、764、779、788页。参看J. 费尔金:《袜子和带子工业史》,第80页及以下,和赫尔特:《两本英国社会史》,第486—488页。《诺丁汉郡的维多利亚史》第2卷,第353—354页,和《德比郡的维多利亚史》第2卷,第367页。

64　《受理花布印染工人请愿的委员会的报告》(1804年),第3页。

65　同上,第4页。

66　"请愿人多年来因失业而受到许多痛苦,失业并不是花布工业中的交易萧条而是劳动力的过多所造成的。"《下议院议事录》第58卷,第180页,"花布印染工人的请愿书"。

67　见1805年5月27日金勋爵在上议院的演说,《议会的讨论报告》第5卷,第118页,和同年5月30日P. 穆尔在下议院的演说,同上,第147—148页。

68　《在受理几个花布印染工人请愿的委员会上讯问证人的记录》(1804年)。

69　1804年6月27日会议,《议会的讨论报告》第2卷,第858—859页。

70　1807年4月23日会议,同上,第9卷,第535—538页。

71　哈利法克斯制造商的请愿书,《下议院议事录》第58卷,第380页。

72　同上,第392页。哈利法克斯的约翰·利斯肯定地说,"合法的"织工并不缺乏工作:相反地,倒是劳动力的缺乏。"由于缺少工人,所以许多妇女被雇来织造和分拣羊毛。"见罗伯特·皮尔爵士在1806年调查委员会上的证言,《委员会关于毛纺工业状况的报告》,第440页。

73　乔治三世四十三年法令第136章的条例。

74　对毛纺工业来说,最后废止是在1809年,(乔治三世49年法令第109章)。

75　《议会的讨论报告》第27卷,第574页。

76　见下议院的辩论,《议会的讨论报告》第27卷,第503页及以下,和乔治三世54年法令第96章中的废止条例。

77　伊丽莎白五年法令第4章第15条。第一次授予他们这种权利的是在1389年(理查德二世十三年法令第8章):"由于不可能预先知道谷物和其他食品的价格,所以保安审判官应于米迦勒节和复活节根据食物腾贵程度来公开宣布一个泥水匠、木匠或其他工人和短工在当年收获时期和其他季节中,在供给饮食或不供给饮食的条件下,每日应得多少钱。"因此,这项法令不像人们以前试图不顾经济需要那样去直接地、一劳永逸地规定工资,而设立一个权力机关去负责根据情况和在一定时期来规定工资比率。应该提醒一下,保安审判官也规定面包的价格。见A. 赫尔特:前引书,以及S. 和

B. 韦布:《面包的法定价格》,载于《经济杂志》(1904 年)第 14 卷,第 196—218 页。

78 关于它的起源,见麦克阿瑟女士的文章:《保安审判官和工资的评定》,载于《英国历史杂志》(1894 年)第 9 卷,《十五世纪工资的评定》,载于同上杂志(1898 年)第 13 卷,《十六世纪工资的调整》,载于同上杂志(1900 年)第 16 卷。关于近期的,见坎宁安:《希罗普郡的工资评定》,载于《经济杂志》(1894 年)第 4 卷,W. A. S. 休因斯:《十七世纪的英国商业和财政》和《保安审判官调整工资》,载于《经济杂志》,(1898 年)第 8 卷。

79 W. 坎宁安:《英国工商业的成长》第 2 卷,第 43 页。亚当·斯密在 1776 年已经看到它的不适用(《国富论》,第 65 页)。

80 最后一个有名的事例是 1732 年希罗普郡保安审判官的工资评定。见《经济杂志》第 4 卷,第 516 页。

81 乔治三世 32 年法令第 44 章。这项法令把 1773 年规定的决定工资的方式推广到绸缎工业。

82 "我确信,从 1563 至 1824 年有一种为法律所策划的并为希望其成功的人们所领导的连续不断的阴谋,其目的在于攫取英国工人的一部分的工资,使英国工人固着于领地,剥夺他们的希望,使他们降到无可挽救的贫困地位……。英国法律以及负责施行法律的人们都以致使工人陷入极穷的生活和以武力镇压一切不满意的语言和行动为己任……。"索罗尔德·罗杰斯:《六个世纪的工作和工资》,第 398 页。这里也许有点夸大。一些比较新近的研究已经指出保安审判官的决定未必不利于工人。见伦纳德:《国家调整工资借以救济贫民》,载于《英国历史杂志》(1898 年)第 13 卷。

83 D. 戴维斯:《农业工人的实况》(1795 年),第 105—106 页。

84 见上面第一节。

85 见《农业年鉴》第 25 卷。

86 "我同任何人都一样地感觉到,在这样的问题上不加任何立法的干预是多么合乎要求:劳动的价格和一切其他商品的价格一样,都应听其自然地变动。"《议会史》第 32 卷,第 703 页。

87 在 1800 年,见同上书第 34 卷,第 1426—1436 页。正是在禁止同盟法以后不久,该法对惠特布雷德提供一个言之有理的论据来拥护最低工资的制度。

88 人们也指出强制的最低工资,其结果会使平庸的工人失去工作。见《下议院议事录》第 51 卷,第 383 页,"柴郡长官请愿书"。

89 《下议院议事录》第 55 卷,第 262 页,"切斯特郡、约克郡、兰开夏和德比郡棉布织工的请愿书"(1800 年 3 月 5 日)。这份请愿书以及其他一些以同样措辞撰写的请愿书上有两万三千多人签名。《韦布手稿》,"纺织"第 4 卷,第 1 页。

90 对棉布织工请愿的调查,《下议院议事录》第 55 卷,第 487 页。也可参看第 489 和 493 页(设备费的扣除,布匹长度的任意增加,等等)。

91 乔治二世二十年法令第 19 章(1747 年)的条例授予保安审判官有命令支付不超过十镑的欠薪和进行扣押的权力。这似乎是非常公平的,但同法却含有一些不宽仁的规定。工人或学徒如被老板控告行为不端或无纪律性,保安审判官就能判处他们一个月的苦役。反之，如果他们控诉虐待或食物不够，法官只能解除他们的契约拘束，而不能对老板科以任何刑罚。

92 《下议院议事录》第 55 卷，第 488 和 492 页，以及《关于棉布织工的请愿报告》，第 9 页及以下。

93 关于这个问题，见博尔顿的一个名叫 R. 尼达姆的工厂主的证言："我们在 1800 年曾请求议会按照斯皮塔尔菲尔兹法令的样式规定工资。皮特先生是那时的财政大臣，他委托我们律师到兰开夏来找我们并对我们说，如果我们愿意放弃规定工资，他就为我们制定一项同样适合或更好地适合我们的希望的法令。我们在一次代表会议上全体一致地决议接受皮特先生的提议，因此，他给我们制定了乔治三世 39—40 年法令第 90 章的仲裁法"。《特别委员会关于工匠和机器的第五次报告》(1824 年)，第 544 页。

94 我们知道英格兰和苏格兰尽管从 1707 年的合并法起只有一个议会，但仍然受不同的法令统治着。见《下议院议事录》第 57 卷第 174 页；第 58 卷第 216 页的"苏格兰工人的请愿书"。至于老板的反请愿，见同上第 58 卷，第 236 和 278 页。

95 乔治三世四十三年法令第 151 章。法令条文与英格兰的法令条文略有不同。仲裁人不是由当事人选任的，而是由受理控诉的保安审判官任命的。

96 每一案件的费用几乎不超过一先令以上。《关于棉布织工请愿讯问证人的记录》(1803 年)，第 11 页。

97 同上，第 3 和 91 页。

98 《议会的讨论报告》第 1 卷，第 1081 页。

99 "您晓得一件争讼根据法律交由仲裁审理，在工人胜诉之后，老板便预示要从今后工作的工资里来补偿自己这一情事吗？——晓得，我可以举出一个事例……。博尔顿的乔舒亚·克鲁克先生想违反每织二十五码便给三先令工资这一约定来减少一个织工的工资；该织工不愿接受减少并请求仲裁。仲裁人未能取得一致意见。案件于是提交保安审判官弗莱彻上校审理。老板对弗莱彻上校说，他将随意给付其工人，他打算根据自己的喜欢给点东西给工人或者一点也不给；而且如果有人强迫他给付，那他就在今后工资上照数扣回来。"《关于棉布织工请愿讯问证人的记录》，第 23 页。

100 见《下议院议事录》第 58 卷，第 275—276、316、351 页"曼彻斯特、博尔顿、普雷斯顿、斯托克波特等地工厂主的请愿书"。

101 《论棉布织工条例》，第 9—10 页。

102 同上书，第 21 页。一个比较有力的论据在于指出，制定规章的结果会怎样反过来不利于工人。在丝纺工业中，工资是规定了的，老板们在生意不好时，除去解雇一部分人员外便无别法来缩减其费用："这样，老板是及时脱身了，可是工人却失去其谋生之道。"

103 "主人"和"仆人"这两个词仅于 1875 年(维多利亚三十八—三十九年法令第 90 章)才从法律中删除掉，而被"雇主"和"工人"二词所代替。

104 《论棉布织工条例》，第 6 页。著者自问，如果这种制度推广到其他行业，那会发生什么情况："据我所知，人们还未表明棉布织工们将其主张建立在什么优越的理由之上……,甚至也未表明木匠、鞋匠、铁匠、短工等为什么没有相同的法律保护的权利……。为什么织粗棉布或白棉布的人享有一种为纺纬线的人、漂白布匹的人、印染布匹的人或者制衣服的人所没有的特权呢？难道他们比制造椅子或陶器的工人应有更大的权利吗？为什么不赋予我们的仆役和厨司到仲裁人那里去以决定工资和服务条件的权利呢？"

105　保安审判官往往同意老板的请求,干预那些应该首先向仲裁人提出的案件。同上书,第 8 页。

106　乔治三世四十四年法令第 87 章。"法令授权当地长官制定一张表(至少有四个人名,至多有六个,其中一半是老板或其代理人,另一半是织工),当事人双方可以根据这张表各方选择一个仲裁人。"J. L. 和 B. 哈蒙德:《熟练工人》,第 68 页。这项修正使得选择一些不能或不愿担任的仲裁人的可能性就没有了,所以这项修正受到工厂主们的猛烈攻击。《议会的讨论报告》第 1 卷,第 1172—1173 页和第 2 卷第 943 页。

107　这些工厂主中最有名的一个是安斯沃思,他发放四万镑左右的工资。J. L. 和 B. 哈蒙德:《熟练工人》,第 76 页。

108　同上书,第 72—80 页;1808 年和 1809 年的《关于棉布织工的请愿报告》,和《议会的讨论报告》第 11 卷,第 426 页及以下。

109　博尔顿织工的请愿者,《下议院议事录》第 68 卷,第 229 页。可以把棉布织工的 1799 年第二次宣言中的那些措辞加以比较:"有钱人依靠政府保障其安稳地享有财产。贫穷人拥有相同的保护自己财产的权利,这种财产就是自己劳动的正当的工资。"W. 拉德克利夫:《新工业制度的起源》,第 77 页。

110　乔治三世五十三年法令第 40 章(1813 年)。

111　《委员会关于工匠和机器的第二次报告》(1824 年),第 59 页。韦布在《工联主义史》第 52 页对这次争议的历史作了简要的叙述。

112　乔治三世二十八年法令第 48 章。可是这项法令仍然是无效果的,正如以后几次调查所证明的那样。

113　见上一章。

114　S. 斯迈尔斯:《工业传记》,第 98 页。

115　R. 戴尔·欧文:《打通我的道路》,第 15 页。

116　F. 埃斯皮纳斯:《兰开夏的知名人士》,第 1 卷,第 450 页。阿克赖特同戴尔的合伙,在 1785 年诉讼之后便告结束。

117　"必须聚集一种新人口来对新生的事业提供工人。这不是一件容易的任务,因为所有会纺织的苏格兰农民也憎恶每天关在工厂里从一大早就开始劳动到深夜。"罗伯特·欧文:《再论性格的养成》,1857 年版,第 276 页。"只有两种方法来获得必要的劳动力:一种是向当地各慈善机构要儿童,另一种是引来人家住在工厂的四周。"《罗伯特·欧文自传》,第 58 页。

118　1792 的《年度登记簿》第 27 页;R. 戴尔·欧文:前引书,第 12—13 页;D. 布伦纳:《苏格兰的工业》,第 281 页。

119　在 1806 年美国禁运期间,罗伯特·欧文的做法也是一样的。R. 戴尔·欧文:前引书,第 15 页。

120　1804 年,一个访问人的证言:“四百个儿童是以这位可敬的慈善家的费用养活、穿着和教育的。其余的则同自己的父母一道住在清洁、舒适的住所里并领得自己劳动的工资。这些儿童脸上所呈现出的健康和愉快的样子,证明拉纳克工厂主在贸易兴隆之中并未忘记仁爱的义务……。为了保护他们的身心健康而采取的措施和那些统治我们大多数大工厂——疾病和腐败的真正发源地——的措施形成最显著的对比。一件值得永远纪念的、应归新拉纳克创办人的不朽光荣的事实,就是这个工厂在十二年间雇用了三千个左右儿童中只死了四个,而且没有一个受到处罚。”《绅士杂志》第 74 卷,第 493—494 页。

121　《关于联合王国工厂中雇用儿童状况的报告》(1816 年),第 25 页,“罗伯特·欧文的证言”。

122　同上,第 20 页。让我们提醒一下,不几年前,塞缪尔·奥尔德诺被人视为一位特别人道的老板,因为他的学徒每天只做十二小时工作。

123　《罗伯特·欧文自传》,第 58 页。在欧文死前几年所写的这一页和他 1816 年的证言之间的语气有点不同。他很可能把坏的方面夸大了,这样就好使他的个人作用更加突出,这倒是真的,因为他终于自认是新拉纳克的真正创办人。

124　《罗伯特·欧文自传》,第 80—84 页。

125　见构成欧文传记导言的那两个对话,特别是第 IV、V 和 XII 页。这种见解从 1814 年起就明白地表现在《论工厂制度的后果》里:“一个国家的居民是由那些指导该国家一般生计的大事业所锻炼出来的;大不列颠下层阶级性格的养成,是和工商业发展的环境有密切关系。”《罗伯特·欧文自传》,“补遗 H”第 39 页。

126　见哈钦斯和哈里森:《工厂立法史》,第 8 页。

127　《1816 年报告》,第 139—140 页。

128　“在我有股份的那个工厂里,有一个时期雇用着一千个左右的贫穷儿童。我的其他一些职业不容许我常常访问那些工厂;但是,我每次到工厂去,我都受到所有这些儿童的共同病容以及他们大多数人的发育迟缓和不完全所感动。劳动时间是由工头的利益所决定的。由于工头的工资是按做出的工作量多少变动的,所以他们往往用给予这些可怜孩子一点小钱来避免他们抱怨的办法力图促使他们劳动超过规定的时间。在看了我自己工厂是用怎样的方法在管理之后,我得知在王国其他使用同样设备的地方也盛行着同样的惯例。儿童过度劳动,而且人们几乎不管车间的清洁和通风等事。正是那时,我得到珀西瓦尔博士和几位著名医生(他们都在曼彻斯特行医)的协助,才准备好我的法律草案……。”同上,第 132 页“罗伯特·皮尔爵士的证言”。

129　1802 年 3 月 13 日。见《选民名册》新辑第 17 卷,第 199 页(威尔布里厄姆·布特尔的动议)。种种事件刚刚引起人们注意工厂中教区学徒的待遇问题。在 1801 年,兰开夏有个名叫如佛的工厂主因虐待学徒而被判处一年苦役。人们也评论过伯明翰长官们的决定,因为他们不让人们把贫穷儿童雇给工厂。哈钦斯和哈里森:《工厂立法史》第 15 页。

130　他后来声称,他要使工厂“端正和合乎道德”。同上书,第 447 页。

131　同上书，第448页。

132　最后的标题是"保护纱厂和其他工厂学徒等人的健康和品行法"（乔治三世42年法令第73章）。

133　见1802年4月7日《晨报》。

134　《选民名册》新辑第18卷，第63、183、457、591页。

135　科贝特的《议会史》甚至没有提到这回事。"人们仅把这项法令视为恤贫法的不重要的补充。"哈钦斯和哈里森：《工厂立法史》，第17页。

136　A.黑尔特：《两本英国社会史》，第420页。

137　1803年2月11日曼彻斯特、斯托克波特、普雷斯顿、博尔顿、格拉斯哥等地纱厂主的请愿书，《下议院议事录》第58卷，第149页。利兹纱厂主的请愿书，同上，第161页。

138　莱特索姆博士：《论纱厂》，载于《绅士杂志》第74卷，第492页及以下（1804年）。在弗林特郡霍利韦尔，一个纱厂里有七百个左右儿童从星期天午夜起至星期六午夜止轮班劳动，毫无间断。

139　《1816年报告》，第137页。见同上，第183、282、317、321页。1815年，在斯托克波特的某些工厂里，人们还劳动十八小时（第89页，罗伯特·欧文的证言）。从1802年起，劳动时间可能越来越加多（第96—97页，N.古尔德的证言）。

140　《罗伯特·布林科的传记》，载于《雄狮杂志》第1期第156页。

141　1819年法令（乔治三世五十九年法令第66章）仅限于禁止雇用九岁以下的儿童，并把十二小时工作日的（理论上的）恩典普及到一切未成年的劳动者。

142　见他在1808年讨论花布印染工人的请愿时为反对谢里登支持工人的请求而扮演的角色，《议会的讨论报告》第9卷，第538页及以下。也可参看他于1806年在调查毛纺工业状况委员会上的证言："关于学徒，我几乎准备相信那些来此出庭的证人的良知，以致不认为他们愿把束缚强加在工业身上。我对工业的所有受雇人都有相当的同情心，所以我如认为一项现行法令有厚待少数人而损害大多数人的倾向时，我就成为首先请求修正该法令的人，因为下层阶级必须不被剥夺改善其命运的机会。另一方面，如果有些人对其自己的利益相当无知，以致想把束缚强加在其自己的工业身上，那么，尽管我不是他们的朋友，我也要反对他们的希望，以免他们损害其自己。"《委员会关于毛纺工业状况的报告》（1806年），第441页。

143　阿尔弗雷德：《工厂运动史》第1卷，第31页。

144　1801年的人口调查关于居民职业的报道，非常模糊和不可靠。见《乔治三世41年人口条例解答摘要》第1卷，第497页。

英汉人名对照

A

Arkwright, Richard 阿克赖特，理查德
Ashburnham, Lord 阿什伯纳姆勋爵
Ashley, William 阿什利，威廉
Ashton, T. S. 艾什顿

B

Bacon, Anthony 培根，安东尼
Bakewell 贝克韦尔
Banks, Joseph 班克斯，约瑟夫
Baskerville 巴斯克维尔
Beighton, Henry 贝汤，亨利
Belgrave, Lord 贝尔格雷夫
Bentham, Jeremy 边沁，杰里米
Bentley, Thomas 本特利，托马斯
Berthollet 伯索勒
Black, Joseph 布莱克，约瑟夫
Blackburn 布莱克本
Blauenstein 布劳恩施坦
Blincoe, Robert 布林科，罗伯特
Boswell 博斯韦尔
Boulton, Matthew 博尔顿，马修
Bourne, Daniel 伯恩，丹尼尔
Bridgewater, Duke of 布里奇沃特公爵
Brindley, James 布林德利，詹姆斯
Broadbent 布罗德本特
Brook, of Pudsey 布鲁克(帕德西的)
Bryan, of Manchester 布赖恩(曼彻斯特的)
Bücher, Karl 比歇尔，卡尔
Buck, Captain 布克上尉
Burke, Edmund 伯克，埃德蒙
Buckley, John 巴克利，约翰

C

Calley (Cawley), John 卡利，约翰
Camden 卡姆登
Canning 坎宁
Carlyle, Thomas 卡莱尔，托马斯
Cartwright, Edmund 卡特赖特，埃德蒙
Cathcart, Lord 卡思卡特勋爵
Catherine II 卡德林二世
Caus, Salomon de 科，萨洛蒙·德
Cave Edward 凯夫·爱德华
Cavendish, Henry 卡文迪什，亨利
Charlotte 夏洛特
Chandos, Lord 钱多斯勋爵
Chatham, William Pitt 查塔姆，威廉·皮特
Child, Josiah 蔡尔德，乔赛亚
Clayton, Richard 克莱顿，理查德
Coke of Holkham 科克(霍尔卡姆的)
Colbert 科尔贝
Colquhoun 科尔库洪
Condorcet 孔多塞
Copley 科普利
Cort, Henry 科特，亨利

Cranage,Thomas　克雷尼奇,托马斯
Cranage,George　克雷尼奇,乔治
Crawshay,Richard　克劳肖,理查德
Crompton,Samuel　克朗普顿,塞缪尔
Cunningham,Dean　坎宁安,迪安
Cuthbert of Kendal　卡思伯特(肯达尔的)

D

Dagney,Edward　达格尼,爱德华
Dale,David　戴尔,戴维
Darby,Abraham　达比,亚伯拉罕
Dartmouth,Lord　达特默思勋爵
Darwin,Erasmus　达尔文,伊拉兹马斯
Dechesne,Laurent　德瑟纳,洛朗
Defoe,Daniel　笛福,丹尼尔
Dobson,Isaac　多布森,伊萨克
Drinkwater,Peter　德林克沃特,彼得
Dudley,Dud　达德利,达德
Dudley,Edward　达德利,爱德华
Dyer,John　戴尔,约翰

E

Earnshaw,Lawrence　厄恩肖,劳伦斯
Eden,William　伊登,威廉
Elers,Paul　埃勒斯,保尔

F

Fallowfield,William　法洛菲尔德,威廉
Fielden,Joshua　菲尔登,乔舒亚
Fisher　菲希尔
Fothergill　福瑟吉尔
Fox,C. J.　福克斯
Franklin,Benjamin　富兰克林,本杰明
Fritzgerald　弗里茨格拉德

G

Garbett,Samuel　塞缪尔,加贝特
Garnett　加内特
Gennes,de　冈内,德
Godwin,Thomas　葛德文,托马斯
Goldsmith,Oliver　戈德史密斯,奥利弗
Gott,Benjamin　戈特,本杰明
Gower　高尔
Grimshaw,the brothers　格里姆肖兄弟

H

Hales,John　黑尔斯,约翰
Hall Wooton　霍尔,伍顿
Hamilton,Sir William　汉密尔顿,威廉
Hancock,Joseph　汉考克,约瑟夫
Hargreaves,James　哈格里夫斯,詹姆斯
Hastings,Warren　哈斯丁斯,沃伦
Hawkes,William　霍克斯,威廉
Haworth　霍沃思
Heeley,Richard　希利,理查德
Herschel,Sir William　赫谢尔,威廉
Heslop,Adam　赫斯洛普,亚当
Highs,Thomas　海斯,托马斯
Hirst,William　赫斯特,威廉
Hobhouse,Benjamin　霍布豪斯,本杰明
Hodgkins of Halifax　霍奇金斯(哈利法克斯的)
Holbeck　霍尔贝克
Holland,Lord　霍兰德勋爵
Homfray,Francis　霍姆弗雷,弗朗西斯
Homfray,Samuel　霍姆弗雷,塞缪尔
Hooke,Robert　胡克,罗伯特
Hornblower,Jonathan　霍恩布洛尔,乔纳森
Horrocks,John　霍罗克斯,约翰
Howard,John　霍华德,约翰
Howlett　豪利特
Hull　赫尔
Hume,David　休谟,大卫
Huntsman,Benjamin　亨茨曼,本杰明

Robinson (of Papplewick)　鲁宾逊(帕普尔维克的)
Robison, Sir J.　罗比森
Roebuck, John　罗巴克,约翰
Rogers, Thorold　罗杰斯,索罗尔德
Rose　罗斯
Rousseau, J. J.　卢梭
Rovenzon, John　罗文宗,约翰
Rupert, Prince　鲁珀特亲王

S

Saint-Fond, Faujas de　圣丰,福雅·德
Sadler, Michael　萨德勒,迈克尔
Savile, Sir George　萨维尔,乔治爵士
Savery, Thomas　萨夫里,托马斯
Schulze-Gaevernitz　舒尔策—格弗尼茨
Séguin, Marc　塞居安,马克
Selden, John　塞尔登,约翰
Shaftesbury, Lord　沙夫茨伯里勋爵
Shelburne, Lord　谢尔本勋爵
Shepton, Mallet　谢普顿,马利特
Sheridan, R. B.　谢里登
Sherrard, John　谢拉德,约翰
Sinclair, Sir John　辛克莱,约翰
Small　斯莫尔
Smalley, John　斯莫利,约翰
Smeaton, John　斯米顿,约翰
Smith, Adam　斯密,亚当
Spence, Thomas　斯彭斯,托马斯
Spencer　斯潘塞
Strutt, Jedediah　斯特拉特,杰德迪亚
Stubs, Peter　斯塔布斯,彼得
Stump　斯顿普
Sturtevant, Simon　斯特蒂文特·西蒙
Svedenstjerna, Erick　斯维登斯彻纳,埃里克
Swedenborg, Emanuel　斯维登博格,伊曼纽尔
Swift, Jonathan　斯威夫特,乔纳森

T

Talbot, Lord　塔尔博特勋爵
Tamworth　塔姆沃思
Taylor, Charles　泰勒,查尔斯
Taylor, John　泰勒,约翰
Telford, John　特尔福德,约翰
Thomas, John　托马斯,约翰
Towshend, Lord　汤森勋爵
Toynbee, Arnold　托因比,阿诺德
Tull, Jethro　塔尔,杰思罗

V

Vaucansen　沃康松
Vere　维尔
Voltaire　伏尔泰

W

Walker, Aaron　沃克,艾伦
Walker, Samuel　沃克,塞缪尔
Walpole, Horace　沃波尔,霍勒斯
Wales　韦尔斯
Watt, James　瓦特,詹姆斯
Webb, S. and B.　韦布
Wedgwood, Josiah　韦奇伍德,乔赛亚
Wellington　韦林顿
Wesley, John　韦斯利,约翰
Weston, Sir Richard　韦斯顿,理查德
Whitaker, John　惠特克,约翰
Whitbread, Samuel　惠特布雷德,塞缪尔
Whitney, Eli　惠特尼,伊莱
Wilberforce, William　威尔伯福斯,威廉
Wilkinson, Isaac　威尔金森,伊萨克
Wilkinson, John　威尔金森,约翰
Williams　威廉斯
Wilson, John　威尔逊,约翰
Winchcombe, John　温奇库姆,约翰

Y

图书在版编目(CIP)数据

十八世纪产业革命:英国近代大工业初期的概况/(法)保尔·芒图著;杨人楩,陈希秦,吴绪译.—北京:商务印书馆,2017
(汉译世界学术名著丛书:120年纪念版:珍藏本)
ISBN 978-7-100-14118-5

Ⅰ.①十… Ⅱ.①保… ②杨… ③陈… ④吴… Ⅲ.①产业革命—研究—英国 Ⅳ.①K561.43

中国版本图书馆CIP数据核字(2017)第138750号

汉译世界学术名著丛书
(120年纪念版·珍藏本)
十八世纪产业革命
——英国近代大工业初期的概况
〔法〕保尔·芒图 著
杨人楩 陈希秦 吴 绪 译

商 务 印 书 馆 出 版
(北京王府井大街36号 邮政编码100710)
商 务 印 书 馆 发 行
南京爱德印刷有限公司印刷
ISBN 978-7-100-14118-5

2017年12月第1版 开本 710×1000 1/16
2017年12月第1次印刷 印张 36½
定价:175.00元